Beiträge zum Controlling

Herausgegeben von Wolfgang Berens

Band 17

PETER LANG

Frankfurt am Main · Berlin · Bern · Bruxelles · New York · Oxford · Wien

Kundenwertorientierte Vertriebssteuerung im Firmenkundengeschäft der Kreditgenossenschaften

Florian Wüller

Kundenwertorientierte Vertriebssteuerung im Firmenkundengeschäft der Kreditgenossenschaften

Kundenwertmodellierung, -operationalisierung und konzeptionelle Gestaltungsempfehlungen

PETER LANG
Internationaler Verlag der Wissenschaften

Bibliografische Information der Deutschen Nationalbibliothek
Die Deutsche Nationalbibliothek verzeichnet diese Publikation in der Deutschen Nationalbibliografie; detaillierte bibliografische Daten sind im Internet über http://dnb.d-nb.de abrufbar.

Zugl.: Münster (Westfalen), Univ., Diss., 2012

Umschlaggestaltung:
© Olaf Gloeckler, Atelier Platen, Friedberg

Logo auf dem Umschlag:
Logo des Lehrstuhls für Betriebswirtschaftslehre, insb. Controlling der Westfälischen Wilhelms-Universität Münster

D 6
ISSN 1618-825X
ISBN 978-3-631-63724-1

Geleitwort

Der intensivierte Ertragsdruck drängt die Kreditinstitute im Firmenkundengeschäft dazu, ihre marktpolitischen Strategien weg von der Produktzentrierung hin zu einer beziehungsbezogenen Kundenorientierung anzupassen. Bei der Strategieumsetzung kommt dem Vertrieb als Schnittstelle zwischen Bank und Markt eine besondere Rolle zu. Die strategiekonsistente Ausrichtung des Vertriebs ist die zentrale Aufgabe der Vertriebssteuerung. Bestehende Vertriebssteuerungsansätze in den Banken sind jedoch ungeeignet, den Vertrieb im Sinne der Kundenorientierung zu steuern. In Wissenschaft und Praxis wird als konsistente Steuerungsgröße der Kundenwert genannt. Wie der Kundenwert in ein umfassendes Verständnis der Vertriebssteuerung in Banken als Ziel- und Steuerungsgröße integriert werden kann, ist bisher nicht wissenschaftlich untersucht worden. An dieses Defizit knüpft die Arbeit von Herrn Wüller an. Er fokussiert dabei auf die Kreditgenossenschaften, die etwa 60 Prozent der deutschen Banken ausmachen. Neben ihrer hohen Bedeutung weisen sie die Einzigartigkeit auf, dass sie ihre Mitglieder per Gesetz zu fördern haben und bei ihnen Kunden und Mitglieder in der Regel identisch sind. Daraus resultiert eine besondere Perspektive auf die Integration des Kundenwerts in die Vertriebssteuerung.

Aufbauend auf einer ausführlichen Darstellung des situativen Kontextes konzeptualisiert und operationalisiert Herr Wüller den Wert eines Firmenkunden aus Sicht der Kreditgenossenschaft und erarbeitet darauf aufbauend umfangreiche Empfehlungen für die Integration des Kundenwerts in die Vertriebssteuerung.

Eine besondere Würdigung verdient die fundierte Kundenwertmodellierung, die die Erkenntnisse der Kundenwertforschung auf den Kontext des Firmenkundengeschäfts überträgt. Hervorzuheben ist zudem die Praxisorientierung der Arbeit, die sich vor allem darin äußert, dass Kundenwertmodellierung und Gestaltungsempfehlungen sich nicht von etablierten Konzepten der Gesamtbanksteuerung in dieser Bankengruppe lösen, sondern diese konstruktiv und innovativ integrieren und ergänzen. Gleichzeitig berücksichtigt der Autor in bemerkenswerter Weise die genossenschaftlichen Besonderheiten bei der Herleitung seiner Ergebnisse.

Die Arbeit von Herrn Wüller liefert eine fundierte Grundlage für die Wissenschaft, um sich des Themas der kundenwertorientierten Vertriebssteuerung in Kreditgenossenschaften weiter anzunehmen. Für die Praxis liefert sie umfangreiche Impulse, eine kundenwertorientierte und damit strategiekonsistente Vertriebssteuerung zu implementieren. Ich wünsche ihr daher eine weite Verbreitung.

Münster, im Mai 2012 Prof. Dr. Wolfgang Berens

Vorwort

Die vorliegende Arbeit entstand während meiner Assistententätigkeit am Lehrstuhl für Betriebswirtschaftslehre, insb. Controlling sowie meiner Tätigkeit als Berater bei der BMS Consulting GmbH, Düsseldorf. Sie wurde im Wintersemester 2011/2012 als Dissertationsschrift an der Westfälischen Wilhelms-Universität in Münster angenommen. Besonderen Dank möchte ich meinem akademischen Lehrer und Erstgutachter Herrn Prof. Dr. Wolfgang Berens aussprechen. Die Möglichkeit zur Vereinbarkeit von Lehrstuhltätigkeiten, Beratungsaktivitäten und Promotion sowie die von ihm verfolgte Integration von Wissenschaft und Praxis haben die Promotionszeit zu einem lehrreichen Erlebnis werden lassen. Herrn Prof. Dr. Heinz-Lothar Grob danke ich recht herzlich für die Übernahme des Zweitgutachtens.

Großer Dank gilt auch Herrn Dr. Andreas Siemes und Herrn Dr. Klaus Segbers, die in unvergleichlicher Weise die notwendigen Rahmenbedingungen geschaffen haben, um die Promotion erfolgreich abzuschließen. Gleichzeitig bedanke ich mich bei den Lehrstuhlkollegen in Münster, die trotz räumlicher Distanz eine große Unterstützung bei den kleinen und großen Herausforderungen der Promotion waren, und den Arbeitskollegen in Düsseldorf, die ein gerüttelt Maß zu einer offenen und familiären Unternehmenskultur beitragen, die eine wichtige Stütze bei einem Promotionsvorhaben ist.

Sehr, sehr herzlich möchte ich mich bei meinen Freunden Thorsten Albers, Benjamin Becker, Frank Bellmann, Alexander Eiting, Martin Graumann, Karsten Kraume, Marcel Kolm, Stephan Meinecke, Jörg Micheel, Martin Schmidt und Florian Witt bedanken, die durch ihre Freundschaft bewusst und unbewusst Leuchttürme in dunklen Zeiten waren und so dazu beitrugen, dass ich den Kurs nicht aus den Augen verlor.

Meinen Eltern und meinen Geschwistern danke ich von Herzen dafür, dass sie stets an mich geglaubt, mich gefordert und gefördert haben. Ohne diesen Rückhalt wäre eine Promotion eine nicht zu meisternde Herausforderung gewesen.

Meinen tiefsten und herzlichsten Dank möchte ich an Lina Wenninger richten, die trotz zahlreicher Entbehrungen mit unendlichem Verständnis und Liebe in nicht ermesslicher Weise zu mir gestanden hat.

Ich widme diese Arbeit Anna Schwering, die an mich in unvergleichlicher Weise geglaubt hat, und Jacob, der unser nächstes großes Vorhaben ist.

Reken, im Mai 2012 Dipl.-Kfm. Florian Wüller, BSc

Inhaltsverzeichnis

Abbildungsverzeichnis

Tabellenverzeichnis

Abkürzungsverzeichnis

Abs.	Absatz
AG	Aktivgeschäfte
AGVR	Arbeitgeberverband der Deutschen Volksbanken und Raiffeisenbanken e.V.
Art.	Artikel
B2B	Business-to-Business
bspw.	beispielsweise
BVR	Bundesverband der Deutschen Volksbanken und Raiffeisenbanken e.V.
bzw.	beziehungsweise
c. p.	ceteris paribus
ca.	zirka
CLV	Customer Lifetime Value
d. h.	das heißt
DB	Deckungsbeitrag
DBW	Die Betriebswirtschaft
DEA	Data Envelopment Analysis
DGRV	Deutscher Genossenschafts- und Raiffeisenverband e. V.
DSGV	Deutscher Sparkassen- und Giroverband
dt.	deutsch
e. V.	eingetragener Verein
EDV	Elektronische Datenverarbeitung
eG	eingetragene Genossenschaft
Erg. d. Verf.	Ergänzung des Verfassers
et al.	et alii
EU	Europäische Union
EUR	Euro
f.	folgende Seite

ff.	fortfolgende Seiten
Fn.	Fußnote
GenG	Gesetz betreffend die Erwerbs- und Wirtschaftsgenossenschaften (Genossenschaftsgesetz)
ggf.	gegebenenfalls
HGB	Handelsgesetzbuch
hrsg.	herausgegeben
Hrsg.	Herausgeber
http	Hypertext Transfer Protocol
i. d. R.	in der Regel
i. H. v.	in Höhe von
i. V. m.	in Verbindung mit
IMF	International Monetary Fund (dt.: Internationaler Währungsfonds)
Inv./Invest.	Investierend
IRZ	Zeitschrift für internationale Rechnungslegung
IT	Informationstechnologie
Jg.	Jahrgang
KfW	Kreditanstalt für Wiederaufbau
KG aA	Kommanditgesellschaft auf Aktien
KStG	Körperschaftsteuergesetz
KWG	Gesetz über das Kreditwesen (Kreditwesengesetz)
MaRisk	Mindestanforderungen an das Risikomanagement
MbO	Management by Objectives
MbR	Management by Results
o. S.	ohne Seite
OECD	Organisation for Economic Co-operation and Development
Rn.	Randnummer
S.	Seite(n)

SCE	Societas Cooperativa Europaea (Europäische Genossenschaft)
SCE-VO	Verordnung über das Statut der Europäischen Genossenschaft (SCE)
SE-St	Statut der Sicherungseinrichtung (des BVR)
SG	Sonstige Geschäfte
SolVv	Solvabilitätsverordnung
Sp.	Spalte(n)
Spez.	Spezielle
URL	Uniform Resource Locator
z. B.	z. B.
ZfB	Zeitschrift für Betriebswirtschaft
ZfbF	Zeitschrift für betriebswirtschaftliche Forschung
ZfCM	Zeitschrift für Controlling und Management
ZfgG	Zeitschrift für das gesamte Genossenschaftswesen
ZfgK	Zeitschrift für das gesamte Kreditwesen
ZfO	Zeitschrift für Organisation

Symbolverzeichnis

α: Anbieterspezifische Ausschöpfung des Kundenwerttreiberpotenzials (Loyalitätsgrad)

$\alpha_{c,p_c,t}$: Loyalitätsgrad eines Kunden c für das Produkt p_c in der Periode t; mit $0 \leq \alpha_{c,p_c,t} \leq 1$

$\alpha_{c,q_c,t}$: Loyalitätsgrad eines Kunden c für das Produkt q_c in der Periode t, mit $0 \leq \alpha_{c,q_c,t} \leq 1$ und $\alpha_{c,q_c,t} = \alpha_{c,p_c,t}$, wenn p_c und q_c in einer Substitutionsbeziehung im Sinne des Up-Selling stehen

$\alpha_{c,x_c^{BW},t}$: Loyalitätsgrad eines Kunden c für das Produkt x_c^{BW} in der Periode t; $0 \leq \alpha_{c,x_c^{BW},t} \leq 1$

$\alpha_{c,x_c^{L},t}$: Loyalitätsgrad eines Kunden c für das Produkt x_c^{L} in der Periode t; mit $0 \leq \alpha_{c,x_c^{L},t} \leq 1$

$\alpha_{c,x_c^{UE},t}$: Loyalitätsgrad eines Kunden c für das Produkt x_c^{UE} in der Periode t; mit $0 \leq \alpha_{c,x_c^{UE},t} \leq 1$

$\alpha_{c,y_c^{BW},t}$: Loyalitätsgrad eines Kunden c für das Produkt y_c^{BW} in der Periode t; mit $0 \leq \alpha_{c,y_c^{BW},t} \leq 1$

$\alpha_{c,y_c^{L},t}$: Loyalitätsgrad eines Kunden c für das Produkt y_c^{L} in der Periode t; mit $0 \leq \alpha_{c,y_c^{L},t} \leq 1$

$\alpha_{c,y_c^{UE},t}$: Loyalitätsgrad eines Kunden c für das Produkt y_c^{UE} in der Periode t; mit $0 \leq \alpha_{c,y_c^{UE},t} \leq 1$

$\beta_{c,p_c,t}^{\Delta BP_{c,p_c,t}}$: Zusätzlicher Loyalitätsgrad des Kunden c für das Produkt p_c in der Periode t bezogen auf das zusätzliche Bedarfspotenzial $\Delta BP_{c,p_c,t}$; mit $0 \leq \beta_{c,p_c,t}^{\Delta BP_{c,p_c,t}} \leq 1$

$\beta_{c,q_c,t}^{\Delta BP_{c,q_c,t}}$: Zusätzlicher Loyalitätsgrad des Kunden c für das Produkt q_c in der Periode t bezogen auf das zusätzliche Bedarfspotenzial $\Delta BP_{c,q_c,t}$; mit $0 \leq \beta_{c,q_c,t}^{\Delta BP_{c,q_c,t}} \leq 1$

$\delta_{c,t}^{kPK^{aP}}$: Kundeninduzierte Quote des Kosteneinsparungspotenzials für kundenautonome Prozesse für einen Kunden c in der Periode t; mit $0 \leq \delta_{c,t}^{kPK^{aP}} \leq 1$

$\delta_{c,t}^{kPK^{liP}}$:	Kundeninduzierte Quote des Kosteneinsparungspotenzials für leistungsbezogen-integrative Prozesse für einen Kunden c in der Periode t; mit $0 \leq \delta_{c,t}^{kPK^{liP}} \leq 1$
$\delta_{c,t}^{kPK^{aaP}}$:	Kundeninduzierte Quote des Kosteneinsparungspotenzials für ablaufbezogen-integrative Prozesse für einen Kunden c in der Periode t; mit $0 \leq \delta_{c,t}^{kPK^{aaP}} \leq 1$
$\Delta\alpha_{c,p_c,t}$:	Zusätzlicher Loyalitätsgrads eines Kunden c für das Produkt p_c in der Periode t im Vergleich zur aktuellen Situation bezogen auf das Bedarfspotenzial $BP_{c,p_c,t}$; mit $\Delta\alpha_{c,p_c,t} + \alpha_{c,p_c,t} \leq 1$ und $\alpha_{c,p_c,t} \geq -1 \cdot \Delta\alpha_{c,p_c,t}$
$\Delta\alpha_{c,q_c,t}$:	Zusätzlicher Loyalitätsgrad eines Kunden c für das Produkt q_c in der Periode t im Vergleich zur aktuellen Situation bezogen auf das Bedarfspotenzial $BP_{c,q_c,t}$; mit $\Delta\alpha_{c,q_c,t} + \alpha_{c,q_c,t} \leq 1 \;\; \alpha_{c,q_c,t} \geq -1 \cdot \Delta\alpha_{c,q_c,t}$
$\Delta BP_{c,p_c,t}$:	Zusätzliches Bedarfspotenzial eines Kunden c für das Produkt p in der Periode t
$\Delta BP(\tau_{c,p_c,t}^{BGP})_{c,p_c,t}$:	Zusätzliches Bedarfspotenzial eines Kunden c für das Produkt p_c in der Periode t unter Berücksichtigung der Ausnutzung der für das Basisgeschäftspotenzial zugrunde gelegten Zahlungsbereitschaft ($=\Delta BP_{c,p_c,t}$)
$\Delta BP(\tau_{c,p_c,t}^{max})_{c,p_c,t}$:	Zusätzliches Bedarfspotenzial eines Kunden c für das Produkt p_c in der Periode t unter Berücksichtigung der Ausnutzung der maximalen Zahlungsbereitschaft
$\Delta BP_{c,q_c,t}$:	Zusätzliches Bedarfspotenzial eines Kunden c für das Produkt q_c in der Periode t
$\varepsilon_{c,t}$:	Ausfallwahrscheinlichkeit des Kunden c in der Periode t
$\mu[KWT_t]$:	Erwartungswert der Verteilung der Ausprägungen der Kundenwerttreiber in der Periode t
$\rho_{c,pq}$:	Dummyvariable der Verbundbeziehung zwischen den Produkten p und q mit $\rho_{c,pq} = 1$, wenn eine Substitutionsbeziehung im Sinne des Up-Sellings für den Kunden c vorliegt und $\rho_{c,pq} = 0$, wenn keine Substitutionsbeziehung im Sinne des Up-Sellings für den Kunden c vorliegt

$\tau^{BGP}_{c,p_c,t}$: Zahlungsbereitschaft in Form von Zins- oder Gebührensätzen des Kunden *c* für das Produkt p_c in der Periode *t*, die bei der Bewertung des Basisgeschäftspotenzials zugrunde gelegt wurde

$\tau^{max}_{c,p_c,t}$: Maximale Zahlungsbereitschaft in Form von Zins- oder Gebührensätzen des Kunden *c* für das Produkt p_c in der Periode *t*

$\phi_{c,\mathrm{A}}$: Akquisitionswahrscheinlichkeit für den Kunden *c* in der Periode der erwarteten Akquisition *A* (t=*A)*

A: Periode der erwarteten Akquisition (t=A)

AE_{ct}: Autonome Erlöse, die durch den Kunden *c* in der Periode *t* verursacht werden

AK_c: Akquisitionskosten zur Gewinnung des Kunden *c* (nur relevant bei Bewertung eines Neukunden)

$AK_{c,t}$: Akquisitionskosten für den Kunden *c* in der Periode *t*

$AufK_c$: Auflösungskosten der Kundenbeziehung mit dem Kunden *c*

B : Umsatz-/Geschäftsvolumenabhängiger Bonussatz bzw. Rückvergütungssatz in Prozent

$BGP_{c,t}$: Basisgeschäftspotenzial eines Kunden *c* in der Periode *t*

$BGP'_{c,t}$: Unter Berücksichtigung von bankleistungsbezogenen Prozesskosten (Standardstückkosten) bewertetes Basisgeschäftspotenzial eines Kunden *c* in der Periode *t*

$BGP''_{c,t}$: Unter Berücksichtigung von bankleistungsbezogenen Prozesskosten (Standardstückkosten) und Kreditrisikokosten bewertetes Basisgeschäftspotenzial eines Kunden *c* in der Periode *t*

BK : Branchenüblicher absoluter Anteil an Bankkrediten

$BK_{zusätzlich}$: zusätzlicher Bedarf an Bankkrediten

$BP_{c,p_c,t}$: Bedarfspotenzial eines Kunden *c* für das Produkt p_c in der Periode *t*

$BP(\tau^{BGP}_{c,p_c,t})_{c,p_c,t}$: Bedarfspotenzial eines Kunden *c* für das Produkt p_c in der Periode *t* unter Berücksichtigung der Ausnutzung der für das Basisgeschäftspotenzial zugrunde gelegten Zahlungsbereitschaft ($=BP_{c,p_c,t}$)

$BP(\tau^{max}_{c,p_c,t})_{c,p_c,t}$:	Bedarfspotenzial eines Kunden c für das Produkt p_c in der Periode t unter Berücksichtigung der Ausnutzung der leistungsbezogenen maximalen Zahlungsbereitschaft
$BP_{c,q_c,t}$:	Bedarfspotenzial eines Kunden c für das Produkt q_c in der Periode t
$BP_{c,x_c^{BW},t}$:	Bedarfspotenzial eines Kunden c für das Produkt x_c^{BW} in der Periode t
$BP_{c,x_c^{L},t}$:	Bedarfspotenzial eines Kunden c für das Produkt x_c^{L} in der Periode t
$BP_{c,x_c^{UE},t}$:	Bedarfspotenzial eines Kunden c für das Produkt x_c^{UE} in der Periode t
$BP_{c,y_c^{BW},t}$:	Bedarfspotenzial eines Kunden c für das Produkt y_c^{BW} in der Periode t
$BP_{c,y_c^{L},t}$:	Bedarfspotenzial eines Kunden c für das Produkt y_c^{L} in der Periode t
$BP_{c,y_c^{UE},t}$:	Bedarfspotenzial eines Kunden c für das Produkt y_c^{UE} in der Periode t
BS:	Bilanzsumme
C:	Kapitalwert
CE_{ct}:	Cross-Selling-Erlöse, die durch den Kunden c in der Periode t verursacht werden
CLV_c:	Customer Lifetime Value des Kunden c
$CSP_{c,t}$:	Cross-Selling-Potenzial eines Kunden c in der Periode t
$CSP'_{c,t}$:	Unter Berücksichtigung von bankleistungsbezogenen Prozesskosten (Standardstückkosten) bewertetes Cross-Selling-Potenzial eines Kunden c in der Periode t
$CSP''_{c,t}$:	Unter Berücksichtigung von bankleistungsbezogenen Prozesskosten (Standardstückkosten) und Kreditrisikokosten bewertetes Cross-Selling-Potenzial eines Kunden c in der Periode t
$CSP^L_{c,t}$:	Loyalitätsbezogenes Cross-Selling-Potenzial eines Kunden c in der Periode t

$CSP_{c,t}^{BW}$:	Bedürfnisweckendes Cross-Selling-Potenzial eines Kunden *c* in der Periode *t*
$CSP_{c,t}^{UE}$:	Unternehmensentwicklungsbezogenes Cross-Selling-Potenzial eines Kunden *c* in der Periode *t*
D :	Dividenden-/Thesaurierungsbetrag
$EP_{c,t}$:	Entwicklungspotenzial eines Kunden *c* in der Periode *t*
$EP'_{c,t}$:	Unter Berücksichtigung von bankleistungsbezogenen Prozesskosten (Standardstückkosten) bewertetes Entwicklungspotenzial eines Kunden *c* in der Periode *t*
$EP''_{c,t}$:	Unter Berücksichtigung von bankleistungsbezogenen Prozesskosten (Standardstückkosten) und Kreditrisikokosten bewertetes Entwicklungspotenzial eines Kunden *c* in der Periode *t*
FB :	jährlicher Finanzierungsbedarf
FI^{I} :	Kosten des Förderinstruments im Quadrant I
FP :	Potenzial für eine nachhaltige Förderung der aktuellen und zukünftigen Mitglieder
G :	Gewinn
GF_{m} :	Gewichtungsfaktor der Eigenschaft *m*
GF_{IP} :	Gewichtungsfaktor des Kundenteilscores für das Informationspotenzial
GF_{h}^{IP} :	Gewichtungsfaktor der Eigenschaft *h* in der Dimension Informationspotenzial
GF_{MVP} :	Gewichtungsfaktor des Kundenteilscores für das Member Value-Potenzial
GF_{l}^{MVP} :	Gewichtungsfaktor der Eigenschaft *l* in der Dimension Member Value Potenzial
GF_{RP} :	Gewichtungsfaktor des Kundenteilscores für das Referenzpotenzial
GF_{j}^{RP} :	Gewichtungsfaktor der Eigenschaft *j* in der Dimension Referenzpotenzial

$GGP''_{c,t}$::	Unter Berücksichtigung von bankleistungsbezogenen Prozesskosten (Standardstückkosten) und Risikokosten bewertetes Gesamtgeschäftspotenzial eines Kunden *c* in der Periode *t*
GS_c:	Gesamtscore des Kunden *c*
$HSL_{c,t}$:	Entwicklungspotenzial aus dem Verkauf höherwertiger substitutiver Leistungen eines Kunden *c* in der Periode *t*
$InfoP_{ct}$:	Informationspotenzial des Kunden *c* in der Periode *t* (sofern monetarisierbar)
$InnoP_{ct}$:	Innovationspotenzial des Kunden *c* in der Periode *t* (sofern monetarisierbar)
K:	Nicht in Standardstückkosten verrechnete Gemeinkosten
$KK_{c,t}^{KKP_{c,t}}$:	Ausgaben, die im Zusammenhang mit dem Kooperationspotenzial auf Seiten der Kreditgenossenschaft für den Kunden *c* in der Periode *t* anfallen (Kompetenzkosten)
$KoopP_{ct}$:	Kooperationspotenzial des Kunden *c* in der Periode *t* (sofern monetarisierbar)
$KP_{c,t}$:	Kooperationspotenzial für den Kunden *c* in der Periode *t*
KU:	branchenübliche Kapitalumschlagshäufigkeit
KV:	Konditionsvorteil für Mitglieder
KW_c:	Anbieterspezifischer Kundenwert des Kunden *c* aus Sicht der Gesamtbank
$KW_c^{Vertrieb}$:	Durch die Vertriebsbank beeinflussbarer Kundenwert des Kunden *c*
$KW_c^{Produktion}$:	Durch die Produktionsbank beeinflussbarer Kundenwert des Kunden *c*
$KW_c^{Steuerung}$:	Durch die Steuerungsbank beeinflussbarer Kundenwert des Kunden *c*
KW_c^m:	Monetärer periodenübergreifender Kundenwert unter Berücksichtigung des Kreditrisikos und des Kundenplanungsrisikos
KW_c^{mnKR}:	Monetärer periodenübergreifender Kundenwert unter Berücksichtigung des Kreditrisikos

$KW_c^{m,u}$:	Monetärer Kundenwert eines Kunden c aus für das Leistungsprogramms eines Unternehmens u der FinanzGruppe aus Sicht der Kreditgenossenschaft
$KW_{c,t}^{mvR}$:	Monetärer Kundenwert vor Integration des Risikos eines Kunden c in der Periode t
KW_c^{mvR}:	Periodenübergreifender monetärer Kundenwert vor Integration des Risikos eines Kunden c
KW_c^{nm}:	Nicht-monetärer Kundenwert des Kunden c
KWT:	(Anbieterspezifischer) Kundenwerttreiber
KTW_c^{IP}:	Kundenteilscore des Kunden c für das Informationspotenzial
KTW_c^{MVP}:	Kundenteilscore des Kunden c für das Member Value-Potenzial
KTW_c^{RP}:	Kundenteilscore des Kunden c für das Referenzpotenzial
$KWTP$:	Maximale Ausprägung des Kundenwerttreibers (Kundenwerttreiberpotenzial)
L:	durchschnittliche Kreditlaufzeit
$ME_{c,t}^{BGP}$:	Mengeneffekt mit Bezug zum Basisgeschäftspotenzial (*BGP*) eines Kunden c in der Periode t
$ME_{c,t}^{HSL}$:	Mengeneffekt mit Bezug zum Entwicklungspotenzials aus dem Verkauf höherwertiger substitutiver Leistungen (*HSL*) eines Kunden c in der Periode t
MF:	Mittelbare Förderung z. B. durch Dividenden und Verzinsung des Geschäftsguthabens, also Beiträgen aus der Einlegerbeziehung (auch: Mitgliedernutzen)
MK_{ct}:	Marketingkosten für den Kunden c in der Periode t (zur Erreichung der prognostizierten Erlöse und der Bindungsrate)
MV:	Member Value oder innerer Wert der Kreditgenossenschaft für das Mitglied
$MVP_{c,t}$:	Entwicklungspotenzial aus Mehrverkauf eines Kunden c in der Periode t
$MVP_{c,t}^{BGP}$:	Entwicklungspotenzial aus Mehrverkauf eines Kunden c in der Periode t bei Produkten des Basisgeschäftspotenzials (*BGP*)

$MVP_{c,t}^{HSL}$:	Entwicklungspotenzial aus Mehrverkauf eines Kunden *c* in der Periode *t* bei Produkten des Entwicklungspotenzials aus dem Verkauf höherwertiger substitutiver Leistungen (*HSL*)
$MX_{c,t}^{BGP}$:	Mixeffekt mit Bezug zum Basisgeschäftspotenzial (*BGP*) eines Kunden *c* in der Periode *t*
$MX_{c,t}^{HSL}$:	Mixeffekt mit Bezug zum Entwicklungspotenzials aus dem Verkauf höherwertiger substitutiver Leistungen (*HSL*) eines Kunden *c* in der Periode *t*
$OK_{c,t}^{KKP_{c,t}}$:	Kosten, die im Zusammenhang mit dem Kooperationspotenzial auf Seiten der Kreditgenossenschaft für den Kunden *c* in der Periode *t* anfallen (Opportunitätskosten)
$PP_{c,t}$:	Preispotenzial eines Kunden *c* in der Periode *t* (bezogen auf das Basisgeschäftspotenzial und das Mehrverkaufspotenzial)
$PP_{c,t}^{BGP}$:	Preispotenzial des Kunden *c* in der Periode *t* bezogen auf das Basisgeschäftspotenzial (*BGP*)
$PP_{c,t}^{MV^{BGP}}$:	Preispotenzial des Kunden *c* in der Periode *t* bezogen auf den Mehrverkauf der Produkte des Basisgeschäftspotenzial (MV^{BGP})
$PSLK_{ct}$:	Produkt-, Service- und Logistikkosten, die durch den Kunden *c* in der Periode *t* verursacht werden
PW_t:	Potenzialwert der Kreditgenossenschaft zum Zeitpunkt *t*
R_{ct}:	Bindungsrate des Kunden *c* in der Periode *t*
RA_t:	Subjektiver Risikoabschlag in der Periode *t*
RF:	refinanzierungsbedingter Kreditbedarf
RW_{ct}:	Referenzwert des Kunden *c* in der Periode *t* (sofern monetarisierbar)
S_{cm}:	Score des Kunden *c* bei der Eigenschaft *m*
$S_{c,h}^{IP}$:	Score des Kunden *c* bei der Eigenschaft *h* in der Dimension Informationspotenzial
$S_{c,j}^{RP}$:	Score des Kunden *c* bei der Eigenschaft *j* in der Dimension Referenzpotenzial
$S_{c,l}^{MVP}$:	Score des Kunden *c* bei der Eigenschaft *l* in der Dimension Member Value-Potenzial

$SÄ[KWT_t]$:	Sicherheitsäquivalent für einen Kundenwerttreiber in der Periode t
T:	Lebensdauer der Geschäftsbeziehung mit einem Kunden
U:	Jahresumsatz
UE_{ct}:	Up-Selling-Erlöse, die durch den Kunden c in der Periode t verursacht werden
UF:	Unmittelbare (reale bzw. naturale) Förderung des Mitglieds aus den Leistungsbeziehungen zur Kreditgenossenschaft, die zu vereinbarten Konditionen und Standards erfolgt (auch: Kundennutzen)
$USP_{c,t}$:	Up-Selling-Potenzial eines Kunden c in der Periode t
$VE_{c,t}^{BGP}$:	Verdrängungseffekt mit Bezug zum Basisgeschäftspotenzial (*BGP*) eines Kunden c in der Periode t
$VE_{c,t}^{HSL}$:	Verdrängungseffekt mit Bezug zum Entwicklungspotenzial aus dem Verkauf höherwertiger substitutiver Leistungen (*HSL*) eines Kunden c in der Periode t
VW_t:	Vermögenswert der Kreditgenossenschaft zum Zeitpunkt t
ZW_t:	Zerschlagungswert der Kreditgenossenschaft zum Zeitpunkt t
a_t:	(erwartete) Auszahlungen in der Periode t
$b_{c,t}$:	Kundenbindungsrate für den Kunden c in der Periode t
c:	Index für Kunden
d:	Dividenden-/Thesaurierungssatz in Prozent
e_t:	(erwartete) Einzahlungen in der Periode t
$f(\cdot)$:	Nutzenfunktion
$g(\cdot)$:	Kundenwertfunktion
h:	Index der Eigenschaften des Informationspotenzials
i:	Kalkulationszinssatz
i_t:	Periodisch differenzierter Diskontierungsfaktor
j:	Index der Eigenschaften des Referenzpotenzials

k:	Standardstückkosten
k^{Q}:	Qualitätsbedingter Stückkostenaufschlag
$kPK_{c,t}$:	Kundenbezogene Prozesskosten eines Kunden c in der Periode t
$kPK_{c,t}^{aP}$:	Kundenbezogene Prozesskosten eines Kunden c in der Periode t für autonome Prozesse
$kPK_{c,t}^{liP}$:	Kundenbezogene Prozesskosten eines Kunden c in der Periode t für leistungsbezogen-integrative Prozesse
$kPK_{c,t}^{aiP}$:	Kundenbezogene Prozesskosten eines Kunden c in der Periode t für ablaufbezogene-integrative Prozesse
kq:	branchenüblicher Anteil der Bankkredite an der Bilanzsumme
l:	Index der Eigenschaften des Member Value-Potenzials
m:	Index der Eigenschaften bzw. Bewertungskriterien im Punktbewertungsverfahren
n:	(erwartet) Restdauer der Geschäftsbeziehung
p:	Marktpreis je Stück
p_c:	Index der Produkte im Sinne des Basisgeschäftspotenzials aus Sicht des Kunden c
q_c:	Index der Produkte im Sinne des Up-Sellings aus Sicht des Kunden c
r_c:	Kundenspezifischer, risikoadäquater Zinssatz
s_i^P:	Strategiealternative i der Produktionsbank
s_i^S:	Strategiealternative i der Steuerungsbank
s_i^P:	Strategiealternative i der Produktionsbank
t:	Periodenindex
u:	Index der beteiligten Unternehmen der FinanzGruppe
w:	Wachstumsrate des Unternehmens bezogen auf die Bilanzsumme
x_c^{BW}:	Index der aktuell vorhandenen Produkte im Sinne des be-

	dürfnisweckenden Cross-Selling-Potenzials aus Sicht des Kunden
x_c^L :	Index der aktuell vorhandenen Produkte im Sinne des loyalitätsbezogenen Cross-Selling-Potenzials aus Sicht des Kunden
x_c^{UE} :	Index der aktuell vorhandenen Produkte im Sinne des bedürfnisweckenden Cross-Selling-Potenzials aus Sicht des Kunden
y_c^{BW} :	Index der aktuell noch nicht vorhandenen Produkte im Sinne des bedürfnisweckenden Cross-Selling-Potenzials aus Sicht des Kunden
y_c^L :	Index der aktuell noch nicht vorhandenen Produkte im Sinne des loyalitätsbezogenen Cross-Selling-Potenzials aus Sicht des Kunden
y_c^{UE} :	Index der aktuell noch nicht vorhandenen Produkte im Sinne des bedürfnisweckenden Cross-Selling-Potenzials aus Sicht des Kunden
z_c :	Risikozuschlag für den Kunden c

A Einleitung

1 Problemstellung und Motivation der Arbeit

GEORG KOTTMANN, Bankier, berichtete in einem Vortrag über einen, in den Wirren der letzten Wochen des zweiten Weltkriegs vor den alliierten Truppen flüchtenden Vorstand eines thüringischen Kreditinstituts. Er fragte die Zuhörer, was sie dem unter Zeitdruck stehenden Bankvorstand geraten hätten, aus der Bank unter Berücksichtigung des Platzmangels beim Transport mitzunehmen. „Kasse", „Tresor", „Gold", „Wertpapiere" wurden genannt. KOTTMANNS Antwort war: „Die Kundenliste hat er mitgenommen! Und mit dieser Liste hat er das Geschäft in kurzer Zeit an anderer Stelle wieder aufgebaut."[1] Seit Ende des zweiten Weltkriegs hat sich das Bankgeschäft in Deutschland stark gewandelt. Zentrales Charakteristikum dieses Wandels ist die Entwicklung des Bankenmarkts von einem Verkäufer- zu einem Käufermarkt. Diese Entwicklung, die aus dem Markteintritt so genannter Non- und Near-Banks,[2] dem Eintritt ausländischer Banken, den Fortschritten in der Informations- und Kommunikationstechnologie und der zunehmenden Autonomie sowie komplexeren Anforderungen der Kunden resultiert, wird als Begründung eines intensivierten Wettbewerb angesehen.[3]

Auch das Bankgeschäft mit gewerblichen Kunden[4] weist diese Intensivierungstendenzen auf.[5] Spezifische Einflussfaktoren sind die positive wirtschaftliche Entwicklung im Zeitraum 2003 bis zur Finanzmarktkrise in 2008, die neuen Herausforderungen an die Unternehmen in einem globalisierten Umfeld[6] sowie die strategischen Wechsel der Banken und Bankengruppen.[7] Bedingt durch die

---

1 Wiedergegeben nach *Plinke, W.* (1997), S. 115.

2 Zu den Near-Banks zählen z. B. Kreditkartengesellschaften, Anlageberater und Makler und den Non-Banks werden bspw. Versand- und Warenhäuser zugeordnet, die Bankleistungen im Kontext der eigenen Absatzförderung einsetzen. Vgl. dazu ausführlich *Wiedemann, A.* (1992), S. 72 ff.

3 Vgl. *BVR* (2007b), S. 4. Vgl. auch die Ausführungen in Kapitel C.1.5.

4 Für eine detaillierte Abgrenzung des gewerblichen und privaten Geschäfts vgl. Kapitel C.2.2.1.

5 So geben ein Drittel der im Rahmen einer Studie des FRAUNHOFER INSTITUTS befragten Banken an, einen intensivierten Wettbewerb im gewerblichen Kundensegment festzustellen. Vgl. *Engstler, M./Praeg, P./Voecke, C.* (2007), S. 7. Ähnlich ist die Einschätzung von *Rolfes, B.* (2002), S. 141.

6 Vgl. *Lippmann, I.* (2006), S. 396; *Schulz, T. C.* (2005), S. 71.

7 So nennt etwa DEHNE als einen Grund der Wettbewerbsintensivierung die Tatsache, dass die Großbanken die Attraktivität und Chancen des gewerblichen Kundensegments

Finanzmarktkrise wird erwartet, dass die Wettbewerbsintensität weiter steigen wird.[8] „Banks are renewing their focus on the core products and segments they neglected during the boom years. Corporate banks can expect to find more players trying harder to win the same clients.“[9] Vor dem Hintergrund der relativ zeitstabilen Marktanteilsstrukturen[10] in den letzten zehn Jahren auf dem deutschen Firmenkundenmarkt indiziert diese Skizze der aktuellen Ausgangslage zwei wesentliche Implikationen. Zum einen zeichnet sich ab, dass ob der verteilten Marktanteile bei gleichzeitig nur geringen Wachstumsperspektiven des Gesamtmarktes[11] die strukturellen Voraussetzungen für einen Preiswettbewerb gegeben sind und dieser von Theorie und Praxis konstatiert wird.[12] Folglich liegt ein zunehmender Ertragsdruck auf den Banken und Bankengruppen.[13] Zum anderen kann angenommen werden, dass Wachstumspotenziale für die Banken weniger in ressourcenintensiven Akquisitionsvorhaben als vielmehr in Strategien, den bestehenden Kundenbestand auszuschöpfen, liegen. Die wesentliche Konsequenz dieser Implikationen für die einzelnen Banken und Bankengruppen ist, dass ein strategisch-marktpolitisches Umdenken gefordert und umgesetzt wird.[14] Nachdem zuletzt vor allem Kostensenkungsprogramme realisiert wurden, rücken nun marktgerichtete Aktivitäten wieder in den Fokus, um die Zu-

---

neu entdeckt haben und zunehmend um diese Kunden werben. Vgl. *Dehne, T.* (2008), S. 53.

8 Vgl. *Osman, Y.* (2009), o. S.; *Hölzer, K./Schnarr, T.* (2010), S. 55.

9 *Boston Consulting Group* (2009a), S. 16.

10 Vgl. *Wiedemann, A.* (1992), S. 42. Gemessen an dem an Unternehmen und Selbständige ausgereichten Kreditvolumen hatte der Genossenschaftssektor einen Marktanteil von ca. 16 Prozent im Jahr 2000 und ca. 15 Prozent im Jahr 2010, der Sparkassensektor hatte 2000 einen Marktanteil von ca. 40 Prozent und in 2010 einen Anteil von ca. 43 Prozent und die Kreditbanken erzielten einen Marktanteil von ca. 31 Prozent in 2000 sowie einen Marktanteil von ca. 27 Prozent in 2010. Die übrigen kreditgebenden Banken hatten Marktanteile von ca. 13 Prozent in 2000 und ca. 15 Prozent in 2010. Vgl. *Deutsche Bundesbank* (2011a).

11 Die BOSTON CONSULTING GROUP prognostiziert als Auswirkung der Finanzmarktkrise geringe Wachstumsaussichten in den saturierten Industrieländern wie Deutschland. Vgl. *Boston Consulting Group* (2009b), S. 5.

12 Eine ausführliche Darstellung von Studien zur Profitabilität des Firmenkundengeschäfts erfolgt in Kapitel C.1.5.

13 Vgl. *Segbers, K.* (2007), S. 74.

14 So sahen nach einer Umfrage von STERIA MUMMERT CONSULTING 54 Prozent der 100 befragten Entscheider aus Banken und Bankengruppen in Deutschland den Wettbewerb und 32 Prozent die Ertragseinbrüche als größte Herausforderungen für die Banksteuerung. Vgl. *Steria Mummert Consulting* (2007), S. 11 und S. 18; ähnlich auch *Schmoll, A.* (1997), S. 21 ff.

kunft der Banken zu gestalten.[15] Während es in ungesättigten Märkten sinnvoll ist, die Produktbekanntheit zu steigern und Kunden zu akquirieren, findet in den gegenwärtig wettbewerbsintensiven Märkten ein Wandel von der produktzentrierten zur kunden-orientierten Geschäftsausrichtung statt.[16] Somit ist es nur konsequent, wenn die Banken für sich in Anspruch nehmen, den „Wiedergewinn der Kundennähe"[17] zu forcieren. Doch die „jahrzehntelange Dominanz von Anbieter- und Produktzentrierung hat in vielen Banken die Kundenorientierung überlagert […]."[18] Auf Käufermärkten gelten der Kunde und dessen Bedarf als knappes Gut,[19] so dass das bisherige, von SCHÖNING als beinahe hoheitlich bezeichnete Verhalten der Banken nicht mehr adäquat ist.[20]

Werden die marktpolitischen Ansätze betrachtet, die gegenwärtig von den Banken umgesetzt werden, ist zu konstatieren, dass sich diese auf den auch in der Marketingwissenschaft vollzogenen Wechsel von der eher kurzfristigen Transaktionsorientierung, die kongruent zu einer produkt- und anbieterzentrierten Sicht ist, hin zur Beziehungsorientierung bewegen.[21] Nicht der schnelle und einmalige Produktverkauf wird als Ziel proklamiert, sondern die möglichst systematische Ausschöpfung des gesamten bankrelevanten Bedarfs einer bestehenden oder aufzubauenden Kundenbeziehung.[22] In der wissenschaftlichen Theorie und Praxis wurde und wird dieser Ansatz in Form des Beziehungsmarketings intensiv erforscht.[23] Nach DILLER wird beim Beziehungsmarketing, das hier nicht im generischen Sinn, sondern als strategische absatzpolitische Konzeption verstanden wird, der Markterfolg durch systematisches Management, d. h. Analyse, Planung, Organisation und Kontrolle individueller Kundenbeziehungen

---

15 Vgl. *Engstler, M./Praeg, P./Voecke, C.* (2007), S. 7.

16 Vgl. *Lippmann, I.* (2006), S. 392.

17 *Engstler, M./Praeg, P./Voecke, C.* (2007), S. 1.

18 *Benölken, H.* (2002), S. 24. Ähnlich auch *Pelzl, U.* (2006), S. 8.

19 Vgl. *Lütje, S.* (2009), S. 3.

20 Vgl. *Schöning, S.* (2003), S. 1043, der diese Attitüde seitens der Banken auch im allgemeinen Sprachgebrauch in Begriffen wie „Kreditantrag" und „Bankbeamter" wiederfindet.

21 Vgl. *Bruhn, M.* (2009), S. 1 ff.; *Gelbrich, K.* (2001), S. 10 ff.; *Plinke, W.* (1989), S. 305 ff. Siehe auch die Ausführungen zu den Vertriebsansätzen der Kreditgenossenschaften in Kapitel C.2.4.1.

22 Vgl. *Schmoll, A.* (1997), S. 23.

23 Vgl. für eine pointierte Darstellung des Beziehungsmarketings z. B. *Diller, H.* (1995b). In dieser Arbeit wird der Begriff des Beziehungsmarketing aufgrund der inhaltlichen Schnittmengen synonym zu den Begriffen Relationship Marketing und Customer Relationship Marketing verwendet. Analog *Diller, H.* (2006), S. 99.

gesucht.[24] Oberstes Ziel des Beziehungsmarketings ist, langfristige Kundenbeziehungen aufzubauen, mit denen ökonomische Vorteile für die Bank erreicht werden können. Als Grundlage langfristiger Beziehungen gilt die Kundenbindung, die vielschichtig begründet ist[25] und als Ergebnis von Kundenzufriedenheit aufgefasst wird. Diese wird wiederum beeinflusst durch kundenorientiertes bzw. kundennahes Verhalten eines Anbieters.[26] Dass „Nähe zum Kunden" einen wichtigen Erfolgsfaktor für Unternehmen darstellt, ist das Ergebnis der Untersuchungen von PETERS/WATERMAN.[27] Jedoch gilt es, das Ausmaß der Kundenähe als Optimierungsproblem zu verstehen.[28] Daher kann im Sinne des Beziehungsmarketing die Kundennähe und Kundenorientierung als effektivitätsorientiertes Vorgehen beschrieben werden, das lange Zeit im Fokus von Wissenschaft und Praxis stand.[29] Aufgrund der parallel – zunächst jedoch noch unverbunden mit diesen Entwicklungen im Marketing – zunehmenden Verbreitung der wertorientierten Unternehmensführung[30] wird in jüngerer Zeit auch für das Marketing und den Vertrieb die Notwendigkeit gesehen, markt- und kundengerichtete Maßnahmen im Rahmen von Unternehmenswertanalysen hinsichtlich ihrer Effizienz zu prüfen. Empirische Studien stellen dazu fest, dass Kunden in unterschiedlichem Ausmaß zum wirtschaftlichen Erfolg einer Bank beitragen (siehe Tabelle 1).

---

24 Vgl. *Diller, H.* (2006), S. 99; *Diller, H.* (1995b). Im generischen Sinn ist Marketing als bewusst marktorientierte Führung des gesamten Unternehmens oder marktorientiertes Entscheidungsverhalten zu verstehen. Vgl. *Meffert, H.* (1998), S. 7.

25 Vgl. dazu ausführlich *Eggert, A.* (1999).

26 Vgl. *Krafft, M.* (2007), S. 11 ff. Zu berücksichtigen ist, dass die Kundenorientierung u. a. die Kundenähe umfasst, die von KRAFFT als relevantes Konstrukt untersucht wird. Für eine ausführliche Erläuterung dieser beiden Konstrukte vgl. *Krafft, M.* (2007), S. 12 ff.

27 Vgl. Peters, T. J./Waterman, R. H. (1991), S. 35 f.

28 Vgl. z. B. die Studien von *Reinartz, W. J./Kumar, V.* (2000) und *Reinartz, W. J./Krafft, M.* (2001), die zeigen, dass Kundenbindung nicht zwingend mit Unternehmenserfolg oder Kundenerfolg verbunden ist.

29 Vgl. *Lissautzki, M.* (2007), S. 1 ff.

30 Als grundlegend gelten dazu die Arbeiten von RAPPAPORT. Vgl. z. B. *Rappaport, A.* (1999).

Tabelle 1: Rentabilitätsbezogene Kundenstruktur in ausgewählten Studien[31]

Quelle	Rentabilitätsbezogene Bankkundenstruktur
GANDY (2001) (mehrere Unternehmen)	52% der Kunden sind wertgenerierend, 23% sind wertvernichtend und 25% sind wertneutral
COSTANZO (1995) (mehrere Unternehmen)	20% der Kunden erwirtschaften 100% des Vorsteuerergebnisses, 30% vernichten 40% des möglichen Ergebnisses
SCHLENZKA (1987) (anonymes Beispiel)	4% der Kunden erwirtschaften 90% des Ergebnisses, 72% der Kunden vernichten 33% des möglichen Ergebnisses
HAGEMANN (1986) (Privatkundenbereich)	68% der Kunden vernichten fast zwei Drittel der durch die restlichen Kunden erwirtschafteten Gewinne

Als zentrale Steuerungsgröße richten Wissenschaft und Praxis vor diesem Hintergrund den Blick auf den Kundenwert, mithin auf die Frage, welche Erfolge mit dem Auf- und Ausbau von Kundenbeziehungen realisiert werden können. Es hat sich die Erkenntnis durchgesetzt, dass der Kundenwert als zentrale Größe für die Bewertung und Steuerung von Kundenbeziehungen zu nutzen sei.[32] Da nach herrschender Meinung der Beitrag eines Kunden zum Erfolg eines Unternehmens – entgegen den in Tabelle 1 genannten Studien – über seine rein monetäre Profitabilität hinausgeht, lag der Schwerpunkt der ersten wissenschaftlichen Beiträge zu diesem Thema in der Konzeptualisierung und Operationalisierung des Konstrukts Kundenwert.[33] Im weiteren Verlauf der Forschung wurden Fragen nach der Integration des Kundenwerts in das (Beziehungs-)marketing[34], das Kundenmanagement[35] sowie die Unternehmensführung[36] und -bewertung[37] erörtert. Hinsichtlich der vornehmlich betrachteten Entscheidungsfelder lässt sich konstatieren, dass vor allem Marketingentscheidungen der Segmentierung, der Selektion attraktiver Kunden oder Kundensegmente sowie der kundenwertsteigernden Auswahl kommunikationspolitischer Strategien analysiert wurden.[38] Es gibt zudem einige Arbeiten, die sich dem Kundenwert aus der Sicht des Control-

31 Eigene Darstellung.

32 Vgl. *Stüker, D.* (2008), S. 30 sowie die dort genannte Literatur.

33 Vgl. z. B. *Schemuth, J.* (1996), *Schleuning, C.* (1997), *Cornelsen, J.* (2000), *Rudolf-Sipötz, E.* (2001) und *Gelbrich, K.* (2001), wenngleich sich kein einheitliches Ergebnis feststellen lässt.

34 Vgl. z. B. *Tewes, M.* (2003).

35 Vgl. z. B. *Eberling, G.* (2002).

36 Vgl. z. B. *Lissautzki, M.* (2007) und *Stüker, D.* (2008).

37 Vgl. z. B. *Gupta, S./Lehmann, D. R./Stuart, J. A.* (2004); *Bauer, H.-H./Hammerschmidt, M.* (2005); *Wiesel, T./Skiera, B.* (2007).

38 Die einzige umfassende Analyse für das Marketing bietet *Tewes, M.* (2003).

lings nähern.[39] Eine in diesen Kontext aus Beziehungsmarketing und Kundenwert eingefasste explizite wissenschaftliche Analyse der Integration des Kundenwerts in andere Politiken des Marketings, wie z. B. die Produkt-, die Preis- oder die Vertriebspolitik, lassen sich jedoch kaum finden,[40] so dass auch die Integration des Kundenwerts in die Entscheidungsfelder und Steuerung dieser Politiken als noch weitgehend unerforscht bezeichnet werden kann.

Wird nun der Fokus auf den hier interessierenden Untersuchungsbereich des Firmenkundengeschäfts bei Banken gerichtet, ist festzustellen, dass der zentrale Träger der operativen und strategischen Aufgaben hinsichtlich des Beziehungsmarketings die Schnittstelle zwischen Bank und Firmenkunde, der Vertrieb ist.[41] Dabei muss dem Grundsatz „Banking ist und bleibt People Business"[42] folgend die besondere Stellung des persönlichen Vertriebs herausgehoben werden. Wie bei allen arbeitsteiligen Prozessen, in denen wirtschaftliche Akteure involviert sind, bedarf es Mechanismen zur zielgerichteten Entscheidungskoordination. Entscheidungen zur Ausgestaltung des Vertriebs leiten sich aus dem sachlich übergeordneten Marketing ab und werden in der Vertriebssteuerung zusammengefasst. Die Vertriebssteuerung dient dazu, die im Vertrieb gebündelten Ressourcen und Prozesse im Sinne der Gesamtbankzielsetzung abzustimmen und zu lenken. Es ist jedoch zu konstatieren, dass die in der Praxis gängigen Ansätze der Vertriebssteuerung nicht konsistent mit den gegenwärtigen marketingpolitischen Ansätzen sind. Grundsätzlich lassen sich drei typische Vertriebssteuerungsansätze unterscheiden, die in Abhängigkeit des Inhalts der Ziel- und Steuerungsgrößen als volumenorientiert, wertorientiert oder aktivitätenorientiert bezeichnet werden können.

In der volumenorientierten Vertriebsteuerung gilt die These, dass die Höhe kundenbezogener Bankbilanzaktiv- oder -passivpositionen mit dem Ertrag posi-

---

39 Vgl. z. B. *Schmöller, P.* (2001), *Weber, J./Lissautzki, M.* (2004), *Mödritscher, G. J.* (2008) und *Stüker, D.* (2008). Vgl. zum Controllingbegriff *Berens, W./Bertelsmann, R.* (2002), Sp. 280 ff.

40 Arbeiten zum Thema Kundenwert, die über die Segmentierungsentscheidungen hinausgehen, und den Kundenwert z. B. in Zielsysteme des Vertriebs integrieren, wurden vom Verfasser in den für die vorliegende Arbeit vorgenommenen Literaturrecherchen kaum gefunden. Lediglich die Arbeit von *Buhl, H. U./Dzienziol, J./Heidemann, J.* (2010) kann in diesem Zusammenhang genannt werden.

41 Vertriebsmitarbeiter werden in Banken typischerweise als Firmenkunden- oder Gewerbekundenberater oder -betreuer bezeichnet. Für eine theoretische Abgrenzung des Vertriebs vgl. Kapitel B.1 und für eine Darstellung des Vertriebs im Firmenkundengeschäft der Kreditgenossenschaften Kapitel C.2.4.

42 *Cromme, G.* (2008), S. 431.

tiv hoch korrelieren.[43] Folglich ist in der Vertriebssteuerung die zentrale Steuerungsgröße das Volumen, während Ertragspositionen weitestgehend ausgeblendet werden. Es ist evident, dass dieser Ansatz ungeeignet ist, bei erodierenden Margen zielgerichtete Steuerungsimpulse zu geben.

Als Ziel- und Steuerungsgröße im Vertrieb fokussiert die wertorientierte Steuerung auf den Deckungsbeitrag. Im Gegensatz zur volumenorientierten Steuerung wird nicht auf Bestands-, sondern auf Stromgrößen, die den betriebswirtschaftlichen Erfolg eines Geschäfts darstellen,[44] rekurriert. Da das Bezugsobjekt das einzelne Geschäft ist, gelingt es diesem eher kurzfristig orientierten Steuerungsansatz nicht, die Anforderungen des Beziehungsmarketing mit der über die einzelne Transaktion hinausgehenden Perspektive zu erfüllen.

Die aktivitätenorientierte Steuerung nutzt vertriebliche Aktivitäten als Bezugsobjekt. Es wird vereinfachend angenommen, je aktiver der Vertrieb ist, desto ertragreicher ist die Bank.[45] Dieser Steuerungsansatz wird i. d. R. als zusätzliche Komponente zur volumen- oder wertorientierten Steuerung implementiert. Aufgrund ihrer reinen Inputsicht ist sie in isolierter Form nicht geeignet, effizienzbezogene Aussagen im Kontext des Beziehungsmarketings zu machen. In kombinierter Form mit den outputorientierten Ansätzen der volumen- oder wertorientierten Steuerung müssen jedoch die bereits genannten Defizite dieser Ansätze berücksichtigt werden.

Mit diesen ungeeigneten Ansätzen geht einher, dass die Erwartungen an die Erfolgswirksamkeit des Beziehungsmarketings nicht erfüllt werden. So finden REINARTZ/ KRAFFT/HOYER in einer branchenübergreifenden Studie heraus, dass die „[.] implementation of CRM processes is more likely to improve performance when the company develops an incentive and organizational scheme to support CRM-compatible behaviour."[46] Basierend auf den neuen Rahmenbedingungen nennt WIMMER folglich als zentrales Problem der Vertriebssteuerung in praxi die Festlegung von Zielgrößen.[47] Zugleich stellen BURMANN und VON BOEHM-BEZING fest, dass die Anwendung einer kundenwertorientierten Steuerungsgröße vor allem bei Banken sinnvoll und wichtig sei.[48] Kreditgenossen-

---

43 Vgl. *Rehberg, M.* (2004), S. 10 f. Dies ist im industriellen Kontext gleichzusetzen mit der Annahme, Umsatz und Ertrag seien hoch positiv korreliert.

44 Vgl. *Schierenbeck, H.* (2003), S. 44 f.

45 Vgl. *Schmoll, A.* (2008), S. 52; *Rehberg, M.* (2004), S. 11.

46 *Reinartz, W. J./Krafft, M./Hoyer, W. D.* (2004), S. 302.

47 Vgl. *Wimmer, K.* (2009), S. 210.

48 Vgl. *Burmann, C.* (2003), S. 130; *von Boehm-Bezing, C.-L.* (2002), S. 90.

schaften[49], die im Fokus der vorliegenden Arbeit stehen, stellen eine besondere Form der Banken dar.

Aufgrund ihrer Rechtsform, der eingetragenen Genossenschaft (eG), wird den genossenschaftlichen Primärbanken in Deutschland eine besondere Ausprägung des Beziehungsmarketings bereits in die Wiege gelegt, die Mitgliederorientierung.[50] Wenngleich nicht jeder Kunde Mitglied der Genossenschaft ist, ist es ob dieser einmaligen Historie jedoch umso erstaunlicher, dass insbesondere im Genossenschaftssektor, der mit seinen fast 1.200 typischen und atypischen Kreditgenossenschaften[51] über 60 Prozent der rechtlich und wirtschaftlich selbständigen,[52] deutschen Kreditinstitute ausmacht, diese inadäquaten und inkonsistenten Vertriebssteuerungsansätze dominieren. Dies dürfte ein Grund dafür sein, warum sich der Wunsch der Genossenschaftsbanken nach einer besseren Kundenorientierung der Mitarbeiter nicht erfüllen lässt.[53] Der ARBEITGEBERVERBAND DER DEUTSCHEN VOLKSBANKEN UND RAIFFEISENBANKEN E.V. (AGVR) beurteilt es als Fehlentwicklung der kurzfristigen Deckungsbeitragssteuerung sowie der volumen- und mengenorientierten Produktsteuerung, wenn die Vertriebsmitarbeiter nach dem „Prinzip der verbrannten Erde“ arbeiten und aus

---

49 Der Begriff der Kreditgenossenschaft wird in dieser Arbeit synonym mit den Begriffen Primärbank, VR-Bank und Genossenschaftsbank verwendet.

50 Vgl. dazu ausführlich Kapitel C.1.4. Kreditgenossenschaften entstanden in der zweiten Hälfte des 19. Jahrhunderts zur Bewältigung der Kreditprobleme kleiner und mittlerer Unternehmen bzw. Unternehmer. Im Laufe der Geschichte haben sich die daraus hervorgegangenen Volks- und Raiffeisenbanken bedingt durch die wirtschaftlichen Rahmenbedingungen von den ursprünglichen Selbsthilfeeinrichtungen zu Universalbanken entwickelt, die ihren Kunden und Mitgliedern eine breite Palette an Produkten und Dienstleistungen anbieten.

51 REITH unterscheidet bei den Kreditgenossenschaften „typische“ und „atypische“ Primärbanken. „Atypische“ Primärbanken lassen sich dadurch abgrenzen, dass sie ihren Förderauftrag auf eine spezielle Zielgruppe ausrichten und/oder der Errichtungszweck der Förderung einer bestimmten Idee folgt und/oder ihr Geschäftsgebiet nicht geographisch begrenzt ist und/oder sie ein Verbundinstitut mit Spezialaufgaben sind und/oder nicht dem Genossenschaftssektor entstammen. Trifft mindestens eins der vorgenannten Kriterien zu, so gilt die betrachtete Bank als „atypische“ Primärbank. Vgl. *Reith, D.* (1997), S. 87 ff. Dazu gehören bspw. die kirchlichen Kreditgenossenschaften oder die DEUTSCHE ÄRZTE- UND APOTHEKERBANK EG. Da diese Unterscheidung auf der Primärebene für die vorliegende Arbeit irrelevant ist, wird sie im weiteren Verlauf der Analyse nicht weiter berücksichtigt.

52 Aufgrund der engen Beziehungen zur FINANZGRUPPE gilt die wirtschaftliche Selbständigkeit nur de jure jedoch nicht de facto, da ohne die intensive Verknüpfung zur FINANZGRUPPE nur eine Minorität der Kreditgenossenschaften überlebensfähig wäre.

53 Vgl. *AGVR* (2001), S. 14.

kurzfristigen Anreizen die langfristige Kundenbindung vernachlässigen.[54] Und so sehen auch SCHIERENBECK/POHL die „Sicherstellung nachhaltiger Kundenbeziehungen als Herausforderung für bankbetriebliche Steuerungssysteme“[55].

Aufgrund ihrer großen Bedeutung für den Gesamtmarkt und ihren besonderen Eigenschaften durch die Rechtsform, d. h. insbesondere der Einheit von Kunde und Mitglied, richtet die vorliegende Arbeit den Blick auf die typischen Kreditgenossenschaften. Diese Auswahl wird auch damit begründet, dass es in Deutschland seit jeher eine intensive wissenschaftliche Auseinandersetzung mit dem Genossenschaftswesen gibt.[56] Deswegen und aufgrund des intensiven und vergleichsweise offenen Austauschs zwischen Wissenschaft und Praxis liegen umfangreiche Informationen zu den betriebswirtschaftlichen Konzepten in diesem Bankensektor vor.

Zu diesen betriebswirtschaftlichen Konzepten ist die Gesamtbanksteuerungskonzeption VR-CONTROL zu zählen. In Anlehnung an die wertorientierte Unternehmenssteuerung ist die Ausrichtung von VR-CONTROL die vermögensorientierte Gesamtbanksteuerung. Es heißt im WEIßBUCH DER GESAMTBANKSTEUERUNG, in dem diese Steuerungskonzeption beschrieben wird:

> „Der Gesamtwert einer Bank setzt sich aus zwei Komponenten zusammen:
> (1) Wert der Ist-Positionen, der als „Zerschlagungswert“ der Bank interpretiert werden kann.
> (2) Wert der erwarteten Geschäfte bzw. der Kundenbeziehungen („Goodwill“, „Potenzialwert“ der Bank).
> Diese Werte werden in VR-CONTROL nicht gemessen.“[57]

Aus dieser grundlegenden Ausrichtung heraus empfiehlt diese Gesamtbanksteuerungskonzeption eine wertorientierte Vertriebssteuerung auf Basis barwertiger Deckungsbeiträge. Die Einschränkung in Punkt (2) verdeutlicht jedoch, dass das bereits in den vorhergehenden Ausführungen identifizierte konzeptionelle Defizit zwischen der beziehungsorientierten Ausrichtung der Marketing- und Vertriebsaktivitäten der Kreditgenossenschaft auf der einen und der Steuerungskonzeption auf der anderen Seite auch mit Umsetzung von VR-CONTROL besteht.

Aufbauend auf der somit skizzierten Ausgangslage im Firmenkundengeschäft der Kreditgenossenschaften lässt sich die Problemstellung zusammenfassen als konzeptionelle Inkonsistenz zwischen der marketing- und vertriebspoliti-

---

54 Vgl. *AGVR* (2001), S. 36.

55 *Schierenbeck, H./Pohl, M.* (2010), S. 277.

56 Anzumerken ist, dass das Genossenschaftswesen neben den Kreditgenossenschaften auch z. B. Wohnungsbaugenossenschaften oder Handels- und Warengenossenschaften umfasst.

57 *BVR* (2002b), S. 11. In der ersten Auflage des WEIßBUCH DER BANKSTEUERUNG wird diese differenzierte Betrachtung des Vermögenswerts noch nicht vorgenommen.

schen Konzeption auf der einen und der sich daraus ableitenden Vertriebssteuerung auf der anderen Seite. Bisher liefert die wissenschaftliche Forschung trotz der unüberschaubaren Anzahl an Beiträgen zum Beziehungsmarketing und Kundenwert wenig Vorschläge, diese Inkongruenz zu beseitigen. Es besteht konkret für die Kreditgenossenschaften im Firmenkundengeschäft der Zweifel, mit den bestehenden Ansätzen und Instrumenten in der Vertriebssteuerung hinreichend ausgerüstet zu sein.[58] An diese Problemstellung und Forschungslücke knüpft diese Arbeit an.

2 Zielsetzungen der Arbeit

In den bisherigen Ausführungen wurde darauf hingewiesen, dass der Kundenwert zur ökonomischen Beurteilung und Steuerung von Geschäftsbeziehungen zu nutzen sei. Die Analyse von und die Ausrichtung der Vertriebsressourcen an Kundenpotenzialen ist nicht neu. Jedoch lassen sich bisher entwickelte Ansätze allenfalls als Partialkonzepte charakterisieren, die auf die Segmentierung oder andere Aspekte der Vertriebssteuerung fokussieren.[59] Ein konzeptionell umfassenderer Ansatz zur kundenwertorientierten Vertriebssteuerung im Firmenkundengeschäft liegt derzeit nicht vor. Auch beziehen sich die bisherigen Arbeiten vornehmlich auf das Privatkundengeschäft der Banken. So liefert SCHEER einen frühen Beitrag der Kundenpotenzialorientierung in der Steuerung im Privatkundengeschäft.[60] Und STORBACKA betrachtet das Privatkundengeschäft, fokussiert dabei aber explizit auf die Geschäftsbeziehung als Ganzes.[61] Aus diesem Grund betrachtet die vorliegende Arbeit das Geschäftsfeld der Firmenkunden, das einen maßgeblichen Anteil an der betriebswirtschaftlichen Situation einer Kreditgenossenschaft hat.

Nach REINARTZ/KRAFFT/HOYER lassen sich im Beziehungsmarketing zwei Fehlertypen unterscheiden.[62] Der erste Fehlertyp ist als Situation definiert, in der ein wertvoller Kunde nicht erkannt und daher nicht wertausschöpfend behandelt wird. Der zweite Fehler liegt darin, wertlose Kunden zu hoch zu bewerten und diesen folglich inadäquate Ressourceninvestitionen zukommen zu lassen. „The development of and reliance on a systematic approach that aids in the measurement of customer value and in the interaction with these heterogeneous customers decreases these errors."[63] Voraussetzung des effizienten Beziehungsmarke-

---

58 Vgl. ähnlich *Dauser, A.* (1995), S. 11 mit Bezug zur Versicherungsbranche.

59 Vgl. z. B. *Schmoll, A.* (2006), S. 62 ff.

60 Vgl. *Scheer, O.* (1989).

61 Vgl. *Storbacka, K.* (1993).

62 Vgl. *Reinartz, W. J./ Krafft, M./Hoyer, W. D.* (2004), S. 295.

63 *Reinartz, W. J./ Krafft, M./Hoyer, W. D.* (2004), S. 295.

tings ist es also, die Attraktivität von Kunden zu beurteilen. Daran knüpft das erste Forschungsziel dieser Arbeit an. Es sollen Modell und Metrik entwickelt werden, anhand derer die Attraktivität von Kunden ermittelt und beurteilt werden kann. Dabei wird darauf geachtet, dass die Ergebnisse steuerungsadäquat sind. Steuerungsadäquanz liegt vor, wenn der Kundenwert als Größe in der Planung, Durchführung und Kontrolle bankbetrieblicher Vertriebsmaßnahmen genutzt werden kann.

Das zweite Forschungsziel ist, auf Basis des hergeleiteten Kundenwertmodells Gestaltungsempfehlungen für eine Vertriebssteuerungskonzeption zu erläutern und zu erörtern, die es erlauben, die benannte Inkonsistenz zu beseitigen, so dass die Vorteile eines beziehungsorientierten Vorgehens in der kreditgenossenschaftlichen Praxis nicht an methodischen Steuerungsdefiziten scheitern.

Eine ausführliche Auseinandersetzung der ersten beiden Forschungsziele mit Blick auf die Besonderheiten der eingetragenen Genossenschaft stellt das dritte Forschungsziel dar. Damit will die Arbeit der wissenschaftlichen Tendenz entgegenwirken, Konzepte und Methoden widerspruchsfrei auf die besondere Rechtsform der eG zu übertragen.

Bei der Verfolgung dieser Ziele erhebt die vorliegende Arbeit einen praxeologischen Anspruch. Dieser konkretisiert sich jedoch nicht in einer Simplifizierung der instrumentellen und konzeptionellen Überlegungen, sondern wird dadurch fundiert, dass die gewonnenen Erkenntnisse soweit dies widerspruchsfrei möglich ist, in die bestehenden betriebswirtschaftlichen Steuerungsansätze der Kreditgenossenschaften integriert werden.

3 Gang der Analyse

Um die im vorangegangenen Kapitel aufgeworfenen Forschungsfragen zu beantworten, gliedert sich die Arbeit wie folgt. Aufgrund eines in der betriebswirtschaftlichen Literatur uneinheitlichen Verständnisses werden in Teil B zunächst die dieser Arbeit zugrunde liegenden begrifflichen Grundlagen der Vertriebssteuerung definiert. Dazu werden die Begriffe Vertrieb und Steuerung definiert und zur Vertriebssteuerung synthetisiert.

Aufbauend auf der Erkenntnis der Kontingenztheorie, dass die optimale Ausgestaltung einer Organisation von ihren situativen Umfeldbedingungen abhängt, werden in Teil C Implikationen für die Vertriebssteuerung aus dem Kontext des Geschäftsbereichs Firmenkunden der Kreditgenossenschaften abgeleitet.[64] Dazu werden die Kreditgenossenschaften zunächst in das deutsche Ban-

[64] Ein ähnliches Vorgehen wählt WIEDEMANN in seiner Dissertationsschrift aus. Auch er nutzt den konkreten situativen Kontext als Grundlage seiner weiteren konzeptionellen Überlegungen. Vgl. *Wiedemann, A.* (1992), S. 49 ff.

kensystem eingeordnet und detailliert beschrieben. Dabei wird insbesondere den kreditgenossenschaftlichen Besonderheiten aufgrund ihrer Rechtsform der eG Rechnung getragen. Weiterhin wird der Wettbewerb auf dem deutschen Bankenmarkt im Allgemeinen und im Firmenkundengeschäft im Speziellen betrachtet. Daran anknüpfend wird der Status quo der Geschäftseinheit „Firmenkundenbank" in den Kreditgenossenschaften mit Fokus auf die vertrieblichen Aspekte erläutert, bevor die strategische Ausrichtung skizziert sowie die ökonomische Bedeutung dieser Geschäftseinheit auf sekundärstatistischen Daten fundiert wird. Da die Vertriebssteuerung in die Gesamtbanksteuerung zu integrieren ist, werden die für die Arbeit wesentlichen Aspekte der kreditgenossenschaftlichen Gesamtbanksteuerungskonzeption VR-CONTROL vorgestellt. Abschließend werden die sich ergebenden Implikationen dargestellt und deren Bedeutung für die Ausgestaltung der Vertriebssteuerung deduziert.

In Teil A werden im ersten Schritt die Grundlagen einer kundenwertorientierten Vertriebssteuerung dargelegt. In concreto beinhaltet dies die Auseinandersetzung mit kundenbezogenen Wertbegriffen sowie die für die Arbeit notwendige Definition des Begriffs Kundenwert. Im zweiten Schritt werden die Erfolgsvoraussetzungen einer kundenwertorientierten Vertriebssteuerung erläutert und deren Vorhandensein für die Kreditgenossenschaften geprüft. Hieran schließt sich unmittelbar die Diskussion der Beziehung zwischen den Genossenschaftsprinzipien und der Kundenwertorientierung an. Anschließend wird ein geeignetes Kundenwertmodell für kreditgenossenschaftliche Firmenkunden hergeleitet, für das im Weiteren Messverfahren vorgestellt werden. Dieser Teil der Arbeit stellt die notwendige und hinreichende Bedingung der weiteren Analyse dar.

Im Teil E der Arbeit werden aufbauend auf den vorhergehenden Erkenntnissen Gestaltungsempfehlungen für die kundenwertorientierte Vertriebssteuerung im Firmenkundengeschäft der Kreditgenossenschaften vorgestellt. Dabei wird diskutiert, in welcher Form eine kundenwertorientierte Vertriebssteuerung ausgestaltet sein soll und wie sich diese in die bestehenden Prozesse und Strukturen der Gesamtbanksteuerung – mit besonderer Berücksichtigung der Steuerungskonzeption VR-CONTROL – einfügen lässt. Der Schwerpunkt der Betrachtung liegt weniger auf konkreten Instrumenten, sondern auf der Berücksichtigung der Kundenwertorientierung in Vertrieb und Vertriebssteuerung. Instrumentelle sowie institutionelle Aspekte werden, sofern und soweit dies notwendig ist, skizziert.

Die Arbeit schließt mit dem Teil F, in dem eine zusammenfassende Darstellung der Erkenntnisse erfolgt. Abschließend werden Ansätze für weitere Forschungsschwerpunkte thematisiert.

B Begriffliche und inhaltliche Grundlagen der Vertriebssteuerung

In der betriebswirtschaftlichen Forschung ist es zweckmäßig, schillernde Begriffe aus unterschiedlichen Perspektiven zu betrachten, um den Untersuchungsgegenstand zu konkretisieren.[65] Diese sind die funktionale, die prozessuale und die institutionelle Perspektive. Wenngleich diese Perspektiven nicht immer trennscharf abzugrenzen sind, dienen sie dazu, das Untersuchungsobjekt hinsichtlich unterschiedlicher Schwerpunkte zu analysieren. In der funktionalen Perspektive wird der Fokus auf die Ziele und Aufgaben gelegt, während in der prozessualen Perspektive der zeitliche Ablauf der Aufgaben im Mittelpunkt steht. Die institutionelle Sicht legt den Schwerpunkt auf die Akteure,[66] d. h. auf Aufgabenträger. Nachfolgend werden die Begriffe Vertrieb (Kapitel B.1) und Vertriebssteuerung (Kapitel B.2) aus diesen Perspektiven beschrieben, um sie zweckmäßig abzugrenzen. Anschließend werden die Instrumente der Vertriebssteuerung beleuchtet (Kapitel B.3) und abschließend eine zusammenfassende Darstellung der Vertriebssteuerung (Kapitel B.4) vorgenommen.

1 Begriffsabgrenzung Vertrieb

1.1 Funktionaler Begriffsinhalt

Der Begriff Vertrieb wird in der betriebswirtschaftlichen Literatur und Praxis uneinheitlich verwendet.[67] Insbesondere werden die Begriffe Marketing, Vertrieb, Absatz, Distribution und Verkauf mehrdeutig oder synonym verwendet. Daher werden diese Begriffe zunächst abgegrenzt und geordnet, bevor der Begriff Vertrieb funktional definiert wird.

Bis Mitte des 20. Jahrhunderts wurde der Begriff des Marketings primär distributionsorientiert verstanden.[68] Bedingt durch die beobachteten wirtschaftlichen Entwicklungen passte sich das Anspruchsspektrum des Marketings an und Marketing wird heute allgemein als die bewusst marktorientierte Führung des

---

65 Vgl. *Flacke, K.* (2006), S. 18 sowie die dort angegebene Literatur.

66 Die mangelnde Trennschärfe zeigt sich an dieser Stelle unter Rekurs auf HORVÁTH, der unter die institutionellen Aussagen sowohl Prozess- als auch Strukturaspekte subsumiert. Vgl. *Horváth, P.* (2003), S. 150.

67 Für eine ausführliche Auseinandersetzung mit den Inhalten des Begriffs Vertrieb und ähnlichen Begriffen vgl. *Winkelmann, P.* (2003), S. 1 ff. oder auch *Pepels, W.* (2002), S. 1 ff.

68 Vgl. dazu ausführlich *Meffert, H.* (1998), S. 4 ff.

Unternehmens definiert.[69] Mit dem gegenwärtigen Schwerpunkt auf Beziehungen zwischen Anbieterunternehmen und Unternehmensexternen definiert PEPELS Marketing als „Planung, Organisation, Umsetzung und Kontrolle aller Aktivitäten mit der Absicht der Erreichung psychografischer und/oder ökonomischer Ziele bei eigenen Kunden und deren Kunden durch Aufbau, Unterhalt, Ausbau oder Wiederherstellung von Geschäftsbeziehungen."[70] Die marktorientierte Führungskonzeption wird durch den Marketing-Mix in Richtung des Absatzmarktes konkretisiert. Dazu gehören die Produkt-, die Preis-, die Kommunikations- und die Distributionspolitik. Letztere ist somit nicht mehr zentraler Gegenstand des Marketings, sondern Teil des Marketing-Mix.

Die Distributionspolitik wird auch als Absatz-[71] oder Vertriebspolitik[72] bezeichnet und hat zwei abgrenzbare Aufgabenbereiche.[73] Erstens die akquisitorischen Aufgaben, die auf die Erzielung von Geschäftsabschlüssen gerichtet sind, und zweitens die physisch-distributiven Aufgaben, die sich mit der physischen Warenverteilung befassen.[74] Nur die akquisitorischen Aufgaben werden in dieser Arbeit unter Vertrieb subsumiert. Die physisch-distributiven Aufgaben werden unter den enger definierten Begriff der Distribution zusammengefasst und hier nicht näher betrachtet. Vertrieb ist somit derjenige Aufgabenbereich der Absatzpolitik, der sich mit konkreten Transaktionen zur Leistungsverwertung befasst und auf die Akquisition von, Interaktion mit und Nachbereitung bei Kunden ausgerichtet ist.[75] Ziel und Ergebnis des Vertriebs ist der Absatz, also die Übertragung der betrieblichen Leistungen an fremde Wirtschaftseinheiten im schuldrechtlichen Sinn.[76]

Nach diesem Verständnis ist der Vertrieb die Stufe der Wertschöpfung, in der die Aufgaben des Verkaufs und der Bereitstellung der produzierten Güter

---

69 Vgl. *Meffert, H.* (1998), S. 7. Hier ist insbesondere die Entwicklung der Verkäufer- zu Käufermärkten auf den meisten nationalen und internationalen Absatzmärkten zu nennen.

70 *Pepels, W.* (2002), S. 5. Diese Definition ist die Synthese der Begriffsverständnisse mehrerer Standardwerken zum Marketing.

71 Vgl. *Pepels, W.* (2002), S. 5.

72 Vgl. *Busch, R./Fuchs, W./Unger, F.* (2008), S. 12.

73 Vgl. *Olbrich, R.* (2006), S. 218 sowie die dort angegebene Literatur.

74 Vgl. *Busch, R./Fuchs, W./Unger, F.* (2008), S. 319; *Nieschlag, R./Dichtl, E./Hörschgen, H.* (2002), S. 1319; *Wöhe, G.* (1996), S. 595; *Pangratz, O.* (1979), S. 9.

75 Vgl. *Pepels, W.* (2002), S. 5.

76 Vgl. *Rinn, T.* (1991), S. 11. Der Begriff Absatz, der früher in Literatur und Praxis der herrschende Begriff für die betriebliche Funktion der Leistungsverwertung, mithin des Vertriebs war, wird heute nur noch für den mengenmäßigen Markterfolg des Unternehmens verwendet.

und Dienstleistungen zusammengefasst sind.[77] Der Verkauf ist Teil des funktionalen Vertriebs[78] und definiert als der „Vorgang des Kaufvertragsabschlusses einschließlich der zuvor erfolgten Anbahnung in Form der Güterdarbietung, der Kaufberatung und der Kaufverhandlung".[79] Er ist also der unmittelbare Vollzug der ökonomischen Interaktion im einzelnen Tauschakt, während dem Vertrieb eine die einzelne Transaktion übergreifende Sichtweise inhärent ist.[80]

Aufbauend auf der Rolle des Vertriebs, die Schnittstelle zwischen Anbieterunternehmen und Kunden zu sein,[81] können ihm die Aufgaben des Kundenmanagements zugeordnet werden. Das Kundenmanagement umfasst alle Maßnahmen der Analyse, Planung, Durchführung und Kontrolle, die der Initiierung, Stabilisierung, Intensivierung, Wiederaufnahme oder Beendigung von Geschäftsbeziehungen zu Kunden eines Unternehmens mit dem Ziel der gegenseitigen Nutzenstiftung dienen.[82] Zum Vertrieb gehört daher die Kundenidentifikation und -selektion, die Kundenakquisition und -bindung sowie die Kundentrennung.[83] Der Vertrieb wird als Träger marketingpolitischer Aufgaben verstanden. Er soll die Konzepte und Strategien des Marketings unmittelbar im Kundenkontakt umsetzen.[84]

Abhängig von den durch das Unternehmen angebotenen Leistungen ist der Vertrieb eine der Beschaffung und Produktion nachfolgende oder vorhergehende Wertschöpfungsstufe. Bei materiellen Produkten, die für einen anonymen Massenmarkt gefertigt werden, erfolgt die Beschaffung der Inputfaktoren und die Produktion i. d. R. vor dem Vertrieb. Bei immateriellen Gütern, die sich durch ihre Nichtlagerfähigkeit auszeichnen, und bei den meisten Investitionsgütern folgt die eigentliche Produktion während bzw. nach dem Vertrieb.[85] Es werden seitens des Anbieterunternehmens in diesem Fall Leistungs-potenziale, d. h. infrastrukturelle Kapazitäten zur Leistungserbringung, bereitgehalten.

---

77 Vgl. *Proeller, M.* (1996), S. 20.

78 KOTLER/BLIEMEL verwenden die Begriffe Verkauf und Vertrieb synonym. Vgl. *Kotler, P./Bliemel,F.* (1999).

79 *Ahlert, D.* (1996), S. 27.

80 Vgl. *Pepels, W.* (2002), S. 5 f.

81 Vgl. *Reichwald, R./Bastian, C./Lohse, C.* (2000), S. 6; *Dauser, A.* (1995), S. 13.

82 Vgl. *Bruhn, M.* (2009), S. 10; ähnlich *Diller, H.* (1995a), Sp. 1369.

83 Oft wird in der betriebswirtschaftlichen Literatur der Frage nach der Beendigung von Geschäftsbeziehungen und der Zuordnung dieser Aufgabe zum Vertrieb kaum Beachtung geschenkt. Vgl. z. B. *Dauser, A.* (1995), S. 13.

84 Vgl. *Bauer, R. A.* (2000), S. 43.

85 In diesem Zusammenhang wird von auftrags- oder kundenindividueller Fertigung gesprochen. Vgl. für eine ausführliche Vorstellung *Adam, D.* (1998), S. 10 f.

1.2 Institutioneller Begriffsinhalt

Institutionell bezeichnet der Begriff Vertrieb die aufbauorganisatorische Einheit eines Unternehmens, in der die personellen und organisationalen Aufgabenträger unternehmensinterner (z. B. Außendienstmitarbeiter) und unternehmensexterner Herkunft (z. B. Handelsvertreter), welche die Aufgaben im Sinne des funktionalen Begriffsverständnisses erfüllen, zusammengefasst sind.[86]

Aufbauorganisatorische Gestaltungsfragen des Vertriebs ergeben sich unter anderem in Hinblick auf die Art, in welcher wirtschaftlichen und rechtlichen Beziehung die Aufgabenträger zum Anbieterunternehmen stehen (Vertriebssystem oder Vertriebsorgane), in welcher Mittelbarkeit die Beziehungen oder Verbindungen zum Kunden erfolgen (Vertriebskanalstruktur) und wie das logistische System des Leistungstransfers ausgestaltet sein soll.[87] Letzteres wird hier, wie oben bereits ausgeführt, nicht weiter betrachtet.

Hinsichtlich des Vertriebssystems kann zwischen einem werkseigenen, einem werksgebundenen und einem offenen Vertriebssystem unterschieden werden.[88] Im werkseigenen Vertriebssystem können die Aufgabenträger entweder rechtlich und wirtschaftlich unselbständig (z. B. Reisende) oder rechtlich selbständig, aber wirtschaftlich abhängig sein (z. B. Handelsvertreter). Werksgebundene Aufgabenträger (z. B. Franchisenehmer) sind rechtlich eigenständig, jedoch vertikal eng mit dem Anbieter verbunden und wirtschaftlich abhängig. Im offenen Vertriebssystem sind die jeweiligen Akteure rechtlich und wirtschaftlich unabhängig (z. B. freie Vermögensverwalter).

In der Vertriebskanalsstruktur wird unterschieden, ob die Produkte den Kunden direkt vom Anbieterunternehmen bereitgestellt oder Absatzmittler eingeschaltet werden. Vertriebskanäle können ein- oder mehrstufig ausgestaltet sein.[89]

1.3 Prozessualer Begriffsinhalt

Fokus des prozessualen Begriffsinhalts sind die vertrieblichen Prozesse eines Unternehmens. Als Prozess gilt eine inhaltlich abgeschlossene, zeitliche und sachlogische Folge von einzelnen Aktivitäten, die zur Bearbeitung eines betriebswirtschaftlichen Objekts notwendig sind.[90] Vertriebsprozesse legen die Reihenfolge fest, in denen die Vertriebsaufgaben und -teilaufgaben im Sinne der

---

86 Vgl. *Nieschlag, R./Dichtl, E./Hörschgen, H.* (2002), S. 1320.

87 Vgl. *Schmalen, H.* (1999), S. 550 ff.; *Meffert, H.* (1998), S. 582.

88 Vgl. hier und nachfolgend *Schmalen, H.* (1999), S. 550 ff.

89 Vgl. für eine ausführliche Darstellung z. B. *Meffert, H.* (1998), S. 600 ff.

90 Vgl. *Becker, J./Kahn, D.* (2005), S. 6.

Vertriebs- und Unternehmensziele erfüllt werden sollen. Aufgrund der Heterogenität unternehmensspezifischer Kontextfaktoren gibt es keine allgemeingültigen Vertriebsprozesse.[91]

Allgemein gehören die Vertriebsprozesse mehrheitlich zu den Kernprozessen eines Unternehmens, da diese die wertschöpfenden Aktivitäten des Unternehmens aus Sicht des Kunden bündeln und eine direkte Leistungsbeziehung zum Kunden vorhanden ist. Jedoch sind nicht alle Prozesse im Rahmen des Vertriebs Kernprozesse. Basierend auf dem „Service-Blueprinting" können Vertriebsprozesse in fünf Prozessebenen unterteilt werden, die sich hinsichtlich des Kundenintegrationsgrads unterscheiden.[92] Diese sind Kunden-, Onstage- und Backstage-Prozesse sowie Support- und Facility-Prozesse.

Kundenprozesse sind vom Kunden autonom durchgeführte Prozesse, bei denen keine direkte Beteiligung des Anbieterunternehmens notwendig ist, so bspw. die Suche nach relevanten Produktanbietern für Finanzdienstleistungen. Onstage-Prozesse sind anbieterseitige Prozesse, die den Kunden integrieren und daher für diesen auch beobachtbar sind wie z. B. die Eröffnung eines Kontos. Backstage-Prozesse sind vergleichsweise autonome, vom Kunden weitgehend nicht wahrgenommene Anbieterprozesse, die der Gewährleistung der Onstage-Prozesse dienen. Dazu ist z. B. die Prüfung der Kreditantragsunterlagen durch Kreditsachbearbeiter zu zählen. Onstage- und Backstage-Prozesse werden durch Support-Prozesse unterstützt, die vorwiegend autonom sind und fast keinen direkten Bezug zur Absatzleistung haben. Prozesse im Rahmen der Weiterbildung von Mitarbeitern im Vertrieb oder in der Kreditsachbearbeitung gehören z. B. zu dieser Kategorie. Schließlich gibt es Facility-Prozesse. Diese schaffen die Voraussetzungen und Rahmenbedingungen für die vorgenannten Prozesse und schaffen selbst keinen Beitrag für die Absatzleistung (z. B. Prozesse bei der Bewirtschaftung der Bankimmobilie).

1.4 Zusammenfassende Begriffsabgrenzung Vertrieb

WINKELMANN definiert den Begriff Vertrieb zusammenfassend als „alle Tätigkeiten und Funktionen (Mitarbeiter und deren Aufgaben im Rahmen betrieblicher Stellen), Strukturen und Abläufe, Methoden und Systeme zur Leistungsverwertung".[93] Unter Berücksichtigung der vorhergehenden inhaltlichen Auseinandersetzung soll in Anlehnung an diese Definition der Vertriebsbegriff wie folgt abgegrenzt werden: Als Vertrieb gelten alle Aufgaben und Tätigkeiten,

---

91 Eine Übersicht verschiedener Vertriebsprozesse in verschiedenen Branchen findet sich bspw. bei *Reiners, J. O.* (2004), S. 120 ff.

92 Vgl. hier und nachfolgend *Kleinaltenkamp, M./Schweikart, J.* (1998), S. 114 f.

93 *Winkelmann, P.* (2003), S. 15.

Strukturen und Abläufe, Methoden und Systeme sowie alle darin involvierten Mitarbeiter des Unternehmens, die dem Kundenmanagement, dem Verkauf und der Bereitstellung von Gütern oder Dienstleistungen dienen.

Die Gesamtheit der Entscheidungen des Vertriebs wird als Vertriebspolitik bezeichnet.[94] Sie ist Bestandteil des Marketing-Mix mit den weiteren Bestandteilen der Produkt-, Preis-, Kommunikations- und Distributionspolitik[95] und beinhaltet sämtliche Funktionen, deren Gegenstand die Gestaltung der vielfältigen Beziehungen zwischen Unternehmen und Absatzmarkt im Allgemeinen und Kunden im Speziellen ist.[96] Die Vertriebspolitik gibt den operativen und strategischen Handlungsrahmen für den Vertrieb vor[97] und wird selbst wiederum von der Marketingstrategie determiniert.[98] Dabei gilt: „Erst der Vertrieb bringt die Marketingstrategien zum Laufen."[99]

2 Begriffsabgrenzung Vertriebssteuerung

Nachdem der Vertrieb begrifflich definiert ist, ist es für den weiteren Gang der Analyse notwendig, den Begriff der Vertriebssteuerung grundlegend für diese Arbeit zu konkretisieren. Da der Steuerungsbegriff in der betriebswirtschaftlichen Literatur häufig verwendet, jedoch nur selten eindeutig abgegrenzt wird,[100] wird zunächst das zugrunde zu legende Verständnis des Begriffs Steuerung herausgearbeitet, woran sich die Begriffssynthese aus den Untersuchungsgegenständen Vertrieb und Steuerung anschließt. Aufbauend auf diesem Verständnis erfolgt die Betrachtung der Vertriebssteuerung aus funktionaler, institutioneller und prozessualer Sicht. Bei der funktionalen Sicht wird zwischen den Zielen und Aufgaben differenziert.

2.1 Grundlegendes Steuerungsverständnis

Grundlage der begrifflichen Ableitung der Vertriebssteuerung ist die zweckorientierte Definition des Begriffs Steuerung. Dieser kann allgemein als zielorientierte Lenkung von Ressourcen und Prozessen interpretiert werden. Ressourcen sind alle Inputfaktoren, die mittelbar oder unmittelbar in die Leistungserstellung und -verwertung einfließen. Es ist evident, dass Steuerung originäre Aufgabe

---

94 Vgl. *Winkelmann, P.* (2003), S. 32.

95 Vgl. *Duderstadt, S.* (2006), S. 4.

96 Vgl. *Rinn, T.* (1991), S. 11.

97 Vgl. *Pangratz, O.* (1979), S. 8.

98 Vgl. *Hofbauer, G./Hellwig, C.* (2009), S. 62.

99 *Renker, C.* (2004), S.9

100 Vgl. *Dauser, A.* (1995), S. 40.

und gleichzeitig integraler Bestandteil der Führung ist. So definieren STEINMANN/SCHREYÖGG Führung als „ein Komplex von Steuerungsaufgaben“[101] und WILD beschreibt Führen als „eine Tätigkeit [.], die die Steuerung und Gestaltung des Handelns anderer Personen zum Gegenstand hat.“[102] Eine isolierte Betrachtung der Steuerung ist somit nicht trennscharf von der Führung möglich. Daher soll zunächst der Zusammenhang zwischen Führung und Steuerung dargestellt werden.

Das Phänomen Führung tritt immer dort auf, wo mehrere Personen arbeitsteilig mit einem gemeinsamen extern vorgegebenen oder intern vereinbarten Ziel interagieren.[103] Dabei gilt es, das gemeinsame Handeln der beteiligten Personen in Hinblick auf das Ziel abzustimmen. Auch Führung kann institutionell, funktional oder prozessual betrachtet werden.[104] In der institutionellen Sicht wird gefragt, wer die Träger der Führung sind und wie diese im Unternehmen verankert werden. In der funktionalen Betrachtung gilt es, zu bestimmen, was die Aufgaben- und Tätigkeitsinhalte der Führung sind. Planung, Organisation und Kontrolle werden als die zentralen Führungsfunktionen verstanden.[105] Einigkeit besteht weiterhin darüber, dass sich die funktionale Führung über Entscheidungen konstituiert, wobei die hinreichenden Merkmale der Führungsentscheidungen selbst vielfältig diskutiert werden. Prozessual betrachtet, lässt sich Führung gedanklich in die beiden Phasen Willensbildung und Willensdurchsetzung gliedern.[106] Um Steuerung als Bestandteil der Führung herauszuarbeiten, ist der Führungsprozess näher zu betrachten.

Ausgangspunkt der Willensbildung sind Ziele, welche auf Basis der vorausschauenden Auseinandersetzung mit den künftigen Umfeldentwicklungen formuliert werden. Orientiert an einem oder mehreren Zielen werden die Maßnahmenentscheidungen getroffen, die sich auf die Gestaltung der künftigen Handlungen beziehen,[107] um diese Ziele zu erreichen. Die Gesamtheit der Maßnahmen wird als Strategie bezeichnet. Diese Tätigkeiten und Entscheidungen kon-

---

101 *Steinmann, H./Schreyögg, G.* (2005), S. 7.

102 *Wild, J.* (1974), S. 15.

103 Vgl. *Macharzina, K.* (2003), S. 35 f.

104 Vgl. *Flacke, K.* (2007), S. 18 ff.; *Macharzina, K.* (2003), S. 35 ff.

105 Als grundlegende Arbeit für die Definition von Führungsfunktionen wird die Arbeit von FAYOL aus dem Jahre 1916 angesehen, der die Funktionen Vorschau und Planung (prévoir), Organisation (organiser), Anweisung (commander), Koordination (coordonner) und Kontrolle (contrôller) unterscheidet. Vgl. *Steinmann, H./Schreyögg, G.* (2005), S. 8 f. sowie *Fayol, H.* (1929), S. 7 f.

106 Vgl. *Macharzina, K.* (2003), S. 38.

107 Vgl. *Horváth, P.* (2003), S. 168 sowie die dort genannte Literatur; *Weber, J./Schäffer, U.* (2008), S. 241.

stituieren zusammen die Planung. In der Phase der Willensdurchsetzung werden ausgehend von der Planung die zur Planerfüllung notwendigen Strukturen im Unternehmen geschaffen[108] und die zur Planrealisation notwendigen Maßnahmen initiiert. Dies beinhaltet zum einen die Organisation, welche die aufbau- und ablauforganisatorische Struktur sowie die dauerhaften und generellen Regelungen umfasst, und zum anderen das Einwirken durch die Führung auf die Geführten. Korrespondierend steht der Planung die Kontrolle gegenüber, die zusammen betrachtet von SCHREYÖGG/KOCH als „Zwillingsfunktionen“ [109] bezeichnet werden. Allgemein ist die Kontrolle „der Vergleich eines eingetretenen Ist mit einem vorgegebenen Soll“[110]. Ausgehend vom Vergleichsergebnis kann die Notwendigkeit resultieren, Maßnahmen einzuleiten, um die gewollte Zielerreichung zu gewährleisten. Dieser korrigierende Eingriff wird regelmäßig als Steuerung verstanden.[111] Durch die Steuerung soll das Verhalten einer abhängigen Größe, z. B. der Geführten, direkt beeinflusst werden.[112] In diesen Ausführungen zeigt sich, wie die Steuerung in die Führung integriert ist. Gleichzeitig wird deutlich, dass die Steuerung unmittelbar mit der Planung und der Kontrolle zusammenhängt bzw. auf diesen beiden Funktionen aufbaut und ohne sie gegenstandslos ist oder willkürlich wird.

Vor diesem Hintergrund stellt nach SCHWEITZER die Steuerung ein Führungsinstrument dar, das dann zum Einsatz kommt, wenn eine gestörte Realisation der Planung gegeben ist und dies zur Notwendigkeit von Anpassungsmaßahmen führt. Steuerung wird von ihm definiert als „ein geordneter, informationsverarbeitender Prozess zielführender Eingriffe (Anpassungsmaßnahmen) in die Planrealisation“[113]. Damit wird der Begriff der Steuerung begrenzt auf eine Einsatznotwendigkeit und -möglichkeit für den Fall, dass bei der Planrealisation in der Planung nicht berücksichtigte Entwicklungen, welche die Zielerreichung negativ beeinflussen, eingetreten sind oder sich abzeichnen und auf diese

---

108 Vgl. *Steinmann, H./Schreyögg, G.* (2005), S. 131 f. Dies entspricht der Strukturfolge-Hypothese, die aussagt, dass sich die Struktur der Strategie des Unternehmens anpasst. Vgl. dazu ausführlich *Schewe, G.* (1999), S. 61 ff.

109 *Schreyögg, G./Koch, J.* (2007), S. 11.

110 *Weber, J./Schäffer, U.* (2008), S. 242.

111 Vgl. *Macharzina, K.* (2003), S. 40.

112 Vgl. *Nieschlag, R./Dichtl, E./Hörschgen, H.* (2002), S. 949.

113 *Schweitzer, M.* (2001), S. 20. Nach DELLMANN liegt der Ursprung des Begriffs Steuerung in der Kybernetik, wo Steuerung als die Anweisung an ein Systemelement verstanden wird, Störungen entgegen zu wirken oder Störungen mit dem Ziel zu beseitigen, das System in den gewünschten Zustand zu bringen. Vgl. *Dellmann, K.* (1992), S. 117. Diese Ausführungen machen deutlich, dass es traditionell einen engen Bezug zwischen den Begriffen der Störung und der Steuerung gibt.

Kenntnisse reagiert wird.[114] Steuerung wird dadurch als reaktives Führungsinstrument definiert.

Eine breiteres Verständnis der Steuerung unterstellen SCHWEITZER/KÜPPER, die die Plandurchsetzung und die Vorgabe von Sollwerten ebenso der Steuerung zuordnen wie die Überwachung von Zielerreichungen und die darauf aufbauenden Sicherungsmaßnahmen im Einklang mit dem reaktiven Steuerungsverständnis (siehe Abbildung 1).[115]

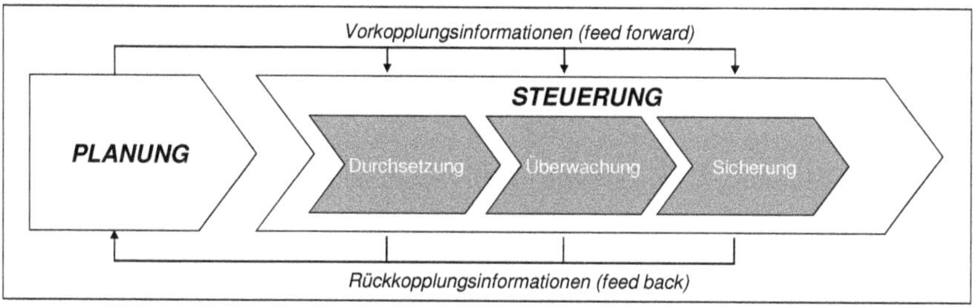

Abbildung 1: Struktur des Planungs- und Steuerungsprozesses[116]

In Anlehnung an dieses Begriffsverständnis kann Steuerung definiert werden als geordneter, informationsverarbeitender Prozess zur Durchsetzung, Überwachung und Sicherung der vorhergehenden Planung, der auf die zielorientierte Lenkung von Prozessen der Planrealisation und auf die Lenkung von Entscheidungs- und Verhaltensprozessen der Mitarbeiter ausgerichtet ist.[117] Im Rahmen der Lenkung der Prozesse der Planrealisation beinhaltet die Steuerung die Durchsetzung der Planvorgaben, die Feststellung von Abweichungen zwischen Soll- und Ist-Werten sowie die Auslösung von Maßnahmen zur Gegensteuerung auf allen Ebenen der Um- und Durchsetzung.[118]

Die Steuerung der Entscheidungs- und Verhaltensprozesse der Mitarbeiter basiert oft auf der Vorgabe oder Vereinbarung von Zielen, um den Handlungsrahmen oder das Handlungsergebnis der Mitarbeiteraktivitäten zu definieren. Damit wird deutlich, dass Steuerung nicht nur im Fall von Planungsabweichun-

---

114 Vgl. *Hoppen, D.* (1999), S. 105.

115 Vgl. *Schweitzer, M./Küpper, H.-U.* (2008), S. 4.

116 Vereinfachte Darstellung in Anlehnung an *Schweitzer, M./Küpper, H.-U.* (2008), S. 4. Ähnlich auch *Duderstadt, S.* (2006), S. 5.

117 Vgl. hier und nachfolgend *Schweitzer, M./Küpper, H.-U.* (2008), S. 3.

118 Eine ausführliche Betrachtung der Aufgaben der Vertriebssteuerung erfolgt in Kapitel B.2.3.2.

gen relevant ist, sondern auch schon bei der Planrealisation. Steuerung umfasst damit auch die zielgerichtete Gestaltung und den zielgerichteten Einsatz von Methoden, Maßnahmen und Funktionsträgern,[119] und damit Komponenten der Managementfunktion Organisation.

2.2 Ableitung des Begriffs der Vertriebssteuerung

Vertriebssteuerung kann auf Basis der vorhergehenden Ausführungen als informationsverarbeitender, geordneter Prozess, der die Vertriebsplanrealisation durchsetzen, überwachen und sichern soll und dabei antizipative und reaktive Steuerungsmaßnahmen im Rahmen der Planumsetzung zum Gegenstand hat, definiert werden. Objekte der Vertriebssteuerung sind in diesem Sinn alle Methoden, Informationen, Maßnahmen, Prozesse und Funktionsträger des Vertriebs.[120] Dies ist die Vertriebssteuerung im engeren Sinn.

Insgesamt machen die bisherigen Ausführungen deutlich, dass Planung und Steuerung untrennbare Prozesse respektive Aufgabenkomplexe sind, um Ziele zu erreichen. Eine von der Planung losgelöste Betrachtung der Steuerung kann also nicht erfolgen, da die Planung den grundsätzlichen Ankerpunkt und den, in Abhängigkeit der konkreten Planung, relevanten Bezugsrahmen der Steuerung vorgibt. In der betriebswirtschaftlichen Literatur und vor allem in praxisbezogenen Beiträgen finden sich daher Ansätze, die die Steuerung als einen Regelkreislauf aus Planung, Umsetzung und Kontrolle verstehen[121] und damit die Planung nicht wie bisher vor den zuvor erläuterten Steuerungsprozess setzen, sondern sie als einen Prozessschritt der Steuerung betrachten. So definieren KÖHLER/ROLVERING/GERMANN die Vertriebssteuerung als „Führungsinstrument, das sich mit der Planung, Steuerung und Kontrolle der Vertriebstätigkeit eines Unternehmens beschäftigt“ [122]. Grundsätzlich entspricht dies in weiten Teilen den Führungstätigkeiten so wie diese eingangs vorgestellt wurden, so dass Führung und Steuerung abzugrenzen sind.

Ein fundamentaler Differenzierungsaspekt dieser beiden Konstrukte findet sich in der Aufteilung der Führungsaufgaben in einen originären und derivativen Aufgabenbereich.[123] Danach lassen sich derivative Führungsfunktionen untertei-

---

119 Vgl. *Pangratz, O.* (1979), S. 10.

120 Ähnlich auch *Duderstadt, S.* (2006), S. 7.

121 Vgl. z. B. *Averbeck, C./Frère, E./Reuse, S.* (2008), S. 41; *Dauber, M.* (2008), S. 890; *Schmoll A.* (2008), S. 52; *Schmoll, A.* (2006), S. 147 oder *Recht, A./Holm, R.* (2005), S. 136 f.

122 *Köhler, A./Rolvering, H.-S./Germann, S.* (2005), S. 417. Ähnlich auch *Dihlmann, K.* (1991), S. 157.

123 Vgl. hier und nachfolgend *Bleicher, K./Meyer, E.* (1976), S. 37 ff.

len in sachbezogen-initiative und steuernde Aufgaben (Lokomotionsfunktion) und in motivierende und auf den Zusammenhalt ausgerichtete Aufgaben (Motivations- und Kohäsionsfunktion). Die Steuerung ist also der Lokomotionsfunktion zuzuordnen, so dass vor allem die personenbezogene Motivations- und Kohäsionsfunktion die Führung von der Steuerung abgrenzt.

Die Begriffsfestlegung der Vertriebssteuerung als Regelkreis trifft insbesondere auch auf praxisorientierte Definitionsansätze zu, so dass vor dem Hintergrund der praxeologischen Ausrichtung dieser Arbeit dieses Verständnis als Vertriebssteuerung im weiteren Sinn bezeichnet werden soll. Dieses Begriffsverständnis ist Grundlage der weiteren Ausführungen und soll nachfolgend im Vordergrund stehen, da sie eine ganzheitliche Sicht unterstützt, der praxisbezogenen Zielsetzungen der Arbeit entspricht und die oben definierte engere Auffassung der Vertriebssteuerung umfasst.

In der Literatur lässt sich häufig die synonyme Verwendung der Begriffe Vertriebssteuerung und Vertriebscontrolling beobachten.[124] Dies rührt daher, dass Planungs- und Kontrollaufgaben im Rahmen der Steuerung auch in der Controllingfunktion verankert werden. In der Literatur zum Controlling wird dieser Sachverhalt als Aufbau eines Planungs- und Kontrollsystems sowie der Verbindung desselben mit weiteren Führungsteilsystemen beschrieben.[125] Für die vorliegende Arbeit wird diese Identität nicht angenommen, sondern das Controlling unabhängig von der jeweiligen theoretischen Controllingkonzeption als Führungsunterstützung, aber steuerungsnahe Funktion verstanden.[126] „Die Vertriebssteuerung bedient sich der Dienstleistung des Controllingbereichs."[127] Es ist leicht nachvollziehbar, dass zwar eine isolierte Analyse der Funktion Controlling vorgenommen werden kann, eine isolierte Betrachtung der Steuerung ohne Controlling jedoch nicht möglich ist, denn das Vertriebscontrolling, dessen zentrale Aufgabe in der Koordination und der Informationsversorgung liegt, stellt einen wesentlichen Bestandteil des gesamthaften Vertriebsteuerungssystems dar.[128] Daher ist eine durchgängige Trennung von Vertriebssteuerung und -controlling nicht möglich. Abbildung 2 verdeutlicht diesen Gedanken.

---

124 Vgl. z. B. *Hummel, D.* (2007), S. 86 ff., *Schmoll, A.* (2006), S. 145 ff.; *Benölken, H.* (2002), S. 135 ff.

125 Vgl. z. B. *Horváth, P.* (2003), S. 165 ff.

126 Vgl. *Schildbach, T.* (1992), S. 23. Zu steuerungsnahen Funktionen vgl. *Rolfes, B.* (2008), S. 22.

127 *Dihlmann, C.* (1992), S. 157.

128 So auch LISSAUTZKI, der vor dem Hintergrund der engen inhaltlichen Verknüpfungen von Steuerung und Controlling ebenfalls Schwierigkeiten bei der isolierten Betrachtung der Steuerung sieht und in seiner Diskussion abschließend darauf verweist, „dass das

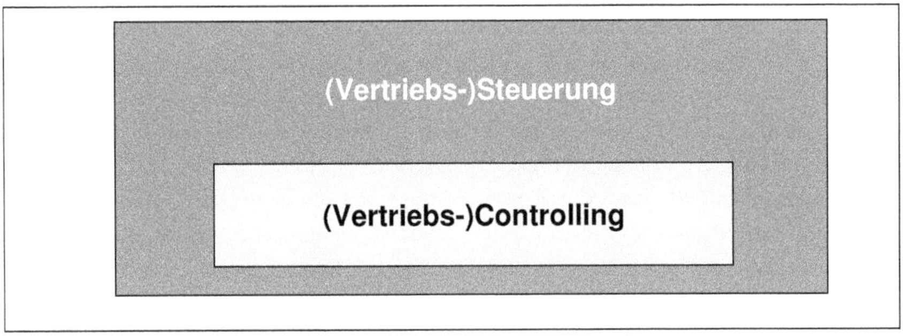

Abbildung 2: Vertriebssteuerung und -controlling als Elemente des Vertriebssteuerungssystems[129]

2.3 Funktionaler Begriffsinhalt

2.3.1 Ziele der Vertriebssteuerung

Vertriebssteuerung ist kein Selbstzweck, sondern richtet sich in ihrer Ausgestaltung an zu verfolgenden Zielen aus. Als Ziel sei in dieser Arbeit „ein bestimmter intendierter Sachverhalt [...] im Sinne von Lage oder auch Situation“[130] verstanden. Für die Vertriebsteuerung können direkte und indirekte Ziele unterschieden werden.[131] Direkte Ziele grenzen den Umfang der Aufgaben der Vertriebssteuerung ab. Indirekte Ziele beziehen sich auf die Unternehmensziele und präzisieren den Inhalt der von der Vertriebssteuerung wahrgenommenen Aufgaben. Art und Charakter der indirekten Ziele ergeben sich aus dem Verhältnis dieser Ziele zu den Zielen der übergeordneten Unternehmenssteuerung.[132]

Aus dem zugrunde liegenden Verständnis der Vertriebssteuerung lässt sich das direkte Ziel unmittelbar ableiten. Das zentrale und übergeordnete direkte Ziel der Vertriebssteuerung ist, ein wirkungsvolles Instrument zum Erreichen von Vertriebszielen zu sein.[133] Dazu gehört, die Effektivität und Effizienz des Vertriebs zu gewährleisten.

Hinsichtlich der indirekten Ziele der Vertriebssteuerung ist der Zusammenhang zwischen Unternehmenssteuerung und Vertriebssteuerung zu beachten.

Controlling sowohl inhaltlich als auch organisatorisch eine bedeutende Rolle in der Unternehmenssteuerung spielt.“ *Lissautzki, M.* (2007), S. 13.

129 Eigene Darstellung.

130 *Schmidt-Sudhoff, U.* (1967), S. 16.

131 Vgl. hier und nachfolgend *Schweitzer, M./Friedl, B.* (1992), S. 143.

132 Vgl. *Langguth, H.* (1994), S. 50.

133 Vgl. *Schweitzer, M.* (2001), S. 21.

Ausgangspunkt der Unternehmenssteuerung ist das Unternehmenszielsystem. Da die obersten Entscheidungsträger die einzelnen Ziele frei auswählen können, existiert kein allgemeingültiges Unternehmenszielsystem.[134] Ein elementares Unternehmensziel ist jedoch die nachhaltige Existenzsicherung. Um dieses Ziel zu erreichen, ist die conditio sine qua non die Verfolgung erfolgswirtschaftlicher Ziele „ohne die der Bestand selbständiger Unternehmungen schwer möglich ist."[135] Die Zielsetzung der Existenzsicherung lässt sich in eine operative und eine strategische Perspektive unterscheiden. Auf der operativen Ebene beinhaltet das Ziel der Existenzsicherung die Ausrichtung des Unternehmens und damit des Vertriebs an erfolgswirtschaftlichen Teilzielen. Klassischerweise sind diese liquiditäts- sowie umsatz- und kostenbezogene Zielkategorien. Für die Vertriebssteuerung resultiert auf der operativen Ebene das indirekte Ziel, die Vertriebsleitung bei der Erreichung der liquiditäts- sowie umsatz- und kostenbezogenen Ziele zu unterstützen.

Auf der strategischen Ebene gilt es, künftige Erfolge zu sichern. Grundlegend für künftige Erfolge sind Erfolgspotenziale.[136] Der Begriff Erfolgspotenzial wird dabei im Sinne GÄLWEILERS interpretiert, der damit „das gesamte Gefüge aller jeweils produkt- und marktspezifischen erfolgsrelevanten Voraussetzungen, die spätestens dann bestehen müssen, wenn es um die Erfolgsrealisierung geht"[137] bezeichnet und diese als Vorsteuergröße von Gewinn und Liquidität ansieht. Als indirektes Ziel der Vertriebssteuerung auf der strategischen Ebene wird daher die Unterstützung der Unternehmensführung bzw. Vertriebsleitung beim Schaffen und Erhalten von Erfolgspotenzialen verstanden.[138] Erfolgspotenziale werden in ihrer Gesamtheit durch strategische Erfolgsfaktoren determiniert.[139] Erfolgsfaktoren sind diejenigen unternehmensinternen und -externen Größen, welche die Erfolgsmöglichkeit über Ursache-Wirkungs-Beziehungen beeinflussen.

---

134 Vgl. *Küpper, H.-U.* (2001), S. 18.

135 *Küpper, H.-U.* (2001), S. 18 f.

136 Vgl. *Schmid, S./Kutschker, M.* (2002), S. 1242; *Friedag, H. R./Schmidt, W.* (2001), S. 495.

137 *Gälweiler, A.* (1987), S. 26.

138 Vgl. *Baum, H.-G./Coenenberg, A. G./Günther, T.* (2007), S. 9; *Langguth, H.* (1994), S. 50 f.

139 Vgl. *Baum, H.-G./Coenenberg, A. G./Günther, T.* (2007), S. 31; *Rehkugler, H.* (1989), S. 627.

2.3.2 Aufgaben der Vertriebssteuerung

Die aufgabenbezogene Betrachtung der Vertriebssteuerung beschäftigt sich mit den Inhalten und Obliegenheiten, die von der Vertriebssteuerung wahrzunehmen sind, um ihre direkten und indirekten Ziele zu erreichen. Basierend auf dem zugrunde gelegten Verständnis können die Aufgaben einzelnen Phasen der Vertriebssteuerung zugeordnet werden. So ist zwischen Aufgaben im Rahmen der Planung, der Durchsetzung, der Überwachung und der Sicherung zu unterscheiden. Erfüllungskritische Grundlage der einzelnen Aufgaben ist die Bereitstellung der jeweils phasenrelevanten Methoden und Informationen durch das Vertriebscontrolling, das zudem die Koordination der einzelnen Aufgaben übernimmt.

In der Planungsphase hat die Vertriebssteuerung drei zentrale Aufgaben zu erfüllen. Zum einen ist es ihre Aufgabe, die vereinbarten Unternehmensziele in operationale Vertriebsziele herunterzubrechen sowie die Koordination innerhalb der Vertriebsziele und mit anderen Funktionalbereichszielen vorzunehmen.[140] Diese impliziert die Prüfung der Beziehungen zwischen den verfolgten Vertriebszielen. Unterschieden werden komplementäre, konkurrierende und indifferente Zielbeziehungen.[141] Komplementäre Ziele liegen vor, wenn das Erreichen eines Ziels mit dem Erreichen eines anderen Ziels einhergeht. Konkurrierende Ziele liegen vor, wenn das Verfolgen eines Ziels nicht vereinbar ist mit dem Verfolgen eines anderen Ziels. Und indifferente Ziele liegen vor, wenn das Verfolgen des einen Ziels das Verfolgen eines anderen Ziels nicht beeinflusst. Zum zweiten muss die Vertriebssteuerung dafür Sorge tragen, dass die Vertriebsstrategie, mit der die Ziele erreicht werden sollen, definiert wird sowie deren Risiken geprüft und Alternativen vorgegeben werden.[142] Die Vertriebsstrategie fokussiert auf die Auswahl der Zielkunden und der relevanten Wettbewerbsvorteile, die Ausgestaltung des Vertriebssystems und der Vertriebswege sowie der Preispolitik.[143] Und zum dritten ist es Aufgabe der Vertriebssteuerung, die bereitgestellten Methoden der Planung zu verwenden sowie die Beurteilung der Planergebnisse vorzunehmen. Um die Planung durchzuführen, lassen sich drei Vorgehensweisen unterscheiden. Dies ist die Top-Down-Planung, bei der die Vertriebsleitung die Planung initiiert und Vorgaben setzt. Davon ausgehend werden die Teilpläne für untergeordnete Organisationseinheiten erarbeitet. In umgekehrter Richtung arbeitet die Bottom-Up-Planung. Bei diesem Vorgehen werden von der kleinsten Vertriebseinheit ausgehend die Teilpläne nach oben zu

---

140 Vgl. *Lissautzki, M.* (2007), S. 63.

141 Vgl. hier und nachfolgend *Wöhe, G.* (1996), S. 127 f.

142 Vgl. *Pufahl, M.* (2003), S. 339.

143 Vgl. *Homburg, C./Schäfer, H./Schneider, J.* (2010), S. 27 ff.

einem Gesamtplan aggregiert. Das Gegenstromverfahren kombiniert die beiden erstgenannten Vorgehensweisen und basiert auf einem Dialog- bzw. Aushandlungsprozess.[144]

Zur Gruppe der planrealisationsbezogenen Aufgaben gehört die Plandurchsetzung vertriebszielsetzungsorientiert auszugestalten sowie die Früherkennung und Beseitigung von Störungen bei der Planrealisation zu gewährleisten.[145] Störungen bei der Planrealisation resultieren bspw. aus der zunehmenden Diskontinuität und Dynamik umfeldbezogener Entwicklungen und der unternehmensinternen und unternehmensexternen Komplexität.[146] Die Aufgaben der Phase der Plandurchsetzung umfassen weiterhin alle Maßnahmen der Organisation und Information der von der Planrealisation betroffenen Mitarbeiter und der weiteren Personen innerhalb des Unternehmens.[147] In diesem Zusammenhang gilt es, bei den betroffenen Mitarbeitern Akzeptanz für die verfolgten Vertriebsziele und die Vertriebspläne zu schaffen, um mitarbeiterverhaltensbedingte Störungen der Planrealisation zu vermeiden oder zu reduzieren[148] und ein im Sinne der Vertriebsziele rollenkonformes Verhalten der Mitarbeiter zu erreichen.[149] Hierzu zählt der Aufbau eines zielkongruenten Anreizsystems.[150] Weiterhin ist es Aufgabe der Vertriebssteuerung, den Mitarbeitern die für die Umsetzung der Planung relevanten Informationen sowie Mittel und Instrumente zur Verfügung zu stellen. Dies betrifft die weisungsabhängigen Mitarbeiter ebenso wie die Führungskräfte.[151] Die Prüfung der aufbau- und ablauforganisatorischen Struktur des institutionellen Vertriebs vor dem Hintergrund der Plananforderungen ist ebenso Aufgabe der Vertriebssteuerung wie die Neugestaltung des Vertriebsbereichs, sofern sich aus einer unzulänglichen Struktur störende Einflüsse auf die Planrealisation ergeben können. Diese organisatorischen Aufgaben der Durch-

---

144 Vgl. *Horváth, P.* (2003), S. 196; *Küpper, H.-U.* (2001), S. 306; *Wimmer, K./Schilcher, N./Windbichler, C.* (2010), S. 93 ff.

145 Vgl. *Schweitzer, M.* (2001), S. 23.

146 Vgl. *Hopfenbeck, W.* (1997), S. 340.

147 Vgl. *Schweitzer, M.* (2001), S. 71.

148 Die dieser Beziehung impliziten Probleme der Zielidentifikation und der Anreizsysteme sowie deren Lösung werden unter anderem im Rahmen der Prinzipal-Agenten-Theorie und der verhaltenswissenschaftlichen Managementtheorie diskutiert. Eine Auseinandersetzung mit diesem Themenbereich wird an dieser Stelle nicht vorgenommen, sondern es sei auf die themenspezifische Literatur verwiesen. Vgl. auch die Ausführungen in Kapitel E.3.3.

149 Vgl. *Hopfenbeck, W.* (1997), S. 365.

150 Vgl. *Lissautzki, M.* (2007), S. 63.

151 Vgl. *Schmoll, A.* (2006), S. 160. An dieser Stelle zeigt sich die enge Verknüpfung zum Vertriebscontrolling, zu dessen direkten Aufgabenbereich die Informationsversorgung der Führung gehört.

setzungsphase betreffen auch die Sicherstellung der notwendigen Qualifikation der betroffenen Mitarbeiter. Schließlich ist der Aufbau eines geeigneten Frühwarnsystems im Rahmen der Vertriebssteuerung vorzunehmen, um rechtzeitig mögliche Störungen zu erkennen und Gegensteuerungsmaßnahmen ergreifen zu können.

In den Phasen der Überwachung und Sicherung sind durch das Vertriebssteuerungssystem Vertriebsplanabweichungen zu identifizieren, zu analysieren und für die Ableitung von Gegenmaßnahmen aufzunehmen.[152] Grundlage dieser Aufgaben sind verschiedene Kontrollen, die sich hinsichtlich der Art der Kontrollobjekte, der Komponenten des Planungsprozesses, des Informationscharakters der Vergleichsgrößen und der Informationsvermittlung sowie deren Verknüpfung unterscheiden lassen (siehe Abbildung 3).

Mit Blick auf die Kontrollobjekte lassen sich drei Kontrolltypen unterscheiden. Bei den Ergebniskontrollen wird die Zielerreichung, also der Vergleich zwischen einem realisierten und einen gewollten Zustand, geprüft. Bei den Verfahrenskontrollen wird geprüft, ob und wie der zur Zielerreichung definierte Prozess vollzogen wurde. Die Verhaltenskontrollen sollen informieren, ob die Menschen, die mit den Prozessen betraut sind, unter Berücksichtigung der beobachteten Rahmenbedingungen geeignete Maßnahmen getroffen haben.

<table>
<tr><th>Merkmale</th><th colspan="6">Ausprägungen</th></tr>
<tr><td>Art der Kontrollobjekte</td><td>Verhaltens-kontrolle</td><td colspan="2">Verfahrens-kontrolle</td><td>Teilergebnis-kontrolle</td><td colspan="2">Endergebnis-kontrolle</td></tr>
<tr><td>Komponenten des Planungsprozesses</td><td colspan="2">Prämissenkontrolle</td><td colspan="2">Planfortschritts-kontrolle</td><td colspan="2">Realisationskontrolle</td></tr>
<tr><td>Informationsarten</td><td>Ist-Ist (Zeitvergleich, Sachvergleich)</td><td>Soll-Soll (Zielkontrolle)</td><td>Soll-Ist (Ergebnis-kontrolle)</td><td>Soll-Wird (Planfort-schritts-kontrolle)</td><td>Wird-Ist (Prämissen-kontrolle)</td><td>Wird-Wird (Prognose-kontrolle)</td></tr>
<tr><td>Informationsvermittlung und -verarbeitung</td><td colspan="3">Persönlich</td><td colspan="3">Maschinell</td></tr>
</table>

Abbildung 3: Formen der Kontrolle[153]

---

[152] Vgl. hier und nachfolgend *Schweitzer, M.* (2001), S. 73 ff.; *Küpper, H.-U.* (2001), S. 170 ff.

[153] *Küpper, H.-U.* (2001), S. 174.

Anhand der Komponenten des Planungsprozesses können die Realisations-, die Planfortschritts- und die Prämissenkontrolle unterschieden werden. In der Realisationskontrolle werden Endergebnisse nach Ablauf der Planperiode überprüft. Aufgrund der nicht mehr bestehenden Beeinflussbarkeit der Planrealisation können die Ergebnisse nur als Information neuer Planungsprozesse dienen. Die Planfortschrittskontrolle prüft die Umsetzung einzelner Planbestandteile während der Planrealisation, so dass Prognosen über das Ergebnis am Ende des Planungshorizonts ermöglicht und ggf. Steuerungsmaßnahmen begründet werden können. Die Prämissenkontrolle untersucht, ob die in der Planung unterstellten Annahmen für die Planrealisation tatsächlich eintreten bzw. eingetreten sind.

Weiterhin lassen sich Kontrollen durch die Kombinationen von normativen, faktischen und prognostischen Größen (Informationsarten) unterscheiden. Die normativen Größen stellen Soll-Größen dar, die als Zielformulierung verstanden werden. Faktische Größen stellen Ergebnisse dar, die bei den betrachteten Größen tatsächlich realisiert wurden und prognostische Größen sind sich abzeichnende Ist-Größen zu einem bestimmten Zeitpunkt, deren tatsächliches Ergebnis jedoch noch nicht bestimmt ist. Werden diese Größen mit unterschiedlichem Zeitbezug kombiniert, lassen sich verschiedene Kontrollarten ableiten.[154]

Hinsichtlich der Informationsermittlung und der -verarbeitung wird die persönliche Kontrolle von der maschinellen Kontrolle unterschieden. Es ist anzumerken, dass nicht alle der erläuterten Kontrollformen stets maschinell möglich sind, so z. B. die Prämissenkontrolle.

Aufbauend auf den vorgenommen Kontrollen ist es die Aufgabe des Vertriebssteuerungssystems, die Analyse der Ursachen für etwaige Abweichungen vorzunehmen. Zweck ist es, die konkreten Störgrößen der Planrealisation zu identifizieren. Diese können unternehmensexogen oder unternehmensendogen verankert sein. Störgrößen können sowohl in der Planung selbst oder in der anschließenden Planrealisation begründet sein. Als Fehlerbereiche in der Vertriebsplanung lassen sich mit SCHWEITZER die Zielbildung, die Problemfeststellung, die Alternativensuche, die Prognose sowie die Bewertung und Entscheidung von Handlungsalternativen und in der Vertriebsplanrealisation die Vertriebsplandurchsetzung, die Ausführung, die Plankontrolle, die Plansicherung und die Änderungen der Planungsprämissen unterscheiden.[155]

Eine weitere Aufgabe zur Erreichung der Ziele der Vertriebssteuerung ist der Aufbau eines aussagekräftigen Berichtssystems, das dem Informationsbedarf des Vertriebsleiters und der Vertriebsmitarbeiter entspricht.[156] Dabei muss das

---

154 Vgl. dazu ausführlich *Küpper, H.-U.* (2001), S. 173 ff.

155 Vgl. *Schweitzer, M.* (2001), S. 77 ff.

156 Vgl. *Schmoll, A.* (2006), S. 162.

Postulat erfüllt werden, dass auf der operativen und der administrativen Ebene ein konsistentes Informations- und Berichtssystem als Grundlage der Vertriebssteuerung vorhanden ist.[157]

Die zentrale Aufgabenstellung der Sicherungsphase ist die Erarbeitung von Maßnahmen, die das Wirken von Störgrößen verhindern, deren negativen Einfluss reduzieren und die Störgrößen beheben bzw. vermeiden.[158] Weiterhin muss gewährleistet werden, dass die identifizierten Maßnahmen um- und durchgesetzt werden.

2.4 Institutioneller Begriffsinhalt

Der institutionelle Begriffsinhalt bezieht sich auf die Aufbauorganisation der Vertriebssteuerung und mithin auf die Frage, wer Träger der Vertriebssteuerungsfunktion ist. Ebenso wie die noch zu diskutierende Auswahl der Instrumente ist die konkrete Beantwortung dieser Frage kontextabhängig und vor dem Hintergrund des hier zugrunde gelegten praktisch orientierten Verständnisses der Vertriebssteuerung zu beantworten. I. d. R. werden die Aufgaben der Vertriebssteuerung von der Vertriebsleitung in Verbindung mit dem Controlling durchgeführt. Diese Aussage ordnet sich den bisherigen Ausführungen zum Vertriebscontrolling und der Steuerung als Bestandteil der Führung unter. Alternativ dazu gibt es Situationen, in denen eigenständige Abteilungen oder Stäbe mit Vertriebssteuerungsaufgaben betraut sind. So gibt es z. B. bei den hier im Fokus stehenden Kreditgenossenschaften häufig die Stabsabteilung Vertriebssteuerung, die jedoch vornehmlich für das Privatkundengeschäft zuständig ist und hinsichtlich der Aufgaben von den für diese Arbeit zweckmäßigerweise definierten Verständnissen der Vertriebssteuerung abweicht.

2.5 Prozessualer Begriffsinhalt

Der prozessuale Begriffsinhalt betrachtet den zeitlichen Ablauf der durchzuführenden Vertriebssteuerungsaufgaben, mithin also die Planungs- und Kontrollzyklen sowie die Anpassungsrhythmik, in der bereits vorhandene Planergebnisse überprüft und etwaige Steuerungsmaßnahmen entwickelt werden. Im Zentrum steht die Frage, wann welche Aufgaben durchgeführt werden. Grundsätzliche prozessuale Strukturen resultieren aus dem Verständnis der Vertriebssteuerung im weiteren Sinn, das zwischen der Planungsphase, der Phase der Umsetzung und Kontrollphase (Überwachung und Sicherung) unterscheidet. Jedoch laufen

---

157 Vgl. *Becker, J.* (1994), S. 4.

158 Vgl. *Schweitzer, M.* (2001), S. 80.

diese Phasen nicht zwingend chronologisch ab, sondern weisen zum Teil gewollte oder ungewollte Überschneidungen auf.

3 Instrumente der Vertriebssteuerung

Zu den Instrumenten der Vertriebssteuerung gehören alle Methoden und Modelle, die für die Erreichung der Vertriebssteuerungsziele oder die Erfüllung der Aufgaben der Vertriebssteuerung dienlich sind.[159] In diesem Zusammenhang kann konstatiert werden, dass die Vertriebssteuerung über keine originären Instrumente verfügt, sondern sich vielmehr auf einen breiten betriebswirtschaftlichen Instrumentenkanon stützt, der zweckorientiert eingesetzt wird.[160] Dieser Instrumentenkanon kann nach verschiedenen Kriterien strukturiert werden, so dass sich ebenso für verschiedene Situationen unterschiedliche Instrumente wie auch gleiche Instrumente identifizieren lassen. Im Folgenden soll Strukturierungsmöglichkeiten vorgestellt werden, wobei jedoch nicht der Anspruch auf Allgemeingültigkeit oder Vollständigkeit erhoben wird.

In Bezug auf den zugrunde gelegten Betrachtungszeitraum und den verfolgten Zielgrößen lassen sich strategische und operative Instrumente auf Basis der verwendeten Daten unterscheiden. Im Mittelpunkt der strategischen Instrumente stehen zukunftsorientierte, qualitative Daten, die mit dem Ziel des Aufbaus und des Erhalts von Erfolgspotenzialen analysiert werden. Dazu gehören Früherkennungs- und Analyseinstrumente wie bspw. das Environmental Scanning, (Cross-)Impact-Matrizen oder Checklisten.[161] Operative Instrumente dagegen nutzen vergangenheits- bzw. gegenwartsbezogene, quantitative Größen, um kurzfristige Vertriebssteuerungsentscheidungen zu fundieren. Diese Instrumente können weiter in Instrumente zur Problemidentifikation und Instrumente zur Entscheidungsvorbereitung unterschieden werden. Dazu gehören z. B. periodische Erfolgsrechnungen wie die Absatzsegmentrechnung oder die Einzelkundenkalkulation aber auch Kennzahlensysteme.

Weiterhin können die Instrumente der Vertriebssteuerung dahingehend unterschieden werden, welche Arten von Zielen verfolgt werden. So lassen sich bspw. wertmäßige Ziele, Mengenziele, Qualitätsziele, Zeitziele oder Verhaltensziele unterscheiden,[162] denen jeweils unterschiedliche Instrumente zugeordnet werden können. Instrumente zur Steuerung bei wertmäßigen Zielen sind etwa Kosten- und Erlösrechnungen, Budgets oder Wertzuwachskurven. Bei Mengen-

---

159 Vgl. *Schweitzer, M./Friedl, B.* (1992), S. 158.

160 Vgl. mit identischer Argumentation *Rinn, T.* (1991), S. 46 für das von ihm analysierte Vertriebs-Controlling.

161 Vgl. *Küpper, H.-U.* (2001), S. 416 ff.

162 Vgl. *Schweitzer, M.* (2001), S. 82.

zielen sind dies z. B. Fortschrittserhebungen und bei den Verhaltenszielen verschieden ausgeprägte Anreizsysteme.

Auch die Phasen des Planungs- und Steuerungsprozesses können als Ordnungsprinzip verwendet werden. So lassen sich planungsbezogene Instrumente wie z. B. Planrechnungen, Planungshandbücher oder Szenariotechniken, umsetzungsbezogene Instrumente wie z. B. Instrumente der organisatorischen Gestaltung wie Stellenbeschreibungen oder Anreizsysteme, überwachungsbezogene Instrumente wie bspw. Ergebniskontrollen oder Realisationskontrollen und sicherungsbezogene Instrumente wie z. B. Frühwarnsysteme oder Regeln und Normen unterscheiden. Phasenübergreifend können alle Instrumente der Informationskommunikation berücksichtigt werden. Dies ist z. B. ein an dem Informationsbedarf der Träger der Vertriebs- und Vertriebssteuerungsaufgaben orientiertes Berichtswesen.

Ohne dass dies eine abschließende Aufzählung ist, zeigt sich, dass die Auswahl und der Einsatz von Instrumenten kontextabhängig erfolgen müssen, um so die richtigen Instrumente zu nutzen. Folglich ist es nicht möglich, eine allgemein gültige Aussage über die einzusetzenden Instrumente in der Vertriebssteuerung zu treffen.

4 Zusammenfassende Darstellung der Vertriebssteuerung

In den vorangegangenen Abschnitten wurden Vertrieb und Vertriebssteuerung begrifflich abgegrenzt und die Vertriebssteuerung hinsichtlich der funktionalen, prozessualen und institutionellen Begriffsinhalte beschrieben. Es wurde dargestellt, dass der Vertrieb als Schnittstelle zum Kunden insbesondere mit den Aufgaben des Kundenmanagements betraut ist. Die Vertriebssteuerung, deren zentrales Ziel die Sicherstellung der Effektivität und Effizienz des Vertriebs ist, beinhaltet im hier zugrunde gelegten praxisorientierten Verständnis die Phasen der Planung, Plandurchsetzung, Kontrolle und Plansicherung auf strategischer und operativer Ebene und baut dabei unmittelbar auf dem Vertriebscontrolling auf. Um die direkten und indirekten Ziele der Vertriebssteuerung zu erfüllen, sind der Vertriebssteuerung konkrete Aufgaben zugeordnet, die sich phasenbezogen abgrenzen lassen und durch kontextabhängig ausgewählte Instrumente unterstützt werden.

Werden nun die Komponenten des Vertriebs und hier im Speziellen die Aufgaben des Kundenmanagements sowie die funktionellen Aspekte der Vertriebssteuerung kombiniert, ergibt sich der Bezugsrahmen der konkreten Ausgestaltung der Vertriebssteuerung im situativen Kontext des Betrachtungsgegenstands (siehe Abbildung 4). Dabei ist jedoch zu berücksichtigen, dass die inhaltlichen Schwerpunkte in der Differenzierung nach operativer und strategischer Ausgestaltung mal stärker und mal weniger stark zu Tragen kommen. So finden sich häufig große Schnittmengen zwischen der operativen und der strategischen Kontrolle, die eine klare Differenzierung nicht erlauben.

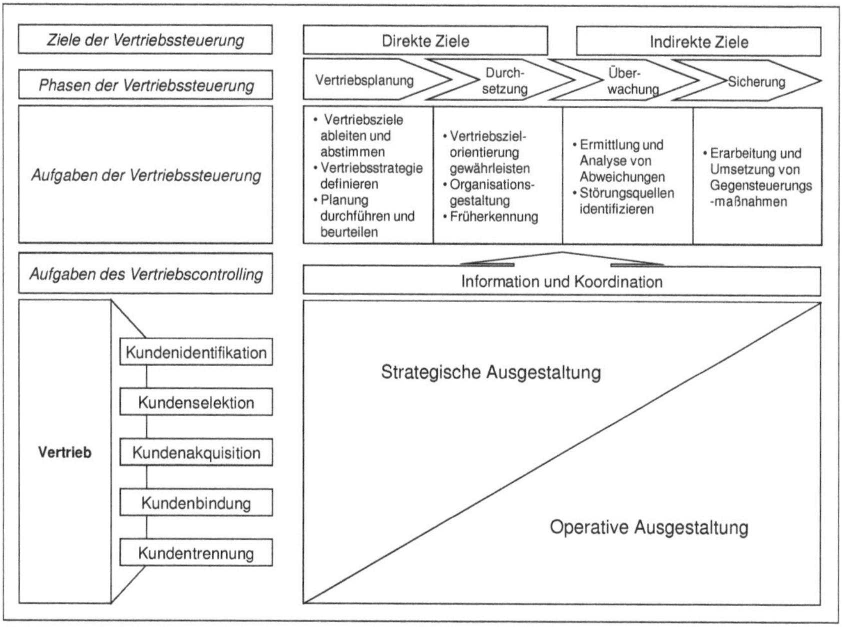

Abbildung 4: Zusammenfassende Darstellung der Vertriebssteuerung[163]

In den vorhergehenden Ausführungen ist mehrfach deutlich geworden, dass die konkrete Ausgestaltung der Vertriebssteuerung kontextspezifisch und -abhängig ist. Aus diesem Grund sollen im nachfolgenden Teil C die wesentlichen Implikationen herausgearbeitet werden, die aus dem situativen Kontext der etwa 1.200 Kreditgenossenschaften in Deutschland resultieren. Aufgrund der Vielzahl der eigenständigen Unternehmen und der damit verbundenen Heterogenität der Einzelfälle kann keine vollständige Darstellung erfolgen. Dennoch lassen sich für die Gruppe der Kreditgenossenschaften die zentralen, gemeinsamen Implikationen identifizieren, die im weiteren Gang der Analyse zu berücksichtigen sind. Dies begründet sich damit, dass die Kreditgenossenschaften zumindest bundesweit in einem einheitlichen ökonomischen und rechtlichen Marktumfeld agieren

163 Eigene Darstellung.

und der BVR zentrale strategische und operative Weichenstellungen für die Banksteuerung vorschlägt. Wenngleich die Kreditgenossenschaften nicht an diese Vorschläge gebunden sind, orientiert sich die Majorität der Vorstände daran. Damit erscheint es legitim und im Sinne der Arbeit zweckgemäß zu sein, die weiteren Betrachtungen und Analysen auf der Ebene der Gruppe der typischen Kreditgenossenschaften vorzunehmen.

C Ableitung kontextinduzierter Implikationen für die kundenwertorientierte Vertriebssteuerung im Firmenkundengeschäft der Kreditgenossenschaften

Im vorangegangenen Kapitel wurden allgemeine Grundlagen der Vertriebssteuerung erläutert. Um diese auf den konkreten Kontext der Kreditgenossenschaften zu übertragen, werden zunächst die Situationsspezifika und deren Implikationen für die Vertriebssteuerung vorgestellt. Begründet wird dieses Vorgehen mit der Aussage der Kontingenztheorie, dass es keine optimale, allgemeingültige Form einer effizienten Organisation gibt, sondern die Ausgestaltung von den vorliegenden Umfeldbedingungen abhängig sei.[164] Die ausschließliche Betrachtung der Umfeldbedingungen würde jedoch den Blickwinkel verengen und dazu führen, dass nicht alle relevanten Einflussfaktoren betrachtet werden. Aus diesem Grund wird der Blickwinkel um diejenigen internen Faktoren erweitert, die aus Sicht der Kreditgenossenschaft keine Umfeldbedingungen, sondern Resultate eigener Entscheidungen sind. Diese Entscheidungen stellen aus Sicht der Vertriebssteuerung ebenso Determinanten dar, die es zu berücksichtigen gilt. Statt von Umfeldbedingungen wird daher von vertriebssteuerungsrelevanten Rahmenbedingungen, die sowohl unternehmensextern als auch unternehmensintern bedingt sein können, gesprochen. Im Folgenden werden dazu zunächst die Kreditgenossenschaften in das deutsche Bankensystem eingeordnet (Kapitel C.1) und im Anschluss die Geschäftseinheit Firmenkunden (Kapitel C.2), dessen Strategie, Bedeutung und Marktanteile (Kapitel C.3) beschrieben. Darauf folgend werden die für die Vertriebssteuerung relevanten Bestandteile der Gesamtbanksteuerungskonzeption VR-Control vorgestellt (Kapitel C.4). Auf Basis dieser Ausführungen erfolgt die übergreifende und zusammenfassende Ableitung relevanter Implikationen (Kapitel C.5).

---

164 Vgl. *Flacke, K.* (2006), S. 95. So auch *Wiedemann, A.* (1992), S. 14, wenngleich sich dieser auf die Gesamtheit der Kreditgenossenschaften bezieht.

1 Einordnung der Kreditgenossenschaften in das deutsche Bankensystem und Wettbewerb auf dem deutschen Bankenmarkt

1.1 Begriffsabgrenzung Bank

Der Begriff Bank wird in der Literatur uneinheitlich abgegrenzt.[165] Im Folgenden soll der im Kreditwesengesetz (KWG) definierte Begriff „Kreditinstitut" vorgestellt werden. Da die Legaldefinition bezweckt, den Anwendungsbereich des Gesetzestextes festzulegen, ist sie für das Ziel dieser Arbeit unzureichend.[166] Daher wird zusätzlich eine zweckadäquate ökonomische Definition vorgestellt, die als Grundlage der Arbeit dient.

1.1.1 Legaldefinition von Banken

Aufgrund ihrer hohen Bedeutung für die Funktionsfähigkeit von Volkswirtschaften gehören Banken zu den stark regulierten Unternehmenstypen.[167] Dazu hat der deutsche Gesetzgeber die Legaldefinition für den Begriff Kreditinstitut (synonym: Banken[168]) erarbeitet, unter welchen die Kreditgenossenschaften zu subsumieren sind.

Gemäß § 1 Kreditwesengesetz (KWG) sind Kreditinstitute „Unternehmen, die Bankgeschäfte gewerbsmäßig oder in einem Umfang betreiben, der einen in kaufmännischer Weise eingerichteten Geschäftsbetrieb erfordert." Die dieser Definition zugrunde liegenden, erlaubnispflichtigen Bankgeschäfte werden in § 1 Abs. 1 KWG enumeriert.[169] Gemäß der 6. Novelle des KWG qualifiziert bereits das gewerbsmäßige Betreiben eines der genannten Bankgeschäfte ein Un-

---

165 Nach EILENBERGER lässt sich anhand der „Bemühungen einer Vielzahl von Autoren zur Bestimmung des Bankbegriffs [...] feststellen, dass kaum ein vergleichbares Erkenntnisobjekt sich ähnlich umfangreicher wissenschaftlicher Anstrengungen erfreuen kann." *Eilenberger, G.* (1996), S. 10.

166 Vgl. *Varmaz, A.* (2006), S. 16.

167 Vgl. *Hartmann-Wendels, T./Pfingsten, A./Weber, M.* (2010), S. 20.

168 Vgl. *Hartmann-Wendels, T./Pfingsten, A./Weber, M.* (2010), S. 20.

169 Siehe § 1 Abs. 1 Nr. 1 ff. KWG. Die genannten Geschäfte sind: das Einlagen-, das Pfandbrief-, das Kredit-, das Diskont-, das Finanzkommissions- sowie das Depotgeschäft, die Eingehung von Verpflichtungen, Darlehensforderungen vor Fälligkeit zu erwerben, das Garantie-, das Giro-, das Emissions- und das E-Geld-Geschäft sowie die Tätigkeit als zentraler Kontrahent im Sinne des § 1 Abs. 31 KWG. Eine Würdigung dieser Auflistung findet sich bei *Hartmann-Wendels, T./Pfingsten, A./Weber, M.* (2010), S. 21 f. Eine Erläuterung einzelner Bankgeschäfte findet sich in *Büschgen, H. E.* (1998), S. 12 ff. und *Hartmann-Wendels, T./Pfingsten, A./Weber, M.* (2010), S. 149 ff.

ternehmen als Kreditinstitut[170] und begründet damit die Anwendung der aufsichtsrechtlichen Vorgaben des KWG.[171] Derartige Vorgaben umfassen die Verpflichtung zur Eigenmittelunterlegung von Risikopositionen, Vorschriften über die Fristigkeiten der Aktiva und Passiva und Bestimmungen über organisatorische Mindeststandards. Weitere zentrale bankaufsichtsrechtliche Regelungen sind die Solvabilitätsverordnung (SolvV), die den § 10 KWG inhaltlich präzisiert, die Mindestanforderungen an das Risikomanagement (MaRisk) sowie die Einlagensicherungssysteme.[172] Eine ausführliche Darstellung dieser Vorschriften kann im Rahmen dieser Arbeit nicht erfolgen. Die Legaldefinition des KWG wird einer betriebswirtschaftlichen Betrachtungsweise nicht gerecht.[173] Weder kann dadurch die Dynamik des bankbetrieblichen Aktionsradius erfasst werden, noch ist die Definition geeignet, um eine Bank als einen im Wettbewerb befindlichen und verschiedenen Einflussfaktoren ausgesetzten Akteur darzustellen. Daher wird nachfolgend eine ökonomische Definition vorgenommen.

1.1.2 Ökonomische Definition von Banken

Eine ökonomische Definition des Bankenbegriffs ist aufgrund des verbundenen Zwecks globaler und abstrakter als die des Gesetzgebers.[174] Ökonomische Definitionen und konstituierende Beschreibungen von Banken erfolgen aus gesamt- oder einzelwirtschaftlicher Sicht.[175] Gesamtwirtschaftliche Definitionen beziehen sich auf das Wesen und die Bedeutung aller Banken für die Volkswirtschaft, betreffen also das Bankensystem. Schwerpunkte stellen hier die Transformations- und die Transaktionsfunktion dar, die sich aus der Eigenschaft der Banken als Finanzintermediäre ergeben.[176] Diese Arbeit betrachtet die Vertriebssteue-

---

170 Abweichend davon gibt es jedoch auch Unternehmen, die zwar Bankgeschäfte tätigen, auf die jedoch nur teilweise oder gar nicht die Normen des KWG Anwendung finden. Dies sind z. B. die DEUTSCHE BUNDESBANK oder die KREDITANSTALT FÜR WIEDERAUFBAU (KfW). Siehe § 2 KWG.

171 Diese aufsichtsrechtlichen Vorgaben dienen vor allem dazu, Ausfallrisiken für Gläubiger zu minimieren, indem die Risiken, die Banken eingehen können, begrenzt werden. Bankentypische Risiken sind Adress-, Sachwertausfall- und Preisrisiken sowie Liquiditätsrisiken und Großkredit-, Betriebs- und Informationsrisiken. Vgl. *Hartmann-Wendels, T./Pfingsten, A./Weber, M.* (2010), S. 412 ff. Vgl. auch Kapitel D.4.5.4.

172 Vgl. dazu ausführlich *Hartmann-Wendels, T./Pfingsten, A./Weber, M.* (2010), S. 412 ff.

173 Vgl. *Büschgen, H. E.* (1998), S. 33.

174 Vgl. *Büschgen, H. E.* (1998), S. 33.

175 Vgl. ausführlich z. B. *Büschgen, H. E.* (1998), S. 33 ff. oder *Hartmann-Wendels, T./ Pfingsten, A./ Weber, M.* (2010), S. 2 ff.

176 Aufgrund der für diese Arbeit nur nebensächlichen Bedeutung sei für eine theoretische Begründung der Existenz von Banken und der Erläuterung der einzelnen volkswirt-

rung in den einzelnen Kreditgenossenschaften, so dass die einzelwirtschaftliche Sicht relevant ist.

In der jüngeren Literatur vornehmlich zu findende Begriffsfestlegungen definieren Banken systemorientiert.[177] Dabei wird angenommen, dass Bankbetriebe zielgerichtete offene sozio-technische Systeme sind, die mit ihrer Umwelt durch ein Netz von Transaktionsbeziehungen bzw. Interaktionen verbunden sind.[178] Diese Begriffsauffassung basiert auf der Systemtheorie, nach der ein System als eine Gesamtheit von Elementen verstanden wird, zwischen denen (dauerhafte) Beziehungen bestehen. Die Elemente sind sowohl sozialer Natur (z. B. Personen) als auch technischer Natur (z. B. Bauten, EDV) und stehen als gemeinsam konstituiertes Subsystem in einem offenen Austausch mit subsystemexternen Elementen oder anderen Subsystemen. Die Zielgerichtetheit impliziert, dass zum einen das System Bank spezifische Institutsziele verfolgt und zum anderen die sozialen Systemelemente und Subsysteme individuelle Ziele verfolgen können. Der systemorientierte Bankbegriff berücksichtigt, dass sowohl der bankbetriebliche Leistungserstellungsprozess als auch dessen Ergebnisse von ebendiesen Zielen, den Organisationsmitgliedern und deren Verhalten, der Organisationsstruktur und den bankbetrieblichen Entscheidungen und Entscheidungsprozessen ebenso beeinflusst werden, wie auch von Umweltfaktoren (siehe Abbildung 5).[179]

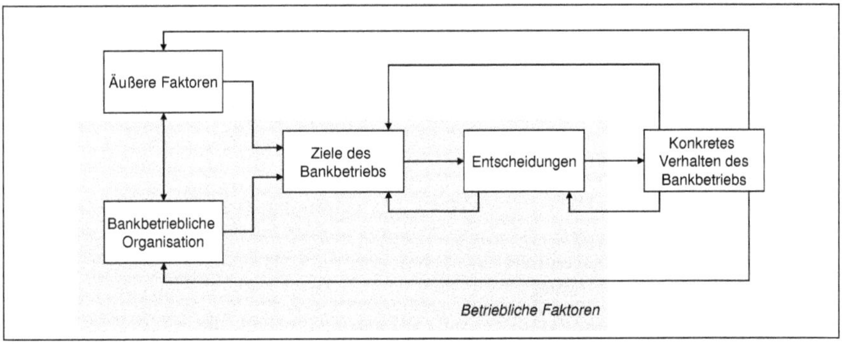

Abbildung 5: Haupteinflussgrößen bankbetrieblichen Verhaltens[180]

schaftlichen Funktionen auf die entsprechenden Kapitel in *Büschgen, H. E.* (1998) verwiesen.

177 Vgl. zur ausführlichen Diskussion verschiedener Begriffsinhalte *Priewasser, E.* (2001), S. 9 ff.

178 Vgl. hier und nachfolgend *Eilenberger, G.* (1996), S. 13.

179 Vgl. *Eilenberger, G.* (1996), S. 13.

180 Vgl. *Eilenberger, G.* (1996), S. 14.

Wenngleich der systemorientierte Bankbegriff für die Zielsetzung dieser Arbeit eine zweckgerechte Grundlage darstellt, ist er aufgrund der breiten Anwendbarkeit hinsichtlich der absatzmarktbezogenen Leistungen zu konkretisieren. Im Sinne einer aus der Kundenperspektive vorgenommenen Betrachtung können folgende spezifische Leistungsbereiche von Banken genannt werden:[181] Anbieten und Eröffnen von Zahlungsverkehrs-, Finanzierungs- und Kapitalanlagefazilitäten sowie zugehöriger Aktivitäten und Dienstleistungen sowie von sonstigen Dienstleistungen und Handel mit übrigen Finanzdienstleistungen. Der letztgenannte Punkt dieser Aufzählung orientiert sich an den tatsächlichen Tendenzen, dass Banken nicht nur als reine Dienstleistungsunternehmen zu verstehen sind. Denn obwohl Banken oft dem Dienstleistungssektor zugeordnet werden, muss abhängig von der jeweiligen Sortimentsbreite eine differenzierte Beurteilung erfolgen.[182] Unter Berücksichtigung des breiten und tiefen Leistungsangebots der deutschen Universalbanken, das nicht ausschließlich von den Banken selbst hergestellt wird, können diese folglich als Dienstleistungs- und als Handels- bzw. Vermittlungsunternehmen bezeichnet werden. Daraus resultiert, dass in der marktorientierten Institutsführung nicht nur die eigenen Interessen ausschlaggebend sind, sondern ggf. auch die Interessen der jeweiligen vertikalen Handels- und Vermittlungspartner. Hinsichtlich der Kreditgenossenschaften wird dieser Aspekt vor dem Hintergrund der genossenschaftlichen FINANZGRUPPE[183] in Kapitel C.1.4.4 aufgegriffen und weiter konkretisiert.

Die bankbetriebliche Leistungserstellung kann gedanklich in einen liquiditätsmässig-finanziellen (Wertbereich) und einen technisch-organisatorischen Bereich (Betriebsbereich) differenziert werden.[184] Der Wertbereich erwirtschaftet Erträge durch die Zinsmargen des eingezahlten und ausgeliehenen Kapitals und der Steuerung von Risiken. Der Betriebsbereich ist der Servicebereich, der den Kunden bei der Abwicklung der Bankgeschäfte unterstützt. Der Betriebsbereich ist Voraussetzung für Leistungen des Wertbereichs et vice versa, da nur in Kombination beider „Fertigungsbereiche" die bankbetriebliche Leistungserstellung möglich ist.[185]

---

181 *Büschgen, H. E.* (1998), S. 33.

182 Vgl. *Zollner, G.* (1995), S. 64 f.

183 Alternativ zum Begriff der FINANZGRUPPE wird auch der Begriff FINANZVERBUND verwendet.

184 Vgl. dazu *Deppe, H.-D.* (1969), S. 20 ff.

185 Vgl. *Knöbel, U.* (1997), S. 38 ff. sowie die dort angegebene Literatur.

1.2 Beschreibung des deutschen Bankensystems

Da grundsätzlich alle Kreditinstitute jede Art von Geschäft ausüben dürfen, wird das deutsche Bankensystem als Universalbankensystem bezeichnet.[186] Die Universalbank ist eng definiert ein Finanzintermediär, der Bankleistungen gemäß des im § 1 Abs. 1 KWG definierten Katalogs anbietet. Weiter definiert und dem deutschen Verständnis der Universalbank entsprechend, bieten Universalbanken auch Leistungen an, die traditionell nicht zu den Bankleistungen gezählt werden (z. B. Versicherungsleistungen, Reise- und Eigenkapitalvermittlung).[187] I. d. R. treten die Universalbanken für die Produkte, die nicht zu den legal definierten Bankleistungen zählen, als Händler oder Vermittler für ein drittes eigenständiges oder über einen Finanzverbund assoziiertes (z. B. bei Kreditgenossenschaften) oder in einen Bankkonzern (z. B. bei Großbanken) integriertes Finanzdienstleistungsunternehmen auf.

Universalbanken können anhand ihrer Rechtspersönlichkeit und der Art der Einbindung in einen größeren Verbund differenziert werden. Mit der Rechtspersönlichkeit ist eine für das geschäftspolitische Verhalten der jeweiligen Bank besonders relevante Determinante auf das Institutszielsystem zu berücksichtigen.[188] Bei den Universalbanken werden drei Sektoren unterschieden: die privatrechtlich organisierten Kreditbanken, die öffentlich-rechtlichen Sparkassen inkl. Girozentralen und die Kreditgenossenschaften inkl. genossenschaftlicher Zentralbanken.

Die erste Säule bilden die privatrechtlich organisierten Kreditbanken.[189] Diese firmieren überwiegend als Kapitalgesellschaften[190], und das Gewinnstreben wird als deren zentrales Unternehmensziel unterstellt.[191] Die Kreditbanken und hier vor allem die Großbanken, die auch als Prototypen der Universalbank bezeichnet werden,[192] zeichnen sich im Gegensatz zu den anderen beiden Säulen durch ihr vergleichweise großvolumiges Geschäft, ihre Überregionalität und Internationalität sowie der hohen Bedeutung des Effektengeschäfts und des In-

---

186 Vgl. *Varmaz, A.* (2006), S. 79; *Hartmann-Wendels, T./Pfingsten, A./Weber, M.* (2010), S. 30.

187 Vgl. *Hartmann-Wendels, T./Pfingsten, A./Weber, M.* (2010), S. 24.

188 Vgl. *Hartmann-Wendels, T./Pfingsten, A./Weber, M.* (2010), S. 30.

189 Vgl. z. B. *Deutsche Bundesbank* (2008), S. 15 ff. Zu den Kreditbanken werden in der Statistik der DEUTSCHEN BUNDESBANK die Großbanken, die Regionalbanken und die sonstigen Kreditbanken sowie die Zweigstellen ausländischer Banken gezählt.

190 Vgl. *Hartmann-Wendels, T./Pfingsten, A./Weber, M.* (2010), S. 33.

191 Vgl. *Hartmann-Wendels, T./Pfingsten, A./Weber, M.* (2010), S. 33; *Eim, A.* (2004), S. 16.

192 Vgl. *Priewasser, E.* (2001), S. 144.

vestmentbankings aus.[193] Weiteres typisches Kennzeichen der Großbanken ist die im Vergleich zu den anderen Bankensektoren geringe Bedeutung der Einlagenfinanzierung. In Tabelle 2 sind ausgewählte Kennzahlen der Kreditbanken dargestellt.

Tabelle 2: Struktur- und Ergebniskennzahlen der Säule der Kreditbanken[194]

	2001	2002	2003	2004[2]	2005	2006	2007	2008	2009
Anzahl Institute[1]	304	355	356	357	276	272	278	283	288
Anzahl Zweigstellen	5.576	5.122	5.105	14.750	14.012	11.548	11.286	11.277	11.496
Zahl der Beschäftigten	220.700	209.850	192.900	192.550	190.700	186.700	190.250	189.400	181.900
Ø-Bilanzsumme [in Mrd. €]	2.362	2.310	2.252	2.362	2.563	2.602	2.935	2.965	2.735
Zinsspanne[3]	1,15%	1,34%	1,17%	1,25%	1,27%	1,33%	1,30%	1,20%	1,20%
Provisionsüberschuss[4]	0,64%	0,60%	0,59%	0,57%	0,60%	0,63%	0,60%	0,54%	0,55%
Eigenkapitalrendite[5]	4,7%	1,0%	-6,2%	-0,4%	21,8%	11,2%	19,1%	-15,6%.	-5,83%

[1] Die Anzahl der Institute weicht ab von der Anzahl berichtender Institute, die als Grundlage der Ermittlung der jahresabschlussbezogenen Kennzahlen dient. Quelle: Bankstellenstatistik, in: Deutsche Bundesbank, Bankenstatistik, Statistisches Beiheft zum jeweiligen Monatsbericht. Kreditinstitutsbegriff auf § 1 KWG bezogen, insofern Abweichungen zu Angaben in der „Bilanzstatistik" und der „Statistik der Gewinn- und Verlustrechnungen".

[2] Ab 2004 wird die bis dahin nicht berücksichtigte Postbank AG der Gruppe der Kreditbanken zugeordnet.

[3] Die Zinsspanne entspricht dem Saldo der Zinserträge und Zinsaufwendungen jeweils in Relation zur durchschnittlichen Bilanzsumme.

[4] Der Provisionsüberschuss ist der Saldo der Provisionserträge und Provisionsaufwendungen jeweils in Relation zur durchschnittlichen Bilanzsumme.

[5] Die Eigenkapitalrendite ist definiert als Jahresüberschuss vor Steuern in % des durchschnittlichen Eigenkapitals.

Der Sparkassensektor liegt mehrheitlich in Trägerschaft der öffentlichen Hand und wird als öffentlich-rechtliche Säule bezeichnet.[195] Die Kreditinstitute der so genannten S-Finanzgruppe sind in einem dreistufigen Verbundsystem strukturiert, das hinsichtlich des Leistungsumfangs und des Marktauftritts der Stufen subsidiär am Markt agiert.[196] Dieser Verbund besteht aus den Sparkassen, den Landesbanken und der Deka-Bank sowie aus Landesbausparkassen, weiteren

---

[193] Vgl. hier und nachfolgend *Büschgen, H. E.* (1998), S. 80; *Hartmann-Wendels, T./Pfingsten, A./Weber, M.* (2010), S. 33.

[194] Eigene Darstellung auf Basis der Daten in *Deutsche Bundesbank* (2002), (2003), (2004), (2005), (2006a), (2007), (2008), (2009) und (2010).

[195] Vgl. z. B. *Deutsche Bundesbank* (2008), S. 15 ff. Entstanden ist die heutige S-Finanzgruppe im letzten Viertel des 18. Jahrhunderts. Vgl. *Oellerking, C./Holzgrabe, M.* (1990), S. 9.

[196] Vgl. *Büschgen, H. E.* (1996), S. 88.

Unternehmen (z. B. Factoring- und Leasinggesellschaften) und regionalen Sparkassen- und Giroverbänden.[197] Die Sparkassen sind dem in Sparkassengesetzen und -verordnungen formulierten öffentlichen Auftrag verpflichtet.[198] Die Sparkassengesetze enthalten zudem das Regionalprinzip und für einige Bundesländer den Grundsatz, dass Sparkassen zwar nach kaufmännischen Grundsätzen zu führen sind, jedoch die Erzielung von Gewinn nicht Hauptzweck des Geschäftsbetriebs sei.[199] Gleichwohl es nicht nach außen kommuniziert wird, steht das Gewinnstreben als praktisches Geschäftsziel im Vordergrund.[200] Tabelle 3 zeigt einige Kennzahlen der S-Finanzgruppe.

---

197 Vgl. *DSGV* (2009), o. S.

198 Dazu gehören, den Sparsinn und die Vermögensbildung der regionalen Bevölkerung zu fördern sowie die Kreditverfügbarkeit ebendieser Menschen zu gewährleisten. Vgl. *Hartmann-Wendels, T./Pfingsten, A./Weber, M.* (2010), S. 36.

199 Siehe z. B. § 3 Abs. des Sparkassengesetzes für das Land Nordrhein-Westfalen vom 10. September 2004 oder § 2 Abs. 3 des Sparkassengesetztes für das Land Brandenburg vom 29. Juni 1996, zuletzt geändert durch Artikel 17 des Gesetzes vom 23. September 2008.

200 Vgl. *Hartmann-Wendels, T./Pfingsten, A./Weber, M.* (2010), S. 36. So gab z. B. die Sachsen-Finanzgruppe den ihr angeschlossenen Sparkassen betriebswirtschaftliche Ziele vor. Danach war eine Eigenkapitalrendite vor Steuern von 15 Prozent und eine Aufwand-Ertrags-Quote von 60 Prozent zu erreichen. Vgl. *Padberg, T.* (2005), S. 6.

Tabelle 3: Struktur- und Ergebniskennzahlen des öffentlich-rechtlichen Bankensektors[201]

	2001	2002	2003	2004[5]	2005	2006	2007	2008	2009
Anzahl Institute[1]	534 (13)	519 (13)	489 (13)	477 (12)	463 (12)	457 (12)	446 (12)	438 (10)	432 (10)
Anzahl Zweigstellen	16.648 (604)	15.628 (553)	14.757 (571)	14.292 (549)	13.950 (580)	13.756 (496)	13.624 (485)	13.457 (482)	13.266 (482)
Zahl der Beschäftigten	282.850 (42.800)	278.800 (41.850)	271.900 (40.500)	265.400 (38.550)	260.800 (40.200)	257.000 (39.500)	253.700 (39.850)	251.400 (39.250)	249.600 (38.750)
∅-Bilanzsumme [in Mrd. €]	948 (1.599)	975 (1.644)	981 (1.640)	986 (1.519)	995 (1.581)	1.007 (1.652)	1.019 (1.668)	1.042 (1.695)	1.061 (1.587)
Zinsspanne[2]	2,28% (0,60%)	2,38% (0,59%)	2,40% (0,63%)	2,35% (0,65%)	2,30% (0,63%)	2,23% (0,61%)	2,06% (0,65%)	2,00% (0,72%)	2,13% (0,72%)
Provisionsüberschuss[3]	0,50% (0,11%)	0,495 (0,11%)	0,53% (0,11%)	0,56% (0,11%)	0,56% (0,12%)	0,58% (0,13%)	0,60% (0,13%)	0,57% (0,13%)	0,55% (0,07%)
Eigenkapitalrendite[4]	9,2% (4,8%)	8,2% (2,8%)	10,9% (-4,3%)	9,7% (1,1%)	10,5% (6,4%)	8,9% (11,4%)	7,2% (1,5%)	4,0% 2,1%)	8,5% (-8,2%)

Die in Klammern eingetragenen Werte beziehen sich auf die Giro-Zentralen (Landesbanken) der öffentlich-rechtlichen Säule.

1 Die Anzahl der Institute weicht ab von der Anzahl berichtender Institute, die als Grundlage der Ermittlung der jahresabschlussbezogenen Kennzahlen dient. Quelle: Bankstellenstatistik, in: Deutsche Bundesbank, Bankenstatistik, Statistisches Beiheft zum jeweiligen Monatsbericht. Kreditinstitutsbegriff auf § 1 KWG bezogen, insofern Abweichungen zu Angaben in der „Bilanzstatistik" und der „Statistik der Gewinn- und Verlustrechnungen".

2 Die Zinsspanne entspricht dem Saldo der Zinserträge und Zinsaufwendungen jeweils in Relation zur durchschnittlichen Bilanzsumme.

3 Der Provisionsüberschuss ist der Saldo der Provisionserträge und Provisionsaufwendungen jeweils in Relation zur durchschnittlichen Bilanzsumme.

4 Die Eigenkapitalrendite ist definiert als Jahresüberschuss vor Steuern in % des durchschnittlichen Eigenkapitals.

5 Ab 2004 Umgliederung der NRW.BANK von der Bankengruppe „Landesbanken" zur Bankengruppe „Banken mit Sonderaufgaben".

Der Genossenschaftssektor stellt die dritte Säule des deutschen Bankenmarktes dar, welche die größte Anzahl rechtlich selbständiger Institute umfasst und flächendeckend in Deutschland präsent ist.[202] Zum Genossenschaftssektor zählen die 1.138 Kreditgenossenschaften[203] sowie die WGZ BANK AG als regionales Zentralinstitut und die DZ BANK AG als Spitzeninstitut. Während die Zentralinstitute als Aktiengesellschaft firmieren, ist die Rechtsform der meisten Kreditgenossenschaften die eingetragene Genossenschaft (eG).[204] Deren besonderes

201 Eigene Darstellung auf Basis der Daten in *Deutsche Bundesbank* (2002), (2003), (2004), (2005), (2006a), (2007), (2008), (2009) und (2010).

202 Vgl. z. B. *Deutsche Bundesbank* (2008), S. 15 ff.; *Reith, D.* (1997), S. 15.

203 Vgl. *BVR* (2011a), S. 41. Bezugsdatum ist der 31.12.2010.

204 Es gibt jedoch auch einige VR-Banken, die in der Rechtsform der AG firmieren, daher nicht als Kreditgenossenschaften zu bezeichnen sind. Einer der Einflussfaktoren auf die

Merkmal ist, dass die Eigentümer Mitglieder des Genossenschaftsbetriebs und originäre Quelle der externen Eigenfinanzierung mittels eingezahlter Geschäftsguthaben sind. Zusammen mit weiteren Kreditinstituten (z. B. DG HYP AG), Finanzdienstleistungsinstituten (z. B. Union Investment), Technik- und Dienstleistungsunternehmen (z. B. GAD eG) sowie den regionalen und bundesweiten Verbänden bilden die Kreditgenossenschaften und Zentralinstitute die genossenschaftliche FinanzGruppe.[205] Vergleichbar zu den Sparkassen haben die Kreditgenossenschaften aufgrund ihrer Rechtsform einen spezifischen Unternehmenszweck zu berücksichtigen, den so genannten genossenschaftlichen Förderauftrag, der in § 1 Abs. 1 GenG definiert ist.[206] Tabelle 4 zeigt ausgewählte Kennzahlen für die Banken des FinanzVerbunds.

Entscheidung zur Rechtsformwandlung liegt oftmals in der Prüfungsverbandspflicht, die im Falle der AG entfällt. In diesen Fällen kann die Bankleitung flexibel die für die Jahresabschlussprüfung zu beauftragende Prüfungsgesellschaft auswählen.

205 Strenggenommen wird zwischen dem FINANZVERBUND bzw. der FINANZGRUPPE als Genossenschaftsverbund im engeren Sinn, der aus den Zentralbanken, den Kreditgenossenschaften und den Verbundunternehmen besteht, und dem Genossenschaftsverband im weiteren Sinn, der aus der FINANZGRUPPE und den Verbänden besteht, unterschieden. Vgl. *Wiedemann, A.* (1992), S. 93 f. Auf diese Differenzierung wird in dieser Arbeit aufgrund der umgangssprachlichen Identität, der Irrelevanz für die Analyse und aus Vereinfachungsgründen verzichtet.

206 Der Förderauftrag wird detailliert in Kapitel C.1.4.2 behandelt.

Tabelle 4: Struktur- und Ergebniskennzahlen des genossenschaftlichen Bankensektors[207]

	2001	2002	2003	2004	2005	2006	2007	2008	2009
Anzahl Institute[1]	1.621 (2)	1.490 (2)	1.394 (2)	1.338 (2)	1.293 (2)	1.259 (2)	1.234 (2)	1.199 (2)	1.160 (2)
Anzahl Zweigstellen	14.584 (18)	13.889 (12)	13.201 (12)	12.967 (11)	12.722 (11)	12.583 (11)	12.477 (11)	12.344 (12)	12.144 (11)
Zahl der Beschäftigten	169.900 (6.950)	168.950 (6.050)	168.250 (5.400)	164.200 (5.050)	162.550 (4.950)	161.200 (4.900)	160.750 (4.900)	159.250 (5.100)	158.300 (5.00)
Ø-Bilanzsumme [in Mrd. €]	534 (239)	548 (214)	557 (204)	567 (194)	579 (220)	596 (234)	614 (254)	641 (273)	677 (262)
Zinsspanne[2]	2,41% (0,62%)	2,49% (0,66%)	2,51% (0,46%)	2,51% (0,49%)	2,47% (0,47%)	2,30% (0,43%)	2,15% (0,50%)	2,06% (0,58%)	2,23% (0,45%)
Provisionsüberschuss[3]	0,58% (0,15%)	0,57% (0,14%)	0,61% (0,17%)	0,65% (0,16%)	0,67% (0,16%)	0,66% (0,14%)	0,67% (0,12%)	0,63% (0,11%)	0,58% (0,14%)
Eigenkapitalrendite[4]	7,5% (4,4%)	9,7% (4,6%)	10,6% (0,7%)	10,3% (2,91%)	13,8% (5,3%)	11,0% (4,5%)	8,1% (-4,0%)	5,5% (-4,4%)	9,0% (7,2%)

Die in Klammern eingetragenen Werte beziehen sich auf die genossenschaftlichen Zentralbanken.

1 Die Anzahl der Institute weicht ab von der Anzahl berichtender Institute, die als Grundlage der Ermittlung der jahresabschlussbezogenen Kennzahlen dient. Quelle: Bankstellenstatistik, in: Deutsche Bundesbank, Bankenstatistik, Statistisches Beiheft zum jeweiligen Monatsbericht. Kreditinstitutsbegriff auf § 1 KWG bezogen, insofern Abweichungen zu Angaben in der „Bilanzstatistik" und der „Statistik der Gewinn- und Verlustrechnungen".

2 Die Zinsspanne entspricht dem Saldo der Zinserträge und Zinsaufwendungen jeweils in Relation zur durchschnittlichen Bilanzsumme.

3 Der Provisionsüberschuss ist der Saldo der Provisionserträge und Provisionsaufwendungen jeweils in Relation zur durchschnittlichen Bilanzsumme.

4 Die Eigenkapitalrendite ist definiert als Jahresüberschuss vor Steuern in % des durchschnittlichen Eigenkapitals.

Aufgrund der Unterscheidung in drei Sektoren wird das deutsche Bankensystem als Drei-Säulen-Modell oder Drei-Säulen-System bezeichnet[208], welches in der Form als weltweit einzigartig gilt.[209] Diese Einzigartigkeit und insbesondere die mangelnde Möglichkeit einer intersektoralen Konsolidierung des deutschen Bankenmarktes wurde nach Veröffentlichung der Einschätzung der Finanzsystemstabilität für Deutschland durch den INTERNATIONAL MONETARY FUND (IMF)[210] intensiv diskutiert. In dieser Konsolidierungsrestriktion wird ein wesentlicher Grund für die im internationalen Vergleich geringe Profitabilität des deutschen Bankensektors vermutet, die im Zusammenhang mit dem hohen

---

207 Eigene Darstellung auf Basis der Daten in *Deutsche Bundesbank* (2002), (2003), (2004), (2005), (2006a), (2007), (2008), (2009) und (2010).

208 Vgl. z. B. *Pieper, B.* (2006), S. 452.

209 Vgl. *Eim, A.* (2004), S. 11.

210 Vgl. *IMF* (2003), S. 7 ff.

Wettbewerb und den vielen rechtlich selbständigen, aber kleinen Banken in Deutschland gesehen wird.[211]

Da es das Ziel der vorliegenden Arbeit ist, den Besonderheiten der Kreditgenossenschaften bei der Konzeption der kundenwertorientierten Vertriebssteuerung Rechnung zu tragen, erfolgt zunächst eine detaillierte Vorstellung dieser Besonderheiten und den damit verbundenen Implikationen. Anschließend werden Untersuchungen vorgestellt, um dem deutschen Bankenmarkt und insbesondere den Markt für das Firmenkundengeschäft vor dem Hintergrund der Aussagen des IWF zu evaluieren.

1.3 Entstehungsgeschichte und Entwicklung der Kreditgenossenschaften

Die Kenntnis der Entstehungsgeschichte[212] der heutigen Kreditgenossenschaften hilft, die spezifischen Anforderungen, Strukturen und Prinzipien zu verstehen, die das Selbstverständnis dieser Banken wesentlich prägen. Die von SCHULZE-DELITZSCH und RAIFFEISEN begründeten Besonderheiten sind als fundamentale und konstituierende Unternehmensmerkmale zu verstehen, die das Genossenschaftsgesetz (GenG) ergänzen.[213]

Erste Kreditgenossenschaften wurden Mitte des 19. Jahrhunderts in der Zeit des industriellen Wandels gegründet.[214] Die mit diesem Wandel verbundenen tiefgreifenden Strukturänderungen betrafen vor allem Handwerk, Gewerbe und Landwirtschaft, denen es an Kreditverfügbarkeit mangelte. Die Kreditgenossenschaften wurden zu dem Zweck gegründet, um als von Mitgliedern getragene Selbsthilfeeinrichtungen diese Kreditprobleme zu beheben. So konnten die Mit-

---

211 Vgl. z. B. die Ausführungen bei *Duhnkrack, T.* (2002), S. 154 f. So umfasste der deutsche Bankenmarkt im Jahr 2009 etwa 2.000 Banken. Im Vergleich zum Jahr 2000 mit etwa 2.700 Banken entspricht dies einer Verringerung um ca. 26 Prozent, die vor allem aus innersektoralen Zusammenschlüssen resultiert.

212 Für eine ausführliche Darstellung vgl. z. B. *Kluge, A. H.* (1991).

213 Vgl. *Oellerking, C./Holzgrabe, M.* (1990), S. 75; *Wiedemann, A.* (1992), S. 3 f. In der Historie der Kreditgenossenschaften gab es zwei Hauptströmungen: Die gewerblich orientierten Volksbanken, die auf SCHULZE-DELITZSCH zurückgehen und die ländlichen Raiffeisenbanken, die aus der Aufbauarbeit RAIFFEISENS hervorgingen. Erst im Jahre 1971, etwa einhundert Jahre nach dem sog. Systemstreit zwischen SCHULZE-DELITZSCH und RAIFFEISEN, begannen diese Hauptströmungen, die sich in Gestalt von getrennten Organisationen offen als innergenossenschaftliche Konkurrenten gegenüberstanden, zu kooperieren. Seit 1972 sind sie als genossenschaftliche Banken im BUNDESVERBAND DER DEUTSCHEN VOLKSBANKEN UND RAIFFEISENBANKEN E.V. (BVR) vereinigt. Vgl. *Wiedemann, A.* (1992), S. 5; *Reith, D.* (1997), S. 20.

214 Vgl. hier und nachfolgend *Schramm, B.* (1982), S. 11 ff.

glieder der Kreditgenossenschaften erstmals notwendige Bankleistungen in Anspruch nehmen, und das mit deutlichen Konditionsvorteilen. Zudem ersetzte aufgrund der Regionalität die persönliche Bonität die dinglichen Sicherheiten.[215] Dieser Zweck wird als klassischer oder traditioneller Förderauftrag der Kreditgenossenschaften bezeichnet.[216]

Wie sich in der Entstehungsgeschichte der Kreditgenossenschaften zeigt, kompensierten diese insbesondere in ländlichen Regionen Angebotsdefizite bei der Kreditversorgung. Aufgrund dessen und wegen des Erfolgs der Genossenschaftsidee hatte sich die Anzahl der Kreditgenossenschaften seit den Gründertagen stark entwickelt. Während 1948 etwa 12.000 Kreditgenossenschaften in Deutschland gezählt wurden, hat sich deren Anzahl heute deutlich verringert.[217] Gegenwärtig gibt es etwa 1.100 typische Kreditgenossenschaften. Ursache dafür ist der innersektorale Konzentrationsprozess, der teilweise extern bedingt ist, wenn Kreditgenossenschaften nicht mehr wettbewerbsfähig sind, und teilweise strategisch forciert wird.[218]

Die Kreditgenossenschaften wiesen Ende 2010 im Mittel eine Bilanzsumme von etwa 621 Mio. EUR auf. Im Vergleich zu 1970, als diese bei etwa 5,6 Mio. EUR lag, entspricht dies einer Steigerung um etwa das hundertzehnfache.[219] Wird die Verteilungsfunktion der Kreditgenossenschaften hinsichtlich des Merkmals Bilanzsumme betrachtet, kann konstatiert werden, dass fast 70 Prozent der Banken eine Bilanzsumme bis 500 Mio. EUR haben.[220] Im Vergleich zu den anderen beiden Säulen des deutschen Bankenmarktes sind die Kreditgenossenschaften nicht nur die zahlenmäßig meisten selbständigen Institute, sondern zugleich auch die anhand der Bilanzsumme gemessenen kleinsten Banken. Die mittlere Bilanzsumme der Sparkassen lag 2010 etwa vier Mal so hoch bei ca. 2,5 Mrd. EUR.[221]

---

215 Vgl. *Hahn, O.* (1980), S. 20; *Wiedemann, A.* (1992), S. 5 und S. 81. Die damals bereits existenten Sparkassen schieden als mögliche Kreditgeber aus, da sie die Zwecksetzung verfolgten, die Ersparnisse der Bevölkerung *sicher* auszuleihen. Aufgrund der fehlenden dinglichen Sicherheiten der potenziellen Kreditnehmer aus Handwerk, Gewerbe und Landwirtschaft war dies nicht möglich. Vgl. *Hahn, O.* (1980), S. 19 f.

216 Vgl. *Grosskopf, W.* (1990), S. 21; *Bonus, H.* (1998), S. 324.

217 Vgl. Oellerking, C./Holzgrabe, M. (1990), S. 88.

218 So wird in dem Strategiepapier BÜNDELUNG DER KRÄFTE: DIE GEMEINSAME STRATEGIE vom BVR ein Zielwert von 800 Kreditinstituten angegeben. Vgl. *BVR* (2001b), S. 6.

219 Vgl. *BVR* (2011b). Hier handelt es sich um nicht-inflationsbereinigte Zahlen.

220 Vgl. *BVR* (2001a), S. 117.

221 Eigene Berechnungen auf Basis *DSGV* (2011), o. S.

1.4 Besondere Charakteristika der Kreditgenossenschaften

Wie ausgeführt, umfasst der entwicklungsgeschichtliche Genossenschaftsbegriff mehr Merkmale als die, die im GenG rechtlich definiert sind. Aus dem allgemeinen übergesetzlichen Genossenschaftsbegriff werden die genossenschaftlichen Grundsätze abgeleitet.[222] Diese sind auch heute noch Grundlage des kreditgenossenschaftlichen Selbstverständnisses und müssen als zentrale Einflussfaktoren der Unternehmensstruktur berücksichtigt werden.

1.4.1 Grundsätze und Prinzipien der Genossenschaft

Das absolute Wesensprinzip der Genossenschaften ist das Förderprinzip.[223] Dieses ist in § 1 Abs. 1 GenG festgelegt und stellt den alleinigen Zweck sowie uno actu die hinreichende Bedingung für die Existenzberechtigung der Genossenschaft als Organisations- und Rechtsform dar. Aussage des Förderprinzips ist, dass der genossenschaftliche Betrieb dazu beitragen soll, die wirtschaftlichen, kulturellen oder sozialen Belange der Mitglieder zu unterstützen. Dabei ist weniger einzigartig, dass der Betrieb die Mitglieder fördert als vielmehr die Vorgabe der Art und Weise der Förderung. Diese soll durch gemeinsamen Geschäftsbetrieb erfolgen. Dem absoluten Wesensprinzip, das in Kapitel C.1.4.2 näher betrachtet wird, sind weitere Grundsätze subsumiert. Diese Grundsätze haben organisationstrukturdeterminierenden Charakter (Strukturprinzipien).[224]

Die drei wesentlichen Prinzipien im Genossenschaftsgesetz sind der Selbsthilfegrundsatz, der Selbstverwaltungsgrundsatz und der Selbstverantwortungsgrundsatz.[225] Gegenstand des Selbsthilfegrundsatzes ist, dass sich die Mitglieder zusammenschließen, um durch den gemeinschaftlichen Geschäftsbetrieb Synergieeffekte zu heben, die für den Einzelnen im Rahmen seiner wirtschaftlichen Tätigkeiten nicht realisierbar sind. BONUS ET AL. bezeichnen diese als Kooperationserlöse.[226] Der Selbstverwaltungsgrundsatz konkretisiert sich dadurch, dass die Mitglieder mittels des höchsten Organs, der General- oder Vertreterversammlung, direkt oder indirekt an der Entscheidungsfindung für den Genossenschaftsbetrieb und der Kontrolle desselbigen beteiligt sind (§§ 43, 43a GenG). Aus der Selbstorganschaft nach § 9 GenG resultiert, dass die Mitglieder der Pflichtorgane des Vorstands (§ 24 GenG) und des Aufsichtsrats (§ 36 GenG)

222 Vgl. *Beuthien, V./Dierkes, S./Wehrheim, M.* (2008), S. 9 f.
223 Vgl. *Beuthien, V./Dierkes, S./Wehrheim, M.* (2008), S. 156.
224 Vgl. *Beuthien, V./Dierkes, S./Wehrheim, M.* (2008), S. 156.
225 Vgl. *Engelhard, H. A.* (1989), S. 32.
226 Vgl. *Bonus, H. et al.* (1999), S. 8.

ebenfalls aus dem Kreis der Mitglieder der Genossenschaft stammen müssen und von den Mitgliedern gewählt und abberufen werden (Personalhoheit gem. §§ 24, 36 GenG). Der Grundsatz der Selbstverantwortung legt fest, dass die Mitglieder für die Verbindlichkeiten der Genossenschaft einstehen (§ 23 GenG). Sie haften mindestens mit dem von ihnen eingezahlten Geschäftsguthaben und können darüber hinaus zu einem beschränkten oder unbeschränkten Nachschuss verpflichtet sein. Diese Grundsätze werden ergänzt um das Demokratie- und Identitätsprinzip.[227] Im Rahmen der Selbstverwaltung üben die Mitglieder der Kreditgenossenschaft ihre Entscheidungs- und Kontrollrechte durch einfache Mehrheitsentscheidungen aus. In diesem Zusammenhang gilt unabhängig vom Betrag des eingezahlten Geschäftsguthabens grundsätzlich „ein Mitglied – eine Stimme" (§ 43 GenG). Dieser Punkt unterscheidet die eingetragenen Genossenschaften von den Aktiengesellschaften. Direkt aus dem Förderprinzip und dem Selbsthilfegrundsatz leitet sich das Identitätsprinzip ab, das den Rollenpluralismus der Mitglieder einer Kreditgenossenschaft umfasst. Als (Mit-)Eigentümer sind die Eigenkapitalgeber, also die Mitglieder, Träger der Entscheidungs- und Kontrollrechte. Gleichzeitig treten die nutzenden Mitglieder als Kunden der eG auf. Durch das Identitätsprinzip soll sichergestellt werden, dass nutzerfremde (Kapital-)Interessen keinen bestimmenden Einfluss gewinnen.

Die beschriebenen Strukturprinzipien bilden ergänzend zum übergeordneten Förderprinzip den Kern des genossenschaftlichen Wesens. Aus diesem Grund sind sie auch nur in geringem Umfang veränderlich. Nur wenn es zu einer besseren Erfüllung des Förderprinzips führt, kann per Satzung von diesen tragenden Strukturprinzipien abgewichen werden.[228]

Konkretisierende Verhaltensnormen werden für die Kreditgenossenschaften durch die variablen Verfahrensprinzipien definiert. Ziel dieser Normen ist, eine mitgliederorientierte Geschäftspolitik zu gestalten.[229] Dem Selbstverständnis der Kreditgenossenschaften folgend, sollen sich die Mitglieder vornehmlich aus denjenigen Personen und Unternehmen rekrutieren, die in leistungswirtschaftlichen Beziehungen zur Genossenschaft stehen (sog. Fördergeschäftsverkehr) und

---

227 Vgl. hier und nachfolgend *Beuthien, V./Dierkes, S./Wehrheim, M.* (2008), S. 157 f.

228 So kann bspw. durch satzungsmäßige Bestimmung die Delegation der Berufung des Vorstands auf den Aufsichtsrat gem. § 24 Abs. 2 Satz 2 GenG die strikte Selbstverwaltung abschwächen. Die Selbstverantwortung wird z. B. durch die Begrenzung oder den Ausschluss der Nachschusspflicht beschränkt (§ 105 Abs. 1 und § 6 Nr. 3 GenG). Die Möglichkeit das Mehrstimmrecht (maximal drei Stimmen je Mitglied) einzuführen, geht zu Lasten des Demokratieprinzips. Und durch die Aufnahme des so genannten Nichtmitgliedergeschäfts (§ 8 Abs. 1 Nr. 5 GenG) oder die Aufnahme so genannter investierender Mitglieder (§ 8 Abs. 2 GenG) wird stark vom Identitätsprinzip abgewichen.

229 Vgl. hier und nachfolgend *Beuthien, V./Dierkes, S./Wehrheim, M.* (2008), S. 158 f.

keine reinen Anleger sind.[230] In diesem Sinne gilt das Prinzip der begrenzten Kapitalbeteiligung. Damit wird vermieden, dass Genossenschaften zu „entarteten" Dividendengenossenschaften degenerieren, welche genossenschaftsrechtlich unzulässig sind. Erwirtschaftet eine Genossenschaft Überschüsse, die über das zur Erhaltung des künftigen Förderpotenzials notwendige Maß hinausgehen und somit nicht in der Genossenschaft verbleiben, sollen diese gemäß dem Prinzip der leistungsorientierten Überschussverwendung an die Mitglieder ausgeschüttet werden. Dabei sollen nicht die Höhe der Kapitalbeteiligung, sondern der Umfang und die Intensität der leistungswirtschaftlichen Beziehungen, mithin also das Volumen des Fördergeschäftsverkehrs maßgebend sein.

Über diese Grundsätze und Prinzipien hinaus gibt es das in Kapitel C.1.4.3 zu erläuternde Regionalitätsprinzip sowie die in Kapitel C.1.4.4 beschriebenen Prinzipien der Kooperation und Subsidiarität. Diese Prinzipien werden separat betrachtet, da sie einen nennenswerten Einfluss auf die Ausgestaltung der kundenwertorientierten Steuerung im Firmenkundengeschäft der Kreditgenossenschaften haben. Ebenso sind der Förderauftrag und die bereits mehrfach angesprochene Mitgliederorientierung von hoher Bedeutung für die kundenwertorientierte Vertriebssteuerung.

1.4.2 Förderauftrag und Mitgliederorientierung

Das zentrale Alleinstellungsmerkmal der Kreditgenossenschaften ist die Förderung ihrer Mitglieder durch den gemeinschaftlichen Geschäftsbetrieb.[231] Häufig wird dies verkürzt mit Mitgliedsorientierung oder Förderauftrag[232] bezeichnet.[233] Zugleich ist es diese Eigenschaft, die der Rechtsform der eingetragenen Genossenschaft ihre Existenzberechtigung gibt. In § 1 Abs. 1 GenG ist die Rechtsform der eingetragenen Genossenschaft legal definiert:

> „Gesellschaften von nicht geschlossener Mitgliederzahl, deren Zweck darauf gerichtet ist, den Erwerb oder die Wirtschaft ihrer Mitglieder oder deren soziale oder kulturelle Belange durch gemeinschaftlichen Geschäftsbetrieb zu fördern (Genossenschaften) erwerben die Rechte einer eingetragenen Genossenschaft nach Maßgabe dieses Gesetzes."[234]

---

230 Diesem Grundsatz steht die Aufnahme investierender Mitglieder nach § 8 Abs. 1 GenG entgegen. Diese sind jedoch in ihren Möglichkeiten der Mitbestimmung begrenzt. Siehe § 8 Abs. 1 GenG.

231 Vgl. *Beuthien, V./Hanrath, S./Weber, H.-O.* (2008), S. 1; *Hammerschmidt, M.* (2000).

232 Die Begriffe Förderauftrag, Förderungsauftrag und Förderzweck werden synonym verwendet.

233 Vgl. z. B. *Geschwandtner, M./Kuttler, H.-J.* (2009), S. 264 oder *Pfeifer, H.* (2009), S. 269; *Bonus, H. et al.* (1999), S. 27 f.

234 Siehe § 1 Abs. 1. GenG.

Während mit Erwerb die Förderung der beruflichen Lebenssphäre des Mitglieds gemeint ist,[235] umfasst der Begriff Wirtschaft den privaten Bereich desselben[236]. Die eG ist nicht die einzige gesellschaftsrechtliche Vereinigungsform, deren Zweck in der Mitgliederförderung liegt.[237] Ihre Besonderheit liegt im Prinzip der kollektiven Selbstförderung, die durch die gemeinsame bzw. genossenschaftliche Errichtung eines förderwirtschaftlichen Geschäftsbetriebs gelingt. Als förderwirtschaftlich gelten dabei alle Leistungen, die sachlich mit den Mitgliederwirtschaften zusammenhängen und dazu geeignet sind, diesen zu dienen. Dazu bedient sich die eG des Fördergeschäftsverkehrs mit den Mitgliedern, die mithin gleichzeitig Kunden der eG sind (förderwirtschaftliches Identitätsprinzip). Daraus resultieren zwei gesellschaftsrechtliche Strukturgrenzen: Erstens das Gebot der Mitgliedernützlichkeit, das beinhaltet, dass der Vereinigungszweck weder Dritte anstelle der Mitglieder fördern noch ausschließlich oder überwiegend gemeinnützig sein darf. Die zweite Strukturgrenze ist das Verbot der Dividendenwirtschaft, das besagt, dass unabhängig vom konkreten Unternehmenszweck dieser nicht verfolgt werden darf, um eine resultierenden Gewinn aus Geschäften mit beliebigen Dritten an die Mitglieder zu verteilen.

Die dem Fördergeschäftsverkehr zugrundeliegende Fördergeschäftsbeziehung kann gesell-/ genossenschaftsrechtlicher oder schuldrechtlicher Art sein. Bei Mitgliedern werden die schuldrechtlichen Verpflichtungen gesellschaftsrechtlich überlagert.[238] So hat die eG den Gleichbehandlungsgrundsatz zu beachten und unterliegt einem etwaigen grundsätzlichen Kontrahierungszwang, der jedoch aus triftigen Gründen, bspw. bei unzureichender Kreditwürdigkeit, negiert werden kann. Dieser Grundsatz betrifft jedoch nicht das Nichtmitgliedergeschäft, das seit 1973 für die Genossenschaften möglich ist.

Zur Gründungszeit der Kreditgenossenschaften war der Förderauftrag klar umrissen, da der gemeinschaftliche Betrieb, den im Wesentlichen gewerblichen Mitgliedern die Möglichkeit eröffnen sollte, Probleme bei der Kreditverfügbarkeit zu beheben (traditioneller Förderauftrag).[239] Wenngleich das Gesetz zwar den Förderauftrag zur conditio sine qua non der eG macht, ist heute die inhaltliche Ausgestaltung des Förderauftrags insbesondere bei den Kreditgenossenschaften offen. Konkrete Vorgaben sind im GenG nicht definiert.[240] Die Satzung der jeweiligen Genossenschaft regelt, welche Förderleistungen sie im Einzelnen

---

235 Vgl. *Hettrich, E./Pöhlmann, P.* (2001), § 1, Rn. 5; *Lang, J./Weidmüller, L.* (2005), § 1, Rn. 27.

236 Vgl. *Paulick, H.* (1956), S. 52; *Hettrich, E./Pöhlmann, P.* (2001), § 1, Rn. 7.

237 Vgl. hier und nachfolgend *Beuthien, V./Dierkes, S./Wehrheim, M.* (2008), S. 1 ff.

238 Vgl. Beuthien, V./Dierkes, S./Wehrheim, M. (2008), S. 65 f.

239 Vgl. *Grosskopf, W.* (1990), S. 21; *Bonus, H.* (1998), S. 324.

240 Vgl. *Lamprecht, D./Donschen, A.* (2006), S. 8.

erbringen soll, denn die Förderung wird von den Mitgliedern bezweckt und damit dem subjektiven Urteil der Mitglieder unterstellt.[241] Mangels rechtlicher Konkretisierung ist der Förderauftrag ein unbestimmter Rechtsbegriff.[242] Daher wird in Theorie und Praxis intensiv über die inhaltliche Konkretisierung des Förderauftrags diskutiert.[243]

In der Forschung zum Genossenschaftswesen haben sich unterschiedliche Ansätze der Konzeptualisierung des Förderauftrags herausgebildet.[244] Der Ansatz der Förderkreisläufe stellt einen vergleichsweise umfassenden Ansatz dar und soll stellvertretend vorgestellt werden.[245] Er basiert auf der Einteilung der Kunden in Mitglieder und Nicht-Mitglieder (siehe Abbildung 6), wobei nur die nutzenden Mitglieder (aktive Kunden) betrachtet werden, da ausschließlich mit diesen die für den Fördergeschäftsverkehr notwendige und relevante Leistungsbeziehung vorliegt. Bei den anderen Mitgliedern handelt es sich ausschließlich um eine Einlegerbeziehung.

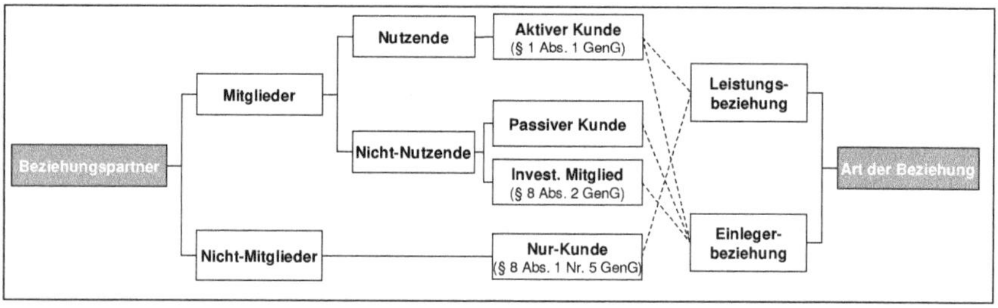

Abbildung 6: Beziehungspartner und -arten bei Kreditgenossenschaften[246]

Die Kreditgenossenschaft fördert ihre Mitglieder dem Ansatz der Förderkreisläufe entsprechend auf drei Wegen (siehe Abbildung 7).[247] Erstens über die un-

241 Vgl. *Dülfer, E.* (1980), S. 47.

242 Vgl. *Monßen, H.-G.* (1998), S. 293.

243 Vgl. *Pfeifer, H.* (2009), S. 269; *Beuthien, V./Hanrath, S./Weber, H.-O.* (2008), S. 27 ff.; *Hanrath, S./Weber, H.-O.* (2008), S. 254 ff.; *Algner, M. R./Bolsinger, H. J.* (2006), S. 180 ff.; *Grosskopf, W.* (1990); *Hahn, O.* (1980), S. 19 ff. und S. 45 ff. GROSSKOPF weist darauf hin, dass „es im Grunde unmöglich ist, das 'wahre' Interesse der Genossenschaftsmitglieder und damit den genossenschaftlichen Förderauftrag verallgemeinert zu bestimmen." *Grosskopf, W.* (1990), S. 25.

244 Vgl. dazu auch *Harbrecht, W.* (2005), S. 99.

245 Vgl. hier und nachfolgend *Beuthien, V./Hanrath, S./Weber, H.-O.* (2008), S. 7 ff.

246 In Anlehnung an *Beuthien, V./Hanrath, S./Weber, H.-O.* (2008), S. 8 f.

247 Vgl. *Beuthien, V./Hanrath, S./Weber, H.-O.* (2008), S. 8 f.

mittelbare materielle (ökonomische) Förderung im Rahmen des banktypischen Leistungsangebots, indem dem Mitglied entweder wettbewerbsgleiche Produkte zu günstigeren Konditionen oder bessere Produkte zu wettbewerbsgleichen Konditionen angeboten werden.[248] Diese Art der Förderung, die im Sinne des § 1 Abs. 1 GenG erfolgt und sich auf die Funktion des Mitglieds als Kunde bezieht, wird dem inneren Förderkreislauf der eG zugeordnet und entspricht im Wesentlichen dem traditionellen Förderauftrag, der auf die Leistungsbeziehung zwischen eG und Mitglied fokussiert. Darüber hinaus kann dem inneren Förderkreislauf auch die Honorierung der Kapitalbeteiligung zugeordnet werden, die dann materiell und mittelbar ist und sich auf die Einlegerbeziehung bezieht. Dazu zählt, wenn Dividenden ausgeschüttet oder Geschäftsguthaben verzinst werden.[249] „Ebenso zählen hierzu – wenn auch zeitversetzt und nachträglich gewährt – die klassische genossenschaftliche Rück- bzw. Nachvergütung (§ 22 KStG) oder – in Anlehnung hieran – rückvergütungsähnlich ausgestaltete Mitglieder-Bonussysteme, die in der Praxis im Vordringen sind.“[250] Eine den inneren Förderkreislauf ergänzende Art der Förderung erfolgt innerhalb des erweiterten Förderkreislaufs. In diesem Fall bietet die Kreditgenossenschaft dem Mitglied das Leistungsangebot Dritter günstiger oder mit besserer Qualität im Vergleich zu den Angeboten für Nichtmitglieder an. Der erweiterte Förderkreislauf bezieht sich nicht mehr direkt auf die Leistungsbeziehung, da die Kreditgenossenschaft hier als Initiatorin oder Maklerin auftritt.[251] Die Allgemeinförderung ist die dritte Form der Förderung, wobei diese direkt oder indirekt erfolgt und ideeller Art ist. Hierbei handelt es sich z. B. um die Förderung regionaler, kultureller Einrichtungen. Dies sind keine Förderungsleistungen im Sinne des § 1 Abs. 1 GenG, werden aber auch nicht untersagt, sofern auch der innere Förderungskreislauf substanziell ist.[252]

---

248 Vgl. *Beuthien, V./Hanrath, S./Weber, H.-O.* (2008), S. 9.

249 Vgl. *Beuthien, V./Hanrath, S./Weber, H.-O.* (2008), S. 10.

250 *Hanrath, S./Weber, H.-O.* (2008), S. 250.

251 Differenziert zu betrachten ist in diesem Zusammenhang die Einordnung der Leistungen der Verbundpartner. Nutzt die Kreditgenossenschaft diese als Erfüllungsgehilfen bzw. handelt sie mit den Produkten, sind sie dem inneren Förderkreislauf zuzuordnen. Tritt dagegen die Genossenschaft nur als Vermittlerin auf, so sind sie dem erweiterten Förderkreislauf zuzuordnen.

252 Vgl. *Beuthien, V./Hanrath, S./Weber, H.-O.* (2008), S. 11.

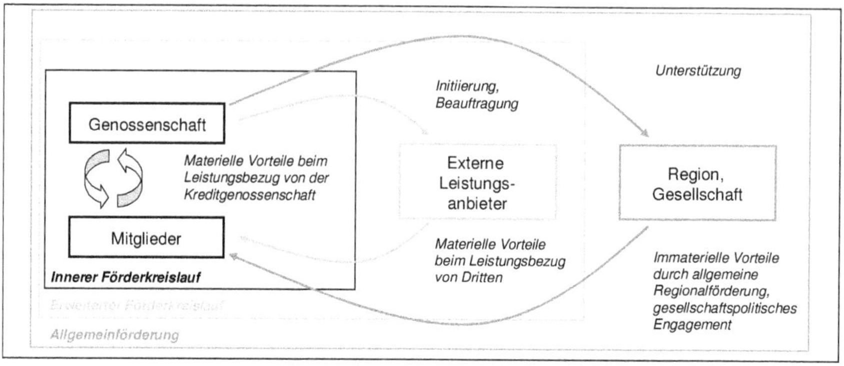

Abbildung 7: Förderkreisläufe zur Konzeptualisierung des Förderauftrags[253]

Die Frage nach der inhaltlichen Festlegung innerhalb dieses Ordnungsrahmens, also nach der messbaren Ausgestaltung des Förderauftrags, bleibt der Kreditgenossenschaft überlassen. In diesem Zusammenhang gibt es eine intensive Auseinandersetzung über die richtigen Förderinstrumente.[254] Unabhängig davon, wie der Förderauftrag konkretisiert ist, lässt sich erkennen, dass den Mitgliedern der Kreditgenossenschaft ein Nutzen aus dem Identitätsprinzip entsteht bzw. entstehen soll. Dieser Nutzen wird als Förderplus[255], Netto-Rendite[256] oder Member Value[257] bezeichnet. Wird angenommen, der Grundnutzen einer Leistungsbeziehung zwischen einem Kunden und einer Kreditgenossenschaft ist für Mitglieder-Kunden und Nur-Kunden identisch und der Zusatznutzen aus der Einlegerbeziehung für Mitglieder-Kunden und investierende Mitglieder ebenfalls, dann lassen sich die Nutzenbestandteile für die Mitglieder in Abhängigkeit der Beziehungsebene zur Kreditgenossenschaft den Nur-Kunden vergleichend gegenüberstellen (siehe Abbildung 8).[258] Demnach resultiert der Nutzen des Mitglieder-Kunden aus drei Quellen: dem Grundnutzen der Leistungsbeziehung, dem Zusatznutzen aus der Leistungsbeziehung sowie dem Zusatznutzen aus der Einlegerbeziehung. Investierende Mitglieder erzielen einen Nutzen nur aus der

---

253 *Beuthien, V./Hanrath, S./Weber, H.-O.* (2008), S. 11.

254 Vgl. dazu z. B. *Grosskopf, W.* (1990).

255 Vgl. *Dülfer, E.* (1995), S. 58.

256 Vgl. *Grosskopf, W.* (2001), S. 241.

257 Vgl. *Lamprecht, D./Donschen, A.* (2006), S. 15; *Theurl, T.* (2002), S. 84 f.

258 Dabei wird vereinfachend unterstellt, dass der Zusatznutzen aus der Leistungsbeziehung dem Zusatznutzen der Einlegerbeziehung entspricht. Diese Annahme ist vor dem Hintergrund der Zieldivergenzen der einzelnen Mitglieder kritisch zu hinterfragen, schränkt die Aussage der Darstellung und die argumentative Verwendung dieser Überlegung jedoch nicht ein.

Einlegerbeziehung und Nur-Kunden nur aus der Leistungsbeziehung. Unter der genannten Prämisse der Nutzenidentitäten kann geschlossen werden, dass der Mitglieder-Kunde den höchsten Nutzen realisiert bzw. realisieren sollte. Eine wertende Aussage für die Nur-Kunden und Investierenden Mitglieder ist nicht allgemeingültig möglich.

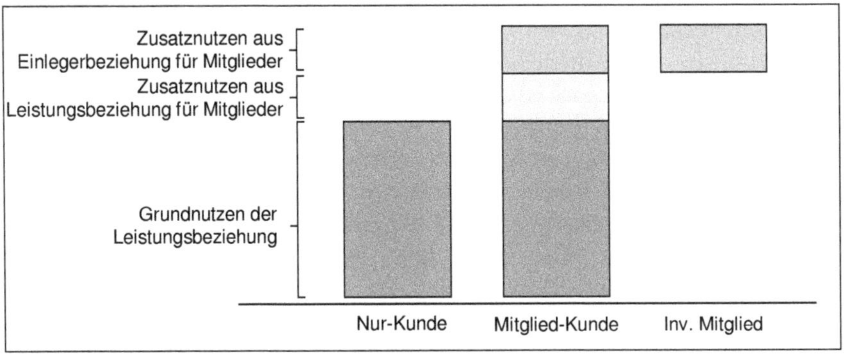

Abbildung 8: Nutzenkomponenten der genossenschaftlichen Beziehungsebenen[259]

1.4.3 Regionalprinzip

Der Absatzmarkt der Kreditgenossenschaften ist regional begrenzt.[260] Das Regionalprinzip begründet sich im historischen Ursprung der Kreditgenossenschaften, da das relevante Marktgebiet die jeweilige Stadt, das Dorf oder der Vorort waren.[261] Ökonomisch wurde das Regionalprinzip vor allem damit begründet, dass den Kreditgenossenschaften die jeweiligen regionalen Strukturen und wirtschaftlichen Entwicklungen bekannt und diese daher eher in der Lage waren, gute und schlechte Bonitäten zu unterscheiden als dies bei einem großen anonymen Markt möglich wäre. Dass die regionale Begrenzung des Geschäftsgebiets auch heute noch forciert wird, wird im Strategiepapier des BVR verdeutlicht, nach dem sich die Kreditgenossenschaften als regionale Allfinanzdienstleister positionieren.[262] Ziel ist es, neben der informationsbezogenen Vor-

---

259 Eigene Darstellung.

260 Bereits die Firma der Kreditgenossenschaft, die regelmäßig den lokalen oder regionalen Bezug herstellt, weist auf dieses Prinzip hin, so bspw. bei der SPAR- UND DARLEHNSKASSE REKEN EG.

261 Vgl. *Hahn, O.* (1980), S. 30.

262 Vgl. *Kring, T.* (2002), S. 8.

teilhaftigkeit im Kreditgeschäft, den intergenossenschaftlichen Wettbewerb[263] zu reduzieren und die Marktnähe als Wettbewerbsvorteil zu nutzen.

Das heutige Regionalprinzip leitet sich aus § 6 Abs. 2 des STATUTS DER SICHERUNGSEINRICHTUNG (SE-St) und Ziffer 5 der VERFAHRENSREGELN ZUM STATUT DER SICHERUNGSEINRICHTUNG ab. Dort heißt es, dass mit dem Zweck der Sicherungseinrichtung vereinbaren Bankgeschäfte „grundsätzlich vorrangig konzentriert auf den angestammten, d. h. durch den Sitz und die Zweigstellen einer Primärbank bestimmten Geschäftsbereich" sind.[264] Stellen die jeweiligen Verbandsprüfer eine Abweichung von diesem Grundsatz fest, kann der Ausschluss aus dem genossenschaftlichen Garantiefonds erfolgen.[265]

Aus dem Regionalprinzip resultieren nennenswerte Einflüsse auf die Geschäftspolitik der Kreditgenossenschaft. Zum einen kann es gerade im Firmenkundenkundengeschäft Kreditkonzentrationen und insbesondere regionale Sektorkonzentrationen begünstigen.[266] Mit diesen sog. „Klumpenrisiken" kann das vergleichsweise höhere Engagement dieser Institute bei gewerblichen Kreditkunden in Krisenphasen erklärt werden. Da Arbeitnehmer des Firmenkunden ggf. (Kredit-)Kunden der Kreditgenossenschaft sind, ergeben sich dadurch nicht nur kreditrisikobezogene, sondern auch ertragsbezogene Risiken.[267] Zum zweiten sind die Wachstumsmöglichkeiten einer Kreditgenossenschaft prinzipienbedingt begrenzt und können nur über Zusammenschlüsse mit Nachbarinstituten im signifikanten Ausmaß erreicht werden.

Auf ihrem regionalen Markt vertreten die Kreditgenossenschaften auch die Interessen der Verbundunternehmen, was sich in der Verbundorientierung, die das Kooperations- und das Subsidiaritätsprinzip umfasst, konkretisiert.

1.4.4 Verbundorientierung

Die Kreditgenossenschaften sind Elemente der genossenschaftlichen FinanzGruppe,[268] mit der sich das Kooperations- und das Subsidiaritätsprinzip

---

263 Vgl. zum intergenossenschaftlichen Wettbewerb *Reith, D.* (1997), S. 31 ff.

264 Für die überregional tätigen bzw. atypischen Kreditgenossenschaften wie z. B. der DEUTSCHE APOTHEKER- UND ÄRZTEBANK EG gelten diese Vorgaben nicht, weshalb sie als grundsätzliche Bestimmung formuliert sind und durch die strikte Auslegung der Prüfungsverbände konkretisiert werden. Vgl. *Reith, D.* (1997), S. 26 f.

265 Durchbrochen wird das Regionalprinzip durch die Intensivierung des Onlinebankings. Vgl. *BVR* (2001b), S. 22.

266 Vgl. *Deutsche Bundesbank* (2006b), S. 38.

267 Vgl. *Reith, D.* (1997), S. 47 sowie die dort genannte Literatur.

268 Die Schreibweise mit dem Großbuchstaben beim zweiten Substantiv erfolgt grundsätzlich im Rahmen der Begriffs- und Namensgebung in der genossenschaftlichen Kommu-

verbinden. Die weiteren Elemente der FinanzGruppe und deren Beziehungen zueinander werden in Abbildung 9 dargestellt. In regionaler Hinsicht kann die FinanzGruppe in eine lokale Ebene, in eine regionale Ebene und in die Bundesebene aufgeteilt werden.[269] Die FinanzGruppe wird aufgrund der gesellschaftsrechtlichen Zusammenhänge, nach denen die Mitglieder die Eigentümer der Kreditgenossenschaft sind und diese wiederum Träger der weiteren Verbundunternehmen sind, auch als „inverser Konzern“[270] bezeichnet.

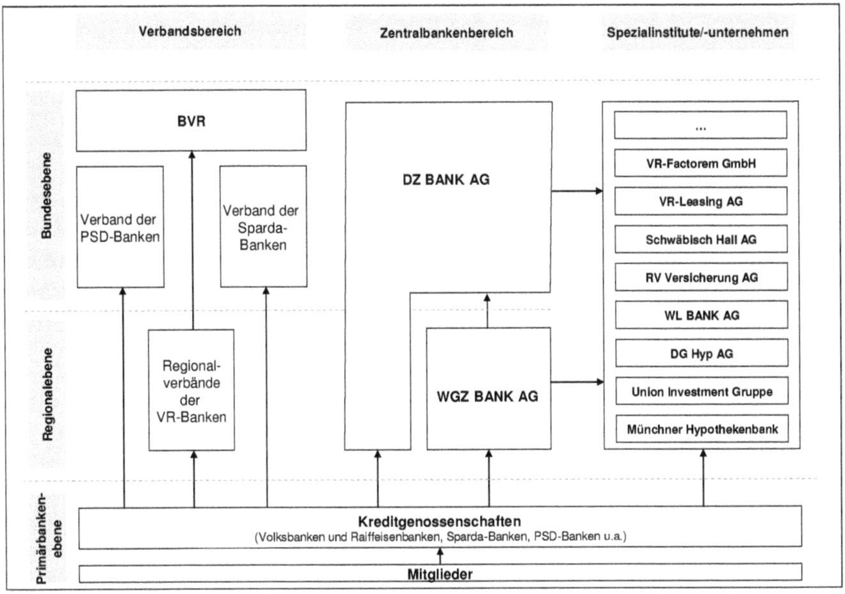

Abbildung 9: Vereinfachte Darstellung der Struktur der FinanzGruppe[271]

Das Kooperationsprinzip sagt aus, dass die einzelne Kreditgenossenschaft zur Stärkung ihrer Wettbewerbsfähigkeit und zur Stärkung der Fähigkeit, die

nikationspolitik und ist zentraler Bestandteil des Corporate Design. Aus diesem Grund soll dies in der vorliegenden Arbeit berücksichtigt werden.

269 Die regionale Ebene ergibt sich aus der WGZ BANK AG und den fünf Genossenschaftsverbänden.

270 *Brixner, U.* (2006), S. 62.

271 In Anlehnung an *Polster, D.* (2001), S. 295. Der Fokus dieser Darstellung liegt auf den für das Firmenkundengeschäft besonders relevanten Komponenten der FinanzGruppe. Die Pfeilrichtungen geben die Richtung der Willensbildung bzw. der Kapitalbeteiligung wieder.

Grundsätze der Selbsthilfe, Selbstverwaltung und Selbstverantwortung umzusetzen, auf lokaler, regionaler, nationaler und internationaler Ebene kooperieren soll.[272] Dabei ist das Subsidiaritätsprinzip einzuhalten, das postuliert, dass die übergeordneten Einheiten, nur die Aufgaben übernehmen, die auf der untergeordneten Ebene nicht oder nicht effizient erfüllt werden können. Diese Prinzipien greifen z. B. bei Krediten für Unternehmenskunden, welche die Kreditbereitstellungsfähigkeit der Kreditgenossenschaft übersteigen.[273] In diesem Fall treten die Zentralbanken als subsidiärer Kooperationspartner für die Bereitstellung der Leistung ein. Aus diesen beiden Grundsätzen hat sich ein (strategisches) Netzwerk entwickelt, in welchem die einzelne Kreditgenossenschaft auf ein breites Angebotsspektrum zurückgreifen kann.[274]

Ziel dieses Netzwerkes ist es, Kostenvorteile und Netzwerksynergien zu realisieren, so dass die Vorteile der Größe mit den Vorteilen der Lokalität, Dezentralität und Kundennähe kombiniert werden.[275] So konstatiert der BVR, dass nicht nur die Größe der einzelnen Kreditgenossenschaft entscheidend sei, sondern die Fähigkeit mittels des Verbunds die Wertkette der Banken so zu dekonstruieren, dass Effizienzvorteile in einzelnen Wertschöpfungsstufen erreicht werden.[276] Verbunden damit sieht KRING spezielle Anforderungen an das Management der Kreditgenossenschaften, die sich speziell aus den resultierenden Leistungsverflechtungen und der begrenzten Autonomie der einzelnen Kreditgenossenschaft ergeben.[277] Die Leistungsverflechtungen unterscheidet er dabei in eine Produkt- und eine Dienstleistungsebene.[278] Während letztere sich vor allem auf das Auslagern bestimmter Unternehmensaktivitäten bezieht (z. B. IT-Services auf die Rechenzentralen) und für die vorliegende Arbeit weniger von Relevanz ist, ist die Produktebene bedeutend.

---

272 Vgl. *Beuthien, V./Dierkes, S./Wehrheim, M.* (2008), S. 158.

273 Dies gilt z. B. aus risikopolitischen Erwägungen oder den Großkreditbestimmungen des §§ 13 ff. KWG. Ein Großkredit liegt vor, wenn das Gesamtkreditvolumen an einen Kreditnehmer 10 Prozent des haftenden Eigenkapitals einer Bank überschreitet. Die Großkrediteinzelobergrenze liegt bei 25 Prozent des haftenden Eigenkapitals. Vgl. *Hartmann-Wendels, T./Pfingsten, A./Weber, M.* (2010), S. 632. Die Großkreditgesamtobergrenze, die bei 800 Prozent des haftenden Eigenkapitals lag, soll im Zuge der Änderungen der EU-Bankenrichtlinie abgeschafft werden. Vgl. *Deutsche Bundesbank* (2009), S. 69.

274 Vgl. *Kring, T.* (2005), S. 268; *Bonus, H. et al.* (1999), S. 35 ff.

275 Vgl. *Pleister, C.* (2006), S. 116.

276 Vgl. *BVR* (2001b), S. 3. Dies gilt vor dem Hintergrund der Bestrebungen nach effizienten Betriebsgrößen erst ab einer gewissen Größenordnung uneingeschränkt.

277 Vgl. *Kring, T.* (2005), S. 264 f.

278 Vgl. *Kring, T.* (2005), S. 268 f.

Im Fokus der Produktebene steht zwar ebenfalls die Auslagerung von Aktivitäten. Jedoch betrifft dies die Auslagerung absatzmarktrelevanter Produktionsdienstleistungen. Die Rolle der Kreditgenossenschaften im Rahmen dieser Kooperation ist dergestalt, dass sie sich in ihrem Allfinanzangebot auf die Verbundprodukte konzentriert,[279] den Vertrieb für die Produkte übernimmt oder insoweit unterstützt, als sie Kontakte zwischen Kunden und Verbundspezialisten herstellt und koordiniert. „Die lokal agierenden Volksbanken sind uneingeschränkt für den Vertriebserfolg auf ihrem Marktgebiet verantwortlich“[280] und sind somit mit ihrer Reputation für die Geschäfte der Verbundpartner verantwortlich.[281] Die Kreditgenossenschaften stellen für die meisten Spezialunternehmen und Verbundpartner einen zentralen oder teilweise ausschließlichen Vertriebskanal dar. Sind die Erfolge der Kreditgenossenschaft jedoch nicht ausreichend, haben die Verbundunternehmen die Möglichkeit, direkt die jeweilige Marktregion bearbeiten zu können.[282] Auch im Zusammenhang mit den begrenzten Möglichkeiten der Kreditgenossenschaften, die aus ihrer (relativen) Kleinheit resultieren, wird das Subsidiaritätsprinzip beschränkt. So können und sollen die Zentralbanken vor allem im Firmenkundengeschäft unmittelbar vor Ort tätig werden, wenn die Kundengröße oder die spezifischen Kundenbedarfe dies erfordern.[283] Auf Seiten der Kreditgenossenschaft liegt dagegen die Möglichkeit der Beschränkung des Kooperations- und Subsidiaritätsprinzips vor, wenn entweder die Wettbewerbsfähigkeit des Verbundangebots nicht gegeben ist oder wenn der Kunde explizit ein verbundfremdes Produkt nachfragt.[284]

Nachdem nun die Kreditgenossenschaften in das deutsche Bankensystem eingeordnet und die besonderen Eigenschaften der Kreditgenossenschaften erörtert wurden, soll der Blick auf den Absatzmarkt der Kreditgenossenschaften gerichtet werden. Wie benannt, wird regelmäßig die geringe Profitabilität des deutschen Bankensektors im Allgemeinen und des Firmenkundensektors im Speziellen konstatiert und auf den hohen Wettbewerb und die fehlenden Konsolidierungsmöglichkeiten zurückgeführt. Nachfolgend sollen empirische Erkenntnisse vorgestellt werden, die helfen, die Konzentration, den Wettbewerb sowie die Rentabilität auf dem deutschen Bankenmarkt zu evaluieren.

---

279 Vgl. *Harbrecht, W.* (2005), S. 101.

280 *Pleister, C.* (2006), S. 116.

281 Vgl. *Bonus, H. et al.* (1999), S. 13.

282 Vgl. *BVR* (2001b), S. 8 f.

283 Vgl. *BVR* (2001b), S. 7.

284 Vgl. *BVR* (2001b), S. 28.

1.5 Wettbewerb und Rentabilität auf dem deutschen Bankenmarkt

Beim Structure-Conduct-Performance-Paradigm (SCP) werden statistische Konzentrationsmaße[285] (z. B. die Konzentrationsrate und der Hirschmann-Herfindahl-Index) genutzt, um die Marktkonzentration zu messen und so den Wettbewerb zu beurteilen.[286] Das SCP unterstellt, dass die Marktstruktur (Konzentration) Einfluss auf das Marktverhalten und so auf das Marktergebnis hat. Dabei steht eine hohe Konzentration für die Dominanz weniger großer Unternehmen (Structure), deren Marktmacht sich in kollusivem Verhalten niederschlägt (Conduct), welches den wettbewerbsinduzierten Druck auf die Gewinnmargen und Kosten verhindert (Performance).[287] Neben der Bankenanzahl wird bei Banken auch die Bilanzsumme als Größenindikator und Messvariable genutzt. VARMAZ stellt unter Anwendung verschiedener Konzentrationsmaße für den deutschen Bankenmarkt eine zunehmende Konzentration im Analysezeitraum von 1993 bis 2005 fest, bezeichnet den Konzentrationsgrad insgesamt aber als „mäßig“.[288] Die DEUTSCHE BUNDESBANK konstatiert auch, dass ein „im Ganzen geringer Konzentrationsgrad“ [289] vorliegt. Der Logik des SCP folgend ist der Wettbewerb auf dem deutschen Bankenmarkt als eher hoch zu bezeichnen.

Das SCP wird in der Literatur kritisiert.[290] Vor allem die Widersprüchlichkeit der unterstellten Wirkungsweise mit den realiter beobachtbaren Entwicklungen schränke die Aussagekraft ein.[291] Zudem seien mittels der nationalen Konzentrationsmaße keine Aussagen zu lokalen Strukturen möglich.[292] Die Neue Empirische Industrieökonomik bietet, aufbauend auf der Kritik am SCP, Verfahren an, um die Wettbewerbssituation auf Märkten zu analysieren. Sie ver-

---

285 Vgl. für einen ausführlichen Überblick *Varmaz, A.* (2006), S. 124 ff. Grundsätzlich bauen diese Indizes auf den Begriff der Konzentration aus der deskriptiven Statistik auf und messen den prozentualen Marktanteil einer bestimmten Anzahl von Unternehmen, z. B. der 3, 5 oder 10 größten Banken. Vgl. auch *Deutsche Bundesbank* (2001), S. 61.

286 Vgl. hier und nachfolgend *Varmaz, A.* (2006), S. 121 ff.; *Deutsche Bundesbank* (2001), S. 58 ff.

287 Vgl. *Schäfer, S./Weistroffer, C.* (2007), S. 603.

288 *Varmaz, A.* (2006), S. 234. Zu ähnlichen Ergebnissen vgl. *Deutsche Bundesbank* (2001), S. 60.

289 *Deutsche Bundesbank* (2001), S. 59.

290 Der Argumentation des SCP steht z. B. die Efficient-Structure-Hypothesis gegenüber, wonach Konzentration das Ergebnis des Erfolgs relativ effizienter Unternehmen ist, die die Konkurrenten vom Markt verdrängt haben. Vgl. *Schäfer, S./Weistroffer, C.* (2007), S. 603. Zur ausführlichen methodischen und inhaltlichen Kritik am SCP vgl. *Varmaz, A.* (2006), S. 142 ff.

291 Vgl. *Deutsche Bundesbank* (2001), S. 64 f.

292 Vgl. *Deutsche Bundesbank* (2001), S. 60.

sucht indirekt über die Schätzung von Verhaltensgleichungen der Banken, Rückschlüsse auf ihr Wettbewerbsverhalten zu ziehen.[293] Dazu nutzt sie Daten, die auf Ebene der einzelnen Bank vorhanden sind. PANZAR/ROSSE modellieren eine (vereinfachte) Ertragsfunktion, anhand derer Faktorpreiselastizitäten Rückschlüsse auf den vorherrschenden Wettbewerb möglich sind.[294] Liegt die Summe der Elastizitäten bei 1, liegt ein vollständiger Wettbewerb vor. Bei einem Wert kleiner 1 wird ein Monopol mit Randwettbewerb angenommen und bei einer Elastizität von kleiner oder gleich 0 ein Monopol oder perfekte Kollusion.[295] Angewendet auf den deutschen Bankenmarkt kann HEMPELL trotz der kontinuierlich rückläufigen Anzahl an Banken kein Wettbewerbsverhalten feststellen, das eine perfekte Kollusion oder einen vollständigen Wettbewerb belegen kann.[296] Ihre Ergebnisse zeigen weiter, dass die Sparkassen und Genossenschaftsbanken zunehmende Marktmacht gewinnen und weniger kompetitiv auftreten als die Kreditbanken.[297] Eine Begründung für dieses Ergebnis sieht sie im Regionalprinzip, da hier – zumindest theoretisch – der innersektorale Wettbewerb nicht relevant ist. Dieses Ergebnis indiziert, dass sich kleine Banken eher monopolistisch verhalten als große. Dies "contradicts the conventional wisdom that larger market shares correspond with the wielding of greater market power."[298] In diesem Kontext ergänzen FEHL/KUHN, dass nicht nur regionale Marktmacht, sondern auch der Wissensvorteil dieser Banken erklärend für höhere, durchgesetzte Zinsmargen ist.[299] Im Einklang mit den Ergebnissen wird der deutsche Bankenmarkt unter Berücksichtigung der Verbundbeziehungen als oligopolistischer Markt bezeichnet.[300] Nachfolgend soll daran anknüpfend ein detaillierter Blick auf empirische Untersuchungen zur Rentabilität der deutschen Banken geworfen werden.

---

293 Vgl. hier und nachfolgend *Deutsche Bundsbank* (2001), S. 65.

294 Vgl. dazu ausführlich *Panzar, J./Rosse, J.* (1987), S. 443 ff.; *Varmaz, A.* (2006), S. 150 ff; *Hempell, H. S.* (2002), S. 6 ff.

295 Vgl. *Reichel, R.* (2005), S. 287. Die Summe der Faktorpreiselastizitäten ergibt die H-Statistik im Modell von PANZAR/ROSSE.

296 Vgl. *Hempell, H. S.* (2002), S. 32 f.

297 Ähnlich auch *Deutsche Bundesbank* (2001), S. 65. Zu einem gegensätzlichen Ergebnis kommt REICHEL, der die relative Marktmacht der einzelnen Bankengruppen anhand eines vorwärts-rekursiven Almon-lag-Modells auf Basis der Korrelation von Zinsspanne und Umlaufsrendite festverzinslicher Wertpapiere schätzt. Danach ist die Marktmacht der Kreditgenossenschaften im Zeitraum von 1990 bis 2002 gesunken. Vgl. *Reichel, R.* (2005), S. 283 ff.

298 *Hempell, H. S.* (2002), S. 32.

299 Vgl. *Fehl, U./Kuhn, N.* (2005), S. 204.

300 Vgl. *Reith, D.* (1997), S. 22. Dies begründet sich auch damit, dass ein dominanter Marktführer fehlt.

Eine oft verwendete Kennzahl zur Darstellung der Profitabilität ist die Eigenkapitalrentabilität.[301] Werden die Eigenkapitalrentabilitäten der Jahre 2001-2009 betrachtet,[302] ist auffällig, dass die Kreditgenossenschaften und Sparkassen relativ zu den Großbanken deutlich stabilere Renditen aufweisen und in den Jahren von 2001-2004 sowie 2008-2009 rentabler waren als die Kreditbanken. Seit 2005 ist ein rückläufiger Trend bezüglich der Höhe der Eigenkapitalrendite dieser Bankengruppen zu erkennen, der sich in 2009 jedoch nicht fortsetzte.[303]

Die insgesamt als gering beurteilte Marktrentabilität wird u. a. damit begründet, dass Sparkassen und Kreditgenossenschaften aufgrund ihres spezifischen Zwecks nur ein gering ausgeprägtes Rentabilitätsstreben aufweisen.[304] In einem ausführlichen Vergleich verschiedener Länder für die Jahre 1996-2003 stellen SCHÜLLER/SCHNEIDER für deutsche Banken fest, dass diese eine strukturelle Ertragsschwäche aufweisen, da deren Ergebnisse für die Eigenkapitalrentabilität und die so genannte Aufwands-Ertrags-Quote (Cost-Income-Ratio) nachhaltig hinter den Werten von Ländern wie Frankreich und Großbritannien liegen.[305] PIEPER analysiert auf Basis der statistischen Daten der Organisation for Economic Co-operation and Development (OECD) für den gleichen Zeitraum verschiedene Werttreiber der Profitabilität von Banken, um die Ursachen für die strukturelle Ertragsschwäche der deutschen Institute im internationalen Vergleich zu identifizieren.[306] Anhand der Bruttoerträge[307] je Mitarbeiter, bei denen deutsche Banken vergleichsweise gute Werte erzielen, sieht er die These, dass Deutschland „overbanked“ sei, nicht bestätigt. Auch in Bezug auf die Produktivität, die er mittels der Cost-Income-Ratio brutto[308] ermittelt, befindet sich

301 In der deutschsprachigen Literatur wird gelegentlich zwischen den Inhalten der Begriffe Profitabilität und Rentabilität unterschieden. Während ersterer absolute Saldogrößen umfasst, werden mit letzterer relative Kennzahlen, meist ergebnisbezogene Beziehungszahlen, beschrieben. Die Eigenkapitalrentabilität ist hier definiert als der Jahreserfolg vor Steuern in Prozent des jahresdurchschnittlichen bilanziellen Eigenkapitals.

302 Vgl. Tabelle 2; Tabelle 3 und Tabelle 4 in Kapitel C.1.2.

303 Dies erklärt sich partiell durch die steiler gewordene Zinsstrukturkurve, die sich positiv auf den aus der Fristentransformation resultierenden Strukturbeitrag auswirkt.

304 Vgl. *Schüller, S./Schneider, M.* (2006), S. 7; *Duhnkrack, T.* (2002), S. 154.

305 Vgl. *Schüller, S./Schneider, M.* (2006), S. 4 ff.

306 Vgl. *Pieper, B.* (2006), S. 452. Als Vergleichsländer nutzt er Frankreich, Spanien, Italien, Großbritannien, die Schweiz und die USA.

307 Als Bruttoerträge ist die Summe aus Zins- und Provisionserträgen, Handelsergebnis und Saldo der sonstigen betrieblichen Erträge und Aufwendungen definiert. Vgl. *Pieper, B.* (2006), S. 454, Fn. 14.

308 Als Cost-Income-Ratio brutto ist der Quotient aus der Summe von Personal und sonstigem Verwaltungsaufwand zu Zins- und Bruttoerträgen, Handelsergebnis sowie Saldo

Deutschland auf einem Spitzenplatz.[309] Beim Vergleich der realisierten Margen[310] zeigt sich jedoch, dass die deutschen Banken vergleichsweise schlecht abschneiden, da sie nur geringe Margen durchsetzen können, was er auf einen effizienten Wettbewerb auf dem deutschen Bankenmarkt zurückführt.[311] Interessanterweise sind die deutschen Kreditzinsen jedoch höher als im Durchschnitt der Währungsunion.[312] Ausgehend von der Struktur des Zinssatzes untersuchen SCHÄFER/WEISTROFFER die Determinanten des Kreditzinsniveaus. Diese sind die Wettbewerbsintensität, die Effizienz des Bankensystems, die Risiko- und die Refinanzierungsstruktur.[313] Im Ergebnis vermuten sie, dass der Wettbewerb um Einlagen als Refinanzierungskomponente und die im internationalen Vergleich höheren Risikoprämien bei Unternehmenskrediten den größten Erklärungsgehalt für das Zinsniveau haben.[314] Auch SCHÜLLER/SCHNEIDER kommen zu dem Ergebnis, dass die Verzehrquote, die das Verhältnis von Risikovorsorge zum Teilbetriebsergebnis bezeichnet, in Deutschland im internationalen Vergleich zu hoch sei.[315] Aufgrund der strukturellen Unterschiede auf den Bankenmärkten kommen die Autoren jedoch insgesamt zu dem Ergebnis, „die Gründe für den internationalen Rückstand sind vielmehr in den Ertragspotenzialen und der mangelnden Fähigkeit der Banken, diese in ausreichendem Maße zu heben, zu suchen“[316]. Diese Erkenntnisse bestätigen FEHL/KUHN in ihrer produktmarktspezifischen Sicht.[317] Aufgrund der institutionell gewachsenen Strukturen fokussiere sich der Wettbewerb für bankenorientierte Finanzsysteme wie das deutsche auf das eher bedeutende, aber margenschwache Einlagen- und Kreditgeschäft. Ausweichmöglichkeiten auf kapitalmarktorientierte Produkte fehlten (noch).

---

der sonstigen betrieblichen Erträge und Aufwendungen definiert. Vgl. *Pieper, B.* (2006), S. 453, Fn. 8 und Fn. 10.

309 Vgl. *Pieper, B.* (2006), S. 454.

310 Als Marge definiert er den Quotient aus Bruttoerlösen und Nettoerlösen. Vgl. *Pieper, B.* (2006), S. 455.

311 Vgl. *Pieper, B.* (2006), S. 455 und S. 459.

312 Vgl. *Schäfer, S./Weistroffer, C.* (2007), S. 600; *Rehbock, T.* (2007), S. 34 f.

313 Vgl. *Schäfer, S./Weistroffer, C.* (2007), S. 601 f. Der Zinssatz umfasst die Gewinnmarge sowie die Bearbeitungs-, Standardrisiko-, Eigenkapital- und die Refinanzierungskosten. Vgl. auch Kapitel C.4.3.

314 Vgl. *Schäfer, S./Weistroffer, C.* (2007), S. 606.

315 Vgl. *Schüller, S./Schneider, M.* (2006), S. 15 f.

316 *Schüller, S./Schneider, M.* (2006), S. 17. Ähnlich argumentieren *Nirschl, M./Paul, V.* (2007), S. 180 und *Duhnkrack, T.* (2002), S. 157.

317 Vgl. hier und nachfolgend *Fehl, U./Kuhn, N.* (2005), S. 198.

Diese Diagnose gilt vor allem für das Firmenkundengeschäft, das regelmäßig als „Wertvernichter" bezeichnet wird.[318] Nach einer Studie von MERCER OLIVER WYMAN lag der Rohertrag, d. h. die Summe aus Zins- und Provisionsüberschuss, für das Jahr 2003 in Deutschland bei EUR 7,2 Mrd.[319] Aufgrund relativ geringer Margen ist dazu ein deutlich höheres Finanzierungsvolumen als im internationalen Vergleich notwendig. Werden vom Rohertrag die operativen Aufwendungen, die Standardrisiko- sowie die Eigenkapitalkosten subtrahiert, bleibt ein negativer Beitrag von etwa EUR -1,0 Mrd. Ursachen für dieses Ergebnis liegen neben der Marktstruktur auch im Produktmix der Banken im Firmenkundengeschäft, das in Deutschland vor allem seine Schwerpunkte im klassischen, aber als margenschwach geltenden Kreditgeschäft hat. Dies belegen auch die jüngsten Schätzungen von OLIVER WYMAN, wonach im Jahr 2009 65 Prozent des Rohertrags im Firmenkundengeschäft aus dem Finanzierungsgeschäften, 23 Prozent aus dem Transaction Banking und 12 Prozent aus sonstigen Bankleistungen resultierten.[320] Risiken aus derartigen Ertragskonzentrationen sind in den in 2009 aktualisierten Mindestanforderungen an das Risikomanagement (MaRisk) mit dem Hinweis, dass diese in der Risikostrategie zu berücksichtigen sind, aufgenommen worden.[321]

Insgesamt zeigen die Ergebnisse der genannten Studien, dass die als vergleichsweise gering beurteilte Profitabilität nicht nur das Ergebnis der Wettbewerbsintensität ist, sondern auch in den institutsspezifischen Zielsetzungen sowie dem grundsätzlichen marktpolitischen Verhalten der Banken begründet ist. Daher besteht die nicht nur aus den MaRisk resultierende Notwendigkeit im Privat- wie auch im hier betrachteten Firmenkundengeschäft, diversifizierte Ertragspotenziale identifizieren und realisieren zu müssen. Wie die vorhergehenden Ausführungen zeigen, gilt diese Anforderung für alle Bankengruppen, die im Firmenkundengeschäft tätig sind. Nachfolgend soll die Geschäftseinheit Firmenkunden aus der Perspektive der Kreditgenossenschaften beschrieben werden.

---

318 Vgl. *Krauß, C.* (2005), o. S. [Vorwort]; *Hampl, H.* (1999), S. 17. Der Begriff „Wertvernichter" ist dabei im Kontext der von den meisten (kapitalmarktorientierten) Großbanken verfolgten Shareholder Value-Orientierung zu sehen, bei dem der Unternehmenswert aus Sicht der Anleger (Eigentümer) die zentrale Zielgröße ist. Wertzuwachs wird in diesem Verständnis z. B. in Form des Economic Value Added operationalisiert. Vgl. dazu auch *Rolfes, B.* (2002), S. 141 ff. Motiviert wird dies durch den Wettbewerb um knappes Kapital. Vgl. *Duhnkrack, T.* (2002), S. 155 ff.

319 Vgl. hier und nachfolgend *Hölzer, K.* (2006), S. 49 ff.

320 Vgl. *Hölzer, K./Schnarr, T.* (2010), S. 54. Zum Transaction Banking gehören Produkte des Leistungen des Zahlungsverkehrs, des Cash-Managements und des Handels.

321 Vgl. *Bundesanstalt für Finanzdienstleistungsaufsicht* (2010), AT 4.2, Textziffer 2.

2 Deskription der Geschäftseinheit Firmenkunden der Kreditgenossenschaften

2.1 Theoretischer Bezugsrahmen

Nach dem Drei-Ebenen-Konzept, das zwischen der Unternehmens-, der Geschäftseinheiten- und der Funktionalbereichsebene unterscheidet, können strategische Entscheidungen, deren Ziel die Schaffung komparativer Konkurrenzvorteile sind,[322] nur auf Ebene der (strategischen) Geschäftseinheiten erfolgen.[323] Strategische Geschäftseinheiten stellen die gedankliche Zusammenfassung eines strategischen Geschäftsfelds und deren korrespondierende Verankerung innerhalb der Organisationsstruktur des Unternehmens dar.[324] Regelmäßig lassen sich bei den Kreditgenossenschaften die strategischen Geschäftseinheiten der Privatkunden- und der Firmenkundenbank finden.[325]

Strategische Geschäftseinheiten können auf vielfache Weise abgegrenzt werden und sind generell dadurch gekennzeichnet, dass sie eine von anderen Geschäftseinheiten unabhängige Marktaufgabe haben, dass sich für sie eine eigenständige Strategie formulieren und umsetzen lässt und dass sie einen weitestgehend unabhängigen Beitrag zur Sicherung und Steigerung des Erfolgspotenzials des Unternehmens leisten.[326]

Vereinfachend werden die den Geschäftseinheiten zugrundeliegenden Geschäftsfelder oft zweidimensional als Produkt-Markt-Kombinationen aufgefasst.[327] ABELL nutzt einen dreidimensionalen Bezugsrahmen aus den Merkmalen „customer groups“ (Abnehmergruppe), „customer function“ (Funktionserfüllung, Kundenbedürfnis) und „alternative technology“ (Technologieangebot oder allgemeiner: Lösungsangebot) um Geschäftsfelder abzugrenzen.[328] Die Produktdimension der einfachen, zweidimensionalen Abgrenzung wird bei ihm in einen

---

[322] Vgl. zum Begriff der komparativen Konkurrenzvorteile *Backhaus, K.* (1999), S. 34 ff.

[323] Vgl. *Hax, A. C./Majluf, N. S.* (1996), S. 5 ff.

[324] Die externe und interne Abgrenzung muss jedoch nicht unbedingt deckungsgleich sein, denn es kann ein Geschäftsfeld von mehreren Geschäftseinheiten betreut werden et vice versa. Vgl. *Meffert, H.* (1998), S. 228. So trifft es bspw. in der kreditgenossenschaftlichen Praxis regelmäßig zu, dass die Privatperson des Unternehmers in der Firmenkundenbank betreut wird oder Firmenkunden aufgrund der bankinternen Zuordnung über Mitarbeiter der Privatkundenbank betreut werden.

[325] Vgl. *Börner, C. J.* (2005), S. 34.

[326] Vgl. *Backhaus, K.* (1999), S. 228; *Meffert, H.* (1998), S. 225 f.

[327] Vgl. z. B. *von der Oelsnitz, D./Nirsberger, I.* (2007), S. 1288.

[328] Vgl. *Abell, D. F.* (1980).

Problembezug und einen Problemlösungsansatz aufgespaltet.[329] Mittels der Dimension Abnehmergruppe wird festgelegt, wessen Bedürfnisse befriedigt werden sollen. Die Dimension der „customer function“ basiert auf der Kombination von Bedürfnis und Produkt. Sie thematisiert, welche Bedürfnisse des Kunden durch die angebotenen Leistungen befriedigt werden sollen. Die dritte Dimension beschreibt Möglichkeiten, wie die Bedürfnisse befriedigt werden können. Vorteilhaft an diesem Ansatz ist, dass Zielgruppen, Kundenbedürfnisse und Lösungsansätze integriert betrachtet werden und somit eine Integration der Nachfrager- und Anbieterperspektive erfolgt.[330] Es wird jedoch kritisiert, dass die Dimensionen nicht unabhängig voneinander seien[331] und die regionale Abgrenzung fehle[332]. Trotz der Kritik ist das gering zu modifizierende Konzept von ABELL ein zweckmäßiger Bezugsrahmen zur Strukturierung der nachfolgenden Ausführungen.

Da das Regionalprinzip die regionale Abgrenzung beinhaltet, ist dieser Kritikpunkt irrelevant. Jedoch soll der Kritik der fehlenden Unabhängigkeit der Dimensionen insofern Rechnung getragen werden, als eine Umwidmung der Dimensionen stattfindet, womit gleichzeitig der Anwendungskontext von Geschäftsfeldern auf Geschäftseinheiten erweitert wird. So soll zunächst konform zum Ansatz von ABELL die Abnehmergruppe bzw. Zielgruppe als ein Kriterium verwendet werden. Entsprechend der Empfehlung von MEFFERT soll dabei von einem zunächst hohen Abstraktionsniveau zur grundsätzlichen Abgrenzung der Firmenkunden von den Privatkunden ausgegangen werden (Makro-Abgrenzung), das durch die Segmentierung (Mikro-Abgrenzung) ergänzt und konkretisiert wird.[333] Die Betrachtung der Bedürfnisse bzw. Bedarfe wird ebenfalls diesem Ansatz sowie der derzeitigen Ausgestaltung in der Firmenkundenpraxis folgend zunächst auf Bedarfsfeldebene und dann detailliert – wenngleich jedoch nicht abschließend – auf Produktebene konkretisiert. Statt der Dimension des Lösungsangebots, die im originären Ansatz eng verbunden mit der Dimension der Bedürfnisse ist und sich eher für Industriegütermärkte eignet, wie die Beispiele bei ABELL zeigen,[334] soll dem inhaltlichen Schwerpunkt dieser Arbeit folgend der Vertrieb betrachtet werden. Somit bilden die beiden letztgenannten Dimensionen die interne Perspektive der Bildung strategischer Geschäftseinheiten in zweifacher Weise ab: Erstens auf Basis des Leistungsprogramms und

329 Vgl. *Birkelbach, R.* (1988), S. 232.
330 Vgl. *Backhaus, K.* (1999), S. 226.
331 Vgl. *Backhaus, K.* (1999), S. 228 f.
332 Vgl. *Meffert, H.* (1998), S. 228.
333 Vgl. *Meffert, H.* (1998), S. 227.
334 Vgl. *Abell, D. F.* (1980), S. 112 oder *Engelhardt, W. H./Kleinaltenkamp, M.* (1989), S. 11.

zweitens auf Basis des Vertriebs.[335] Zusammengefasst ergibt sich der Bezugsrahmen zur Deskription des Firmenkundengeschäfts bei den Kreditgenossenschaften aus den Dimensionen Zielgruppen, Leistungsprogramm und Vertrieb.

Wie erinnerlich sind Kreditgenossenschaften rechtlich und wirtschaftlich selbständige Unternehmen. Daher ist es nicht möglich, alle institutsindividuellen Realisationen der ausgewählten Dimensionen aufzugreifen. Vielmehr soll die folgende Darstellung auf den Empfehlungen des BVR, der regelmäßig die Situation der Kreditgenossenschaften mit dem Ziel der Optimierung der betriebswirtschaftlichen Leistungsfähigkeit analysiert, und den Praktikerbeiträgen aus dem genossenschaftlichen Umfeld basieren.

2.2 Zielgruppen

Als Zielgruppen gelten allgemein die aktuellen und potenziellen Adressaten, die mit einer oder mehreren bestimmten marktpolitischen Aktivität(en) angesprochen werden sollen. Nachfolgend wird die Zielgruppenabgrenzung auf Ebene der Makro- und der Mikroabgrenzung vorgenommen. Anschließend werden sekundärstatistische Daten zur empirischen Struktur der Zielgruppe im Firmenkundengeschäft der Kreditgenossenschaften vorgestellt. Abschließend werden Kundenverbünde im Firmenkundengeschäft betrachtet.

2.2.1 Makro-Abgrenzung

Ausgangspunkt der Makro-Abgrenzung ist die Frage nach der inhaltlichen Konkretisierung der Firmenkunden auf abstrakter Ebene. FRETER bezeichnet dies auch als den relevanten Markt.[336] In der bankbetriebswirtschaftlichen Literatur gibt es keine einheitliche Definition des Begriffs Firmenkunde.[337] Eine Vielzahl von Beiträgen zum Firmenkundengeschäft von Banken verzichtet vollständig auf eine inhaltliche Abgrenzung des Begriffs oder grenzt diesen implizit ab.[338]

---

335 Ähnlich *Meffert, H.* (1998), S. 227.

336 Vgl. *Freter, H.* (1998), S. 233. Andere Autoren betrachten den relevanten Markt als Zusammenfassung von Kunden, Leistungen und Wettbewerbern. Vgl. z. B. *Backhaus, K.* (1999), S. 204 ff. Diese Vorgehensweise würde sich jedoch in weiten Teilen mit der Abgrenzung des strategischen Geschäftsfelds überschneiden, weshalb hier dem Verständnis von FRETER gefolgt werden soll.

337 Eine Auseinandersetzung mit dem Begriff Kunde folgt detailliert in Kapitel D.1.2.2 Die Begriffe Firmenkunde und Unternehmenskunde werden in dieser Arbeit synonym verwendet.

338 Vergleiche z. B. *Raddao, N.* (2008), *Brost, H./Dahmen, A./Lippmann, I.* (2006) und *Schmoll, A.* (2006) als Beispiele für Beiträge ohne Abgrenzung des Begriffs Firmenkunde und *Püthe, T.* (2009), *Ahrendt, B.* (2007) sowie *Segbers, K.* (2007) für Beiträge

Der BVR unterscheidet in seinem Strategiepapier BÜNDELUNG DER KRÄFTE: DIE GEMEINSAME STRATEGIE zwischen Privat- und Firmenkunden,[339] wobei Firmenkunden knapp beschrieben sind als „alle wirtschaftlich Selbständigen, die ein Gewerbe betreiben, mit wesentlicher Erwerbsquelle ihrer Tätigkeit, ohne Mindestgröße“[340]. Dabei ist es irrelevant, ob es sich um juristische oder natürliche Personen handelt, jedoch von Bedeutung, dass die Kundenbeziehung erwerbsbedingt ist.[341]

Um das Segment der Firmenkunden detaillierter zu beschreiben, nutzt HUTH einen umfangreichen Merkmalskatalog (siehe Tabelle 5).[342] Er nennt bspw. Unterschiede hinsichtlich der Anzahl potenzieller Merkmalsträger oder spezifische Strukturunterschiede mit Blick auf die Geschäftsbeziehung zwischen dem Kunden und der Bank. Es sei darauf hingewiesen, dass nicht in jedem Fall diese Unterscheidung trennscharf ist und zutrifft. Vielmehr sollte ein solcher Katalog als tendenzielle Aussage begriffen werden. Zusammenfassend wird konstatiert, dass sich das Firmenkundensegment stark vom Privatkundengeschäft unterscheidet, da es insgesamt individueller und komplexer in der Leistungs- und der Beziehungsdimension ist.[343]

---

mit impliziter Definition, die sich aus der Abgrenzung des Begriffs mittelständische Unternehmen ergibt.

339 Vgl. *BVR* (2001b), S. 14.

340 *BVR* (2001c), S. 29 f.

341 Vgl. *Scheer, O.* (1989), S. 5. Damit wird ausgeschlossen, dass Selbständige, die ihr Privatkonto bei einer Bank führen, als gewerbliche Kunden bzw. Firmenkunden definiert werden.

342 Vgl. *Huth, H. O.* (1985), S. 37 f. sowie die dort angegebene Literatur. Einen vergleichbaren Merkmalskatalog zur Unterscheidung von Firmen- und Privatkunden stellt KRAUß auf. Vgl. *Krauß, C.* (2005), S. XVI [Anhang].

343 Vgl. auch *BVR* (1999b), S. 13.

Tabelle 5: Qualitative Kriterien zur Unterscheidung von Privat- und Unternehmenskunden[344]

Privatkunden	Unternehmenskunden
- große Zahl - Kunde ist anonym oder der Bank nur wenig bekannt - bankungewohnt - keine eindeutige Orientierung am Gewinn - Interesse an Bequemlichkeit und Service dominiert - eng begrenzter Bereich der nachgefragten Leistungen - kleinere Umsätze - unregelmäßige Kontakte von relativ geringer Häufigkeit - mehr persönlich orientierte Geschäftsbeziehung (Person-Person) - individuelle Ansprüche leichter standardisierbar - legt Wert auf lokale Präsenz und persönlichen Kontakt	- überschaubare, begrenzte Zahl - Kunde ist i. d. R. der Bank bekannt - bankgewohnt - auf Gewinnerzielung bedachte Denk- und Verhaltensweise - Interesse an reibungsloser, schneller Abwicklung der Geschäfte - breite Streuung der nachgefragten Leistungen - größere Umsätze - häufige, regelmäßige, oft tägliche Kontakte - sachlich orientierte Geschäftsbeziehung (Unternehmung-Unternehmung) - individuelle Ansprüche schwer standardisierbar - legt Wert auf gute Kommunikationsmöglichkeiten

In ähnlicher Weise geht BRAUN vor, der die Firmenkunden anhand der Faktoren der Zugehörigkeit zu einer bestimmten Personengruppe oder Gesellschaftsform, ihrer Stellung im Erwerbsleben sowie den nachgefragten Bankgeschäften charakterisiert.[345] Konsequent zählt er zu den Unternehmenskunden alle wirtschaftlich selbständigen natürlichen Personen sowie Personen- und Kapitalgesellschaften, die sich dadurch auszeichnen, dass sie weitgehend wirtschaftlich unabhängig sind, die Arbeitgeberfunktion tragen und Risiken übernehmen. Daraus lässt sich ein zentrales Differenzierungsmerkmal ableiten. Als Firmenkunden können alle Wirtschaftsubjekte begriffen werden, die unabhängig von Rechtsform und Größe, Sach- und/oder Dienstleistungen auf Märkten für Dritte anbieten.[346] Als abgrenzendes Merkmal ist also die Tätigkeit des Firmenkunden als Anbieter auf (anderen) Märkten zu betrachten. Damit geht die Feststellung einher, dass die Leistungen der Bank als Inputfaktor im weitesten Sinne für die Wertschöpfung des Firmenkunden gelten bzw. die Nachfrage nach Bankleistungen derivativ ist.

344 In enger Anlehnung an *Huth, H. O.* (1985), S. 38.

345 Vgl. hier und nachfolgend *Braun, P. A.* (1981), S. 25.

346 Vgl. *Picot, A./Neuburger, R.* (2000), S. 16. Auch BENÖLKEN definiert Firmenkunden als „alle Selbständigen inklusive der Freiberufler sowie der Personen- und Kapitalgesellschaften, sofern die Haupteinkommensart aus gewerblicher/freiberuflicher Tätigkeit fließt.“ *Benölken, H.* (2002), S. 30.

“Der Tante Emma-Laden und Siemens haben aus Banksicht eines gemeinsam: Sie sind Firmenkunden”[347] Kreditgenossenschaften und Sparkassen gelten als klassische Finanzierungspartner mittelständischer Unternehmen.[348] Der Begriff der mittelständischen Unternehmen muss in diesem Kontext erläutert werden, denn die Heterogenität dieser Gruppe von Firmenkunden führt zum Problem der inhaltlichen Abgrenzung.[349] In der Literatur werden als begriffskonstituierende Kriterien sowohl qualitative als auch quantitative Merkmale verwendet, um die mittelständischen Unternehmen von Großunternehmen abzugrenzen.[350] Qualitative Kriterien werden i. d. R. im Bündel als Merkmalskataloge[351] verwendet, da eine eindimensionale Abgrenzung unzureichend ist.[352] Dabei wird aber nicht die kumulative Erfüllung aller Kriterien postuliert, sondern eine Tendenz in Richtung mittelständischer Unternehmen als ausreichend angesehen.[353] Die qualitative Abgrenzung fokussiert auf die Betriebstypenbestimmung, d. h. sie stellt auf das Wesen und somit u. a. auf die Wirtschaftsweise, die Struktur der Unternehmensführung und die Finanzierungssituation ab.[354] Vor allem die Einheit von Eigentum und Leitung gilt als herausragendes Merkmal.[355] HAMER spricht in diesem Zusammenhang von der Schicksalsgemeinschaft zwischen Unternehmen und Unternehmer.[356] Obwohl die qualitativen Merkmale mittelständische Unternehmen akkurater beschreiben als quantitative, werden deren schwere Erfassbarkeit und die daraus resultierende geringe Eignung für empirische Arbeiten bemängelt.[357] Daher werden, um mittelständische Unternehmen in Bezug auf die Betriebsgröße von Großunternehmen abzugrenzen, zusätzliche quantitative (Hilfs-)Kriterien angewendet.[358] Typischerweise werden Größen wie Umsatz, Bilanzsumme oder Beschäftigtenzahl genutzt. So werden Unternehmen mit einem Umsatz von bis zu 50 Mio. EUR und einer Beschäftigtenzahl von bis zu

---

347 *Juncker, K.* (1979), S. 7.

348 Vgl. *Lubitz, K.-J.* (1984), S. 10; *Juncker, K.* (1979), S. 11.

349 Vgl. *Krämer, W.* (2003), S. 5; *Bussiek, J.* (1996), S. 16.

350 Vgl. *Berens, W./Högemann, B./Segbers, K.* (2005), S. 8.

351 Vgl. *Mugler, J.* (1995), S. 18.

352 Vgl. *Weber, W.* (1981), S. 18.

353 Vgl. *Kunesch, H.* (1996), S. 630.

354 Vgl. die Merkmalsnennungen bei *Steiner, J.* (1980), S. 5; *Middermann, F.* (1987), S. 16; *Schuster, P.* (1991), S. 9; *Bussiek, J.* (1996), S. 18; *Bramsemann, R.* (1997), S. 29.

355 Vgl. *Wossidlo, P. R.* (1993), Sp. 2890.

356 Vgl. *Hamer, E.* (1987), S. 62 f.

357 Vgl. *Weber, W.* (1981), S. 20.

358 Vgl. *Daschmann, H.-A.* (1993), S. 50.

499 Personen als mittelständisch bezeichnet.[359] Diese Grenzwerte gelten allgemein jedoch nicht als unumstößlich, sondern können auch durch die qualitativen Merkmale dominiert werden, so dass die quantitative Abgrenzung obsolet ist.[360] Diese Begriffsabgrenzung der Literatur hat prägenden Charakter für die Praxis der Kreditgenossenschaften.[361] So wurden in einer empirischen Untersuchung des FRAUNHOFER INSTITUTS 365 Kreditgenossenschaften nach den Zielgruppenprioritäten im Firmenkundengeschäft gefragt.[362] Während 60 Prozent die Zielgruppe der Mittelstandsunternehmen priorisieren, werden die Freiberufler von 30 Prozent und die Kleinunternehmen von 20 Prozent als Zielgruppe im Vertrieb bevorzugt.[363] Lediglich 5 Prozent der Genossenschaftsbanken fokussieren auf die Gruppe der Großunternehmen. Da die Autoren keine Angaben über die Definition der jeweiligen Zielgruppen machen, kann aus diesen Ergebnissen nur die Tendenzaussage deduziert werden, dass sich die Kreditgenossenschaften vornehmlich auf mittelständische Unternehmen ausrichten.[364] Dies entspricht der subsidiären Aufgabenteilung in der FinanzGruppe zwischen den Primärbanken und den Zentralbanken, bei der die letztgenannten das Großkundengeschäft betreiben und ansonsten den Kreditgenossenschaften als Kooperationspartner zur Verfügung stehen.[365]

2.2.2 Mikro-Abgrenzung

Die Ausgestaltung der Marketing-Mix-Instrumente, zu denen die Vertriebspolitik gehört, bedarf im Kontext des Geschäftsfelds Firmenkunden einer weiteren

---

359 Vgl. dazu die Diskussionen zur Begriffsabgrenzung bei *Püthe, T.* (2009), S. 9 ff., *Flacke, K.* (2006), S. 11 ff. und *Segbers, K.* (2007), S. 60 ff.

360 So bezeichnet SIMON z. B. Unternehmen mit 2.904 Mitarbeitern wegen ihrer qualitativen Eigenschaften noch als mittelständisch. Vgl. *Simon, H.* (1992), S. 116.

361 Vgl. z. B. *Duhnkrack, T.* (2006), S. 38. Zu berücksichtigen ist, dass die einzelnen Banken und Bankengruppen unterschiedliche Definitionen für das Segment der Mittelstandskunden verwenden. So beginnt der gewerbliche Mittelstand für die DEUTSCHE BANK AG bei 15 Mio. EUR Jahresumsatz .Vgl. für eine Übersicht *Heckl, D./Moormann, J.* (2005), S. 13.

362 Vgl. hier und nachfolgend *Engstler, M./Praeg, P./Vocke, C.* (2007), S. 22 f. Da die Studienergebnisse lediglich in Schaubildern ohne Wertangaben präsentiert werden, handelt es sich um gerundete Werte.

363 In diesem Fall ist damit ein spezifisches Kundensegment bezeichnet. Die begriffliche Verwendung weicht von der erläuterten Begriffsabgrenzung ab. Nach dieser werden die Segmente der Mittelstands- und Kleinunternehmen sowie der Freiberufler als mittelständischen Unternehmen subsumiert.

364 Vgl. *Lubitz, K.-J.* (1984), S. 10; *Juncker, K.* (1979), S. 11.

365 Vgl. die Ausführungen in Kapitel C.1.4.4.

Differenzierung des relevanten Marktes (Mikro-Abgrenzung).[366] Denn zum einen ist der heterogenen Struktur der mittelständischen Firmenkunden Rechnung zu tragen, da diese Vielfalt mit variierenden Bedürfnissen und Anforderungen an eine Bank einhergeht.[367] Zum anderen ist die Leistungsfähigkeit der Bank zu berücksichtigen, die einerseits eine Fokussierung auf bestimmte Segmente des Firmenkundenmarkts aufgrund knapper Vertriebsressourcen bedingt und andererseits eine segmentspezifische Spezialisierung interner Ressourcen begründet. So ist bspw. aufgrund aufsichtsrechtlicher Vorgaben das Kreditvergabevolumen einer Kreditgenossenschaft restringiert, so dass sie spezifische Finanzierungsbedarfe größerer Firmenkunden nicht befriedigen kann. Die grundsätzliche Vorteilhaftigkeit spezialisierter Vertriebsmitarbeiter auf Branchen oder Unternehmensgrößen zur Nutzung von Synergiepotenzialen ist evident. Die notwendige Mikro-Abgrenzung wird mittels der Markt- respektive Kundensegmentierung vorgenommen und kann sachlich oder räumlich erfolgen.[368] Eine räumliche Abgrenzung ist aufgrund des Regionalprinzips nicht weiter nötig. Es kann angenommen werden, dass das jeweilige Marktgebiet der Primärbank fokussiert wird. Die sachliche Segmentierung wird im Weiteren vorgestellt.

Bei der Marktsegmentierung ist es wichtig, die Kundenseite als Adressaten und die marketingpolitische Instrumentenseite als Aktionsparameter für die Adressaten integrativ zu betrachten. Eine isolierte Betrachtung nur der Kunden- oder nur der Marktbearbeitungsseite birgt die Gefahr zweckinadäquater Ergebnisse.[369] Daher beinhaltet die Marksegmentierung neben der Markterfassung auch die Marktbearbeitung.[370] Dies wird als managementorientierter Ansatz aufgefasst (siehe Abbildung 10). Ziel der Marktsegmentierung ist die Aufteilung eines heterogenen Gesamtmarktes in homogene Teilmärkte, um diese zielsetzungsgerecht bearbeiten zu können. Die Homogenität der Teilmärkte ergibt sich aus der Ähnlichkeit der Kunden bei den zur Segmentierung herangezogenen Kriterien.[371] An die zu verwendenden Kriterien ist eine Reihe von Anforderungen zu stellen, um zum einen die Zweckmäßigkeit der Segmentierung zu ge-

---

366 Vgl. *Backhaus, K.* (1999), S. 210; *Meffert, H.* (1998), S. 225.

367 Vgl. *BVR* (1999b), S. 5; *Freter, H.* (1998), S. 231.

368 Vgl. *Backhaus, K.* (1999), S. 210. Die von KRAFFT/ALBERS vorgenommene semantische Unterscheidung zwischen der Markt- und der Kundensegmentierung wird aufgrund der methodischen und zielbezogenen Ähnlichkeiten nicht berücksichtigt. Vgl. *Krafft, M./Albers, S.* (2000), S. 516.

369 Vgl. *Freter, H.* (1998), S. 231 f.

370 Vgl. *Meffert, H.* (1998), S. 174 sowie die dort angegebene Literatur.

371 Vgl. *Freter, H.* (1998), S. 232.

währleisten und zum anderen die Vielzahl möglicher Kriterien einzugrenzen.[372] Dabei gilt, dass die Anforderungen der Messbarkeit und zeitlichen Stabilität von jedem einzelnen Kriterium erfüllt sein müssen, während die übrigen Anforderungen durch den insgesamt verwendeten Kriterienkatalog weitgehend erfüllt sein sollten.[373]

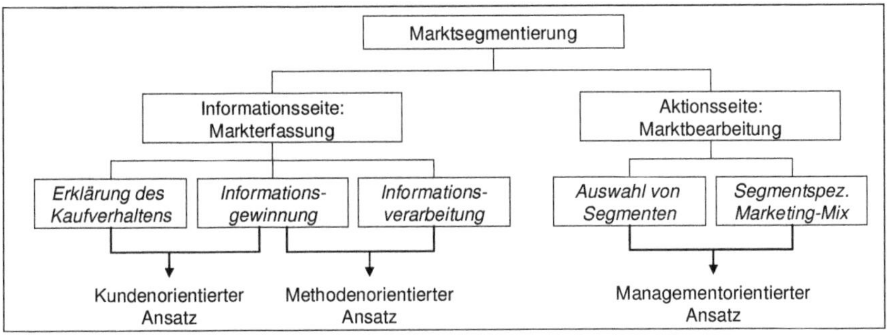

Abbildung 10: Komponenten der Marktsegmentierung[374]

In der Marketingtheorie wird aufgrund der immer stärkeren Individualisierung und Fragmentierung der Nachfrageseite in Verbindung mit dem Trend zum Beziehungsmarketing von einer Notwendigkeit zum „segment of one" gesprochen.[375] Es ist jedoch zu berücksichtigen, dass die Marktsegmentierung ein Optimierungsproblem darstellt.[376] Denn bei nur rudimentärer Segmentierung leistet sich ein Unternehmen Streuverluste bei der Marktbearbeitung, so dass bei adäquater Segmentierung der Erfolg pro Einheit eingesetzter Ressourcen steigt. Bei einer zu großen Anzahl von Segmenten dagegen, steigen die Kosten der segmentspezifischen Marketing-Mix-Gestaltung bei abnehmenden Grenzerlösen. Vor diesem Hintergrund gilt es, eine optimale Anzahl an Segmenten zu definieren.

Hinsichtlich der Marktbearbeitung ist zudem die zentrale Forderung aufzustellen, dass die Segmentierung nicht nur eine Entscheidungsgrundlage für die effektive Ausgestaltung des Marketing-Mix, sondern auch für dessen effizienten

---

372 Vgl. ausführlich *Meffert, H.* (1998), S. 178 f.; *Freter, H.* (1998), S. 238 f.; *Freter, H.* (1983), S. 43 f.

373 Vgl. *Meffert, H.* (1998), S. 179.

374 *Freter, H.* (1983), S. 14.

375 Vgl. *Vogel, V.* (2006), S. 44; *Krafft, M.* (2007), S. 51.

376 Vgl. hier und nachfolgend *Meffert, H.* (1998), S. 210 ff.

Einsatz sein sollte. Damit geht u. a. die Frage nach der Beurteilung der Segmente oder der Kunden in den Segmenten einher.

Im Strategiepapier BÜNDELUNG DER KRÄFTE: DIE GEMEINSAME STRATEGIE empfiehlt der BVR eine Segmentierung insoweit, als im Geschäftsfeld der Firmenkunden zwischen den gewerblichen Kunden und mittelständischen Firmenkunden differenziert werden sollte.[377] Eine Begründung der Auswahl oder die Erläuterung der zugrundeliegenden Kriterien erfolgt nicht. Weiterhin gibt es einen konkreteren Segmentierungsansatz für die gesamte FinanzGruppe von Seiten des BVR, der in der Situationsanalyse BÜNDELUNG DER KRÄFTE: EIN VERBUND - EINE STRATEGIE[378] beschrieben ist.[379] Als Segmentierungskriterien werden die Unternehmensgröße und das Banknutzungsverhalten gewählt. Die Unternehmensgröße wird anhand des Umsatzes bzw. des Vermögens operationalisiert und dient auch als Indikator für das potenzielle Geschäftsvolumen der Firmenkunden. Das Banknutzungsverhalten wird anhand der Spezifität des Beratungsbedarfs gemessen. Als Grundbedarf gelten bspw. Produkte wie Zahlungsverkehrsleistungen oder Betriebsmittelkredite. Spezifische Bedarfe entsprechen Produkten wie Cash-Management-Systemen oder Beratungsleistungen. Im Ergebnis resultiert der in Abbildung 11 dargestellte Segmentierungsansatz.

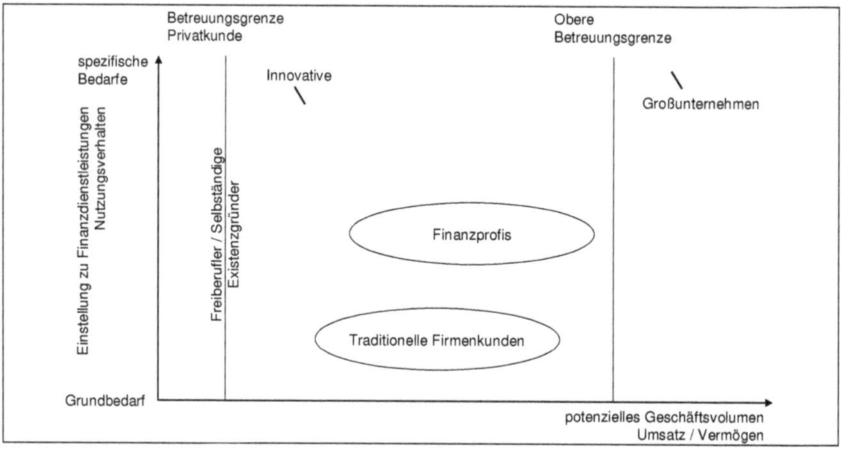

Abbildung 11: Segmentierungsansatz im Firmenkundengeschäft nach BVR[380]

377 Vgl. *BVR* (2001b), S. 14.
378 Vgl. dazu ausführlich *BVR* (1999a) und *BVR* (1999b).
379 Vgl. hier und nachfolgend *BVR* (1999b), S. 5 ff.
380 Vgl. *BVR* (1999b), S. 5.

Die beiden eingezeichneten Grenzlinien stellen im linken Bereich eine Empfehlung hinsichtlich der Zuordnung dieses Segments zu internen Vertriebseinheiten und im rechten Bereich einen Hinweis auf die „bestehenden Probleme bei der Betreuung großer Unternehmen durch Primärbanken“[381] dar. Für die einzelnen Segmente werden knappe Handlungsempfehlungen gegeben sowie jeweils eine Bewertung vorgenommen. So wird etwa für die Großunternehmen empfohlen, Verbundlösungen zu entwickeln, die in einem gemeinschaftlichen Antritt den Unternehmen kommuniziert werden können.[382] Problematisch an diesem Ansatz ist die alleinige Erklärung des Geschäftspotenzials auf Basis des Umsatzes des Firmenkunden, da auch dessen Branche, Internationalität und andere Kontextfaktoren des Firmenkunden, aber auch die Charakteristika der Entscheidungsträger in den Unternehmen erheblichen Erklärungsgehalt für das Absatzpotenzial haben dürften. Implizit setzt diese Segmentierung den Anreiz, große Unternehmen zu gewinnen, was jedoch vor dem Hintergrund der Positionierung und der Restriktionen der Kreditgenossenschaften schwierig sein dürfte.[383]

Den vorgestellten Ansatz ergänzt der BVR im Zusammenhang mit der Vertriebskonzeption VR-FINANZPLAN MITTELSTAND hinsichtlich der Verbindung von Potenzial und Bedarfsstruktur eines Firmenkunden dahingehend, dass die Betreuungsart und die Betreuungsintensität in Abhängigkeit des Geschäftspotenzials festgelegt werden, wobei den Kleinstgewerbetreibenden/Geschäftskunden und Freiberuflern eine inhaltlich enge und standardisierte sowie anlassbezogene Beratung und den Unternehmen des oberen Mittelstands eine vollumfängliche, situationsspezifische und regelmäßige Betreuung zugeordnet wird.[384]

Aufbauend auf der Empfehlung des BVR konkretisieren sich die Segmentierungsansätze der Kreditgenossenschaften für das Firmenkundengeschäft. Wobei die Transmission der Empfehlungen in die Praxis oftmals durch verbundeigene Beratungsgesellschaften begleitet wird. Dabei wird zuweilen argumentiert, der „Segmentierungsprozess darf nicht zur ‚Wissenschaft' werden, sondern muss nach klaren, einfachen Kriterien erfolgen“.[385] Folglich werden im Rahmen der praktischen Segmentierungsansätze vor allem Kriterien verwendet, die zwar den Anforderungen der Wirtschaftlichkeit und der Operationaliät genügen, die aber keine adäquate Segmentierung erlauben. Denn klassischerweise erfolgt die Marktsegmentierung im Firmenkundengeschäft in praxi auf Basis zweier Kriterien.[386] In Betracht kommen dabei das Kredit- oder Einlagenvolumen des Fir-

---

381 *BVR* (1999b), S. 7.

382 Vgl. *BVR* (1999b), S. 7.

383 Vgl. dazu die Ausführungen in Kapitel C.1.2 und Kapitel C.2.2.3.

384 Vgl. *BVR et al.* (2006), S. 17.

385 *Schmoll, A.* (2004), S. 28.

386 Vgl. *Oelrich, J.-F.* (2008), S. 25 ff.

menkunden oder dessen Umsatz.[387] Dies belegen die Ergebnisse der Studien von STRAUß für Kreditgenossenschaften und Sparkassen sowie von KRAUß für ostdeutsche Kreditgenossenschaften. So findet STRAUß in seiner Studie heraus, dass das Kreditvolumen sowie der Firmenumsatz zu den priorisierten Segmentierungskriterien gehören.[388] In den Ergebnissen der Befragung von KRAUß zeigt sich ebenfalls, dass das Kreditvolumen (63,5 Prozent), die Umsatzgröße und das Einlagevolumen (jeweils 32,4 Prozent) die am häufigsten genutzten Kriterien sind.[389] Die Orientierung an Volumengrößen weist vor dem Hintergrund der Zielsetzungen der Marktsegmentierung jedoch vielfache Defizite auf, deren größte die fehlende Kaufverhaltensrelevanz und Zukunftsorientierung sind.[390]

Die Ausführungen zur Mikro-Abgrenzung machen deutlich, dass ausgehend von den theorieorientierten Empfehlungen des BVR über die Transmission eine zunehmende Simplifizierung der Kundensegmentierungsansätze im Firmenkundengeschäft der Kreditgenossenschaften zu beobachten ist.[391] Insbesondere die Frage nach der Bewertung von Firmenkunden aus Sicht der Kreditgenossenschaft erfolgt dabei sehr wenig fundiert. Dabei wird jedoch von Expertenseite konstatiert, dass „Unterschiede in der Qualität der Kundensegmentierung [...] ein signifikantes Merkmal für Rentabilitätsdifferenzen im Vergleich zwischen Banken sind".[392]

2.2.3 Empirische Kundenstruktur

Die aktuellste vorliegende Studie zur Kundenstruktur im Firmenkundengeschäft der Kreditgenossenschaften wurde von TNS INFRATEST in 2010 vorgestellt.[393] Aufbauend auf einer Befragung von 3.105 Unternehmen mit einer Beschäftig-

---

387 Vgl. *Heine, J. M.* (2007), S. 15.

388 Vgl. *Strauß, M. R.* (2006), S. 338. In seiner Studie zu den Erfolgsfaktoren im Firmenkundengeschäft prüft er den Einfluss verschiedener Segmentierungskriterien auf die Ziele Gewinn, Wachstum, Sicherheit und außerökonomischen Erfolg. Seiner Studie liegen die Daten von 62 Instituten zugrunde.

389 Vgl. *Krauß, C.* (2005), S. 147. Diesen Ergebnissen liegt eine Befragung von 74 VR-Banken aus Ostdeutschland zugrunde. Vgl. auch *Dreyer, K.-J.* (2000) als Beispiel für den Sparkassensektor.

390 Vgl. *Eichelmann, T./Bufka, J./Lehmann, M.* (2001), S. 778.

391 An dieser Stelle sei darauf hingewiesen, dass in den Primärbanken die Segmente mit relativ geringer Merkmalsausprägung als Geschäfts- oder Gewerbekunden und mit relativ hoher Merkmalsausprägung als Mittelsstands- oder Firmenkunden bezeichnet werden. Im weiteren Verlauf der Arbeit wird diese Differenzierung nicht übernommen, sondern allgemein von Firmenkunden gesprochen.

392 *von Boehm-Bezing, C. L.* (2002), S. 89.

393 Vgl. *tns infratest* (2010).

tenanzahl zwischen 2 und 499 Personen ergibt sich eine Kundenstruktur im Firmenkundengeschäft der Kreditgenossenschaften mit deutlichem Schwerpunkt bei den Unternehmen bis 6 Mio. EUR Jahresumsatz (siehe Abbildung 12).

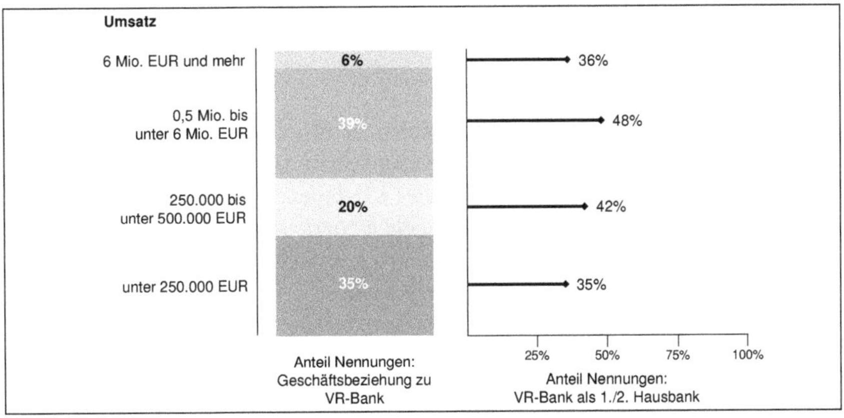

Abbildung 12: Kundenstruktur und Anteile Hausbankstatus nach Umsatzgrößenklassen[394]

Weiterhin zeigen die Ergebnisse der Studie, dass die Kreditgenossenschaften bei zunehmendem Umsatz zunehmend seltener als relevante Hausbank betrachtet werden und dass die Anzahl der Bankverbindungen steigt.[395] So hat etwa die Hälfte der Firmenkunden mit einem Umsatz von bis 250 TEUR zwei bis drei Bankverbindungen, während dies auf etwa 90 Prozent der Unternehmen zutrifft, die einen Umsatz von über 6 Mio. EUR erwirtschaften.[396] Etwa ein Drittel weisen sogar fünf oder mehr Bankverbindungen auf. Verbunden mit den Aussagen zum Hausbankbeziehungsstatus kann konstatiert werden, dass der potenzielle Wettbewerb bei den größeren Firmenkunden intensiver ist, als bei den kleineren Unternehmen. Gleichwohl ist es der Vorschlag des BVR u. a. aufgrund der unzureichenden Volumina im firmenkundenspezifischen Auslandsgeschäft, verstärkt größere Firmenkunden zu akquirieren und die bestehenden Kundenbezie-

394 Eigene Darstellung auf Basis der Daten von *tns infratest* (2010), S. 16 und S. 28 (n=3.105). In dieser Untersuchung wurden die Zentralbanken den VR-Banken zugeordnet, was eine Verzerrung der Ergebnisse in der Art beinhalten kann, dass entsprechend der subsidiären Verbundkooperation mehr größere Unternehmen als Kunden der VR-Banken aufgeführt werden.

395 Vgl. *tns infratest* (2010), S. 28 und S. 23.

396 Vgl. *tns infratest* (2010), S. 23.

hungen zu größeren Unternehmen professioneller zu betreuen.[397] Dabei wird vor allem auf die Kooperation mit den Zentralbanken gesetzt, die hinsichtlich der Kundenreichweite eine gegenläufige Tendenz zu den Kreditgenossenschaften aufweisen und mit zunehmender Unternehmensgröße höhere Kundenreichweiten realisieren,[398] wobei diese jedoch mit Werten unter 10 Prozent noch als gering zu beurteilen sind.

2.2.4 Kundenverbünde

Wie festgestellt wurde, ist ein konstituierendes Merkmal mittelständischer Unternehmen die so genannte Schicksalsgemeinschaft zwischen Unternehmen und Unternehmer.[399] Daher ist es aus Sicht der Kreditgenossenschaften naheliegend, als Firmenkunden nicht nur den gewerblichen Nukleus, der aus einem oder mehreren Unternehmen oder Betrieben besteht, zu verstehen, sondern auch den Unternehmer als Privatperson sowie dessen Familie.

Wie die Darstellung der empirischen Struktur der Firmenkunden der Kreditgenossenschaften zeigt, ist die Mehrheit der Bestandskunden den kleineren Unternehmen und Selbständigen (insb. Freiberufler und Kleingewerbekunden) zuzuordnen.[400] Nach Einschätzung des BVR ist daran vorteilhaft, dass hier eine enge Verzahnung von privater und geschäftlicher Bedarfsstruktur vorliegt (gemeinsame Haushaltsebene), die gemeinsam mittels des Allfinanzangebots der Kreditgenossenschaften bedient werden kann. Das „Firmenkundengeschäft [ist; Erg. d. Verf.] deshalb von so großer Bedeutung [.], weil es eine entscheidende Quelle der Akquisition für das Privatkundengeschäft darstellt.“[401] Denn wesentliche Ertragspotenzialanteile schätzt die Bankenberatung ZEB/, liegen bei diesen Kunden vor allem in der privaten Ebene (siehe Tabelle 6).

---

397 Vgl. *BVR* (2001b), S. 33.

398 Vgl. *Käser, B./Ritzenhofen, A.* (2009), S. 5.

399 Vgl. *Hamer, E.* (1987), S. 62 f.

400 Vgl. die Abbildung 12 in Kapitel C.2.2.3 sowie *BVR et al.* (2006), S. 24.

401 *Rometsch, S.* (1999), S. 170.

Tabelle 6: Segmentspezifische Aufteilung von Ertragspotenzialen im Firmenkundengeschäft[402]

Segmentbezeichnung	Segmentdefinition (Umsatz)	Ertragspotenzial-anteil betrieblich	Ertragspotenzial-anteil privat
Geschäftskunden	< 0,25 Mio. EUR	31 %	69 %
Gewerbekunden	0,25 - 1,0 Mio. EUR	63 %	37 %
Kleine Firmenkunden	1,0 - 5,0 Mio. EUR	81 %	19 %
Große Firmenkunden	> 5,0 Mio. EUR	89 %	11 %

Um dieser Situation Rechnung zu tragen, werden in den Kreditgenossenschaften Kundenverbünde gebildet. Neben den aus risikopolitischen Vorgaben (§ 19 Abs. 2 KWG) heraus definierten Kundenverbünden werden auch marketing- und vertriebspolitisch motivierte Kundenverbünde, sog. Betreuungseinheiten, festgelegt, die z. B. ein Unternehmen und dessen Gesellschafterfamilien zusammenfassen.[403] Dies erfolgt mit dem Ziel, alle vertrieblich relevanten Informationen in einem Kundenverbund zu bündeln und somit eine auf das ganzheitliche Optimum ausgerichtete Beratung und Betreuung anbieten zu können.[404]

Problematisch daran ist, dass die risiko- und vertriebspolitisch definierten Kundenverbünde sich nicht entsprechen müssen, so dass keine einheitlichen Bezugsgrößen für die integrierte Risiko-Ertrags-Steuerung vorliegen. In diesen Fällen ist von Seiten der Kreditgenossenschaft abzuwägen, welche kundengerichtete Bezugsgröße Gegenstand von risikopolitischen und vertriebspolitischen Maßnahmen ist.

2.3 Bankleistungsprogramm

Im Folgenden soll als Bankleistung eine bankbetriebliche Marktleistung verstanden werden, die eine Kombination aus einem Bankprodukt und einer Bankdienstleistung ist.[405] Das Bankprodukt stellt eine auf Geld lautende Information dar und ist das materielle oder immaterielle Gut, das eine Bank anbietet und zu dessen Verkauf sie ihre Tätigkeiten ausübt und ausrichtet (z. B. Kredit). Die

402 Eigene Darstellung basierend auf den Daten in *Heine, J. M.* (2007), S. 15. Es werden in der Quelle keine konkreten Angaben zu den absoluten Werten sowie zur Methodik der Ergebnisermittlung gemacht.

403 Nach einer Studie von PAUL/PAUL/STEIN haben etwa 66 Prozent der befragten Mittelständler auch privat mit der Bank ihres Unternehmens zu tun. Vgl. *Paul, M./Paul, S./Stein, S.* (2003), S. 2 und S. 6.

404 Dies betrifft z. B. die steuerliche Sachverhaltsgestaltung oder die Vermögensübertragung.

405 Vgl. hier und nachfolgend *BVR* (2003c), S. 8 ff.; ähnlich auch *Galasso, G.* (1999), S. 100.

Bankdienstleistung ist das aus einem bankbetrieblichen Arbeitsprozess resultierende Ergebnis, das i. d. R. mit dem Ziel des Verkaufes eines Bankprodukts erstellt wird (z. B. Aktivitäten im Zusammenhang mit dem Kredit). GALASSO ergänzt dieses Verständnis dahingehend, dass Bankleistungen als das Zurverfügungstellen von Möglichkeiten und Potenzialen, die vom Nachfrager genutzt werden, zu charakterisieren sind.[406]

Das Bankleistungsprogramm, also die Gesamtheit der angebotenen Bankleistungen der Geschäftseinheit Firmenkunden der Kreditgenossenschaften umfasst Bankleistungen, die entweder von den Kreditgenossenschaften selbst erstellt, von den Verbundunternehmen bezogen und gehandelt oder für die Verbundpartner vermittelt werden.[407] Bevor das konkrete Leistungsangebot der Kreditgenossenschaften im Firmenkundengeschäft erläutert wird, erfolgt eine theoretische Auseinandersetzung mit den Bankleistungen.

Ausgangspunkt der folgenden Ausführungen ist die Frage nach den Besonderheiten der Bankleistungen, die als spezielle Form von Dienstleistungen zu verstehen sind. Nach Stand der Forschung gibt es keine eindeutige und allgemeingültige Abgrenzung zwischen Dienst- und Sachleistungen.[408] Die ursprünglich als konstitutiv definierten Merkmale, die jedoch heute als betriebswirtschaftlich bedeutend, aber nicht als abschließend trennscharfe Abgrenzungskriterien gelten, sind die Existenz des Leistungspotenzials, die Immaterialität der Leistungsergebnisse, die Integration externer Faktoren sowie die Individualität und die anbieter- und nachfragerseitige Unsicherheit hinsichtlich des Verhaltens des jeweiligen Gegenüber und die Unsicherheit über den Transaktionsgegenstand.

Das Leistungspotenzial repräsentiert die Leistungsfähigkeit und -bereitschaft eines Anbieterunternehmens. Damit verbunden ist, dass die für die Erstellung der (Dienst-)Leistung notwendigen Kapazitäten durch den Anbieter kontinuierlich vorgehalten werden. Erst nachdem das Unternehmen mit einem Nachfrager kontrahiert hat, wird auf diese Kapazitäten zwecks Leistungserstellung zurückgegriffen.[409] Für die Dienstleistungen gilt weiter, dass diese nicht stofflich, sondern immateriell sind und somit nicht gelagert werden können, sondern abge-

---

406 Vgl. *Galasso, G.* (1999), S. 100; auch *Nader, G.* (1995), S. 7 ff.

407 Vgl. *Wiedemann, A.* (1992), S. 162 ff. Grundsätzlich muss unterschieden werden zwischen Bankleistungen auf der einen und Finanzdienstleistungen auf der anderen Seite. Aus Vereinfachungsgründen werden diese Begriffe in der vorliegenden Arbeit jedoch synonym verwendet.

408 Vgl. hier und nachfolgend *Reckenfelderbäumer, M.* (2005), S. 34.

409 In der industriellen Fertigung gibt es mit Bezug zu den Sachleistungen das Pendant der Auftragsfertigung. Vgl. *Adam, D.* (1998), S. 8.

setzt werden müssen.[410] Für das anbietende Unternehmen resultiert aus diesem Zusammenfallen von Herstellung und Nutzung die Notwendigkeit, die zur Leistungserstellung benötigten Kapazitäten in Quantität und Qualität so zu dimensionieren, dass „die negativen Wirkungen einer unzureichenden Kapazität bei Nachfragespitzen niedriger bleiben, als diejenigen der Unterbeschäftigung bei geringerer"[411] Nachfrage. Im bankbetrieblichen Kontext bedeutet dies bspw. das Vorhalten von Gebäuden und qualifizierten Mitarbeiterkapazitäten. Auf der einzelnen Leistungsebene impliziert dies auch, dass z. B. an einen Kunden ein Produkt (z. B. Kontokorrentvertrag) verkauft wurde, jedoch erst eine gewisse Zeit später mittels Kundenaktivitäten (laufende Transaktionen) die eigentliche Dienstleistung erfolgt. Gleichwohl muss für den verhandelten Kontokorrentrahmen bankintern die für die Leistungsbereitschaft notwendige Faktorreserve im Sinne von Zentralbankgeld, personeller und edv-technischer Ausstattung ab dem Zeitpunkt des Vertragsschlusses zweck- bzw. kundengebunden vorgehalten werden. Die Planung dieser Kapazitätsdimensionen ist abhängig von den absatzmarktbezogenen Zielen, mithin also den Ergebnissen der Vertriebsplanung.

Die Integrativität des externen Faktors, d. h. des Kunden selbst, ihm zugehöriger Verfügungsrechte oder Informationen in den Produktionsprozess (Bankdienstleistung) gilt als besonders bedeutsam. Die Kunden, die die Bankleistung nutzen wollen, werden zum Bestandteil der Bankleistung und des bankbetrieblichen Arbeitsprozesses.[412] Die Problematik, dass die Erstellung der Leistung ohne die Bereitschaft des Kunden, seinen Input in die Prozesse des Anbieters einzubringen, nicht möglich ist,[413] soll an einem typischen Beispiel aus dem Firmenkundengeschäft verdeutlicht werden. Im Rahmen des Kreditgeschäfts nimmt die Bank – entweder geschäftspolitisch begründet oder aufgrund der rechtlichen Vorgaben – vor Abschluss eines Kreditvertrags, eine Kreditwürdigkeitsprüfung vor. Liefert der Kunde für diesen Vorgang nicht die benötigten Unternehmensinformationen, die als Grundlage der Bonitätsprüfung dienen, so kann die Kreditwürdigkeit nicht überprüft und ein Kreditvertrag nicht abgeschlossen werden.[414] Vor diesem Hintergrund zeigt sich auch die Bedeutung der Eigenschaft der kundenbezogenen Individualität der Dienstleistungen, die sich vor allem auf den Leistungserstellungsprozess bezieht und aus der nicht oder nur gering planbaren Integration des externen Faktors herrührt. Für Bankleistungen gilt gar, dass diese per se kaum definitive Bestandteile aufweisen.[415]

---

410 Vgl. *Büschgen, H. E.* (1998), S. 311.
411 *Büschgen, H. E.* (1998), S. 311.
412 Vgl. *Galasso, G.* (1999), S. 99 f.
413 Vgl. *Reckenfelderbäumer, M.* (2005), S. 35.
414 Vgl. *Segbers, K.* (2007), S. 82.
415 Vgl. *Schöning, S.* (2003), S. 1043.

Wie bereits ausgeführt, sind die genannten und bisher erläuterten Merkmale nicht als trennscharfe Abgrenzungskriterien zu verstehen, sondern spannen gemeinsam einen mehrdimensionalen Raum auf, in dem Dienst- und Sachleistungen entsprechend ihrer Merkmalsausprägungen positioniert werden können. Es ist jedoch keine eindeutige Aussage darüber möglich, wo Dienstleistungen anfangen und Sachleistungen aufhören.[416] Aufbauend auf der angebotsorientierten,[417] zweidimensionalen Typologie von ENGELHARDT/KLEINALTENKAMP/ RECKENFELDERBÄUMER[418] mit den Dimensionen der Stofflichkeit des Leistungsergebnisses (Ergebnisdimension) und der Integrationsnotwendigkeit des externen Faktors (Prozessdimension) positioniert SEGBERS beispielhaft ausgewählte Bankprodukte (siehe Abbildung 13). SEGBERS weist darauf hin, dass die Einordnung von Bankleistungen mit einer gewissen Willkür verbunden ist und daher lediglich Tendenzaussagen darstellen kann.[419]

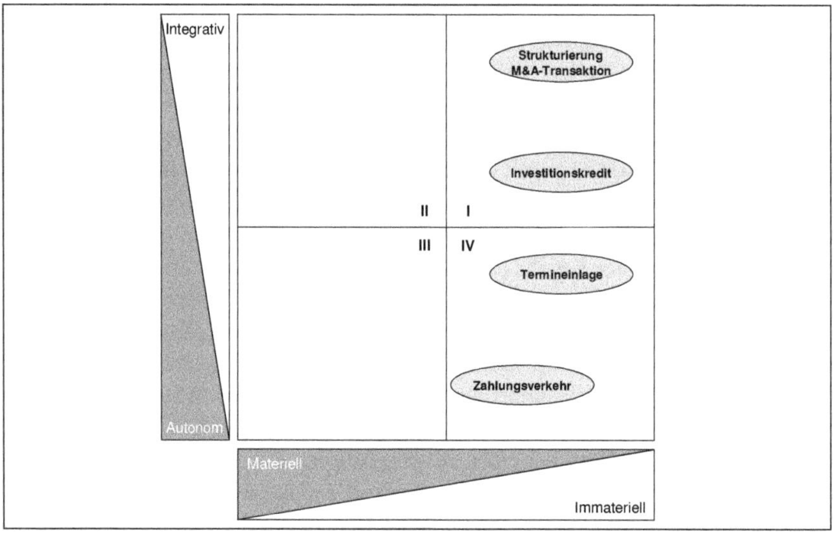

Abbildung 13: Exemplarische Leistungstypologie von Bankdienstleistungen[420]

416 Vgl. *Reckenfelderbäumer, M.* (2005), S. 34.

417 Als angebotsorientierte Typologien werden diejenigen Gütertypologien verstanden, die die Anbieterseite in den Fokus der Typologie stellen. Für eine Übersicht von angebotsorientierten Gütertypologien im Industriegütermarketing vgl. *Backhaus, K.* (1999), S. 284 ff.

418 Vgl. *Engelhardt, W. H./Kleinaltenkamp, M./Reckenfelderbäumer, M.* (1993).

419 Vgl. *Segbers, K.* (2007), S. 84.

420 *Segbers, K.* (2007), S. 84 sowie die dort genannte Literatur.

Grundsätzlich kann für die Bankleistungen ausgeführt werden, dass diese tendenziell einen größeren Anteil immaterieller Eigenschaften aufweisen. Jedoch wäre es unzulässig, alle Bankleistungen als intagibel zu verallgemeinern.[421] Hinsichtlich der Integrationsnotwendigkeit des externen Faktors ist dagegen eine tendenzielle Aussage unmöglich.

Die Verhaltensunsicherheit im Kontext der Dienstleistungen begründet sich insbesondere in ihrer Immaterialität und kann aus Perspektive des Anbieters und aus Perspektive des Nachfragers betrachtet werden. Aus Anbietersicht betrifft dies vor allem die Unsicherheit darüber, wie der Leistungserstellungsprozess ablaufen wird und zu welchen konkreten Ergebnissen er führt.[422] Es resultieren im Firmenkundenkreditgeschäft bspw. die intensiv untersuchten Probleme aus Informationsasymmetrien, die sich im theoretischen Kontext der Prinzipal-Agenten-Theorie in „adverse selection", „moral hazard" oder „hold up" konkretisieren.[423]

Aus Sicht des Nachfragers sind es vor allem die Beschaffungsunsicherheiten, die zu thematisieren sind. Es wird unterstellt, dass mit Zunahme der Immaterialität und Integrationsnotwendigkeit das Kaufrisiko des Nachfragers steigt.[424] Als Möglichkeit diesen Sachverhalt für die Bankprodukte anschaulich zu strukturieren, bieten sich die informationsökonomischen Ansätze der Marketingtheorie an. Diese knüpfen an den Unsicherheiten im Transaktionsprozess an und leiten in Abhängigkeit der konkreten Leistung bzw. deren informationsökonomischer Eigenschaften sowie dem Beurteilungsverhalten des Käufers und den Beurteilungsmöglichkeiten des Leistungsangebots variable Informationsdefizite auf Seiten des Nachfragers ab.[425] Diese Informationsdefizite bedingen Informationsbeschaffungskosten, welche sich erhöhend auf die Transaktionskosten auswirken und damit die Transaktionsprozesse selbst in unterschiedlicher Weise beeinflussen. Ein auf diesen Erkenntnissen zurückgehender, nachfrageorientierter Typologisierungsansatz wurde von WEIBER/ADLER entwickelt.[426] Danach können Leistungen in Abhängigkeit ihres subjektiv wahrgenommenen Gehalts hinsichtlich ihrer Such-, Erfahrungs- und Vertrauenseigenschaften unterschiedlich typologisiert und der jeweilige Typ als Entscheidungsgrundlage für marke-

---

421 Vgl. *Nader, G.* (1995), S. 10.

422 Vgl. *Nader, G.* (1995), S. 11.

423 Eine pointierte Erörterung dieser, aus Informationsasymmetrien resultierenden Problemfelder im Kontext des Firmenkundengeschäfts von Banken findet sich bei *Püthe, T.* (2009), S. 52 ff.

424 Vgl. *Segbers, K.* (2007), S. 85.

425 Vgl. *Meffert, H.* (1998), S. 23.

426 Vgl. hier und nachfolgend *Weiber, R./Adler, J.* (1995a), S. 54 ff.; *Weiber, R./Adler, J.* (1995b), S. 61 ff.

tingpolitische Maßnahmen genutzt werden. Sucheigenschaften sind dadurch gekennzeichnet, dass sie vom Nachfrager vor dem Kauf vollständig durch Inspektion des Leistungsangebots oder entsprechende Informationssuche beurteilt werden können. Die ex ante stattfindende Suche wird abgebrochen, wenn der Informationsstand durch den Nachfrager als ausreichend oder die weitere Informationssuche als zu kostspielig angenommen wird. Erfahrungseigenschaften sind dagegen dadurch charakterisiert, dass die Beurteilung erst nach dem Kauf erfolgt. Ursächlich dafür ist, dass die Beurteilung entweder erst nach dem Kauf möglich ist oder aufgrund der subjektiven Wahrnehmung des Käufers bewusst auf Erfahrung bei Ge- bzw. Verbrauch eines Produkts verlagert wird. Abweichend von den erstgenannten Eigenschaften zeichnen sich die Vertrauenseigenschaften dadurch aus, dass sie durch den Nachfrager weder vor noch nach dem Kauf vollständig beurteilt werden können. Dies begründet sich in der Annahme, dass es dem Nachfrager am entsprechenden Know-how zur sachgerechten Beurteilung mangelt und dieser es nicht in vertretbarer Zeit aufbauen kann bzw. will oder die Kosten der Beurteilung subjektiv als prohibitiv einschätzt. Auf Basis dieser Eigenschaftsdimensionen können Bankdienstleistungen im so genannten informationsökonomischen Dreieck positioniert werden (siehe Abbildung 14).

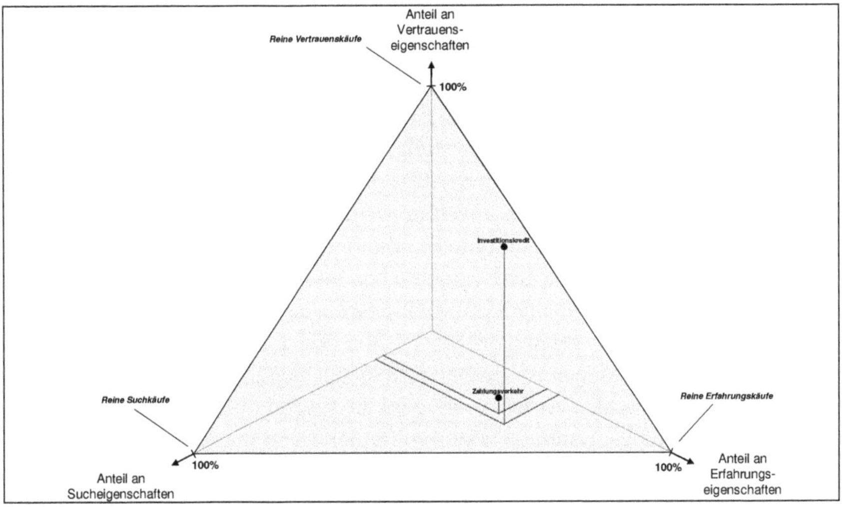

Abbildung 14: Einordnung ausgewählter Bankleistungen im informationsökonomischen Dreieck[427]

Grundsätzlich gilt, dass Bankleistungen einen geringen Anteil an Sucheigenschaften und hohe Anteile an Vertrauens- und Erfahrungseigenschaften aufweisen.[428] Bei der Einordnung der Leistungen sind jedoch zwei wesentliche Aspekte zu beachten. Erstens ist bei konsequenter Anwendung des Ansatzes das Leistungsprogramm aufgrund der hohen Bedeutung der subjektiven Wahrnehmung kundenindividuell zu positionieren. Diese kann sich hinsichtlich der einzelnen Leistungsbestandteile deutlich unterscheiden, wobei auch der zweite Punkt angesprochen ist. Da Dienstleistungen aus verschiedenen Leistungskomponenten bestehen (z. B. Preis, Bearbeitungsdauer, Umsetzungsqualität und ggf. Leistungsstörungsbearbeitung im Sinne des Beschwerdemanagements) orientiert sich eine Positionierung an einer dekompositionellen Analyse der betrachteten Leistung. So lässt sich regelmäßig für einen Investitionskredit hinsichtlich der einzelnen Leistungsbestandteile aus Sicht des Unternehmens feststellen, dass z. B. der Zinssatz einen hohen Anteil Sucheigenschaften hat,[429] während die ver-

---

427 Darstellung auf Basis WEIBER/ADLER und in Anlehnung an SEGBERS in Bezug auf die exemplarische Einordnung der Bankprodukte. Vgl. *Weiber, R./Adler, J.* (1995a), S. 63 und *Segbers, K.* (2007), S. 85.

428 Vgl. *Nader, G.* (1995), S. 11.

429 Dies gilt insbesondere seitdem die Transparenz erhöhenden Vergleichsmöglichkeiten durch die Fortschritte in der Informations- und Kommunikationstechnologie die Vergleichbarkeit schnell und kostengünstig ermöglichen. So ist es grundsätzlich leicht für

tragsgemäße Abwicklung des Kreditvertrags hohe Anteile an Erfahrungseigenschaften und die zieladäquate Strukturierung der Finanzierung selbst hohe Anteile an Vertrauenseigenschaften aufweisen.[430] Aufgrund der kundenindividuell subjektiven Wahrnehmung ist diese Einschätzung jedoch nicht objektiv bestimmt. Tendenziell gilt für Bankleistungen, dass es sich bei ihnen vor allem aufgrund der Immaterialität, Integrativität und der Komplexität häufig um Güter handelt, deren Kaufprozesse als Erfahrungs- oder Vertrauenskäufe zu bezeichnen sind.[431] Daraus resultiert unmittelbar die hohe Bedeutung der so genannten Mund-zu-Mund-Propaganda und persönlicher Informationsquellen bei den vor Vertragsabschluss stattfindenden Informationsbeschaffungen.[432]

Aufbauend auf den genannten Merkmalen von Dienstleistungen im Allgemeinen und Bankleistungen im Besonderen lassen sich mit BRUHN Besonderheiten des Marketing und Vertriebs von Bankleistungen ableiten.[433] Diese lassen sich in dienstleistungsorientierte, extern orientierte und intern orientierte Besonderheiten unterscheiden. Zu den dienstleistungsorientierten Besonderheiten zählt, dass es nur ein geringes Standardisierungspotenzial des Vertriebs gibt und die zentrale Herausforderung in der Sicherstellung einer konstanten Qualität liegt. Extern orientierte Besonderheiten zeigen sich in der Bedeutung dauerhafter Kundenbeziehungen und der hohen Bedeutung des Bankimages als kaufentscheidendem Faktor. Die Relevanz einer hohen Qualifikation und Motivation der Mitarbeiter im Vertrieb ist die zentrale intern orientierte Besonderheit.

Die Betrachtung des im Firmenkundengeschäft der Kreditgenossenschaften relevanten Bankleistungsprogramms basiert auf der gegenwärtig in Umsetzung befindlichen Vertriebskonzeption VR-FINANZPLAN MITTELSTAND.[434] Im Rahmen dieser Konzeption wird unter dem Ansatz der ganzheitlichen Betreuung die aktuelle und potenzielle Bedarfsstruktur des Firmenkunden in einzelne Bedarfsfelder zusammengefasst und diesen Bedarfsfeldern Leistungen der FinanzGruppe zugeordnet. Die Ganzheitlichkeit bezieht sich dabei auf die vollständige angebotsseitige Abdeckung sowohl der gewerblichen als auch der privaten Sphäre des Firmenkunden. Abbildung 15 stellt ausgewählte Bedarfsfelder dar.[435]

Unternehmen, für Kreditanfragen mehrere Kreditinstitute anzusprechen und deren Angebote hinsichtlich des Zinssatzes zu vergleichen.

430 Vgl. *Segbers, K.* (2007), S. 86.

431 Vgl. *Segbers, K.* (2007), S. 87 sowie die dort angegebene Literatur.

432 Vgl. *Galasso, G.* (1999), S. 99; *Nader, G.* (1995), S. 12.

433 Vgl. hier und nachfolgend *Bruhn, M.* (1997), S. 14.

434 Vgl. hier und nachfolgend *BVR et al.* (2006), S. 13.

435 Vgl. für eine Auflistung relevanter Bankleistungen im Firmenkundengeschäft auch *Kasten, L./Reents, B.* (o. J.), S. 28.

Bedarfsfeld	Leistungen	Involvierte Verbundmitglieder
Investition & Finanzierung	Betriebsmittel- und Investitionskredite	Kreditgenossenschaft, Zentralbank
	Mobilien- und Immobilienleasing	VR Leasing Gruppe
	Factoring, Forderungsverkauf	VR Factorem Gruppe
	Bürgschaften	Kreditgenossenschaft, R+V Versicherung
Liquidität & Zahlungsverkehr	Kontokorrentkonto	Kreditgenossenschaft
	Elektronischer Zahlungsverkehr	Rechenzentrale
	Kurzfristige Geldanlagen	Kreditgenossenschaft, Union-Investment
	Dokumentärer Zahlungsverkehr	Zentralbank, R+V Versicherung
Risiko & Absicherung	Sachversicherungen	R+V Versicherung
	Ausfall- und Kautionsversicherungen	VR-Factorem, R+V Versicherung
	Zinssicherungsgeschäfte	Zentralbank
	Währungsabsicherungen	Zentralbank
Betriebliche Altersvorsorge	Direktversicherungen	R+V Versicherung, Compertis
	Pensionsfonds	
	Unterstützungskasse	
	Pensionskasse	
Vermögensanlage (des Unternehmens)	Tages- und Termingelder	Kreditgenossenschaft
	Geldmarktfonds, Fonds	Union Investment
	Rentenpapiere	Zentralbank, Kreditgenossenschaft
	Zertifikate und Aktien	Zentralbank
Unternehmens-management	Brancheninformationen	DG Verlag
	Länderinfos und Research	DG Verlag
	MinD.unternehmer	Zentralbank, Kreditgenossenschaft, Rechenzentrale
Existenzgründung	Gründungsplaner	DG Verlag, Zentralbank
	Geno-Star	Kreditgenossenschaft, Zentralbank
Unternehmensnachfolge	Plan B (Notfallordner)	DG Verlag
	M & A	Zentralbank-Gruppe
Private Finanzplanung (Finanzplanung des Unternehmers)	Private Altersvorsorge	R+V Versicherung, Union-Investment
	Real Estate Management	Kreditgenossenschaft

Abbildung 15: Bankleistungsstruktur des Firmenkundengeschäfts[436]

In diesem Ansatz zeigt sich deutlich sowohl die Ausrichtung als Allfinanzanbieter als auch die bereits diskutierte Verbundorientierung.[437] Die Kreditgenossenschaften beanspruchen damit für sich, alles aus einer Hand anzubieten. Empiri-

---

436 Eigene Darstellung auf Basis der Angaben in *BVR et al.* (2006), o. S.

437 Vgl. dazu die Ausführungen in Kapitel C.1.4.4.

sche Ergebnisse zeigen jedoch, dass die tatsächliche Nutzungsbreite bei den Produkten, vor allem aber die tatsächlich beobachtbare Bedarfsabdeckung beim Firmenkunden durch die Kreditgenossenschaften, diesen Anspruch (noch) nicht bestätigen kann.[438]

2.4 Vertrieb

Analog zum Vorgehen in Teil B wird bei der Betrachtung des Vertriebs eine funktionale, eine prozessuale und eine institutionelle Perspektive eingenommen. Zunächst wird dazu aus funktionaler Sicht die Darstellung des Drei-Banken-Modells vorgenommen und anschließend werden die transaktionalen und relationalen Vertriebsansätze vorgestellt. Darauf folgend wird der institutionelle Vertrieb im Firmenkundengeschäft erläutert. Abschließend werden ausgewählte Vertriebsprozesse dargestellt.

2.4.1 Funktionaler Vertrieb

2.4.1.1 Vertriebsbank im Drei-Banken-Modell

Der funktionale Vertriebsbegriff im Firmenkundengeschäft ist gekennzeichnet durch eine dem einzelnen Geschäftsfeld übergeordnete Aufteilung der bankbetrieblichen Wertschöpfungsstufen. Unterstützt durch informationstechnologische Innovationen und vor dem Hintergrund des Wettbewerbdrucks setzt sich in Banken der Trend durch, die vollständige Wertschöpfungskette nicht mehr integriert vorzuhalten, sondern sie aufzubrechen und partiell auszulagern.[439] Grundlage derartiger Maßnahmen ist die gedankliche oder tatsächliche Aufteilung der Gesamtbank in drei Teilbanken: die Vertriebs-, die Produktions- und die Steuerungsbank (Drei-Banken-Modell).[440] Ziel der damit verbundenen Trennung von Vertrieb, Produktion und Steuerung ist die Konzentration der Vertriebsmitarbeiter auf das Kundengeschäft, indem „Aufgaben jenseits des direkten Kundenprozesses in den Bereich der Produktionsbank [verlagert werden, Erg. d. Verf.]“[441]. Die Vertriebsbank ist Träger der Vertriebspolitik. Die Abwicklung eines abgeschlossenen Geschäfts ist in der Produktionsbank[442] gebündelt, die entweder gleichzeitig auch Produktanbieter ist oder lediglich die Pro-

---

438 Vgl. dazu die Ausführungen in Kapitel C.3.3 und dort insbesondere Abbildung 22.

439 Vgl. *Moormann, J./Schmidt, G.* (2007), S. 21; *Segbers, K.* (2007), S. 113.

440 Vgl. *BVR et al.* (2006), S. 23.

441 *BVR et al.* (2006), S. 23.

442 Synonyme Begriffe, die in der Literatur verwendet werden, sind Transaktionsbank, Back-Office-Fabrik oder Abwicklungsbank. Vgl. *Moormann, J./Schmidt, G.* (2007), S. 21.

duktion im Sinne der weiteren Bearbeitung übernimmt.[443] Die Steuerungsbank übernimmt die Aufgaben der Portfoliosteuerung für die einzelnen Anlageklassen und Geschäftsarten, das Risikomanagement sowie weitere zentrale Aufgaben.[444] Theoretisch stellen diese Teilbanken eigenständige Organisationen dar. Praktisch wird diese Trennung bei den Kreditgenossenschaften innerhalb einer Organisation vorgefunden.[445] Gemeint ist mit der Vertriebsbank dann die kundenorientierte Unternehmensführung in Verbindung mit einem aktiven Vertrieb im Privat- und Firmenkundengeschäft.[446]

Die Vertriebsbank hat die Funktion, umfassend die Kundenbetreuung im Sinne des Kundenmanagement vorzunehmen. Das bedeutet, sie ist für die Anbahnung, Entwicklung sowie für Qualität und Quantität der Geschäftsverbindung mit den Firmenkunden verantwortlich.[447] Dies beinhaltet neben den Aufgaben, die sich auf Transaktionen beziehen, auch Aufgaben im Rahmen der Kreditüberwachung, so z. B. beim Rating. Bei risikorelevanten Kreditgeschäften ist es Aufgabe der Vertriebsmitarbeiter (Markt), eine partielle Entscheidung (Erstvotum) zu verfassen.[448] Diese wird ergänzt durch das Votum der Marktfolge. Abhängig von innerorganisatorischen Strukturen darf ein Kredit nur bei konsensualer Votierung durch die am Vergabeprozess beteiligten Mitarbeiter aus Markt und Marktfolge erfolgen. Daraus ergeben sich Auswirkungen auf den Vertrieb von Kreditprodukten, auf die im Rahmen der prozessualen Betrachtung eingegangen wird. Für Kreditentscheidungen, die unter Risikogesichtspunkten

---

443 Vgl. *Segbers, K.* (2007), S. 114. Zu den Aufgaben der Produktionsbank zählen z. B. die Bereiche Marktfolge Aktiv und Marktfolge Passiv und Organisation. Vgl. *Schax, E.* (2007), Fn. 155 auf S. 39.

444 Dazu zählen z. B. die Bereiche Personal, Bankmanagement, Controlling und Marketing. Vgl. *Schax, E.* (2007), Fn. 155 auf S. 39. Zum Marketing gehören auch die Aufgaben der Preis- und Produktpolitik. Vgl. *BVR et al.* (2006), S. 23.

445 So z. B. bei *Armbruster, H./Hallberg, I.* (2006), S. 59; *Kramer, F.* (2006), S. 58; *Vomhoff, S./Richter, K.* (2006), S. 22; *Richter, K./Sterk, T.* (2004), S. 36; *Wings, H./Benölken, H.* (2004), S. 37.

446 Vgl. *Berhorst, U.* (2008), S. 36. ROLFES spricht in diesem Zusammenhang vom Wandel von der ‚Bestands- zur Vertriebsbank', der sich jedoch aufgrund der genossenschaftlichen Unternehmenskultur nur langsam vollzieht. Diese beurteilt er als Entwicklungshemmnis. Vgl. *Rolfes, B.* (2006), S. 121.

447 Vgl. *Schmoll, A.* (2006), S. 123.

448 Die getrennte Votierung erfolgt nach MaRisk in Abhängigkeit von Art, Umfang, Komplexität und Risikogehalt eines Kreditengagements. Vgl. *Bundesanstalt für Finanzdienstleistungsaufsicht* (2010), BTO 1.1, Ziffer 2. Die Konkretisierung der Risikorelevanzgrenzen ist von den Kreditgenossenschaften im Rahmen der aufsichtsrechtlichen Vorgaben individuell festzulegen.

als nicht wesentlich zu beurteilen sind, kann institutsintern festgelegt werden, dass nur ein Votum ausreichend ist.[449]

Weiterhin ist der Funktionsumfang der Vertriebsbank abhängig von der zugrundeliegenden Vertriebsorientierung, die sich zwischen den Kategorien des transaktionalen und des relationalen Vertriebs bewegt. Diese beiden Kategorien sollen nachfolgend erläutert werden. Ausgangspunkt der Überlegungen ist der Ansatz, dass Marketing – und damit auch der Vertrieb als integraler Bestandteil – die marktorientierte Ausgestaltung von Austauschbeziehungen ist.[450] Sämtliche Austauschbeziehungen zwischen der Bank und dem Firmenkunden bewegen sich im Spannungsfeld zwischen diskreten Einzeltransaktionen und transaktionsübergreifenden Geschäftsbeziehungen.

2.4.1.2 Transaktionale Vertriebsansätze

Die transaktionalen Vertriebsansätze leiten sich aus dem „transaction marketing“ ab und werden mit Blick auf den bankbetrieblichen Kontext auch als „transaction banking“[451] oder „transactional banking“ bezeichnet.[452] Sie sind darauf ausgerichtet, mit bestimmten Kunden einmalige, zeitpunktbezogene und im Wesentlichen auf den ökonomischen Inhalt beschränkte Leistungsaustausche (Transaktion) vorzunehmen.[453] Folglich liegt der Erfolgsmaßstab bei den transaktionalen Ansätzen im Verkauf und dem damit unmittelbar verbundenen ökonomischen Transaktionserfolg. Das Kundenverständnis ist dadurch geprägt, dass dieser weitgehend anonym ist und Unabhängigkeit zwischen Firmenkunden und Bank besteht.[454] Faktoren der inneren Bindung zwischen Firmenkunde und Bank wie z. B. die persönliche Sympathie zwischen den beteiligten Personen sind von inferiorer Bedeutung. Ziel dieses Ansatzes ist die kurzfristige und dependenzfreie Erzielung von Umsatzerfolgen bzw. der Kundenakquisition.[455] Zwar sind

---

449 Vgl. *Bundesanstalt für Finanzdienstleistungsaufsicht* (2010), BTO 1.1, Ziffer 4.

450 Vgl. *Cornelsen, J.* (2000), S. 14.

451 Darüber hinaus wird der Begriff des “transaction banking” im Bankenkontext auch verwendet, um transaktionsbezogene Aktivitäten in der Produktionsbank (synonym Transaktionsbank) zu bezeichnen. Diese liegen dabei jedoch außerhalb des Kundenkontakts. Dazu gehören etwa die Back-Office-Tätigkeiten in der Zahlungsverkehrs- und Wertpapierabwicklung. Vgl. *Hepp, C.* (2008), S. 50. Da diese Doppeldeutigkeit vorliegt, wird im Weiteren von transaktionalen Vertriebsansätzen gesprochen.

452 Vgl. *Segbers, K.* (2007), S. 138; *Flacke, K.* (2006), S. 66; *Degryse, H./Ongena, S.* (2004), S. 32; *Töfferl, S.* (1997), S. 123.

453 Vgl. *Lütje, S.* (2009), S. 79; *Cornelsen, J.* (2000), S. 16.

454 Vgl. *Galasso, G.* (1999), S. 107.

455 Vgl. *Diller, H.* (2006), S. 99; *Lütje, S.* (2009), S. 79.

derartige Austauschbeziehungen in ihrer reinen Form selten anzutreffen,[456] dennoch sind die tendenzielle Ausrichtung und die zugrundeliegende Intention von Relevanz für die Marktbearbeitung. Der transaktionale Ansatz fokussiert auf den konkreten aktuellen Geschäftsabschluss und betrachtet folglich nicht mögliche künftige Transaktionen zwischen den beiden Akteuren.[457] Der transaktionale Ansatz kann gleichgesetzt werden mit einem produktorientierten Vertrieb. „Der Kunde interessiert in erster Linie im Zusammenhang mit dem Verkauf oder Abschluß eines Geschäfts."[458]

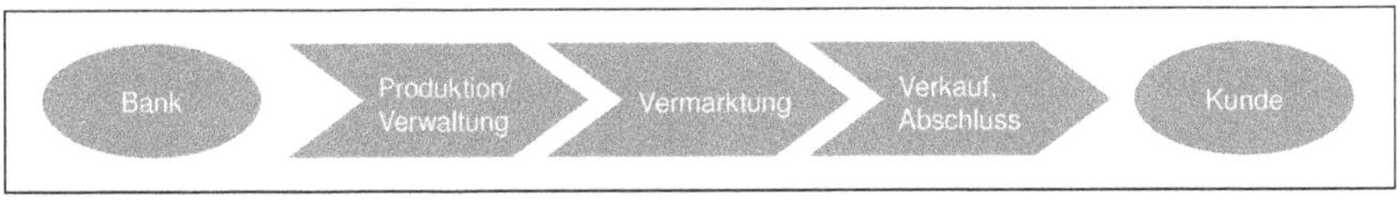

Abbildung 16: Produktorientierung im Sinne der transaktionalen Vertriebsansätze[459]

Die transaktionalen Ansätze haben im Firmenkundengeschäft die Tendenz, dass sie am Bringgeschäft des Kunden oder an Kampagnen ausgerichtet sind. Im ersten Fall liegen die Aufgabenschwerpunkte in der reaktiven Bearbeitung von Kundenanfragen. Der Aufgabeninhalt beschränkt sich i. d. R. auf das für die konkrete Produktanfrage notwendige Informationsgespräch mit dem Firmenkunden, der folgenden Abstimmung im Hinblick auf die Produkteigenschaften und der Koordination der Integration des externen Faktors in den Dienstleistungserstellungsprozess. Alle weiteren Aufgaben der Dienstleistungsproduktion sind in der Produktionsbank angesiedelt. Bei den Kampagnen findet im Vorfeld eine Selektion für den Produktabsatz affiner Kunden statt, die darauf hin von den Firmenkundenberatern gezielt auf diese Produkte angesprochen werden. In diesem Fall übernimmt der Vertrieb neben den bereits genannten Aufgaben im Kontext des Bringgeschäfts auch akquisitorische Aufgaben.

Nach SEGBERS können die transaktionalen Ansätze aus Perspektive des strategischen Managements mit der Preisstrategie im PORTER'schen Sinn gleichgesetzt werden. In diesem Fall ist konsequenterweise der Preis respektive das vom Firmenkunden wahrgenommene Preis-Leistungs-Verhältnis das zentrale Kaufkriterium.[460] Die Entscheidung zugunsten der transaktionalen Ansätze sieht er

456 Vgl. *Backhaus, K./Aufderheide, D./Späth, G.-M.* (1994), S. 28 ff.; *MacNeil, I. R.* (1979), S. 60.

457 Vgl. *Vogel, V.* (2006), S. 9.

458 *Wiedemann, A.* (1992), S. 116.

459 In Anlehnung an *Wiedemann, A.* (1992), S. 116.

460 Vgl. *Segbers, K.* (2007), S. 138.

unter Rekurs auf die theoretische Arbeit von BOOT/THAKOR und den empirischen Beiträgen von ELSAS und DEGRYSE/OGENA in Abhängigkeit des wettbewerblichen Umfelds.[461] Aufbauend auf den Ergebnissen dieser Arbeiten kommt SEGBERS zu dem Fazit, dass auf Kreditmärkten, auf denen Banken als relevante Wettbewerbsakteure agieren, mit steigender Wettbewerbsintensität die Wahrscheinlichkeit der Auswahl transaktionaler Ansätze sinkt. Begründet wird dies mit der Möglichkeit der Banken, sich über beziehungsorientierte Ansätze vom Wettbewerb zu differenzieren. Allerdings läuft dieser Ansatz nicht zwingend streng monoton ab, so dass ab einer bestimmten Wettbewerbsintensität die Bereitschaft zu transaktionalen Ansätzen wieder zunimmt.[462] RECHT/HOLM argumentieren, dass die transaktionalen Vertriebsansätze, bei denen „Banken nur einzelgeschäftsbezogen mit ihren Kunden in Geschäftsbeziehung treten [.] für Universalbanken weitgehend zugunsten der auf Dauer angelegten Geschäftsbeziehung"[463] verdrängt wurden.

Die in Kapitel C.1.5 beschriebene Wettbewerbssituation auf dem deutschen Bankenmarkt im Firmenkundengeschäft und die Tatsache, dass es sich bei den Kreditgenossenschaften um Universalbanken handelt, fundieren, dass seitens des BVR dem Beziehungsmanagement, mithin also dem relationalen Vertrieb eine größere Bedeutung beigemessen wird.[464]

2.4.1.3 Relationale Vertriebsansätze

Den relationalen (beziehungsorientierten) Vertriebsansätzen liegt das Vorhandensein oder Erreichen wollen einer langfristigen Austauschbeziehung, mithin also einer Geschäftsbeziehung zwischen Firmenkunde und Bank als zentrale Zielsetzung zugrunde.[465] Die Definitionen einer Geschäftsbeziehung von DILLER und PLINKE integrierend leitet SEGBERS eine Begriffsdefinition zum Zweck der Analyse der Geschäftsbeziehung zwischen einer Bank als Anbieter und einem Firmenkunden als Nachfrager von Bankleistungen her.[466] Danach ist eine Ge-

---

461 Vgl. *Boot, A. W. A./Thakor, A. V.* (2000); *Elsas, R.* (2005); *Degryse, H./Ongena, S.* (2004).

462 Vgl. *Segbers, K.* (2007), S. 138 ff.

463 *Recht, A./Holm, R.* (2005), S. 136.

464 Vgl. *BVR* (1999b), S. 28; *BVR et al.* (2006), S. 30.

465 Zu den damit verbundenen ökonomischen Vorteilen vgl. Kapitel D.4.5.2.

466 Vgl. *Segbers, K.* (2007), S. 10 ff. Die explizite Nennung der Rollen in den betrachteten Geschäftsbeziehungen geschieht vor dem Hintergrund, dass es realiter vorkommen kann, dass ein Unternehmen sowohl Kunde der Bank als auch Anbieter für die Bank ist. So ist es z. B. bei Cateringfirmen möglich, dass diese bei einer Volksbank Zahlungsverkehrsleistungen nachfragen und gleichzeitig die Versorgung von Cateringleistungen bei Generalversammlungen vornehmen.

schäftsbeziehung eine an ökonomischen Zielen ausgerichtete Folge von Interaktionsprozessen zwischen Unternehmen mit personalen Kontakten, zwischen denen eine innere Verbindung besteht, die auf wechselseitigen, aber nicht unbedingt symmetrischen Bindungen zwischen den Interaktionspartnern basiert.[467] Die Folge von Interaktionsprozessen bezieht sich unter anderem auf die bewusst intendierte Wiederholung von Einzeltransaktionen. Kennzeichnend für Geschäftsbeziehungen ist, dass sie dynamische Gebilde sind, deren Strukturen, Inhalte und Intensität im Zeitablauf variieren können.

Der Blick auf langfristige Geschäftsbeziehungen wird in der wissenschaftlichen Literatur im Anwendungskontext des Firmenkundengeschäfts der Banken vor allem mit Blick auf die aus Informationsasymmetrien resultierenden Probleme in Form von „adverse selection", „moral hazard„ und „hold up" vorgenommen.[468] In diesem Zusammenhang gilt der Aufbau einer Geschäftsbeziehung als Möglichkeit, die genannten Risiken zu reduzieren oder gar zu vermeiden, da in Abhängigkeit der Dauer und Intensität der Geschäftsbeziehung proprietäre Informationen des Firmenkunden (Agenten) gewonnen werden können, die helfen, die Informationssymmetrien zugunsten der Bank (Prinzipal) abzubauen.[469] Dies gilt als wichtiger ökonomischer Vorteil einer Geschäftsbeziehung, da insbesondere für kleine und mittlere Unternehmen – also den typischen Firmenkunden der Kreditgenossenschaften – gilt, dass es für eine Bank aufgrund der nur in einem geringem Ausmaß vorliegenden Publizitätspflicht dieser Unternehmen aufwendig ist, relevante Informationen über sie zu beschaffen.[470] Die hier betrachteten beziehungsbezogenen Ansätze werden mit verschiedenen Begriffen in der bankbetrieblichen Literatur behandelt, so z. B. als „relationship lending", „relationship banking" oder „Hausbankprinzip".[471]

Das „relationship lending" fokussiert sehr eng auf die Kreditbeziehung zwischen Unternehmen und Kreditgeber.[472] Es weist aufgrund des fehlenden Bankbezugs einen höheren Neutralitätsgrad auf als das „relationship banking", welches hinsichtlich der Leistungsdimension, d. h. der Frage welche Leistungen in

---

467 Vgl. *Segbers, K.* (2007), S. 12.

468 Vgl. dazu ausführlich *Püthe, T.* (2009), S. 52 ff.

469 Vor diesem Hintergrund lassen sich diese beziehungsbezogenen Ansätze als konkrete Ausgestaltungen der übergeordneten Theorie der Finanzintermediation verstehen, in der Banken effiziente Institutionen zur Verringerung von Informationsasymmetrien zwischen dem Kollektiv der Einlegenden und Ausleihenden sind.

470 Vgl. *Baas, T./Schrooten, M.* (2006), S. 127.

471 Vgl. für eine ausführliche Auseinandersetzung mit den verschiedenen Begriffen *Püthe, T.* (2009), S. 40 ff. und *Elsas, R.* (2001), S. 12 ff.

472 Vgl. *Berlin, M. S.* (1996), S. 1; *Petersen, M. A./Rajan, R. G.* (1994), S. 5. Ähnlich wird der Begriff des „relationship financing" definiert. Vgl. *Aoki, M./Dinç, S.* (1997), S. 5.

der Analyse des Austausches zwischen Bank und Firmenkunde betrachtet werden, weiter gefasst ist.[473] MORIARTY/KIMBALL/GAY definieren relationship banking als "recognition that a bank can increase its earning by maximizing the profitability of the total customer relationship over time, rather than seeking to extract the most profit from any one individual or transaction."[474] Grundlage der Ertragsmaximierung ist, dass die Bank in die Beschaffung der Informationen vor und während der Geschäftsbeziehung investieren muss und die Profitabilität dieser Investitionen anhand von mehrfachen Interaktionen über die Zeit und über das angebotene Produktprogramm bewertet.[475] Im Fokus steht dabei die intertemporale Wiederverwendung von Informationen.

Der Begriff der Hausbankbeziehung ist eng verbunden mit den bereits erläuterten Begriffen und resultiert aus den engen Beziehungen zwischen Unternehmen und Banken auf dem deutschen Kapital- bzw. Kreditmarkt.[476] Als konstitutiv für eine Hausbankbeziehung gilt, dass die Hausbank den dominanten Anteil an der Kreditfinanzierung des Firmenkunden hat und auch die meisten sonstigen Finanzdienstleistungen durchführt, die Beziehung auf Langfristigkeit ausgelegt ist, in der sich ein „besonderes Vertrauensverhältnis" entwickelt, die Bank einen Informationsvorteil gegenüber Wettbewerbern hat und in Unternehmenskrisen eine „besondere Verantwortung" trägt.[477] Die Existenz der Hausbankbeziehung wird wie beim „relationship banking" mit dem besonderen Informationsvorteil der Hausbank begründet.[478] Dieser Informationsvorteil wird auch als schwer imitierbares und in weiten Teilen implizites Kundenwissen bezeichnet.[479]

Die den Ansätzen gemeinsame Dominanz des Faktors Information begründet sich darin, dass überwiegend das Kreditgeschäft analysiert wird, insofern also aus Bankensicht eine risikoorientierte Beurteilung und Verwendung von Informationen stattfindet.[480] Weniger im Vordergrund stehen die Betrachtung vertriebsrelevanter Informationen und die Zielsetzung der vertriebsmotivierten (selektiven) Kundenbindung, die den Ansätzen des Beziehungsmarketing inhärent ist.[481] Zwar wird mit den intertemporalen Dependenzen von Erlösströmen

---

473 Vgl. *Boot, A. W. A.* (2000), S. 9.

474 *Moriarty, R. T./ Kimball, R. C./Gay, J. H.* (1983), S. 4.

475 Vgl. *Boot, A. W. A.* (2000), S. 10.

476 Aufgrund der hohen inhaltlichen Kongruenz werden die Begriffe des relationship banking und der Hausbank auch häufig synonym verwendet. Vgl. *Püthe, T.* (2009), S. 48; *Segbers, K.* (2007), S. 122; *Flacke, K.* (2006), S. 66.

477 Vgl. *Fischer, K.* (1990), S. 3.

478 Vgl. *Segbers, K.* (2007), S. 120.

479 Vgl. *Fehl, U./Kuhn, N.* (2005), S. 196.

480 Vgl. *Boot, A. W. A.* (2000), S. 8.

481 Vgl. *Diller, H.* (2006), S. 100.

argumentiert, was insbesondere die „besondere Verantwortung“ der Hausbank begründet, die in wirtschaftlich schwierigen Zeiten des Firmenkunden auf Gewinne verzichtet, um in wirtschaftlich besseren Zeiten an Mehrgewinnen zu partizipieren.[482] Welche Konsequenzen diese Annahme jedoch für den Vertrieb hat und mit welchen Instrumentarien eine derartige Entscheidung fundiert wird, bleibt weitgehend offen.[483] Weiterhin nicht betrachtet wird die Situation eines wirtschaftlich gut situierten Unternehmens, dass aufgrund dessen eher Akquisitionsbemühungen von Wettbewerbern attrahiert. Damit verschärft sich die Wettbewerbssituation für die Hausbank und kann aufgrund der allgemeinen Erwartungshaltung hinsichtlich der langfristigen Profitabilität der Geschäftsbeziehung in einem Preiswettbewerb münden.[484] Aufbauend auf den bestehenden beziehungsorientierten Analyseansätzen wird im Weiteren der Blickwinkel auf das Beziehungsmarketing als Grundlage der relationalen Vertriebsansätze ausgeweitet. Von zentraler Bedeutung ist auch bei diesen Ansätzen das implizite Kundenwissen, das aus kontinuierlichen Interaktionen resultiert.[485] Im Gegensatz zu den transaktionalen Ansätzen ist der Erfolgsmaßstab bei den relationalen Vertriebsansätzen definiert als der ökonomische Vorteil einer gesamten Geschäftsbeziehung,[486] der unter anderem durch die Tiefe und Breite der Kundendurchdringung determiniert wird.[487] Insbesondere dieser Aspekt begründet auch die hohe Bedeutung der relationalen Ansätze für die Kreditgenossenschaften. Dabei ist zu konstatieren, dass den relationalen Vertriebsansätzen aufgrund ihrer grundsätzlichen Ausrichtung eine höhere Kundenorientierung als grundlegende Philosophie innewohnt. Im direkten Kontrast zum produktorientierten Ansatz lässt sich dies wie folgt darstellen (siehe Abbildung 17).

482 Vgl. *Fischer, K.* (1990), S. 46 f.

483 Zudem ist die Bestimmung eines erfolgsorientierten Zeitwerts als Saldo barwertiger, erwarteter Zahlungsgrößen im Falle des Problemkreditmanagements in praxi nicht vorkommend. Vgl. *Rübenacker, C.* (2009), S. 135 und S. 250.

484 Diese Entwicklung wird durch die Zunahme öffentlich zugänglicher Informationen wie z. B. über das elektronische Handelsregister im Internet oder spezifische Unternehmensdatenbanken verstärkt.

485 Vgl. *Lütje, S.* (2009), S. 79.

486 Vgl. *Diller, H.* (2006), S. 99; *Wiedemann, A.* (1992), S. 119.

487 Vgl. *Galasso, G.* (1999), S. 107.

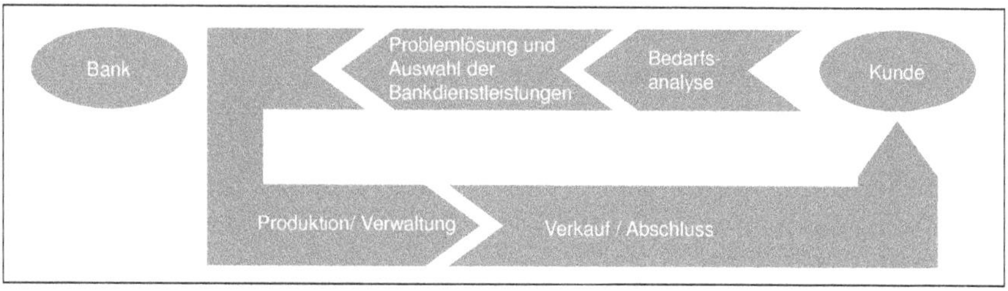

Abbildung 17: Kundenorientierung im Sinne der relationalen Vertriebsansätze[488]

Ausgangspunkt der folgenden Ausführungen ist, dass zum einen aus der intensiven Geschäftsbeziehung zum Firmenkunden dieser eher bereit ist, umfangreiche Informationen in Qualität und Quantität bereitzustellen[489] und zum anderen eine Geschäftsbeziehung, die auf mehreren verschiedenen Produktbeziehungen basiert, als stabiler gilt, da wesentliche Bindungsfaktoren wie Wechselkosten stärker zum Tragen kommen. In einer schematischen Darstellung illustriert DUHNKRACK die Ergebnisstruktur im Firmenkundengeschäft (siehe Abbildung 18) und verdeutlicht dabei, dass die Profitabilität des Firmenkundengeschäfts nicht aus dem originären Bankgeschäft, nämlich dem Firmenkreditgeschäft resultiert, sondern aus dem Provisions-, Dienstleistungs- und Passivgeschäft.[490]

---

488 In Anlehnung an *Wiedemann, A.* (1992), S. 116.

489 Vgl. *Boot, A. W. A.* (2000), S. 12.

490 Die in den letzten Jahren zunehmende Bedeutung des Provisionsgeschäfts für die Kreditgenossenschaften insgesamt ist die grundlegende Ausgangshypothese von WIEDEMANN. Vgl. *Wiedemann, A.* (1992).

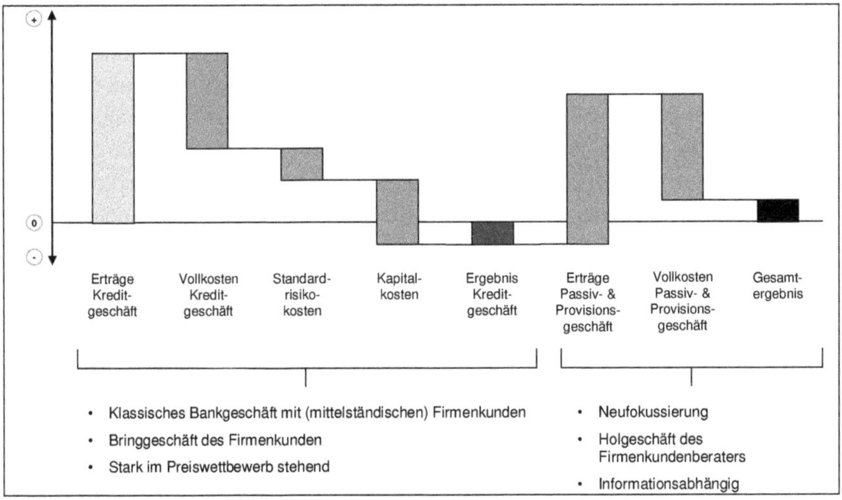

Abbildung 18: Illustrative Ergebnisstruktur im Firmenkundengeschäft[491]

Für die Ableitung der Vertriebsaufgaben in den relationalen Ansätzen ist nun zu berücksichtigen, dass die Firmenkunden das Leistungsprogramm der Kreditgenossenschaften gegenwärtig noch nicht vollumfänglich in Anspruch nehmen.[492] Um dieser Situation entgegen zu wirken und die Breite der Kundendurchdringung zu erhöhen, ist es für den Vertrieb notwendig, die relevanten Bedarfe des Firmenkunden zu identifizieren und institutseigene Leistungen proaktiv anzubieten. Dazu müssen bedarfs- und vertriebsrelevante Informationen vom Kunden beschafft werden. Die Bedeutung dieses Vorgehens wird unterstrichen durch die, aufgrund des intensiven Wettbewerbs geringen Möglichkeiten der Neukundenakquisition. Damit geht einher, dass organische Wachstumsquellen im nennenswerten Umfang nur in der Kundenpenetration, also der Ausschöpfung der Tiefe und Breite der Kundendurchdringung im Kundenstamm liegen. Vor diesem Hintergrund lassen sich zentrale Aufgaben des Vertriebs im Firmenkundengeschäft ableiten, die zusätzlich zu den beschriebenen Aufgaben, die auch bei den transaktionalen Ansätzen anfallen, zu erfüllen sind. Diese konkretisieren sich darin, dass erstens die langfristige Bindung des Kunden an die Bank forciert wird und zweitens die Suche nach Zusatzgeschäften zur Steigerung der Profitabilität der Geschäftsbeziehung zentrale Aufgabe der Firmenkundenberater ist. Implizit beinhaltet dies also eine Abkehr vom kreditfokussierten Bringgeschäft

491 In Anlehnung an *Duhnkrack, T.* (2002), S. 154.

492 Vgl. z. B. die empirische Untersuchung der *WGZ BANK* (2008).

der Kunden, das initiiert wird durch Finanzierungsanfragen des Unternehmens, hin zu einem Holgeschäft durch den Vertrieb der Kreditgenossenschaften, das mit stärker durch die Bank initiierten Interaktionen zwischen Bank und Firmenkunden einhergeht. Die bedeutendsten Aufgaben dabei sind die Koordination der Geschäftsbeziehung mit dem Firmenkunden sowie die Beschaffung relevanter Informationen zur Identifikation zusätzlicher Geschäfte. Eingebettet ist dies in einen inhaltlich weiter gefassten Ansatz des Beziehungsmanagements,[493] der die bankspezifischen Ansätze und das systematische Management individueller Kundenbeziehungen beinhaltet.[494]

Zur Bewältigung dieser Herausforderung hat der BVR dem Vertriebskonzept VR-FINANZ-PLAN MITTELSTAND ein Instrument zur strukturierten Informationsbeschaffung beigefügt, das den Firmenkundenberater in die Lage versetzen soll, die gesamte Bedarfssituation des Kunden systematisch zu analysieren.[495] Konsistent zum Allfinanzangebot in der Produktpolitik wird somit die Vertriebspolitik auf eine „ganzheitliche Finanzberatung“[496] ausgerichtet. Der Vertriebsmitarbeiter ist also zentraler Ansprechpartner in der Bank für die Firmenkunden hinsichtlich aller finanzierungs- und dienstleistungsrelevanten Bedarfe.

2.4.2 Institutioneller Vertrieb

Aufbauend auf dem Grundsatz „Banking ist und bleibt People Business“[497] kann im Firmenkundengeschäft der persönliche Vertrieb in Form des einstufigen Vertriebskanals als die dominante Ausprägung des institutionellen Vertriebs betrachtet werden. Vor diesem Hintergrund gilt es vor allem, der Organisationseinheit bzw. Stelle des Firmenkundenbetreuers oder auch Firmenkundenberaters Beachtung zu schenken. Diese sind unternehmensinterne Vertriebsmitarbeiter. In größeren Kreditgenossenschaften gibt es zudem produktspezifische Experten, da die Komplexität einiger Bankprodukte nicht mehr von einem einzelnen Mitarbeiter beherrscht werden kann.[498]

---

493 Vgl. dazu *Rieker, S.* (1995), S. 42.

494 Vgl. *Diller, H.* (2006), S. 99.

495 Bei diesem Instrument handelt es sich um einen strukturierten Gesprächsleitfaden, der in Anlehnung an die Bedarfsfelder aus Abbildung 15 zum Teil geschlossene und zum Teil offene Fragen beinhaltet. Auf Basis dieser systematisch thematisierten vertriebsrelevanten Gesprächsinhalte soll der Firmenkundenberater in die Lage versetzt werden, die Bedarfssituation des Firmenkunden vollumfänglich einschätzen zu können. Neben dem VR-FINANZPLAN MITTELSTAND werden durch die Kreditgenossenschaften zum Teil standardisierte und zum Teil individuelle Gesprächsleitfäden verwendet.

496 *Dehne, T.* (2008), S. 54.

497 *Cromme, G.* (2008), S. 431.

498 Vgl. *Recht, A./Holm, R.* (2005), S. 133.

Die Aufbauorganisation im Firmenkundengeschäft erfolgt häufig in einer Mischform aus Funktional- und Divisionalorganisation.[499] Funktional werden die Tätigkeiten des Vertriebs aufgeteilt in die direkte Kundenbetreuung und unterstützende Tätigkeiten. Letztere Aufgaben werden oftmals von einer (Vertriebs-)Assistenz übernommen,[500] die häufig mehreren Firmenkundenbetreuern zugeordnet ist, die wiederum divisional nach Zielgruppensegmenten aufgeteilt sind. Häufig erfolgt auch eine innerorganisatorische Trennung nach Leistungsbereichen, bspw. zwischen Produkten für die private und die gewerbliche Sphäre. Die Rolle des Firmenkundenbetreuers können sowohl weisungsgebundene (Rolle = Stelle) als auch weisungsbefugte Mitarbeiter (Rolle als Bestandteil der Stelle Vorstand) innehaben. Die konkrete Zuordnung hängt vom situativen Kontext der Bank ab, und in diesem Zusammenhang vor allem von der Struktur und Menge der Firmenkunden sowie der Größe und geschäftspolitischen Ausrichtung. In Abhängigkeit der Segmentierung werden die Vertriebsmitarbeiter als Firmenkunden- oder Gewerbekundenbetreuer oder -berater bezeichnet. Diesen Stellen bzw. Vertriebsmitarbeitern sind i. d. R. Kunden fest zugeordnet. Firmenkunden werden auch durch Privatkundenbetreuer vertrieblich betreut.[501] Dies erfolgt entweder losgelöst von der Firmenkundenbetreuung, in Form einer Tandembetreuung oder nach dem Verständnis des Firmenkundenberaters als Kundenbeziehungsmanager, der fakultativ Spezialisten in die Betreuungsprozesse integriert. Eine weitere Aufteilung in der Organisation der Firmenkundenbetreuung erfolgt nach Risikoaspekten.[502] So werden risikoreiche Firmenkundenkreditengagements in Spezialabteilungen wie der Intensivbetreuung, der Sanierung oder Abwicklung betreut. Diese Abteilungen sind nicht zwingend dem institutionelle Vertrieb zuzuordnen. Eine Übergabe der Firmenkunden aus der normalen in die Intensivbetreuung erfolgt auf Basis von Kreditausfallindikatoren und wird durch die MaRisk vorgegeben.[503]

Mit Blick auf den Verbund werden weiterhin unternehmensexterne Vertriebsmitarbeiter der jeweiligen Verbundunternehmen als Produktspezialisten in die Vertriebsorganisation integriert. Vor diesem Hintergrund verstärkt sich das Verständnis des Firmenkundenbetreuers als Kundenmanager, der in Abhängig-

---

499 Vgl. *Krauß, C.* (2005), S. 220.

500 Vgl. *Kasselmann, J./Melter, O.* (2006), S. 26; *Krebber, M./Melter, O./Sträter, J.* (2006), S. 42.

501 In diesem Zusammenhang gibt es vom BVR eine Empfehlung, dass erst eine Kreditgenossenschaft mit einer Bilanzsumme über 300 Mio. DM (ca. 153 Mio. EUR) eine hinreichende Betriebsgröße für das qualifizierte Firmenkundengeschäft und den Aufbau einer eigenen Firmenkundenabteilung aufweist. Vgl. *BVR* (1999b), S. 65 ff.

502 Vgl. *Krauß, C.* (2005), S. 230.

503 Vgl. *Bundesanstalt für Finanzdienstleistungsaufsicht* (2010), BTO 1.2.

keit der kommunizierten Bedarfssituation des Firmenkunden auf die spezialisierten Vertriebsressourcen zurückgreift.[504]

Für das kreditbezogene Firmenkundengeschäft ist bedingt durch die Mindestanforderungen an das Risikomanagement (MaRisk), ein weiterer Organisationsaspekt zu beachten. Bei der Aufbauorganisation wird eine bis zur Geschäftsleitung gehende klare Trennung zwischen den so genannten Bereichen Markt und Marktfolge gefordert.[505] Der Bereich Markt ist die Organisationseinheit, die für die Geschäftsinitiierung verantwortlich ist, mithin also im Kundenkontakt steht.[506] Damit ist der Terminus Markt grundsätzlich begrifflich identisch zum institutionellen Vertrieb.[507] Gleichwohl kann der Markt im Kreditgeschäft nicht immer unabhängig von der Marktfolge agieren, so dass diese den Vertrieb bedingt.[508]

2.4.3 Prozessualer Vertrieb

Für die Betrachtung des prozessualen Vertriebs ist voranzustellen, dass die in Kapitel B.1.3 beschriebenen allgemeinen Vertriebsprozesse auch auf den Vertrieb im Firmenkundengeschäft der Kreditgenossenschaften übertragen werden können. Im Folgenden sollen zwei Besonderheiten vorgestellt werden, die sich aus regulatorischen Anforderungen und dem VR-FINANZPLAN MITTELSTAND bzw. artverwandter aktiver Vertriebskonzepte ergeben. Diese sind der für alle Banken geltende, durch aufsichtsrechtliche Vorgaben beeinflusste Kreditprozess und der kreditgenossenschaftlich spezifische Kundenbetreuungsprozess.

Bei den Kreditprozessen sind die Vorgaben der MaRisk bezüglich der ablauforganisatorischen Gestaltung zu berücksichtigen.[509] Unterschieden werden die Teilprozesse der Kreditbearbeitung, welcher die Kreditgewährung und Kreditweiterbearbeitung umfasst, der Kreditbearbeitungskontrolle, der Intensivbetreuung, der Problemkreditbetreuung und der Risikovorsorge. Hinsichtlich der direkten Relevanz für den Vertrieb im Firmenkundengeschäft der Banken ist vor

---

504 Vgl. *Segbers, K.* (2007), S. 77.

505 RUSS unterscheidet darüber hinaus zwischen Markt, Marktfolge und Kreditrisikocontrolling. Das Kreditrisikocontrolling soll als marktunabhängige Einheit eine prozessintegrierte Überwachung der betriebenen Kreditgeschäfte sicherstellen. Vgl. *Russ, A.* (2003), S. 351.

506 Vgl. *Bundesanstalt für Finanzdienstleistungsaufsicht* (2010), BTO Ziffer 2.

507 Vgl. *Strauß, M. R.* (2006), S. 123. Da der Kredit im Firmenkundengeschäft breiten Raum einnimmt, wird in der Praxis häufig der organisatorisch definierte Vertriebsbereich synonym als Markt bezeichnet.

508 Vgl. dazu die Ausführungen in Kapitel C.2.4.1.1 sowie Kapitel C.2.4.3.

509 Vgl. hier und nachfolgend *Bundesanstalt für Finanzdienstleistungsaufsicht* (2010), BTO 1.2.

allem die Kreditbearbeitung zu nennen, da die übrigen Teilprozesse entweder erst zeitlich nachgelagert und nur bei so genannten Leistungsstörungen erfolgen (Intensivbetreuung, Problemkreditbetreuung, Risikovorsorge) oder nur mittelbar auf den Vertrieb von Kreditprodukten Einfluss nehmen (Kreditbearbeitungskontrolle). Gleichwohl sind diese Prozesse mittelbar für den Vertrieb relevant, da Kundenbeziehungen, die in die Intensiv- oder Problemkreditbetreuung überführt werden, außerhalb des in Kapitel C.2.4.2 beschriebenen institutionellen Vertriebs, d. h. dem eigentlichen Marktbereich betreut werden. Wie erinnerlich, ist eine zentrale Aufgabe des Vertriebs, die Produkte der Bank abzusetzen. Vor dem Hintergrund der in den MaRisk enthaltenen Anforderungen muss jedoch für das risikorelevante Kreditgeschäft zwischen einem bedingten Vertrieb und dem eigentlichen Vertrieb unterschieden werden (siehe Abbildung 19).[510] So erfolgt die Geschäftsanbahnung und -vorbereitung durch den Bereich Markt inklusive des so genannten Erstvotums. Diese Aktivitäten können zusammengefasst als bedingter Vertrieb betrachtet werden. Erst nachdem ein gleichlautendes (positives) Zweitvotum durch die Marktfolge vorliegt, wird ein Kredit gewährt und kann somit verkauft werden. Dies kann als eigentlicher Vertrieb verstanden werden. Zu beachten ist jedoch, dass die Marktfolge institutionell und funktionell der Produktions- und nicht der Vertriebsbank zugeordnet ist.

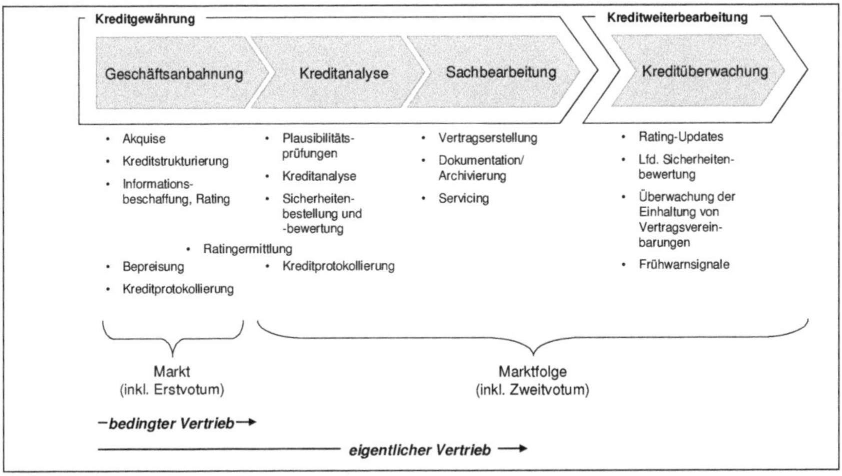

Abbildung 19: Beispielhafter MaRisk-konformer Kreditprozess aus Vertriebssicht[511]

[510] Zum Begriff des risikorelevanten Kreditgeschäfts vgl. Kapitel C.2.4.2.
[511] In Anlehnung an *Berens, W. et al.* (2005), S. 785.

Als besonders relevanter aktiver Betreuungsprozess soll die prozessuale Dimension des VR-FINANZPLAN MITTELSTAND vorgestellt werden.[512] Deren Kern ist ein systematischer Betreuungsprozess, der einen nach (Produkt-)Bedarfsfeldern strukturierten Gesprächsleitfaden für die Kundengespräche beinhaltet (siehe Abbildung 20). Entsprechend den konzeptionellen Vorgaben des Vertriebsansatzes wird mit ausgewählten Kunden ein mindestens zweistufiger Betreuungsansatz umgesetzt.[513] Im ersten zukunftsgerichteten Dialog wird die Ausgangssituation des Firmenkunden auf betrieblicher und privater Ebene besprochen. Darauf aufbauend erstellt der Firmenkundenberater ein Stärken-Schwächen-Profil, das dem Kunden betriebswirtschaftliche Handlungsbedarfe aufzeigt. Diejenigen Handlungsbedarfe, für die das Allfinanzangebot geeignete Lösungen beinhaltet, werden ggf. unter Integration eines Produktspezialisten mit dem Kunden intensiver besprochen und im Idealfall der Produktverkauf realisiert.[514] Um der zu forcierenden Verbundorientierung gerecht zu werden, sieht der Prozess in einzelnen Schritten die fakultative Integration der Verbundpartner als Produktspezialisten vor. Deutlich zu erkennen ist, dass dieser Betreuungsprozess dem grundsätzlichen Schema der relationalen Vertriebsansätze entspricht (siehe Abbildung 17).

---

512 Neben diesen aktiven Vertriebsprozessen sind auch reaktive Vertriebsprozesse zu nennen. Bei diesen kommt der Firmenkunde initiativ auf die Kreditgenossenschaft mit einem manifesten Bedarf zu. Die aktiven Vertriebsprozesse entsprechen im größeren Umfang den akquisitorischen Aufgaben des Vertriebs. Vgl. dazu Kapitel B.1.1.

513 Vgl. hier und nachfolgend *Dehne, T.* (2008), S. 53 ff.

514 Vgl. für eine praxisfallbezogene Beschreibung des Ansatzes *Segbers, K./Wirtz, H.* (2008), S. 47 f. Den unterschiedlichen Lebenszyklusphasen des Unternehmens werden dabei unterschiedliche Bedarfsschwerpunkte zugeordnet, die unmittelbar mit dem in Kapitel C.2.3 beschriebenen Leistungsprogramm verbunden sind. Vgl. dazu z. B. für das Bedarfsfeld „Investition & Finanzierung" *WGZ Initiativkapital* (2005), S. 11.

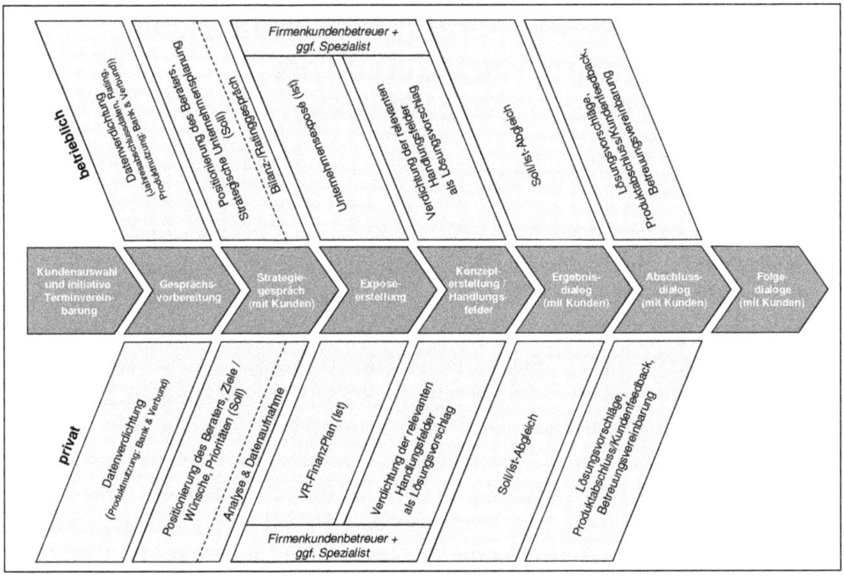

Abbildung 20: Ganzheitlicher Beratungs- und Verkaufsprozess[515]

Dieser Betreuungsprozess wird durch eine Vielzahl von Subprozessen konstituiert (z. B. Gesprächsvorbereitung und -nachbereitung), deren abschließende Darstellung jedoch nicht zielführend für diese Arbeit ist und daher nicht vorgenommen werden soll.

---

515 *Dehne, T.* (2008), S. 56. Der dargestellte Prozess bezieht sich auf das Segment Mittelstand.

3 Strategische Ausrichtung, wirtschaftliche Bedeutung und Marktanteile der Geschäftseinheit Firmenkunden

3.1 Strategische Ausrichtung

Eines der konstituierenden Merkmale strategischer Geschäftseinheiten ist die Formulierbarkeit einer weitgehend eigenständigen Strategie. Aufgrund der aufgezeigten charakteristischen Merkmale der Kreditgenossenschaften und hier insbesondere ihrer (relativen) Kleinheit ist dieses Merkmal nur mit Einschränkungen für die Geschäftseinheit Firmenkundenbank gegeben. So begrenzen die Strukturparameter wie etwa die limitierte Ressourcenverfügbarkeit beim Humankapital die Freiheitsgrade der Strategieauswahl auf Gesamtbank- und Geschäftseinheitsebene. Als grundsätzliche strategische Ausrichtung gelten nach PORTER die Kosten-Preisführerschaft oder die Differenzierungsstrategie.[516] Unter Annahme der Gültigkeit des strategischen Imperativs in seiner Konkretisierung als Fähigkeitsstruktur-Hypothese[517] muss eine bankweite, die einzelnen strategischen Geschäftseinheiten übergreifende strategische Ausrichtung als Kosten-Preisführer für die Kreditgenossenschaften negiert werden.[518] Für die Kreditgenossenschaften gilt als strategische Ausrichtung gemeinhin die Qualitätsführerschaft[519] auf Basis einer partnerschaftlichen Beziehung zum Kunden und einer ganzheitlichen Begleitung.[520] Dieser strategische Ansatz, der auf Ebene der Geschäftseinheiten als inhaltlich zu konkretisierender Rahmen zu verstehen ist, gilt sowohl für das Firmenkunden- als auch das Privatkundengeschäft.

3.2 Wirtschaftliche Bedeutung

Nach Aussage des BVR gehört das Firmenkundengeschäft zu den Kerngeschäftsfeldern der FinanzGruppe.[521] Diese qualitative Aussage soll anhand ausgesuchter Daten fundiert werden. Da dass Kreditgeschäft zu den fokussierten

---

516 Vgl. *Porter, M. E.* (1997).

517 Vgl. zur Fähigkeitsstruktur-Hypothese *Schewe, G.* (1999), S. 66.

518 Vgl. *BVR* (2007b), S. 4. Eine ausführliche Begründung für die nicht vorhandene Umsetzbarkeit der Kosten-Preisführerschaft bei den Kreditgenossenschaften findet sich bei *Wiedemann, A.* (1992), S. 112 ff.

519 Bei der Qualitätsführerschaft handelt es sich um eine spezielle Art der Differenzierungsstrategie nach PORTER. Vgl. dazu auch *Börner, C. J.* (2005), S. 40.

520 Vgl. *Jacobs, B./Krauß, C.* (2005), S. 25.

521 Vgl. *BVR* (2009b), S. 14 f.; *Fehl, U./Kuhn, N.* (2005), S. 204; *Krauß, C.* (2005), S. 62.

Produktfeldern der Kreditgenossenschaften gehört[522] und der Kredit auch das bedeutendste Produkt im Firmenkundengeschäft für alle Universalbanken ist,[523] soll das Kreditgeschäft als ein Indikator der Bedeutung des Firmenkundengeschäfts für die Kreditgenossenschaften herangezogen werden.

Am Ende des Jahres 2010 betrug der Wert der Kredite, die von den Kreditgenossenschaften an Unternehmen und wirtschaftlich selbständige Privatpersonen ausgegeben wurden,[524] über 134 Mrd. EUR.[525] Dies entspricht einem Anteil von ca. 19 Prozent an der aggregierten Bilanzsumme der berichtenden Kreditgenossenschaften. Bezogen auf das gesamte Kreditgeschäft mit inländischen Nichtbanken liegt der Anteil bei ca. 30 Prozent. Die Betrachtung im Zeitverlauf zeigt jedoch, dass die Bedeutung des gewerblichen Kreditgeschäfts am gesamten Kreditgeschäft zurückgegangen ist.[526] Trotz der rückläufigen Bedeutung des gewerblichen Kreditgeschäfts in der Vergangenheit stellt das Firmenkundengeschäft mit etwa einem Drittel an den gesamten Forderungen eine wichtige Säule der Geschäftspolitik der Kreditgenossenschaften dar. Diese Beurteilung wird unterstützt, wenn die Diversifikationseffekte einer heterogenen Geschäftsfeldstruktur betrachtet werden. Denn während die Kreditgenossenschaften im Privatkundengeschäft einen zunehmenden Wettbewerb durch andere Banken und Non- und Near-Banks erleben, stellten in einer Befragung von 33 Kreditgenossenschaften aus dem Jahre 2007 diejenigen Institute mit ausgeprägten Firmenkundengeschäft fest, dass bedingt durch die positive Entwicklung der Firmenkunden eine Ausweitung des Geschäfts beobachtbar gewesen sei.[527] Daraus kann geschlossen werden, dass das Firmenkundengeschäft stabilisierend für die Kreditgenossenschaften sein kann.[528]

In Bezug auf den Beitrag des Firmenkundengeschäfts zur Profitabilität der Kreditgenossenschaften lässt sich ein ähnliches Ergebnis ableiten. DUHNKRACK

---

522 Vgl. *Varmaz, A.* (2006), S. 96; *Wittmann, G.* (2006), S. 13; *Juncker, K.* (1997), S. 16.

523 Vgl. *Hölzer, K./Schnarr, T.* (2010), S. 54; *Ahrendt, B.* (2007), S. 41; *Duhnkrack, T.* (2007), S. 1222.

524 Aufgrund der Kundensystematik der DEUTSCHEN BUNDESBANK sind hier Privatiers und Rentiers enthalten. Per definitionem sollten die an diese Teilgruppe ausgegebenen Kredite jedoch vernachlässigbar sein.

525 Vgl. hier und nachfolgend *Deutsche Bundesbank* (2011b). Die Begrenzung auf das inländische Kreditgeschäft erfolgt, da die Kreditgenossenschaften aufgrund des Regionalprinzips regelmäßig nur national tätig sind. Vgl. dazu die Ausführungen in Kapitel C.1.4.3.

526 Vgl. *Deutsche Bundesbank* (2011a). Die rückläufige Bedeutung erklären KASTEN/REENTS für kleine Universalbanken aufgrund des Wegfalls kleiner Firmenkunden. Vgl. *Kasten, L./Reents, B.* (o. J.), S. 82.

527 Vgl. *Steria Mummert Consulting* (2007), S. 4.

528 Vgl. *Hölzer, K.* (2006), S. 47.

beziffert den Anteil der Zinserträge aus dem gewerblichen Geschäft an den Gesamtzinserträgen auf etwa 40 bis 60 Prozent.[529] Einen aggregierten Überblick über die relative Ertragsstruktur differenziert nach Privat- und Firmenkundengeschäft zeigt die Geschäftsfeldrechnung zum 31.12.2009 für die Kreditgenossenschaften (siehe Tabelle 7).

Tabelle 7: Geschäftsfeldrechnung der Kreditgenossenschaften zum 31.12.2009[530]

	DB I	Risikokosten	DB II	Aufwand	DB III
Privatkunden	62%	25%	66%	75%	51%
- Kredite	18%	25%	17%		
- Einlagen	25%	-	28%		
- Provisionen	20%	-	22%		
Firmenkunden	38%	75%	34%	25%	49%
- Kredite	21%	75%	14%		
- Einlagen	11%	-	12%		
- Provisionen	6%	-	7%		
Ergebnis Kundengeschäft	100%	100%	100%	100%	100%

Es ist zu erkennen, dass der Anteil des Firmenkundengeschäfts am Deckungsbeitrag III der Kreditgenossenschaften bei etwa 49 Prozent liegt.[531] Auffallend ist, dass sich dieses Ergebnis vor allem aufgrund der zum Privatkundengeschäft vergleichsweise günstigen Situation bei den Sach- und Personalaufwendungen ergibt, die für das Firmenkundengeschäft bei etwa einem Viertel der gesamten betrachteten Aufwendungen liegen. Diametral umgekehrt verhält sich dies bei den Risikokosten, die zu drei Vierteln dem Firmenkundengeschäft zugerechnet werden. Es ist davon auszugehen, dass diese Werte für die einzelnen Kreditgenossenschaften unter anderem in Abhängigkeit des Tätigkeitsschwerpunktes und der Größe variieren werden. So wird etwa für eine typisierte Volksbank mit 700 Mio. EUR Bilanzsumme ein Ergebnisbeitrag des Firmenkundengeschäfts – gemessen am Deckungsbeitrag II[532] – von etwa 52 Prozent angegeben.[533] Basie-

529 Vgl. *Duhnkrack, T.* (2007), S. 1220.

530 Eigene Darstellung auf Basis der Daten in *BVR* (2010a), S. 19, inkl. „atypischer“ Institute.

531 Der Deckungsbeitrag III ist die Summe der Zins- und Provisionsergebnisse abzüglich der Risikokosten und den zugerechneten Verwaltungskosten (Sach- und Personalkosten). Vgl. dazu Kapitel C.4.3. Im Jahr 2008 lag dieser Wert bei nur 39 Prozent.

532 Der Deckungsbeitrag II ist allgemein definiert als Konditionsbeitrag zzgl. Provisionsergebnis abzgl. Risikoprämie.

533 Vgl. *BVR et al.* (2006), S. 22.

rend auf einer kundenstrukturbezogenen Betrachtung werden 72 Prozent der Erträge im Firmenkundengeschäft mit Unternehmen mit einem Jahresumsatz bis EUR 5 Mio. erwirtschaftet.[534]

Insgesamt zeigen diese Daten, dass das Firmenkundengeschäft für die Kreditgenossenschaften eine hohe wirtschaftliche Bedeutung hat und damit gleichzeitig eine relative große Abhängigkeit von diesem Geschäftsfeld zu konstatieren ist. Dieser Eindruck wird verstärkt durch die Aussage, dass das Firmenkundengeschäft in der FinanzGruppe ca. 48 Prozent zum Deckungsbeitrag III beiträgt, wobei die Kreditgenossenschaften zu ca. 78 Prozent beitragen.[535] Neben diesen wirtschaftlichen Beiträgen wird auch die Rolle des Firmenkundengeschäfts als „Imagebringer" für die Kreditgenossenschaften als Begründung der Bedeutung angeführt.[536]

3.3 Marktanteile

Die Ermittlung des Marktanteils der Kreditgenossenschaften im Firmenkundengeschäft ist nur mit Restriktionen möglich. Diese Restriktionen beziehen sich vor allem auf den relevanten Absatzmarkt. Bezogen auf den relevanten Markt wird die Betrachtung auf den gesamten Firmenkundenmarkt vorgenommen, was aus folgenden Gründen problematisch ist. Zum einen liegt, wie in Kapitel C.2.2 gezeigt wurde, der Schwerpunkt auf dem Geschäft mit mittelständischen Unternehmen. Zum anderen ist die aggregierte Berücksichtigung der Kreditgenossenschaften, die gemäß dem Regionalprinzip lediglich regionale Teilmärkte bedienen, zu berücksichtigen. Daher ist zu erwarten, dass die regionalen Marktanteile deutlich von den hier betrachteten Werten abweichen. Diese Restriktionen sind bei den abzuleitenden Aussagen auf Basis der nachfolgenden Ausführungen zu berücksichtigen.

Die Indikation von Marktanteilen im Firmenkundengeschäft erfolgt regelmäßig auf Basis der Bankenstatistik der DEUTSCHEN BUNDESBANK, in welcher die Aktivseite der einzelnen Banken und Bankengruppen nach Kunden differenziert ausgewiesen wird.[537] Anhand dieser Daten zeigt sich eine relativ hohe zeit-

---

534 Vgl. *Heine, J. M.* (2007), S. 7.

535 Vgl. *BVR* (2010a), S. 15 ff.

536 Vgl. *Krauß, C.* (2005), o. S. [Vorwort].

537 Dieses Vorgehen wählen z. B. auch *Segbers, K.* (2007), S. 71 f. oder *Juncker, K.* (1979), S. 16 ff. Aufgrund der hohen Bedeutung des Aktivgeschäfts im Firmenkundengeschäft der Kreditgenossenschaften erscheint eine ausschließliche Betrachtung des bilanziellen Kreditgeschäfts legitim. Für die Gesamtbankbetrachtung könnten auch die bilanziellen Größen Geschäftsvolumen sowie Kundeneinlagen (Passivgeschäft) betrachtet werden. So z. B. *Wiedemann, A.* (1992), S. 42 ff.

liche Invarianz der Marktanteile im Firmenkundengeschäft (siehe Abbildung 21). Eine Ausnahme stellt der Sparkassensektor dar. Dieser konnte seit 1990 deutliche Marktanteile gewinnen. Dies begründet sich vor allem in den überdurchschnittlichen Zuwächsen der Landesbanken, die in dem betrachteten Zeitraum das Kreditvolumen um ca. 266 Prozent steigerten, während die Steigerung des gesamten betrachteten Marktvolumens nur ca. 80 Prozent betrug.[538]

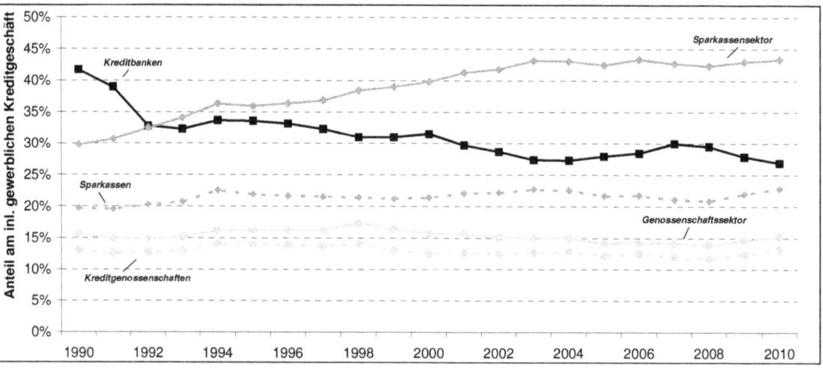

Abbildung 21: Marktanteile im inländischen Firmenkundengeschäft nach Bankenstatistik[539]

Der relativ geringe Marktanteil der Kreditgenossenschaften erklärt sich, wenn die Struktur der Firmenkunden berücksichtigt wird. Denn kleinere Unternehmen fragen vergleichsweise geringe Kreditvolumina nach, was auch durch den Mengeneffekt, d. h. die Anzahl der Firmenkunden, nicht kompensiert wird. Wird der Genossenschaftssektor, also die Kreditgenossenschaften und die Zentralbanken, betrachtet, ist der Marktanteil nur geringfügig höher. Eine Erklärung dafür kann der begrenzte relevante Absatzmarkt der regionalen WGZ BANK auf der einen und die strenge Subsidiarität der DZ BANK, die kaum direktes Firmenkundengeschäft betreibt, auf der anderen Seite sein.

Werden ergänzend einzelne Produktmärkte betrachtet, ist erkennbar, dass die Kreditgenossenschaften recht heterogene Marktpositionierungen aufweisen (siehe Abbildung 22). Die Sparkassen weisen grundsätzlich bei den ausgewählten Produktfeldern die höchsten Produktreichweiten aus, i. d. R. dicht gefolgt

538 Vgl. *Deutsche Bundesbank* (2011a). Das Marktvolumen ist definiert als das Volumen der Kredite an Unternehmen und wirtschaftlich selbständige Unternehmen aller Bankengruppen.

539 Eigene Berechnung und Darstellung auf Basis der Daten in *Deutsche Bundesbank* (2011a).

von den Kreditgenossenschaften. Die nur geringe Produktreichweite der Genossenschaftsbanken bei den Derivaten erklärt sich zum einen durch die Firmenkundenstruktur, da die bedeutenden Segmente tendenziell keinen Bedarf an diesen Produkten haben. Und zum anderen an der ggf. fehlenden Kompetenzvermutung für die Genossenschaften seitens der Unternehmen.[540]

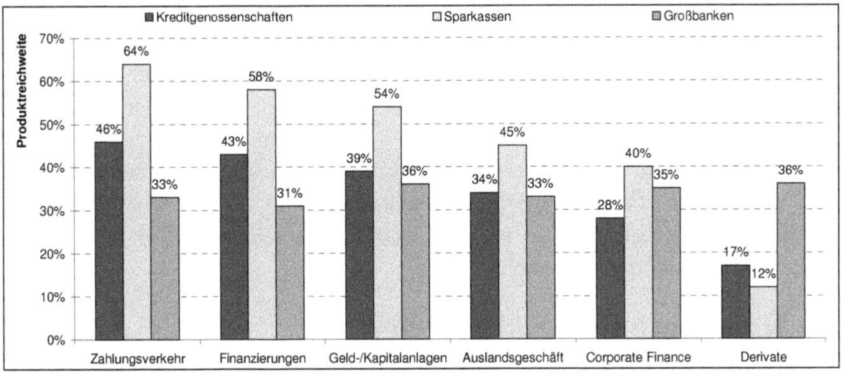

Abbildung 22: Marktanteile in ausgewählten Produktbereichen[541]

Andere Studien zeigen, dass mit zunehmender Unternehmensgröße die Bedeutung der Kreditgenossenschaften als relevanter Anbieter von Bankleistungen abnimmt. Ohne auf die Ergebnisse im Detail einzugehen, zeigt sich, dass bei den nach Umsatz größeren Firmenkunden die Großbanken die einzelnen Produktmärkte dominieren.[542] Diese Tendenz der abnehmenden Bedeutung der Kreditgenossenschaften bei steigender Umsatzgröße der Unternehmen spiegelt sich auch in der Intensität der Geschäftsbeziehung wider. In einer auf diesen Untersuchungsgegenstand ausgerichteten Studie von SCHMIDT zeigt sich, dass die Kreditgenossenschaften mit zunehmender Umsatzgröße der Unternehmen seltener als Hausbank beurteilt werden (siehe Tabelle 8).

540 Vgl. *Duhnkrack, T.* (2007), S. 1221; *BVR et al.* (2006), S. 25.

541 Eigene Darstellung auf Basis der Daten in *tns infratest* (2008), S. 32 f.

542 Vgl. ausführlich *Käser, B./Ritzenhofen, A.* (2009), S. 6.

Tabelle 8: Marktanteile der Kreditgenossenschaften im Firmenkundengeschäft[543]

Umsatz des Unternehmens	< 0,5 Mio. €	0,5-2,5 Mio. €	2,5-12,5 Mio. €	12,5-50 Mio. €	> 50 Mio. €
Marktanteil (Hauptbank-verbindung)	26%	27%	19%	13%	5%

Diese älteren Daten werden in ihrer Tendenz bestätigt durch jüngere Veröffentlichungen, die ebenfalls darauf hindeuten, dass die Kreditgenossenschaften im Segment der umsatzstärkeren Unternehmen seltener als Haus- oder Hauptbank präsent sind (siehe auch Abbildung 12).[544]

Nachdem damit die Geschäftseinheit der Firmenkunden im Wesentlichen für die vorliegende Forschungsarbeit beschrieben und deren wirtschaftlichen Merkmale dargelegt wurden, werden nachfolgend relevante Bestandteile der Gesamtbanksteuerung vorgestellt.

4 Relevante Bestandteile der Gesamtbanksteuerungskonzeption VR-CONTROL

Im Sinne der Zielsetzung dieser Arbeit in diesem Kapitel für die Vertriebssteuerung relevante Bestandteile der Gesamtbanksteuerungskonzeption VR-CONTROL vorgestellt. Begründet wird dies damit, dass sich die im weiteren Verlauf der Arbeit konzeptionell zu entwickelnde kundenwertorientierte Vertriebssteuerung in die Gesamtbanksteuerung einfügen muss, um für die Praxis umsetzbar zu sein. Die Vorstellung der relevanten Bestandteile von VR-CONTROL basiert vornehmlich auf den Empfehlungen des BVR. Denn aufgrund der hohen Komplexität des allgemeinen Steuerungsthemas wird in der FinanzGruppe vermutet, dass „eine im Verbund koordinierte Vorgehensweise gegenüber individuellen Lösungen effektiver“[545] sei. Insofern wurden mit dem WEIßBUCH DER UNTERNEHMENSSTEUERUNG und VR-CONTROL WISSEN Grundlagenwerke als „Basis für eine verbundeinheitliche Steuerung des Bankgeschäftes einer Kreditgenossenschaft“[546] geschaffen. Die folgende Vorstellung stellt eine allgemeine Beschreibung dar, die im Einzelfall variieren wird.

543 In Anlehnung an *Schmidt, T.* (2001), S. 45 f.

544 Vgl. auch *tns infratest* (2010), S. 28.

545 *Darfener, S./Lüders, U.* (2002), S. 38. Vergleiche für eine ausführliche Begründung der zentralen Entwicklung aus Sicht des BVR *Pleister, C.* (2002), S. 4 f. und aus Sicht einer Kreditgenossenschaft *Kalefeld, K.* (2002), S. 44 f.

546 *BVR et al.* (o. J.b), S. 1.

4.1 Grundlagen der Gesamtbanksteuerung

Allgemein kann unter der Gesamtbanksteuerung der Prozess des Managements eines Kreditinstituts als Ganzes verstanden werden.[547] Insoweit entspricht sie inhaltlich dem Begriff der Unternehmenssteuerung. Aufgrund der Transformationsfunktion von Banken, der exponierten Bedeutung von Risiken und den damit einhergehenden aufsichtsrechtlichen Regelungen wird jedoch häufig die Risikodimension expliziert,[548] so dass als Gesamtbanksteuerung „ein System zur Messung, Überwachung sowie zur aktiven Einflussnahme auf die Ertrags-, Vermögens- und Risikolage der Bank“[549] verstanden wird. Diese integrierte Sicht von Risiko- und Rentabilität gilt heute als „Inbegriff moderner Gesamtbanksteuerung.“[550]

Die Gesamtbanksteuerung in den Kreditgenossenschaften ist als duales Steuerungsmodell konzipiert, das aus einer zentralen Struktur-/Porfoliosteuerung und einer dezentralen Geschäftssteuerung besteht.[551] Diese Aufteilung lässt sich damit begründen, dass diejenigen Steuerungsbereiche, die nur aus einer übergeordneten Warte der Gesamtbank vollumfänglich überblickt und zielsetzungsgerecht beurteilt werden können, nur in einer mit entsprechenden Kompetenzen ausgestatteten Zentralinstanz zielorientiert ausgeführt werden können.[552] In der Struktur-/Portfoliosteuerung wird die Bank in verschiedene Subportfolios disaggregiert, denen spezifische Risiken und Erträge zugeordnet werden können.[553] In VR-CONTROL wird auf der obersten Portfolioebene das Nicht-

---

547 Vgl. *Tolkmitt, V.* (2007), S. 379.

548 Vgl. *Schierenbeck, H./Lister, M./Kirmße, S.* (2008), S. 1.

549 *Küpker, H./Pudig, A.* (2001), S. 575.

550 *Schierenbeck, H./Lister, M./Kirmße, S.* (2008), S. 1.

551 Vgl. *BVR et al.* (o. J.b), S. 5 ff. Vgl. zu den theoretischen Grundlagen der dualen Steuerung auch *Schierenbeck, H./Lister, M./Kirmße, S.* (2008), S. 14 sowie *Schierenbeck, H.* (2003), S. 293 ff. Die duale Steuerung ist konzeptionell eingebettet in den Steuerungsansatz VR-CONTROL, der aufbauend auf den Ergebnissen der strategischen Analyse BÜNDELUNG DER KRÄFTE: EIN VERBUND – EINE STRATEGIE als zentrales Thema zur Professionalisierung und Modernisierung der Gesamtbanksteuerung sowie zur Steigerung der nachhaltigen Profitabilität der Kreditgenossenschaften seit 2002/2003 in den Instituten implementiert wird.

552 Vgl. *Schierenbeck, H.* (2003), S. 297 Kalkulatorische Grundlage des dualen Steuerungsmodells in der bankinternen Kosten- und Leistungsrechnung ist die Marktzinsmethode, die eine Erfolgsaufspaltung in Strukturbeitrag und Konditionsbeitrag erlaubt. Erst auf Basis dieser Aufteilung ist eine differenzierte Steuerung nach dem dualen Ansatz möglich, denn so ist der Strukturbeitrag zentral zu verantworten und der Konditionsbeitrag dezentral zu steuern. Vgl. *Schierenbeck, H.* (2003), S. 293.

553 Vgl. hier und nachfolgend *BVR et al.* (o. J.b), S. 6 ff.

kundengeschäft und das Kundengeschäft unterschieden. Letzteres wird weiter aufgeteilt in das Privat- und Firmenkundengeschäft. Das Nichtkundengeschäft umfasst das Management von Risiken mittels Handel und Disposition von risikobehafteten Kontrakten auf dem Geld- und Kapitalmarkt (Disposition oder Treasury).

Zentrale Steuerungsgröße ist der Teil des Vermögenswerts der Bank, der sich aus der Differenz der zu Marktwerten bewerteten Aktiva, Passiva und den außerbilanziellen Geschäften ergibt („Zerschlagungswert“[554]).[555] Die Maximierung eines so definierten Unternehmenswertes unter Berücksichtigung festgelegter Risikolimite wird als oberstes Ziel der Bankführung in VR-CONTROL angesehen.[556] Die Veränderung des Vermögens wird in das Kundengeschäftsergebnis, das Risikoergebnis, das Produktivitätsergebnis und Overheadergebnis aufgeteilt.[557] Das Kundengeschäftsergebnis spiegelt die Veränderungen des Vermögenswertes aufgrund von Neugeschäften wieder, während das Risikoergebnis den (Miss-)Erfolg aus der Übernahme von Marktpreis- und Adressrisiken bezeichnet. Das Produktivitätsergebnis reflektiert die Differenz zwischen den kalkulatorischen Bearbeitungsprämien aus dem Kundengeschäft sowie den realiter angefallenen Sach- und Personalkosten. Der Ergebnisbeitrag nicht direkt zugeschlüsselter Kostenkomponenten ist das Overheadergebnis.

Der Ermittlung der Vermögenswertveränderung liegt eine barwertige Betrachtung der Erträge, Kosten und Risiken zugrunde.[558] Dies bedingt jedoch zum Zwecke der externen Rechnungslegung eine Umrechnung der barwertigen Werte in periodische Werte. Aufgrund der historisch bedingten hohen Bedeutung der handelsrechtlichen und somit periodischen Größen für die Gesamtbanksteuerung gibt es einen bisher nicht abgeschlossenen wissenschaftlichen und praktischen Diskurs darüber, welche methodeninhärenten Anreize eine reine Barwertsteuerung oder eine reine Periodenwertsteuerung als inadäquat erscheinen lassen.[559] Aus diesem Grund wird empfohlen, einen kombinierten Ansatz umzusetzen. Auf Gesamtbankebene ist dies so konzipiert, dass der Vermögenswert als Ziel- und Steuerungsgröße dient und um periodische Zielwerte als strenge Restriktion

---

554 Der Vermögenswert der Bank setzt sich zusammen aus dem „Zerschlagungswert“ und dem „Good-Will-Wert“ oder „Potenzialwert“ der Bank. Vgl. *BVR* (2002b), S. 11.

555 Zur Marktwertbestimmung wird die Veräußerung am Markt als wertbestimmende Grundlage verwendet. Vgl. *BVR et al.* (o. J.b), S. 8.

556 Vgl. *BVR et al.* (o. J.b), S. 8.

557 Vgl. hier und nachfolgend *BVR* (2002b), S. 6 ff.

558 Vgl. hier und nachfolgend *BVR* (2002b), S. 4 ff.; *BVR et al.* (o. J.b), S. 4 ff.

559 Vgl. z. B. *Wimmer, K.* (2010), S. 15 ff.; *Averbeck, C./Frère, E./Reuse, S.* (2008), S. 41 ff.; *Averbeck, C.* et al. (2008), S. 406 ff.

ergänzt wird.[560] Grundsätzlich wird dieser Ansatz auch auf Ebene der Einzelgeschäftssteuerung vorgenommen.[561]

4.2 Vertriebssteuerung als Baustein der Gesamtbanksteuerung

Da zentrale Gesamtbanksteuerungsmodelle aufgrund ihrer Komplexität allgemein in der Praxis nicht umsetzbar sind,[562] erfolgt regelmäßig im Rahmen des dualen Steuerungsmodells eine Modelldisaggregation, was zur Implementierung und Abstimmung entsprechender Partialsteuerungsmodelle führt. Bei den Kreditgenossenschaften wird eine konzeptionelle Aufteilung der Gesamtbanksteuerung in die Säulen Rating, Vertriebssteuerung (auch: Kundengeschäftssteuerung), Marktpreisrisikosteuerung, Adressrisikosteuerung und Produktivitätssteuerung vorgenommen (siehe Abbildung 23).

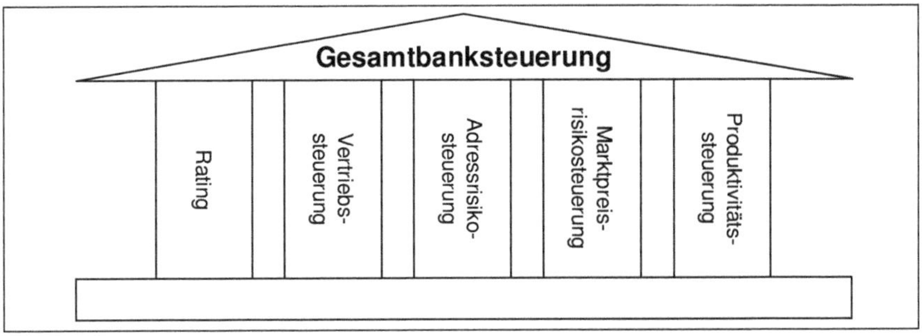

Abbildung 23: Partialsteuerungsbereiche in Kreditgenossenschaften[563]

Die Säule des Ratings beinhaltet die verbundeinheitliche Messung von Kreditnehmerrisiken anhand eines standardisierten Ratingverfahrens (VR-RATING) und entspricht damit den Anforderungen der ersten Säule aus Basel II sowie den MaRisk.[564] Das Ratingergebnis ist eine der zentralen Einflussfaktoren auf die Kalkulation von Kreditkonditionen. Die Produktivitätssteuerung fokussiert auf das Produktivitätsergebnis und damit auf die Ressourceneffizienz des kreditge-

560 Vgl. *BVR et al.* (o. J.b), S. 6.
561 Vgl. dazu die Ausführungen in Kapitel C.4.3.
562 Vgl. *Wimmer, K.* (2010), S. 18.
563 *Hensel, V./Wild, C.* (2003), S. 35.
564 Vgl. *BVR* (2003b), Kapitel 4.4.

nossenschaftlichen Geschäftsbetriebs.[565] Aufgrund der Ausgestaltung der im folgenden Abschnitt zu erläuternden Kundengeschäftskalkulation stellt das Produktivitätsergebnis ein „Korrektiv" dar, dessen Berücksichtigung die Überführung der Teilergebnisse in das Gesamtbankergebnis sichert. Gegenstand der Adressrisikosteuerung ist das Management derjenigen Risiken, die sich aus den bonitätsmäßig bedingten Verlusten aus Geschäften mit Dritten (Kreditnehmer) ergeben, die über dem erwarteten Wert liegen (unerwartete Verluste).[566] Die Marktpreisrisikosteuerung fokussiert dagegen auf diejenigen Risiken, die sich aus Wertänderungen bei offenen Zins-, Währungs-, Aktien- oder Volatilitätspositionen ergeben können.[567] Während sowohl die Produktivitäts-, die Adressrisiko- und die Marktpreisrisikosteuerung im Rahmen des dualen Steuerungsmodells zentral und auf Portfolioebene erfolgen, wird die Kundengeschäfts- bzw. Vertriebssteuerung dezentral vorgenommen.

Aufgrund der Disaggregation und der bestehenden Wechselbeziehungen zwischen den Steuerungsbereichen, erfolgt die Koordination über Verrechnungspreismodelle. Dabei beziehen sich die Wechselbeziehungen insbesondere auf die Risiken, die im Verbund gemäß dem WEIßBUCH DER UNTERNEHMENSSTEUERUNG wie folgt systematisiert werden (siehe Abbildung 24).

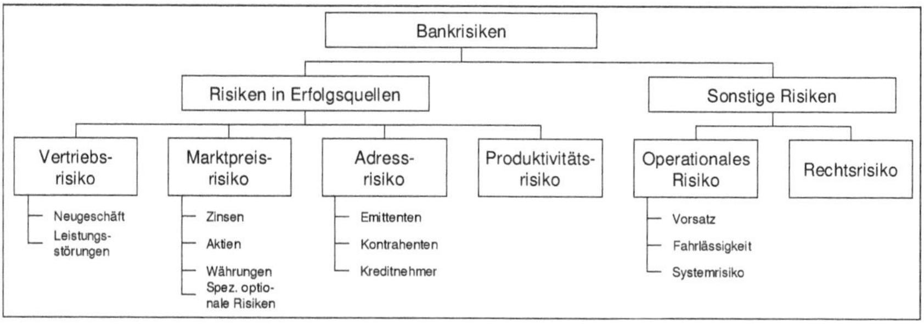

Abbildung 24: Systematisierung von Bankrisiken bei Kreditgenossenschaften[568]

565 Vgl. hier und nachfolgend *BVR et al.* (o. J.b), S. 52; *BVR* (2003b), Kapitel 5.1.

566 Vgl. *BVR et al* (o. J.b), S. 38 ff.; *BVR* (2003b), Kapitel 4.2, Kapitel 4.3, Kapitel 4.5 und Kapitel 4.6.

567 Vgl. *BVR et al.* (o. J.b), S. 19 ff. sowie *BVR* (2003b), Kapitel 3.1.

568 *BVR et al.* (o. J.b), S. 19. Das Liquiditätsrisiko wird in diesem Systematisierungsansatz nicht explizit genannt, da es als „Meta-Risiko" und ständige strenge Nebenbedingung betrachtet wird. Zudem wird angenommen, dass durch „einen verantwortungsvollen Umgang mit den anderen Risiken [.] gleichzeitig dem Liquiditätsrisiko [vorgebeugt wird; Erg. d. Verf.]". *BVR et al.* (o. J.b), S. 20.

Zu den Vertriebsrisiken zählen nach diesem Ansatz die Gefahr, dass das erwartete Kundengeschäftsergebnis nicht erreicht wird, da der kontrahierte Konditionsbeitrag im Neugeschäft nicht dem geplanten Betrag entspricht, dass negative Leistungsstörungen in bestehenden Kundengeschäften über den Erwartungen liegen und dass das geplante Kundengeschäftsvolumen nicht erreicht wird.[569] Dahinter steht die Idee, dass Adressrisiken und Marktpreisrisiken nicht direkt zu den vom Vertrieb verantwortbaren Risiken gehören.[570] Aus diesem Grund werden im Rahmen des Verrechnungspreismodells die betroffenen Geschäfte bzw. Zahlungsflüsse aus den dezentralen Marktbereichen an die zentrale Disposition (Treasury) veräußert. So werden bspw. aus dem Marktbereich Firmenkunden die Zinsgeschäfte zum Marktwert auf der Basis der abschlussstichtagsbezogenen Zinsstrukturkurve an die Zentraldisposition weitergereicht.[571] Dem veräußernden Marktbereich werden die jeweiligen ökonomischen Wertbeiträge in Form und Höhe des Margenbarwerts ((Zins-)Konditionsbeitragbarwert) gutgeschrieben. Die ökonomischen Konsequenzen aus der offenen Zinsposition betreffen den empfangenden Bereich, in dessen Aufgabenbereich die Steuerung der Risiken aus den offenen Positionen fällt (Transformations- oder Strukturbeitrag). Diese Unterteilung von Konditionsbeitrag und Transformationsbeitrag aus zinsabhängigen Geschäften ist Ergebnis der Marktzinsmethode,[572] welche die Basis der in den Kreditgenossenschaften implementierten Deckungsbeitrag-III-Rechnung ist. Die Grundlagen dieses Kalkulationsschemas werden im Folgenden vorgestellt

4.3 Einzelgeschäftskalkulation im Deckungsbeitrag-III-Schema

Die klassische Produktkalkulation des industriellen Kontextes wird in den Kreditgenossenschaften als Einzelgeschäftskalkulation bezeichnet. Die Grundlage der Einzelgeschäftskalkulation ist das Deckungsbeitrag-III-Schema (siehe Abbildung 25) mit dem die Vorteilhaftigkeit eines Kundengeschäfts bestimmt

569 Vgl. *BVR et al.* (o. J.b), S. 20. Für eine abweichende Risikosystematik bei Banken vgl. z. B. *Krammer, C. K. et al.* (2001), S. 1453.

570 Vgl. *Wimmer, K.* (2010), S. 19.

571 Vgl. *Wimmer, K.* (2010), S. 19; *BVR et al.* (o. J.b), S. 27 ff. Analog ist dieses Vorgehen für die Adressrisiken, die der Markt gegen Zahlung der barwertigen Risikoprämie an die zentrale Risikosteuerung verkauft und sich damit der Adressrisiken entledigt. Vgl. *Wimmer, K.* (2010), S. 21.

572 Vgl. *Rolfes, B./Dartsch, A.* (1997), S. 926 ff.

werden soll.[573] Die DB-III-Rechnung ist als stufenweise Deckungsbeitragsrechnung ausgestaltet, die sich an der Trennung des Leistungsprozesses der Bank in einen Wert- und einen Betriebsbereich orientiert.

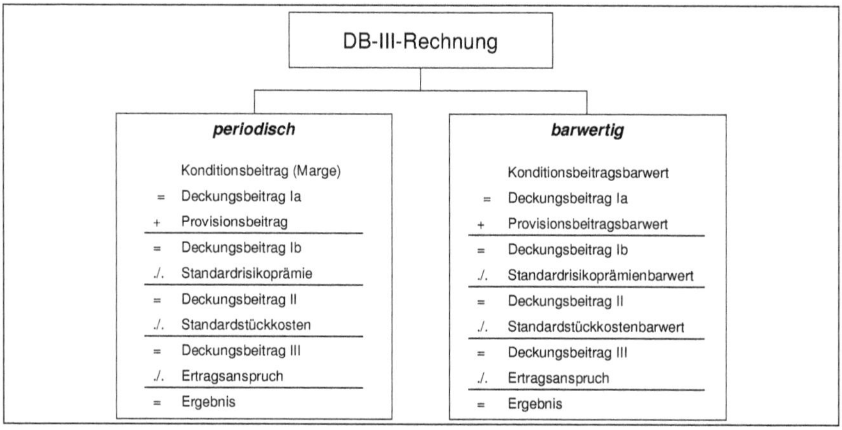

Abbildung 25: Schema der DB-III-Rechnung in VR-CONTROL[574]

Der Konditionsbeitrag(sbarwert) ist der Ertragsbeitrag(sbarwert), der sich aus der Differenz des Kundengeschäfts und einer strukturkongruenten Alternativanlage oder Refinanzierung am Geld- und Kapitalmarkt ergibt.[575] Er resultiert aus zinsabhängigen Geschäften, die von der Bank selbst erstellt werden und wird mit der Marktzinsmethode berechnet.[576]

Für Bank- oder Finanzdienstleistungen, die für den Verbund vermittelt werden, erhalten die Banken eine einmalige oder laufende Einzahlung als Vermittlungsprovision. Diese Beiträge, aber auch die erhaltenen Gebühren aus Dienstleistungen wie dem Zahlungsverkehr, werden dem Provisionsbeitrag zugeord-

573 Vgl. hier und nachfolgend *Batz, C./Hensel, V.* (2007), S. 102 ff. und *Kroon, G./Pool, F.* (2002), S. 27 ff.

574 Eigene Darstellung.

575 Vgl. *Batz, C./Hensel, V.* (2010), S. 110. Aufgrund ihrer unsicheren Zahlungsströme lassen sich für variable Produkte, bei denen die Dauer der Kapitalbindung und die Volumenshöhe zeitlich variant sind, aus praktischen Erwägungen heraus keine Refinanzierungs- oder Wiederanlagegeschäfte zuordnen. In diesen Fällen wird die Kalkulation des Konditionsbeitrags mit alternativen Verfahren vorgenommen. Vgl. *Herrmann, J./Lüders, U.* (2004), S. 48.

576 Vgl. zur Marktzinsmethode z. B. *Rolfes, B./Dartsch, A.* (1997), S. 926 ff.

net, der auch die mit dem Provisionsgeschäft direkt verbundenen Kosten umfasst.[577]

Für die risikobehafteten Aktivgeschäfte der Bank besteht die Notwendigkeit, das Risiko eines Ausfalls der ausstehenden Zins- und Tilgungsleistungen (Adressrisiko) kalkulatorisch zu berücksichtigen und damit in die Preisfindung zu integrieren. Die Standardrisikoprämie, die den erwarteten Verlust aus dem Geschäft aus Sicht der Bank darstellt, wird auf der Basis der konzeptionellen Grundlage des sog. Ausfallmodells berechnet.[578] Die Berechnung der Prämie erfolgt in diesem Modell verbundeinheitlich auf Basis des VR-RATING, das die Ausfallwahrscheinlichkeit für den Betrachtungszeitraum von einem Jahr gemäß den aufsichtsrechtlichen Vorgaben berechnet.[579] Die Gesamtheit der Risikoprämien bildet einen Fonds, der die tatsächlichen Verluste aus dem adressrisikotragenden Geschäft übernimmt.

Die Kosten des Betriebsbereichs werden in dieser Rechnung anhand einer prozessorientierten Standardeinzelkostenrechnung ermittelt und als Standardstückkosten integriert.[580] Dabei werden neben den direkt zurechenbaren variablen Einzelkosten auch auf Basis der Prozesskostenrechnung verrechnete Gemeinkosten berücksichtigt. Da die Standardstückkosten produktindividuell ermittelt werden, liegen der Prozesskostenrechnung annahmegemäß standardisier-

---

577 Vgl. *BVR* (2002b), S. 19; *BVR* (2003b), Kapitel 2.1, S. 47.

578 Das Ausfallmodell ist eine von zwei grundsätzlichen Methoden zur Risikoquantifizierung. Dabei wird der erwartete Verlust, der die Grundlage der Risikoprämienkalkulation ist, als Produkt aus den Faktoren Kreditvolumen bzw. Kreditäquivalent, Ausfallwahrscheinlichkeit und Verlustquote berechnet. Vgl. *BVR* et al. (o. J.b), S. 42 ff. Das Kreditäquivalent stellt die auf den Zeitpunkt der Berechnung diskontierten ausstehenden Zins- und Tilgungsleistungen dar und die Verlustquote den Anteil des Kreditäquivalents, der durch die Sicherheitenverwertung nicht abgedeckt ist (Abschreibungsbedarf). Vgl. dazu auch *Batz, C./Hensel, V.* (2007), S. 114 f. und *BVR et al.* (o. J.b), S. 42 ff.

579 Das VR-RATING entspricht dem so genannten IRB-Basisansatz, wobei IRB für Internal Ratings Based steht. Vgl. allgemein zum IRB-Basisansatz *Basler Ausschuss für Bankenaufsicht* (2004), S. 14 ff. und zum VR-RATING bzw. dessen Vorläufer dem BVR-II-RATING z. B. *Nowak, H.* (2002), S. 22 ff. und *Altenbäumker, D./Andritzky, U.* (2007), S. 26 ff. Ziel dieser mit dem Begriff Basel II verbundenen Vorgaben ist eine risikoorientierte Eigenkapitalhinterlegung. Nach Studien des BVR nutzen etwa 40 Prozent der Kreditgenossenschaften diesen IRB-Basisansatz und 60 Prozent den Standardansatz, der ein einheitliches Risikogewicht nutzt, und vor allem für das kleinvolumige Mengengeschäft der Institute als Erleichterung gilt. Vgl. *BVR* (2005b), S. 1. Bei den i. d. R. häufiger vorkommenden mehrjährigen Krediten werden die jährlichen Ausfallwahrscheinlichkeiten mit Hilfe von im Verbund erhobenen Migrationsmatrizen ermittelt. Vgl. *Batz, C./Hensel, V.* (2010), S. 112 f.

580 Vgl. hier und nachfolgend *Batz, C./Hensel, V.* (2010), S. 115 ff.; *Hensel, V./Wild, C.* (2003), S. 36 ff.

te Vertriebs- und Produktionsprozesse für die einzelnen Produkte zugrunde. Dabei werden die Tätigkeiten im Rahmen der Eröffnungs-, Auflösungs- und laufenden Betreuungsprozesse betrachtet, so dass erfahrungsgemäß etwa 20 Prozent der gesamten Bankkosten in der Kundengeschäftskalkulation enthalten sind. Für einen Großteil der Produkte werden diese Standardstückkosten aus den Ergebnissen einer verbundweiten Erhebung übernommen, so dass nur für wenige Produkte institutsindividuelle Werte genutzt werden. Grundlage der Personalkostenzurechnung in diesem Prozesskostenrechnungsansatz sind Mitarbeiterzeiten, die im klassischen personenbezogenen Filialvertrieb anfallen.[581]

Da nicht alle anfallenden Kosten der Bank berücksichtigt werden, ist ein Ertragsanspruch zu definieren.[582] Dieser soll die Kosten der Sicherungseinrichtung, die sonstigen Overheadkosten und die Eigenkapitalkosten umfassen. Die Beiträge zur Sicherungseinrichtung dienen der Aufrechterhaltung der verbundinternen Stabilität einzelner Mitglieder auf Basis einer Solidarversicherung und sind grundsätzlich bei allen Produkten zu berücksichtigen. Die Eigenkapitalkosten betreffen dagegen nur die Aktivgeschäfte und sind als Verzinsung des ökonomischen Risikokapitals, definiert als Höhe des unerwarteten Verlusts, zu verstehen.[583] WIMMER bezeichnet dies als Risikoübernahmeprämie.[584] Die Eigenkapitalkosten sollte der Ergebnisanspruch mindestens umfassen.[585]

Bei der Verwendung der richtigen Steuerungsanreize wird diskutiert, ob die Ausgestaltung der DB-III-Rechnung barwertig oder periodisch erfolgen soll. Als Vorteile der barwertigen Steuerung werden die stringente Ausrichtung am Neugeschäft, die Vermeidung von Problemen der Zurechnung von Erfolgen bei Beraterwechseln bei gleichzeitiger Universalität des Konzepts im Sinne von Ergebnisaggregation und Vergleichbarkeit, die Steigerung der Ertragsorientierung bei den Vertriebsmitarbeitern sowie die Sicherung künftiger Periodenerfolge gesehen.[586] Die barwertige Steuerung vereinfacht zudem Planungs- und Control-

---

581 Vgl. *BVR* (2003c), S. 25.

582 Vgl. hier und nachfolgend *Batz, C./Hensel, V.* (2010), S. 116 f.; *Hensel, V./Wild, C.* (2003), S. 36.

583 Die Eigenkapitalkosten werden auf Basis des so genannten Eigenkapitalmultiplikatoransatzes mit Bezug zum Risikogehalt des Portfolios berechnet. Formal entspricht dies dem Produkt aus dem Quotienten des unerwarteten und erwarteten Verlusts des Portfolios, dem erwarteten Verlust des betrachteten Neugeschäfts und dem Verzinsungsanspruch für das ökonomische Risikokapital. Vgl. *BVR* (2002b), S. 28; *BVR* (2003b), Kapitel 2.4; *Batz, C./Hensel, V.* (2010), S. 116 ff.

584 Vgl. *Wimmer, K.* (2010), S. 28.

585 Vgl. *BVR* (2002b), S. 26.

586 Vgl. *Averbeck, C./Frere, E./Reuse, S.* (2008), S. 40 ff.; *Wimmer, K.* (2010), S. 15 ff.; *Batz, C.* (2004), S. 32; *Dokter, M./Lüders, U.* (2003), S. 28.

lingprozesse, da Geschäfte nur einmal geplant, gemessen und berichtet werden, und leistet eine Beitrag zur Kapazitätsteuerung.[587] Dem stringenten Einsatz stehen jedoch wesentliche Probleme entgegen. So ist festzustellen, dass die Firmenkundenberater aufgrund der höheren Komplexität nicht hinreichend mit der barwertigen Steuerung vertraut sind[588] und damit die Akzeptanz barwertiger Ergebnisse bei diesen eingeschränkt sein soll.[589] Zudem wird kritisiert, dass wichtige Barwertdeterminanten gerade bei zins- und laufzeitvariablen Produkten auf Basis von Annahmen prognostiziert und damit bei abweichenden Ist-Situationen (Leistungsstörungen) die kalkulierten Ergebnisse korrigiert werden müssen.[590] Dies führt zu Problemen bei der verursachungsgerechten Zuordnung von Vertriebserfolgen.[591] Die implizite Neugeschäftsfokussierung kann zudem eine Vernachlässigung der Bestandskunden ohne aktuellen Produktbedarf sowie Margendumping begründen.[592] Dies wirkt vor allem im Kontext der langfristigen Geschäftsbeziehungen zu Firmenkunden kontraproduktiv. Schließlich unterliegen Kreditgenossenschaften perioden- und volumenbezogenen Eigenkapitalrestriktionen und damit periodischen Ertragsanforderungen, die im Barwertkonzept nicht erfasst werden.[593] Aus der Abwägung der Vor- und Nachteile resultiert analog zur Gesamtbanksteuerung die Forderung, die barwertige und periodische Steuerung integrierend umzusetzen.[594] In der Praxis wird jedoch vornehmlich noch die periodische Steuerung eingesetzt.

---

587 Vgl. *Rolfes, B./Dartsch, A.* (1997), S. 938.

588 Vgl. *Batz, C.* (2004), S. 32; *Rehberg, M.* (2004), S. 12.

589 Vgl. *Dokter, M./Lüders, U.* (2003), S. 30.

590 Vgl. *Batz, C./Hensel, V.* (2010), S. 118 f.

591 WIMMER schlägt vor, Ereignisse wie Prolongationen von Geschäften oder Leistungsstörungen als Neugeschäfte zu definieren und dem jeweiligen Kundenberater als (Miss-) Erfolg zuzuordnen. Vgl. *Wimmer, K.* (2010), S. 28.

592 Vgl. *Dokter, M./Lüders, U.* (2003), S. 30. Beim Margendumping wird einer langen Laufzeit mit geringen Margen einer kurzen Laufzeit mit hohen Margen der Vorzug gegeben.

593 Vgl. *Rolfes, B./Dartsch, A.* (1997), S. 940.

594 Vgl. z. B. *Klemm, V./Mönke, R.* (2009), S. 48 ff.; *Krob, B.* (2007), S. 57.

5 Zusammenfassende Erörterung der Implikationen

Nachdem die wesentlichen Kontextspezifika erläutert wurden, soll diesen Teil C abschließend eine zusammenfassende Erörterung der resultierenden Implikationen erfolgen. Für die weitere Arbeit ergibt sich daraus ein Anforderungskatalog an eine zielsetzungsgerechte und zweckorientierte kundenwertorientierte Vertriebssteuerung. Zudem lassen sich erste Erkenntnisse über die Möglichkeiten und Grenzen der Ausgestaltung ebendieser Steuerungsphilosophie erkennen.

Aus der rechtlichen Definition der Kreditgenossenschaften resultiert,[595] dass diese besonderen aufsichtsrechtlichen Vorgaben unterworfen sind. Die kundenwertorientierte Vertriebssteuerung darf in ihrer formellen und materiellen Ausgestaltung zu diesen nicht im Widerspruch stehen. Aus der ökonomischen Definition und der hohen Bedeutung des personalisierten Vertriebs lässt sich schlussfolgern, dass Institutsziele und Individualziele der Vertriebsmitarbeiter divergieren können.[596] Die kundenwertorientierte Vertriebssteuerung sollte daher in der Lage sein, das Verhalten der Vertriebsmitarbeiter konsistent zu den Institutszielen zu steuern.

Hinsichtlich der Ausgestaltung der Vertriebssteuerung ist auch die Größe der hier betrachteten Kreditgenossenschaften zu berücksichtigen.[597] Die relative Kleinheit dieser Kreditinstitute ist als limitierender Faktor für deren Freiheitsgrade in der Ausgestaltung und Implementierung betriebswirtschaftlicher Konzepte zu verstehen. Daher ist eine strenge Pragmatik der Vertriebssteuerung zu fordern, was jedoch keinen Praktizismus in der Entwicklung bedeutet.[598] Dies ist als besondere Anforderung an die Adaption bestehender und Entwicklung neuer konzeptionell-theoretischer Ansätze zu begreifen. In diesem Zusammenhang kann jedoch auf die in der kreditgenossenschaftlichen Praxis bewährte Vorgehensweise der zentralen Entwicklung und dezentralen Nutzung rekurriert werden,[599] die dieses Postulat relativiert. Darüber hinaus gilt es, auf die bestehenden

---

595 Vgl. dazu die Ausführungen in Kapitel C.1.1.1.

596 Vgl. dazu die Ausführungen in Kapitel C.1.1.2 und Kapitel C.2.4.2.

597 Vgl. dazu die Ausführungen in Kapitel C.1.2.

598 Als Praktizismus gilt die Neigung, bei der praktischen Arbeit die theoretisch-ideologischen Grundlagen zu vernachlässigen.

599 Neben der bereits mehrfach angesprochenen Gesamtbanksteuerungskonzeption VR-CONTROL gibt es weitere methodische Entwicklungen, die federführend durch den BVR vorgenommen werden. Dazu zählt z. B. auch das in der FinanzGruppe eingesetzte Ratingverfahren VR-RATING. Der BVR hat zu diesem Zweck seit 2005 Fachräte installiert, die sich mit entsprechenden Schwerpunktthemen aus der Regionalbankenpraxis auseinandersetzen. Vgl. *BVR* (2004b).

Ansätze der Gesamtbanksteuerungskonzeption VR-CONTROL aufzusetzen.[600] Das bedeutet, dass die konzeptionellen Ergebnisse der Arbeit widerspruchsfrei zu den Merkmalen und Inhalten von VR-CONTROL in den Kreditgenossenschaften eingesetzt werden können. Dies betrifft konkret die Ausrichtung an der Zielsetzung der Vermögenswertorientierung sowie die Verwendung bestehender kalkulatorischer Grundlagen.

Aus den besonderen Charakteristika der Kreditgenossenschaften ergeben sich weitere Implikationen.[601] Die Besonderheit der mitgliederorientierten Unternehmensführung und Corporate Governance impliziert, dass Kunden, an denen sich die kundenwertorientierte Vertriebssteuerung als zentrale Bezugsebene orientiert, gleichzeitig Eigentümer (Mitglieder) der Genossenschaft sein können. Damit sind unmittelbar der mitgliederorientierte Förderauftrag sowie die damit verbundenen Strukturgrenzen verbunden. Sobald sich die kundenwertorientierte Vertriebssteuerung und die sich daraus gezielt ergebenden Anreize an die Vertriebseinheiten konträr zu diesen wesentlichen Merkmalen der Genossenschaft verhalten, könnte den Kreditgenossenschaften eine Wesensverfremdung vorgeworfen werden. Träfe dies zu, würde der Genossenschaftsbank de jure die Existenzberechtigung entzogen werden können. Denn wenn diese nicht-genossenschaftliche Förderzwecke im Sinne des § 1 Abs. 1 GenG verfolgt, kann sie gemäß § 81 GenG aufgelöst werden.[602] Eine mögliche Verquerung des Förderauftrags könnte darüber hinaus insofern negative Konsequenzen für die Kreditgenossenschaft haben, als dadurch das Alleinstellungsmerkmal unterminiert und so auch aus Sicht der Kunden letztlich irrelevant wird. Insbesondere gilt es, dass durch die Implementierung einer kundenwertorientierten Vertriebssteuerung keine unzulässige Einschränkung der Mitgliederorientierung und des Förderzwecks aus Sicht der Mitglieder erfolgt.

Das Regionalprinzip begrenzt den absatzmarktbezogenen Handlungsraum der Kreditgenossenschaften.[603] In Abhängigkeit der jeweils vorliegenden Marktanteilsstruktur zwischen den relevanten Wettbewerbern impliziert dies eine starke Akquisitions- oder Bindungs- und Ausschöpfungsausrichtung als vertrieblichen Schwerpunkt. Die kundenwertorientierte Vertriebssteuerung muss die jeweils richtigen Ansätze und Anreize liefern können, um den jeweiligen Maßnahmenschwerpunkt zielgerecht zu unterstützen. Konkret bedeutet dies, dass

---

600 Vgl. dazu die Ausführungen in Kapitel C.4

601 Vgl. dazu die Ausführungen in Kapitel C.1.4 und Kapitel C.1.4.2.

602 In diesem Fall haften die Mitglieder des Vorstands und Aufsichtsrats aufgrund der Verletzung der Sorgfaltspflicht durch mangelnde Erfüllung des Förderzwecks für den daraus entstandenen Schaden gem. § 34 Abs. 2 GenG.

603 Vgl. dazu die Ausführungen in Kapitel C.1.4.3.

Bestands- und Nichtkunden Bezugspunkte der Kundenwertorientierung sein müssen.

Auch aus der Verbundorientierung resultieren spezifische Anforderungen.[604] Transaktionskostentheoretisch ist die FinanzGruppe eine hybride Koordinationsform[605] aus „selbständigen Unternehmen mit eigenen Zielen“[606]. Dass dabei Zielinkongruenz zwischen den einzelnen Unternehmen vorliegen kann,[607] lässt sich bereits anhand der unterschiedlichen Rechtsformen vermuten. So stehen in diesem Netzwerk die mit dem Förderzweck beauftragten Kreditgenossenschaften neben den primär erwerbswirtschaftlich ausgerichteten Aktiengesellschaften, der Rechtsform der meisten Verbundunternehmen.[608] Darüber hinaus können sich auch auf der funktionalen Ebene des Vertriebs Unterschiede im Zielsystem ergeben und damit Einfluss auf die netzwerkinterne Koordination der arbeitsteiligen Aufgabenerfüllung haben (siehe Abbildung 26). Denn die meisten Spezialinstitute sind fokussiert auf einen bestimmten Produktbereich, was eine gegenüber den Kreditgenossenschaften produktbezogene Koordinationsausrichtung begünstigt (z. B. durch Produktabsatzziele in der Vertriebsabstimmung).[609] Die Kreditgenossenschaften dagegen stehen als Allfinanzanbieter dem Bankkunden gegenüber,[610] was eine vom Produktziel abweichende Zielformulierung im Vertrieb begünstigt.[611] Dies kann zu Konflikten in der Koordination und Steuerung führen.

---

604 Vgl. dazu die Ausführungen in Kapitel C.1.4.4.

605 Vgl. *Brixner, U.* (2006), S. 66.

606 *Pleister, C.* (2006), S. 114.

607 Vgl. *Pleister, C.* (2006), S. 115.

608 Zwar gilt, dass der Förderauftrag auch für die Verbundunternehmen gilt, da diese von den Kreditgenossenschaften gegründet wurden, um diesen zu dienen. Dieser Förderauftrag gilt aber nur im Verhältnis von Verbundunternehmen zu Kreditgenossenschaft. Vgl. *Wiedemann, A.* (1992), S. 97 ff.

609 Vgl. dazu auch die Aussage des BVR, Produkte und Produktvolumina in die Zielvereinbarungen zwischen Kreditgenossenschaft und Verbundunternehmen aufzunehmen. Vgl. *BVR* (2001b), S. 26.

610 Vgl. dazu die Ausführungen in Kapitel C.2.3.

611 Vgl. *Kring, T.* (2002), S. 33. Vgl. auch die Empfehlung einer Verbundmatrixorganisation bei *Wiedemann, A.* (1992), S. 104, die den genannten steuerungsrelevanten Zielkonflikt bereits implizit beinhaltet.

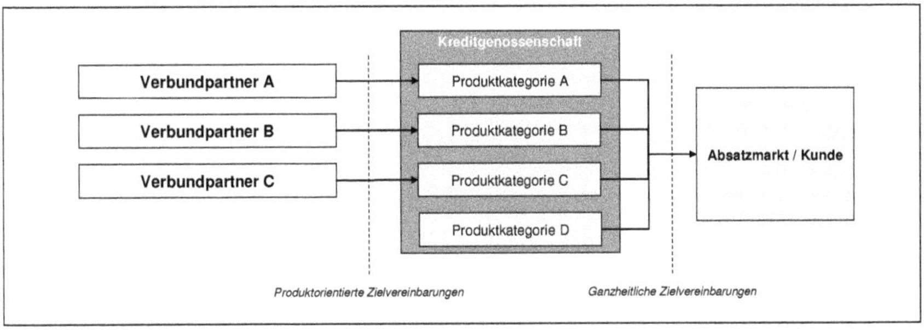

Abbildung 26: Vertriebskoordination über Zielvereinbarungen in der FinanzGruppe[612]

So stellt etwa das Vorstandsmitglied der VOLKSBANK TRIER EG, HORST SCHREIBER, fest, dass über die Genossenschaftsbanken kein reiner Produktverkauf stattfinden könne, sondern Platz für individuelle und ganzheitliche Lösungen für den Kunden sein müsse.[613] Gleichwohl gaben in einer empirischen Untersuchung von KRING von 653 teilnehmenden Kreditgenossenschaften 47,9 Prozent an, dass die produktbereichsbezogenen Zielvereinbarungen mit den Verbundunternehmen einen starken bis sehr starken Einfluss auf die eigene Strategie ausüben.[614] Und so verbindet auch der BVR in dem zentralen Strategiepapier BÜNDELUNG DER KRÄFTE: DIE GEMEINSAME STRATEGIE die Verbundorientierung der Kreditgenossenschaften mit der Notwendigkeit zum „Abschluss von schriftlichen Vertriebsvereinbarungen über Vertriebsziele, Produkte, Provisionen, Form der Zusammenarbeit und Vertriebscontrolling“[615]. Dabei ist aber zu beachten, dass die Verbundpartner ein zum Eigenangebot der Kreditgenossenschaften teilweise substitutives Leistungsprogramm bereitstellen (z. B. Factoring (Verbund) und Betriebsmittelkredit (Kreditgenossenschaft)). Diese Substitutionsbeziehungen müssen ebenfalls zielsetzungsgerecht in der Vertriebssteuerung berücksichtigt werden können. Für die weitere Untersuchung sind also die vertriebsbezogene Verbundstruktur, die Absatzverbundbeziehungen der gesamten Verbundproduktbreite sowie der Koordinationsbedarf zwischen Verbundunternehmen und Kreditgenossenschaft von wesentlicher Bedeutung. Damit ist die Anforderung verbunden, die Produktvielfalt in Verbindung mit der Verbundorientierung zweckmäßig und zielsetzungsgerecht in die Vertriebssteuerung zu integrieren.

612 Eigene Darstellung.
613 Zitiert nach *Theurl, T.* (2004), S. 2.
614 Vgl. *Kring, T. I.* (2002), S. 33.
615 *BVR* (2001b), S. 20.

Vor dem Hintergrund der hohen Wettbewerbsintensität und der Erwartungshaltung einer weiteren Zunahme dieses Wettbewerbs aufgrund der Finanzmarktkrise ist es die vornehmliche Aufgabe der Vertriebssteuerung,[616] die Effektivität und Effizienz des Vertriebs sicherzustellen. Während die Effektivität das Ausmaß der Zielerreichung beschreibt, bezieht sich die Effizienz auf die Wirtschaftlichkeit der Zielerreichung. In diesem Zusammenhang deuten die Ergebnisse der zitierten empirischen Studien daraufhin, dass manifeste und latente Ertragspotenziale entwickelt und ausgeschöpft werden müssen. Für die kundenwertorientierte Vertriebssteuerung bedeutet dies, dass ihr ein entsprechender Analyse- und Steuerungsansatz immanent sein muss. In diesem Kontext gilt es auch, die bestehenden Segmentierungsansätze unter Rekurs auf die Kundenwertorientierung anzupassen.

Aus den Ausführungen zu bestehenden Zielgruppenabgrenzungen wird deutlich,[617] dass diese Verfahren nicht hinreichend sind, um einen effektiven und effizienten Vertrieb zu unterstützten. Die kundenwertorientierte Vertriebssteuerung sollte daher Instrumente beinhalten, die dieses Defizit kompensieren können. Wie anhand empirischer Daten gezeigt wurde, stellen kleine und mittlere sowie mittelständische Unternehmen über 90 Prozent der Firmenkunden der Kreditgenossenschaften dar.[618] Für diese ist es typisch, dass nur in geringem Umfang Unternehmensdaten öffentlich zugänglich sind. Wie in den weiteren Ausführungen noch deutlich werden wird, ist es jedoch der Kundenwertorientierung inhärent, dass diese den Blick aus dem Unternehmen heraus richtet und somit auf externe Daten und Informationen angewiesen ist. Diesem Spannungsverhältnis aus Informationsangebot und Informationsbedarf muss entsprechend Rechnung getragen werden. Weiterhin fordern die Verbindung von privater und unternehmerischer Sphäre sowie die Bildung von vertriebsrelevanten Betreuungseinheiten eine gewisse Relativität der Vertriebssteuerung.

Weitere wichtige Implikationen für die Vertriebssteuerung ergeben sich aus den Besonderheiten des Leistungsprogramms, konkret aus den Eigenschaften von Bankdienstleistungen.[619] Denn in Unternehmen, in denen der Vertrieb der Produktion zeitlich vorgelagert ist, ist der Vertriebsplan die zentrale Determinante der anderen Teilpläne.[620] So richtet sich entsprechend der Kapazitätsplan an den mittel- und langfristigen Vertriebsplänen aus. Damit ist gleichzeitig die Gestaltung der bedeutenden Gemeinkostenbereiche der Dienstleistungsunter-

---

616 Vgl. dazu die Ausführungen in Kapitel C.1.5.

617 Vgl. dazu die Ausführungen in Kapitel C.2.2.2.

618 Vgl. dazu die Ausführungen in Kapitel C.2.2.3.

619 Vgl. dazu die Ausführungen in Kapitel C.2.3.

620 Vgl. *Homburg, C. et al.* (2008), S. 635.

nehmen betroffen. In der kurzfristigen Perspektive jedoch gelten die Gemeinkostenbereiche als weitgehend remanent. Folglich muss die Vertriebsplanung hinreichend konkrete Informationen in Bezug auf die wahrscheinliche Kapazitätsauslastung geben, so dass die Bankleitung in der Lage ist, frühzeitig Maßnahmen zu ergreifen. Aufgrund der Dienstleistungseigenschaften ergibt sich jedoch ein Steuerungsproblem, das aus der Integration des externen Faktors resultiert und die Planbarkeit der Produktion beschränkt. Weiterhin resultieren Probleme im Rahmen kostenrechnerischer Bewertungen, durch die hohe Bedeutung der Gemeinkosten, die eine produktbezogene Kostenzurechnung erschweren.[621]

Es ist evident, dass die vertriebliche Vorgehensweise im Kontext der beziehungsorientierten Ansätze ebenfalls besondere Implikationen für die Vertriebssteuerung beinhaltet. Zum einen besteht aufgrund der ressourcenintensiven Prozessstruktur die Notwendigkeit den Ressourceneinsatz effizient vorzunehmen. Dies bedeutet, dass die knappen Personalressourcen der Vertriebsmitarbeiter, d. h. der Firmenkundenbetreuer in die ertragreichste Verwendungsrichtung alloziiert werden. Gleichzeitig ist aufgrund des relationalen Ansatzes eine ausschließliche Fokussierung auf die Profitabilität des einzelnen Geschäfts nicht zwingend maßgeblich, wird sogar im Ansatz der Hausbankbeziehung als kontraproduktiv angesehen.[622] Vielmehr muss über die gesamte restliche Dauer der Geschäftsbeziehung ein positives Ergebnis für die Kreditgenossenschaft resultieren. Damit muss die Vertriebssteuerung die unterschiedlichen Ansätze im Vertrieb beachten und gleichzeitig bei den relationalen Ansätzen die Beziehung in den Vordergrund der Bewertung vertrieblicher Maßnahmen rücken.

Schließlich sind auch die institutionellen Besonderheiten zu beachten, was vor allem dann für die Vertriebssteuerung wesentliche Implikationen beinhaltet, wenn verschiedene Organisationseinheiten der Kreditgenossenschaft in die Betreuung involviert sind oder gar Bankmitarbeiter und Verbundmitarbeiter gleichermaßen in die Vertriebsarbeit investieren.[623] Für die Vertriebssteuerung bedeutet dies, dass Entscheidungsgrundlagen hinreichend transparent sind und Anreize aus Sicht von allen involvierten Akteuren institutszielsetzungsgerecht ausgestaltet sind.

Die strategische Ausrichtung ist ebenfalls als Orientierungspunkt zu berücksichtigen. Für die Kreditgenossenschaften wird eine qualitätsorientierte Differenzierungsstrategie konstatiert. Dieser strategische Ansatz muss bezüglich seiner konkreten Maßnahmen in die Planungs-, Steuerungs- und Kontrollaktivitäten integriert werden. Damit ist verbunden, dass die Vertriebssteuerung dazu

---

621 Vgl. *Reckenfelderbäumer, M.* (2005), S. 37.

622 Vgl. *Doberanzke, V.* (1993), S. 23.

623 Vgl. dazu die Ausführungen in Kapitel C.2.4.3.

beiträgt, strategiekonsistente Anreize zu geben, um eine möglichst hohe Kongruenz zwischen Strategie und Vertriebsmaßnahmen herzustellen.

Die in Tabelle 9 zusammenfassend dargestellten Implikationen konstituieren einen Anforderungskatalog, der für die Entwicklung einer kundenwertorientierten Vertriebssteuerung zu beachten ist. Dabei gilt, dass nicht alle der genannten Anforderungen unmittelbare Auswirkungen auf die konzeptionellen Ausführungen in den Teilen A und E haben und sich daher dort expressis verbis wiederfinden. Einige dieser Anforderungen sind vielmehr so zu verstehen, dass eine kundenwertorientierte Vertriebssteuerung diesen Anforderungen bzw. deren Umsetzung in der Praxis nicht entgegenstehen darf.

Tabelle 9: Zusammenfassende Darstellung der Implikationen für die Vertriebssteuerung[624]

Kontextfaktor	Implikationen für Vertriebssteuerung
Definition von Banken	• (Aufsichts-)rechtliche Anforderungen berücksichtigen • Zielunterschiede berücksichtigen
Kleinheit der Kreditgenossenschaften	• Pragmatismus, aber kein Praktizismus • Orientierung an Gesamtbanksteuerungskonzeption VR-CONTROL insbesondere im Hinblick auf Zielgrößen und Kalkulationsgrundlagen
Wesenszweck (Mitgliederorientierung und Förderauftrag)	• Integration des genossenschaftlichen Förderauftrags als Strukturdeterminante • Beachtung des Identitätsprinzips
Regionalprinzip	• Sicherstellung der Ausschöpfung von Ertragspotenzialen im Firmenkundenbestand • Ausrichtung der Akquisitionstätigkeiten auf potenzialstarke Nicht-Kunden
Verbundorientierung und Bankleistungsprogramm	• Abbildung des Allfinanzangebots im Sinne der Verbundorientierung • Harmonisierende Integration von verschiedenen Unternehmenszielsetzungen und Koordinationsansätzen • Allfinanzangebot als Ganzes berücksichtigen
Wettbewerb (im Firmenkundengeschäft) und Ertragsschwäche	• Sicherstellung der nachhaltigen Effektivität und Effizienz des Vertriebs • Fokussierung auf manifeste und latente Ertragspotenziale
Zielgruppenabgrenzung und Kundenstruktur	• Identifikation attraktiver bzw. werthaltiger Firmenkunden und Integration dieses Wertes in Segmentierungsverfahren • Knappheit der Informationen bei mittelständischen Firmenkunden berücksichtigen • Berücksichtigung von Kundenverbünden als Bezugsgröße vertrieblicher Maßnahmen
Eigenschaften von Dienstleistungen (Leistungstypologisierung)	• Vertriebsplanung muss als „Engpasssektor" die zweckmäßige Verbindung von Unternehmen und Markt sein (Grundlage anderer Teilpläne) • Integration des externen Faktors als Unsicherheitsdeterminante der Leistungserstellung • Berücksichtigung des hohen Anteils an Gemeinkosten
Vertriebsansätze	• Differenzierte Steuerung für transaktionale und relationale Ansätze • Bei relationalen Ansätzen Fokussierung auf Geschäftsbeziehung als relevanten Betrachtungsgegenstand
Vertriebsorganisation	• Berücksichtigung der Arbeitsteilung im Vertrieb bei Erfolgszurechnung
Strategische Ausrichtung	• Sicherung der Umsetzung der strategischen Maßnahmen und einer strategiekonsistenten Ausgestaltung des Vertriebs

624 Eigene Darstellung.

D Grundlagen einer kundenwertorientierten Vertriebssteuerung für das Firmenkundengeschäft der Kreditgenossenschaften

Nachdem im vorhergehenden Teil C die kontextspezifischen Implikationen einer kundenwertorientierten Vertriebssteuerung bei den Kreditgenossenschaften herausgearbeitet wurden, sollen in diesem Teil A die Grundlagen einer kundenwertorientierten Vertriebssteuerung erörtert und definiert werden. Dies betrifft zunächst die Abgrenzung des Begriffs Kundenwert (Kapitel D.1). Anschließend wird geprüft, ob die in der wissenschaftlichen Literatur definierten Erfolgsvoraussetzungen einer kundenwertorientierten Steuerung bei den Kreditgenossenschaften vorliegen (Kapitel D.2). Im Weiteren werden das Zielsystem der Kreditgenossenschaften und insbesondere die Vereinbarkeit von genossenschaftlichen Prinzipien und Kundenwertorientierung analysiert (Kapitel D.3). Im Anschluss daran wird die Prüfung bestehender und die Konzeptualisierung eines geeigneten Kundenwertmodells vorgenommen (Kapitel A.1) woran sich die für die Vertriebssteuerung notwendige Operationalisierung anschließt (Kapitel D.5). Der Teil A schließt mit kritischen Würdigung der Erkenntnisse (Kapitel D.6).

1 Begriffsabgrenzung Kundenwert

1.1 Abgrenzung ausgewählter kundenbezogener Wertbegriffe

In der Literatur werden verschiedene kundenbezogene Wertbegriffe mehrdeutig verwendet. Nachfolgend sollen in der Literatur häufig vorkommende Begriffe abgegrenzt werden.[625] Gemeinsame Basis dieser Begriffe ist der Zweck jedweder tauschbasierten Transaktion, wonach die beteiligten Akteure von einem tauschinduzierten Nutzen- oder Wohlfahrtsgewinn ausgehen.[626]

Aus Nachfragersicht beschreibt der Begriff Customer Value den Nutzen, den ein Kunde aus dem Konsum eines Produkts bzw. einer Dienstleistung oder

---

625 Siehe dazu auch die Ausführungen bei *Wünschmann, S.* (2007), S. 27 ff. Für eine ausführliche Diskussion verwendeter Begriffe vgl. z. B. *Rudolf-Sipötz, E.* (2001), S. 14 ff., *Eberling, G.* (2002), S. 35 ff. oder *Wille, K.* (2005), S. 34 ff.

626 Vgl. *Eggert, A.* (2006), S. 48, der dies als Wertgewinn bezeichnet.

der Interaktion mit einem Anbieter erzielen kann.[627] Der Customer Value ist das Ergebnis eines kognitiven Abgleichs zwischen der jeweils subjektiven Nutzen- und Aufwandssumme, die der Kunde im Rahmen einer Transaktion erwartet.[628] Im deutschsprachigen Raum wir dies auch als Kundennettonutzen bezeichnet.[629] In jüngeren Publikationen wird auch der Begriff des Value Equity verwendet, der „represents a customer's balancing of what is given up (price) and what is received (value)."[630] Werden diese Komponenten nur monetär verstanden, wird er dem Begriff Value for Money gleichgesetzt.[631]

Der Begriff Customer Value wird selten auch aus Anbieterperspektive verwendet und ist definiert als die Bedeutung des Kunden für ein Anbieterunternehmen.[632] Verbunden mit dem Ziel langfristiger Geschäftsbeziehungen wird der eher statische Begriffsinhalt auf den Begriff Customer Lifetime Value übertragen und somit dynamisiert.[633] Der Customer Lifetime Value oder auch Kundenlebenswert[634] wird als investitionstheoretischer und somit rein monetärer Kundenwert operationalisiert.[635] Den Begriff Customer Value anbieterseitig zu verwenden schließen BARTH/WILLE aus. „Ein solches Begriffsverständnis ist [.] hinsichtlich seiner Blickrichtung inkonsistent zu den übrigen Wertbegriffen [...]".[636] Wenn der Shareholder Value den Wert eines Unternehmens(anteils) für den Anteilseigner bedeutet, dann muss der Customer Value der Wert für den Kunden sein.[637]

---

627 Vgl. *Woodruff, R. B.* (1997), S. 140. Der Begriff Konsum steht hierbei stellvertretend für den Ge- oder Verbrauch einer Leistung.

628 Vgl. *Lam, S. Y. et al.* (2004), S. 295 sowie die dort angegebene Literatur.

629 Vgl. z. B. *Vogel, V.* (2006), S. 13 ff. Nutzen- und Aufwandssumme setzen sich aus verschiedenartigen Teilnutzen- (z. B. Produktnutzen) und Aufwandskomponenten (z. B. Kosten) zusammen.

630 *Vogel, V./Evanschitzky, H./Ramaseshan, B.* (2008), S. 104.

631 Vgl. *Wille, K.* (2005), S. 34 sowie die dort angegebene Literatur.

632 Vgl. *Krafft, M.* (2007), S. 44.

633 Vgl. *Dwyer, F. R.* (1997), S. 6 ff.

634 Vgl. *Wiesel, T./Skiera, B.* (2007), S. 706 ff.

635 Vgl. *Lissautzki, M.* (2007), S. 21 ff.; *Weber, J./Lissautzki, M.* (2004), S. 10; *Hempelmann, B./Lürwer, M.* (2003), S. 337. Alle dem Kunden zurechenbaren Einzahlungsüberschüsse über die erwartete Dauer der Geschäftsbeziehung werden auf den Bewertungszeitpunkt mit einem risikoadjustierten Diskontfaktor abgezinst. Unterschieden wird dabei, ob der für die Ermittlung der Einzahlungsüberschüsse relevante Zeitraum nur prospektiv, vgl. z. B. *Weber, J./Lissautzki, M.* (2004), S. 10, oder die gesamte Dauer der Geschäftsbeziehung umfasst. Vgl. z. B. *Kumar, V./George, M.* (2007), S. 157.

636 *Barth, K./Wille, K.* (2000), S. 6, Fn. 46.

637 Vgl. *Wille, K.* (2005), S. 36.

Als weiterer, etablierter kundenbezogener Wertbegriff ist Customer Equity zu nennen.[638] Auch dieser Begriff wird anbieter- und nachfragerseitig verwendet. Ausgehend von der Überlegung, dass der Wert eines Unternehmens vor allem durch den Wert der Kundenbeziehungen determiniert wird, wird der Kundenstamm als intangibler Vermögensgegenstand des Unternehmens verstanden.[639] Nach RUST/ZEITHAML/LEMON ist „A firm's Customer Equity [.] the total of the discounted lifetime values of all of its customers"[640]. WAYLAND/COLE dagegen nutzen den Begriff Customer Equity, um den Wert einer einzelnen Kundenbeziehung zu benennen und bezeichnen den aggregierten Wert als Customer Portfolio Value.[641] DORSCH/CARLSON und DORSCH ET AL. sehen die Kunden als Investoren in eine Geschäftsbeziehung,[642] wenn diese durch loyales Verhalten Autonomie und Handlungsspielräume einschränken, um künftig diese Nachteile durch die Vorteile aus der Beziehung zum betrachteten Unternehmen überzukompensieren.[643] Customer Equity wird zum Wert der Investitionen des Kunden in die Unternehmung und damit ein Perspektivwechsel von Beurteilungsobjekt und -subjekt vorgenommen.[644]

Den Begriff des (monetären) Kundenwerts nutzen GIERL/KURBEL.[645] Ihr Begriffverständnis beinhaltet neben den Bestandteilen des Customer Lifetime Value auch das informatorische Nutzenpotenzial von Kunden, dass sich für das Anbieterunternehmen z. B. darin zeigt, dass Kundenbeschwerden Produktverbesserungen initiieren können. Da dieser Ansatz durch eine dynamische und zahlungsorientierte Berechnungsvorschrift operationalisiert wird, müssen alle Größen monetarisiert werden.

---

638 Vgl. z. B. *Blattberg, R. C./Deighton, J.* (1996), S. 137 f.; *Kumar, V./George, M.* (2007), S. 157 ff.

639 So argumentieren SRIVASTAVA/SHERVANI/FAHEY in diesem Zusammenhang von Kundenbeziehungen als „market-based assets". Vgl. *Srivastava, R. K./Shervani, T. A./Fahey, L.* (1998), S. 2 ff.; siehe auch *Wiesel, T./Skiera, B.* (2007), S. 709; *Kumar, V./George, M.* (2007), S. 157.

640 *Rust, R. T./ Zeithaml, V. A./Lemon, K. N.* (2000), S. 4. Dabei werden sowohl die aktuellen als auch die potenziellen Kunden berücksichtigt. Vgl. *Rust, R. T./Lemon, K. N./Zeithaml, V. A.* (2004), S. 110.

641 Vgl. *Wayland R. E./Cole, P. M.* (1997), S. 8. So auch KRAFFT, der den Begriff Customer Equity aus der Analogie zum Markenwert, der synonym zum Brand Equity verwendet wird, ableitet, damit aber sowohl den Wert eines Kunden als auch einer Kundengruppe bezeichnet. Vgl. *Krafft, M.* (2007), S. 44.

642 Vgl. *Dorsch, M. J./Carlson, L.* (1996), S. 253; *Dorsch, M. J. et al.* (2001), S. 158.

643 Vgl. *Bell, D. et al.* (2002), S. 80.

644 Vgl. *Wille, K.* (2005), S. 33 f.

645 Vgl. *Gierl, H./Kurbel, T.* (1997), S. 176 ff.; so auch *Stanger, M.* (2007), S. 7.

Gemeinsamkeit der bisher betrachteten kundenbezogenen Wertbegriffe aus Anbietersicht ist, dass diese monetär ausgeprägt sind.[646] In der Literatur herrscht jedoch Uneinigkeit darüber, ob der Kundenwert konzeptionell rein monetär dimensioniert sein sollte. Insbesondere jüngere Beiträge aus dem deutschsprachigen Raum verwenden den Begriff Kundenwert, um mehrdimensionale, monetäre und nicht-monetäre Bestandteile des Werts eines Kunden für ein Unternehmen zu modellieren.[647] Diese Begriffe umfassen die vorgestellten kundenorientierten Wertbegriffe aus Anbietersicht und ergänzen sie um qualitative, nicht-monetäre Faktoren.

Die Heterogenität der kundenbezogenen Wertbegriffe bezeichnet WILLE als das normative Begriffsproblem der Kundenbewertung,[648] denn für „den Begriff Kundenwert gibt es [.] keine eindeutige, allgemeingültige Definition."[649] Auffällig ist, dass ein Teil der kundenorientierten Wertbegriffe aus Anbietersicht rein monetäre Grundlagen hat, während andere, und hier insbesondere die in die Forschung eingeführten Kundenwertbegriffe jüngerer deutschsprachiger Publikationen, auch nicht-monetäre Aspekte berücksichtigen. Aus diesem Grund ist es für den weiteren Verlauf der Arbeit geboten, eine zweckmäßige Begriffsauffassung als Grundlage der weiteren Analyse abzugrenzen.

1.2 Abgrenzung eines zweckmäßigen Begriffsverständnisses des Kundenwerts

Der abzugrenzende Begriff Kundenwert ist ein Kompositum der Begriffe Kunde und Wert. Zunächst wird der Wertbegriff abgegrenzt, bevor der Kunde als das zu bewertende Objekt näher betrachtet wird.

1.2.1 Grundlegendes Verständnis des Begriffs Wert

Der Begriff Kundenwert konkretisiert inhaltlich einen abstrakten Wertbegriff, der im Allgemeinen die zwischen einem Gegenstand (Objekt) und einem Maßstab durch den wertenden Menschen (Subjekt) hergestellte Beziehung be-

---

646 So sehen auch HENSELER/HOFFMANN das Ziel der Kundenbewertung in der Bestimmung eines monetären Werts der Kundenbeziehung. Dieser monetäre Wert wird als Beitrag des Kunden zur Erreichung des Unternehmensziels angesehen. Vgl. *Henseler, J./Hoffmann, T.* (2003), S. 17.

647 Vgl. z. B. *Cornelsen, J.* (2000), S. 37 ff.; *Gelbrich, K.* (2001), S. 102 ff.; *Rudolf-Sipötz, E.* (2001), S. 90 ff.; *Eberling, G.* (2002), S. 36 ff.; *Böhrs, S.* (2004), S. 54 ff.; *Foehn, P.* (2006), S. 47 ff.; *Howald, B.* (2007), S. 32.

648 Vgl. *Wille, K.* (2005), S. 31 ff.

649 *Mengen, A./Mettler, A.* (2008), S. 30.

nennt.[650] In der wirtschaftswissenschaftlichen Literatur existieren zahlreiche Wertbegriffe. So unterscheidet die Volkswirtschaftslehre u. a. zwischen einem (subjektiven) Gebrauchswert (value of use) und einem (objektiven) Tauschwert (value of exchange).[651] Der Tauschwert eines Gutes ist im Sinne der damaligen Vertreter bestimmt durch objektiv messbare Inputfaktoren, wie Arbeit, Boden und Kapital, die den Wert des Outputs direkt bedingen. In der Neoklassik wurde der Wertbegriff durch den subjektiven Nutzen eines Gutes geprägt. Letztgenannte Auffassung entspricht dem in der Betriebswirtschaftslehre verbreiteten Wertbegriff.[652] Die Betriebswirtschaftslehre hat sich vor allem intensiv in der Unternehmensbewertungs- und der Entscheidungstheorie mit dem Wertbegriff auseinandergesetzt.[653] Die Ergebnisse der Theorie der Unternehmensbewertung[654] sind jedoch weniger Begriffsbestimmungen als vielmehr Wertermittlungsverfahren,[655] die zweckorientiert zur Bewertung von Vermögensgegenständen (Unternehmen) herangezogen werden.

In der entscheidungstheoretischen Wertlehre wird die situative Bedingtheit zum Fundament eines eigenen Wertkonzepts gemacht. Dabei orientiert sie sich an dem Nutzen, den das Bewertungsobjekt dem Bewertenden stiftet.[656] Als Basis des Wertbegriffs für den Kundenwert bezieht sich die Literatur in diesem

---

650 Vgl. *Baran, P.* (1990), S. 816.

651 In historischer Chronologie kann hier zunächst im Merkantilismus auf den Franzosen PETTY (1662) verwiesen werden, der eine duale Werttheorie mit Boden und Arbeit als Wertdeterminanten zugrunde legt. CANTILLON (1755) dagegen definiert den Wert der nützlichen Güter nur als den Anteil des zur Herstellung verwendeten Bodens. SMITH unterscheidet später zwischen dem natürlichen Preis und dem Marktpreis, wobei er ersteren im Sinne der Arbeitswertlehre definiert. „Labour […] is the only universal, as well as the only accurate measure of value, or the only standard by which we can compare the values of different commodities at all times and at all places". *Smith, A.* (1776) zitiert nach *Söllner, F.* (2001), S. 29. Dabei unterstellt SMITH, dass der aus Angebot und Nachfrage resultierende Marktpreis sich dem natürlichen Preis angleicht. MARX (1818-1883) folgt im Wesentlichen der Werttheorie von RICARDO (1772-1823), welche wiederum auf dem SMITH'schen „natürlichen Preis" basiert und eine geschlossenere Darstellung der Arbeitswertlehre darstellt. Vgl. *Söllner, F.* (2001), S. 15 ff.

652 Vgl. dazu z. B. ausführlich *Stützel, W.* (1976), Sp. 4407 ff.

653 Ein weiteres in der jüngeren Vergangenheit intensiv in der wissenschaftlichen Diskussion stehendes Wertkonzept ist der Markenwert (Brand Equity). Dieses kann als eine alternative, eher produktorientierte Sichtweise auf den Wert eines Unternehmens aufgefasst werden. Vgl. z. B. *Aaker, D. A.* (1991).

654 Vgl. für eine kurze Darstellung und Erläuterung der Begriffe *Eberling, G.* (2002), S. 31 f. sowie die dort angegebene Literatur.

655 Vgl. *Wöhe, G.* (1996), S. 794.

656 Nutzenvorstellungen, die mit einem bestimmten Sachverhalt verbunden sind, gelten als Agens wirtschaftlichen Handelns. Vgl. *Meyer, P. W.* (1990), S. 18.

Kontext regelmäßig auf den von ENGELS erläuterten gerundiven Wert.[657] Nach diesem Begriffsverständnis ist der Wert ein allgemeiner Maßstab, mit dem der Nutzen eines zu bewertenden Objekts, Subjekts oder einer Aktion quantifiziert werden kann.[658] So ist der „Wert [.] ein Maßstab der Vorziehenswürdigkeit von Aktionsmöglichkeiten oder Gegenständen“[659]. In dieser entscheidungstheoretischen Betrachtung handelt es sich um einen subjektiven Wertbegriff, der in einem konkreten und situationsspezifischen Verwendungszusammenhang steht und in so genannte sekundäre Werturteile eingeht, die als Finalrelationen bezeichnete Zweck-Mittelbeziehungen feststellen.[660] Der gerundive Wert misst den Beitrag, den ein Objekt zur Erreichung der Ziele eines Subjekts leistet.[661] Die Vorziehenswürdigkeit bemisst sich anhand der Zielsetzungen des Bewertenden, der möglichen Alternativen und der Umweltbedingungen, unter denen das Bewertungsobjekt betrachtet wird.[662] Während Alternativen und Umweltvariablen als exogene Daten angenommen werden,[663] sind die Zielsetzungen durch

---

657 So z. B. *Mödritscher, G. J.* (2008), S. 9, *Wiedmann, K.-P./Hennigs, N./In der Stroth, A.-B.* (2006), S. 11, *Wille, K.* (2005), S. 32 f., *Böhrs, S.* (2004), S. 54, *Eberling, G.* (2002), S. 33, *Cornelsen, J.* (2000), S. 28 und *Krüger, S. M.* (1997), S. 105. ENGELS selbst, der diesen Begriff vorstellt, bezieht sich dabei auf einen Beitrag von TOULMIN, in welchem dieser Überlegungen über die Zusammenhänge von Werttheorie und Entscheidungstheorie anstellt. Dessen Theorie wird von ENGELS eingeschränkt übernommen, denn während es TOULMIN um den tatsächlich richtigen Wert geht, diskutiert ENGELS den richtigen Wert bei vorgegebener Zielsetzung. ENGELS stellt dazu der gerundiven Werttheorie die objektive und die subjektive Werttheorie gegenüber. In der objektiven Werttheorie ist der Wert eine Eigenschaft eines Gutes, die von allen Bewertenden identisch wahrgenommen wird. Entsprechend haben die Aussagen „Blut ist rot“ und „das Beil ist 5 DM wert“ die gleiche logische Struktur. Unter Annahme der Gültigkeit dieser Werttheorie ist es ökonomisch schwierig, Austauschaktionen zu erklären. In der subjektiven Werttheorie drückt der Wert dagegen die Vorliebe des Bewertenden aus. In diesem Fall sind die Aussagen „Schokolade schmeckt gut“ und „das Beil ist 5 DM wert“ logisch äquivalent. Wird dieser Ansicht gefolgt, stellt sich die Frage nach der Existenzberechtigung der Betriebswirtschaftslehre, da in diesem Fall die Aussagen zweier Personen „das Beil ist 5 DM wert“ und „das Beil ist 10 DM wert“ keine Gegensätze sind. In diesem Fall fehlt jedoch die Willkür vermeidende Regelung von durchzuführenden Maßnahmen. Vgl. *Engels, W.* (1962), S. 5 ff. sowie die dort angegebene Literatur.

658 Vgl. *Engels, W.* (1962), S. 11 ff.

659 *Engels, W.* (1962), S. 1.

660 Vgl. zur ausführlichen Darstellung *Wöhe, G.* (1996), S. 53 ff.

661 Vgl. *Diller, H.* (2001), S. 6, der den gerundiven Wert auch als teleologischen Wert bezeichnet.

662 Vgl. *Cornelsen, J.* (2000), S. 28.

663 Vgl. *Meyer, A./Kantsperger, R./Wilkoszewski, A.* (2005), S. 300; *Cornelsen, J.* (2000), S. 28 und implizit auch *Diller, H.* (2001), S. 6. Weder MEYER/KANTSPERGER/ WILKOS-

den Bewertenden subjektiv bestimmt. Konsequenterweise stellen die jeweiligen Ziele die zentralen Wertdeterminanten dar und erlauben es, den subjektiven Wert aufgrund der Prüfung des Zielerreichungsgrads als Indikator zu objektivieren.[664] Implizit wird dabei davon ausgegangen, mit operationalen, d. h. in sachlicher, zeitlicher und räumlicher Hinsicht hinreichend definierten Zielen zu argumentieren. Denn nur in diesem Fall kann der Zielerreichungsbeitrag des zu bewertenden Gegenstands oder Sachverhalts bestimmt werden.

Der gerundive Wertbegriff soll auch für die vorliegende Arbeit als Verständnisgrundlage des Begriffs Kundenwert dienen, denn er integriert in die Bewertung die für die Steuerung vorauszusetzenden Ziele des bewertenden Subjekts.[665] Aufgrund seiner inhaltlichen Breite erlaubt der gerundive Wertbegriff zugleich verschiedene Zielinhalte zu berücksichtigen. Dies ist vor allem deshalb für diese Arbeit von Bedeutung, da eine rein erwerbswirtschaftliche Zielformulierung bei den Kreditgenossenschaften aufgrund ihres kraft Gesetzes vorgegeben Unternehmenszwecks der Mitgliederförderung de jure unmöglich und de facto nicht sinnvoll ist.[666] Dieser Wertbegriff determiniert gleichzeitig auch den Begriff Erfolg. Als Erfolg gilt konsequenterweise das erreichte Ausmaß der Zielerreichung unbegrenzter und begrenzter Ziele im Verhältnis zu einem durch Entscheidungsträger im Prozess der Planung und Zielformulierung definierten Mindestniveau.[667]

Nachdem damit der zugrunde zulegende Wertbegriff allgemein abgegrenzt ist, wird im Folgenden das Bezugsobjekt der Bewertung, also der Kunde betrachtet.

1.2.2 Grundlegendes Verständnis des Begriffs Kunde

Ein Ansatz, der eine zweckadäquate strukturelle Basis für den zu verwendenden Kundenbegriff legt,[668] ist das numerische Kundenpotenzial nach LIPPMANN.[669]

ZEWSKI noch CORNELSEN geben für diese Annahme jedoch eine Begründung an und negieren damit die Tatsache, dass auch die Umfelddeterminanten durch ein Unternehmen beeinflusst werden können.

664 Vgl. *Mödritscher, G. J.* (2008), S. 9 f.; *Meyer, A./Kantsperger, R./Wilkoszewski, A.* (2005), S. 300.

665 Vgl. dazu die Ausführungen in Kapitel B.2.1.

666 Vgl. dazu die Ausführungen in Kapitel C.1.4.2 sowie die noch folgende Diskussion des Zielsystems in Kreditgenossenschaften in Kapitel D.3.1.

667 Vgl. *Schmidt-Sudhoff, U.* (1967), S. 141. Bei unbegrenzten Zielen wird ein maximaler Zielerreichungsgrad und bei begrenzten Zielen das Erreichen eines bestimmten Anspruchsniveaus angestrebt. Vgl. *Wöhe, G.* (1996), S. 124 ff.

668 Die Notwendigkeit, den Begriff des Kunden zu definieren, wird nicht in allen relevanten Beiträgen gesehen. Vgl. z. B. *Wille, K.* (2005) oder *Gelbrich, K.* (2001). Explizit auf

Das numerische Kundenpotenzial umfasst die relevante Menge möglicher Kunden eines Anbieterunternehmens (siehe Abbildung 27).

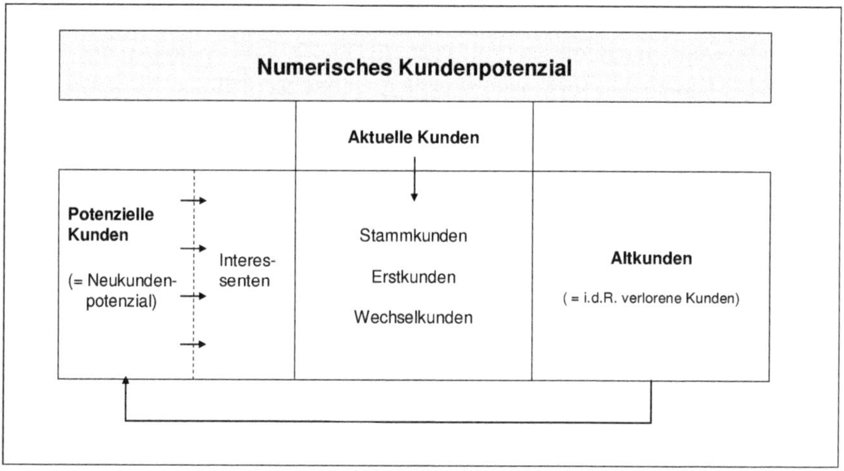

Abbildung 27: Numerisches Kundenpotenzial[670]

Neben den aktuellen Kunden, die in Abhängigkeit ihres Beziehungsstatus in Stammkunden, Erstkunden und Wechselkunden eingeteilt werden, berücksichtigt das numerische Kundenpotenzial auch die potenziellen Kunden, die in Abhängigkeit ihrer Affinität zum Unternehmen oder dessen Leistungsangebot auch als Interessenten bezeichnet werden. Die Gruppe der Altkunden umfasst jene Kunden, mit denen das Anbieterunternehmen in der Vergangenheit mindestens einen Leistungsaustausch vorgenommen hat. In diesem Kontext ist zu diskutieren, ob und ab wann diese (wieder) als potenzielle Kunden betrachtet werden können oder sollten. Kriterien, die in diesem Zusammenhang verwendet werden, sind etwaige Vertragsdauern[671], die Regelmäßigkeit der Käufe[672], die Länge der Zeitintervalle zwischen den Käufen[673] oder die Gründe einer abgebrochenen Be-

den Kunden als zu definierenden Begriff gehen dagegen z. B. *Friederichs-Schmidt, S.* (2006) oder *Foehn, P.* (2006) ein.

669 Vgl. hier und nachfolgend *Lippmann, H.* (1992), S. 4.

670 *Lippmann, H.* (1992), S. 4.

671 Vgl. *Fischer, T. M./Schmöller, P.* (2006), S. 485 f.

672 Vgl. z. B. *Nötzel, R.* (1982), S. 453.

673 Vgl. z. B. *Krüger, S. M.* (1997), S. 15; *Dwyer, F. R.* (1997), S. 6 ff.

ziehung[674]. Nahezu alle Bankleistungen sind vertragsgebunden, wobei jedoch die noch nicht beendete Vertragsdauer nicht in jedem Fall einen verlässlichen Indikator für einen aktiven Kunden darstellt. Einige Bankleistungen werden z. B. über Rahmenverträge kontrahiert, die ggf. ungekündigt sind, der Kunde dennoch keine geschäftliche Interaktion mit der Bank mehr vornimmt.[675] Daher soll mit GADDE/MATTSON von der beobachtbaren Beendigung einer Geschäftsbeziehung ausgegangen werden, wenn „no commercial exchange has taken place during a specific time period“[676]. Problematisch ist, diesen spezifischen Zeitraum festzulegen. Für die vorliegende Arbeit sollen dazu typisierte Wiederkaufintervalle der in der Geschäftsbeziehung kontrahierten Bankleistungen genutzt werden.[677] In Abhängigkeit der konkreten Bankleistung kann dabei zwischen einem dauerhaften und einem situationsabhängigen Bedarf unterschieden werden.[678] Eine Geschäftsbeziehung gilt dann als beendet, wenn kumulativ für alle relevanten Bankleistungen typische Wiederkaufintervalle ohne Wiederkauf oder Interaktion (z. B. in Form von Angebotsanfragen) verstrichen sind. Zwar kann dies aufgrund zufälliger Abweichungen der spezifischen Dauer zu Fehlentscheidungen führen. Dennoch gilt, dass aus „Sicht eines Lieferanten [.] aber davon auszugehen [ist; Erg. d. Verf.], dass die Wahrscheinlichkeit, einen Kunden verloren zu haben, mit der über das mittlere Wiederkaufintervall hinausgehenden Länge der Inaktivität zunimmt.“[679] Die durch Verträge bestimmte Dauer von Bankleistungen (z. B. Darlehensverträge mit definierter Laufzeit sowie Tilgungs- und Zinsmodalitäten) dient bei diesen Produkten als relevante Determinante des Wiederkaufintervalls. Hinsichtlich der Gründe abgebrochener Beziehungen unterscheiden STAUSS/FRIEGE sechs Gruppen:[680] Absichtlich und unabsichtlich vertriebene Kunden, abgeworbene Kunden, weggekaufte Kunden, ungewollt ausscheidende Kunden und sich entfernte Kunden. Grundsätzlich sollen Altkunden, bei denen ein Ende der Geschäftsbeziehung festgestellt wurde, als potenzielle Kunden verstanden werden. Ausnahmen bilden Situationen, in denen die

---

674 Vgl. *Stauss, B./Friege, C.* (2006), S. 517.

675 Der Kundenwille ist hierbei aus Anbietersicht nicht prägnant. Vgl. *Günter, B./Helm, S.* (2003), S. 52.

676 *Gadde, L.-E./Mattson, L.-G.* (1987), S. 30.

677 Vgl. dazu *Günter, B./Helm, S.* (2003), S. 52.

678 Vgl. *Schulz, T. C.* (2005), S. 81. Wiederkaufintervalle können daher zwischen den einzelnen Bankleistungen stark variieren. Während bei Finanzierungsleistungen das vertragliche Ende den Wiederkaufintervall determiniert, ist das Wiederkaufintervall bei Produkten wie dem Zahlungsverkehr oder Geldanlagen institutsindividuell zu bestimmen.

679 *Reinartz, W. J./ Krafft, M.* (2001), S. 1268.

680 Vgl. hier und nachfolgend *Stauss, B./Friege, C.* (2006), S. 517.

Existenz des Kunden nicht mehr gegeben ist (sich entfernte Kunden), so etwa bei Beendigung der unternehmerischen oder gewerblichen Tätigkeit, oder bei Beziehungsbeendigungen, denen ein fundamentaler Dissens zwischen den Geschäftspartnern zugrunde liegt (absichtlich vertriebene Kunden). Zu diesen zählen auch Geschäftsbeziehungen, die aus Sicht der Kreditgenossenschaft auf absehbare Zeit nicht fortgeführt werden sollen, so z. B. aufgrund der Risikosituation des Kunden.

Vereinfachend soll aufbauend auf dem numerischen Kundenpotenzial im weiteren Verlauf der Arbeit die Gruppe der aktuellen Kunden als Kunden im engeren Sinn von der Gruppe der aktuellen und potenziellen Kunden, die als Kunden im weiteren Sinn bezeichnet wird, abgegrenzt werden.[681] Das numerische Potenzial stellt die Anzahl und Art der Alternativen im Sinne des gerundiven Werts für das Unternehmen dar. Damit wird zudem der Anforderung Rechnung getragen, dass die kundenwertorientierte Vertriebssteuerung sowohl Bestands- als auch Nichtkunden berücksichtigen soll.

Eine weitere inhaltliche Abgrenzung resultiert aus der Betrachtung der Definition des Begriffs Kunde nach DILLER, der auf den Entscheidungseinfluss als begriffskonstitutives Merkmal abstellt.[682] Das Problem findet sich z. B. bei multipersonellen Kaufentscheidungen oder als mögliches Ergebnis asymmetrischer Lieferbeziehungen.[683] Die Multipersonalität von Kaufentscheidungen ist im Kontext des für diese Arbeit relevanten Firmenkundengeschäfts, das auch als Business-to-Business-Geschäft bezeichnet werden kann, grundsätzlich denkbar, erhöht jedoch die Abgrenzungsprobleme deutlich. Zwar ist die Kenntnis über Eigenschaften von so genannten Buying-Centern bei organisationalen Beschaffungen wichtig, um den Marketing-Mix zielsetzungsgerecht auszugestalten.[684] Aus zwei Gründen soll diese Besonderheit jedoch nicht berücksichtigt werden. Erstens kann empirisch begründet angenommen werden, dass die entscheidende Persönlichkeit auf Seiten der Firmenkunden der Unternehmer oder ein angestellter Geschäftsführer selbst ist. Denn aufgrund der Größe der Firmenkunden findet bei diesen Stellen häufig eine entsprechende Aufgabenkonzentration statt.[685] Zweitens ist die Vertriebssteuerung eine dem Marketing sachlich nachgelagerte Funktion, für die die Struktur des Kunden von untergeordneter Bedeutung ist. Daher soll im Folgenden grundsätzlich vereinfachend von individuellen Kunden gesprochen werden.[686]

---

681 Vgl. *Tomczak, T./Rudolf-Sipötz, E.* (2006), S. 129.

682 Vgl. *Diller, H.* (1992), S. 583.

683 Vgl. dazu z. B. *Rieker, S.* (1995), S. 47 f.

684 Vgl. dazu ausführlich *Backhaus, K.* (1999), S. 60 ff.

685 Vgl. *Segbers, K.* (2007), S. 67 f. und S. 220.

686 Vgl. ähnlich *Eberling, G.* (2002), S. 26.

Im Folgenden ist es in Anlehnung an die empirische Struktur und die Definition des Segmentes Firmenkunden irrelevant,[687] ob es sich bei den Nachfragern um natürliche (z. B. im Falle eines Einzelunternehmers) oder juristische Personen (z. B. im Fall einer Kapitalgesellschaft) handelt und ob es einzelne Personen, Gruppen, Institutionen oder Organisationen sind.[688] Ausschlaggebend für die weitere Berücksichtigung eines Kunden im Rahmen der kundenwertorientierten Vertriebssteuerung ist, dass diese der Geschäftseinheit der Firmenkunden in der Kreditgenossenschaft zugeordnet werden.

1.2.3 Ableitung des Verständnisses des Begriffs Kundenwert

Wie in Kapitel D.1.2.1 dargelegt wurde, ist der gerundive Wert die Grundlage des für diese Arbeit abzuleitenden Begriffs des Kundenwerts. In diesem Zusammenhang wurde festgestellt, dass die unternehmensindividuellen Ziele zentrale Wertdeterminanten sind. Soll nun der Kundenwert begrifflich abgegrenzt werden, nimmt er also direkt Bezug zum Zielsystem der Unternehmung. Für den Unternehmenskontext ist jedoch zu konstatieren, dass es kein allgemeingültiges Zielsystem gibt.[689] In der Literatur werden mit Rekurs auf marktwirtschaftliche Wirtschaftssysteme dem Ziel der (langfristigen) Gewinnmaximierung und der Unternehmenswertmaximierung die größte Bedeutung und zugleich ein Absolutheitsanspruch zuerkannt.[690] Gleichwohl zeigen empirische Ergebnisse, dass dies nicht widerspruchsfrei aufrechterhalten werden kann.[691] So hat das Gewinnziel oft eine relative Bedeutung im Sinne eines Mindestgewinns wobei gleichzeitig weitere Ziele verfolgt werden. Unterschieden werden können in diesem Zusammenhang monetäre und nicht-monetäre Ziele.[692] Nicht-monetäre Ziele können sowohl ökonomischer, außerökonomischer oder nicht-ökonomischer Natur sein (siehe Abbildung 28).

---

687 Vgl. dazu die Ausführungen in Kapitel C.2.2.

688 Vgl. *Diller, H.* (1992), S. 583. Unter die Kundengruppen fallen auch die Kundenverbünde. Vgl. dazu die Ausführungen in Kapitel C.2.2.4.

689 Vgl. *Küpper, H.-U.* (2001), S. 18.

690 Vgl. z. B. *Wöhe, G.* (1996), S. 124; *Eberling, G.* (2002), S. 43 ff.; *Henseler, J./Hoffmann, T.* (2003), S. 17; *Tewes, M.* (2003), S. 38 f.; *Wille, K.* (2005), S. 45 ff.; *Schroeder, N.* (2006), S. 11 ff.

691 So stellt KROL in einer Befragung von 214 kleineren und mittleren Unternehmen fest, dass finanzielle Zielgrößen wie die Eigenkapitalrendite aus Sicht der Befragten den nicht-finanziellen Zielen wie z. B. der Kunden- oder der Mitarbeiterzufriedenheit untergeordnet sind. Vgl. *Krol, F.* (2009), S. 5.

692 Vgl. *Wöhe, G.* (1996), S. 125. Monetäre Ziele sind in Geldeinheiten bewertet.

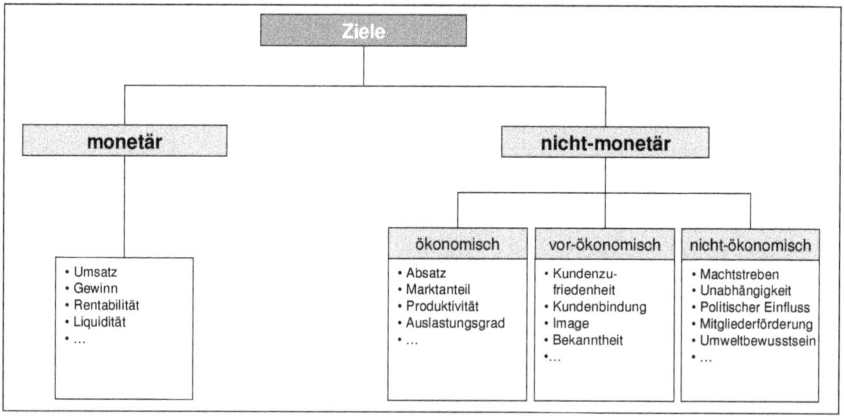

Abbildung 28: Zielsystematik[693]

Mit Bezug zu nicht näher konkretisierten Unternehmenszielen definiert CORNELSEN den Kundenwert als „ein Maß für die ökonomische Bedeutung eines Kunden, d. h. dessen direkten und/oder indirekten Beitrag zur Zielerreichung eines Anbieters."[694] Im Rahmen der theoretisch-konzeptionellen Vorüberlegungen seiner Arbeit kritisiert EBERLING vor dem Hintergrund der praktischen Existenz nicht-ökonomischer Ziele diese auf die ökonomische Bedeutung reduzierte Betrachtung CORNELSENs und anderer Autoren,[695] und legt seiner Arbeit die Definition zugrunde, dass der Kundenwert „eine Größe zur Beurteilung der eingesetzten Mittel für eine und des resultierenden Nutzens aus einer Geschäftsbeziehung hinsichtlich ihres Beitrags zur Erfüllung des Zielsystems des bewertenden Unternehmens"[696] ist. Neben der weiter gefassten Bedeutung sieht er die Kundenbeziehung statt des Kunden als relevanten Bewertungsgegenstand an.[697] Diese Sicht basiert auf der Feststellung, dass „Wert […] durch die vielfältigen dyadischen oder multipersonalen Austauschbeziehungen unter der Annahme, dass diese nicht nur rein deterministischer Natur, sondern *gestaltbar* und zumindest von *Dauer* sind"[698], entsteht. An der Definition von EBERLING kritisiert WILLE,

---

693 In Anlehnung an *Cornelsen, J.* (2000), S. 30.

694 *Cornelsen, J.* (2000), S. 43. Diese Definition legt auch VOGEL ihrer Arbeit zur Beziehung von Kundenbindung und Kundenwert zugrunde. Vgl. *Vogel, V.* (2006), S. 45.

695 Vgl. *Eberling, G.* (2002), S. 36.

696 *Eberling, G.* (2002), S. 36.

697 So auch WIEDMANN/HENNIGS/IN DER STROTH, die jedoch ihre Begriffsauffassung auch auf die rein ökonomische Bedeutung begrenzen. Vgl. *Wiedmann, K.-P./Hennigs, N./In der Stroth, A.-B.* (2006), S. 12.

698 *Stahl, H. K.* (1996), S. 387.

dass nur monetäre Ziele zu berücksichtigen seien.[699] Denn nach seiner Auffassung können auch bei einer weiter gefassten Zielbetrachtung nur die monetären Ziele dominant sein. Zwar erkennt er an, das dass Zielsystem der Unternehmung die Grundlage im Kundenwertkonzept ist, aber er verweigert mit dem Hinweis auf den Anspruch der Betriebswirtschaftslehre, rationale Entscheidungen zu begründen, die Möglichkeit nicht-monetäre Ziele zu berücksichtigen. Weiterhin argumentiert er, dass das erwerbswirtschaftliche Prinzip GUTENBERGS der wissenschaftlichen Forschung helfe, dieses normative Problem der Zieldefinition zu lösen. Nach seiner Interpretation unterstellt dieses Prinzip, dass alleinig die Gewinnmaximierung in Bezug auf das eingesetzte Kapital rational ist. Daraus folgert er als allgemeines Ziel „die Sicherstellung und Maximierung eines profitablen Wachstums durch eine simultane Optimierung von Customer Value und Shareholder Value“[700]. Kritisch an dieser Vorgehensweise ist die nicht zu beantwortende aber fundamentale Frage, ob die implizit enthaltene Shareholder Value-Orientierung allgemeingültig und ist und z. B. auf die zahlenmäßig stark vertretenen mittelständischen Unternehmen im Allgemeinen und auch auf Kreditgenossenschaften im Speziellen übertragen werden kann. Auf diese Frage wird später bei der Betrachtung des kreditgenossenschaftlichen Zielsystems noch detailliert eingegangen werden.[701]

Für diese Arbeit soll, abgeleitet aus den Begriffsdefinitionen für Kunde und Wert, unter Kundenwert der vom Anbieter subjektiv wahrgenommene Beitrag zu dessen Zielerreichung verstanden werden, der sich aus der Geschäftsbeziehung zu einem aktuellen oder potenziellen Kunden ergibt oder zu erwarten ist.[702] Dieses Verständnis kann sowohl auf Firmen- als auch auf Privatkunden übertragen werden, daher ist die Definition mit Blick auf den Kunden allgemeingültig. Der Kundenwert kann als Indikator über das Ausmaß, in dem ein Kunde bzw. die Geschäftsbeziehung zu diesem Kunden dazu beiträgt, die monetären und nicht-monetären Ziele eines Anbieters zu erfüllen, interpretiert werden.[703] Im Gegensatz zu den Definitionen von WILLE und SCHROEDER wird der Begriff Kundenwert bewusst nicht auf eine ökonomische Saldogröße,[704] die nur Erlöse

699 Vgl. hier und nachfolgend *Wille, K.* (2005), S. 43 ff.

700 *Wille, K.* (2005), S. 46.

701 Vgl. dazu die Ausführungen in Kapitel D.3.1.

702 Vgl. mit ähnlicher Definition des Begriffs Kundenwert *Helm, S./Günter, B.* (2006), S. 7; *Tomczak, T./Rudolf-Sipötz, E.* (2006), S. 129. Begrifflich synonym wird auch der Begriff Customer-Lifetime-Value genutzt. Vgl. *Günter, B.* (2006), S. 244. Da jedoch dieser Begriff für eines der im Folgenden zu erläuternden Verfahren der Messung des Kundenwerts genutzt wird, soll auf eine synonyme Verwendung verzichtet werden.

703 Vgl. *Cornelsen, J.* (2000), S. 38; *Schemuth, J.* (1996), S. 21.

704 Vgl. *Wille, K.* (2005), S. 44; *Schroeder, N.* (2006), S. 31.

und Kosten berücksichtigt, beschränkt, da dies letztendlich vom unternehmensindividuellen respektive kreditgenossenschaftlichen Zielsystem abhängt. Indem diese Beschränkung nicht vorliegt, kann der möglichen genossenschaftlichen Vielfalt besser Rechnung getragen werden. Mit dieser Definition wird weiterhin impliziert, dass nicht der Kunde selbst das zentrale Untersuchungs-, Beurteilungs- und Bewertungsobjekt ist, sondern die mit dem Kunden bestehende Geschäftsbeziehung, die als gestaltbar und andauernd angenommen wird.[705] In Anlehnung an SCHEER und in Verbindung mit obigen Aussagen zum numerischen Kundenpotenzial erfolgt eine begriffliche Differenzierung. Für aktuelle Kunden wird der interne Kundenwert und für potenzielle Kunden der externe Kundenwert bestimmt.[706]

Weiterhin ist es geboten, eine zusätzliche begriffliche Differenzierung vorzunehmen. WÜNSCHMANN empfiehlt, „den Kundenwert (im Sinne einer Potentialgröße) nicht an der aktuellen Qualität der Kundenbeziehung abzulesen. [...] Vielmehr interessiert, welchen Wert der Kunde hätte, wenn er seinen gesamten Bedarf bei dem Anbieter nachfragen würde“[707]. Das Potenzial selbst sieht er als anbieterexogene Größe an.[708] Anders ist dies bei TEWES, der den maximal möglichen Wertbeitrag eines Kunden als Kundenwertpotenzial bezeichnet, das den anbieterspezifischen Kundenwert umfasst.[709] Der Kundenwert, definiert als Beitrag zur Zielerreichung, ergibt sich folglich als Ausschöpfungsgrad dieses Potenzials. Dieses Verständnis entspricht der hier zugrunde gelegten Definition des Kundenwerts und führt daher zur folgenden weiteren Begriffsdifferenzierung. Zusätzlich zum Begriff des Kundenwerts ist der Begriff des Kundenwertpotenzials einzuführen. Dieses entspricht dem zu einem bestimmten Bewertungszeitpunkt maximal möglichen Kundenwert.[710] Mit dieser inhaltlichen Differenzierung des Begriffs Kundenwert wird der Annahme Rechnung getragen, dass der Kundenwert als vom Anbieterunternehmen beeinflussbare Größe zu verstehen ist.[711] Anbieterseitige Möglichkeiten, die auch als Kundenwerthebel bezeichnet werden, sind bspw. Marketing-Mix-Entscheidungen oder Preise, Volumina oder

---

705 Vgl. *Helm, S.* (2006), S. 105; *Stahl, H. K.* (1996), S. 387.

706 Vgl. *Scheer, O.* (1989), S. 36.

707 *Wünschmann, S.* (2007), S. 32.

708 Ähnlich auch *Gelbrich, K.* (2001), S. 62 und *Gelbrich, K./Müller, S.* (2006), S. 460.

709 Vgl. *Tewes, M.* (2003), S. 80.

710 STÜKER spricht in diesem Zusammenhang auch vom Kundenpotenzial. Er bezeichnet aber den Kundenwert als kundenbezogenes Erfolgspotenzial, wobei der Begriff des Erfolgspotenzials im Sinne GÄLWEILERS verwendet wird. Vgl. *Stüker, D.* (2008), S. 32. Ähnlich auch *Wille, K.* (2005), S. 52 f.

711 Vgl. *Stahl, H. K. et al.* (2009), S. 261; *Howald, B.* (2007), S. 51.

Stückkosten.[712] Auch RUDOLF-SIPÖTZ argumentiert mit Potenzialen, die aktuell bestehende und künftige bzw. gegenwärtig noch nicht bestehende Möglichkeiten der Realisierung von Kundenwertbeiträgen umfassen.[713] Nach WILLE handelt es sich dabei um einen „Prozess, der (objektiv) vorhandene Kundenpotenziale in subjektiven Nutzen überführt.“[714] Abbildung 29 fasst diese Überlegungen zusammen.

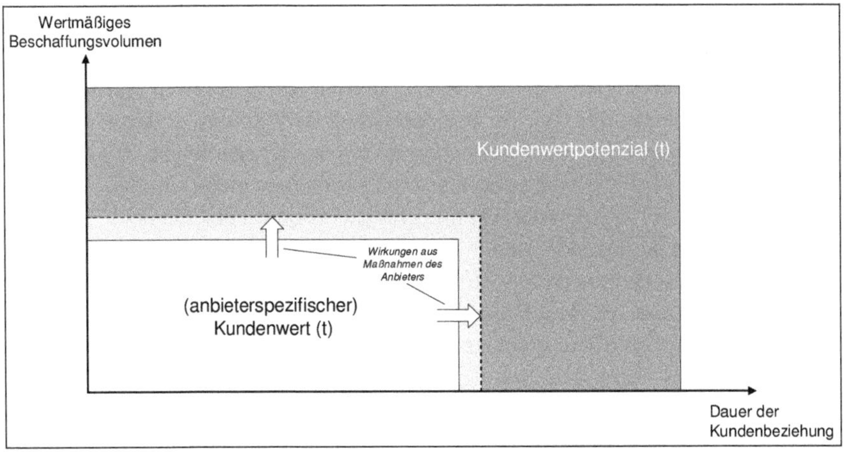

Abbildung 29: Zusammenhang von Kundenwert und Kundenwertpotenzial[715]

Nachdem das grundlegende Verständnis des Begriffs Kundenwert abgeleitet ist, soll dieser hinsichtlich seiner möglichen Ausprägungsdimensionen betrachtet werden.

1.2.4 Dimensionen des Kundenwertbegriffs

Um den Begriff des Kundenwerts sowie des Kundenpotenzials näher zu konkretisieren, lassen sich in Anlehnung an EBERLING drei Dimensionen unterscheiden: Die personell/institutionelle oder auch objektbezogene Dimension, die zeitliche Dimension und die sachliche Dimension.[716]

712 Vgl. *Juncker, K.* (2006), S. 346.
713 Vgl. *Rudolf-Sipötz, E.* (2001), S. 22.
714 *Wille, K.* (2005), S. 52.
715 In Anlehnung an *Kiwitz, K./Scheffler, C.* (2009), S. 36.
716 Vgl. *Eberling, G.* (2002), S. 34 ff.

1.2.4.1 Objektbezogene Dimension

Bei der objektbezogenen Dimension des Kundenwerts steht die Frage im Fokus, was als Bewertungsobjekt festgelegt wird. Wenngleich die in dieser Arbeit zugrunde gelegte Definition des Begriffs Kundenwert auf einen einzelnen Kunden bzw. die Geschäftsbeziehung mit diesem Kunden fokussiert, stellt sich auf der Ebene der Wertermittlung die Frage, für welchen Differenzierungsgrad diese stattfinden soll.[717] So ist es offensichtlich, dass für einen auf einem Massenmarkt tätigen Produzenten von Konsumgütern die Kundenwertermittlung auf Ebene des einzelnen Kunden aufwendiger ist als für einen spezialisierten Auftragsfertiger, der nur eine geringe Anzahl Kunden beliefert. Während ersterer aus wirtschaftlichen Erwägungen eher auf einem höheren Aggregationsniveau Kundenwerte ermittelt, wird letzterer jeden Kunden einzeln bewerten (können).

In der Literatur werden drei Bezugsgrößenebenen unterschieden.[718] Auf der untersten Ebene ist der individuelle Kundenwert angesiedelt. Vorteilhaft an der individuellen Kundenbewertung ist neben der Kongruenz zum Begriff des Kundenwerts vor allem die Möglichkeit des Rückschließens auf die einzelne Geschäftsbeziehung im Sinne eines „segment-of-one".[719] Damit ist der größte Informationsgehalt verbunden. Bei großen Kundenanzahlen übersteigt dieses Vorgehen jedoch den ökonomisch vertretbaren Ermittlungsaufwand.[720] DILLER postuliert dennoch, dass eine dynamische Konzeption des Kundenwerts aufgrund der Notwendigkeit individueller Annahmen und Daten einer Individualkundenbetrachtung bedarf.[721]

Werden die Kunden segmentiert, so ist eine die Komplexität der Aufgabenstellung reduzierende segmentbezogene oder kundengruppenbezogene Beurteilung als Aggregationsebene möglich. Angenommen wird dabei, dass die individuellen Kundenwerte in den Segmenten homogen sind.[722] Zwar reduziert dieses Vorgehen die Kosten der Kundenwertermittlung, hat jedoch den gravierenden Nachteil, dass es mit großen Informationsverlusten verbunden ist. Denn durch die notwendige Verwendung von statistischen Durchschnittswerten werden in Wahrheit unterschiedlich wertvolle Kunden egalisiert, wodurch es zu Fehlinter-

---

717 Vgl. hier und nachfolgend *Eberling, G.* (2002), S. 37; *Vogel, V.* (2006), S. 44.

718 Vgl. *Diller, H.* (2001), S. 25.

719 Vgl. *Vogel, V.* (2006), S. 44; *Krafft, M.* (2007), S. 51.

720 Vgl. *Diller, H.* (2001), S. 25. Es kann jedoch keine allgemeingültige Aussage darüber getroffen werden, ab welcher Anzahl an Kunden dieses Vorgehen ökonomisch nicht mehr vertretbar wird.

721 Vgl. *Diller, H.* (2001), S. 25.

722 Vgl. *Eberling, G.* (2002), S. 37.

pretationen und Fehlanreizen kommen kann.[723] Bei statischen Konzeptionen des Kundenwerts gilt dies als akzeptabel.[724]

Auf dem maximalen Aggregationsniveau wird der Kundenstamm bewertet. Einige Autoren unterstellen in diesem Kontext, dass die Einzelkundenwerte zu segmentbezogenen Werten summiert werden können und/oder die Summe der segmentbezogenen Werte dann dem Kundenbestandswert des Unternehmens entspricht.[725] Dies basiert auf der Annahme der Wertadditivität des Kundenwerts, die im Rahmen der Kundenwertmodellierung und Kundenwertermittlung zu berücksichtigen ist.[726] Diese Vorgehensweise wird vor allem dazu genutzt, den Wert junger Unternehmen zu bestimmen.[727] Hinsichtlich der Vor- und Nachteile dieser Bezugsebene sei auf die segmentbezogene Kundenbewertung verwiesen. Aufgrund der Trennung von Privat- und Firmenkundengeschäft ist diese Bezugsebene für die Vertriebssteuerung im Firmenkundengeschäft nur von untergeordneter Bedeutung, für die vor allem strategische Gesamtbanksteuerung jedoch sehr interessant.

Grundsätzlich gilt für das Firmenkundengeschäft der Banken, wie die Ausführungen zur Zielgruppe[728] zeigen, dass die für die Kundenbewertung relevanten Rahmenbedingungen dergestalt vorliegen, dass tendenziell eine einzelkundenbezogene Bewertung vorgenommen werden kann und sollte. Das bedeutet nicht zwingend, dass für jeden Kunden der Kundenwert spezifisch ermittelt werden muss, sondern dass auf Ebene einzelner Firmenkunden ein Kundenwert

---

723 Vgl. *Beeser, A. J.* (2003), S. 56.

724 Vgl. *Diller, H.* (2001), S. 25.

725 Vgl. z. B. *Eberling, G.* (2002), S. 37; *Schroeder, N.* (2006), S. 140 f.; *Lissautzki, M.* (2007), S. 34. Der Kundenbestandswert wird in diesem Zusammenhang auch regelmäßig als rechnerische Wertdeterminante des Unternehmenswerts definiert. Vgl. auch *Wiesel, T./Skiera, B.* (2007), S. 709. Für eine vergleichende Darstellung verschiedener Ansätze der Berechnung des Kundenbestandswerts (Customer Equity) sei auf den Beitrag von KUMAR/GEORGE verwiesen. Vgl. *Kumar, V./George, M.* (2007).

726 Aus steuerungstheoretischer Sicht muss diese Annahme nicht getroffen werden. Diese Annahme wird getroffen, um aus den Kundenwerten den Unternehmenswert ermitteln zu können. Damit wird auch die Fokussierung auf monetäre Kundenwertbeiträge begründet, da dies modelltheoretisch konsistent ist und so eine Vielzahl von Problemen des Kundenwerts umgangen werden kann. Denn diese Annahme impliziert, dass Kundenwerte eindeutig sind. Die Frage der Eindeutigkeit tritt z. B. bei Kundenteilwerten auf, die beziehungsübergreifend sind, wie der Referenzwert. Vgl. z. B. *Helm, S.* (2003).

727 Vgl. *Stüker, D.* (2008), S. 2; *Gupta, S./Lehmann, D. R./Stuart, J. A.* (2004), S. 7 ff.; *Rehbach, S.* (2003), S 4 ff; *Eberling, G.* (2002), S. 48 f.

728 Vgl. die Ausführungen in Kapitel C.2.2.

ermittelt wird.[729] Ergänzend sei darauf hingewiesen, dass auch bei einer individuellen Kundenwertermittlung im kreditgenossenschaftlichen Kontext das Bewertungsobjekt der relevante, vertrieblich motiviert Kundenverbund sein kann.[730]

1.2.4.2 Zeitliche Dimension

Bezüglich der zeitlichen Dimension des Kundenwerts ist zu entscheiden, welcher Betrachtungszeitraum und welche Periodizität der Kundenwertermittlung zugrunde gelegt werden soll (siehe Abbildung 30). Ausgehend vom Bewertungszeitpunkt kann die Bewertung des Kunden retrospektiv (vergangenheitsorientiert), prospektiv (zukunftsorientiert), beziehungsbezogen oder beziehungsübergreifend erfolgen. Zudem können die Bewertungen in periodischer oder periodenübergreifender Form vorgenommen werden. Bei der prospektiven Bewertung werden die Beiträge der Kunden bzw. der Geschäftsbeziehung ab dem Bewertungszeitpunkt und in der retrospektiven Bewertung bis zum Bewertungszeitpunkt berücksichtigt. Soll die Kundenbewertung dahingehend erfolgen, den Totalwert zu bestimmen, so ist ein beziehungsdauerbezogener bzw. ein beziehungsdauerübergreifender Zeitraum zugrunde zu legen. Im Unterschied zur streng prospektiven Betrachtung werden dabei auch vergangene Beiträge des Kunden zur Zielerreichung berücksichtigt. Bei der Periodizität wird unterschieden, ob Beiträge einzelnen Perioden zugeordnet werden oder ob eine Periodisierung nicht stattfindet. Im erstgenannten Fall sind zur Kundenwertermittlung periodische oder periodisierte Größen zu nutzen. Bei einigen qualitativen Bestandteilen des Kundenwerts lässt sich der Bezug zu einzelnen Perioden nicht eindeutig vornehmen.

---

729 Das bedeutet, dass die individuellen Kundenwerte auch mittels Analogieschlüssen oder Durchschnittswerten ermittelt werden können. Diese Vorgehensweise ist jedoch nicht zu präferieren.

730 Vgl. dazu die Ausführungen in Kapitel C.2.2.4. Ähnlich geht STRÄTER im Rahmen der Kundenbewertung im Privatkundengeschäft vor. Statt einer Einzelkundenbewertung misst er die Kundenertragswerte auf Basis von Haushaltsgrößen. Begründet werden kann dies damit, dass Haushalte die aus Sicht der Bank relevante Betreuungseinheit des Vertriebs darstellen. Zudem liegen auf Haushaltsebene die für das Modell notwendigen statistischen Daten vor. Vgl. *Sträter, J.* (2005), S. 95.

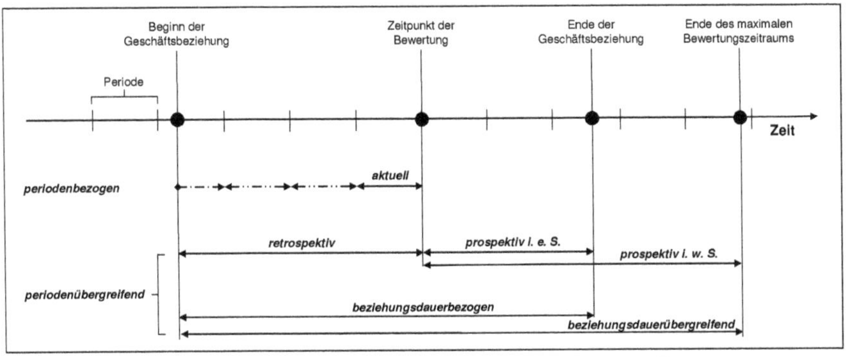

Abbildung 30: Zeitliche Differenzierung bei der Kundenwertbestimmung[731]

Die Auswahl des relevanten Bezugszeitraumes für die Kundenbewertung orientiert sich an der Datenverfügbarkeit sowie dem Zweck der Kundenbewertung. Während die Planung kundenwertorientierter Maßnahmen auf Grundlage prospektiver Betrachtungen erfolgt, basiert die Kontrolle der Erfolgswirksamkeit auf der prospektiven sowie retrospektiven und meist periodischen Betrachtung des Kundenwerts.[732] Um vertriebliche oder kundengerichtete Marketing-Maßnahmen entscheidungs- und steuerungstheoretisch zu fundieren, wird der Kundenwert daher prospektiv betrachtet. In diesem Kontext weicht die in Abbildung 30 dargestellte Differenzierung von den in der Literatur vorgestellten Ansätzen ab.[733] Während in der Literatur der prospektive Zeitabschnitt lediglich bis zum Ende der Geschäftsbeziehung reicht, wird dieser Zeitraum als prospektiv im engeren Sinne bezeichnet. Denn für die Bewertung des Kunden zum Bewertungszeitpunkt sind – in Abhängigkeit der berücksichtigten Wertdeterminanten – alle die Unternehmenszielerreichung unterstützenden Maßnahmen des Kunden zu berücksichtigen. Werden in der Kundenbewertung lediglich transaktionsbezogene monetäre Größen wie etwa der Deckungsbeitrag betrachtet, so ist die Begrenzung auf den prospektiven Zeitraum im engeren Sinn, der mit der Geschäftsbeziehung endet, richtig. Werden jedoch auch bspw. Referenztätigkeiten als Beiträge des Kundenwerts berücksichtigt, so kann ein aktueller Kunde im Sinne des Unternehmens agieren, auch wenn keine aktive Geschäftsbeziehung zum Unternehmen mehr besteht. Zu denken ist hier etwa im Firmenkundengeschäft der Banken an Unternehmer, die bei der Nachfolgeregelung ihre Geschäftsanteile verkaufen. Sofern keine private Geschäftsbeziehung besteht, ist

731 In Anlehnung an *Wille, K.* (2005), S. 56.
732 Vgl. *Eberling, G.* (2002), S. 38 f.
733 Vgl. *Eberling, G.* (2002), S. 39; *Wille, K.* (2005), S. 56.

per definitionem die Geschäftsbeziehung zu ihm beendet. Gleichwohl kann er positive Referenzen für die Bank aussprechen. In einer stringenten Auslegung des Referenzpotenzials wäre dies ebenfalls zu berücksichtigen. In diesem Fall ist es zweckmäßig, eine prospektive Betrachtung bis zum Ende des maximalen Bewertungszeitraums vorzunehmen. Diese wird als prospektiv im weiteren Sinne bezeichnet.[734]

An dieser Stelle sei darauf hingewiesen, dass auch der Zeitbezug der relevanten Ziele relevant ist. Bisherige Arbeiten gehen i. d. R. implizit davon aus, dass die Zeitbezüge der Ziele und des Kundenwerts identisch sind. Aber ist das Ziel eines Unternehmens die Gewinnmaximierung in der Periode t so ist grundsätzlich zu hinterfragen, ob der Kundenwert in der Periode $t+1$ einen tatsächlichen Zielerreichungsbeitrag leistet und somit zu berücksichtigen ist. Grundsätzlich gilt, dass der Kundenwert eine prospektive und beziehungsdauerübergreifende Größe ist, da vergangenheitsbezogene Ziele per definitionem nicht sinnvoll sind.

1.2.4.3 Sachliche Dimension

Die sachliche Dimension des Kundenwerts bezieht sich zum einen auf die Differenzierungsstufe des Kunden und zum anderen auf die Art der Beiträge zur Zielerreichung.[735] Die zu bewertenden Kunden können horizontal und vertikal differenziert betrachtet werden.[736] In der horizontalen Differenzierung ist zu entscheiden, welche Stufe des Absatzkanals[737] als Bewertungsobjekt betrachtet wird. Beim einstufigen, direkten Vertrieb ist dies eindeutig. Im Fall des indirekten, mehrstufigen Vertriebs ist zu entscheiden, welche Absatzstufe(n) (Absatzintermediäre und/oder Endkunden) bewertet werden soll(en).[738] Hier zeigt sich die

---

734 Diese Überlegung steht nicht, wie ggf. auf den ersten Blick zu vermuten ist, in einer konträren Position zur in dieser Arbeit verwendeten Begriffsdefinition des Kundenwerts. Denn die Grundlage der auch nach der Geschäftsbeziehung positiven Beiträge des Kunden basiert auf einer gemeinsamen Geschäftsbeziehung und ist somit auch beziehungsinduziert.

735 Vgl. *Eberling, G.* (2002), S. 40; *Wille, K.* (2005), S. 57, der diese Fragestellung jedoch der objektbezogenen Definition zuordnet. In diesem Fall liegt eine begrifflich abweichende aber inhaltlich identische Betrachtung vor.

736 Vgl. *Cornelsen, J.* (2000), S. 66.

737 Vgl. zum Begriff des Absatzkanals z. B. *Meffert, H.* (1998), S. 596 ff.

738 Bezogen auf den genossenschaftlichen Bankensektor sei an dieser Stelle beispielhaft auf die unterschiedlichen Vorgehensweisen des Produktabsatzes der Zentralbanken, WGZ BANK und DZ BANK, im mittelständischen Firmenkundengeschäft verwiesen. Während erstere sowohl direkt mit mittelständischen Unternehmen in Geschäftsbeziehungen tritt als auch indirekt, setzt die DZ BANK vornehmlich die Kreditgenossenschaften als Absatzmittler ein.

Verbindung zur objektbezogenen Dimension. Hat ein Anbieterunternehmen eine handvoll Absatzintermediäre, aber eine große Anzahl an Konsumenten am Ende des Absatzkanals, so stellt sich erstens die Frage nach der relevanten Absatzkanalstufe und zweitens nach dem für die Kundenwertermittlung relevanten Aggregationsniveau. Für die Kreditgenossenschaften erfolgt die Kundenwertermittlung auf der Stufe des Firmenkunden. Zwar können auch diese als Absatzmittler von Leistungen bspw. im Fall von Absatzfinanzierungen für Kunden des Automobilhandels sein, jedoch ist die Bedeutung dieser Rolle zu gering, als dass sie zu berücksichtigen ist.

Die vertikale Differenzierung ist immer dann zu diskutieren, wenn Kunden in Verbünden auftreten. So ist es bspw. regelmäßig im mittelständischen Firmenkundengeschäft der Banken der Fall, dass Kundenverbünde sich durch Kunden aus der gewerblichen (Unternehmen) und der privaten Sphäre (Unternehmer als Privatperson) zusammensetzen.[739] In der gewerblichen Sphäre ist es zudem möglich, dass Konzernstrukturen vorliegen, so dass die Bank mit einer Vielzahl einzelner Vertragspartner kontrahiert. Schwierigkeiten ergeben sich in diesem Fall aufgrund etwaiger unterschiedlicher Ergebnisse der Kundenbewertung und der darauf aufbauenden Behandlung des Kunden durch das Anbieterunternehmen. Auch hier gibt es keine generell richtige Vorgehensweise, sondern nur eine fallweise Entscheidung.

Die Auswahl der relevanten Zielerreichungsbeiträge erfolgt in direkter Abhängigkeit von den verfolgten Zielen. Wie in Abbildung 28 dargestellt, können Unternehmen eine Vielzahl unterschiedlicher Ziele mit unterschiedlichen Dimensionen verfolgen. Für die inhaltliche Ausgestaltung des Kundenwerts bedeutet dies eine zielkonsistente Vorgehensweise bei der Modellierung und Messung des Kundenwerts. So können bei monetären Zielen wie z. B. Umsatzzielen, Kundenwerte bspw. als Kundenumsatz relativ zum Gesamtunternehmensumsatz gemessen werden. „Die Konzeptualisierung des Kundenwerts hat in den letzten Jahren einen erheblichen Perspektivenwechsel erlebt. Während lange Zeit ausschließlich monetäre Größen [...] im Vordergrund standen, hat in jüngerer Zeit eine Öffnung des Begriffs stattgefunden, um der Realität besser zu entsprechen."[740] Wird dieser Entwicklung gefolgt und werden auch nicht-monetäre und nicht-ökonomische Ziele verfolgt, so sind vielfältige Komponenten in den Kundenwert zu integrieren (z. B. das Image des Kunden). In diesen Fällen muss ggf. auch von einer verhältnisskalierten Messung abgewichen werden, was zu etwaigen Informationsverlusten führen kann.[741] Dies ist vor allem dann der Fall, wenn

[739] Vgl. dazu die Ausführungen in Kapitel C.2.2.4.

[740] *Meyer, A./Kantsperger, R./Wilkoszewski, A.* (2005), S. 300.

[741] Vgl. *Eberling, G.* (2002), S. 14.

monetäre und nichtmonetäre Kundenwertbeiträge in einer Kundenwertkennzahl zusammengefasst werden sollen (z. B. mittels Scoring-Modellen). Auf die Frage der relevanten Wertbeiträge wird in Kapitel A.1 der Arbeit zurückgekommen.

2 Erfolgsvoraussetzungen einer kundenwertorientierten Vertriebssteuerung

Die Mehrzahl der einschlägigen Beiträge zur Kundenwertorientierung fokussiert einseitig auf die Beziehungsorientierung zwischen Kunde und Unternehmen als Begründung für ein kundenwertorientiertes Management.[742] LISSAUTZKI dagegen formuliert darüber hinaus gehende Erfolgsvoraussetzungen, die die Zweckmäßigkeit der Kundenwertorientierung in der Unternehmenssteuerung begründen.[743]

Als notwendige Bedingungen fasst er die Relevanz der Dimension Kunde sowie die heterogenen Kundencharakteristika als Voraussetzungen des Marktumfelds zusammen. Im Sinne der engpassorientierten Führungsphilosophie nach GUTENBERG ist eine kundenwertorientierte Steuerung vorteilhaft, wenn Kunden ein knappes Gut und damit einen Engpassfaktor für die Erreichung der Unternehmensziele darstellen. Dies ist bspw. bei monopolistischen Marktstrukturen oder effektiven Kollusionen nicht der Fall. Wie in Kapitel C.1.5 gezeigt wurde, entspricht dies nicht der Marktstruktur auf dem deutschen Bankenmarkt, der eher als oligopolistisch etikettiert wurde. Praxisbeiträge argumentieren zudem, dass sich der Firmenkundenmarkt vom Verkäufer- zum Käufermarkt entwickelt und das anbieterseitige Bemühen um Firmenkunden in den vergangenen Jahren zugenommen hat, was sich insbesondere im preisbasierten Wettbewerb artikuliert.[744] Es ist somit zu konstatieren, dass der Firmenkunde als knappes Gut zu bezeichnen ist und somit die Relevanz der Dimension Kunde gegeben ist.

Weiterhin fordert LISSAUTZKI, dass sich die Heterogenität der Kunden auch in den Ausprägungen der Kundenwerte widerspiegelt.[745] Problematisch daran ist jedoch, dass die Prüfung dieser Forderung nur möglich ist, wenn alle Kunden hinsichtlich ihres Kundenwerts bewertet werden und folglich eine entsprechende Kundenwertorientierung vorliegt. Daher formuliert er Indikatoren, die sich auf die Ausprägung des Kundenwerts auswirken. Gilt für diese Größen eine ausreichend plausibel vermutete Verschiedenheit zwischen Kunden oder Kundenseg-

---

742 Vgl. z. B. *Eberling, G.* (2002), S. 50 ff.

743 Vgl. hier und nachfolgend *Lissautzki, M.* (2007), S. 46 ff.

744 Vgl. dazu ausführlich z. B. *Schmoll, A.* (2006), S. 11 ff. sowie die Ausführungen in Kapitel A.1.

745 Vgl. hier und nachfolgend *Lissautzki, M.* (2007), S. 51 ff. Ähnlich auch *Eberling, G.* (2002), S. 41.

menten, kann die Forderung als erfüllt angesehen werden. Die Indikatoren beziehen sich auf den nachgefragten Leistungsmix und die Leistungsmenge, auf preisliche und vertriebliche Differenzierungen sowie auf Dauern und Risiken der Geschäftsbeziehungen. Mit Blick auf die Tabelle 1 und vor dem Hintergrund der grundsätzlichen Heterogenität der Firmenkunden der Kreditgenossenschaften und der differenzierten vertrieblichen Beratung und Betreuung in der Praxis der Kreditgenossenschaften,[746] kann diese Heterogenität begründet unterstellt werden.

Als hinreichende Bedingungen einer kundenwertorientierten Steuerung müssen nach LISSAUTZKI die Wertorientierung als Hauptzielsetzung im Zielsystem des Unternehmens verankert sein, müssen Kundeninformationen vorliegen oder ermittelbar sein, soll das Unternehmen keine nischenfokussierte Positionierung am Markt haben, muss die kundenwertorientierte Steuerung dem Postulat der Wirtschaftlichkeit entsprechen und muss eine nach kundenwertorientierten Aspekten differenzierte Steuerung de jure und de facto umsetzbar sein.[747] Die strikte Ausrichtung des Zielsystems auf wertorientierte Ziele muss zunächst relativiert werden, da der Anforderungskatalog von LISSAUTZKI im Kontext einer kundenwertorientierten Steuerung in Verbindung mit einer kapitalmarktorientierten Unternehmenssteuerung zu sehen ist. Da dies für die Kreditgenossenschaften nicht gilt, soll zunächst die Wertorientierung weniger eng kapitalmarktorientiert erfolgen. Nach EBERLING ist das Ziel der wertorientierten Unternehmensführung, „die Steigerung eines (wie auch immer gearteten) Unternehmenswertes."[748] Diesen setzt er mit einem an den Anspruchsgruppen orientierten Nutzenpotenzial gleich. Unter Berücksichtigung dieser weiten Auslegung der wertorientierten Unternehmensführung kann mit Verweis auf die Vermögenswertorientierung in VR-CONTROL begründet werden, dass dies grundsätzlich auch für Kreditgenossenschaften gilt. Wenngleich hier aufgrund des Förderauftrags weitere Überlegungen anzustrengen sind.

Aufgrund der den bereits heute eingesetzten relationalen Vertriebsansätzen inhärenten großen Bedeutung von Informationen und den relativ umfangreichen Möglichkeiten den Kundeninformationsstand in Banken aufzubauen,[749] kann die Forderung nach hinreichend Kundeninformationen tendenziell bejaht werden.[750] Aufgrund ihres Allfinanzangebots kann zudem plausibel angenommen werden, dass die Kreditgenossenschaften keine Nischenstrategie im Sinne der fokussier-

---

[746] Vgl. dazu die Ausführungen in den Kapiteln C.2.2 und C.2.4.

[747] Vgl. hier und nachfolgend *Lissautzki, M.* (2007), S. 54 ff.

[748] *Eberling, G.* (2002), S. 45.

[749] Vgl. dazu z. B. *Segbers, K.* (2007), S. 91 ff. und S. 165 ff.

[750] Vgl. die Ausführungen in Kapitel C.2.4.1.3

ten Zielgruppen oder Bankleistungen verfolgen.[751] Das Wirtschaftlichkeitspostulat ist in diesem Zusammenhang als Anforderung an die Konzeption einer kundenwertorientierten Vertriebssteuerung zu verstehen und insofern erst am Ende dieser Arbeit final zu beantworten.

Neben der noch nicht konkretisierten Definition des Zielsystems ist weiter auch die de jure und de facto Umsetzbarkeit einer kundenwertorientierten Vertriebssteuerung vor dem Hintergrund des spezifischen Zwecks der Kreditgenossenschaften intensiver zu diskutieren. Denn der Förderauftrag fokussiert auf die Beziehung zwischen Mitglieds-Firmenkunde und Kreditgenossenschaft. Und auf eben diese ist auch die kundenwertbedingte Differenzierung der anbieterseitigen Maßnahmen im Sinne des Marketing-Mixes im Allgemeinen und des Vertriebs im Speziellen gerichtet. Insofern ist zu prüfen, ob hier widerstreitende Einflüsse aus den beiden Konzepten vorliegen und in wie weit diese harmoniert werden müssen und können.

3 Genossenschaftsprinzipien und Kundenwertorientierung

Wie in Kapitel C.1.4.2 dargestellt, lässt sich die Beziehung zwischen einem Mitglied und der Kreditgenossenschaft basierend auf dem Identitätsprinzip in zwei Beziehungsebenen differenzieren.[752] Dies sind die Leistungsbeziehungsebene, bei der das Mitglied Abnehmer der genossenschaftlichen Leistungen ist, und die Einlegerbeziehungsebene, bei der die Gesamtheit der Mitglieder als Eigentümer und Träger der Verfügungsrechte in Form von Koordinations- (Planung, Organisation, Kontrolle), Aneignungs- (Gewinn und Verlust) und Veräußerungsrechten betrachtet wird.[753] Auf diese beiden Beziehungsebenen kann der Förderauftrag nach § 1 GenG wirken. Die Art und Weise der Förderung ist jedoch unbestimmt und muss institutsindividuell festgelegt werden.[754] Diese Festlegung ist ein zentraler Einflussfaktor auf das Zielsystem der Genossenschaftsbank. Die Ziele der Mitglieder als Eigentümer der Genossenschaft sind im Ziel-

---

751 Vgl. die Ausführungen in Kapitel C.2.3 und C.2.2. Die Beschränkung auf mittelständische Unternehmen bzw. die empirisch belegte Kundenstruktur mit Fokus auf kleine und mittlere Unternehmen schränken diese Aussage nicht ein, da über den subsidiären Verbundansatz auch größere Unternehmen als potenzielle Kunden verstanden werden können.

752 Das Identitätsprinzip umfasst den Rollenpluralismus der Mitglieder einer Kreditgenossenschaft, die i. d. R. gleichzeitig Kunden der Kreditgenossenschaft sind bzw. sein sollen. Vgl. Kapitel C.1.4.1.

753 Vgl. *Theurl, T.* (2002), S. 59.

754 Vgl. dazu die Ausführungen in Kapitel C.1.4.2.

system und folglich in der Steuerungsphilosophie der Kreditgenossenschaft zu verankern.[755] Die Steuerungsphilosophie umfasst die Vertriebssteuerung, die sich, wie im Weiteren erörtert wird, auf den Fördergeschäftsverkehr auswirken kann.

Um die Mitglieder als wichtigste Eigenkapitalgeber zu gewinnen und zu binden, ist es wirksam, die Unternehmensziele an den Mitgliederzielen auszurichten. Damit wird ferner die Bindungswirkung der Mitgliedschaft an die Kreditgenossenschaft intensiviert. Der Umfang der Förderung gilt als zentrale Determinante des Werts der Genossenschaft für das Mitglied und dessen Beitrittsentscheidung.[756]

Vor dem Hintergrund dieses so skizzierten Wirk- und Beziehungsgefüges sind für die kundenwertorientierte Vertriebsteuerung die bereits mit der Diskussion der Erfolgsvoraussetzungen angerissenen folgenden zwei Aspekte näher zu analysieren: Dies ist zum einen die Frage nach dem relevanten Zielsystem der Kreditgenossenschaft und zum zweiten die Frage nach der Vereinbarkeit von kundenwertorientierter Vertriebssteuerung und genossenschaftlichen Prinzipien. Bei der letzten Frage werden die Beziehungen zu den Mitglieder-Kunden fokussiert, da nur hier genossenschaftsspezifische Wirkbeziehungen möglich sind. Da keine Lösungsalternative darin zu sehen ist, ausschließlich das Nicht-Mitglieder-Kundengeschäft zu forcieren, um damit die Frage nach der Vereinbarkeit zu umgehen, ist die Notwendigkeit einer solchen Diskussion evident.

Die diesen Einzelaspekten übergeordnete Fragestellung nach dem Einfluss der genossenschaftlichen Prinzipien auf die kundenwertorientierte Steuerung ist pointiert mit dem Disput der normativen Kraft des Faktischen und der faktischen Kraft des Normativen beschrieben.[757] Daher ist eine Betrachtung und Gegenüberstellung theoretischer Ausführungen und tatsächlicher Realitäten notwendig.[758]

---

755 Nach LICHTSTEINER/SCHWARZ lassen sich in Abhängigkeit der verfolgten Ziele spezifische Logiken von Strategien und Maßnahmen differenzieren. Sie sehen auf der einen Seite die Marktlogik, die sich in einer strengen Gewinnorientierung manifestiert, und auf der anderen Seite die Sachzwecklogik, die sich am Angebot einer spezifischen Leistung zur Deckung eines bestimmten Bedarfs orientiert. Vgl. *Lichtsteiner, H./Schwarz, P.* (2008), S. 197 f. In Abhängigkeit der jeweils dominanten Logik sind alle nachgelagerten Funktionen auszugestalten, so auch Steuerungs- und Controllingfunktionen.

756 Vgl. *Schöffling, B.* (1991), S. 5 ff.

757 Vgl. im ähnlichen genossenschaftlichen Kontext *Sperling, D.* (1984), S. 33.

758 Vgl. auch *Theurl, T.* (2002), S. 51.

3.1 Zielsystem der Kreditgenossenschaften

3.1.1 Identifikation relevanter Ziele

Aufgrund des verwendeten Wertverständnisses sind Ziele die zentralen Determinanten des Kundenwerts.[759] Daher ist es von außerordentlicher Bedeutung für den weiteren Verlauf der Arbeit, die relevanten Ziele der Kreditgenossenschaften zu identifizieren.[760] Abweichend von den bisherigen wissenschaftlichen Beiträgen zum kundenwertorientierten Management müssen neben den organisationstyp-neutralen Zielen (z. B. Unternehmenswert-, Volumen-, Rentabilitäts- sowie Risiko-, Mitarbeiter- und kundenbezogene Ziele) auch organisationsspezifische Ziele explizit berücksichtigt werden.[761] Organisationsspezifische Ziele ergeben sich aus den faktischen oder juristischen Besonderheiten eines Unternehmens. Bei den Kreditgenossenschaften ergeben sich diese Ziele vor allem aus dem Identitätsprinzip und dem Förderzweck.

Eine typischerweise vorgenommene Zielverengung auf erwerbswirtschaftliche Ziele begründet tendenziell die Betrachtung einer Dividendengenossenschaft, was jedoch die gesetzlichen Strukturgrenzen der Kreditgenossenschaft verletzen würde.[762] Gleichfalls ist es eine realitätsfremde Annahme, das Zielsystem nur auf die organisations-spezifischen Ziele reduzieren zu können.[763] Um ein weitgehend allgemeingültiges Zielsystem für die Kreditgenossenschaften zu formulieren, muss das spezifische Spannungsfeld aus ihrer Eigenschaft als Kreditinstitut und als Genossenschaft berücksichtigt werden.

WIEDEMANN unterscheidet vor diesem Hintergrund zwischen materiellen Zielen des Genossenschaftsbetriebs als Kreditinstitut und den immateriellen Zielen der Genossenschaft, die sich aus dem Förderzweck für die Mitglieder als Träger des Genossenschaftsbetriebs ergeben.[764] Für die weitere Diskussion wird auf das vom konkreten Förderinhalt zunächst abstrahierende Verständnis des zusätzlichen Nutzens aus der Mitgliedschaft als Förderzweck abgestellt.[765] Das Konstrukt des Member Value stellt in diesem Kontext einen sinnvollen Ansatz dar, den Förderauftrag in einer modernen Interpretation als immaterielle Ziel-

759 Vgl. dazu die Ausführungen in Kapitel D.1.2.1 und Kapitel D.1.2.3.

760 Dabei kann es jedoch nicht gelingen, alle von den etwa 1.100 typischen Kreditgenossenschaften verfolgten Ziele zu berücksichtigen.

761 Vgl. hier und nachfolgend *Ringle, G.* (2006), S. 213 f.

762 Vgl. dazu die Ausführungen in Kapitel C. 1.4.1.

763 Vgl. *Blome-Drees, J.* (2008), S. 14.

764 Vgl. hier und nachfolgend *Wiedemann, A.* (1992), S. 78 f.

765 Dieser wird z. B. als Förderplus oder Member Value bezeichnet. Vgl. Kapitel C.1.4.2.

größe heranzuziehen.[766] Er wird als Ergebnis einer mitgliederbezogenen Nutzenfunktion mit drei Komponenten modelliert (siehe Formel [D.1]):

$$MV = f(UF, MF, FP) \qquad [D.1]$$

mit:

MV: Member Value oder innerer Wert der Kreditgenossenschaft für das Mitglied

f(·): Nutzenfunktion

UF: Unmittelbare (reale bzw. naturale) Förderung des Mitglieds aus den Leistungsbeziehungen zur Kreditgenossenschaft, die zu vereinbarten Konditionen und Standards erfolgt (auch: Kundennutzen)

MF: Mittelbare Förderung z. B. durch Dividenden und Verzinsung des Geschäftsguthabens, also Beiträgen aus der Einlegerbeziehung (auch: Mitgliedernutzen)

FP: Potenzial für eine nachhaltige Förderung der aktuellen und zukünftigen Mitglieder

Im Konsens mit der Literatur[767] sieht WIEDEMANN Rentabilität, Wachstum und Risiko als zentrale materielle Zielgrößen des Kreditinstituts. Die Rentabilität gilt dabei als dominante Größe und strenge Nebenbedingung für die Wachstumsziele. Die Risikoziele sind begrenzt durch die Risikotragfähigkeit eines Instituts und stellen vor dem Hintergrund der Verbindung von Rendite und Risiko eine Nebenbedingung des Renditeziels dar. Neben dieser theoretischen Betrachtung des Zielsystems muss auch das in der Praxis konzeptionell ausgerichtete Zielsystem berücksichtigt werden. Wie in den Ausführungen zur Gesamtbanksteuerung in Kapitel C.4.1 deutlich wurde, stellt der Vermögenswert aus Sicht des BVR ET AL. die zentrale Ziel- und Steuerungsgröße für die Kreditgenossenschaften nach Maßgabe der Gesamtbanksteuerungskonzeption VR-CONTROL dar.[768] In kombinierter Betrachtung stellen die materiellen Ziele nach WIEDEMANN die Instrumentalziele des Fundamentalziels Vermögenswertsteigerung in der Steuerungskonzeption VR-CONTROL dar. In beiden Sichtweisen gilt implizit, dass durch Erfolg bei der Erreichung der genannten Ziele, Sicherheits- und Li-

---

766 Vgl. hier und nachfolgend *Tschöpel, M.* (2010), S. 5 f.; *Lamprecht, D./Donschen, A.* (2006), S. 14 ff.; *Theurl, T.* (2005), S. 139.

767 Vgl. z. B. *Schierenbeck, H.* (2003), S. 1; *Tebroke, H.-J.* (1998), S. 333; *Grosskopf, W.* (1990), S. 13.

768 Vgl. die Ausführungen in Kapitel C.4.1.

quiditätsziele, die aufsichtsrechtlich von den Banken gefordert werden, ebenfalls erreicht werden.[769] Daher werden diese Ziele nicht explizit aufgeführt.

In der wissenschaftlichen Diskussion, und vor allem im Diskurs zwischen der genossenschaftlichen Wissenschaft und Praxis ist umstritten, wie die einzelnen Zielgrößen in Beziehung stehen oder stehen sollten. Daher wird nachfolgend analysiert, von welche Beziehungen realistischerweise auszugehen ist und wodurch diese Beziehungen beeinflusst werden können.

3.1.2 Erörterung ausgewählter Zielsysteme

3.1.2.1 Auswahl relevanter Zielsysteme

Der gesetzliche Förderauftrag gilt theoretisch als das Hauptziel des Genossenschaftsbetriebs.[770] Es wird jedoch vielfach angemerkt, dass dieses organisationsspezifische Ziel weitgehend verdrängt ist, da sich die Genossenschaftsbanken stark den Wettbewerbern angenähert hätten.[771] Dem entgegenhaltend wird jedoch – vor allem von theoretischer Seite – argumentiert, zweckfreies Gewinnstreben oder Gewinnmaximierung seien im genossenschaftlichen Kontext inadäquate Zielvorstellungen.[772] In der genossenschaftlichen Tradition der Uneigennützigkeit formuliert BONUS, es sei nicht Zweck der Genossenschaft, Gewinn zu machen.[773] VIEHOFF argumentiert, dass der Gewinn einer Genossenschaft ein spezifisches Gewinnminimum darstelle, welcher neben der wachstumsbedingten und risikoabdeckenden Rücklagenbildung zur Zahlung einer marktgerechten Dividende auf das Eigenkapital der Mitglieder benötigt werde.[774] Fokussiert wird dabei vor allem auf ein ausgeprägtes Kosten- und Risiko-

---

769 „Durch einen verantwortungsvollen Umgang mit den anderen Risiken wird gleichzeitig dem Liquiditätsrisiko vorgebeugt.“ *BVR et al.* (o. J.b), S. 20.

770 Vgl. *Beuthien, V./Dierkes, S./Wehrheim, M.* (2008), S. 177; *Vogel, W.* (2002), S. 69 ff. sowie die dort zitierte Literatur; *Hammerschmidt, M.* (2000), S. 21.

771 Vgl. z. B. *Steiner, J.* (1995), S. 36; *Lürig, R.* (1985b), S. 24; *Hahn, O.* (1980), S. 21 ff.

772 Vgl. z. B. *Ringle, G.* (2006), S. 217; *Algner, M. R.* (2006), S. 187; *Hildner, R.* (2003), S. 6; *Grosskopf, W.* (1990), S. 13; *Großfeld, B./Jäger, W./Lenfers, G.* (1989), S. 90; *Engelhard, H. A.* (1989), S. 26. Die Betrachtung der Instrumentalziele resultiert daher, dass die Vermögenswertorientierung erst in der jüngeren Vergangenheit Gegenstand der Gesamtbanksteuerung in den Kreditgenossenschaften wurde. Aus Vereinfachungsgründen wird die theoretisch richtige Unterscheidung von Gewinn und Vermögenswert im Weiteren nicht weiter stringent eingehalten. Mit diesem Vorgehen geht keine Einschränkung der weiteren Analyse einher.

773 Vgl. *Bonus, H.* (1998), S. 324.

774 Vgl. *Viehoff, F.* (1979), S. 272 ff. So auch *Aubin, P.* (2011), S. 44.

management und weniger auf eine ausgeprägte Erlösorientierung.[775] Da der Genossenschaftsbetrieb jedoch auf Dauer angelegt ist und die Existenz- und Förderfähigkeit des Unternehmens langfristig sicherzustellen sind, führt dies nach THEURL zwingend zur Ertragsorientierung,[776] die der „Erwirtschaftung nachhaltiger und risikoangepasster Renditen für Kapitalgeber und Eigentümer“[777] dient. WIEDEMANN begründet das ertragsorientierte Zielsystem mit dem „Primat der Existenzsicherung“[778], das auch für die Kreditgenossenschaften gilt.[779] Nach BROSCHART ET AL. gilt dies nur für die Zielgrößen Liquidität und Sicherheit, während das Rentabilitätsziel durch den Zweck selbst also den Förderauftrag respektive den Member Value tangiert wird und daher nicht isoliert betrachtet werden kann.[780] Sie sehen folglich im Nebeneinander von Rentabilitätsstreben und Umsetzung des Förderauftrags das Besondere der genossenschaftlichen Bankpolitik. Insofern gelten die materiellen Ziele als Nebenbedingung und Grundlage des immateriellen Oberziels. Ein Konflikt zwischen den Zielen ist zu konstatieren, wenn das „Primat der Existenzsicherung“ als einzuhaltende Restriktion das Erreichen des immateriellen Oberziels einschränkt. Sobald die Existenzsicherung gewährleistet ist, gilt es nach diesem Verständnis, ausschließlich das Oberziel zu verfolgen, d. h. den Member Value zu erhöhen.

Ohne konkreten Bezug zu etwaigen Förderzielen begründen der BVR ET AL. den Vermögenswert als zentrale Zielgröße der Steuerungskonzeption VR-CONTROL für die Kreditgenossenschaften und dessen Maximierung als konkretes Ziel,[781] da „die Maximierung des Vermögenszuwachses unter Einhaltung der definierten Risikolimite [.] ein wesentliches Ziel sämtlicher Bankaktivitäten“[782] ist. Einen Konflikt zum immateriellen Ziel, d. h. dem Förderauftrag, sehen sie darin nicht, da mit der „Vermögensmehrung eine wesentliche Voraussetzung für die nachhaltige Bestandssicherung der Bank geschaffen wird“[783] und nur durch den Bestand des Genossenschaftsbetriebs der Förderauftrag dauerhaft wahrge-

---

775 Dies zeigt sich hinsichtlich der Erlösquellen z. B. in der Aussage von AUBIN, dem Vorstandssprecher der VOLKSBANK GÖPPINGEN EG, der argumentiert: „Möglichst weitgehender Verzicht auf Gewinn aus dem Kundengeschäft ist das wesentliche Merkmal der Volksbanken Raiffeisenbanken und damit entscheidende Grundlage für ihren Erfolg.“ *Aubin, P.* (2011), S. 42.

776 Vgl. *Theurl, T.* (2002), S. 79.

777 *Theurl, T./Böttiger, J.-M.* (2007), S. 9.

778 *Wiedemann, A.* (1992), S. 79.

779 So auch *Theurl, T./Böttiger, J.-M.* (2007), S. 7.

780 Vgl. *Broschart, J. et al.* (2002b), S. 12.

781 Vgl. *BVR et al.* (o. J.b), S. 6. Zur Definition des Begriffs Vermögenswert vgl. Kapitel C.4.1.

782 *BVR et al.* (o. J.b), S. 8.

783 *BVR et al.* (o. J.b), S. 6.

nommen werden kann. Damit ist der Förderzweck nicht mehr zwingend Bestandteil des kreditgenossenschaftlichen Zielsystems.

Vor dem Hintergrund dieser unterschiedlichen Auffassungen lassen sich zwei grundsätzliche Arten von Zielsystemverständnissen skizzieren. Aus Gründen der einfacheren Darstellung werden in Abbildung 31 die materiellen Ziele als Gewinn-/ Vermögenswert bezeichnet. Die immateriellen Ziele werden über den Member Value inhaltlich konkretisiert. Dabei wird berücksichtigt, dass die Existenz der Kreditgenossenschaft einem definierten Zweck dienen muss,[784] womit eine zwecklose Existenz nicht als anzustrebendes Ziel gilt. Daher schließt sich eine ausschließliche Betrachtung des Gewinn-/ Vermögenswertziels aus.

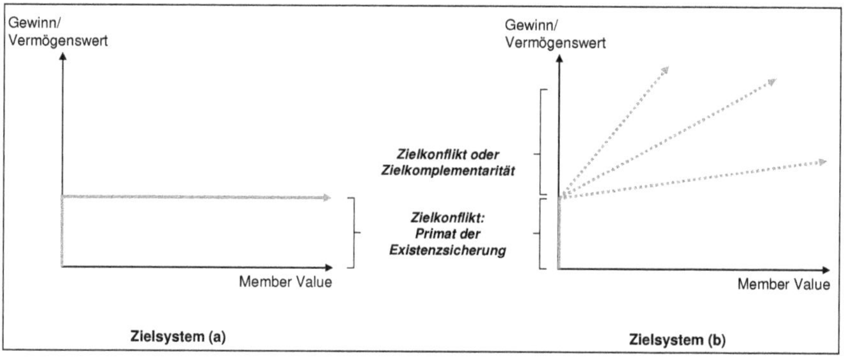

Abbildung 31: Skizze grundsätzlicher Zielsystemverständnisse für Kreditgenossenschaften[785]

Während beiden Zielsystemen gemein ist, dass zur Existenzsicherung ein Mindestgewinn erwirtschaftet werden muss, wird im Zielsystem (a) davon ausgegangen, dass alle weiteren Anstrengungen der Kreditgenossenschaft sich auf den Member Value als Oberziel beschränken. Im Zielsystem (b) dagegen wird das Gewinn-/ Vermögenswertziel angestrebt, was auch dem Member Value zugute kommen kann (Zielkomplementarität), jedoch nicht muss (Zielkonflikt).[786] Die Art der Zielbeziehung ist abhängig davon, welche Komponente des Member Value am höchsten gewichtet wird und mit welchen Maßnahmen der Member Va-

---

784 Vgl. *Blome-Drees, J.* (2008), S. 17.

785 Eigene Darstellung. Beide Zielsysteme bestehen aus zwei Zielen. Zwar stellt das Zielsystem (a) einen konkreten Fall des Zielsystems (b) dar. Es soll jedoch aufgrund seiner extremen Ausprägung und den damit verbundenen Implikationen als eigenständiges Zielsystem verstanden werden.

786 Die konkrete Zielbeziehung hängt letztlich von der konkreten Ausgestaltung des Förderauftrags ab. Vgl. dazu die Ausführungen in Kapitel D.3.1.2.4.

lue erreicht und/oder gesteigert werden soll. Es gilt in diesem Zusammenhang zu erörtern, welches Gewicht im Zielsystem (b) die beiden Zielgrößen haben, da davon wiederum die Konzeptualisierung des Kundenwerts als Beitrag zur Zielerreichung abhängt.[787]

TEWES argumentiert, dass Unternehmen selbst keine Ziele haben, sondern die Ziele für das Unternehmen sich aus den Individualzielen der an ihm beteiligten Personen ableiten.[788] Basierend auf der Anreiz-Beitrags-Theorie und dem methodologischem Individualismus geht er davon aus, dass das Ziel der betrachteten Personen die Maximierung ihres Nutzens aus der Beziehung zum Unternehmen ist. In wie weit nun die jeweiligen Individualziele berücksichtigt werden, hängt davon ab, wie groß das Einflusspotenzial eines Individuums oder einer Gruppe zielkongruenter Individuen auf die Zielbildung ist. Das resultierende Zielsystem wird als eben noch hinzunehmender Kompromiss verstanden. Im Folgenden sollen vor dem Hintergrund dieser Argumentation kreditgenossenschaftsspezifische Einflussfaktoren dahingehend erörtert werden, wie diese auf die notwendige Konsensfindung einwirken und welche Bedeutung diese auf das relevante Zielsystem und die Zielbeziehungen haben.

3.1.2.2 Mitgliederstruktur als Einflussfaktor auf das Zielsystem

In der traditionellen Bewertungslehre wird als „innerer Wert" eines Unternehmens dessen finanzieller Nutzen für die Anteilseigner verstanden, wobei die Gewinnmaximierung als einzige Zielformulierung verwendet wird.[789] Es herrscht Einigkeit in der Literatur, dass die Kapitalanlage unter Renditegesichtspunkten für den Beitritt als Mitglied nicht ausschließlich relevant ist, sondern wesentliche Beitrittsanreize aus der wirtschaftlichen Förderung im Rahmen der

---

787 In diesem Sinne würde ein Zielgewicht von 100 Prozent für den Förderauftrag (Member Value) dazu führen, dass die Zielsystem (a) und (b) identisch sind. Im umgekehrten Fall, bei einem Zielgewicht von 100 Prozent für das Gewinn-/Vermögenswertziel, würde die Zielfunktion eine Parallele zur Ordinate sein. Abweichend von den dargstellten Verläufen ist es in der Praxis ebenso denkbar, dass nicht stetige Verläufe vorkommen. Z. B., wenn unterstellt wird, es gibt ein operationales Ziel für den Förderauftrag. Ist dies erreicht, dann würde die Kurve wieder in Richtung des Gewinnziels streben. Anders argumentieren GESCHWANDTNER/KUTTLER, die aufbauend auf den gesetzlichen Vorgaben argumentieren, eine Zieldiskussion erübrige sich. Vgl. *Geschwandtner, M./Kuttler, H.-J.* (2009), S. 266. Jedoch zeigen sich in ihrem Beitrag vielfältige Inkonsistenzen, wie etwa die unbedingte Mitgliederförderung bei gleichzeitiger Widmung der Mitgliedschaft als Kundenbindungsinstrument und der Unterordnung der Mitgliedschaft unter dem Wirtschaftlichkeitsprinzip.

788 Vgl. hier und nachfolgend *Tewes, M.* (2003), S. 16 ff. so wie die dort angegebene Literatur.

789 Vgl. *Schöffling, B.* (1991), S. 5.

Leistungsbeziehung resultieren.[790] Folglich ist es unzureichend, ausschließlich den Gewinn als Determinante des inneren Werts für das Mitglied der Kreditgenossenschaft zu nutzen. Der innere Wert – im Sinne des Gesamtgenossenschaftswertes – muss weitere Determinanten umfassen. Das Konstrukt des Member Value, das als relevantes immaterielles Ziel verwendet wird, stellt in diesem Kontext einen geeigneten Ansatz dar, den Wert oder Nutzen der wirtschaftlichen Aktivitäten des genossenschaftlichen Gewerbebetriebs für die Mitglieder darzustellen (siehe Formel [D.1]).[791]

Die Komponente *FP* kann auch als Substanzwert oder zukunftsorientiert als Ertragswert verstanden werden. In Anlehnung an MONßEN ist ein auf Basis des Discounted Cash-flow-Verfahrens[792] bestimmter Unternehmenswert als Fördersubstanz interpretierbar, die die Sicherung der Genossenschaftsbank als förderndes Unternehmen in der Zukunft gewährleistet.[793]

Die drei Komponenten stehen in interdependenter Beziehung zueinander. Wird eine Komponente festgelegt, schränkt dies die Freiheitsgrade bei den anderen beiden ein.[794] Problematisch ist nun, die Komponenten zu konkretisieren, zu gewichten und zu bewerten. Dabei ist zu berücksichtigen, dass dies auf die Zielbeziehung zwischen materiellen und immateriellen Zielen Einfluss hat. Wird etwa das zukünftige Förderpotenzial *FP* stark gewichtet, wird zu Lasten des Ziels Förderauftrag, der der Komponente *UF*, mithin der unmittelbaren naturalen Förderung entspricht,[795] dem Gewinn-/Vermögenswertziel entsprochen.[796] Steht dagegen die reale oder die mittelbare Förderung im Mittelpunkt, geht dies zu Lasten des zukünftigen Förderpotenzials *FP* und ggf. der gesamten Zukunftsfähigkeit der Genossenschaft.

Die Entscheidung, wie die Komponenten zu gewichten sind, wird von der Kreditgenossenschaft individuell getroffen und basiert auf den Präferenzen der

---

790 Vgl. z. B. *Bornemann, S./Schaaff, C./Pfingsten, A.* (2009), S. 28 f.; *Baumgärtler, T.* (2000), S. 99; *Grauer, F.* (1998), S. 206 f.

791 Vgl. hier und nachfolgend *Lamprecht, D./Donschen, A.* (2006), S. 14 ff.; *Theurl, T.* (2005), S. 139. Eine ähnliche Konzeptualisierung nimmt SCHÖFFLING vor, der ausgehend vom Identitätsprinzip die finanziellen und nicht-finanziellen Nutzenkomponenten aus der Leistungs- und der Einlegerbeziehung zum Gesamtwert einer Genossenschaft zusammenfasst. Vgl. *Schöffling, B.* (1991), S. 7.

792 Das Discounted Cash-flow-Verfahren bezeichnet eine Methode zur Ermittlung eines Unternehmenswerts. Vgl. dazu ausführlich *Stüker, D.* (2008), S. 72 ff. sowie die dort angegebene Literatur.

793 Vgl. Monßen, H.-G. (1998), S. 295; Algner, M. R./Bolsinger, H. J. (2006), S. 189.

794 Vgl. *Theurl, T.* (2002), S. 85.

795 Vgl. dazu die Ausführungen in Kapitel C.1.4.2.

796 Vgl. *Theurl, T.* (2002), S. 86.

jeweiligen Mitglieder.[797] Diese Entscheidungen können grundsätzlich auf zwei Arten erfolgen. Entweder so, wie WIEDEMANN es in einem Phasenschema darstellt (siehe Abbildung 32). Danach formuliert der Vorstand die Ziele sowohl materieller als auch immaterieller Art und steuert deren Umsetzung mittels des Genossenschaftsbetriebs. Ihre Zustimmung oder Ablehnung können die Mitglieder auf grundsätzlich drei Arten artikulieren. Erstens über den Grad und Umfang der Inanspruchnahme der genossenschaftsbetrieblichen Leistungen, zweitens über die Mitbestimmung in der Generalversammlung und drittens über die Kündigung der Mitgliedschaft. Vorteilhaft an diesem mitgliederpassiven Vorgehen ist, dass der Vorstand aufgrund seiner vergleichsweise höheren Informationen über die Ressourcen der Kreditgenossenschaft die materiellen und immateriellen Ziele in Bezug auf ihre Umsetzbarkeit beurteilen und entsprechend berücksichtigen kann. Dies spricht tendenziell für eine ausgewogene komplementäre Zielbeziehung zwischen den genannten Zielen, die sich an den Möglichkeiten und Grenzen ausrichtet. Nachteilig daran ist jedoch die fehlende Mitgliederintegration ex ante.

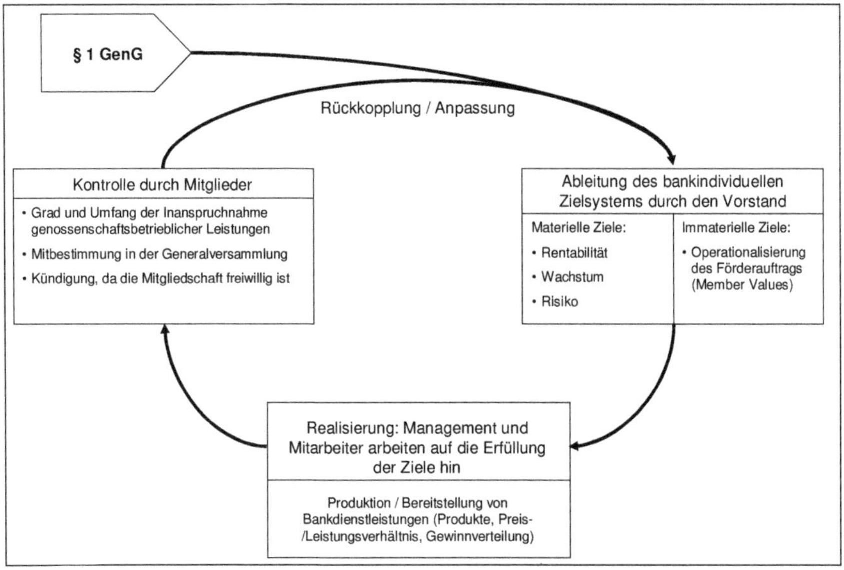

Abbildung 32: Phasenschema zur Operationalisierung des Förderauftrags[798]

---

797 Vgl. hier und nachfolgend *Wiedemann, A.* (1992), S. 78 sowie die Ausführungen in Kapitel C.1.4.2.

798 In Anlehnung an *Wiedemann, A.* (1992), S. 78.

Abweichend von diesem Ablaufschema sieht THEURL die Aufgabe, die drei genannten Einflussfaktoren des Member Value zu operationalisieren, zu bewerten und zu gewichten aktiv beim Mitgliederkollektiv.[799] Die Entscheidung des Mitgliederkollektivs dient dann der Genossenschaftsleistung als Handlungsleitlinie, um den Genossenschaftsbetrieb zu führen. Dies kann als mitgliederaktives Vorgehen bezeichnet werden.

Unabhängig davon ob die Mitglieder ex post über den Vorschlag des Vorstands entscheiden oder ex ante die Ziele festlegen, sind viele Akteure in diesen Prozess involviert. Daher kann der Nutzen des einzelnen Mitglieds und damit der Wert der Genossenschaft aus individueller Mitgliedersicht durch die Befriedigung der Ziele anderer Parteien gemindert werden.[800] Wesentlichen Einfluss auf die Kollektivfestlegung des Förderauftrags hat also der Grad der Ziel- oder Interessenhomogenität der Mitgliedergruppe. DÜLFER unterscheidet anhand dieses Kriteriums drei Gruppen.[801] In einer homogenen Gruppen stimmen die Interessen der einzelnen Mitglieder weitgehend überein, während in der heterogenen Gruppe für Teile der Gesamtheit nicht alle Interessen von gleicher Bedeutung sind und bei einer gespaltenen Gruppe von Teilen der Gesamtheit völlig verschiedene Ziele verfolgt werden.

Für die Kreditgenossenschaften soll nun die Art der Gruppe auf aggregierter Ebene festgestellt werden, da keine aktuellen Erkenntnisse zu den Interessen oder Zielen Einzelner vorliegen.[802] Eine approximative Bestimmung erfolgt auf Basis der Mitgliederstruktur aus erwerbswirtschaftlicher Perspektive. Diese hat sich seit der Gründungszeit stark verändert (siehe Abbildung 33). So ist der Anteil der gewerblichen Mitglieder, also der Unternehmen und der Selbständigen in freien Berufen von 77 Prozent im Jahr 1895 auf unter ca. 6 Prozent im Jahr 2010 zurückgegangen. Heute dominieren Privatpersonen die Mitgliedstruktur der Kreditgenossenschaften. Aufgrund der insgesamt heterogenen Mitgliederstruktur kann begründet davon ausgegangen, dass auch die förderauftragsbezogenen Anforderungen der Mitglieder an die Genossenschaft differierend ausgestaltet sein dürften.[803]

---

[799] Vgl. *Theurl, T.* (2002), S. 85.

[800] Vgl. *Schöffling, B.* (1991), S. 17.

[801] Vgl. hier und nachfolgend *Dülfer, E.* (1995), S. 195.

[802] Verwiesen sei hier auf die etwas ältere Studie von BAKONYI aus dem Jahr 1983, der heterogene und situationsspezifische Erwartungen der Mitglieder an die Bankgenossenschaft identifiziert. Vgl. *Bakonyi, E.* (1983). Es ist begründet davon auszugehen, dass sich dieser Trend bis zum gegenwärtigen Zeitpunkt verstärkt hat. Vgl. *Vogel, W.* (2002), S. 74.

[803] Vgl. *Broschart, J. et al.* (2002b), S. 13.

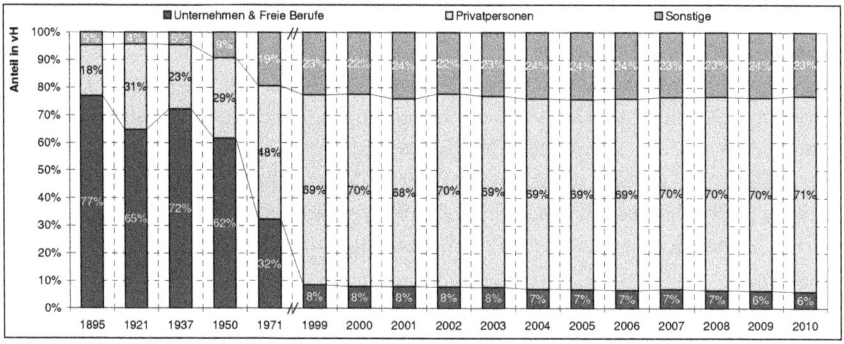

Abbildung 33: Entwicklung der Mitgliederstruktur der Kreditgenossenschaften[804]

Wird zu dieser strukturellen Entwicklung zusätzlich die Entwicklung der Mitgliederanzahl betrachtet, wird deutlich, dass diese Faktoren zusammengenommen die Annahme einer homogenen Gruppe nicht unterstützen. So hat sich die Mitgliederanzahl von ca. 6 Mio. in 1970 auf ca. 16,7 Mio. in 2010 um etwa 10 Mio. erhöht. Gleichzeitig hat sich durch innergenossenschaftliche Fusionsaktivitäten die Anzahl der Mitglieder je Kreditgenossenschaft im gleichen Zeitraum von 872 auf 14.665 deutlich erhöht.[805]

Insgesamt betrachtet, kann von einer inhomogenen Interessenslage der Mitglieder ausgegangen werden, so dass auch nicht von einer homogenen Gruppe auszugehen ist.[806] Vor dem Hintergrund der aufgezeigten Struktur der Mitglieder ist vielmehr eine heterogene Gruppe anzunehmen. Folglich ist es nötig, eine in der Mitgliederschaft mehrheitlich akzeptierte und allgemeingültige Lösung hinsichtlich der Förderziele zu finden,[807] wenngleich diese nicht pareto-optimal ist. Theoretisch erklärt werden kann dies durch das ARROW'sche Unmöglich-

804 Eigene Berechnung und Darstellung auf Basis der Daten in *BVR* (1999c), (2000), (2001a), (2002a), (2003a), (2004a), (2005a), (2006), (2007a), (2008), (2009a), (2010b), (2011a) sowie *Lürig, R.* (1985b), S. 34 f.

805 Eigene Berechnung auf Basis der Daten des *BVR* (2011b). Enthalten sind in dieser Berechnung auch die so genannten „atypischen" Kreditgenossenschaften, die aufgrund mangelnder Datenverfügbarkeit nicht für den gesamten Betrachtungszeitraum identifiziert werden können. Da die Anzahl der „atypischen" Kreditgenossenschaften doch insgesamt relativ gering ist, dürfte dieser Sachverhalt die Aussagekraft nicht stark eingrenzen.

806 Etwas anders CARIO, die in den nutzenden Mitgliedern eine homogene Gruppe sieht. Vgl. *Cario, D.* (2005), S. 150. Dabei geht sie jedoch nicht auf die Struktur der Mitgliederschaft ein, sondern trennt nur die Interessen von Mitglieder-Kunden und Investorenmitgliedern.

807 Vgl. *Grauer, F.* (1998), S. 196.

keitstheorem, wonach es unmöglich ist, die Präferenzen aller relevanten Entscheidungsträger zu aggregieren.[808] Naheliegend ist in diesem Zusammenhang eine finanziell orientierte Operationalisierung des Förderauftrags in der Praxis in Form von Dividenden. Denn die in Geldeinheiten lautenden Dividendenzahlungen können für die Mitglieder als allgemeingültige Gutscheine aufgefasst werden. Mit Blick auf die identifizierten Ziele der Kreditgenossenschaft bedeutet dies, dass Dividenden die Anreize erhöhen, den Gewinn/Vermögenswert als Ziel stärker zu gewichten als ein Ziel auf Basis eines alternativ ausgestalteten Förderauftrag.

Für eine tendenziell stärkere Dividendenorientierung spricht auch die seit der Novelle des GenG in 2006 bestehende Möglichkeit zur Aufnahme von investierenden Mitgliedern nach § 8 Abs. 2 GenG, welchen eine höhere Renditeorientierung unterstellt wird,[809] da diesen kein gesellschaftsrechtlicher Anspruch auf die naturale Förderung aus der Leistungsbeziehung zusteht und somit kompensierende Nutzenkomponenten im Fokus dieser Mitglieder stehen.[810]

Daher lässt sich die Erkenntnis festhalten, dass die heterogene Mitgliederstruktur sowie die Anreizdifferenzen zwischen nutzenden und investierenden Mitgliedern dazu führen, dass eher allgemeingültige und kurzfristige Nutzenkomponenten im Sinne des Member Value von den Kreditgenossenschaften zu forcieren sind. Diese für beide Mitgliedergruppen vorliegende Allgemeingültigkeit kann vor allem in Dividenden, mithin also der Nutzenkomponente *MF* in Formel [D.1] gesehen werden, wodurch das Gewinnziel tendenziell stärker gewichtet wird, jedoch in diesem Kontext einen engen Bezug zum Förderauftrag aufweist und eine komplementäre Zielbeziehung begründen würde. Dies kann erklären, warum in der Studie von BROSCHART ET AL. etwa 90 Prozent der befragten Kreditinstitute explizit keine speziellen Ziele zum Förderauftrag haben.[811]

In diesen Überlegungen wird implizit den investierenden Mitgliedern zuerkannt, den gleichen Einfluss auf die Führung des Kreditgenossenschaftsbetriebs zu haben wie die nutzenden Mitglieder. Deren Einfluss auf die Kreditgenossenschaft wird jedoch genossenschaftsrechtlich begrenzt, da der Mitgliedsaufnahme die Generalversammlung zuzustimmen und die Satzung sicherzustellen hat, dass die zu fördernden Mitglieder nicht von investierenden Mitgliedern überstimmt werden sowie Beschlüsse der Generalversammlung, die einer qualifizierten Mehrheit von drei Vierteln bedürfen, nicht durch die investierenden Mitglieder

---

808 Vgl. *Arrow, K. J.* (1970).

809 Vgl. ausführlich *Cario, D.* (2005), S. 150 f.

810 Vgl. *Beuthien, V.* (2006), S. 57.

811 Vgl. *Broschart, J. et al.* (2002a), S. 22.

verhindert werden können.[812] Anknüpfend an diesen Punkt stellt sich insgesamt die Frage, in welcher Form die Mitglieder Einfluss auf die Zielbildung in den Kreditgenossenschaften haben.

3.1.2.3 Mitgliederpartizipation als Einflussfaktor auf das Zielsystem

Wie in Kapitel C.1.4.1 dargelegt, ist die Selbstverwaltung einer der zentralen Grundsätze der Kreditgenossenschaften. Da die Mitglieder auch Träger der Verfügungsrechte sind,[813] ist deren Einfluss auf das Zielsystem der Kreditgenossenschaft zu diskutieren.

Für Genossenschaftsbanken lassen sich vielfache Prinzipal-Agent-Beziehungen identifizieren,[814] wobei die zentrale Prinzipal-Agent-Beziehung die zwischen Mitgliedern und dem Vorstand der Kreditgenossenschaft ist.[815] Damit verbunden ist, dass die Mitglieder nicht sicher darüber sein können, dass die Vorstände die Kreditgenossenschaft im Sinne der Mitglieder führen.[816] Dies indizieren empirische Ergebnisse zur Integration der genossenschaftlichen Prinzipien in die Geschäftspolitik der Kreditgenossenschaften. In einer kleinzahligen Studie von BROSCHART ET AL. antworten alle befragten Banken, dass das Mitgliederkollektiv nicht in die Strategiefindung involviert ist und lediglich drei von zehn Banken orientieren sich dabei an den vermuteten Mitgliederinteressen.[817] Weiterhin geben neun von zehn Banken an, dass das Ziel der Existenzsicherung Oberziel der Strategieformulierung ist, während eine Bank explizit die Mitgliederförderung und keine Bank die Gewinnmaximierung nennt. Auch nur eine Bank hat förderzweckspezifische Ziele. In der Studie von KRING spiegelt sich ein ähnliches Bild. Danach beziehen 24,7 Prozent der befragten Kreditgenossenschaften ihre Mitglieder nur in geringfügigem Ausmaß direkt oder indirekt und 58,6 Prozent ihre Mitglieder gar nicht in den Prozess der Strategieformulierung ein. Weiterhin geben nur 10 Prozent an, dass der Förderauftrag als Schwerpunkt der Strategie gesehen wird.[818] Es ist unstrittig, dass eine vollumfängliche Integ-

---

812 Siehe § 8 Abs. 2 GenG; auch *Zieger, T.* (2007), S. 316.

813 Zu den Verfügungsrechten zählen das Recht auf Gebrauch, das Recht auf Erträge aus der Nutzung, das Recht auf Veränderung, das Recht auf vollständige oder teilweise Übertragung sowie das Recht andere von der Nutzung auszuschließen.

814 So z. B. zwischen Mitgliedern und Aufsichtsrat, Aufsichtsrat und Vorstand, Vorstand und Mitarbeiter, Mitglieder und Vorstand. Damit noch nicht betrachtet sind die Beziehungen zwischen Kreditgenossenschaft und Kunden im Kreditgeschäft.

815 Vgl. *Lamprecht, D./Donschen, A.* (2006), S. 19 ff.

816 Vgl. *Lamprecht, D./Donschen, A.* (2006), S. 22; *Vogel, W.* (2002), S. 76; *Tebroke, H. J.* (1998), S. 334.

817 Vgl. *Broschart, J. et al.* (2002a), S. 40 ff. (Anhang).

818 Vgl. *Kring, T.* (2002), S. 30 und S. 39.

ration der Mitglieder in Strategieprozesse nicht realisierbar ist. Gleichwohl könnte eine Koordination mit den Mitgliedern über die Zustimmung zu den Förderzielen erfolgen. Dazu stellt MÜNKER jedoch fest, dass 92 Prozent der Kreditgenossenschaften, ihre Mitglieder ex post nicht nach der Beurteilung der Förderleistung fragen.[819] Daraus lässt sich ableiten, dass das immaterielle Ziel nur von untergeordneter Bedeutung für das Zielsystem der heutigen Kreditgenossenschaften ist und dies in einer Ziel- und Interessendistanz zwischen Mitglied und Vorstand begründet ist.

Wie weit die Distanz zwischen den Interessen des Vorstands und den Interessen der Mitglieder ist, resultiert in weiten Teilen daraus, wie groß die Ähnlichkeit in den Idealen, Werten, Normen und Zielen ist und in wie weit die Mitglieder als Prinzipale die Möglichkeit haben, den Vorstand zu kontrollieren, mithin also im Sinne des Selbstverwaltungsgrundsatzes an der Unternehmenslenkung der Kreditgenossenschaft zu partizipieren.

Nach vielfacher Meinung steigt mit zunehmender Größe der Kreditgenossenschaft, die ein Ergebnis der innersektoralen Konzentrationsprozesse ist,[820] die Distanz zwischen Bankleitung und Mitgliedern.[821] LÜRIG bezeichnet dies als Ausfluss eines Ökonomisierungsprozesses der Genossenschaftsbanken.[822] Eine mögliche Distanz soll nach § 9 Abs. GenG, wonach Vorstände Mitglieder der Kreditgenossenschaft sein müssen, reduziert werden. Verbunden mit den gesetzlichen Vorgaben an die Leitung eines Kreditinstituts bezüglich der fachlichen Eignung und dem Grundsatz, dass der Vorstand die Genossenschaft in eigener Verantwortung leitet,[823] resultieren Tendenzen dahingehend, dass der Vorstand einer Kreditgenossenschaft grundsätzlich nicht anders profiliert ist als ein Leitungsmitglied einer Kapitalgesellschaft. Aufgrund dessen und wegen der der Prinzipal-Agent-Beziehung inhärenten Probleme werden vor Vertragsabschluss mit einem potenziellen Vorstandsmitglied Informationen über diesen und dessen Eigenschaften gesucht.[824] Da die Möglichkeiten der ex-ante Informationsbeschaffung jedoch beschränkt sein dürften und die Genossenschaftsanteile mit nur geringen Kosten und Risiken verbunden sind, ist davon auszugehen, dass mit diesen Maßnahmen die Distanz zwischen Bankleitung und Mitgliedern nicht hinreichend sicher reduziert werden kann. Somit steht die ex post Kontrolle des Managements im Fokus der weiteren Betrachtung.

---

819 Vgl. *Münkner, H.-H.* (1990), S. 69. Grundlage ist eine Befragung von 725 Kreditgenossenschaften.

820 Vgl. dazu die Ausführungen in Kapitel C.1.3 und Kapitel C.1.5.

821 Vgl. z. B. *Pfaffenberger, K.* (2009), S. 279.

822 Vgl. *Lürig, R.* (1985b), S. 24 f.

823 Siehe § 27 Abs. 1 GenG sowie § 14 Abs. 1 der Mustersatzung des BVR für VR-Banken.

824 Vgl. dazu z. B. *Tebroke, H.-J.* (1998), S. 334 f.

Die verfügbaren Instrumente der ex post Managementkontrolle lassen sich unterscheiden in marktliche Kontrollmechanismen und die Kontrolle durch Mitgliederpartizipation.[825] Zur ersten Gruppe zählen der Wettbewerb auf dem Finanzdienstleistungsmarkt, der Stellenmarkt für Manager und die Kontrolle über den Kapitalmarkt. Diese Kontrollmechanismen sind jedoch für die vorliegende Fragestellung weitgehend irrelevant. Während die Kontrolle über den Kapitalmarkt aufgrund der eingeschränkten Fungibiliät der Genossenschaftsanteile und des fehlenden Sekundärmarktes substanzlos ist, bleibt die Kündigung der Mitgliedschaft nach § 65 GenG als Alternative. Die Effektivität dieses Instruments wird jedoch durch lange Kündigungsfristen und die relative Bedeutung der Rücklagen am Eigenkapital begrenzt. Denn je höher der Anteil der Rücklagen am Eigenkapital ist, desto geringer ist der Einfluss der Kündigung, da damit nur geringfügige Kapitalverluste einhergehen. Nach TEBROKE gibt es nicht wenige Kreditgenossenschaften, die einen Anteil von über 80 Prozent der unkündbaren Rücklagen am Eigenkapital aufweisen.[826] Und auch der Stellenmarkt für Manager ist aufgrund der Intransparenz über vakante Stellen und der relativen Unattraktivität als Kontrollinstrument schwach.[827] Alleinig dem Wettbewerb auf dem Finanzdienstleistungsmarkt ist ein Kontrollbeitrag zu attestieren. Aussagekräftig ist diesbezüglich eine differenzierte Analyse des Teils der Marktperformance, die sich auf das Mitgliedergeschäft beschränkt, da damit die Kongruenz der leistungsbeziehungsbezogenen Ziele der Mitglieder mit denen des Vorstands als Entscheidungsgremium über das Angebot beurteilt werden kann. Jedoch gilt zu berücksichtigen, welche Bedeutung das Mitgliedergeschäft für die Kreditgenossenschaft hat und in welcher Form hier tatsächlich förderspezifische Komponenten integriert sind. Gegenwärtig ist die Anzahl der Mitglieder mit ca. 16,7 Mio. nur etwa halb so groß wie die Anzahl der Kunden mit über 30 Mio., was nicht für einen dominanten Stellenwert des Mitgliedergeschäfts spricht[828] und so die Bedeutung der Mitglieder für die Kreditgenossenschaften zumindest aus Sicht des operativen Geschäfts relativiert.[829]

---

825 Vgl. hier und nachfolgend *Tebroke, H.-J.* (1998), S. 335 ff.

826 Vgl. *Tebroke, H.-J.* (1998), S. 336. So z. B. die VR-BANK WESTMÜNSTERLAND EG, bei der das gezeichnete Kapital – Geschäftsguthaben der Mitglieder – ca. 18 Prozent und die Ergebnisrücklagen ca. 79 Prozent des bilanziellen Eigenkapitals ausmachen. Vgl. *VR-Bank Westmünsterland eG* (2010).

827 Vgl. hier und nachfolgend *Tebroke, H.-J.* (1998), S. 335 ff.

828 Weitere mögliche Ursachen sind nach BEUTHIEN/HANRATH/WEBER die Institutsgröße, die Ausrichtung des Instituts als reine Vertriebsbank oder integrierte Bank sowie die Struktur der Leitungsorgane. Vgl. *Beuthien, V./Hanrath, S./Weber, H.-O.* (2008), S. 3.

829 Vgl. *Grauer, F.* (1998), S. 193.

Zur Sicherstellung der Integration der Mitgliederziele in der Geschäftspolitik der Kreditgenossenschaft sind also aufgrund der bisherigen Ausführungen vor allem die Kontrollen durch Mitgliederpartizipation weiter zu analysieren. Kontrollinstrumente in diesem Zusammenhang sind die Generalversammlung und der Aufsichtsrat. Oberstes Willensbildungsorgan ist die Generalversammlung, in der die Mitglieder ihre Rechte in den Angelegenheiten der Kreditgenossenschaft ausüben.[830] Dazu gehören Beschlüsse über die Gewinnverwendung sowie über die Besetzung von Vorstand und Aufsichtsrat. Damit sind die wichtigsten Entscheidungsbefugnisse theoretisch bei den Mitgliedern angesiedelt, die damit die geschäftspolitische Ausrichtung der Kreditgenossenschaft wesentlich beeinflussen können.[831] Praktisch lassen sich jedoch vielfältige Probleme nennen, die diese Möglichkeiten der Mitglieder einschränken. Denn Grundlage der Entscheidungen der Generalversammlung sind die Informationen des Vorstands. Nach TEBROKE divergieren jedoch der entscheidungsrelevante Informationsbedarf seitens der Generalversammlung und das Informationsangebot des Vorstands.[832] Problematisch ist dabei, dass der objektive Informationsbedarf mangels Qualifikation und zeitlicher Verfügbarkeit der Mitglieder i. d. R. von diesen nicht hinreichend bestimmt werden kann. Weiterhin steuert der Vorstand die zeitliche Struktur der Informationsweitergabe, da er bei ordentlichen Generalversammlungen die Tagesordnung vorgibt.[833] Darüber hinaus können die Generalversammlungen nach § 43a Abs. 1 GenG ab einer Mitgliederzahl von 1.500 Personen in Form von Vertreterversammlungen durchgeführt werden. Dadurch wird ein Teil der Mitglieder – abgesehen von der Vertreterwahl – aus dem Willensbildungsprozess weitgehend ausgeschlossen. Im Durchschnitt gehören aktuell 14.665 Mitglieder zu einer Bank, so dass davon auszugehen ist, dass bei vielen Banken Vertreterversammlungen durchgeführt werden. Zudem ist aufgrund eines unausgewogenen mitglieder-/vertreterindividuellen Kosten-Nutzen-Verhältnisses und der Evidenz eines Free-Rider-Problems nicht mit einer aktiven Vorbereitung und Teilnahme zu rechnen.[834] Folglich ist das Interesse der

---

830 Siehe § 43 Abs. 1 GenG.

831 Vgl. *Pfaffenberger, K.* (2009), S. 279; *Tebroke, H.-J.* (1998), S. 336.

832 Vgl. *Tebroke, H.-J.* (1998), S. 336.

833 Siehe § 28 Abs. 1 der Mustersatzung des BVR für VR-Banken

834 GROSSEKETTLER wertet die Kontrolle der Genossenschaftsleitung als öffentliches Gut, da die Kontrollbemühungen eines Genossen (Mitglied oder Vertreter) allen übrigen ebenfalls zugute kommt. Daher nehmen nach seiner Ansicht nur wenige die Kosten und Mühen intensiver Kontrolle auf sich. Vgl. *Wiemeyer, J./Carstensen, C.* (1984), S. 61. Für eine theoretische Erklärung dieses Sachverhalts vgl. *Engels, M.* (1997), S. 678 ff. oder *Kammlott, C./Schiereck, D.* (2000), S. 267. Weiterhin konstatiert TEBROKE, dass aufbauend auf den Ergebnissen von DÜLFER/KRAMER, in denen die Versammlung keine

Mitglieder am Mitspracherecht von „untergeordneter Bedeutung [.], wobei die Manager der Genossenschaftsbanken sich dieser Tatsache bewusst sind.“[835] Dies bestätigen auch empirische Ergebnisse von HAMMERSCHMIDT, wonach für nur 7 Prozent der Befragten das Mitspracherecht ein Grund für die Mitgliedschaft ist.[836] Dieses Disengagement wird auch als Ursache für die Notwendigkeit gesehen, dass der Vorstand den Förderauftrag inhaltlich festlegt.[837] Dies entspricht also der mitgliederpassiven Zielformulierung.[838]

Neben der direkten Mitgliederpartizipation ist der Aufsichtsrat als Vertretungsorgan der Mitglieder institutionalisiert. Im Sinne der Prinzipal-Agent-Struktur wird der Aufsichtsrat installiert, um den Vorstand in der Geschäftsführung in allen Bereichen zu überwachen.[839] Dazu hat er sich vom Vorstand unterrichten zu lassen. Im Sinne der vorliegenden Fragestellung ist zu untersuchen, welchen Einfluss der Aufsichtsrat auf die Zielformulierung in der Kreditgenossenschaft hat. Der Aufsichtsrat hat in der Praxis regelmäßig die von der Generalversammlung delegierte Aufgabe, den hauptamtlichen Vorstand zu bestellen.[840] Zentrale Aufgabe des Aufsichtsrats ist auch dessen Kontrolle, wobei er dem Vorstand nicht übergeordnet ist und ihm keine Weisungen erteilen darf und selbst weisungsfrei von der Generalversammlung agiert.[841] Es gehört zu den Kontrollinhalten des Aufsichtsrats, die Mitgliedernützlichkeit der Geschäfte zu überwachen. Mitgliedernützlichkeit bedeutet, dass der Vereinigungszweck der eG nicht darauf gerichtet ist, Dritte statt der Mitglieder zu fördern oder überwiegend gemeinnützig zu sein.[842] An der Zielformulierung ist der Aufsichtsrat direkt nicht beteiligt. Kritisiert wird an der Bestellung des Aufsichtsrats in Kreditgenossenschaften – insbesondere bei Flächenbanken – der Regionalproporz, die aufgrund des geringen Entgelts unzureichende Incentivierung von qualifizierten

---

Mitverantwortung für wirtschaftliche Schieflagen ausgesprochen wird, der Generalversammlung keine Relevanz bei der Kontrolle zuerkannt wird. Zudem mutmaßt er, dass die Mitglieder oder Vertreter nicht im vollen Umfang das Ausmaß der Jahresabschlussfeststellung kennen, da damit auch eine ordnungsgemäße Geschäftsführung im Sinne des Förderzwecks bescheinigt wird. Vgl. *Tebroke, H.-J.* (1998), S. 337.

835 *Gerstenmaier, V.* (1992), S. 73. Vgl. auch die Ausführungen in *Bonus, H.* (1994), S. 89 ff.

836 Vgl. *Hammerschmidt, M.* (2000), S. 14. Der Befragung liegen Antworten von 666 Mitgliedern zugrunde, wobei der Autor keine Aussage darüber macht, zu welchen Anteilen es sich um private oder gewerbliche Mitgliederkunden handelt.

837 Vgl. *Grauer, F.* (1998), S. 194.

838 Vgl. dazu die Ausführungen in Kapitel D.3.1.2.2.

839 Siehe § 38 Abs. 1 GenG sowie § 22 Abs. 1 Mustersatzung des BVR für VR-Banken.

840 Vgl. *Tebroke, H.-J.* (1998), S. 337.

841 Vgl. *Beuthien, V./Dierkes, S./Wehrheim, M.* (2008), S. 45.

842 Vgl. *Beuthien, V./Dierkes, S./Wehrheim, M.* (2008), S. 3.

Mitgliedern sowie die vornehmliche Besetzung mit Selbständigen, die häufig auch große Kreditkunden der Genossenschaftsbank sind.[843] Neben der mangelnden Bankleiterqualifikation impliziert dies den Konflikt zwischen Kontrollaufgabe und Abhängigkeit. So könnte die Vermutung, nicht dem Willen des Vorstands entsprechendes Verhalten könne zu einem erschwerten Zugang zu Krediten führen, angepasstes Abstimmungsverhalten begünstigen.[844] Unter anderem aus diesen Gründen ist die Kontrolleffizienz des Aufsichtsrats in Kreditgenossenschaften insgesamt als gering zu beurteilen und ein Einfluss auf die Zielformulierung im Sinne der Mitglieder zu negieren.

Vor dem Hintergrund dieser theoretischen und praktischen Defizite in der Corporate Governance von Kreditgenossenschaften hat die Wissenschaft Vorschläge zur Kompensation vorgetragen. So hat BOETTCHER etwa den Förderplan als organisationszweckspezifische Ergänzung der Unternehmensplanung angeregt, der am Ende des Geschäftsjahres durch den Förderbericht ergänzt wird.[845] Auch THEURL/BÖTTIGER und LAMPRECHT/DONSCHEN empfehlen mit dem Member Value-Reporting ein Instrument, das im Sinne der Mitglieder deren spezifische Zielvorstellungen in der Geschäftspolitik sicherstellen soll.[846] Jedoch haben diese Instrumente nach Kenntnisstand des Verfassers bisher keine weite Verbreitung in der kreditgenossenschaftlichen Praxis gefunden.

Kreditgenossenschaften lassen sich vor dem Hintergrund der gemachten Ausführungen zusammenfassend als managementkontrollierte Unternehmen auffassen, in denen die Vorstände ihre Interessen weitgehend autonom umsetzen können.[847] PFAFFENBERGER argumentiert, dass „die heutigen genossenschaftlichen Organe im Wesentlichen durch die jeweiligen Vorstände oktroyiert werden."[848] So konstatiert auch ENGELS eine im Vergleich zu Kapitalgesellschaften stärkere Verwässerung von Verfügungsrechten, wobei er das Koordinationsrecht unmittelbar dem Vorstand zugesteht und das Aneignungsrecht sowie das Veräußerungsrecht zwar bei den Mitgliedern sieht, diese jedoch als stark eingeschränkt bewertet.[849] Vor allem durch die Unbestimmtheit des Förderauftrags sieht er das Aneinungsrecht verwässert und faktisch auf die Manager übertragen,

---

843 Vgl. *Tebroke, H.-J.* (1998), S. 337.

844 Vgl. *Pfaffenberger, K.* (2009), S. 283.

845 Vgl. *Boettcher, E.* (1979), S. 198 ff.

846 Vgl. *Theurl, T./Böttiger, J.-M.* (2007), S. 4 ff.; *Lamprecht, D./Donschen, A.* (2006), S. 18 ff. Weitere Instrumente in diesem Zusammenhang sind die Sozialbilanz und die Förderbilanz. Vgl. *Lamprecht, D./Donschen, A.* (2006), S. 39 ff.

847 Eine empirische Bestätigung dieser Aussage liefert *Topp, S.* (1999), S. 93; siehe auch *Vogel, W.* (2002), S. 78 sowie die dort zitierte Literatur.

848 *Pfaffenberger, K.* (2009), S. 283.

849 Vgl. hier und nachfolgend *Engels, M.* (1997), S. 674 ff.

wodurch deren Handlungsspielraum erhöht wird.[850] Dies wird noch durch die Imparität der Teilhabe der Genossen, die Gewinne tendenziell eher zu thesaurieren und für Verluste theoretisch unbeschränkt zu haften, verstärkt.[851]

Insgesamt lässt sich festhalten, dass der Vorstand das zentrale und einflussreichste Gremium im Willensbildungsprozess der Kreditgenossenschaften ist.[852] Dessen Ziele und Vorstellungen bestimmen das Zielsystem und so die Zielbeziehung zwischen immateriellen und materiellen Zielen. Aufbauend auf der Erkenntnis, dass in der Praxis das mitgliederpassive Vorgehen zur Zieldefinition zu erwarten ist, stellt sich nun zunächst die Frage, welche Implikationen auf die Zielbeziehung aus der vorstandsseitigen Operationalisierung des Förderauftrags resultiert.

3.1.2.4 Förderinstrumente als Einflussfaktoren auf das Zielsystem

Der Förderauftrag wird in der kreditgenossenschaftlichen Praxis und in der Theorie intensiv mit dem Ergebnis diskutiert, dass es eine Vielfalt an Konkretisierungsansätzen gibt. Einige beurteilen die Existenz der Kreditgenossenschaft und die damit verbundenen Wettbewerbsergebnisse in Form von günstigen Konditionen und breiten Leistungsprogrammen als erfüllten Förderauftrag.[853] Andere wiederum sehen den Förderauftrag erst dann erfüllt, wenn preis- und konditionenpolitisch zugunsten der Mitglieder differenziert wird.[854] Dritte dagegen definieren den Förderauftrag als Verlässlichkeit in prekären Bindungen.[855] Es wurde vor dem Hintergrund dieser Vielfalt bereits verallgemeinernd auf einen Zusatznutzen aus der Mitgliedschaft rekurriert, der mit THEURL als Member Value

---

850 „In der Terminologie der Property-Rights-Theorie wird das sich auf die Aneignung des Unternehmenserfolges erstreckende Rechtsbündel durch den Übergang von der rein monetären Gewinnbetrachtung auf die Leerformel des Förderungsauftrages für die Genossen dermaßen verwässert, daß auch dieses Recht faktisch auf die Manager übergeht und sie durch dessen Disposition ihren eigenen diskretionären Handlungsspielraum erweitern." *Engels, M.* (1997), S. 675.

851 Vgl. *Engels, M.* (1997), S. 676.

852 Vgl. *Pfaffenberger, K.* (2009), S. 282; *Licht, W.* (1980), S. 13; *Heckt, J. G.* (1977), S. 34.

853 Vgl. *Beuthien, V.* (2006), S. 53; *Hahn, O.* (1980), S. 18. Dies würde jedoch implizieren, dass diese Wettbewerbsergebnisse, die sich vor allem im Preiswettbewerb konkretisieren, und aufgrund dessen Bedeutung für die Ertragssituation der Genossenschaftsbanken die Existenz der Kreditgenossenschaften bedrohen, gewollt sind. Dies erscheint jedoch nur schwer nachvollziehbar, da sich hierin ein nicht lösbarer Widerspruch zeigt.

854 Vgl. *Hahn, O.* (1980), S. 19.

855 Vgl. *Bonus, H.* (1994), S. 83 ff. In diesem Fall würde mit Bezug zum Firmenkundengeschäft der Förderauftrag eine derartig weite inhaltliche Kongruenz zum Hausbankprinzip haben, dass es keine kreditgenossenschaftliche Eigenheit sein kann.

konzeptualisiert wird.[856] Für die vorliegende Fragestellung ist relevant, ob und wenn ja, in wie weit die inhaltliche Ausgestaltung der einzelnen Komponenten des Member Value im Sinne einer Konkretisierung des Förderauftrags Einfluss auf das Zielsystem hat. Da die Vielfalt der einzelnen Förderinstrumente groß ist,[857] soll auf ein adäquates übergeordnetes Ordnungsprinzip abgestellt werden, aus dem sich die Einflüsse auf die Zielbeziehung ableiten lassen.

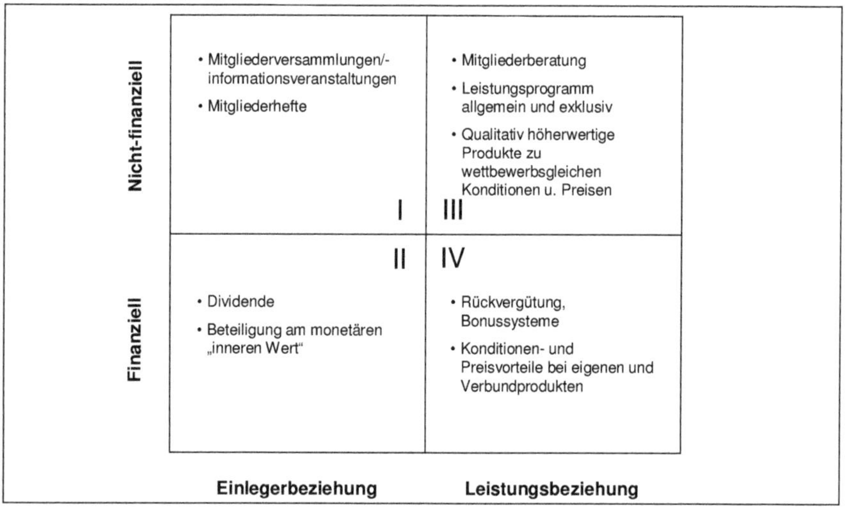

Abbildung 34: Mögliche Ordnungsstruktur für Förderinstrumente[858]

Als Ordnungskriterien soll zum einen die Beziehungsebene herangezogen werden. Danach wird zwischen Förderinstrumenten, die sich auf die Leistungsbeziehung und Förderinstrumenten die sich die Einlegerbeziehung beziehen, unterschieden. Zum anderen soll zwischen finanziellen und nicht-finanziellen Förderinstrumenten unterschieden werden. Finanzielle Förderinstrumente führen zu einer Erhöhung der Einzahlungen oder Verringerung von Auszahlungen eines Mitglieds, während die nicht-finanziellen Förderinstrumente Leistungen der

856 Vgl. die Ausführungen in Kapitel C.1.4.2 und Kapitel D.3.1.2.2.

857 Vgl. dazu z. B. die Untersuchungen von *Beuthien, V./Hanrath, S./Weber, H.-O.* (2008), S. 27 ff.

858 Eigene Darstellung. Dabei ist zu berücksichtigen, dass die Förderinstrumente nicht immer trennscharf den einzelnen Quadranten zugeordnet werden können. Aus diesem Grund wurden die aufgeführten Förderinstrumente schwerpunktgemäß zugeordnet.

Kreditgenossenschaft darstellen, die nicht direkt zu Vermögensänderungen des Mitglieds führen. Durch Gegenüberstellung dieser Merkmalsausprägungen lassen sich nun die Förderinstrumente des inneren und erweiterten Förderkreislaufs ordnen (siehe Abbildung 34).[859]

Die betrachteten Instrumente lassen sich weiterhin den einzelnen Komponenten des Member Value zuordnen. Dies erfolgt im Folgenden im Rahmen der Diskussion einzelner Instrumente. Um unter Berücksichtigung dieser Zuordnung die Analyse auch auf Ebene der einzelnen Förderinstrumente vorzunehmen, ist es sinnvoll, die Komponenten in eine nutzenbasierte Rangfolge zu bringen. Da bisher keine empirischen Ergebnisse zu nutzentheoretischen Bewertungen der Komponenten für die Kreditgenossenschaften vorliegen, erfolgt dies über plausible Annahmen. Es soll angenommen werden, dass bei gleichem Input die unmittelbare Förderung *UF* einen größeren Nutzen stiftet als die mittelbare Förderung *MF*.[860] Dies begründet sich damit, dass die Leistungsbeziehung genuine Quelle der Förderung ist und den eigentlichen Anreiz für einen Mitglieds-Kunden ausmacht, mit der Kreditgenossenschaft eine Geschäftsbeziehung aufzubauen. Weiterhin soll angenommen werden, dass das Förderpotenzial *FP* einen inferioren Nutzenbeitrag gegenüber den anderen beiden Komponenten hat. Diese Annahme wird damit begründet, dass eine intertemporale Präferenzrate zugunsten der Gegenwart vorliegt und, dass das Förderpotenzial auch künftigen Mitgliedern zugute kommt, wobei diese jedoch gegenwärtig noch keinen Beitrag zu diesem Potenzial z. B. in Form von thesaurierten Gewinnen leisten. Zudem gilt aus Sicht des einzelnen Mitglieds, dass Beiträge zum Förderpotenzial in der Zukunft nicht zwingend zum eigenen Nutzen abgerufen werden können. Es besteht nämlich kein Anspruch auf das Förderpotenzial.[861] Insgesamt ergibt sich auf Basis dieser Annahmen die folgende Rangordnung zwischen den Nutzenbeiträgen der Komponenten:

$$UF \succ MF \succ FP \qquad [D.2]$$

---

859 Dabei ist zu berücksichtigen, dass die beispielhaft und nicht abschließend angeführten Förderinstrumente nicht hinsichtlich ihrer Förderfähigkeit oder -zweckmäßigkeit beurteilt werden. Es handelt sich um in der theoretischen und praktischen Literatur genannte Förderinstrumente. Vgl. z. B. *Grosskopf, W.* (1990), S. 41 ff. Die Förderinstrumente der Allgemeinförderung werden hier nicht betrachtet.

860 Plakativ an einem Beispiel verdeutlicht heißt dies etwa, dass EUR 100 direkter Konditionsvorteil dem Mitglied einen höheren Nutzen stiften als EUR 100 Dividende oder EUR 100 Kosten je Mitglied, die für eine Mitgliederzeitschrift aufgewendet werden.

861 Dies zeigt sich z. B. darin, dass Mitglieder keinen Anspruch auf die das Förderpotenzial u. a. konstituierenden Ergebnisrücklagen haben. Vgl. *Cario, D.* (2005), S. 149.

Um Ergebnisse begründen zu können, ist es auch nötig, die betrachteten Förderinstrumente selbst nutzentheoretisch zu beurteilen. Da keine empirischen Ergebnisse zu nutzentheoretischen Urteilen vorliegen, sind jeweils weitere Annahmen zu treffen.

Um den Einfluss der Konkretisierung des Förderauftrags auf das Zielsystem und die Zielbeziehung zu identifizieren, ist nun zu prüfen, ob das jeweilige konkrete Förderinstrument gleichgerichtet oder konfliktär zum Gewinnziel zu beurteilen ist. Ausgangspunkt der weiteren Analyse ist eine vereinfachte Gewinnfunktion (siehe Formel [D.3]):

$$G = (p - k) \cdot x - K \qquad [D.3]$$

mit:

G: Gewinn

p: Marktpreis je Stück

k: Standardstückkosten

K: Nicht in Standardstückkosten verrechnete Gemeinkosten

Förderinstrumente im Quadrant I, die nicht-finanziell sind und auf die Einlegerbeziehung abstellen, können als fixe Kostenkomponente in die Formel [D.3] integriert werden und können der Komponente *MF* des Member Value, die als mittelbare Förderung oder Mitgliedernutzen definiert ist, zugeordnet werden.

$$G = (p - k) \cdot x - K - FI^{I} \qquad [D.4]$$

mit:

FI^{I}: Kosten des Förderinstruments im Quadrant I

Beispiele für *FI* sind etwa die Kosten, die auf Ebene der Kreditgenossenschaft anfallen, um eine Mitgliederzeitschrift herzustellen und an die Mitglieder zu verteilen. Diese Instrumente sind formal-analytisch zunächst konfliktär zum Gewinn-/Vermögenswertziel, da sie den Gewinn reduzieren. Es ist jedoch davon auszugehen, dass Mitglieder mit Blick auf diese Förderinstrumente saturierungsfähig sind und der Nutzen aus diesem Förderinstrument ein Maximum hat. Vor dem Hintergrund der Saturierungsfähigkeit kann eine nach oben begrenzte Kostenkomponente angenommen werden, weil bspw. eine über dem Nutzenmaximum liegende Anzahl an Mitgliederzeitschriften keinen positiven Einfluss auf den Fördernutzen des einzelnen Mitglieds hat. Es liegt also nach dem Maximum keine gegenläufige Wirkrichtung auf die Gewinnfunktion vor und ein derartiges Förderinstrument widerspricht dem Gewinnziel nicht weiter.

Instrumente des Quadranten II sind finanziell und beziehen sich auf die Einlegerbeziehung. Diese Förderinstrumente lassen sich wie folgt mit der Formel [D.3] verbinden:[862]

$$D = G \cdot d = ((p - k) \cdot x - K) \cdot d \qquad [D.5]$$

mit:

D: Dividenden- / Thesaurierungsbetrag

d: Dividenden- / Thesaurierungssatz in Prozent

Die Ableitung der Ergebnisse für die Förderinstrumente, die auf der Einlegerbeziehung basieren und finanzieller Art sind, muss differenziert vorgenommen werden. Zum einen hinsichtlich der Zuordnung zu den Komponenten des Member Value, denn während die Dividende der mittelbaren Förderung bzw. dem Mitgliedernutzen *MF* zugeordnet wird, ist die Gewinnthesaurierung als Bestandteil des „inneren Werts" dem Förderpotenzial *FP* zuzurechnen. Zum anderen muss hinsichtlich der damit verbundenen Mittelbarkeit des Nutzens für das Mitglied differenziert werden. Denn während die Dividende direkt zugunsten des Mitglieds fließt und damit direkt und effektiv Nutzen stiftet, ist dies für die Thesaurierung als Ansatz der Operationalisierung des „inneren Werts" nicht der Fall. Denn dabei ist zu berücksichtigen, dass Mitglieder beim Ausscheiden aus der Genossenschaft de jure grundsätzlich keinen Anspruch auf Eigenkapitalbestandteile in Form von Rücklagen etc. haben.[863] Und während der laufenden Mitgliedschaft besteht kein mitgliedsindividueller Anspruch auf dieses Förderpotenzial. Unter Berücksichtigung der Rangfolge der Komponenten des Member Value aus nutzentheoretischer Sicht (siehe Formel [D.2]) würde ein Mitglied die Dividende dem „inneren Wert" vorziehen. Um den Nutzen aus Sicht der Mitglieder zu erhöhen, kann aufgrund des funktionalen Zusammenhangs entweder der Dividendensatz oder der Gewinn gesteigert werden.[864] Da das Mitglied letztlich das Produkt dieser beiden Größen als relevante Komponente in sein Nutzenfunktion integriert, dürfe es indifferent bezüglich der Frage sein, welche Komponente erhöht wird. Unter Berücksichtigung der begrenzten Möglichkeiten des einzelnen Mitglieds auf die Höhe des Dividendensatzes einzuwirken, kann zu-

---

862 Zu beachten ist hier, dass die Integration dieses Förderinstruments in die Gewinngleichung abweichend von den sonstigen Vorgehensweisen ist. Denn die Dividende oder die Thesaurierung stellen keine Kosten- oder Aufwandsgrößen im Sinne der Rechnungslegung dar, sondern sind eine Größe der Gewinnverwendung.

863 Auf diese kreditgenossenschaftlichen Besonderheiten im Zusammenhang mit dem „inneren Wert" wird in Kapitel D.3.1.2.5 noch näher eingegangen.

864 Es handelt sich bei der funktionalen Darstellung zwar um eine vereinfachte Vorgehensweise, dennoch ist auch bei einer komplexeren Darstellung der Aussagenkern identisch.

dem diese Größe als Datum angenommen werden. Insgesamt ist daher zu konstatieren, dass Förderinstrumente in Quadrant II komplementär zum Gewinn-/ Vermögenswertziel sind.

Hinsichtlich des Quadranten III muss eine weiter differenzierte Betrachtung erfolgen. Während etwa die auf das Leistungsprogramm ausgerichteten Förderinstrumente bedingt durch eine zunehmende Komplexität der Vertriebs- und Produktionstätigkeiten als fixe Gemeinkosten zum gleichen Ergebnis führen dürften wie Instrumente aus Quadrant I, sollen die Mitgliederberatung und die Qualitätsvorteile näher betrachtet werden. Diese Förderinstrumente sind im Sinne des Member Value der unmittelbaren Förderung *UF* zuzuordnen und können wie folgt in die Formel [D.3] integriert werden:

$$G = (p - (k + k^Q)) \cdot x - K \qquad [D.6]$$

mit:

k^Q: Qualitätsbedingter Stückkostenaufschlag

Aufgrund der Eigenschaften von Bankleistungen können fast alle die Bankleistungsqualität steigernden Maßnahmen auf der Leistungserstellungsebene als Aufschlag auf die Stückkosten operationalisiert werden.[865] Es ist leicht erkennbar, dass dieses Förderverständnis tendenziell zu Zielkonflikten führt. Denn eine mit einem steigenden Nutzen für die Mitglieder verbundene Ausweitung dieses Förderinstruments reduziert c. p. die Gewinnsituation der Kreditgenossenschaft. Somit sind Gewinn-/Vermögenswertziel und Förderauftrag nicht gleichzeitig zu verfolgende Zielgrößen. Insgesamt zeigt sich, dass Instrumente im Quadrant III eine konfliktäre Zielbeziehung zwischen Förderauftrags- und Gewinn-/Vermögenswertziel begründen.

Im abschließend zu betrachtenden Quadranten IV sind die Förderinstrumente zusammengefasst, die sich auf die Leistungsbeziehungsebene beziehen, daher der unmittelbaren Förderung *UF* zugeordnet werden können und finanzieller Art aus Sicht des Mitglieds sind. Aus diesen Instrumenten werden hier die Konditionsvorteile sowie die Boni oder Rückvergütungen betrachtet. Diese können wie folgt in die grundlegende Gewinnfunktion aus Formel [D.3] integriert werden:

---

865 Vgl. für die Beschreibung der Bankleistungen Kapitel C.2.3. So können etwa eine intensivere Beratung als Gemeinkosten in Verbindung mit der Deckungsbeitragsrechnung über die Standardstückkosten ebenso als Kostenaufschlag verrechnet werden wie z. B. hochwertige Trägermedien (z. B. Kreditkarten).

$$G = (p \cdot (1 - KV) - k) \cdot x - K \qquad [D.7]$$

$$G = (p - k) \cdot x - (p \cdot x) \cdot B - K \qquad [D.8]$$

mit:

KV: Konditionsvorteil für Mitglieder in Prozent

B: Umsatz-/Geschäftsvolumenabhängiger Bonussatz bzw. Rückvergütungssatz in
Prozent

Während der Konditionsvorteil auf den Marktpreis der Bankleistung zielt und diese für das Mitglied günstiger macht, basiert der Bonus bzw. die Rückvergütung auf der Idee, dass nach Abschluss einer Abrechnungsperiode auf das insgesamt in dieser Periode von einem Mitglied nachgefragte Volumen ein Bonus an das Mitglied gezahlt wird. Zwar wurden aus Gründen der Nachvollziehbarkeit diese Instrumente jeweils in eigener Struktur in den Formeln [D.7] und [D.8] dargestellt, jedoch lassen sich diese in eine gleiche Struktur bringen und somit gemeinsam diskutieren. Es ist leicht ersichtlich, dass die Konditionenvorteile und Boni bzw. Rückvergütungen im Konflikt mit dem Gewinnziel stehen, da eine Ausweitung dieser Instrumente c. p. mit einer Verringerung des Gewinns einhergehen. Zusammengefasst begründen die Instrumente im Quadranten IV konfliktäre Beziehungen zwischen Förderauftrags- und Gewinn-/ Vermögenswertziel.

Zwar können die genannten Instrumente detaillierter im Hinblick auf die Nutzenfunktionen diskutiert werden und es können auch weitere Bedingungen eingefügt werden, die die Bedeutung auf die Zielbeziehung teilweise kompensieren. Aber insgesamt zeigen die Beispiele, dass die leistungsbeziehungsbezogenen Förderinstrumente eher dem Gewinnziel entgegen stehen und die einlegerbezogenen finanziellen Instrumente zu diesem komplementär sind. Bevor vor dem Hintergrund dieser Erkenntnisse die in der Praxis vorfindbaren Konkretisierungen des Förderauftrags betrachtet werden, soll noch ein wesentlicher Aspekt thematisiert werden, der die Mitglieder-Kunden betrifft. Der Rollenpluralismus führt in Verbindung mit dem Zielsystem und der Konkretisierung des Förderauftrags tendenziell zu einem intrapersonellen Zielkonflikt, der letztlich nur über die nutzenbasierten Rangfolge der Komponenten des Member Value in Gleichung [D.2] aufgehoben werden kann. Auf der einen Seite zahlt das Mitglied die Preise für die erhaltenen Leistungen und auf der anderen Seite erhält es eine gewinnabhängige Dividende auf das Geschäftsguthaben. Aufgrund des unmittelbaren Zusammenhangs von Preis und Gewinn wird der Zielkonflikt deutlich. Bevorzugt das Mitglied günstige Konditionen (*UF*) so sinkt c. p. der Preis, damit der Gewinn und damit wiederum die Dividende (*MF*). Bevorzugt das Mitglied jedoch die Dividende, steigt der Preis relativ, damit der Gewinn und auch die Dividende.

Empirische Ergebnisse zum Einsatz von Förderinstrumenten zeigen, dass vornehmlich Instrumente eingesetzt werden, die auf die Einlegerbeziehungsebene abstellen und finanzieller und nicht-finanzieller Art sind. So finden GROSSKOPF und BONUS, dass Konditionenvorteile aus Sicht der Kreditgenossenschaften kaum noch als Förderinstrumente realisierbar sind, während überwiegend diejenigen Vorteilsgewährungen anerkannt und umgesetzt werden, die mit der Trägerfunktion der Mitglieder verknüpft sind (z. B. Dividenden, gezielte Informationen oder Verzehrgutscheine für Mitgliederversammlungen).[866] Selten werden für das Bankgeschäft genossenschaftliche Rückvergütungen oder Beteiligungen am inneren Wert als Förderinstrumente praktiziert. Diese Ergebnisse verwundern nicht, wenn die Argumente betrachtet werden, die von den Mitarbeitern im Kundengespräch für eine Mitgliedschaft vorgebracht werden.[867] So ergaben Studien, dass für 85 Prozent der Mitarbeiter die vergleichsweise hohe Dividende aus Sicht der Kunden ein wichtiges Argument ist.[868] Unter Berücksichtigung der Beobachtung, dass jeder zweite aufgrund der Bankempfehlung Mitglied einer Kreditgenossenschaft wird,[869] führt die so praktizierte Förderpolitik zu einer erwartungsgemäßen Operationalisierung des Förderauftrags. GRAUER sieht in dieser Entwicklung einen Strukturwandel der Genossen, der aufgrund der nahezu ausschließlich dividendenbasierten Incentivierung von Mitgliedern den Transformationsprozess zu einer erwerbswirtschaftlichen Unternehmung beschleunigt.[870]

Während die meisten der genannten Instrumente undifferenziert allen Mitgliedergruppen angeboten werden, sollen mitgliedergruppenspezifische Operationalisierungen für das Firmenkundengeschäft gesondert betrachtet werden. Häufig wird in diesem Zusammenhang vor allem auf die Verlässlichkeit der Kreditgenossenschaft in prekären Beziehungen rekurriert.[871] Dies konkretisiert sich bspw. in geschäftspolitischen Erwägungen in Krisenphasen, wo nach diesem Verständnis die Mitgliedsförderung im Vordergrund stehen solle. Jedoch kann der Förderauftrag dem Firmenkunden-Mitglied gegenüber nicht als der alleinige

---

866 Vgl. hier und nachfolgend *Grosskopf, W.* (1990), S. 41 ff. Vgl. auch die Ausführungen der Bankenvorstände von Kreditgenossenschaften in *Bonus, H.* (1994), S. 94 ff.

867 Vgl. z. B. *Eckstein, B.* (1998), S. 5 ff.; *Erben, E.* (1970), S. 12.

868 Vgl. *Hammerschmidt, M.* (2000), S. 15. So auch die Ergebnisse bei MÜNKNER, wonach für 80,3 Prozent der Befragten die Dividende eine höhere Entscheidungsbedeutung hat als 10 Jahre vor dem Befragungszeitpunkt. Vgl. *Münkner, H.-H.* (1990), S. 68.

869 Vgl. *Hammerschmidt, M.* (2000), S. 14.

870 Vgl. *Grauer, F.* (1998), S. 202.

871 Vgl. *Broschart, J.* et al. (2002b), S. 31; *Bonus, H.* (1994), S. 77.

Erklärungsfaktor dafür angesehenen werden, das Mitgliedsunternehmen in der Krise zu begleiten. Eine Geschäftsbeziehung mit einem Firmenkunden zu beenden, der in einer Krisensituation ist, führt zwangsläufig zu durch das Regionalprinzip beeinflusste Imponderabilien. Zu denken ist dabei an die Angestellten des Unternehmens, die gegebenenfalls (Kredit-)Kunden der Kreditgenossenschaft sind und der Außenwirkung auf Dritte, die in einem regionalen Markt bedeutend höher sein dürfte als bei einem überregionalen Markt.[872] Zudem ist der so operationalisierte Förderauftrag der Kreditgenossenschaft den konstituierenden Merkmalen der Hausbankbeziehung identisch, was seine anzustrebende Besonderheit ausschließt.

Als weitere Möglichkeit den Förderauftrag für gewerbliche Mitglieder zu konkretisieren, wird in der betriebswirtschaftlichen Beratung des Unternehmers gesehen.[873] Zweifelhaft ist jedoch, ob dies vor dem Hintergrund knapper Ressourcen und des mit der Beratung verbundenen erheblichen Zeitaufwands möglich ist. Fraglich ist zudem, in wie weit der Firmenkundenberater in der Lage ist, den Mitglieder-Firmenkunden betriebswirtschaftlich zu beraten, da dazu neben der klassischen betriebswirtschaftlichen Kompetenz auch Branchen- und Marktwissen gehören, was eine zeitintensive Auseinandersetzung mit diesen Rahmenbedingungen voraussetzt. Für das Firmenkundengeschäft ist insgesamt von einer relativ größeren Unbestimmtheit des Förderauftrags auszugehen.

Zusammenfassend lässt sich konstatieren, dass die in der Praxis am häufigsten eingesetzten Instrumente den Förderauftrag zu operationalisieren, komplementär zum Gewinnziel stehen. Darüber hinaus gilt, dass im Mitgliedergeschäft mit gewerblichen Kunden eine relativ hohe Unbestimmt hinsichtlich der Operationalisierung des Förderauftrags vorliegt.

3.1.2.5 Eigenfinanzierungsoptionen als Einflussfaktor auf das Zielsystem

Die Kreditgenossenschaften haben aufgrund ihrer Größe, Struktur und Rechtsform nur begrenzte Möglichkeiten der Eigenfinanzierung, insbesondere ist der Kapitalmarktzugang rechtsformbedingt limitiert. Daher wird den Genossenschaftsbanken auch „eine rechtsformimmanente Eigenkapitalbildungsproblematik“[874] nachgesagt. Die Bildung von haftendem Eigenkapital ist jedoch für das Wachstum insbesondere im Kreditgeschäft erforderlich. Gleichzeitig stellt die notwendige Ausweitung des haftenden Eigenkapitals bzw. der Eigenmittelba-

---

872 Vgl. dazu die Ausführungen in Kapitel D.4.5.3.2.1.

873 Vgl. *Lürig, R.* (1985c), S. 46.

874 *Algner, M. R.* (2006), S. 186.

sis[875] im Sinne der regulatorischen Vorgaben auch bei den Kreditgenossenschaften eine nennenswerte Herausforderung dar.[876] Mögliche Optionen zum Erhalt und Ausbau der Eigenkapitalbasis und deren Würdigung durch STRIEDER, HOFINGER/VAN HUSEN und BORNEMANN/SCHAAF/PFINGSTEN sind in der folgenden Tabelle 10 aufgeführt:[877]

---

875 Die für alle Banken gültige Definition der Eigenmittel ist in § 10 Abs.2-7 KWG enthalten. Zu unterscheiden ist zwischen dem bilanziellen Eigenkapital und dem haftenden Eigenkapital, also der Eigenmittel. Eigenmittel bestehen aus dem Kernkapital, dem Ergänzungskapital 1. und 2. Klasse sowie Drittrangmitteln. Für eine ausführliche Erläuterung der Eigenmittelbestandteile vgl. *Hartmann-Wendels, T./Pfingsten, A./Weber, M.* (2010), S. 429 ff.

876 Zu den relevanten Veränderungen, die der BASLER AUSSCHUSS FÜR BANKENAUFSICHT im Dezember 2009 fordert, gehören die Steigerung des Eigenkapitals bei gleichzeitig höherer Qualitätsanforderung, die Verschärfung von Abzügen vom Kernkapital sowie quantitative Liquiditätsvorschriften. Vgl. *Basler Ausschuss für Bankenaufsicht* (2009). Obwohl sich diese, zusammen als Basel III bezeichneten, postulierten Änderungen noch in der Konsultationsphase befinden, gehen einigen Autoren davon aus, diese nicht mehr wesentlich geändert werden. Vgl. z. B. *Hofmann, G.* (2010), S. 666.

877 Für eine ausführliche Würdigung der einzelnen Eigenfinanzierungsoptionen vgl. *Strieder, T.* (2000); *Hofinger, H./Van Husen, R.* (2004); *Bornemann, S./Schaaff, C./Pfingsten, A.* (2009). Vorzugsaktien werden nicht betrachtet, da Sie für die Kreditgenossenschaften nicht einsetzbar sind. Aufgrund ihrer begrenzten Ausbaufähigkeit werden auch die Vorsorgereserven nach § 340f HGB nicht betrachtet. Auch die Möglichkeit zur Bildung stiller Reserven wird aufgrund ihrer begrenzten Möglichkeiten und der gegenwärtigen Entwicklungen in Bezug auf die Harmonisierung der Rechnungslegungsvorschriften auf Ebene der EU nicht betrachtet.

Tabelle 10: Maßnahmen zum Erhalt und Aufbau des Eigenkapitals[878]

Maßnahme	**Beurteilung**
Geschäftsguthabenbezogene Maßnahmen	
1. Akquisition neuer Mitglieder-Kunden	begrenzt, weitestgehend ausgereizt
2. Erhöhung der verpflichtenden finanziellen Beteiligung durch die Mitglieder a. Erhöhung der Pflichtbeteiligung b. Erhöhung des Geschäftsanteils	Mitgliederakzeptanz fraglich, da Kündigung von Mitgliedern erwartet wird
3. Mindestkapital gem.§ 8a GenG	Mitgliederakzeptanz fraglich, Rechtsformvorteil (Haftungsbegrenzung bei nicht festem Kapitalstock) wird nivelliert
4. Aufnahme investierender Mitglieder	Potenzieller Konflikt zu genossenschaftlichen Prinzipien (Förder-, Identitäts- und Demokratieprinzip); Attraktivität aus Sicht investierender Mitglieder gering
Maßnahmen der Innenfinanzierung	
5. Thesaurierung erzielter Gewinne/Bildung von Rücklagen	Mitgliederakzeptanz fraglich, da Forderung zur Weitergabe an Mitglieder erwartet wird; beeinflusst durch Höhe erzielter Gewinne
Mitgliederferne Maßnahmen der externen Eigenfinanzierung	
6. Hereinnahme nachrangiger Haftungsmittel a. Stille Beteiligungen b. Ausgabe von Genussrechten	 Erfolgsanspruch der stillen Gesellschafter widerspricht § 48 Abs. 1. S. 2 GenG zulässig, aber abhängig von Ausgestaltung, ggf. günstiger als Geschäftsguthaben
7. Hereinnahme nachrangiger Darlehen	strittig, ob Eigenkapital, da abhängig von Ausgestaltung
Strukturverändernde Maßnahmen	
8. Umwandlung in genossenschaftliche Aktiengesellschaft	Vereinbarkeit mit genossenschaftlichen Prinzipien fraglich, verbesserter Zugang zu potenziellen Investoren, höhere Attraktivität für Investoren; Mitgliederakzeptanz fraglich
9. Generierung von Eigenkapital am Kapitalmarkt durch Konzerngesellschaften	
a. Genossenschaftliche Holding	zulässig, aber strittig, ob vollumfänglich vereinbar mit genossenschaftlichen Prinzipien; Zugang zum Kapitalmarkt; Mitgliederakzeptanz fraglich
b. Genossenschaftliche KG aA	zulässig, Zugang zum Kapitalmarkt; Mitgliederakzeptanz fraglich

878 Eigene Darstellung.

Da die genannten strukturverändernden Maßnahmen eine im Vergleich zum bisherigen, an den Besonderheiten der Kreditgenossenschaften orientierten Gang der Analyse vollständig andere Vorgehensweise bedingen würden,[879] sollen diese nicht weiter betrachtet werden. Der Fokus richtet sich daher auf die geschäftsguthabenbezogenen Maßnahmen, die Maßnahmen der Innenfinanzierung sowie die als mitgliederfern bezeichneten Maßnahmen der externen Eigenfinanzierung.[880]

Die eingezahlten Geschäftsguthaben der Mitglieder sind dem gezeichneten Kapital bei Kapitalgesellschaften gleichzustellen.[881] Da jedoch die Geschäftsguthaben nicht in Abhängigkeit der geschäftspolitischen Erfordernisse wie bei Kapitalgesellschaften gesteuert werden können und gleichzeitig aufsichtsrechtliches Kernkapital darstellen, welches seinerseits wiederum als wesentliches Regulativ für die Geschäftstätigkeit mit Risikoaktiva anzusehen ist, kann es zum Engpassfaktor werden.[882] Die beschränkte Steuerbarkeit ergibt sich aus dem begrenzten Mitgliederpotenzial, den aus Anreizgründen meist recht gering gehaltenen Beträgen für Geschäftsanteile sowie dem Kündigungsrecht der Mitglieder gem. § 65 Abs. 1 GenG womit regelmäßig ein Kapitalabfluss in Höhe des Geschäftsguthabens verbunden ist. Daher werden die Geschäftsguthaben auch als nicht festes Eigenkapital bezeichnet.[883] Die Stabilität des gezeichneten Eigenkapitals kann de facto durch entsprechende Anreize für die aktuellen und potenziellen Mitglieder-Kunden erreicht werden. Hinsichtlich der Anreize, die durch den Förderauftrag determiniert werden, und ihren Auswirkungen auf das Zielsystem sei auf die Ausführungen in Kapitel D.3.1.2.4 verwiesen. Doch auch bei richtig gesetzten Anreizen stellt das Regionalprinzip eine „natürliche“ Grenze

[879] Die strukturverändernden Maßnahmen hätten wesentlichen Einfluss auf die Frage danach, ob die in Kapitel C.1.4 beschriebenen Besonderheiten der Kreditgenossenschaften noch gültig sind.

[880] Durch entsprechende Einschränkungen des relevanten Adressatenkreises auf die Gruppe der Mitglieder würde die Mitgliederferne als Charakteristikum entfallen. In diesem Fall wäre die weitere Diskussion hochgradig kongruent zu den geschäftsguthabenbezogenen Maßnahmen. Um eine differenzierte Analyse zu ermöglichen, wird diese Begrenzung des Adressatenkreises nicht vorgenommen.

[881] Siehe § 337 Abs. 1 Satz 1 HGB i. V. m. § 25 Abs. 1 Satz 1 RechKredV.

[882] Vgl. hier und nachfolgend *Bornemann, S./Schaaff, C./Pfingsten, A.* (2009), S. 19.

[883] Vgl. *Strieder, T.* (2000), S. 214. Da die Geschäftsguthaben als geringwertige Nominalpapiere ausgestaltet sind, ist jedoch die Gefährdung der Kapitalbasis der Kreditgenossenschaft aus Mitgliedskündigungen begrenzt. Vgl. *Hofinger, H./van Husen, R.* (2004), S. 90.

dar. Zudem wird unterstellt, dass das Mitgliederpotenzial tendenziell ausgeschöpft ist.[884]

Bei konstantem Mitgliederbestand bestünde weiterhin die Möglichkeit, die Pflichtbeteiligung oder die Geschäftsanteile zu erhöhen, um die Eigenmittel der Kreditgenossenschaft zu steigern.[885] Für beide Maßnahmen wäre eine Satzungsänderung mit einer Mehrheit von drei Viertel gem. § 16 Abs. 2 Nr. 2 bzw. 3 GenG erforderlich, was die Akzeptanz der Mitglieder bzw. Vertreter voraussetzt. Diese dürfte dadurch geschmälert werden, dass neben der zusätzlichen finanziellen Belastung, die Haftungssumme je Mitglied steigt und gleichzeitig bei konstanter Dividendenhöhe die Rendite der genossenschaftlichen Beteiligung sinkt. Vor diesem Hintergrund ist es fraglich, ob die notwendige mehrheitliche Mitgliederakzeptanz erreicht werden kann.

Die Stabilität des gezeichneten Kapitals kann de jure auch über das Mindestkapital gem. § 8a GenG erreicht werden.[886] In diesem Fall wird die Entscheidung über die Auszahlung gekündigter Geschäftsguthaben auf die Gesellschaftsorgane der Kreditgenossenschaft verlagert. Dies dürfte jedoch die Attraktivität der Mitgliedschaft aus Sicht aktueller und potenzieller Mitglieder einschränken. Aus Sicht dieser ist auch die Haftungsbegrenzung als wesentliches Merkmal der eG als Anreiz zu sehen. Da aktuell jedoch auch die Beseitigung eines Mindestkapitals als Haftsubstanz bei Kapitalgesellschaften diskutiert wird, was die Einführung der haftungsbeschränkten Unternehmergesellschaft belegt, würde die „Beseitigung dieses Rechtsformvorteils […] bei Schaffung einer solchen in anderen Rechtsformen [.] die Stellung von Genossenschaften im Wettbewerb um Beteiligungskapital drastisch [verschlechtern; Erg. d. Verf.]“[887]. Die für diese Maßnahme notwendige Mitgliederakzeptanz dürfte nur schwierig zu erreichen sein.

Dem Ausbau der Mitgliederschaft und damit die Erhöhung des gezeichneten Kapitals dienlich, wäre auch die Aufnahme investierender Mitglieder nach § 8 Abs. 2 GenG, denen eine stärkere Renditeorientierung zugesprochen wird.[888] Aufgrund einer ungleichen Verteilung zwischen Anreizen und Beiträgen kommen BORNEMANN/SCHAAFF/ PFINGSTEN hinsichtlich dieser Mitgliedergruppe

---

884 Vgl. *Strieder, T.* (2000), S. 214; *Hofinger, H./van Husen, R.* (2004), S. 90; *Bornemann, S./Schaaff, C./Pfingsten, A.* (2009), S. 27.

885 Vgl. hier und nachfolgend *Strieder, T.* (2000), S. 214 f.

886 Vgl. hier und nachfolgend *Bornemann, S./Schaaff, C./Pfingsten, A.* (2009), S. 26.

887 *Bornemann, S./Schaaff, C./Pfingsten, A.* (2009), S. 28. Die gleiche Argumentation gilt für die denkbare Ausweitung der Haftsumme der Mitglieder, die als Haftsummenzuschlag im Ergänzungskapital zu berücksichtigen wäre.

888 Vgl. *Bornemann, S./Schaaff, C./Pfingsten, A.* (2009), S. 27; *Cario, D.* (2005), S. 150; *Baumgärtler, T.* (2000), S. 99.

jedoch zu dem Ergebnis, dass die „Attraktivität einer genossenschaftlichen Beteiligung [...] aus der Perspektive investierender Mitglieder nicht sehr hoch [ist; Erg. d. Verf.]“[889] Zudem sind die in den vorhergehenden Kapiteln bereits erläuterten möglichen Zielkonflikte zu berücksichtigen, die als konfliktär zu den genossenschaftlichen Prinzipien interpretiert werden könnten.

Da die geschäftsguthabenbezogenen Maßnahmen in der Gesamtschau nur ein geringes Potenzial zum Ausbau des Eigenkapitals beinhalten und daraus resultierende Zielkonflikte vor allem auf Ebene der Anreize und damit durch Mitgliederstruktur und Konkretisierung des Förderauftrags beeinflusst werden, sollen diese Maßnahmen hinsichtlich ihrer Wirkung auf die Zielbeziehung nicht weiter betrachtet werden.

Aus den genannten Gründen dürften die mitgliederfernen Formen der externen Eigenfinanzierung an Bedeutung gewinnen. Vermögenseinlagen stiller Gesellschafter gehören unter bestimmten Bedingungen gem. § 10 Abs. 2 KWG zum Kernkapital.[890] Aus kreditgenossenschaftlicher Sicht ist jedoch zu berücksichtigen, dass es nach § 48 Abs. 1 S. 2 GenG grundsätzlich keine Beteiligung Dritter am Jahresüberschuss der Kreditgenossenschaft geben darf. Da das Gewinnbezugsrecht des stillen Gesellschafters zwar eingeschränkt, aber nicht vollständig ausgeschlossen werden kann, bleiben Bedenken bestehen. Für die Genossenschaftsbanken gilt gegenwärtig darüber hinaus, dass der Betrag der stillen Einlagen in Relation zu den Geschäftsguthaben und Rücklagen vernachlässigbar ist.[891] Gleiches gilt für die nachrangigen Darlehen, die unter bestimmten Bedingungen zum Ergänzungskapital der Klasse 2 zu zählen sind.[892] Nachteilig an dieser Finanzierungsform ist jedoch, dass die Anrechnung als haftendes Eigenkapital begrenzt und die Verzinsung vergleichsweise erhöht ist.[893] Genussrechtskapital kann nach der Verordnung über die Rechnungslegung der Kreditinstitute und Finanzdienstleistungsinstitute (RechKredV) nicht dem bilanziellen Eigenkapital zugerechnet, wohl aber im Sinne der aufsichtsrechtlichen Vorgaben als Ergänzungskapital der Klasse 1 betrachtet werden. Diese Finanzierungs-

---

889 *Bornemann, S./Schaaff, C./Pfingsten, A.* (2009), S. 28.

890 Vgl. hier und nachfolgend *Strieder, T.* (2000), S. 217 ff.

891 Vgl. *Padberg, T.* (2005), S. 76. Diese Erkenntnis basiert auf einer Vollerhebung der Jahresabschlüsse des Geschäftsjahres 2003 der „typischen“ und „atypischen“ Genossenschaftsbanken. Die Hälfte der stillen Einlagen wurde dabei bei der DEUTSCHE APOTHEKER- UND ÄRZTEBANK EG festgestellt, einer atypischen Kreditgenossenschaft. Bei anderen Instituten dagegen können die stillen Einlagen von besonderer Bedeutung sein. Vgl. z. B. *Hartmann-Wendels, T./Pfingsten, A./Weber, M.* (2010), S. 434.

892 Vgl. *Padberg, T.* (2005), S. 85. Nach dessen externer Jahresabschlussanalyse machen die nachrangigen Verbindlichkeiten etwa 5 Prozent des haftenden Eigenkapitals aus.

893 Vgl. *Strieder, T.* (2000), S. 220.

form wird relativ häufig eingesetzt, wenngleich nicht sehr umfangreich.[894] Zudem ist aufgrund der begrenzten Anrechenbarkeit als Eigenmittel die aufsichtsrechtliche positive Wirkung begrenzt. Kritisiert wird aus Sicht potenzieller Kapitalgeber jedoch, dass der fehlenden mitgliedschaftlichen Beteiligung die Übernahme unternehmerischen Risikos gegenübersteht. Um dieses Ungleichgewicht zu kompensieren, sind Vergütungen auf die Genussrechte vorzunehmen, die oberhalb der Dividendenzahlung an die Mitglieder liegen. Da diese, wie in Kapitel D.3.1.2.4 gezeigt wurde, häufig der einzige materielle Vorteil aus der Mitgliedschaft sind, werden dadurch Anreize gesetzt, aus der Kreditgenossenschaft auszutreten und gleichzeitig genossenschaftliche Genussscheine zu erwerben. Damit würde das Identitätsprinzip unterminiert, was in Verbindung mit der unterstellten bindenden Wirkung der Mitgliedschaft für Mitglieder-Kunden und der positiven Wirkung auf die Kundendurchdringungsraten tendenziell negative Auswirkungen auf das Geschäftsvolumen der genossenschaftlichen Primärbank haben kann. Auch für diese Maßnahmen kann vor dem Hintergrund der angestellten Überlegungen die weitere Diskussion aufgrund der Unerheblichkeit entfallen.

Abschließend sind die genannten Maßnahmen der Innenfinanzierung zu betrachten. Dazu zählt vor allem die Bildung von Rücklagen.[895] Aufgrund des Nominalwertprinzips stellen Kapitalrücklagen für Genossenschaftsbanken keine relevante Kapitalposition dar.[896] Die Rücklagen zählen zum Kernkapital, was deren unbegrenzte Anrechenbarkeit begründet. Zudem gilt, dass die Bildung von Rücklagen zur bedeutsamsten Finanzierungsform der genossenschaftlichen Eigenfinanzierung avanciert ist.[897] Problematisch dürfte jedoch sein, die Bildung von Rücklagen mit den Interessen der Mitglieder zu vereinbaren, da diesen grundsätzlich kein Anspruch auf diese Beträge zusteht.[898] Bezüglich der Rücklagenbildung verweisen THEURL/BÖTTIGER und BEUTHIEN darauf, dass förderwirtschaftlich nicht benötigte positive Jahreserfolge an die Mitglieder auszuschütten sind.[899] VOLK/VOLK werten eine übermäßige Rücklagenbildung bei

---

894 Vgl. hier und nachfolgend *Bornemann, S./Schaaff, C./Pfingsten, A.* (2009), S. 31.

895 Da die offenen Reserven in Form des Sonderpostens für allgemeine Bankrisiken einen wirtschaftlich ähnlichen Charakter haben wie die Rücklagen, werden diese zusammen betrachtet. Vgl. *Hartmann-Wendels, T./Pfingsten, A./Weber, M.* (2010), S. 434.

896 Aufgrund des im § 73 Abs. 2 S. 2 GenG niedergelegten Nominalwertprinzips kommt bei der Abgabe von Genossenschaftsanteilen kein Agio in Betracht. Vgl. *Strieder, T.* (2000), S. 214.

897 Vgl. *Algner, M. R.* (2006), S. 192 sowie die dort genannte Literatur.

898 Siehe § 73 Abs. 2 GenG.

899 Vgl. *Theurl, T./Böttiger, J.-M.* (2007), S. 7; *Beuthien, V.* (2006), S. 56 f.

Genossenschaften sogar als Verstoß gegen den Förderauftrag.[900] Damit soll vermieden werden, den Mitgliedern Vermögen zu entziehen und in eine Form vorstandsverwalteten Stiftungsvermögens zu transformieren.[901] Unter die förderwirtschaftlich benötigten Jahreserfolge sind dabei auch die Einstellungen in die gesetzlichen und statuarischen Rücklagen zu verstehen, die dazu dienen, die Eigenkapitalvorschriften zu erfüllen. Erst darüber hinausgehende Bestandsteile sollen an die Mitglieder ausgeschüttet werden. Neben dieser periodischen Beteiligung der Mitglieder an den Erfolgen, die als Dividende ausgezahlt wird, besteht nach § 73 Abs. 3 GenG die Möglichkeit in der Satzung festzulegen, eine Ergebnisrücklage zu bilden, die den Anspruch der ausscheidenden Mitglieder an der Erfolgsentwicklung der Kreditgenossenschaft beinhaltet. Dies wird in der Praxis jedoch kaum umgesetzt.[902] Der Zugriff auf die Rücklagen ist den Mitgliedern also weitgehend verwehrt. Aus Sicht der Vorstände besteht dagegen ein Interesse an vergleichsweise hohen und für die Kreditgenossenschaft gesicherten Rücklagen, da damit zum einen die Eigenkapitalsituation von der Mitgliederentwicklung teilweise emanzipiert werden kann und zum anderen das Drohpotenzial ausscheidender Mitglieder reduziert wird.[903] Wie im Phasenschema von WIEDEMANN hinterlegt, stellt der Austritt aus der Kreditgenossenschaft die Ultima Ratio eines Mitglieds bei Unzufriedenheit mit der förderwirtschaftlichen Leistung der Kreditgenossenschaft dar (siehe Abbildung 32). Um den mit dem Mitgliederaustritt verbundenen Einfluss auf die Kreditgenossenschaft zu reduzieren, und damit das Drohpotenzial abzuschwächen, bietet sich folglich die Rücklagenbildung an. Zudem ist es aufgrund des Informationsvorteils des Vorstands und der wenig effizienten Kontrollmöglichkeiten der Mitglieder und des Aufsichtsrates schwierig, den förderwirtschaftlich benötigten Anteil und damit zu thesaurierenden Jahreserfolg vollständig objektiv zu bestimmen.[904] Denn neben den gesetzlichen Eigenkapitalvorschriften sind Planungen für das Aktivgeschäft in Bezug auf Volumen und Risiko wichtige Einflussgrößen auf die Höhe des vorzuhaltenden Eigenkapitals. Ein weiterer wichtiger Anreiz für die Bildung

---

900 Vgl. *Volk, K. O./Volk, G.* (1989), S. 151.

901 GRAUER bezeichnet diesen Sachverhalt als „dem Zugriff der Genossen entzogenes ‚Sozialkapital'". *Grauer, F.* (1998), S. 204.

902 Vgl. *Schöffling, B.* (1991), S. 25 sowie die dort angegebene Literatur.

903 Diese Aussage wird unterstützt durch die Pecking-Order-Theorie, wonach Vorstände oder Geschäftsführer vor allem die Finanzierungsformen auswählen, die ihnen die höchstmögliche Autonomie gewähren. Vgl. zu ähnlichen Aussagen im genossenschaftlichen Kontext *Algner, M. R.* (2006), S. 192. Nach TEBROKE gibt es nicht wenige Kreditgenossenschaften, die einen Anteil von über 80 Prozent der unkündbaren Rücklagen am Eigenkapital aufweisen. Vgl. *Tebroke, H.-J.* (1998), S. 336.

904 Vgl. ähnlich *Kammlott, C./Schiereck, D.* (2000), S. 266 f.

von Rücklagen ist in der von vielen Kreditgenossenschaften beanspruchten Dividendenkontinuität zu sehen. Dies vor allem in der Form, dass eine im Marktvergleich überdurchschnittliche Verzinsung des Betrags, der in das Geschäftsguthaben durch das Mitglied investiert wurde, erreicht wird. Damit diese auch bei nicht hinreichenden Jahreserfolgen ausgezahlt werden kann, müssen Rücklagen als Manövriermasse gebildet werden. Zusammenfassend lässt sich feststellen, dass Rücklagen eine wesentliche Rolle für den Erhalt und Aufbau der Eigenmittelposition der Kreditgenossenschaften spielen. Damit geht notwendigerweise eine hohe Bedeutung des Gewinn-/Vermögenswertziels einher.[905]

3.1.2.6 Weitere Einflussfaktoren auf das Zielsystem

Neben den bereits erörterten Einflussfaktoren auf das Zielsystem lassen sich im kreditgenossenschaftlichen Kontext weitere finden. Dies sind die Prüfungsinhalte der Regionalverbände, das STATUT DER SICHERUNGSEINRICHTUNG (SE-St), die Intensität des Nicht-Mitgliedergeschäfts, die Verbundorientierung sowie die gegenwärtige Interpretation des Mitgliederstatus als Marketing- und Kundenbindungsinstrument. Diese sollen im Folgenden kursorisch vorgestellt werden.

Gemäß § 54 GenG muss sich eine Kreditgenossenschaft einem genossenschaftlichen Prüfungsverband anschließen, der bei seiner Vermögens- und Geschäftsführungsprüfung nach § 53 GenG darauf zu achten hat, ob und inwieweit der Bankenvorstand den mitgliederbezogenen Förderauftrag einhält.[906] Prüfungsziel ist dabei die Kreditgenossenschaft in ihrem Unternehmensziel, ihrem betrieblichen Aufbau und Ablauf eigens „als genossenschaftliche Personenvereinigung zu durchleuchten."[907] Prüfbausteine sind die Förderzweckprüfung, die Förderprogrammprüfung und die Fördererfolgsprüfung.[908] Die Prüfungsempfehlung des DEUTSCHEN GENOSSENSCHAFTS- UND RAIFFEISENVERBANDS (DGRV) beschränkt sich demgegenüber darauf, die wirtschaftlichen Verhältnisse der Kreditgenossenschaft als Grundlage für ihre Leistungen an die Mitglieder zu beurteilen und dazu im Einzelnen deren Vermögens-, Finanz-, Ertrags- und Risikolage zu bewerten.[909] Anhand dieser Daten wird die Förderfähigkeit bewertet,[910] wobei dies unabhängig von der tatsächlichen Förderung geschieht. Aufgrund der empfohlenen Prüfinhalte ergibt sich ein Anreiz für die relativ stärkere

905 Dies gilt auch, wenn der Förderauftrag als Dividende operationalisiert wird. Siehe Kapitel D.3.1.2.4.

906 Vgl. dazu ausführlich *Beuthien, V./Hanrath, S.* (2008), S. 85 ff.

907 *Müller, K.* (1998), § 1 Rn. 28 zitiert nach *Beuthien, V./Hanrath, S.* (2008), S. 86.

908 Vgl. *Beuthien, V./Hanrath, S.* (2008), S. 86.

909 Vgl. *DGRV* (2005), S. 81.

910 Vgl. *Beuthien, V./Hanrath, S.* (2008), S. 87.

Gewichtung des Gewinn-/Vermögenswertziels, da bei daraus resultierender positiver wirtschaftlicher Lage die Förderfähigkeit attestiert wird.

Ein weiterer Einflussfaktor zugunsten der Dominanz der materiellen Ziele resultiert aus den formalen Vorgaben aus dem STATUT DER SICHERUNGSEINRICHTUNG (SE-St) und den damit verbundenen Verfahrensregeln. Aufgabe der Sicherungseinrichtung ist nach § 1 SE-St „drohende oder bestehende wirtschaftliche Schwierigkeiten bei den dem Garantiefonds nach § 3 angeschlossenen Instituten abzuwenden oder zu beheben (Institutsschutz) und Beeinträchtigungen des Vertrauens in die genossenschaftlichen Institute zu verhüten."[911] Die genossenschaftliche Sicherungseinrichtung funktioniert als solidarische Versicherung der angeschlossenen Banken, deren jeweilige Höhe der „Versicherungsprämie" sich auf Basis von Kennzahlen zur Vermögens-, Ertrags- und Risikolage ergibt.[912] In Abhängigkeit der Klassifizierung sind die Beitragszu- oder -abschläge auf den Ausgangsbeitrag für die Banken gestaffelt. Der Beitrag ergibt sich als Produkt des Beitragsfaktors mit dem berechneten Ausgangsbeitrag.[913]

Tabelle 11: Beitragsfaktoren in Abhängigkeit der Klassifizierung[914]

Klasse	A++	A+	A	A-	B+	B	B-	C	D
Beitragsfaktor (in %)	80	90		100			110	120	140

Mit dieser Methodik werden die zu fokussierenden Ziele zunächst auf die materiellen Zielbereiche gelegt, damit die wirtschaftliche Situation der Bank so ausgestaltet wird, dass die Beitragszahlung gering ausfällt. Damit wird die Substanz der Bank geringer belastet, womit c. p. die Förderfähigkeit gesichert wird.

Wie bereits genannt wurde, ist die Anzahl der Mitglieder etwa halb so groß wie die Anzahl der Kunden von Kreditgenossenschaften. Seit der Gesetzesnovelle von 1973 ist den Genossenschaften möglich, das Nicht-Mitglieder-Geschäft zu betreiben, was vor allem mit der notwendigen Auslastung von Kapazitäten begründet wurde.[915] Mit dem Wachstum des Geschäftsvolumens ist nach BONUS eine Fixierung auf Managementinstrumente verbunden, die die Genossenschaftsidee aus dem Blickfeld und folglich aus dem Zielsystem ver-

---

911 § 1 Abs. 1 SE-St.

912 Siehe § 3a SE-St i.V.m. §4 Abs. 6 SE-St und Ziffer 1b der Verfahrensregeln zum SE-St.

913 Der Ausgangsbeitrag ist das Produkt der Summe bestimmter Kreditpositionen der Bilanz und dem Grunderhebungssatz, der für die Kreditgenossenschaften bei 0,05 ‰ liegt. Siehe § 4 Abs. 1 und 4 SE-St.

914 Eigene Darstellung auf Basis der Daten in § 4 Abs. 6 SE-St.

915 Vgl. *Lipfert, H.* (1988), S. 199.

drängt.[916] BEUTHIEN argumentiert, dass ein zu weitgehendes Nichtmitgliedergeschäft den Verlust des maßgeblichen Bezugs des Geschäftsbetriebs zum Mitglied bedingt und zum Status einer Dividendengenossenschaft führt.[917] Da dies mit einer Wesensverfremdung einhergeht, die außerhalb der genossenschaftsrechtlichen Strukturgrenzen liegt, müsste sich dies in praxi in einer Vielzahl von juristisch begründeten Rechtsformänderungen niederschlagen, was jedoch nicht der Fall ist. Dass dies nicht so ist, kann damit begründet werden, dass entweder die Entwicklung von den betroffenen Adressaten nicht angezweifelt wird oder es sich aufgrund der weiten Interpretationsspielräume nicht zweifelsfrei bestimmen lässt, ob reine Dividendengenossenschaften vorliegen. In jedem Fall jedoch gilt, dass die Zunahme des Nichtmitgliedergeschäfts die Mitgliederorientierung zulasten der allgemeinen Kundenorientierung verdrängt hat.[918] So argumentiert auch der BUNDESFINANZHOF, dass es sich u. a. aus diesem Grund bei den Genossenschaftsbanken umsatzsteuerrechtlich um Erwerbsgesellschaften handele.[919] Dies kann eine geringere Bedeutung des Förderauftragsziels begründen.

In den Kapiteln C.1.4.4 und C.5 wurden bereits die Verbundorientierung sowie deren Einflüsse auf die einzelne Kreditgenossenschaft thematisiert. Auch wurde gezeigt, welchen Einfluss diese auf den Vertrieb und die Vertriebssteuerung haben. Bezüglich des Zielsystems der Kreditgenossenschaften ist dieser Aspekt ebenfalls zu berücksichtigen. Denn zum einen ist aufgrund des hohen Einflusses der Verbundunternehmen auf die Kreditgenossenschaften begründet davon auszugehen, dass organisationstyp-spezifische Ziele geringer gewichtet werden. Zwar wird argumentiert, der Förderauftrag gelte auch für die Verbundunternehmen, da diese von den Kreditgenossenschaften zur Erfüllung ihres Förderauftrags gegründet wurden.[920] Es ist jedoch zweifelhaft, dass ein wenig konturiertes Konstrukt wie der Förderauftrag über Organisationsgrenzen hinweg Bestand haben kann. So postuliert etwa BRIXNER, dass es eines gemeinsamen Wertefundaments bedarf, „das nicht die Maximierung des individuellen Eigennutzens des Unternehmens, sondern die Interessenten des gesamten Verbunds in den Vordergrund stellt.“[921] Der individuelle Eigennutzen der Kreditgenossenschaften entspricht dem Wert der Kreditgenossenschaft aus Sicht des Mitglieds, der sich aus den verschiedenen Komponenten zusammensetzt. Durch ein verbundbezogenes Wertverständnis löst sich der genossenschaftliche Verbund aber gerade davon.

---

916 Vgl. *Bonus, H.* (1998), S. 319 f.

917 Vgl. *Beuthien, V.* (2006), S. 58.

918 Vgl. *Wiedemann, A.* (1992), S. 81.

919 Vgl. *Bundesfinanzhof* (2009).

920 Vgl. *Wiedemann, A.* (1992), S. 97 f.

921 *Brixner, U.* (2006), S. 85.

Die Möglichkeit zur Mitgliedschaft wird in praktischen und theoretischen Beiträgen als Alleinstellungsmerkmal der Kreditgenossenschaften gewertet.[922] Insbesondere vor dem Hintergrund des für Dienstleistungen typischen hohen Grads an Austauschbarkeit der Leistungen und des intensiven Wettbewerbs gewinnen anbieterbezogene Alleinstellungsmerkmale an Bedeutung. Aus diesem Grund wird die Mitgliederorientierung intensiv aus Sicht marketingstrategischer Überlegungen betrachtet.[923] Dies betrifft zwar vornehmlich das Privatkundengeschäft, ist aber dennoch von Relevanz, da es den Status des Mitglieds und den Status der Mitgliederorientierung aus Sicht der Kreditgenossenschaft kennzeichnet. Im Fokus steht die Zweck-Mittel-Beziehung zwischen Mitglied und Kreditgenossenschaft, wobei das Mitglied bzw. die Mitgliederorientierung als Mittel zum Zweck dient, wobei der Zweck vor allem über die materiellen Ziele definiert ist.[924] So sieht etwa WIEDEMANN in der Intensivierung der Kundenbeziehung durch die Mitgliedschaft die Vorteile, akquisitorisches Potenzial aufzubauen, die Geschäftsbeziehung auf weitere Produkte auszuweiten und dabei Kostenvorteile für die Bank im Vergleich zu Neukundenakquisitionen zu realisieren.[925] GESCHWANDTNER/KUTTLER sehen die „Mitgliedschaft als gute Möglichkeit [.], Gelder wie Kunden zu binden und langfristig erfolgreich zu wirtschaften.“[926] Konsequent argumentieren HAMMERSCHMIDT/HELLINGER, die „Mitgliedschaft sollte nicht allen Kunden offeriert werden. Es erscheint sinnvoll, nur jene Kunden als Mitglieder zu werben, die der Genossenschaft langfristig von Nutzen sind. Diese könnten Kunden sein, [...] die ein umfassendes Geschäftsvolumen mit der Kreditgenossenschaft abwickeln.“[927] Insbesondere den Faktoren der Bindung und des Cross-Sellings werden auch von der Praxis hohe Bedeutungen beigemessen. Damit ließe sich erklären, dass in vielen Kreditge-

922 Vgl. z. B. *Geschwandtner, M./Kuttler, H.-J.* (2009), S. 264; *Weegen, M.* (2006), S. 26; *Hammerschmidt, M.* (2000), S. 1 ff.; *Hammerschmidt, M./Hellinger, C.* (1998), S. 5 f.

923 Für die Integration der Mitgliedschaft in kommunikationspolitische Ansätze vgl. z. B. *Bookhagen, B.* (2006), S. 38 ff.

924 Theoretisch möglich ist auch, die Mitgliederorientierung als Mittel für die Erfüllung des Förderauftragziels zu sehen, wobei diese Zweck-Mittel-Relation genuiner im Sinne der Entstehungsgeschichte und Besonderheiten der Kreditgenossenschaften wäre. In diesem Fall würde jedoch die Integration der Mitglieder in die Corporate Governance anders ausgestaltet sein, als es die Erörterungen in den vorhergehenden Kapiteln erwarten lassen.

925 Vgl. *Wiedemann, A.* (1992), S. 83.

926 *Geschwandtner, M./Kuttler, H.-J.* (2009), S. 265. Ähnlich auch THEURL/BÖTTIGER, die jedoch die aus der Mitgliedschaft resultierende Stabilisierung der Geschäftsbeziehung Vorteile für Kunden und Genossenschaft sehen. Vgl. *Theurl, T./Böttiger, J.-M.* (2007), S. 7 f.

927 *Hammerschmidt, M./Hellinger, C.* (1998), S. 20.

nossenschaften das „Produkt“ Mitgliedschaft in den volumenbezogenen Zielvorgaben in der Vertriebssteuerung enthalten ist und aktuell postuliert wird, die Kennzahl share-of-member, d. h. den Anteil des Geschäftsvolumens, den das Mitglied mit der Kreditgenossenschaft macht, als Steuerungsziel zu nutzen.[928] Es liegen jedoch bisher noch keine empirischen Erkenntnisse darüber vor, dass die Mitgliedschaft ein wesentlicher Erklärungsfaktor für die Loyalität das Produktnutzungsverhalten oder die Bindung eines Kunden ist. Unter Würdigung der kreditgenossenschaftlichen Praxis, guten Kunden die Mitgliedschaft anzubieten, kann vielmehr auch von einer umgekehrten Kausalität ausgegangen werden.

3.1.3 Abgeleitetes Zielsystem der Kreditgenossenschaft

Werden die in den vorhergehenden Abschnitten gewonnen Erkenntnisse zum Zielsystem der Kreditgenossenschaften und deren Einflussfaktoren zusammengefasst, so ist in der Gesamtschau zu konstatieren, dass das Zielsystemverständnis (a) in Abbildung 31 von geringerer Relevanz für die weitere Untersuchung ist. Es kann begründet angenommen werden, dass die beschriebenen Einflussfaktoren einen Anreiz aufweisen, auch bei Erreichen eines für die Existenz ausreichenden Gewinn-/Vermögenswertminimums nicht ausschließlich den Förderauftrag als oberstes Ziel zu verfolgen.

Für das Zielsystemverständnis (b) in Abbildung 31 wurde die Frage aufgeworfen, welche Gewichte dem Förderziel und dem Gewinn-/Vermögenswertziel beizumessen sind. Zwar ist eine eindeutige Antwort nicht möglich, doch lassen sich die Ergebnisse dahingehend zusammenfassen, dass das Gewinn-/Vermögenswertziel deutlich stärker gewichtet wird als das Förderziel. Auf Ebene der Gesamtbank sind die materiellen Ziele priorisiert. Vornehmliches Ziel der Kreditgenossenschaft ist die Steigerung des Gewinns bzw. des Vermögenswertes, wobei hier keine Begrenzung zugunsten des Förderziels vorliegt. Das Förderziel ist aber dennoch im Zielsystem enthalten. Aufgrund der beschriebenen Strukturen und Anreize gilt, dass dieses in Abhängigkeit des Gewinn-/Vermögenswertziels steht, dieses aber nicht beeinflusst. Bezüglich der Instrumentalziele (Rentabilität, Wachstum, Risiko, Sicherheit, Liquidität) gelten die in Kapitel D.3.1.1 gemachten Ausführungen.

Wie in Kapitel D.1.2.3 erläutert, sind die Ziele zentrale Determinante des Kundenwerts. Die einzelnen Ziele und Zielbeziehungen sowie etwaige zeitliche Differenzierungen wirken sich folglich direkt in die noch vorzunehmende Konzeptualisierung des Kundenwerts aus. Bevor jedoch diese Analyseschritte vorgenommen werden können, gilt es zu klären, ob die kundenwertorientierte Dis-

---

928 Vgl. *Geschwandtner, M./Kuttler, H.-J.* (2009), S. 266.

kriminierung im Vertrieb mit dem Mitgliedergleichbehandlungsgebot[929] der Kreditgenossenschaften konform geht.

3.2 Vereinbarkeit von Gleichbehandlungsgebot und Kundenwert

Die kundenwertorientierte Vertriebssteuerung hat unter Annahme divergierender Kundenwerte für die einzelnen Mitglieder-Kunden einer Kreditgenossenschaft zum Ergebnis, dass Mitglieder vertrieblich ungleich behandelt werden. Diese in der Literatur auch als Diskriminierungsproblematik[930] bezeichnete Konsequenz ist nicht neu, wird jedoch durch die explizite Ausrichtung marketing- und vertriebspolitischer Entscheidungen i. V. m. dem Förderauftrag und dem damit korrespondierenden Förderanspruch und dem Identitätsprinzip für die vorliegende Untersuchung relevant.

Nach VON USSLAR konkretisiert sich in § 11 der Mustersatzung des BVR, in dem die Inanspruchnahme der kreditgenossenschaftlichen Leistungen als Mitgliederrecht definiert ist,[931] das Gleichbehandlungsgebot,[932] das sich allgemein aus dem Förderzweck und der Treuepflicht der eG gegenüber ihren Mitgliedern ergibt.[933] Im Gegensatz dazu wird auch die Meinung einer sachlich gerechtfertigten Ungleichbehandlung der Mitglieder vertreten. Dabei differenziert BONUS hinsichtlich der Gleichbehandlung zwischen der Leistungs- und der Einlegerbeziehungsebene.[934] Auf der Einlegerbeziehungsebene sieht er die Gleichbehandlung als unverzichtbaren Bestandteil des kulturellen Kerns einer modernen Genossenschaft an. Auf der Leistungsbeziehungsebene kann dagegen eine Ungleichbehandlung sachlich gerechtfertigt werden, wenn dadurch alle besser bedient werden können.[935] Zugleich warnt er aber davor, dass die Ungleichbehandlung zu Vertrauensverlust führen kann und daher „in großer Offenheit mit den Mitgliedern besprochen werden und für diese *einsehbar* sein [muss; Erg. d. Verf.]“[936]. Auch BEUTHIEN/DIERKES/WEHRHEIM halten die Ungleichbehandlung

---

929 Vgl. dazu die Ausführungen in Kapitel C. 1.4.1 und Kapitel C. 1.4.2.

930 Vgl. z. B. *Hansen, U.* (2006), S. 160; *Homburg, C./Droll, M./Totzek, D.* (2008), S. 110 ff.; *Droll, M.* (2008), S. 2 ff.

931 „Jedes Mitglied hat das Recht, nach Maßgabe des Genossenschaftsgesetzes und der Satzung die Leistungen der Genossenschaft in Anspruch zu nehmen“. § 11 Mustersatzung des BVR für VR-Banken.

932 Vgl. *von Usslar, L.* (2007), S. 44.

933 Vgl. *Beuthien, V./Dierkes, S./Wehrheim, M.* (2008), S. 73.

934 Vgl. *Bonus, H.* (1994), S. 75.

935 Vgl. *Bonus, H.* (1994), S. 66.

936 *Bonus, H.* (1994), S. 75.

von Mitglieder-Kunden in Abhängigkeit des Geschäftsumfangs als sachlicher Rechtfertigung für möglich, da bei geringem Geschäftsumfang die relativen Kosten der Leistungsbeziehung höher sind.[937] Sie unterscheiden dabei zwischen dem absoluten Gleichbehandlungsgebot hinsichtlich der satzungsmäßigen Regelungen, die bei allen Mitgliedern gleich sein müssen (z. B. Höhe und maximale Anzahl der Geschäftsanteile) und dem aus dem Verfassungsrecht bekannten Prinzip der relativen Gleichbehandlung, welches auf die Kundenbeziehung mit Mitgliedern anzuwenden ist. Danach wird Gleiches gleich und Ungleiches ungleich behandelt, wobei die Unterscheidung nicht willkürlich sein darf. Möglich ist bspw. die unterschiedliche Preisgestaltung in Abhängigkeit der nachgefragten Menge.[938] Möglich ist auch die differenzierte Verzinsung bzw. Dividende auf Geschäftsguthaben für investierende Mitglieder und Mitglieder-Kunden.[939] Vor diesem Hintergrund sind drei Fragen näher zu betrachten: Erstens die Frage danach, ob der Vertrieb Gegenstand der vom grundsätzlichen Gleichbehandlungsgebot betroffenen Leistungen ist. Ist dies der Fall, stellt sich zweitens die Frage, ob trotz des Gleichbehandlungsgebots der Kundenwert als sachliche Rechtfertigung für die Anwendung des relativen Gleichbehandlungsgebots herangezogen werden kann. Drittens ist zu fragen, unter welchen Voraussetzungen eine kundenwertorientierte Vertriebssteuerung im Fördergeschäftsverkehr zwischen Mitglied und Genossenschaftsbank auch aus Sicht des Mitglieds akzeptabel ist.

Originär sind die in § 11 Mustersatzung des BVR für Genossenschaftsbanken genannten Leistungen der Produktpolitik einer Kreditgenossenschaft zuzuordnen.[940] Die Produktpolitik beinhaltet alle Entscheidungstatbestände, die sich auf die marktgerechte Gestaltung aller vom Unternehmen im Absatzmarkt angebotenen Leistungen beziehen.[941] Innerhalb der Koordinationsaufgabe des Marketings werden Produkte bestimmten Segmenten zugeordnet, wobei dem Vertrieb die Aufgabe innewohnt, gemäß dieser Vorgabe die Leistungen des Unternehmens zu verwerten. In dieser instrumentellen Argumentation tangiert die Vertriebspolitik nur mittelbar den Gleichheitsgrundsatz, da sie lediglich ausführend tätig ist. Wird im übergeordneten Marketing das vollständige Leistungsprogramm den Mitgliedern zugeordnet, liegt hier kein Gegensatz zum Gleich-

937 Vgl. hier und nachfolgend *Beuthien, V./Dierkes, S./Wehrheim, M.* (2008), S. 74. So auch *Wiedemann, A.* (1992), S. 98 f. Anderer Meinung ist GRAUER, der in diesem Verhalten eine fundamentale Abkehr von der genossenschaftlichen Grundidee sieht. Vgl. *Grauer, F.* (1998), S. 200 sowie die dort zitierte Literatur.

938 Vgl. *Beuthien, V./Dierkes, S./Wehrheim, M.* (2008), S. 74.

939 Vgl. *Schulte, G.* (2006), § 8 Rn. 16, § 19 Rn. 16.

940 Siehe § 11 der Mustersatzung des BVR für Genossenschaftsbanken.

941 Vgl. *Meffert, H.* (1998), S. 317.

heitsgrundsatz vor,[942] da der Vertrieb nur dem Zweck dient, Leistungen der Kreditgenossenschaft an die Mitglieder zu verkaufen. Da jedoch dem Vertrieb Entscheidungen im Rahmen des Kundenmanagement zugewiesen sind, kanalisiert er die Verwertung von Leistungen auf ausgewählte Kunden in den jeweiligen Segmenten und trifft Entscheidungen über die Akquisition, Intensität und Beendigung von Kundenbeziehungen bzw. Fördergeschäftsbeziehungen.[943] Im Kontext dieser Kanalisierung kann es folglich dazu kommen, dass einem Mitglied bestimmte Leistungen nicht angeboten werden oder gar eine Mitglieder-Kundenbeziehung beendet wird. Damit wird allerdings dem Gleichbehandlungsgebot nur mittelbar widersprochen. Fragt das Mitglied eine bestimmte Leistung nach und wird ihm diese seitens der Kreditgenossenschaft nicht verwehrt, so wird das Gleichheitsbehandlungsgebot nicht nachhaltig beschädigt.[944] Anders ist dies, wenn vertriebliche Aufgaben wie etwa die Beratung zum Gegenstand des Förderauftrags deklariert werden und die differenzierte Beratung durch den Vertrieb nicht zu einer besseren Förderung aller führt oder dem Förderanspruch jedes einzelnen Mitglieds entspricht. In der Untersuchung von MÜNKNER bezeichnen 91,3 Prozent die intensive Beratung der Mitglieder als geeignetes Förderinstrument und 85,9 Prozent praktizieren dies entsprechend.[945] Es kann bezweifelt werden, dass in diesen Fällen die von BONUS formulierte Bedingung, einer aus der differenzierten Behandlung resultierende Besserstellung aller Mitglieder, erfüllt ist.

Analog zur Logik der genossenschaftlichen Rückvergütung kann nun im Sinne der relativen Gleichbehandlung argumentiert werden, dass auch bei Förderinstrumenten differenziert vorgegangen wird und der Kundenwert eine sachliche Begründung für diese Ungleichbehandlung darstellt. Dabei muss aber beachtet werden, dass die genossenschaftliche Rückvergütung auf Basis realisierter Leistungsvolumina angewendet wird, während der Kundenwert als gegenwarts- und zukunftsorientiertes, mehrdimensionales Konstrukt sowohl außerhalb des eigentlichen Leistungsvolumens stehende Wertdeterminanten als auch künftig mögliche, aber noch nicht realisierte Erträge berücksichtigt. Ein Ansatz, der den Kundenwert zu einer Größe macht, die vergleichbar zum Ansatz der genossenschaftlichen Rückvergütung ist, ist sinnlos, da er gerade die Vorteile dieser Steuerungsgröße konterkariert. Daher ist zu konstatieren, dass der Kundenwert keine sachliche Rechtfertigung für eine Ungleichbehandlung darstellt, wenn er

---

942 Vgl. *Lürig, R.* (1985a), S. 16.

943 Vgl. dazu die Ausführungen in Kapitel B.1.1.

944 Auch die bankseitig initiierte Beendigung einer Mitglieder-Kundenbeziehung ist gerechtfertigt, sofern damit Schaden von der Kreditgenossenschaft und somit eine Schlechterstellung aller Mitglieder abgewendet werden kann.

945 Vgl. *Münkner, H.-H.* (1990), S. 63.

seine Vorteile als Steuerungsgröße behalten soll. Auch das relative Gleichheitsgebot steht somit einer kundenwertdifferenzierten Mitgliederbehandlung im Vertrieb eher konträr gegenüber.

Unter Annahme dieser Ergebnisse muss daher nach einem Ansatz gesucht werden, der die kundenwertorientierte Lenkung von Vertriebsressourcen ermöglicht. Zunächst ist daran zu denken, die kundenwertorientierte Vertriebssteuerung lediglich auf das Nichtmitgliedergeschäft zu beschränken. Unter Gültigkeit der ökonomischen Interessen der Kreditgenossenschaft in Bezug auf die Mitgliedschaft,[946] streben diese ein Wachstum der Mitgliederzahlen an. Gleichzeitig werden dem Kundenwert superiore ökonomische Steuerungseigenschaften gegenüber den traditionell verwendeten Größen im beziehungsorientierten Marketing zugesprochen. Konsequenterweise stehen sich diese Aspekte widerstreitend gegenüber. Zudem impliziert eine derartig differenzierte Vorgehensweise wesentliche Probleme bei der praktischen Umsetzung. So müssten bspw. zwei Vertriebssteuerungsansätze in einer vergleichsweise kleinen Unternehmung nebeneinander implementiert und gepflegt werden, was nicht zuletzt dem formulierten Wirtschaftlichkeitspostulat widerspricht.[947] Vielmehr soll die kundenwertorientierte Vertriebssteuerung für den gesamten Kundenbestand gelten. Folglich handelt es sich um eine kunden- und mitgliederwertorientierte Vertriebssteuerung. Grundlage dafür könnte die Einführung eines mitgliederseitig akzeptierten und unterstützten Duldungsprinzips, das die genossenschaftlichen Prinzipien dahingehend ergänzt, dass mitgliederorientierte Bausteine der Unternehmenskultur und -steuerung gegen kundenorientierte Bausteine substituiert werden, sein. Damit dies jedoch nicht die Rechte der Mitglieder einschränkt oder ihren Interessen widerspricht, sind strikte Restriktionen zu formulieren.

Bezogen auf den konkreten Fall der kundenwertorientierten Vertriebssteuerung sind zur Sicherung der Mitgliederinteressen zwei zentrale Schranken einzubauen. Die aus dem Kundenwert abgeleitete Vorziehenswürdigkeit eines Nur-Kunden oder eines Mitglieds darf in keinem Fall zu einer Einschränkung des vom nicht-bevorzugten Mitglied wahrgenommen Fördernutzens führen, wenn dies mit dem Kundenwert begründet wird.[948] Weiterhin darf der Kundenwert nicht als Argument dazu führen, dass ein Mitglied ausgeschlossen wird.[949] Im

---

946 Vgl. dazu die Ausführungen in Kapitel D.3.1.2.6.

947 Vgl. dazu die Ausführungen in Kapitel D.2.

948 Unberührt sind davon also die genossenschaftliche Rückvergütung oder ähnliche Förderinstrumente, die das Förderausmaß an die Intensität der Beziehung zwischen Mitglied und Kreditgenossenschaft koppeln.

949 Die Ausschlussmöglichkeiten aus § 9 der Mustersatzung des BVR für VR-Banken bleiben davon unberührt, da diese sich auf die tatsächliche Nutzung des Genossenschaftsbetriebs bezieht. Ebenso bleiben davon diejenigen Entscheidungen zulasten einer Mitglie-

Sinne des Member Value bedeutet dies, dass die kundenwertorientierte Vertriebssteuerung in der tatsächlichen Umsetzung keinen negativen Einfluss auf dieses Nutzenkonstrukt haben darf. Damit unterscheidet sich die Kundenwertorientierung fundamental von der Mitgliederwertorientierung. Während in der Gruppe der Nur-Kunden eine Trennung im Sinne der erwerbswirtschaftlichen Ziele liegt und sogar geboten ist,[950] gilt dies für Mitglieder-Kunden eingeschränkt. Es gilt nur insofern, als die Förderung eines einzelnen Mitglieds nicht die Förderung der anderen Mitglieder einschränkt oder unmöglich macht.[951] Dies gilt nach VON USSLARS Argumentation auch, wenn aktuelle Förderleistungen für einzelne Mitglieder dazu führen, dass künftig die Förderfähigkeit der Kreditgenossenschaft für alle Mitglieder eingeschränkt wird.

3.3 Zwischenfazit

In den vorhergehenden Kapiteln wurde dargelegt, dass die materiellen Ziele die immateriellen Ziele einer Kreditgenossenschaft dominieren und dass Nur-Kunden und Mitglieder-Kunden in Abhängigkeit ihres erwarteten Beitrags zur Zielerreichung vertrieblich differenziert behandelt werden können. Bedingung für Letzteres ist, dass dies von den Mitgliedern geduldet wird und dadurch der Mitgliedernutzen nicht unbegründet negativ beeinflusst wird. Diese Ergebnisse können im Widerspruch zu weiten Teilen der Meinung in der Genossenschaftsforschung gesehen werden. VOGEL bemängelt etwa „den die Förderbeziehung auf den Kopf stellenden Kunstbegriff des fördernden Mitglieds“[952], welcher der Idee des Kundenwerts mit Blick auf die Mitglieder-Kunden sehr ähnlich ist und den RINGLE als unheilbaren Eingriff in das Identitätsprinzip wertet.[953] Jedoch ist in diesem Zusammenhang zu konstatieren, dass der allgemein fehlende theoretische Konsens sowie die Distanz zwischen Wissenschaft und Praxis zwar nachvollziehbar sind, aber keinen Lösungsbeitrag zu den Problemen der (kredit-)genossenschaftlichen Praxis liefern. Zudem wird argumentiert: „Der Fördergedanke ist in (vielen) Kreditgenossenschaften ohnehin nur noch eine leere Worthülle. Die rechtsformspezifische Ideologie ist nicht mehr vorhanden und die Erwartungshaltung der Mitglieder schon jetzt eher auf Renditeaspekte als auf Förderung ausgerichtet. Die traditionelle Identität von Mitgliedern und Kunden ist nur noch in sehr geringem Maße ausgebildet und damit nicht mehr prägend für Ge-

---

der-Kundenbeziehung unberührt, die dazu dienen, einen Schaden von der Kreditgenossenschaft abzuwenden.

950 Vgl. *Scheer, O.* (1989), S. 27.

951 Vgl. *von Usslar, L.* (2007), S. 45 f.

952 *Vogel, W.* (2002), S. 78.

953 Vgl. *Ringle, G.* (1996), S. 254.

nossenschaftsbanken."[954] Weit früher hat LÜRIG aus seiner praktischen Erfahrung festgestellt, dass an „die Stelle der Ideologie [.] auf beiden Seiten die ökonomische Rationalität getreten [ist; Erg. d. Verf.]"[955], was vor allem für die gewerblichen Mitglieder gelte.

Der Genossenschaftsbetrieb war Mittel zum Zweck und auf die Förderung der Mitglieder ausgerichtet.[956] Bei den modernen Großgenossenschaften mit einem hohen Anteil an Nichtmitgliedergeschäften, stark heterogener Mitgliederstruktur sowie eingeschränkter Mitgliederdemokratie, verschärft sich die Problematik der Distanz zwischen ideellen und ökonomisch rationalen Merkmalen. Z. B. kann eine primär absatzmarktorientierte Unternehmensführung, wie sie die Entwicklung zur Vertriebsbank bei den Kreditgenossenschaften letztlich darstellt, zu völlig von den Mitgliederinteressen abweichenden Marketingstrategien führen, welchen von den Mitgliedern kaum gegensteuert werden kann. Obwohl sich das Management aus Eigeninteresse weiterhin verbal zu den genossenschaftlichen Zielen bekennen dürfte, wird es sich bei der Formulierung der in seinem eigenverantwortlichen Entscheidungsbereich liegenden marketingbezogenen Unternehmensstrategien doch konsequenterweise an erfolgreichen Vorbildern nichtgenossenschaftlicher Unternehmen orientieren.[957] Dies ist auch aus Sicht der Mitglieder nicht zu beanstanden, wenn dies eine Orientierung an vergleichsweise besseren Praktiken führt und diese, wie hier im Ansatz der kundenwertorientierten Vertriebssteuerung, mit einem speziellen „Schutzschirm" für die Interessen der Mitglieder ausgestattet ist.

Für den weiteren Gang der Analyse ist das in Kapitel D.3.1.3 beschriebene Zielsystem Grundlage der weiteren Überlegungen, den Kundenwert zu konzeptualisieren und zu operationalisieren. Weiterhin gilt, dass die kundenwertorientierte Vertriebssteuerung mit ihren Implikationen für Mitglieder-Kunden unter den genannten Bedingungen grundsätzlich mit der Mitgliederorientierung und dem Förderauftrag auf der Leistungsbeziehungsebene vereinbar ist, d. h. dem relativen Gleichbehandlungsgrundsatz nicht widerspricht.

---

954 *Bornemann, S./Schaaff, C./Pfingsten, A.* (2009), S. 27 f.

955 *Lürig, R.* (1985b), S. 26.

956 Vgl. hier und nachfolgend *Grauer, F.* (1998), S. 191 ff.

957 Vgl. dazu z. B. *Gloger, K./Lehmann, S.* (2008), S. 64 ff., *Lehmann, S.* (2008), S. 64 f. und *Krob, B./Zimmermann, Y.* (2007), S. 22 f.

4 Konzeptualisierung eines zweckspezifischen Kundenwertmodells

Anknüpfend an die semantische Festlegung des Kundenwerts in Kapitel D.1.2 und den Erkenntnissen zum Zielsystem der Kreditgenossenschaften bedarf es nun der am Anwendungskontext orientierten, zweckmäßigen Konzeptualisierung bzw. Modellierung des Kundenwerts, um ihn für den weiteren Verlauf der Arbeit nutzbar zu machen.[958] In Anlehnung an HOMBURG/PFLESSER soll unter der Konzeptualisierung die „Erarbeitung der relevanten Konstruktdimensionen"[959] verstanden werden.

GALASSO fordert, dass die Analyse aktueller und potenzieller Kundenbeziehungen hinsichtlich ihres Beitrags zur Zielerreichung einer Kreditgenossenschaft insbesondere die folgenden zwei Schritte umfassen muss:[960]

1. Schritt: Identifikation der wertbestimmenden Faktoren bzw. Kriterien einer Kundenbeziehung und
2. Schritt: Definition der Methode zur Ermittlung des Kundenwerts

Mit konkretem Blick auf das Firmenkundengeschäft ist Schritt 1 Gegenstand dieses Kapitels D.4 und in Kapitel D.5 wird der Schritt 2 thematisiert.

4.1 Allgemeines Strukturmodell

Der Kundenwert ist ein komplexes und in Abhängigkeit der zugrundeliegenden Vielfalt der Unternehmensziele sowie seiner betrachteten Komponenten nicht direkt messbares theoretisches Konstrukt.[961] Daher ist es notwendig, den Kundenwert mittels eines Kundenwertmodells zu konzeptualisieren. Als Kundenwertmodell sind alle modelltheoretischen Konzeptionen zu verstehen, deren Ziel in der Bestimmung des Wertes einer einzelnen Kundenbeziehung oder von Kundengruppen und der Einflussfaktoren des Kundenwertes liegt.[962] Um ein Kundenwertmodell aufzubauen, müssen zunächst diejenigen Faktoren identifiziert werden, die ihn beeinflussen. Dazu ist es hilfreich, auf ein grundlegendes Ordnungsprinzip in Form eines allgemeinen Strukturmodells zu rekurrieren. In

---

958 Vgl. zum Zweckbezug von Kundenwertmodellen *Cornelsen, J.* (2000), S. 55 und *Beeser, A. J.* (2003), S. 26.

959 *Homburg, C./Pflesser, C.* (2000), S. 415.

960 Vgl. *Galasso, G.* (1999), S. 205.

961 Vgl. *Wünschmann, S.* (2007), S. 30; *Rudolf-Sipötz, E.* (2001), S. 22. Vgl. auch die Ausführungen zum Kundenwert in Kapitel D.1.2

962 Vgl. *Dittmar, M.* (2000), S. 13.

der Literatur ist kein allgemeingültiges Modell vorhanden. Ein vergleichsweise allgemeines Strukturmodell entwickeln WEBER/LISSAUTZKI und LISSAUTZKI, die dieses jedoch zweckmäßigerweise aus Sicht der Unternehmenssteuerung in Form einer Werttreiberhierarchie strukturieren (siehe Abbildung 35).[963]

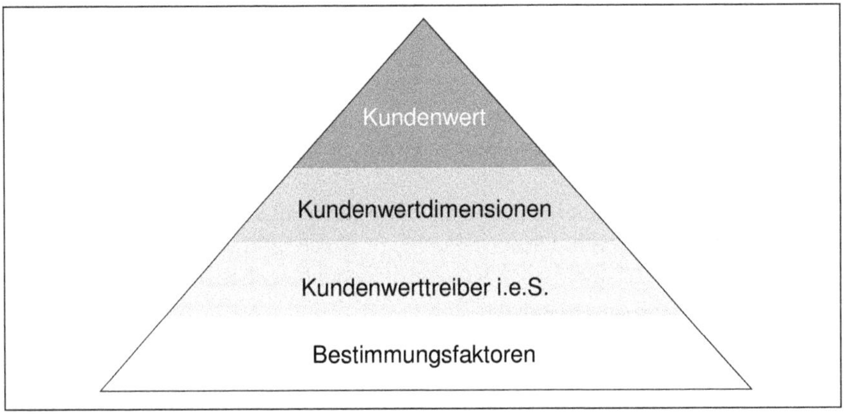

Abbildung 35: Allgemeines Strukturmodell des Kundenwerts in Form einer Werttreiberhierarchie[964]

Auf der obersten Ebene steht der Kundenwert als zu bestimmende, zentrale Größe. Dieser lässt sich separieren in einzelne Kundenwertdimensionen die auch als Determinanten, Facetten, Bestimmungsfaktoren[965] oder Teilwerte bezeichnet werden und den (zielbezogenen) Wertbeiträgen aus der Kundenbeziehung entsprechen.[966] Die Autoren unterteilen in ihrem konkreten Modell die Kunden-

963 Vgl. hier und nachfolgend *Weber, J./Lissautzki, M.* (2004), S. 18 ff.; *Weber, J./Lissautzki, M.* (2005), S. 309 ff., *Lissautzki, M.* (2007), S. 118 ff. und *Stüker, D.* (2008), S. 169 ff. In der wissenschaftlichen Literatur zum Kundenwert gibt es nach Kenntnisstand des Verfassers nur diese genannten Beiträge, die eine allgemeingültige Systematik ihrer Konzeptualisierung von Kundenwerttreibern voranstellen. Aus diesem Grund lässt sich eine Vielzahl von konkreten Kundenwertmodellen finden, aus denen sich jedoch unterschiedlich strukturierte allgemeine Kundenwertmodelle induktiv ableiten ließen.

964 *Weber, J./Lissautzki, M.* (2004), S. 19.

965 Da im Sinne der hier vorgestellten und im Weiteren genutzten Kundenwerttreiberhierarchie der Begriff Bestimmungsfaktor anderweitig bestimmt ist, wird eine mögliche synonyme Verwendung nicht vorgenommen.

966 Vgl. *Eberling, G.* (2002), S. 127. Anders LISSAUTZKI, der die hier definierten Bestimmungsfaktoren als Werttreiber bezeichnet und als Bestimmungsfaktoren „die eigentli-

wertdimensionen in Einzahlungen, Auszahlungen und Risiken. Dies setzt eine entsprechende rein monetäre Zieldefinition auf Unternehmensebene voraus.

Diese Dimensionen werden wiederum durch eine Vielzahl von (mehrstufigen) Kundenwerttreibern im engeren Sinn beeinflusst. Als solche gelten alle, die jeweilige Dimension positiv oder negativ beeinflussenden Größen,[967] wobei einzelne Kundenwerttreiber auf mehrere Dimensionen und auch aufeinander wirken können. Der Zusammenhang zwischen Kundenwerttreiber(n) und Kundenwertdimensionen ist sowohl kunden- als auch werttreiberindividuell festzustellen.[968] Beispiele für Kundenwerttreiber sind die Bestandswahrscheinlichkeit einer Kundenbeziehung, das Referenzpotenzial, Akquisitions- und Bindungskosten, Cross- und Up-Selling-Optionen oder der Anteil des Anbieters am Beschaffungsvolumen des Kunden.[969]

Die Kundenwerttreiber im engeren Sinn basieren wiederum auf so genannten Bestimmungsfaktoren. Diese stellen z. B. psychografische Dispositionen eines Kunden dar. Beispiele sind Kundenzufriedenheit, Lebenszyklusstand oder Innovationstätigkeit eines Kunden.[970]

In der Kundenwertforschung lassen sich, wie angedeutet, viele verschiedene Kundenwertmodelle finden (siehe für eine Auswahl Tabelle 12). Diese können bezüglich der Anzahl der betrachteten Dimensionen in ein- oder mehrdimensionale Modelle eingeteilt werden. Auch ist die Anzahl der berücksichtigten Stufen der Wertreiberebenen als Einflussfaktoren auf die Kundendimensionen unterschiedlich. Einige Modelle ermitteln den Kundenwert ausschließlich anhand der Ebene der Dimensionen bzw. der Kundenwerttreiber im engeren Sinn, während andere Modelle im Sinne von Marktreaktionsmodellen darüber hinausgehende mehrstufige Wirkbeziehungen berücksichtigen.[971] Eine weitere Unterscheidung der Modelle lässt sich auf Basis der Verknüpfung der Dimensionen zur Bestimmung des Kundenwerts als relevante Kennzahl, Ziel- oder Steuerungsgröße vornehmen. Die Mehrzahl der englischsprachigen Literatur verknüpft die Teilwerte und Einflussfaktoren in Form eines Kapitalwerts mit dem Zweck der Berech-

---

chen Ursachen der Kundenwertdifferenzen" definiert. *Lissautzki, M.* (2007), S. 119. Damit meint er etwa qualitative Größen wie die Kundenzufriedenheit.

967 Einige Autoren nutzen statt der zielbezogenen Teilwerte die beeinflussenden Faktoren als Grundlage der Bestimmung und Messung des Kundenwerts. Vgl. z. B. *Wünschmann, S.* (2007), S. 51 ff.

968 An dieser Stelle sei darauf hingewiesen, dass Kundenwertmodelle kontextabhängig zu definieren sind, da weder eine unternehmensübergreifende noch eine branchenübergreifende Allgemeingültigkeit postuliert werden kann. Vgl. *Lissautzki, M.* (2007), S. 120.

969 Vgl. *Stüker, D.* (2008), S. 169; *Lissautzki, M.* (2007), S. 119.

970 Vgl. *Stüker, D.* (2008), S. 169; *Lissautzki, M.* (2007), S. 119.

971 Vgl. *Burmann, C.* (2003), S. 113 ff.

nung des Customer Lifetime Values oder des Customer Equity.[972] Relevante Determinanten sind dabei i. d. R., die kundenbezogenen Ein- und Auszahlungen, die Bindungsrate sowie ein adäquater Diskontierungsfaktor. Dieses Verfahren wird vor allem dann angewendet, wenn der Kundenwert mit der wertorientierten Unternehmensführung verknüpft wird.[973] Andere Beiträge operationalisieren den Kundenwert oft mittels Scoring-Modellen[974] oder anhand von Portfolio-Ansätzen[975].

Aufgrund der Vielfalt an Modellen bedarf es sinnvoller Kriterien, um bestehende Kundenwertmodelle hinsichtlich ihrer Eignung für die vorliegende Arbeit würdigen zu können oder, falls es keine hinreichenden Modelle im gegenwärtigen Stand der Forschung und Praxis gibt, Leitlinien für die Entwicklung eines Kundenwertmodells zu haben. Dabei ist es evident, dass die Entwicklung und Messung von Kundenwerten zweckgebunden sind. Daher werden nachfolgend neben den allgemeinen Anforderungen auch untersuchungszweckspezifische Anforderungen thematisiert. Diese ergänzen die für die gesamte Vertriebssteuerung geltenden Implikationen insofern, als sie konkrete Anforderungen an die Ziel- und Steuerungsgröße Kundenwert in einer kundenwertorientierten Vertriebssteuerung sind. Die Anforderungen gelten für die Konzeptualisierung und Operationalisierung des Kundenwerts.

4.2 Anforderungen an Kundenwertmodelle

4.2.1 Allgemeine Anforderungen an Kundenwertmodelle

Die allgemeinen Anforderungen zeichnen sich dadurch aus, dass sie losgelöst vom konkreten Anwendungskontext zu erfüllen sind.

Die Anforderung der Ganzheitlichkeit postuliert, dass alle kundenwertbestimmenden Komponenten zu berücksichtigen sind, da sonst erhebliche Wertbeiträge missachtet werden und Fehlentscheidungen resultieren können.[976] Aufbauend auf den Erkenntnissen von RUDOLF-SIPÖTZ und CORNELSEN bedeutet dies, dass nicht nur die direkten Beiträge eines Kunden den Kundenwert aus Anbietersicht determinieren, sondern auch darüber hinausgehende indirekte Fak-

---

972 Vgl. dazu die Ausführung in Kapitel D.1.1

973 Vgl. dazu z. B. *Lissautzki, M.* (2007); *Schroeder, N.* (2006); *Wille, K.* (2005); *Tewes, M.* (2003).

974 Vgl. z. B. *Foehn, P.* (2006).

975 Vgl. z. B. *Götz, P./Diller, H.* (1991).

976 Vgl. *Schneider, N. C.* (2007), S. 86; *Foehn, P.* (2006), S. 72; *Friederichs-Schmidt, S.* (2006), S. 176.

toren wie etwa Referenztätigkeiten oder Informationsaktivitäten.[977] Die Ganzheitlichkeit betrachtet neben der sachlichen auch die zeitliche Perspektive. Ebenfalls zur Ganzheitlichkeit gehört, dass der Kundenwert nicht nur die aus Sicht des Unternehmens wahrscheinlichen Zielbeiträge, sondern auch die ggf. darüber hinausgehenden potenziell mit Kunden realisierbaren Wertbeiträge erfassen kann, da auch diese Potenziale steuerungsrelevant sind. Ein weiterer wichtiger Aspekt ist, dass sich die Ganzheitlichkeit am jeweiligen Zielsystem orientiert.

Die Auswahl der relevanten Bestimmungsfaktoren soll sich an der interindividuellen Variabilität orientieren.[978] Das bedeutet, dass die Determinanten des Kundenwerts für die zu bewertenden aktuellen und potenziellen Kunden hinsichtlich ihrer Höhe verschieden sind, so dass unterschiedliche Zielbeiträge identifiziert werden können, woraus sich dann differenzierte Anbietermaßnahmen ableiten lassen.

Das Kundenwertmodell bzw. dessen einzelne Bausteine sollen dynamisch prognostizierbar sein, da sonst eine zukunftsgerichtete Kundenbewertung nicht möglich ist.[979] Dynamik bezieht sich in diesem Fall sowohl auf die im Zeitablauf prognostizierte Kundenentwicklung aufgrund des sich im Zeitablauf variierenden Verhaltens als auch auf die Art der Bewertungsmethode.[980] Dies impliziert die Möglichkeit unterschiedliche Zeiträume zu betrachten.[981] Diese Anforderung ist komplementär zur zeitlichen Ganzheitlichkeit.

Weiterhin ist der Kundenwert bezugsgrößenflexibel zu modellieren, so dass mit dem Kundenwertmodell grundsätzlich sowohl aktuelle als auch potenzielle Kunden bewertet werden können.[982]

---

977 Vgl. *Cornelsen, J.* (2000), S. 170 ff.; *Rudolf-Sipötz, E.* (2001), S. 108 ff.

978 Vgl. *Wünschmann, S.* (2007), S. 31 f.

979 Vgl. *Beeser, A. J.* (2003), S. 8; *Wünschmann, S.* (2007), S. 32; *Mödritscher, G. J.* (2008), S. 285.

980 Vgl. Kiwitz, K./Scheffler, C. (2009), S. 10.

981 So zeigen HOMBURG/STEINER/TOTZEK, dass es nennenswerte Unterschiede zwischen einer statischen, also zeitpunktbezogenen, und dynamischen, also zeitraumbezogenen, Segmentierung geben kann. Diese Unterschiede können dazu führen, dass Ressourcenzuordnungen auf Basis statischer Segmentierungen suboptimal im Vergleich zu den Anforderungen bei dynamischer Segmentierung sind. Einfach lässt sich dies etwa anhand von Deckungsbeiträgen erklären. Kunden mit relativ hohen Deckungsbeiträgen (und am voraussichtlichen Ende des Beziehungslebenszyklus) werden nach statischer Segmentierung höher bewertet als Kunden mit geringen Deckungsbeiträgen (und in der Anfangsphase des Beziehungslebenszyklus). Vgl. *Homburg, C./Steiner, V. V./Totzek, D.* (2009).

982 Vgl. *Kiwitz, K./Scheffler, C.* (2009), S. 9.

Insgesamt ist das Kundenwertmodell so auszugestalten, dass die Kosten zur Messung des Kundenwerts geringer sind als der Nutzen.[983] Die Forderung der Wirtschaftlichkeit ist eine gravierende Restriktion für die Modellierung des Kundenwerts in der Praxis.[984]

4.2.2 Anforderungen aus Sicht der Vertriebssteuerung

Ziel der Arbeit ist es, den Kundenwert als Ziel- und Steuerungsgröße in der Vertriebssteuerung zu nutzen. Wie die Ausführungen zum Wettbewerb auf dem deutschen Bankenmarkt zeigen, schöpfen hiesige Kreditinstitute Ertragspotenziale nicht ausreichend aus. Der Fokus liegt folglich auf der Ableitung eines handlungsorientierten Kundenwertmodells, das neben der Messung des Kundenwerts auch Ansatzpunkte für die Entwicklung und Ausschöpfung von kundenwertbezogenen Potenzialen liefert. Das bedeutet, dass die relevanten Bausteine des Kundenwerts steuerungs- und entscheidungsrelevant sein müssen, um so als Entscheidungsgrundlage für Vertriebsmaßnahmen dienen können.[985] Dies begründet eine hinreichend differenzierte Betrachtung der Kundenwertbestimmungsfaktoren sowie eine prospektive Betrachtung des Kundenwerts.[986]

Ein vertriebssteuerungszweckbezogenes Kundenwertmodell muss weiterhin der Anforderung genügen, operational zu sein.[987] Dies gilt sowohl auf Ebene des Einzelkunden als auch auf Ebene von Kundengruppen. Dabei muss die Messgröße nicht zwangsläufig monetär sein.[988] Die Operationalisierbarkeit ist vor allem für den Kundenwert als Planungs-, Steuerungs- und Kontrollgröße in der Vertriebssteuerung von herausragender Bedeutung.[989]

4.2.3 Anforderungen aus Sicht der Kreditgenossenschaften

Neben den allgemeinen und vertriebssteuerungsspezifischen Anforderungen sind Anforderungen aus dem Kontext der Kreditgenossenschaften zu berücksichtigen. Diese ergeben sich aus ihren Unternehmensmerkmalen sowie in Anlehnung an die Grundprinzipien der Banksteuerungskonzeption VR-CONTROL.

Zunächst ist festzustellen, dass die Kreditgenossenschaften als Gruppe heterogen sind. Diese Heterogenität konkretisiert sich u. a. in der Unternehmensgrö-

---

983 „Die (sicheren) Kosten der Informationsbeschaffung dürfen den (unsicheren) Informationsnutzen nicht übersteigen." *Mödritscher, G. J.* (2008), S. 286.

984 Vgl. *Lissautzki, M.* (2007), S. 84; *Friederichs-Schmidt, S.* (2006), S. 176.

985 Vgl. *Lissautzki, M.* (2007), S. 81 f.

986 Vgl. *Bruhn, M./Georgi, D./Wöhle, C. B.* (2005), S. 385.

987 Vgl. *Lissautzki, M.* (2007), S. 82 f.; *Foehn, P.* (2006), S. 72.

988 Vgl. *Schneider, N. C.* (2007), S. 86; *Foehn, P.* (2006), S. 72.

989 Vgl. *Friederichs-Schmidt, S.* (2006), S. 176.

ße sowie in unterschiedlichen Wettbewerbs- und Kundenstrukturen. Daraus ergibt sich die zentrale Anforderung, das Kundenwertmodell skalierbar auszugestalten. Das betrifft sowohl die Konzeptualisierung der Kundenwerttreiber und deren Messung sowie die Operationalisierung des Kundenwertmodells als Gesamtmodell. Es widerspräche dem Ziel der Arbeit, wenn das resultierende Modell und die darauf aufbauende Vertriebssteuerung nicht grundsätzlich für alle Kunden und bei allen Kreditgenossenschaften eingesetzt werden könnte.

Des Weiteren ist zu berücksichtigen, dass die Kreditgenossenschaften in der Majorität als kleine bzw. mittlere Unternehmen zu bezeichnen sind. Daraus resultieren limitierte Ressourcen auf personaler, sachlicher und finanzieller Ebene.[990] Diese Limitationen führen häufig zur Knappheit der Ressource „Information", welche von besonderer Bedeutung bei der Kundenbewertung ist. Das impliziert, dass die unreflektierte Übernahme bestehender Ergebnisse abzulehnen ist. Es gilt „a small business is not a little big business"[991]. Daraus leitet sich die Anforderung der Adäquanz ab.

In Anlehnung zur vermögensorientierten Banksteuerungskonzeption VR-CONTROL lässt sich ableiten, dass Kundenwerte vermögensorientiert zu messen und zu steuern sind. Daran bauen die folgenden konzeptionellen Anforderungen auf:[992]

- Grenznutzenorientierte Einzelbewertung
- Zutreffende Ergebnisinformation
- Integrierte Ergebnisrechnung
- Akzeptanz der Ergebnisinformation

Der auf den Kundenwert adaptierte Inhalt der grenznutzenorientierten Einzelbewertung besagt, dass die Kundenwertinformation eines jeden einzelnen Kunden den mit ihm verbundenen zusätzlichen Grenznutzen widerspiegeln soll. Der Kundenwert sollte Aussagen darüber zulassen, wie sich die Zielerreichung der Bank verändert und verändern wird, wenn dieser Kunde akquiriert bzw. gebunden oder nicht akquiriert bzw. nicht gebunden werden kann.

Das Postulat der zutreffenden Ergebnisinformation besagt, dass die Erfolgswirksamkeit von Entscheidungen der Realität entsprechend wiedergegeben wird. Im Kundenwertkontext ist vor allem der darin impliziten Forderung nach Objektivität zu entsprechen. Dabei gilt es zu berücksichtigen, dass der Kundenwert als Konstrukt und zukunftsbezogene Größe und vor dem Hintergrund der

---

990 Vgl. *Flacke, K.* (2006), S. 16 f. sowie die dort angegebene Literatur.

991 *Welsh, J. A./White, J. F.* (1981), S. 18.

992 Vgl. hier und nachfolgend *Schierenbeck, H.* (2003), S. 45 ff. und *Kroon, G.* (2009), S. 25 ff.

genannten Limitationen auf Seiten der Kreditgenossenschaften nicht mit vollständiger Objektivität ermittelt werden kann. Daher ist die Objektivität als „intersubjektive Vergleichbarkeit" bei der Ermittlung der Kundenwerte zu konkretisieren.

Hinsichtlich der integrierten Ergebnisrechnung geht es um die Einbindung des Kundenwerts in das gesamte Steuerungssystem der Bank. Wenngleich in dieser Arbeit nur die Vertriebssteuerung als relevanter Teilbereich der Gesamtbanksteuerung betrachtet wird, ist die Offenheit des Kundenwerts zu berücksichtigen. Dieses Postulat beinhaltet auch, dass der Kundenwert und dessen Bestimmungsfaktoren für die Planung und Kontrolle auf gleichen Entscheidungsgrundlagen beruhen.

Die Akzeptanz der Kundenwertinformation besagt, dass diese von den involvierten Akteuren nachvollzogen und verstanden werden können. Diese Anforderung steht im potenziellen Konflikt zu den anderen Anforderungen, da Kundenwertermittlungen so komplex ausgestaltet sein können, dass sie die Akzeptanz negativ beeinflussen.

Nachdem die zentralen Anforderungen ohne Anspruch auf Vollständigkeit benannt sind, sollen bestehende Kundenwertmodelle hinsichtlich ihrer Eignung und ihres Erkenntnisbeitrags für den weiteren Verlauf der Arbeit untersucht werden.

4.3 Stand der Forschung und Praxis zu Kundenwertmodellen

4.3.1 Stand der Forschung zu Kundenwertmodellen

4.3.1.1 Überblick und Auswahl bisheriger Forschungsbeiträge

Die Forschungsbeiträge zum Kundenwert sind so mannigfaltig, dass eine vollumfängliche Diskussion einzelner Modelle den Rahmen dieser Arbeit überschreitet. Einen mit dem Schwerpunkt auf deutschsprachiger Literatur liegenden, nicht abschließenden Überblick über Kundenwertmodelle gibt Tabelle 12. Deutlich ist zu erkennen, dass es bisher keine einheitliche Gliederung der Kundenwerttreiber gibt. So liegen unterschiedliche Vorgehensweisen vor, diese Einflussgrößen zu systematisieren. Eine Möglichkeit bezieht sich auf die Art der berücksichtigten Erfolgsbeiträge. Hier kann zunächst zwischen monetären und nicht-monetären Erfolgsbeiträgen unterschieden werden.[993] Können die Kundenwerttreiber direkt in Geldeinheiten bewertet werden, so handelt es sich um monetäre Determinanten (z. B. Umsatzerlöse). Nicht-monetäre Größen dagegen

---

[993] Vgl. z. B. bei *Krüger, S. M.* (1997), S. 114 ff.

sind originär nicht in Geldeinheiten zu bewerten (z. B. die Mund-zu-Mund-Propaganda eines Kunden). Aufgrund der Problematik, nicht-monetäre Faktoren konsistent in ein Messinstrumentarium für den Kundenwert zu integrieren, werden diese Faktoren zwar regelmäßig theoretisch postuliert, in praktischen Ansätzen aber nur selten berücksichtigt. Insbesondere dann werden sie jedoch berücksichtigt, wenn sich die nicht-monetären Kundenwertdeterminanten monetarisieren lassen. CORNELSEN bspw. stellt einen Ansatz vor, den Referenzwert eines Kunden zu monetarisieren.[994] VON WANGENHEIM trennt daher zwischen monetären und monetarisierbaren Einflussgrößen.[995]

HOMBURG/SCHNURR unterscheiden quantitative und qualitative Facetten[996] des Kundenwerts und EBERLING sowie HERRMANN/FÜDERER ökonomische und vor-ökonomische Größen.[997] Die beiden erstgenannten Kriteriengruppen unterscheiden sich von der letztgenannten dadurch, dass sich hier die Notwendigkeit der Mess- und Operationalisierbarkeit der Kundenwerttreiber in der Konzeptualisierung niederschlägt.[998] Während die Messbarkeit bei den quantitativen Kriterien, die metrisch skaliert sind, unproblematisch ist, ist dies bei den qualitativen Kriterien, die nominal oder ordinal skaliert sind, schwierig (so z. B. beim Lead-User-Konzept[999]). Qualitative Kriterien werden berücksichtigt, wenn quantitative Informationen nicht oder nur vergleichsweise schwer ermittelt werden können oder um diese zu ergänzen.[1000] Bei der Einteilung der Kundenwerttreiber in ökonomische und vorökonomische Größen werden die im jeweiligen Kundenwertmodell betrachteten Faktoren in Bezug auf ihren Einflusses auf die ökonomischen Ziele des Unternehmens untersucht. Während die ökonomischen Größen unmittelbar auf die Erreichung dieser Ziele (Erfolg) einwirken, wirken die vorökonomischen Größen nur mittelbar.

Eine weitere Differenzierung der Kundenwerttreiber stellt SCHEMUTH vor, der nach dem Funktionsbereich (z. B. Produktion, Vertrieb) differenziert, in dem anbieterseitig die Wertbeiträge konkretisiert werden.[1001] Dies ähnelt der Systematisierung von TOMCZAK/RUDOLF-SIPÖTZ, bei denen die Kundenwertfaktoren in marktbezogene und ressourcenbezogene Gruppen eingeteilt werden.[1002] Wäh-

---

994 Vgl. *Cornelsen, J.* (2000), S. 194 ff.

995 Vgl. *von Wangenheim, F.* (2003), S. 34.

996 Vgl. *Homburg, C./Schnurr, P.* (1998), S. 169 ff.

997 Vgl. *Eberling, G.* (2002), S. 127 ff.; *Hermann, A./Füderer, R.* (1997), S. 352 ff.

998 Vgl. *Eberling, G.* (2002), S. 127.

999 Vgl. zum Lead-User-Konzept den grundlegenden Beitrag von *von Hippel, E.* (1986), S. 791 ff.

1000 Vgl. *Rieker, S.* (1995), S. 57.

1001 Vgl. *Schemuth, J.* (1996), S. 24.

1002 Vgl. *Tomczak, T./Rudolf-Sipötz, E.* (2006), S. 130 ff.

rend marktbezogene Kundenwerttreiber die Wertbeiträge umfassen, die sich aus der Leistungsabnahme des Kunden ergeben, sind ressourcenbezogene Einflussgrößen Inputgrößen, die helfen, die Wertschöpfung des Anbieterunternehmens zu verbessern.[1003]

SCHMÖLLER unterscheidet direkt und indirekt wirkende Einflussgrößen auf den Kundenwert. Ein Einflussfaktor gilt als direkt, wenn er die ökonomischen Charakteristika der betrachteten Kundenbeziehung beeinflusst. Eine indirekte Wirkung liegt dagegen vor, wenn der Faktor auf andere Kundenbeziehungen wirkt (z. B. Referenzpotenzial).[1004]

Tabelle 12: Ausgewählte Kundenwertmodelle[1005]

Autor(en) (Jahr)	Kundenwertmodell	Anmerkungen
CANNING (1982)	*Customer Profit*; *Value of the Customer beyond Profit*: Growth, Technological (lead user), Industry leadership (referral value), Share of customer volume;	entwickelt im industriellen B2B-Kontext
KRAPFEL/ SALMOND/ SPEKMAN (1991)	Criticality of the good purchased by the buyer; Quantity of the seller's output consumed by the buyer; Replaceability of the buyer; Cost savings resulting from the buyer's practices and procedure	entwickelt im B2B-Kontext
STORBACKA (1993)	Relationship Volume, Relationship Revenue, Relationship Cost	entwickelt im Kontext des Privatkundengeschäfts von Banken
SCHLEUNING (1994)	Monetärer Kundenrentabilitätswert; kommunikativ/akquisitorischer Wert; informatorischer Wert	entwickelt im Dialogmarketing
RIEKER (1995)	*Höhe der relativen Ressourcenabhängigkeit:* *Quantitative Kriterien*: Umsatz, Deckungsbeitrag; *Qualitative Kriterien*: Entwicklungspotenzial, Ausstrahlungspotenzial, Innovationspotenzial, Einflusspotenzial, Kooperationspotenzial, Koordinationspotenzial	entwickelt im industriellen B2B-Kontext
SCHULZ (1995)	*Ökonomische Größen*: Umsatz, Kundendeckungsbeitrag, Kundenbonität; *Vor-ökonomische Größen*: Referenzpotenzial, Innovationspotenzial, Loyalitätspotenzial	entwickelt als allgemeines Modell

(Fortsetzung auf der nächsten Seite)

1003 Vgl. *Eberling, G.* (2002), S. 127.

1004 Vgl. *Schmöller, P.* (2001), S. 120 ff.

1005 Eigene Darstellung.

Autor(en) (Jahr)	Kundenwertmodell	Anmerkungen
WALTER (1996)	*Ökonomische Bezugsgrößen:* Umsatz, Kreditwürdigkeit, Kundendeckungsbeitrag, Prozesskostenbeitrag; *Außerökonomische Größen*: Multiplikator	entwickelt im Kontext des Privatkundengeschäfts von Kreditinstituten
DWYER (1997)	Discounted Benefits; Discounted Burdens	entwickelt im Kontext des Direct Marketing
KNÖBEL (1997)	Wertpotenzial; Servicepotenzial; Risikopotenzial; Zukunftspotenzial	entwickelt im Kontext des Retailbanking von Banken
KRÜGER (1997)	*Kundenbeziehungsdauer*; *Monetäre Determinanten:* Umsatzerlöse, Gewinne aus Weiterempfehlungen, Kosten der Kundengewinnung, Kosten der Leistungserstellung; *Nicht-monetäre Determinanten:* z. B. Meinungsführerschaft, Preissensibilität, Qualitätsbewusstsein, Risikobereitschaft, Abwanderungsgefährdung, Beziehungsintensität	entwickelt als allgemeines Modell
PLINKE (1997)	Menge der vom Kunden bereitgestellten Ressourcen; Art/Nutzen der Ressourcen; Beherrschbarkeit der Ressourcen	entwickelt im B2B-Kontext
HOMBURG/ SCHNURR (1998)	*Quantitative Facetten*: Umsatzbezogene Größen, Deckungsbeitragsgrößen; *Qualitative Facetten*: Innovationspotenzial, Kooperationspotenzial, Informationspotenzial, Referenzpotenzial	entwickelt als allgemeines Modell (ohne Anspruch auf Integrativität)
CORNELSEN (2000)	Umsatz; Kundenerfolg; Referenzwert; Informationswert; Cross-Selling-Wert	entwickelt als allgemeines Modell
RUST/ZEITHAML/ LEMON (2000)	Value Equity; Brand Equity; Retention Equity	entwickelt als allgemeines Modell
DILLER (2001)	*Sicherheitszielbezogene Kundenwertkomponenten*: Basiswert (Retention), Informationswert (Feedback); *Wachstumszielbezogene Kundenwertkomponenten*: Penetrationswert, Cross-Selling-Wert, Referenzwert; *Profitabilitätszielbezogene Kundenwertkomponenten*: Preispremium, Kundengewinnungs- und Bindungskosten, Transaktionskosten	entwickelt als allgemeines Modell

(Fortsetzung auf der nächsten Seite)

Autor(en) (Jahr)	Kundenwertmodell	Anmerkungen
GELBRICH (2001)	*Monetäre Nutzenbestandteile*: Künftiges Umsatzpotenzial; *Nicht-monetäre Nutzenbestandteile*: Cross-Selling-Potenzial, Generische Markentreue, Wechselbereitschaft, Referenzpotenzial Verschuldungsbereitschaft, Kostenbestandteile, (Kredit-) Ausfallwahrscheinlichkeit	entwickelt im Kontext der Automobilfinanzierung von Autobanken
RUDOLF-SIPÖTZ (2001)	*Marktpotenzial*: Ertragspotenzial, Entwicklungspotenzial, Cross-Buying-Potenzial, Loyalitätspotenzial; *Ressourcenpotenzial*: Referenzpotenzial, Informationspotenzial, Kooperationspotenzial, Synergiepotenzial	entwickelt als allgemeines Modell
SCHMÖLLER (2001)	*Marktpotenziale*: Ertragspotenzial, Cross-Buying-Potenzial, Kooperationspotenzial; *Ressourcenpotenziale*: Referenzpotenzial, Strategische Relevanz, Informationspotenzial, Innovationspotenzial, Kooperationspotenzial	entwickelt als allgemeines Modell
EBERLING (2002)	*Ökonomische Bestimmungsfaktoren:* Erlöse, Kosten; *Vorökonomische Bestimmungsfaktoren:* Informationswert, Referenzwert, Sicherheitswert	entwickelt als Synthese aus bisherigen allgemeinen Kundenwertmodellen
VON WANGENHEIM (2003)	*Monetäre Größen:* Transaktionswert; *Monetarisierbare Größen*: Weiterempfehlungswert, Informationswert, Referenzwert, Kooperationswert	entwickelt als allgemeines Modell
BÖHRS (2004)	*Direkte Einflussgrößen*: Umsatzpotenzial, Umsätze aus Add-on-Leistungen, Cross-Selling-Potenzial, Kostenpotenzial; *Indirekte Einflussgrößen*: Referenzpotenzial, Informationspotenzial	entwickelt im Kontext der Verkehrsdienstleistungsbranche
RENKER (2004)	Umsatzvolumen/Wachstumspotenzial; Gewinn-/Deckungsbeitrag; Risikoentlastungspotenzial; Personal- und Sachaufwandsreduktionspotenzial; Informationspotenzial; Loyalitätspotenzial; Cross-Selling-Potenzial; Referenzpotenzial	entwickelt als allgemeines Modell
BAUER/ HAMMERSCHMIDT (2005)	Acquisition Costs, Rentention Rate, Autonmous Revenue, Up-Selling-Revenue, Cross-Selling-Revenue, Reference Value, Marketing Costs, Service Costs, Termination Costs	entwickelt als allgemeines Modell
WILLE (2005)	*Transaktionswert*: Künftiger Kundendeckungsbeitrag; *Ressourcenpotenzial*: Referenzwert. Informationswert, Kooperationswert	entwickelt als allgemeines Modell

(Fortsetzung auf der nächsten Seite)

Autor(en) (Jahr)	Kundenwertmodell	Anmerkungen
FOEHN (2006)	*Monetäre Kriterien:* Gegenwärtige finanzielle Beiträge, Cross-Selling-Potenzial *Vor-Monetäre Kriterien*: Referenzpotenzial, Informationspotenzial, Garantiepotenzial	entwickelt im Kontext des Private Banking von Kreditinstituten
FREILING (2006)	Kunde als Ressourcenlieferant; Absatzbezogenes Potenzial des Kunden; Kundenbezogenes Kostensenkungspotenzial; Kunde als Impulsgeber der Ressourcen- und Kompetenzentwicklung; Kundenbeziehungen als generative Faktoren	entwickelt als allgemeines Modell auf Basis des Resource-Based View
FRIEDERICHS - SCHMIDT (2006)	*Prospektiver Deckungsbeitrag*: Lebens-/Krankenversicherung, Schadensversicherung; Referenz-/Informationswert	Entwickelt im Kontext der Versicherungsbranche
SCHMOLL (2006)	*Internes Kundenpotenzial* (vergangenheitsorientiert): Kundendeckungsbeitrag; *Externes Kundenpotenzial* (zukunftsorientiert): Entwicklungspotenzial, Cross-Selling-Potenzial	entwickelt im Kontext des Firmenkundengeschäfts bei Kreditinstituten
SCHROEDER (2006)	Einzahlungsüberschüsse; Wiederkaufverhalten; Referenzwert	entwickelt als allgemeines Modell
LISSAUTZKI (2007)	*Einzahlungen:* Umsatz der Basisperiode, Loyalitätswert; Entwicklungswert; Bestandswahrscheinlichkeit, Cross-Selling-Wert; *Auszahlungen:* Kundenlebenskosten; *Risiken:* Kundenverlustrisiko, Zahlungsausfallrisiko, Kundenplanungs-/-informationsrisiko	entwickelt als allgemeines Modell
WÜNSCHMANN (2007)	Finanzpotenzial; Referenzpotenzial; Informationspotenzial; Loyalitätspotenzial; Effektivitätspotenzial; Effizienzpotenzial	entwickelt als allgemeines Modell
FRESE (2009)	*Marktpotenzial*: Ertragspotenzial, Entwicklungspotenzial, Cross-Buying-Potenzial, Loyalitätspotenzial; *Ressourcenpotenzial*: Referenzpotenzial, Informationspotenzial, Kooperationspotenzial, Synergiepotenzial	übertragen auf den Kontext des Firmenkundengeschäfts bei Kreditinstituten
RADDAO (2009)	*Ertragsdimension:* Status, Potenzial; *Risikodimension:* Bonitätsnote, Sicherheitennote	entwickelt im Kontext des Firmenkundengeschäfts bei Kreditinstituten

Mit Blick auf den hier interessierenden Bankenkontext ist festzustellen, dass sich nur vergleichsweise wenige Arbeiten mit dem Kundenwert in diesem konkreten Untersuchungsfeld auseinandersetzen. Weiterhin fällt auf, dass die Majorität dieser Beiträge sich auf das Retailbanking oder das Private Banking beziehen.[1006]

FOEHN entwickelt ein Kundenwertmodell für das Private Banking mit den Kundenwerttreibern gegenwärtige finanzielle Beiträge, Cross-Selling-Potenzial, Referenzpotenzial, Informationspotenzial und Garantiepotenzial.[1007] Die ersten zwei genannten Wertreiber bezeichnet er als monetäre und die letzten drei Teilwerte als vormonetäre Wertbeiträge. Die gegenwärtigen finanziellen Beiträge umfassen die bisher mit dem Kunden realisierten Erlöse. Das Cross-Selling-Potenzial beinhaltet diejenigen Produktbedarfe des Kunden, die durch die Bank noch nicht gedeckt sind. Alle monetären oder monetarisierbaren Effekte aus Referenzaktivitäten bilden das Referenzpotenzial und zweckgebundenes Wissen vom oder über den Kunden das Informationspotenzial. Das Garantiepotenzial betrifft den Kundenbindungsgrad bzw. die Abwanderungswahrscheinlichkeit eines Kunden. Die einzelnen Potenziale werden über Indikatoren gemessen und in einem Scoringmodell zu einer Kennzahl Kundenwert zusammengeführt.

Im Beitrag von KNÖBEL für das Retailbanking wird der Wert einer Geschäftsbeziehung bestimmt durch die Kundenwerttreiber Wertpotenzial, Servicepotenzial, Zukunftspotenzial und Sicherheitspotenzial.[1008] Das Wertpotenzial bezeichnet die Zinserträge aus den Kundengeschäften und das Servicepotenzial die Erträge aus entgeltlichen Dienstleistungen (z. B. Zahlungsverkehrsleistungen). Die Möglichkeit eines teilweisen Kreditausfalls wird im Risikopotenzial abgebildet und die zu erwartenden, zukünftigen Cash-flows sind dem Zukunftspotenzial zugeordnet.

Ebenfalls für das Retailbanking entwickelt STORBACKA ein Kundenwertmodell, das die Determinanten „relationship volume", „relationship revenue" und „relationship cost" umfasst.[1009] Das „relationship volume" ist der anbieterbezogene Anteil der Gesamtausgaben eines Kunden in einer bestimmten Branche und die „relationship revenue" umfassen die Zins- und Dienstleistungserträge. Letztere ergeben sich funktional aus den Zinsmargen und dem „relationship volume". Die „relationship costs" umfassen die Kosten, die anfallen um die Kundenbeziehung aufrechtzuerhalten und zu entwickeln. STORBACKA saldiert Erlöse und Kosten, um den Wert der Geschäftsbeziehung zu berechnen.

Speziell für Firmenkunden sollen nachfolgend die Kundenwertmodelle von SCHMOLL, RADDAO und FRESE detailliert vorgestellt und auf Basis der definier-

---

1006 Während das Private Banking sich auf vermögende Privatkunden bezieht, wird als Retailbanking das klassische Mengengeschäft im Privatkundensegment verstanden.

1007 Vgl. hier und nachfolgend *Foehn, P.* (2006), S. 115 ff. Er lehnt sich dabei stark an *Eberling, G.* (2002), S. 127 ff.

1008 Vgl. hier und nachfolgend *Knöbel, U.* (1997), S. 152 ff.

1009 Vgl. hier und nachfolgend *Storbacka, K.* (1993), S. 49 ff.

ten Anforderungen gewürdigt werden. Das Modell von SCHMOLL wird ausgewählt, da es in seiner Struktur, Basis vieler in der kreditgenossenschaftlichen Praxis umgesetzter Kundenwertmodelle ist. Das Kundenwertmodell von RADDAO wird berücksichtigt, da es im Rahmen einer praxisorientierten wissenschaftlichen Arbeit entwickelt und wissenschaftlich honoriert wurde. Das Kundenwertmodell von FRESE basiert auf dem vielzitierten theoretischen Modell von RUDOLF-SIPÖTZ, das mittels einer branchenübergreifenden Studie empirisch validiert wurde.

4.3.1.2 Kundenwertmodell von SCHMOLL

Das Kundenwertmodell von SCHMOLL unterscheidet zwischen dem internen und dem externen Kundenpotenzial.[1010] Das interne Kundenpotenzial umfasst einen Kundenwerttreiber, der dem bisher mit dem Firmenkunden realisierten Deckungsbeitrag pro Jahr entspricht. Diese Dimension sagt „etwas über die Leistungsfähigkeit des Firmenkunden in der Vergangenheit aus."[1011] Das externe Kundenpotenzial fokussiert unter der Prämisse, dass die bisher abgesetzten Produkte des Allfinanzangebots weiterhin bzw. wieder vom Firmenkunden nachgefragt werden, auf die zusätzlich möglichen Geschäfte bzw. das zusätzliche Ergebnisbeitragspotenzial.[1012] Kundenwerttreiber des externen Potenzials sind die Entwicklungschancen des Firmenkunden sowie die daraus resultierenden Möglichkeiten des Cross-Selling. Als Einflussfaktoren des Entwicklungspotenzials nennt er das Branchenpotenzial, die Marktposition innerhalb der Branche, das Expansionspotenzial des Unternehmens, das Umsatzpotenzial, die Auslandsorientierung, die Innovationskraft und die Investitionsneigung. Werden die Aussagen SCHMOLLs zusammengefasst, kann aufbauend auf dem allgemeinen Strukturmodell das folgende konkrete Kundenwertmodell visualisiert werden (siehe Abbildung 36).

1010 Vgl. *Schmoll, A.* (2006), S. 66 ff. Diesem Schritt geht die Aufteilung der Firmenkunden in Umsatzgrößenklassen anhand des Firmenumsatzes der Unternehmen voran. Da dieser Schritt jedoch nur für die Segmentierung von Bedeutung ist, um segmentspezifische Sortimentsbreiten zu definieren, und keinen Einfluss auf die Kundenbewertung hat, wird er an dieser Stelle nicht weiter berücksichtigt.

1011 *Schmoll, A.* (2006), S. 69.

1012 Vgl. hier und nachfolgend *Schmoll, A.* (2006), S. 66 ff.

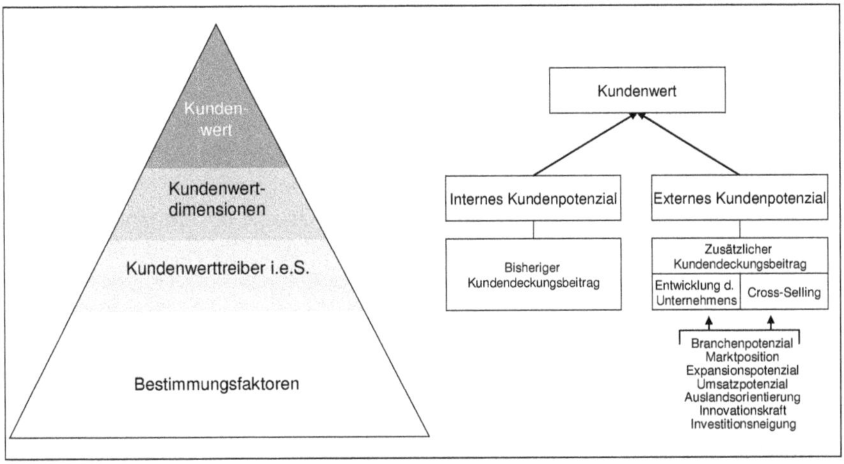

Abbildung 36: Kundenwertmodell nach S*CHMOLL*[1013]

Die Zusammenfassung des internen und des externen Kundenpotenzials zum Kundenwert erfolgt über einen Portfolioansatz, bei dem die Ordinate dem externen Kundenpotenzial und die Abszisse dem internen Kundenpotenzial entspricht.[1014] Beide Achsen werden in zwei Bereiche eingeteilt.[1015] Den resultierenden vier Portfoliofeldern werden Normstrategien zugeordnet.[1016] Der Kundenwert selbst ergibt sich aus der Zuordnung eines Kunden zu einem Quadranten im Portfolio, so dass vier Kundenwertklassen zu unterscheiden sind.

Auf Basis der genannten Anforderungen ist dieses Kundenwertmodell nun zu würdigen. Dabei ist zu berücksichtigen, dass es lediglich als handlungsleitende Struktur für Banken intendiert ist und die konkrete Operationalisierung diesen überlassen bleibt. Gleichwohl können die strukturellen Bestandteile der Konzeptualisierung des Kundenwerts einer kritischen Analyse unterzogen werden.

1013 Eigene Darstellung.

1014 Vgl. *Schmoll, A.* (2006), S. 71.

1015 Es wird keine Vorgabe gemacht, wie diese Achsenaufteilung erfolgen soll.

1016 SCHMOLL unterscheidet zwischen Standardkunden, die nur wenig internes und externes Potenzial aufweisen und standardisiert betreut werden sollen, Beobachtungskunden, die viel internes, aber nur wenig externes Potenzial aufweisen und hinsichtlich Konditionen und Risiko regelmäßig geprüft werde sollen, Potenzialkunden, die wenig internes, aber viel externes Potenzial aufweisen und daher ausgebaut werden sollen und Idealkunden, die viel internes und externes Potenzial aufweisen und intensiv betreut werden sollen. Vgl. *Schmoll, A.* (2006), S. 70 f.

Mit Blick auf die allgemeinen Anforderungen ist zunächst festzustellen, dass das Kundenwertmodell von SCHMOLL dem Postulat der Ganzheitlichkeit nicht genügt. So werden weder die Risiken noch die Kundenbindung als Kundenwerttreiber betrachtet. Beide Größen stellen jedoch relevante Einflussfaktoren auf die Werthaltigkeit eines Kunden dar. Auch fehlen Aussagen zu Wertbeiträgen, die nicht unmittelbar aus der Geschäftsbeziehung resultieren, wie etwa das Referenzpotenzial. Vor dem Hintergrund des für die Kreditgenossenschaften hergeleiteten Zielsystems fehlt zudem die Möglichkeit, den Förderauftrag als Zielgröße im Kundenwertmodell zu berücksichtigen, da sich das Modell ausschließlich auf die erwerbswirtschaftlichen Ziele beschränkt. Aufgrund des Zukunftsbezugs der Potenzialdimension kann tendenziell von einer zeitlichen Ganzheitlichkeit ausgegangen werden. Fraglich ist jedoch, inwieweit der Portfolioansatz als Bewertungsmethode zweckgerecht ist, da die Dynamik des Kundenverhaltens nur unzureichend berücksichtigt wird.[1017] Die betrachteten Größen sind interindividuell variabel und grundsätzlich im Sinne der Bezugsgrößenflexibilität auf potenzielle Kunden anwendbar. Zudem ist davon auszugehen, dass das Modell dem Postulat der Wirtschaftlichkeit genügen kann.

Aus Sicht der vertriebssteuerungsbezogenen Anforderungen kann das Kundenwertmodell zwar als tendenziell handlungsorientiert beurteilt werden, da es explizit auf zusätzliche kundenbezogene Geschäftspotenziale abzielt und diese in Bestandsgeschäft, Entwicklungspotenzial und Cross-Selling differenziert. Anzumerken ist aber, dass eine derartig differenzierte Betrachtung der Kundenwerttreiber für die Anwendung des Messmodells nicht zwingend ist. Sie ist jedoch nötig, um den Kundenwert als steuerungsrelevante Größe einsetzen zu können. Problematisch ist zudem, den anhand dieses Modells bestimmten Kundenwert als Planungs- und Kontrollgröße zu nutzen, da die ordinalskalierten Portfoliodimensionen für diese Zwecke nicht hinreichend operational sind und der Kundenwert nur vier Merkmalsausprägungen hat.

Aufgrund der von SCHMOLL beschriebenen ordinalen Darstellung der Dimensionen, die zwar der Skalierbarkeit und Adäquanz des Kundenwertmodells zugute kommt, ist die grenznutzenorientierte Einzelbewertung vor dem Hintergrund der vermögensorientierten Gesamtbanksteuerungskonzeption zu hinterfragen. Denn eine direkte Übertragung des Kundenwerts, definiert über die Quadrantenzugehörigkeit im Portfolioansatz, auf den Einfluss auf die Zielerreichung aus Gesamtbanksicht ist aufgrund der unterschiedlichen Dimensionalität (ohne Dimension versus Euro) nicht möglich. Aus dem genannten Grund ist auch die Integration des so ermittelten Kundenwerts in eine monetäre Gesamt-

1017 Vgl. *Kiwitz, K./Scheffler, C.* (2009), S. 10; *Homburg, C./Steiner, V. V./Totzek, D.* (2009), S. 70.

banksteuerungskonzeption nach VR-CONTROL fraglich. Die dem Kundenwertmodell zugrundeliegenden Informationsbeschaffungs- und –verarbeitungsmethoden können intersubjektiv nachprüfbar ausgestaltet werden. Zudem dürften die Modellergebnisse aufgrund ihrer verständlichen Visualisierung und der möglichen Einfachheit der Ermittlung akzeptiert werden. Tabelle 13 fasst die vorstehende Würdigung zusammen.

Tabelle 13: Würdigung des Kundenwertmodells von SCHMOLL[1018]

Anforderungen	**Würdigung**	**Anmerkung**
I. Allgemeine Anforderungen		
Ganzheitlichkeit	-	Risiko und Kundenbindung fehlt, Kundenwerttreiber außerhalb der Kundenbeziehung fehlen, Förderauftrag als mögliche Zielgröße nicht integrierbar
Interindividuelle Variabilität	+	
Dynamik	o	Dynamik wird nicht/kaum berücksichtigt; Zukunft wird pauschal betrachtet
Bezugsgrößenflexibilität	+	
Wirtschaftlichkeit	+	
II. Vertriebssteuerungsbezogene Anforderungen		
Handlungsorientierung	o	stärkere Differenzierung des Kundenwerttreiber im engeren Sinn nötig
Operationalität	-	problematisch als kundenbezogene Planungs-, Steuerungs- und Kontrollgröße
III. Kreditgenossenschaftliche Anforderungen		
Skalierbarkeit	+	
Adäquanz	+	
Grenznutzenorientierte Einzelbewertung	o	Übertragung des Kundenwerts auf Einfluss auf Zielerreichung kaum möglich
Intersubjektive Vergleichbarkeit	+	
Integrierte Ergebnisrechnung	-	unmöglich den Kundenwert in das Gesamtbanksteuerungskonzept nach VR-CONTROL zu integrieren
Akzeptanz	+	

Zusammenfassend kann für das Modell von SCHMOLL konstatiert werden, dass es aufgrund seiner Struktur und methodischen Grundlagen zunächst vor allem als strategische Entscheidungsgrundlage in die Vertriebssteuerung integriert

1018 Eigene Darstellung.

werden kann. Eine geschlossene kundenwertorientierte Vertriebssteuerung nach dem hier vorliegenden Verständnis ist darauf aufbauend jedoch nicht möglich.

4.3.1.3 Kundenwertmodell von RADDAO

Das Kundenwertmodell von RADDAO wurde im Rahmen der Tätigkeit des Autors in einer Kreditgenossenschaft als Thema einer wissenschaftlichen Arbeit entwickelt und weist damit einen hohen praktischen Bezug auf. Es orientiert sich grundsätzlich an der Struktur des Kundenwertmodells von SCHMOLL, konkretisiert und erweitert dieses jedoch in wesentlichen Punkten.[1019] Kern des Kundenbewertungsmodells ist ein zweidimensionaler Ansatz, der zwischen dem Status als retrospektiven bzw. gegenwärtigen und dem Potenzial als prospektiven Kundenwerttreiber unterscheidet.[1020] Für beide Dimensionen werden dieselben Einflussgrößen berücksichtigt, die aufgeteilt werden in eine betriebliche und eine private Sphäre und anhand folgender Größen gemessen werden (vgl. Tabelle 14).

1019 Vgl. hier und nachfolgend *Raddao, N.* (2009), S. 40 ff.

1020 Ergänzend betrachtet RADDAO auch eine Risiko- und Ressourcendimension. Diese sind jedoch nicht Bestandteil des Kundenwerts im hier verstandenen Sinne, sondern werden im Rahmen eines managementorientierten Vorgehens der Ertragsdimension gegenübergestellt, um zu prüfen, ob Risikosituation oder Ressourcenzuordnung in Abhängigkeit des Kundenwerts erfolgt oder hier inkongruente Situationen vorliegen, die entsprechende Korrekturmaßnahmen begründen. Vgl. *Raddao, N.* (2009), S. 55 ff.

Tabelle 14: Einflussgrößen der Status- und Potenzialbeurteilung[1021]

Einflussgröße	Messung Status	Messung Potenzial
Ergebnisbeitrag	Intensität der Bankverbindung	Bankverbindung – Entwicklungspotenzial
	Deckungsbeitrag II der Betreuungseinheit p. a.	Einschätzung der Entwicklung des Deckungsbeitrags II
	Deckungsbeitrag II p. a. relativ zu Umsatz des Firmenkunden	
Leistungsanalyse der Beziehung zum Unternehmen	Produktabdeckung bei Produkten aus dem Angebot für Firmenkunden	
Leistungsanalyse der Beziehung zum Unternehmer	Produktabdeckung bei Produkten aus dem Angebot für Privatkunden	
Branchensituation	Umsatzentwicklung	Aktuelle Umsatzprognose
	Umsatzentwicklung im Vergleich zur Branchenentwicklung	Kundenprognose im Vergleich zur Branche
Volkswirtschaftliche Rahmenparameter – Unternehmen	KfW-IFO-Mittelstandsbarometer Lagebeurteilung	KfW-IFO-Mittelstandsbarometer Erwartungen
Volkswirtschaftliche Rahmenparameter – Unternehmer	Regionale Kaufkraftkennziffer	Prognose – Kaufkraftkennziffer (regional)
	Entwicklung der Sparquote	Prognose – Entwicklung der Sparquote

In Verbindung mit dem allgemeinen Strukturmodell lässt sich damit das folgende konkrete Kundenwertmodell skizzieren (siehe Abbildung 37).

1021 Eigene Darstellung auf Basis der Angaben in *Raddao, N.* (2009), S. 49 und S. 93.

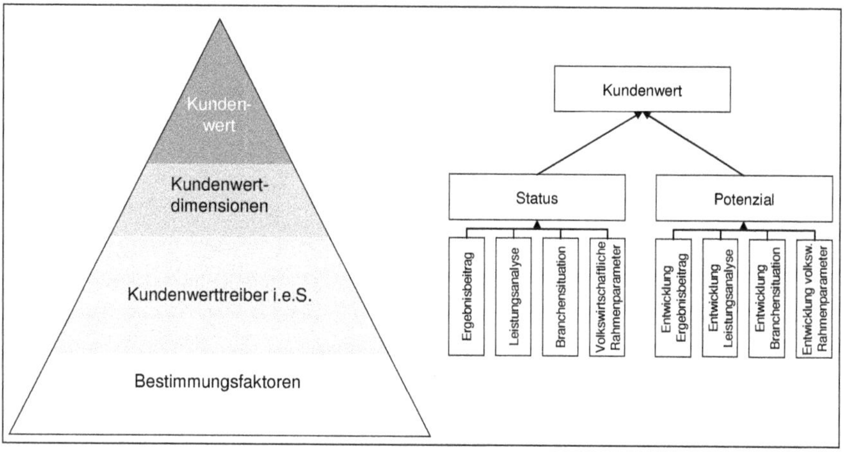

Abbildung 37: Kundenwertmodell nach RADDAO[1022]

In Anlehnung an die Operationalisierung bei SCHMOLL wird der aggregierte Kundenwert über ein Portfoliomodell ermittelt. Dabei werden die in Tabelle 14 genannten Messgrößen mittels eines Scoringmodells je Dimension aggregiert und in einen Scoringwert transformiert.[1023] Der Scorewert wird dazu verwendet, den Kunden in dem Portfolio zu positionieren. Durch die Aufteilung des gesamten Wertebereichs in vier Quadranten gibt es, wie bei SCHMOLL, vier verschiedene Kundenwerte, denen Normstrategien zugeordnet sind.[1024]

Aufgrund der Orientierung an den Vorarbeiten von SCHMOLL gelten mit Blick auf die definierten Anforderungen weitgehend die gleichen Würdigungsergebnisse für dieses Kundenwertmodell. Nachfolgend sollen daher nur die abweichenden Anforderungserfüllungen thematisiert werden. Mit Blick auf die allgemeinen Anforderungen kann konstatiert werden, dass die Berücksichtigung der Intensität der Bankbeziehung das Spektrum der relevanten Kundenwerttrei-

1022 Eigene Darstellung.

1023 Vgl. dazu ausführlich *Raddao, N.* (2009), S. 51 ff.

1024 In Anlehnung an das Marktanteils-Marktwachstums-Portfolio benennt RADDAO die Quadranten als Standardkunden, wenn die Bewertung von Potenzial und Status gering sind, als Potenzialkunden, wenn die Bewertung des Potenzials hoch und des Status niedrig ist, als Starkunden, wenn sowohl Potenzial als auch Status hoch bewertet werden und Cash-Cow-Kunden, wenn die Potenzialbewertung gering und die Statusbewertung hoch ist. Vgl. *Raddao, N.* (2009), S. 55. Die Normstrategien unterscheidet er in eine Leistungsstrategie, die das Produktangebot der Bank umfasst, und eine Betreuungsstrategie, die die vertriebliche Betreuung durch die Bank umfasst. Vgl. *Raddao, N.* (2009), S. 76 ff.

ber des Kundenwerts erweitert. Auch die Steuerungsrelevanz bzw. Handlungsorientierung wird durch die differenzierte Leistungsanalyse im Scoringmodell erhöht, wenngleich dies jedoch nicht mehr in der Ergebnisdarstellung explizit zur Geltung kommt. Abweichend von der bei SCHMOLL allgemein gehaltenen Operationalisierung wird bei diesem Modell das Vorgehen der Operationalisierung konkretisiert und erläutert. Es ist somit das Verdienst von RADDAO, das Modell von SCHMOLL zu substantiieren. Daraus resultiert jedoch, dass die Anforderung einer grenznutzenorientierten Einzelbewertung durch das vorliegende Kundenwertmodell nicht gewährleistet ist. Zusammenfassend ergibt sich die in Tabelle 15 dargestellte Würdigung des Kundenwertmodells von RADDAO.

Tabelle 15: Würdigung des Kundenwertmodells nach RADDAO[1025]

Anforderungen	Würdigung	Anmerkung
I. Allgemeine Anforderungen		
Ganzheitlichkeit	-	Risiko nur mittelbar betrachtet, Kundenwerttreiber außerhalb der Kundenbeziehung werden nicht beachtet, Förderauftrag als mögliche Zielgröße nicht integrierbar
Interindividuelle Variabilität	+	
Dynamik	o	Dynamik wird nicht/kaum berücksichtigt; Zukunft wird pauschal betrachtet
Bezugsgrößenflexibilität	o	vergleichsweise schwierig auf potenzielle Kunden anwendbar
Wirtschaftlichkeit	+	
II. Vertriebssteuerungsbezogene Anforderungen		
Handlungsorientierung	o	stärkere Differenzierung des Kundenwerttreiber im engeren Sinn nötig
Operationalität	-	problematisch als kundenbezogene Planungs-, Steuerungs- und Kontrollgröße
III. Kreditgenossenschaftliche Anforderungen		
Skalierbarkeit	+	
Adäquanz	+	
Grenznutzenorientierte Einzelbewertung	-	Übertragung des Kundenwerts auf Einfluss auf Zielerreichung nicht möglich
Intersubjektive Vergleichbarkeit	+	
Integrierte Ergebnisrechnung	-	unmöglich den Kundenwert in das Gesamtbanksteuerungskonzept nach VR-CONTROL zu integrieren
Akzeptanz	+	

1025 Eigene Darstellung.

Auch das Kundenwertmodell von RADDAO dient aufgrund seiner Struktur und Operationalisierung eher dazu, strategische Kundenselektionsentscheidungen zu unterstützen. Dabei ist jedoch zu berücksichtigen, dass es nicht alle Kundenwerttreiber berücksichtigt. Zudem ist eine geschlossene kundenwertorientierte Vertriebssteuerung nach dem hier vorliegenden Verständnis darauf aufbauend unmöglich.

4.3.1.4 Kundenwertmodell von FRESE/RUDOLF-SIPÖTZ

Abschließend soll das Kundenwertmodell, das FRESE als Grundlage für die Kundenwertorientierung in Universalbanken verwendet, vorgestellt und diskutiert werden.[1026] Es weicht insofern von den bisherigen Modellen ab, als es explizit Teilwerte betrachtet, die nicht im direkten Zusammenhang mit der dyadischen Beziehung zwischen dem Firmenkunden und der Bank stehen. Es sei darauf hingewiesen, dass dieses Modell nicht firmenkundenspezifisch ist und sich stark am Kundenwertmodell von RUDOLF-SIPÖTZ orientiert.[1027] Da dieses Kundenwertmodell in einer branchenübergreifenden empirischen Studie validiert wurde, soll es trotz des nur mittelbaren Bezugs zum Firmenkundengeschäft als Beispiel des aktuellen Forschungsstands vorgestellt werden.

Ausgangspunkt des Modells ist der kundenbezogene Rollenpluralismus im Hinblick auf die Wertbeiträge aus Sicht der Bank.[1028] Der Kunde hat neben der Rolle des Nachfragers und damit als Ertrags- und Kostenfaktor auch die Funktionen als Informationslieferant bei der Produktentwicklung und Bedürfniserfassung, als Partner und Co-Produzent im Leistungserstellungsprozess, als Referenzträger zur Akquisition von Neukunden und als Träger von Erlös- und Kostenwirkungen, die sich erst im Verbund mit den anderen Kunden zeigen. Dies sind z. B. economies of scale und economies of scope im Kundenstamm. Diese Rollen werden zwei Dimensionen, dem Markt- und das Ressourcenpotenzial, zugeordnet.

Das Marktpotenzial ist der monetäre Beitrag eines Kunden zum Unternehmenserfolg.[1029] Das Marktpotenzial umfasst im Einzelnen die Teilwerte Ertragspotenzial, Entwicklungspotenzial, Cross-Buying-Potenzial sowie das Loyalitätspotenzial. Das Ertragspotenzial bezieht sich auf den gegenwärtigen monetären Beitrag des Kunden, während das Entwicklungspotenzial die künftig zu erwartenden monetären Beiträge über die gesamte Geschäftsbeziehung beinhaltet. Das Cross-Buying-Potenzial bezeichnet die mögliche Nachfrage eines Kunden nach

---

1026 Vgl. *Frese, B.* (2009), S. 10 ff.

1027 Vgl. *Rudolf-Sipötz, E.* (2001), S. 95 ff.

1028 Vgl. hier und nachfolgend *Rudolf-Sipötz, E.* (2001), S. 90 ff.

1029 Vgl. hier und nachfolgend *Rudolf-Sipötz, E.* (2001), S. 95 ff.

Produkten, die bisher nicht Gegenstand von Transaktionen waren, und das Loyalitätspotenzial beschreibt die Affinität eines Kunden zur Kontinuität einer Beziehung mit einem bestimmten Anbieter. Das Cross-Buying-Potenzial und das Loyalitätspotenzial werden durch eine Vielzahl kundenspezifischer Einflussfaktoren bestimmt.

Das Ressourcenpotenzial repräsentiert die indirekten Beiträge eines Kunden zum Unternehmenserfolg, indem er aktiv oder passiv als Unternehmensressource dient.[1030] Dem Ressourcenpotenzial werden das Referenz-, das Informations-, das Kooperations- und das Synergiepotenzial zugeordnet. Das Referenzpotenzial wird determiniert durch die Anzahl potenzieller Kunden, die der zu bewertende Kunde, innerhalb eines bestimmten Zeitraums aufgrund seines Weiterempfehlungsverhaltens und Einflussvermögens sowie der Größe, Art, Kontakthäufigkeit und -intensität seiner sozialen Beziehungsnetzwerke erreichen kann. Es kann positiv, negativ oder neutral sein. Das Informationspotenzial umfasst alle Informationen, die der Kunde einem Anbieter liefert und die vom Anbieter in weiterer Folge zur erfolgreichen Unternehmensführung genutzt werden können. Das Kooperationspotenzial eines Kunden ist seine Bereitschaft und Fähigkeit, auf begrenzte Zeit Produktionsfaktoren in den Dispositionsbereich der Bank einzubringen. Löst der Kunde aktiv oder passiv Wechselwirkungen im Kundenstamm aus, wird dies dem Synergiepotenzial zugerechnet. Als Beispiel seien hier economies of scale durch die kundeninduzierte Kapazitätsauslastung genannt. Wie erkenntlich, hängen einige der Kundenwerttreiber von weiteren Bestimmungsfaktoren ab. Ohne diese ausführlich zu diskutieren,[1031] ergibt sich das Kundenwertmodell in Abbildung 38.

[1030] Vgl. hier und nachfolgend *Rudolf-Sipötz, E.* (2001), S. 108 ff.

[1031] Dazu sei auf die Ausführungen bei *Rudolf-Sipötz, E.* (2001), S. 95 ff. verwiesen.

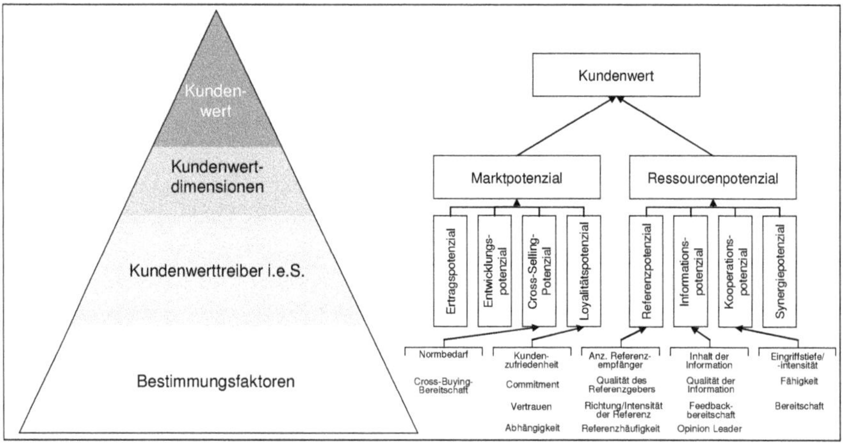

Abbildung 38: Kundenwertmodell nach FRESE/ RUDOLF-SIPÖTZ[1032]

FRESE macht keine Ausführungen dazu, wie aufbauend auf diesem Modell, der Kundenwert konkret gemessen werden soll. Da das Modell weitgehend auf der Arbeit von RUDOLF-SIPÖTZ aufbaut, soll dieser Beitrag als Grundlage für die Erläuterung einer Operationalisierung dienen. RUDOLF-SIPÖTZ entwickelt einen dreidimensionalen Portfolioansatz, den Kundenkubus, um den Kundenwert aufbauend auf ihrer Konzeptualisierung zu messen.[1033] Die Kunden werden anhand der Dimensionen/Kriterien gegenwärtiges Erfolgspotenzial (niedrig bis hoch), künftiges Erfolgspotenzial (niedrig bis hoch) und komplementärer Wertbeitrag (tief bis hoch) positioniert. Die Skalierung ist im konkreten Anwendungsfall festzulegen, so dass monofaktorielle Dimensionen oder multifaktorielle Dimensionen unterstützt werden.[1034] Die Kombinationen aus den drei Dimensionen können durch zweckgerechte Aufteilungen der Kubusachsen ebenfalls situativ bestimmt werden, so dass der Wertebereich relevanter Kundenwerte, definiert als Zuordnung eines Kunden zu den anhand der Aufteilung resultierenden Subkuben, nicht allgemein definiert ist.

Hinsichtlich der Anforderung der Ganzheitlichkeit kann ein im Vergleich zu beiden bisher vorgestellten Kundenwertmodellen ambivalentes Ergebnis festge-

---

1032 Eigene Darstellung.

1033 Vgl. *Rudolf-Sipötz, E.* (2001), S. 192 ff.

1034 So kann z. B. das gegenwärtige Erfolgspotenzial mittels des kumulierten Kundendeckungsbeitrags monokriteriell und metrisch skaliert sein, während das künftige Erfolgspotenzial mittels eines Scoringmodells multifaktoriell bestimmt wird. Darüber hinaus erläutert RUDOLF-SIPÖTZ, dass der komplementäre Wertbeitrag auch nominalskaliert sein könne . Vgl. *Rudolf-Sipötz, E.* (2001), S. 193.

stellt werden. Auf der einen Seite zeigen dieses Kundenwertmodell und dessen empirische Prüfung, dass zwar das Marktpotenzial, dem in etwa die benannten Kundenwerttreiber der beiden anderen Modelle zugeordnet werden können, wesentlichen Einfluss auf den Kundenwert hat. Jedoch zeigen die empirischen Ergebnisse erstens auch, dass die gegenwartsgerichteten Kundenwerttreiber nur unwesentlich das Marktpotenzial beeinflussen.[1035] Und zweitens ergänzt RUDOLF-SIPÖTZ die relevanten Kundenwerttreiber um mittelbare Einflussgrößen wie das Referenz-, das Kooperations-, das Informations- und das Synergiepotenzial. Auf der anderen Seite ist jedoch zu kritisieren, dass die wichtige Risikodimension nicht berücksichtigt ist. Weiterhin muss auch hier konstatiert werden, dass keine Berücksichtigung des Förderauftrags als Zielsetzung erfolgt. Aufgrund der vorgeschlagenen Operationalisierung des konzeptionellen Ansatzes ist zu bemerken, dass auch die dynamische Prognostizierbarkeit nur gering ausgeprägt ist. Zwar kann für die ausgewählten Kundenwerttreiber begründet angenommen werden, dass diese interindividuell variabel sind, jedoch gilt die Kritik, dass das Modell schwierig aufgrund der notwendigen Informationsbasis auf potenzielle Kunden übertragen werden kann. Aufgrund des in der Arbeit dargestellten praktischen Einsatzes ist davon auszugehen, dass das Wirtschaftlichkeitspostulat eingehalten werden kann.

Aus Sicht der Vertriebssteuerung kann zunächst beschieden werden, dass das Modell einen handlungsorientierten differenzierteren Ausweis vornimmt. Aufgrund des eher ordinalen Messansatzes ist der so bestimmte Kundenwert nur schwer als Planungs-, Steuerungs- und Kontrollgröße einzusetzen.

Obwohl das Modell skalierbar ist und als adäquat bezeichnet werden kann, sind die kreditgenossenschaftlichen Anforderungen nicht vollumfänglich erfüllt. Es ist keine direkte grenznutzenorientierte Einzelbewertung möglich und zudem gelingt es nicht, den so modellierten und gemessenen Kundenwert in das Gesamtbanksteuerungskonzept VR-CONTROL zu integrieren. Aufgrund der klar definierten Struktur ist der gemessene Kundenwert intersubjektiv nachprüfbar und dürfte Akzeptanz bei den betroffenen Mitarbeitern finden. Problematisch könnte sein, dass die Auswahl der Kundenwerttreiber nicht für alle Mitarbeiter nachvollziehbar ist. Dies dürfte sich jedoch nach einer Eingewöhnungsphase relativieren.

Zusammenfassend ergibt sich die in Tabelle 16 dargestellte Würdigung des Kundenwertmodells von FRESE bzw. RUDOLF-SIPÖTZ.

1035 Vgl. *Rudolf-Sipötz, E.* (2001), S. 175. In den Modellen von RADDAO und SCHMOLL ist aufgrund der Zusammenführung der Dimensionen über das Portfoliomodell davon auszugehen, dass den gegenwartsgerichteten Dimensionen (Internes Kundenpotenzial bzw. Status) messtheoretisch eine relativ hohe Bedeutung beigemessen wird.

Tabelle 16: Würdigung des Kundenwertmodells nach FRESE/RUDOLF-SIPÖTZ[1036]

Anforderungen	Würdigung	Anmerkung
I. Allgemeine Anforderungen		
Ganzheitlichkeit	o	Risiko fehlt, Förderauftrag als mögliche Zielgröße nicht integriert
Interindividuelle Variabilität	+	
Dynamik	o	Dynamik wird nicht/kaum berücksichtigt; Zukunft wird pauschal betrachtet
Bezugsgrößenflexibilität	o	vergleichweise schwierig auf potenzielle Kunden anwendbar
Wirtschaftlichkeit	+	
II. Vertriebssteuerungsbezogene Anforderungen		
Handlungsorientierung	+	
Operationalität	-	problematisch als kundenbezogene Planungs-, Steuerungs- und Kontrollgröße
III. Kreditgenossenschaftliche Anforderungen		
Skalierbarkeit	+	
Adäquanz	+	
Grenznutzenorientierte Einzelbewertung	-	Übertragung des Kundenwerts auf Einfluss auf Zielerreichung nicht möglich
Intersubjektive Vergleichbarkeit	+	
Integrierte Ergebnisrechnung	-	unmöglich den Kundenwert in das Gesamtbanksteuerungskonzept nach VR-CONTROL zu integrieren
Akzeptanz	+	

Auch hier kann zusammenfassend konstatiert werden, dass aufbauend auf diesem Modell keine geschlossene kundenwertorientierte Vertriebssteuerung nach dem hier vorliegenden Verständnis entwickelt werden kann.

Zusätzlich zu den diskutierten theoretischen Modellen werden nun ergänzend Kundenwertmodelle vorgestellt, die in der kreditgenossenschaftlichen Praxis eingesetzt werden. Auch diese werden anhand der definierten Anforderungen gewürdigt.

4.3.2 Stand der Praxis zu Kundenwertmodellen

Mit Blick auf den Stand der Praxis sei darauf hingewiesen, dass der Kundenwert in dem dieser Arbeit zugrundeliegenden Verständnis selten definiert und als Steuerungsgröße implementiert ist. Um dennoch Aussagen darüber zu treffen, wie die kreditgenossenschaftliche Praxis den Wert eines Kunden zur Grundlage

1036 Eigene Darstellung.

ihrer Entscheidungen macht, wird ein etwas breiteres Verständnis des Kundenwerts toleriert. Und wenngleich das praktische Vorgehen der betrachteten Kundenwertorientierung im Allgemeinen und der kundenwertorientierten Vertriebssteuerung im Speziellen weitgehend entspricht, muss konstatiert werden, dass grundlegende Überlegungen, Maßnahmen und Messgrößen stark abweichen. Im Ergebnis zeigt dies auf, dass eine kundenwertorientierte Vertriebssteuerung im Sinne der vorliegenden Arbeit gegenwärtig nicht in den Kreditgenossenschaften umgesetzt ist und sein kann, da vor allem das Verständnis des Kundenwerts als fundamentale Bezugsgröße und dessen konsequente Implementierung fehlt. Häufigstes Einsatzfeld der praktischen Kundenwertorientierung ist die Kundenselektion.

Unter dem Begriff der potenzial- oder (kunden-)wertorientierten Segmentierung werden in den Kreditgenossenschaften Kundengruppen gebildet, um „die Intensität der Betreuung ertrags- und kostenorientiert zu steuern und den Arbeits- und Personaleinsatz zu optimieren."[1037] Typisch für das Gros der Kreditgenossenschaften ist der nachfolgend skizzierte Ansatz aus der VOLKSBANK TRIER EG (siehe Tabelle 17).

Tabelle 17: Kundensegmentierung der VOLKSBANK TRIER EG[1038]

<table>
<tr><th>Zielgruppe / Kriterium</th><th colspan="3">Betreuungs-Firmenkunden (inkl. Freiberufler)</th><th>Beratungs-Firmenkunden (inkl. Freiberufler)</th><th>Gewerbekunden</th></tr>
<tr><td>1. Aktivvolumen
ODER</td><td colspan="3">> 0,25 T€</td><td>0,05 - 0,25 T€</td><td>< 0,05 T€
(Haupteinnahmequelle ist Gewerbebetrieb)</td></tr>
<tr><td>2. G+V-Umsatz (alt.: kumulierter Habenumsatz)</td><td>A</td><td>B</td><td>C</td><td rowspan="3">0,15 - 1,0 T€</td><td rowspan="3">< 0,15 T€</td></tr>
<tr><td>Fertigungsbetriebe und Dienstleister</td><td>> 2,5 T€</td><td>> 1,25 T€</td><td>> 1,0 T€</td></tr>
<tr><td>Handelsbetriebe</td><td>> 5,0 T€</td><td>> 2,5 T€</td><td>> 1,0 T€</td></tr>
</table>

Als Kundenwerttreiber i. e. S. gelten das Aktivvolumen, d. h. die Summe der an den Firmenkunden ausgegebenen Kredite[1039] oder alternativ dazu der Umsatz

[1037] *Schreiber, H.* (2007), S. 43.

[1038] *Schreiber, H.* (2007), S. 44.

[1039] Dabei wird in den Instituten unterschieden, ob das Volumen der Inanspruchnahme oder der (historischen) Zusage verwendet wird.

des Firmenkunden bzw. dessen kumulierter Habenumsatz auf dem Geschäftskonto bei der Bank sowie die Branchenzugehörigkeit des Kunden.[1040] Im Ergebnis resultieren aus dem genannten Praxisansatz fünf Kundenwertklassen: Betreuungs-Firmenkunden in den Klassen A, B und C, Beratungs-Firmenkunden sowie Gewerbekunden. Weitere Kundenwerttreiber werden nicht oder nicht systematisch berücksichtigt.

Hinsichtlich der allgemeinen Anforderungen, ist zu urteilen, dass die Anforderung der Ganzheitlichkeit nicht erfüllt ist. Es fehlt in diesem Modell die explizite Berücksichtigung der Ertragsdimension. Es gilt die implizite Annahme, je höher das Aktivvolumen bzw. je höher das Umsatzvolumen des Firmenkunden, desto höher ist sein Zielerreichungsbeitrag für die Bank. Darüber hinaus fehlt das Risiko aus und in der Kundenverbindung, das bspw. aus der Kundenbindung oder der Bonität des Kunden resultiert.[1041] Weiterhin kann kritisiert werden, dass beziehungsübergreifende Erfolgsbeiträge bspw. in Form von Referenztätigkeiten nicht berücksichtigt werden. Weiterhin ist zu kritisieren, dass die bereits erwähnte implizit unterstellte Kausalität von Aktivvolumen und Ertrag nicht gilt. Denn dass dies hinsichtlich des Gewinnziels nicht zwingend gilt, zeigen die in Tabelle 1 aufgeführten Ergebnisse empirischer Untersuchungen.[1042] Darüber hinaus fehlt auch hier – und dass ist umso überraschender, da es sich um kreditgenossenschaftliches Modell handelt – die Berücksichtigung des Förderauftrags als Ziel der Volksbank. Aufbauend auf der Tatsache, dass die betrachteten Größen einen ausschließlichen Vergangenheits- bzw. Gegenwartsbezug haben, ist deren Verwendung zur zukunftsgerichteten Kundenbewertung in diesem Ansatz nicht intendiert und daher zu kritisieren. Auch besteht nicht die Möglichkeit, das Potenzial eines Kunden zu betrachten, da ausschließlich anbieterbezogene Größen betrachtet werden. Aufgrund der einfachen Ermittelbarkeit der relevanten Kundenwerttreiber kann das Modell jedoch vergleichsweise einfach auf potenzielle Kunden übertragen werden, so dass aktuelle und potenzielle Kunden be-

---

1040 Im Sinne eines zweistufigen Vorgehens dient die Kundensegmentierung aus Tabelle 17 in einigen wenigen, größeren Instituten der FinanzGruppe als erste Stufe bzw. als so genannte Grobsegmentierung, die um eine Feinsegmentierung als zweite Stufe ergänzt wird. In der Feinsegmentierung werden grobsegmentindividuell weitere Kundenwerttreiber definiert und für die Bewertung des Kunden eingesetzt. I. d. R. werden auf dieser Stufe Scoringmodelle eingesetzt, um die einzelnen unterschiedlich skalierten Kundenwerttreiber zusammenzufassen.

1041 Das verwendete Aktivvolumen stellt nur einen schwachen Indikator des Risikos dar, da es nicht unterscheidet zwischen einer hohen und einer geringen Bonität.

1042 Aufgrund der Aussage die Betreuungsressourcen ertrags- und kostenorientiert zu steuern, kann begründet davon ausgegangen werden, dass die VOLKSBANK TRIER EG das Gewinnstreben als dominante Grundlage ihres Zielsystems definiert hat.

wertet werden können. Aus dem gleichen Grund kann unterstellt werden, dass das Modell wirtschaftlich eingesetzt werden kann.

Tabelle 18: Zusammenfassende Würdigung des Kundenwertmodells aus der Praxis[1043]

Anforderungen	**Würdigung**	**Anmerkung**
I. Allgemeine Anforderungen		
Ganzheitlichkeit	-	Ertrags- und Risikodimensionen fehlen, Kundenwerttreiber außerhalb der Kundenbeziehung werden nicht beachtet, Förderauftrag als mögliche Zielgröße nicht integriert
Interindividuelle Variabilität	+	
Dynamik	-	Vergangenheits- und Gegenwartsbezug der betrachteten Kundenwerttreiber erlauben keine dynamische Prognose
Bezugsgrößenflexibilität	+	
Wirtschaftlichkeit	+	
II. Vertriebssteuerungsbezogene Anforderungen		
Handlungsorientierung	-	stärkere Differenzierung des Kundenwerttreiber im engeren Sinn nötig
Operationalität	o	möglich als Planungs- und Kontrollgröße, aber Inkongruent zu den Zielen auf Gesamtbankebene
III. Kreditgenossenschaftliche Anforderungen		
Skalierbarkeit	+	
Adäquanz	+	
Grenznutzenorientierte Einzelbewertung	-	Übertragung des Kundenwerts auf Einfluss auf Zielerreichung nicht möglich
Intersubjektive Vergleichbarkeit	+	
Integrierte Ergebnisrechnung	-	unmöglich den Kundenwert in das Gesamtbanksteuerungskonzept nach VR-Control zu integrieren
Akzeptanz	+	

Aus der Auswahl der relevanten Kundenwerttreiber folgt die Kritik eines kaum bis gar nicht handlungsorientierten Kundenwertmodells. Ausreichend wäre diese Modellierung nur, wenn die dominante Zielgröße das Aktivgeschäft mit den (Firmen-)Kunden wäre und auch die Steuerungssysteme volumenorientiert ausgestaltet wären.[1044] Für ein vertriebssteuerungsrelevantes Kundenwertmodell ist jedoch eine größere Breite und stärkere Differenzierung der Kundenwerttrei-

1043 Eigene Darstellung.

1044 Vgl. für die volumenorientierte Steuerung die Ausführungen in Kapitel A.1.

ber notwendig. Aufgrund seiner ausschließlich verhältnisskalierten Kriterien könnte – trotz der konzeptionellen Kritik – die Operationalisierbarkeit im Sinne der Planungs- und Kontrollverfahren festgestellt werden. Dies wäre jedoch nur gültig, wenn das Zielsystem ausschließlich bzw. vornehmlich volumenbezogen wäre. Da dies aus begründeten Annahmen jedoch nicht der Fall ist, wird dieses Urteil durch die fehlende Kongruenz dieser Größe zu den Zielgrößen der Volksbank widerlegt.

Werden abschließend die kreditgenossenschaftlichen Anforderungen betrachtet, so kann festgestellt werden, dass diese weitgehend erfüllt werden. Unzureichend ist jedoch, dass durch das Kundenwertmodell weder die grenznutzenorientierte Einzelbewertung unterstützt, noch in die Ergebnisrechnung integriert werden kann. Zusammenfassen lässt sich in Tabelle 18 dargestellt Würdigung ableiten. Das Fazit dieser Würdigung ist, dass auch die in der kreditgenossenschaftlichen Praxis typischerweise eingesetzten Kundenwertmodelle nicht dazu geeignet sind, eine kundenwertorientierte Vertriebssteuerung zu unterstützen.

4.3.3 Zwischenfazit

Wird der Stand der allgemeinen Kundenwertforschung betrachtet, lässt sich feststellen, dass die bisher definierten Kundenwertmodelle, wenngleich sie teilweise Allgemeingültigkeit beanspruchen,[1045] nicht unmittelbar auf das Firmenkundengeschäft übertragbar sind. Spezifische Forschungsbeiträge und Praxismodelle dagegen widersprechen in wesentlichen Teilen den Anforderungen, die eine kundenwertorientierte Vertriebssteuerung an ein solches Modell stellt.

Aus diesen Gründen wird nachfolgend ein Kundenwertmodell für das Firmenkundengeschäft der Kreditgenossenschaften entwickelt. Dazu wird zunächst untersucht, ob es theoretisch fundierte Leitlinien aus bisherigen Forschungsbeiträgen gibt, welche die Ableitung, Präzisierung und Differenzierung relevanter Kundenwerttreiber fundieren. Dazu sollen die in der Tabelle 12 dargestellten ausgewählten Beiträge herangezogen werden. Darüber hinaus werden Beiträge betrachtet, die sich mit der theoretischen Fundierung des Kundenwerts auseinandersetzen.

4.4 Stand der Forschung zur Herleitung von Kundenwerttreibern

In der betriebswirtschaftlichen Forschung gab es schon früh erste kritische Überlegungen zu denjenigen Modellen des Kundenwerts, die ausschließlich auf mo-

---

1045 So z. B. *Rudolf-Sipötz, E.* (2001), S. 222.

netären Größen basieren.[1046] Spätere Beiträge führten daher konsequent an, dass qualitative, nicht-monetäre Faktoren zur ganzheitlichen Darstellung des Kundenwerts notwendig seien.[1047] Wobei auch die Betrachtung von der dyadischen Kundenbeziehung auf Interdependenzen zwischen Kunden im weiteren Sinn ausgeweitet wird.[1048] „Erst die Kenntnis aller Dimensionen und Aspekte des Kundenwertes erlaubt eine Priorisierung der „wertvollsten" Kunden sowie eine konsequent auf die Erhöhung des Kundenbestandswerts ausgerichtetes Beziehungsmanagement"[1049] und somit eine effektive kunden(wert)orientierte Vertriebssteuerung.[1050] Die sich aus diesen Überlegungen und Erkenntnissen ergebende Frage, welche Kundenwerttreiber in einem konkreten Kundenwertmodell zu berücksichtigen sind, wird in Forschung und Praxis unterschiedlich und zweckbezogen beantwortet. Auch die Art, wie die Werttreiber hergeleitet werden, ist unterschiedlich. Für die weitere Analyse nützlicher Leitlinien für die Ableitung von Kundenwerttreibern ist zu berücksichtigen, dass alle bisher in der Literatur vorgestellten und diskutierten Modelle von dem erwerbswirtschaftlichen Ziel der Gewinnmaximierung ausgehen. Alternative Ziele werden nicht berücksichtigt oder implizit als integrierbar in einzelne ökonomische Kundenwerttreiber angesehen.[1051]

Eine Vielzahl der betrachteten Beiträge, die sich mit der Definition von Kundenwerttreibern im Rahmen der Modellierung des Kundenwerts auseinandersetzen, leitet die betrachteten Kundenwerttreiber auf Basis von Plausibilitätsüberlegungen her.[1052] Dabei werden in einigen Fällen unterschiedliche Systema-

---

1046 Vgl. z. B. *Plinke, W.* (1989), S. 306 f.

1047 Vgl. z. B. *Wünschmann, S.* (2007), S. 14 ff. sowie *Günter, B.* (2006), S. 242; *Tomczak, T./Rudolf-Sipötz, E.* (2006), S. 130; *von Wangenheim, F.* (2003), S. 31; *Bayón, T./Gutsche, J./Bauer, H.-H.* (2002), S. 216 ff.; *Rudolf-Sipötz, E.* (2001), S. 93 f.; *Cornelsen, J.* (2000), S. 30; *Homburg, C./Schnurr, P.* (1998), S. 171; *Plinke, W.* (1997), S. 126 f.; *Krüger, S. M.* (1997), S. 109 f.; *Schleuning, C.* (1994), S. 161 ff.; *Canning, G.* (1982), S. 91.

1048 Vgl. *Cornelsen, J.* (2006), S. 191.

1049 *von Wangenheim, F.* (2003), S. 31 f.

1050 Diese Frage stellen auch RUST/ZEITHAML/LEMON: „Of all of the potential levers that a company might pull [...] which will yield the best return on investment?" *Rust, R. T./Zeithaml, V. A./Lemon, K. N.* (2000), S. 7.

1051 So etwa WILLE, der ausgehend vom erwerbswirtschaftlichen Prinzip die nicht-ökonomischen Bestimmungsfaktoren vernachlässigt. Vgl. *Wille, K.* (2005), S. 42.

1052 Vgl. dazu die Kundenwertmodelle und deren Herleitungen von *Canning, G.* (1982); *Storbacka, K.* (1993); *Schleuning, C.* (1994); *Schulz, B.* (1995); *Walter, G.* (1996); *Dwyer, F. R.* (1997), wobei dessen Überlegungen aufgrund der Definition des Kundenwerts als investitionsrechnerischer Größe methodisch inhärent sind; *Knöbel, U.* (1997); *Krüger, S. M.* (1997); *Homburg, C./Schnurr, P.* (1998); *Rust, R. T./Zeithaml, V.*

tisierungsansätze genutzt, um die Überlegungen zu strukturieren. WILLE gliedert die betrachteten Kundenwerttreiber anhand eines dreiteiligen Prozessschemas, das zwischen dem Transaktionsprozess, dem Informationsprozess und dem Kooperationsprozess unterscheidet.[1053] Die Herleitung des Schemas selbst wird jedoch nicht begründet. Wie bereits in Kapitel D.4.1 beschrieben, resultieren die Kundenwerttreiber bei LISSAUTZKI aus der zugrunde gelegten Wertreibersystematik, die eine formallogische Differenzierung der Werttreiber bedingt.[1054] Auf Basis interaktionstheoretischer Überlegungen leitet CORNELSEN drei Kundenwertquellen ab.[1055] Dies sind Transaktionen, Outgoing- und Ingoing-Informationen. Die Auswahl der Werttreiber erfolgt nach Meinung DILLERS „allerdings nur sehr vage“[1056]. GELBRICH begründet die Auswahl und Differenzierung der Kundenwerttreiber dagegen kaum, fundiert jedoch anhand verschiedener theoretischer Ansätze, auf welche Weise diese ausgewählten Kundenwerttreiber den Kundenwert determinieren.[1057]

Eine große Anzahl an Beiträgen orientiert sich an einem rein investitionsrechnerischen Kundenwert, dem Customer Lifetime Value, und reduziert methodisch inhärent konsequent die betrachteten Kundenwerttreiber auf Deckungsbeiträge, Kosten und Risiken bzw. Wahrscheinlichkeitsaussagen zur Dauer der Geschäftsbeziehung.[1058] Praxisorientierte Arbeiten, die einen direkten Bezug zu bestimmten Branchen oder Unternehmen aufweisen, begründen die Auswahl entweder kaum oder übernehmen allgemein formulierten Modelle vorheriger Arbeiten.[1059] Jüngere theoretische Arbeiten, die auf spezifische Aspekte fokussieren (z. B. das Weiterempfehlungsverhalten und dessen Einfluss auf den Kundenwert) oder das kundenwertorientierte Management thematisieren, nutzen die Erkenntnisse der vorhergehenden Kundenwertforschung. Diese Arbeiten modellieren den Kundenwert auf Basis literaturanalysengestützter Synthesen einzelner Kundenwertmodelle.[1060]

A./Lemon, K. N. (2000); *Böhrs, S.* (2004); *Renker, C.* (2004); *Günter, B.* (2006); *Schmoll, A.* (2006); *Schroeder, N.* (2006); *Raddao, N.* (2009).

1053 Vgl. *Wille, K.* (2005), S. 151 ff.

1054 Vgl. *Lissautzki, M.* (2007), S. 118 ff.

1055 Vgl. *Cornelsen, J.* (2000), S. 170 ff.

1056 *Diller, H.* (2001), S. 7.

1057 Vgl. *Gelbrich, K.* (2001), S. 52 ff.

1058 Vgl. z. B. *Stüker, D.* (2008), S. 167 ff.

1059 So z. B. FRIEDERICHS-SCHMIDT, die den Kundenwert in der Versicherungsbranche betrachtet und auf dem Modell von RUDOLF-SIPÖTZ aufbaut. Vgl. *Friederichs-Schmidt, S.* (2006), S. 27 ff.

1060 Vgl. z. B. *Schmöller, P.* (2001), S. 110 ff.; *Eberling, G.* (2002), S. 127 ff.; *Tewes, M.* (2003), S. 80 ff.; *von Wangenheim, F.* (2003), S. 31 ff.; *Bauer, H.-H./Hammerschmidt, M.* (2005), S. 331 ff.; *Schneider, Y.* (2007), S. 42 ff.; *Wünschmann, S.* (2007), S. 22 ff.

Zudem gibt es explorative Beiträge, die auf qualitativen Forschungsdesigns wie z. B. Experten- und Fokusgruppeninterviews oder Workshops basieren.[1061] RUDOLF-SIPÖTZ etwa begründet ihre Auswahl mit einer qualitativen Analyse bestehend aus Literaturauswertungen sowie branchenübergreifenden Expertengesprächen und Workshops.[1062] Aus diesen leitet sie für den Kunden verschiedene Rollen ab, die sie mit kundenwertdeterminierenden Funktionen verknüpft.

Strikt theoriegeleitete Arbeiten hinsichtlich der Auswahl, Präzisierung und Differenzierung des Kundenwerts liegen noch in nur geringem Umfang vor. Verbreitet ist bei diesen der Resource Dependence Approach (Ressourcenabhängigkeitstheorie),[1063] der jedoch nur grobe Leitlinien begründet. Die Auswahl der berücksichtigten Kundenwerttreiber basiert letztlich auf anderen Auswahlkriterien wie der Häufigkeit der Nennungen in der Literatur und der branchenübergreifenden Eignung.[1064] DILLER nutzt die Theorie der Kundenbindungseffekte, um den Kundenwert inhaltlich zu differenzieren und zu präzisieren.[1065] Er unterstellt dabei, dass sich einem typischen Kundenbeziehungszyklus typische Kundenwerttreiber als Ergebnis des jeweiligen Bindungsgrads zuordnen lassen. Die Auswahl der Kundenwerttreiber basiert auf vorhergehenden Forschungsbeiträgen und Plausibilitätsüberlegungen. HOWALD nutzt das Sensitivitätsmodell nach VESTER, das auf den Ansätzen der Kybernetik und der Fuzzy Logic basiert, um die relevanten Determinanten des Kundenwerts zu ermitteln.[1066] Dabei merkt sie jedoch an, dass eine unendliche Vielzahl an Einflussfaktoren möglich und daher eine abschließende Analyse nicht möglich sei.

Insgesamt zeigen die vorhergehenden Ausführungen zu den bisher in der Literatur entwickelten Kundenwertmodellen, dass es keinen Konsens zu Konzeptualisierung dieses Konstrukts gibt.[1067] Als Ergebnis der für diesen Untersuchungsschritt relevanten Analyse bisheriger Arbeiten lässt sich konstatieren, dass die Auswahl der zu berücksichtigenden Kundenwerttreiber weitgehend auf Basis von Plausibilitätsüberlegungen erfolgt. Dies ist nicht grundsätzlich zu kritisieren, bedeutet jedoch, dass die Auswahl relevanter Faktoren eher argumenta-

---

1061 Vgl. die Beiträge von *Rudolf-Sipötz, E.* (2001), S. 90 ff.; *Foehn, P.* (2006), S. 126 ff.

1062 Vgl. *Rudolf-Sipötz, E.* (2001), S. 90.

1063 Vgl. die Beiträge von *Krapfel, R./Salmond, D./Spekman, R.* (1991), S. 24 ff.; *Rieker, S.* (1995), S. 17 ff.; *Plinke, W.* (1997), S. 113 ff.; unter anderem auch *Freiling, J.* (2006), S. 83 ff., der neben dem Resource Dependence Approach auch den Kundenwert aus Sicht des Resource Based View betrachtet. In seinem Beitrag liegt der Fokus jedoch nicht auf der Ableitung von Kundenwerttreibern.

1064 Vgl. *Rieker, S.* (1995), S. 49 f.

1065 Vgl. *Diller, H.* (2000), S. 7 f.

1066 Vgl. hier und nachfolgend *Howald, B.* (2007), S. 57 ff.

1067 Vgl. *Lissautzki, M.* (2007), S. 121; *Wille, K.* (2005), S. 42.

tiv denn theoriebasiert erfolgt. BÖHRS liefert folglich als Antwort auf die eingangs gestellte Frage, welche Kundenwerttreiber zu betrachten sind die Aussage, dass diese „Frage […] sich für verschiedene Branchen und Unternehmen unterschiedlich beantworten [lässt; Erg. d. Verf.]“[1068]. Vor diesem Hintergrund werden nachfolgend die aus Sicht der Kreditgenossenschaften relevanten Kundenwerttreiber im Firmenkundengeschäft auf Basis von jeweils theorie- und nach Möglichkeit empiriegestützten Plausibilitätsüberlegungen hergeleitet.

4.5 Herleitung der Kundenwerttreiber des Kundenwerts für Firmenkunden

4.5.1 Konzeptionelle Festlegungen und grundlegende Systematik

Bevor der Kundenwert eines Firmenkunden aus Sicht der Kreditgenossenschaft konzeptualisiert wird, sind grundlegende Festlegungen vorzunehmen. Eine wesentliche Festlegung betrifft die zeitliche Dimension des Kundenwerts. Der Kundenwert und dessen Kundenwerttreiber werden wie bereits mehrfach angemerkt steuerungstheoretisch konsistent als prospektive Größen definiert, da nur künftige Zielerreichungsbeiträge letztlich entscheidungsrelevant sind.[1069] Damit wird jedoch die retrospektive Analyse von Kundenwerttreibern des Kundenwerts bspw. im Rahmen von Kontrollprozessen nicht negiert.

Werden die Kundenwertmodelle in Tabelle 12 hinsichtlich der Bezeichnung der Kundenwerttreiber betrachtet fällt auf, dass nicht nur die Auswahl relevanter Größen, sondern auch deren Bezeichnungen trotz hoher inhaltlicher Ähnlichkeit divergieren. So sprechen einige Autoren von Werten (z. B. Referenzwert oder Informationswert) andere hingegen von Potenzialen (z. B. Referenzpotenzial oder Informationspotenzial). CORNELSEN kombiniert beide Begriffe indem er einen Referenzwert errechnet, der auf einem Referenzpotenzial basiert.[1070] Nachfolgend sollen die zukunftsgerichteten Größen als Potenziale bezeichnet werden, da sie noch nicht realisiert wurden. Davon unberührt ist die für die Messung des Kundenwerts wesentliche Unterscheidung zwischen Kundenwertpotenzial und anbieterspezifischem Kundenwert.

In einigen Beiträgen zum Thema Kundenwert ist zu festzustellen, dass nicht nur die direkten transaktionsbezogenen Kundenwerttreiber, wie z. B. Absatzvolumina, Preise und Kosten, und interaktionsbezogenen bzw. beziehungsbezogenen Kundenwerttreiber, wie Referenz- oder Informationsaktivitäten des Kun-

---

1068 *Böhrs, S.* (2004), S. 57. Ebenfalls *Lissautzki, M.* (2007), S. 120.

1069 Vgl. *Bruhn, M./Georgi, D./Wöhle, C. B.* (2005), S. 385.

1070 Vgl. z. B. *Cornelsen, J.* (2000), S. 197 f.

den,[1071] Gegenstand der Modellierung des Kundenwertmodell sind. Darüber hinaus werden auch Verbundeffekte im Kundenstamm wie z. B. Synergieeffekte in Form von Kostendegressions- oder Risikodiversifikationseffekten betrachtet.[1072] Da Verbundeffekte grundsätzlich im Zusammenspiel mindestens zweier Kunden auftreten, „können diese Effekte nie theoretisch exakt einem Kunden zugerechnet werden.“[1073] Daher werden diese Effekte im weiteren Verlauf nicht berücksichtigt. Ausgenommen davon sind kreditportfoliobezogene Risikoeffekte, die aufgrund aufsichtsrechtlicher Vorgaben berücksichtigt werden müssen.

Abschließend sei erwähnt, dass das Kundenwertmodell in der nachfolgenden Herleitung nicht expressis verbis differenziert zwischen privater und geschäftlicher Ebene des Firmenkunden, sondern diese beiden Ebenen kumulativ und integrativ betrachtet. Dies erfolgt aus Gründen der Vereinfachung, denn eine zu berücksichtigende Differenzierung würde die notwendigen Ausführungen im Umfang verdoppeln ohne dass ein nennenswerter Erkenntnisgewinn vorläge. Zudem sind die Kundenwerttreiber derart allgemein konzeptualisiert, dass sie sich grundsätzlich ohne Schwierigkeiten auf den privaten oder betrieblichen Bereich übertragen lassen.

Die Gliederung der folgenden Ausführungen resultiert aus folgenden Überlegungen. Es herrscht in der Literatur weitgehende Einigkeit darüber, dass die notwendige Bedingung für die Erzielung von nachhaltigen Kundenwerten in der Stabilität der Kundenbeziehung zu sehen ist.[1074] Im Nichtkundengeschäft dagegen ist die erfolgskritische Frage, ob ein Nichtkunde für das Leistungsangebot neu oder wieder akquiriert werden kann.[1075] Aufbauend auf diesem Fundament führt eine aktive Kundenbeziehung zu direkten und indirekten positiven oder negativen Zielerreichungsbeiträgen, die aus der betrachteten Geschäftsbeziehung selbst resultieren oder durch das Verhalten des Kunden gegenüber Dritten initiiert werden.[1076] Aufgrund des modellierten Zukunftsbezugs können die Kundenwerttreiber im Zeitpunkt ihrer Bewertung als unsicher charakterisiert werden. Insbesondere das gewichtige Kreditausfallrisiko ist aus Sicht der Kre-

---

1071 Vgl. zum Begriff der Interaktionsorientierung des Kundenwerts *Cornelsen, J.* (2000), S. 170 f.

1072 Einen umfangreichen Beitrag dazu liefert LISSAUTZKI, der folgende Kundenverbundeffekte benennt und operationalisiert: Kundenumsatzverbund- und Risikoverbundeffekte sowie Kostenverbundwirkungen. Vgl. *Lissautzki, M.* (2007), S. 255 ff.

1073 *Lissautzki, M.* (2007), S. 256.

1074 Vgl. *Diller, H.* (2001), S. 7.

1075 Nichtkunden beinhalten auch Altkunden. Siehe dazu die Ausführungen in Kapitel D.1.2.2.

1076 Diese so genannten sozialen Interaktionen stellen eine wichtige Größe bei der Bestimmung des Kundenwerts dar. Vgl. *Hogan, J. E./Lemon, K. N./Libai, B.* (2003), S. 196.

ditgenossenschaften zu berücksichtigen. Nachfolgend soll aufbauend auf diesen Überlegungen ein Kundenwertmodell hergeleitet werden, dessen Kundenwerttreiber sich drei Dimensionen zuordnen lassen. Diese Dimensionen sind die Beziehungsdimension, die Ertragsdimension und die Risikodimension.

4.5.2 Kundenwertreiber der Beziehungsdimension

4.5.2.1 Bindungspotenzial

Wesentliche Voraussetzung für die Bestimmung eines prospektiven Kundenwerts ist die zukunftsgerichtete Frage nach der Dauer der Geschäftsbeziehung sowie den dahinter stehenden Einflussfaktoren und Konsequenzen für die Höhe des Kundenwerts. Die Bedeutung der Dauer der Geschäftsbeziehung auf den Kundenwert ist Gegenstand zahlreicher Studien. Vielzitiert ist die Studie von REICHHELD/SASSER, die die Zusammenhänge plakativ darstellt.[1077] Als Ergebnis ihrer Untersuchungen in verschiedenen Branchen zeigen die Autoren, dass mit zunehmender Dauer der Geschäftsbeziehung die Profitabilität eines Kunden zunimmt. Ursachen dafür liegen in mit zunehmender Dauer der Geschäftsbeziehung steigender und höherwertiger Nachfrage, reduzierten Transaktionskosten, stärkeren Referenztätigkeiten und der Ausnutzung von Preisbereitschaften (siehe Abbildung 39). Aus ihren Ergebnissen leiten die Autoren eine Strategie des „Zero-Defection“, d. h. einer zu erzielenden Kundenabwanderung von Null, ab, um die Profitabilitätssteigerungen langlebiger Geschäftsbeziehungen zu nutzen. SRIVASTAVA/SHERVANI/FAHEY argumentieren ergänzend zu diesen Ergebnissen, dass sowohl das Risiko eines Beziehungsabbruches als auch die Volatilität der Erlöse mit zunehmender Beziehungsdauer abnehmen.[1078]

1077 Vgl. *Reichheld, F. F./Sasser, W. E.* (1990), S. 105 ff. Wenngleich diese Studie häufig als Argumentationshilfe zitiert wird, ist sie nicht unumstritten. So kritisiert etwa *Krafft, M.* (2007), S. 3 und S. 41, dass es sich hier eher um „anecdotal wisdom“ handele, dessen wissenschaftliche Verallgemeinerbarkeit gering sei, da den Studien die empirische Breite fehle. Ähnlich argumentieren auch *Gelbrich, K./Müller, S.* (2006), S. 452, die von einer zeitgeistadäquaten popularisierten These sprechen. BEESER sieht den wesentlichen Beitrag dieser Studie darin, dass „sich der positive Effekt einer höheren Kundenbindung auf die Unternehmensprofitabilität nicht – wie bis dahin – qualitativ begründen, sondern auch quantitativ messen lässt.“ *Beeser, A. J.* (2003), S. 55.

1078 Vgl. *Srivastava, R. K./Shervani, T./Fahey, L.* (1999), S. 172 ff.

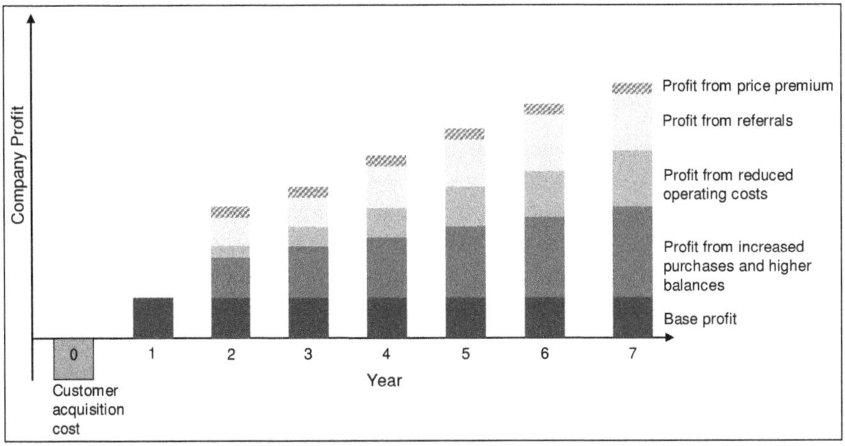

Abbildung 39: Kundenprofitabilität in Abhängigkeit der Zeit (Kundenbeziehungsdauer)[1079]

FORNELL ET AL. stellen auf Basis empirischer Daten fest, dass die langfristige Profitabilität eines Unternehmens aus Effizienzvorteilen langfristiger Kundenbeziehungen bestimmt wird.[1080] KRÜGER prüft den Einfluss der Kundenbeziehungsdauer auf den Umsatz, das Weiterempfehlungsverhalten in der Vergangenheit, die Weiterempfehlungsabsichten und die erforderliche Betreuungsintensität (Beratungsdauer) bei Kunden eines Reisebüros anhand von Mittelwertvergleichen. Sie kommt zu dem tendenziell die Aussagen von REICHHELD/SASSER bestätigenden Ergebnis, dass eine längere Kundenbeziehung mit höheren Umsätzen, häufigeren Empfehlungen bzw. Empfehlungsabsichten und kürzeren Beratungszeiten verbunden ist. Zwar sind die Ergebnisse signifikant, jedoch die festgestellten Unterschiede zwischen lang- und kurzfristigen Kundenbeziehungsdauern nur schwach ausgeprägt.[1081]

Abweichend von diesen Ergebnissen, die unterstellen, dass langfristige Geschäftsbeziehungen profitabler als vergleichsweise kurzfristige (oder transaktionale) sind, finden KRAFFT und REINARTZ/KRAFFT im Rahmen einer Studie zur Kundenprofitabilität in Versandhandelsunternehmen heraus, dass die These eines positiven Zusammenhangs zwischen Kundenlebenszeit und Ertragswert einer Kundenbeziehung und eines steigenden Ertragswerts von Kundenbeziehungen mit zunehmender Kundenlebenszeit nicht verallgemeinerbar ist. So zeigt sich in ihren Ergebnissen, dass sowohl langfristig, aber auch kurzfristig tätige

1079 *Reichheld, F. F./Sasser, W. E.* (1990), S. 108.
1080 Vgl. *Fornell, C. et al.* (1996), S. 11.
1081 Vgl. *Krüger, S. M.* (1997), S. 233 ff.

Kunden wesentlich zum Unternehmenserfolg beitragen.[1082] Zu einem ähnlichen Ergebnis kommen REINARTZ/KUMAR, die den Einfluss der Dauer der Kundenbeziehung auf den Customer Lifetime Value in einem so genannten „nocontractual setting" prüfen.[1083]

Für das Firmenkundengeschäft im Bankenkontext argumentieren dagegen WALTER, STECK/KUNDISCH und STRÄTER, dass aufgrund der hohen anfänglichen Investitionen in Kundenbeziehungen z. B. in Form von Informationsbeschaffungen und Bonitätsanalysen, diese sich erst im Laufe der Zeit amortisieren.[1084] Auch SCHLEUNING vermutet einen negativen Zusammenhang zwischen Zeitpunkt des kundenseitigen Beziehungsabbruchs und der Kundenbeziehungsrentabilität.[1085] Nach BOOT gilt zudem zu berücksichtigen: „Shorter Relationships inhibit the reusability of information and thus diminish the value of information."[1086] Uneinheitliche Ergebnisse liefern auch die empirischen Studien im Bankenkontext, die den Einfluss der Dauer einer Geschäftsbeziehung auf den Zinssatz als zentrale ökonomische Größe in der Geschäftsbeziehung zwischen Bank und Firmenkunde prüfen.[1087] So kommen die Studien von PETERSEN/RAJAN, HARHOFF/KÖRTING und ELSAS/KRAHNEN zu dem Ergebnis, dass die Dauer der Bankbeziehung keinen Einfluss auf den Zinssatz hat.[1088] Einen negativen Einfluss der Dauer der Bankbeziehung auf den Zinssatz finden dagegen

---

1082 Vgl. *Reinartz, W. J./Krafft, M.* (2001), S. 1271 ff.; *Krafft, M.* (2007), S. 192 ff.

1083 Vgl. *Reinartz, W. J./Kumar, V.* (2000), S. 17 ff. „Noncontractual settings" sind dadurch gekennzeichnet, dass die Geschäftsbeziehung zwischen einem Kunden und einem Anbieter nicht vertraglich determiniert ist, wie z. B. bei Versandhändlern.

1084 Vgl. *Walter, G.* (1996), S. 34; *Steck, W./Kundisch, D.* (2005), S. 444 f.; *Sträter, J.* (2005), S. 46.

1085 Vgl. *Schleuning, C.* (1997), S. 148.

1086 *Boot, W. A.* (2000), S. 18.

1087 Der verengte Blickwinkel auf den Zinssatz (den Preis für Kredite) resultiert aus zwei Gründen. Zum einen ist nicht der mehrdimensionale Kundenwert im Sinne der vorliegenden Arbeit Gegenstand der Untersuchung, sondern es handelt sich vornehmlich um Studien, die sich mit den Informationsasymmetrien und den Konsequenzen in den Geschäftsbeziehungen zwischen mittelständischen Firmenkunden und Hausbanken auseinandersetzen. Zum zweiten ist der Zinssatz die dafür zweckmäßige und leicht beobachtbare Größe.

1088 Vgl. *Petersen, M. A. /Rajan, R. G.* (1994), S. 12; *Harhoff, D./Körting, T.* (1998), S. 1342; *Elsas, R./Krahnen, J. P.* (1998), S. 1302. Die Studien untersuchen dabei den Darlehenszinssatz.

BERGER/UDELL und BLACKWELL/WINTERS.[1089] Und einen positiven Einfluss messen schließlich DEGRYSE/VAN CAYSEELE und ANGELINI/DI SALVO/FERRI.[1090]

Vor dem Hintergrund der uneinheitlichen empirischen Ergebnisse, lässt sich resümieren, dass die zusätzlichen Erfolge langfristiger Kundenbeziehungen aus Unternehmenssicht kein zeitabhängiger Determinismus sind, sondern kundenindividuell variante Potenziale darstellen, deren Abschöpfung von den Fähig- und Fertigkeiten und dem Willen des Anbieterunternehmens in Verbindung mit der Bereitschaft des Kunden und der Art des Geschäftsmodells abhängen. Gleichwohl kann konstatiert werden, dass die grundlegende Bedingung dafür, diese Potenziale zu entwickeln und zu heben, eine lange Dauer der Beziehung zwischen Anbieterunternehmen und Kunden ist.[1091]

Die Beziehungsdauer wird in der marketingwissenschaftlichen Forschung auf die Konstrukte der Kundenbindung und der Kundenloyalität bzw. Kundentreue zurückgeführt.[1092] Da vor allem die Konsequenzen der Kundenbindung aus Anbietersicht relevant sind, sei an dieser Stelle auf eine umfassende Erläuterung der Einflussfaktoren des Konstrukts Kundenbindung verzichtet und auf die umfangreiche spezifische Literatur verwiesen.[1093] Stellvertretend sei der Konzeptualisierungsansatz von PETER genutzt, um die Determinanten der Kundenbindung überblicksartig aufzuzeigen (siehe Abbildung 40). Auf einzelne Aspekte dieses Konzeptualisierungsansatzes wird im weiteren Verlauf knapp eingegangen.

1089 Vgl. *Berger, A. N./Udell, G. F.* (1995), S. 353; *Blackwell, D. W./Winters, D. B.*(1997), S. 283. Diese Studien nutzen den Kontokorrentkreditzinssatz, der i. d. R. kurzfristig und variabel ist.

1090 Vgl. *Degryse, H./Van Cayseele, P.* (2000), S. 99; *Angelini, P./Di Salvo, R./Feri, G.* (1998), S. 941. Während erste den Zinssatz für Darlehen verwenden, beziehen sich letztgenannte auf den Kontokorrentkreditzinssatz.

1091 Vgl. *Tewes, M.* (2003), S. 219; *Rudolf-Sipötz, E.* (2001), S. 104; *Schemuth, J.* (1996), S. 35; *Dorsch, M. J./Carlson, L.* (1996), S. 254.

1092 Vgl. *Tewes, M.* (2003), S. 110 sowie die dort angegebene Literatur.

1093 Vgl. dazu ausführlich *Krafft, M.* (2007), S. 29 ff. sowie die dort genannte Literatur.

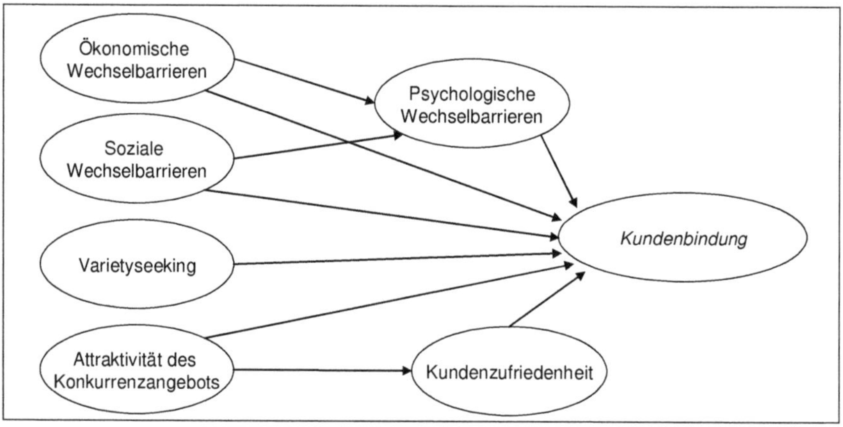

Abbildung 40: Determinanten der Kundenbindung[1094]

Als Kundenbindung oder „customer retention“ werden der Aufbau und die Aufrechterhaltung einer Geschäftsbeziehung als Folge intendierter und damit nicht zufälliger Markttransaktionen zwischen einem Anbieter und einem Nachfrager bezeichnet.[1095] Intendiert bedeutet im Kontext der vorliegenden Untersuchung, dass sowohl Firmenkunde als auch Kreditgenossenschaft Gründe haben, um eine Geschäftsbeziehung aufzubauen, zu erhalten und auszubauen. Es kann in diesem Zusammenhang folglich zwischen einer anbieter- und einer nachfragerbezogenen Perspektive unterschieden werden. Bei ersterer Sichtweise hat die Kundenbindung vornehmlich instrumentellen Charakter in Form von systematischen Bindungsaktivitäten, während letztere Perspektive die Kundenbindung dagegen eher verhaltens- und ergebnisorientiert interpretiert. Anbieterbezogene Maßnahme lassen sich aus dem instrumentellen Verständnis ableiten, sind für die weitere Erläuterung dieses Kundenwerttreibers jedoch von nachgelagerter Bedeutung. Denn hinsichtlich der Wahrscheinlichkeit der Fortführung der Geschäftsbeziehung zur Bank als wesentlicher Einflussfaktor auf die Realisierbarkeit von Kundenwerten ist insbesondere die nachfragerbezogene Perspektive zu betrachten, auf die letztlich die anbieterbezogenen Maßnahmen gerichtet sind.

MEYER/OEVERMANN definieren Kundenbindung nachfragerbezogen als „das bisherige Kauf- und Weiterempfehlungsverhalten und [.] die zukünftigen Wiederkauf-, Zusatzkauf- (Cross-Selling) und Weiterempfehlungs-Absichten

---

1094 In Anlehnung an *Peter, S.* (1999), S. 126.

1095 Vgl. *Vogel, V.* (2006), S. 33; *Krüger, S. M.* (1997), S. 22; *Rieker, S.* (1995), S. 11. Vgl. in diesem Zusammenhang auch die Definition der Geschäftsbeziehung in Kapitel C.2.4.1.3

(Goodwill) eines Kunden gegenüber einem Anbieter und dessen Leistungen, die aus psychologischen, situativen, rechtlichen, ökonomischen oder technologischen Bindungsursachen resultieren."[1096]

In jüngeren Forschungsbeiträgen, die sich mit der Beziehung zwischen mittelständischen Unternehmen und Banken auseinandersetzen,[1097] wird Kundenbindung in Anlehnung an EGGERT über zwei Bindungszustände aus Kundensicht konkretisiert, den Zustand der Verbundenheit und den Zustand der Gebundenheit.[1098] Die Verbundenheit des Kunden resultiert aus der Situation eines „Nicht-Wechseln-Wollens" eines Kunden, während sich in der Gebundenheit die beschränkte bis nicht gegebene Möglichkeit des Wechseln-Könnens niederschlägt.[1099] SEGBERS bezeichnet diese Bindungszustände als ökonomische Bindung (Gebundenheit) und als psychologische Bindung (Verbundenheit).[1100] Wenngleich SEGBERS die Argumentation dyadisch aus Anbieter- und Nachfragersicht vornimmt, soll nachfolgend der Fokus auf Seiten des Kunden liegen, da dessen Entscheidung über die Fortführung der Beziehung darüber entscheidet, ob der mit ihr verbundene prospektive Kundenwert, der letztlich die ökonomische Motivation des Aufbaus oder der Fortführung einer Geschäftsbeziehung zu einem Firmenkunden aus Sicht der Kreditgenossenschaft darstellt, realisiert werden kann.[1101]

Verbundenheit fasst den affektiven und normativen Bindungszustand eines Kunden zusammen.[1102] Affektive Bindungszustände liegen vor, wenn der Kunde die Aufgabe oder den Verlust einer Geschäftsbeziehung persönlich bedauert.[1103] Derartige Bindungszustände münden darin, dass Geschäftsbeziehungen unabhängig von ihrem ökonomischen Stellenwert an Bedeutung gewinnen. Normati-

---

1096 *Meyer, A./Oevermann, D.* (1995), Sp. 1341. Siehe dazu auch die Determinanten der Kundenbindung in Abbildung 40.

1097 Vgl. *Püthe, T.* (2009), S. 162 ff.; *Segbers, K.* (2007), S. 334 ff. In beiden Arbeiten wird dabei der Begriff der Kundenbindung synonym zum Begriff Commitment verwendet. Zu berücksichtigen ist diesbezüglich, dass Commitment eine anbieter- und nachfragerseitige Bereitschaft zur Fortführung der Kundenbeziehung impliziert, während Kundenbindung eher aus Kundensicht verstanden wird.

1098 Vgl. *Eggert, A.* (1999), S. 99. Diese Unterscheidung wird z. B. auch von STANLEY/MARKMAN vorgenommen, die zwischen einer „dedication-based relationship maintenance" und einer „constraint-based relationship maintenance" in persönlichen Beziehungen unterscheiden. Vgl. *Stanley, S. M./Markman, H. J.* (1992), S. 595 ff.

1099 Vgl. *Bliemel, F./Eggert, A.* (1998), S. 39.

1100 Vgl. *Segbers, K.* (2007), S. 335. TOMCZAK/DITTRICH unterscheiden dagegen zwischen der psychologischen und der faktischen Bindung. Vgl. *Tomczak, T./Dittrich, S.* (1997).

1101 Vgl. *Tewes, M.* (2003), S. 113.

1102 Vgl. *Eggert, A.* (1999), S. 130.

1103 Vgl. hier und nachfolgend *Püthe, T.* (2009), S. 164 ff. sowie die dort genannte Literatur.

ve Bindung ist Ausdruck dessen, dass der Kunde im Einklang mit persönlich und gesellschaftlich vorgegebenen Werten lebt. PÜTHE vermutet, dass in Kunde-Bank-Beziehungen die normative Bindung primär bankseitig relevant sei, denn so würde eine Bank im Falle einer wirtschaftlichen Krise des Firmenkunden nicht nur eigene Interessen verfolgen, sondern in ihren Entscheidungen auch Rücksicht auf potenziell gefährdete Arbeitsplätze nehmen.[1104] Im Hinblick auf die Kreditgenossenschaften, deren Geschäftsbetrieb einem spezifischen und von Kreditbanken abgrenzbaren Zweck folgt, kann jedoch auch ein Einfluss auf die normative Bindung des Kunden identifiziert werden. Nämlich dann, wenn ein Firmenkunde sich stark mit den „altruistischen" Komponenten des Förderverständnisses identifiziert.[1105] Vor diesem Hintergrund kann die Mitgliedschaft eines Firmenkunden bei der Kreditgenossenschaft als beobachtbarer Ausdruck der normativen Bindung verstanden werden.[1106] Im Wirkmodell der Bankbeziehung von SEGBERS wird die Verbundenheit weiterhin beeinflusst durch die Konstrukte Vertrautheit, Vertrauen und durch positive oder negative Emotionen aufgrund der subjektiv wahrgenommenen Qualität von Bankleistungen.[1107] Die Qualität, die von SEGBERS differenziert im Sinne des Kano-Modells analysiert wird,[1108] beeinflusst die Kundenzufriedenheit, die wiederum positiv auf die

---

1104 Vgl. *Püthe, T.* (2009), S. 165. Dies muss für Kreditgenossenschaften mit Blick auf die Motivation derartigen Handelns sicherlich insoweit relativiert werden, als das Regionalprinzip ebenfalls großen Einfluss auf derartige Entscheidungen haben dürfte. Denn jeder Arbeitnehmer eines ortsansässigen Unternehmens könnte auch (Kredit-)Kunde der Genossenschaftsbank sein, so dass kumulative Effekte bei der Beendigung von Geschäftsbeziehungen aufgrund finanzieller Schieflagen des Firmenkunden zu erwarten sind und somit ins Kalkül einbezogen werden müssen. Siehe zum Regionalprinzip Kapitel C.1.4.3.

1105 Im Sinne der Förderkreisläufe aus Kapitel C.1.4.2 ist dies z. B. eine ausgeprägte Förderung im Sinne der Allgemeinförderung, die seitens der Kreditgenossenschaften oft mit regionaler Förderung verbunden wird.

1106 Vgl. auch die ähnliche Argumentation bei *Theurl, T.* (2003), S. 13. Die Mitgliedschaft in einem Kundenbindungsprogramm, zu dem die genossenschaftliche Mitgliedschaft aufgrund ihrer praktischen Ausgestaltung zu zählen ist, gehört in der Praxis zu den allgemein akzeptierten Indikatoren von Kundenbindung. Vgl. *Rudolf-Sipötz, E.* (2001), S. 107.

1107 Vgl. zu den Konstrukten Vertrauen und Vertrautheit ausführlich *Segbers, K.* (2007), S 331 ff. sowie die dort angegebene Literatur.

1108 Das Kano-Modell unterscheidet Basisanforderungen, Leistungsanforderungen und Begeisterungsanforderungen. Während Basisanforderungen asymmetrisch wirken, d. h. bei Nichterfüllung Unzufriedenheit begründen, aber nicht umgekehrt wirken, liegt zwischen der Erfüllung von Leistungsanforderungen und der Kunden(un-)zufriedenheit ein linear-funktionaler Zusammenhang vor. Begeisterungsanforderungen dagegen wirken ebenfalls wieder asymmetrisch und führen bei Nichterfüllung nicht zu Unzufriedenheit stei-

Kundenbindung wirkt[1109] und als Vergleich der präkonsumtiven Erwartung hinsichtlich der Leistungen eines Unternehmens mit den tatsächlichen Erfahrungen in der theoretischen Forschung konzeptualisiert wird.[1110] Dabei wird mit Blick auf die Geschäftsbeziehungen die Kundenzufriedenheit nicht auf eine einzelne Transaktion bezogen, sondern auf die Geschäftsbeziehung als übergeordnetes Bezugsobjekt.[1111] Nach BLUT „vermag die Kundenzufriedenheit durch ihren Einfluss auf das Wiederkaufverhalten langfristig die zukünftigen Zahlungsströme eines Unternehmens sicherzustellen“[1112]. Und nach HERRMANN/JOHNSON vor allem „je intensiver der Wettbewerb in einem Sektor ist“[1113].Der Zusammenhang zwischen Kundenzufriedenheit und Kundenbindung ist dabei nicht zwingend linear, sondern eher nichtlinear und asymmetrisch.[1114]

Die Gebundenheit zwischen Bank und Firmenkunde wird als Ergebnis eines rationalen Kosten-Nutzen-Kalküls verstanden. Gebundenheit resultiert demnach daraus, dass eine Vorteilhaftigkeitsanalyse der bestehenden Geschäftsbeziehung zu dem Ergebnis führt, einen Bankwechsel nicht als nutzensteigernd aus Perspektive des Firmenkunden zu erachten.[1115] Im Rahmen des Vergleichs werden alle Nutzen- und Kostenkomponenten der Beziehung ins Kalkül gezogen. Aus Sicht des Firmenkunden sind dies neben den Kosten, die in Form von Zinsen und Gebühren anfallen, auch Kosten der Kommunikation und Koordination sowie die Kosten der Suche nach alternativen Bankbeziehungen und die Kosten eines partiellen oder vollständigen Bankwechsels. Wenngleich SEGBERS dies nicht explizit aufführt, ist die Vorteilhaftigkeitsanalyse erst vollständig, wenn alternative Kosten-Nutzen-Kalküle, d. h. die Bewertung alternativer Bankbeziehungen in die Bewertung der aktuellen Bankbeziehung involviert sind. Im Sinne

gern aber die Zufriedenheit überproportional bei Erfüllung. Vgl. dazu ausführlich *Kano, N.* (1984), S. 39 ff.; *Segbers, K.* (2007), S. 310 ff.

1109 Vgl. *Herrmann, A./Johnson, M. D.* (1999), S. 579 ff. sowie die dort genannten Studien.

1110 Das in der Literatur am weitesteten verbreitete Konzept zur Erklärung und Entstehung von (Un-)Zufriedenheit findet sich unter der Bezeichnung Confirmation/Disconfirmation (C/D)-Paradigma, wonach die Kundenzufriedenheit eine Funktion der kundenseitigen Erwartungen ist. Vgl. *Blut, M.* (2008), S. 23 ff. sowie die dort angegebene Literatur.

1111 Vgl. *Backhaus, K./Bauer, M.* (2003), S. 108 ff. Aus diesem Grund sprechen die Autoren auch von Beziehungszufriedenheit, wodurch der bezugslose Begriff Kundenzufriedenheit inhaltlich spezifiziert wird. Diese Argumentation führen auch STECK/KUNDISCH, die Beziehungszufriedenheit als „relational benefit“ bezeichnen. Vgl. *Steck, W./Kundisch, D.* (2005), S. 453 f.

1112 *Blut, M.* (2008), S. 23.

1113 *Herrmann, A./Johnson, M. D.* (1999), S. 580.

1114 Vgl. *Herrmann, A./Johnson, M. D.* (1999), S. 584 ff.; *Rudolf-Sipötz, E.* (2001), S. 106.

1115 Vgl. *Segbers, K.* (2007), S. 335.

der Gebundenheit wird die Beziehung als instrumentell beschrieben.[1116] Dieses auch als kognitiver Bindungszustand bezeichnete Ergebnis resultiert zum Teil aus Sachzwängen und dem Bewusstsein der Abhängigkeit. Diese Form der Bindung liegt bspw. auch dann vor, wenn der Kunde mangels Alternativen nicht wechseln kann oder vertraglich an eine Bank gebunden ist.[1117] Aus diesem Grund muss das beobachtbare Wiederkaufverhalten des Kunden nicht unbedingt auf einer positiven Einstellung diesem Anbieter gegenüber beruhen.[1118]

Es ist zu beachten, dass der Bindungszustand mit unterschiedlichen Auswirkungen auf das Verhalten und die Verhaltensabsichten eines Kunden verbunden ist und Einfluss auf die Stabilität einer Geschäftsbeziehung hat. So zeigen empirische Studien, dass im Zustand der Verbundenheit Kunden eher bereit sind, ihren Anbieter weiterzuempfehlen und die Geschäftsbeziehung zu intensivieren. Auch suchen die verbundenen Kunden weniger intensiv nach Alternativen und haben eine geringere Wechselabsicht.[1119] Folglich bedeutet dies, dass in Abhängigkeit des vorliegenden Bindungszustands differenziert zu analysieren ist, ob durch die Kundenbindung die eingangs erwähnten Vorteile tatsächlich realisiert werden können. Insbesondere ist also zu Fragen, ob die Gebundenheit freiwillig oder unfreiwillig erfolgt. Denn bei unfreiwilliger Gebundenheit wird die Wiederabschlusswahrscheinlichkeit negativ beeinflusst, nimmt die Suche nach Alternativen zu und die Bereitschaft zur Intensivierung der Geschäftsbeziehung z. B. über Cross-Selling ab. Zudem steigt die (negative) Referenzaktivität des Kunden insbesondere bei Unzufriedenheit mit der Bindungssituation.[1120]

Bezüglich des prospektiven Kundenwerts haben die jeweiligen Bindungszustände somit unterschiedliche Konsequenzen. Während die Gebundenheit zumindest für den Zeitraum der Bindung, z. B. aufgrund eines bestehenden Kreditvertrags ohne Sondertilgungsoptionen, die Kreditgenossenschaft in die Lage versetzt, vergleichsweise sicher, die daraus resultierenden Erträge zu schätzen, hängt die Wiederabschlusswahrscheinlichkeit im Falle eines erneuten Kreditfinanzierungsbedarfs wohl eher davon ab, inwieweit der Firmenkunde sich der Kreditgenossenschaft verbunden fühlt.[1121] Diese freiwillige Kundentreue konzeptualisieren HOMBURG/GIERING/HENTSCHEL über die Dimensionen bisheriges Verhalten und Verhaltensabsicht und ordnen die von MEYER/OEVERMANN[1122]

1116 Vgl. *Segbers, K.* (2007), S. 335 f.

1117 Vgl. dazu auch die Ausführungen bei *Tewes, M.* (2003), S. 112 f.

1118 Vgl. *Blut, M.* (2008), S. 19 sowie die dort angegebene Literatur.

1119 Vgl. *Eggert, A.* (2006), S. 44 sowie die dort angegebene Literatur.

1120 Vgl. *Tewes, M.* (2003), S. 113.

1121 Vgl. *Tewes, M.* (2003), S. 113.

1122 *Meyer, A./Oevermann, D.* (1995), Sp. 1341.

genannten Wirkungen der Kundenbindung diesen Dimensionen zu (siehe Abbildung 41).

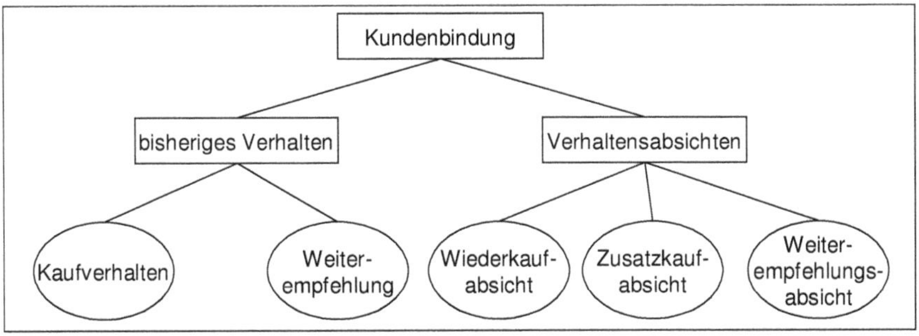

Abbildung 41: Konzeptualisierung des Konstrukts Kundenbindung[1123]

Werden vor dem Hintergrund der bisherigen Ausführungen empirische Studien aus dem Bankenkontext herangezogen, so zeigt sich ein heterogenes Bild. Den Ergebnissen von PAUL/PAUL/STEIN zufolge handelt es sich bei den Beziehungen zwischen mittelständischen Unternehmen und Hausbanken allgemein um vergleichsweise stabile Gebilde, „die durch Loyalität und Langfristigkeit gekennzeichnet"[1124] sind. Indiziert wird dieses Ergebnis aufgrund der Stichprobenstruktur hinsichtlich der Dauer der Geschäftsbeziehung, wonach 47 Prozent der befragten Unternehmen seit über 25 Jahren mit der Hausbank eine Geschäftsbeziehung unterhalten, 59 Prozent der Unternehmen nicht mehr als zwei Bankbeziehungen haben und 80 Prozent der Befragten künftig keine weiteren Beziehungen zu zusätzlichen Kreditinstituten aufbauen wollen. Die aktuelle Studie von TNS INFRATEST weist für die Volksbanken Raiffeisenbanken 35 Prozent stark gebundene und 23 Prozent gebundene Kunden auf.[1125] Zu anderen Ergebnissen kommt

1123 *Homburg, C./Giering, A./Hentschel, F.* (1999), S. 89. Die Autoren sprechen von Kundenbindung, die in dieser Arbeit inhaltlich mit der Kundentreue bzw. der Verbundenheit gleichgesetzt wird. TEWES dagegen spricht von Kundenloyalität. Vgl. *Tewes, M.* (2003), S. 113 ff. Da in dieser Arbeit der Begriff der Loyalität in einem anderen Kontext verwendet wird, soll der Begriff der Kundentreue verwendet werden.

1124 *Paul, M./Paul, S./Stein, S.* (2003), S. 5. Im Rahmen dieser Befragung wurden 490 mittelständische Unternehmen zu Aspekten der Geschäftsbeziehung zu ihrer Hausbank befragt.

1125 Vgl. *tns infratest* (2010), S. 58.

die Unternehmensberatung ZEB/.[1126] Danach wählen Unternehmen im Schnitt 3 bis 5 Bankverbindungen, was von 91,4 Prozent der Teilnehmer damit begründet wird, die eigene Unabhängigkeit zu erhöhen. Weiterhin geben etwa ein Drittel an, mehrere Hausbanken zu haben. Und gut jedes zweite Unternehmen gibt an, die Hausbankverbindung zu wechseln oder schon mal gewechselt zu haben. Und auch STECK/KUNDISCH kommen auf Basis einer Studie aus dem Jahr 2001 zu dem Ergebnis, dass die Kundenbindung bei deutschen Banken eher schwach ist.[1127] Wobei jedoch auch bei dieser Studie auffällt, dass die Kreditgenossenschaften über 50 Prozent „verbundener" bis „verwurzelter" Kundenverbindungen haben. Gleichwohl darf auf Seiten der Kreditgenossenschaften nicht davon ausgegangen werden, diese hohen Kundenbindungsraten seien zeitlich invariant. So weisen etwa die Ergebnisse der vorhergehenden Studie der TNS INFRATEST 39 Prozent stark gebundene und 29 Prozent gebundene Kunden auf,[1128] so dass im Zeitvergleich eine tendenziell sinkende Kundenbindung zu konstatieren ist. Auch die Gründe der relativ langen Kundenbeziehungen, die in habitualisierten Strukturen, gegenwärtig hohen Wechselkosten und potenziellen Außenwirkungen eines Bankwechsel begründet sind, zeigen, dass eher Gebundenheit, denn Verbundenheit als Bindungszustand anzunehmen ist.[1129] Dass dies den Banken bewusst ist, darauf weisen die Ergebnisse von ENGSTLER/PRAEG/VOCKE hin, wonach 64,4 Prozent der befragten Kreditgenossenschaften gegenwärtig Schwerpunkte der vertrieblichen Investitionen in Kundenbindungsprogramme planen.[1130]

Vor dem Hintergrund der getätigten Ausführungen soll das Bindungspotenzial als die kundenseitige Bereitschaft zur Fortführung einer Geschäftsbeziehung mit einem Anbieter verstanden werden. Dabei kann die Bereitschaft sowohl in der ökonomischen Bindung (Gebundenheit) als auch in der psychologischen Bindung (Verbundenheit) begründet sein.

Obwohl inhaltlich ähnlich bis identisch zum hier erläuterten Bindungspotenzial wird in bisher entwickelten Kundenwertmodellen vornehmlich vom Loyalitätspotenzial gesprochen. So definiert RUDOLF-SIPÖTZ das Loyalitätspotenzial in ihrem Kundenwertmodell als Affinität eines Kunden zur Kontinuität der Beziehung mit einem bestimmten Anbieter.[1131] Nach WÜNSCHMANN ist das Loyali-

---

1126 Vgl. hier und nachfolgend *Jansen, S.* (2009), S. 14, *Käser, B.* (2009), S. 11 und *Käser, B./Ritzenhofen, A.* (2009), S. 15. Grundlage ist eine Stichprobe von 674 in Deutschland tätigen Unternehmen.

1127 Vgl. *Steck, W./Kundisch, D.* (2005), S. 452.

1128 Vgl. *tns infratest* (2008), S. 48.

1129 Vgl. *KPMG* (2009), S. 9 ff. sowie die dort genannte Literatur.

1130 Vgl. *Engstler, M./Praeg, P./Vocke, C.* (2007), S. 17.

1131 Vgl. *Rudolf-Sipötz, E.* (2001), S. 104.

tätspotenzial eine zeitbezogene Größe, die die Konsumlebensdauer eines Kunden reflektiert[1132] und bei LISSAUTZKI ist die Bestandswahrscheinlichkeit formalanalytisch der Grad der Kundenbindung, den er als Gegenwahrscheinlichkeit einer Kundenabwanderung definiert.[1133] In dieser Arbeit wird zwischen Kundenbindung und Kundenloyalität unterschieden. Während Kundenbindung als Bereitschaft zur Fortführung verstanden wird, ist die Kundenloyalität ein Maß für die Intensität der Kundenbeziehung. So kann bspw. ein gebundener Kunde über Jahre einen geringen Anteil seines Zahlungsverkehrs mit einer Bank abwickeln. Die Loyalität beziffert in diesem Kontext den Anteil des Zahlungsverkehrs. Die Loyalität kann also produktspezifisch betrachtet werden.[1134] Diese Differenzierung kann anhand empirischer Ergebnisse für die Kreditgenossenschaft begründet werden. Obwohl in einer repräsentativen Studie die Kreditgenossenschaften sehr hohe Kundenbindungswerte erreichen, erzielen sie nur einen Anteil von 30 Prozent beim Zahlungsverkehrsvolumen und nur knapp ein Viertel des Volumens an Geld- und Kapitalanlagen von Firmenkunden.[1135]

4.5.2.2 Akquisitionspotenzial

Für die Bewertung von potenziellen Kunden ist neben dem Bindungspotenzial relevant, mit welcher Wahrscheinlichkeit diese akquiriert oder wiedergewonnen werden können. Dieser Aspekt ist Gegenstand des Akquisitionspotenzials.

Bei der inhaltlichen Bestimmung des Akquisitionspotenzials ist zunächst ein differenzierter Blick auf die relevanten Kunden zu richten. Wie in der Abgrenzung des Kundenbegriffs in Kapitel D.1.2.2 erläutert wurde, ergibt sich das numerische Kundenpotenzial einer Kreditgenossenschaft aus den aktuellen und den potenziellen Kunden, die dem Segment der Firmenkunden zuzuordnen sind. In der Gruppe der potenziellen Kunden können Altkunden ebenso enthalten sein wie Kunden, mit denen die Kreditgenossenschaft bisher keine geschäftliche Beziehung hatte. Unter Berücksichtigung dieser Tatsache lässt sich das Akquisitionspotenzial differenziert betrachten für die Akquisition von Neukunden und die Rückgewinnung von Altkunden.

1132 Vgl. *Wünschmann, S.* (2007), S. 39.

1133 Vgl. *Lissautzki, M.* (2007), S. 133.

1134 Ähnlich differenziert LISSAUTZKI die Begriffe Kundenbindung und Kundenloyalität. Vgl. *Lissautzki, M.* (2007), S. 145.

1135 Vgl. *AGVR et al.* (2008), S. 14 ff. Gemessen wird die Kundenbindung mittels des sog. TRI* M-Index. Dieser von der TNS INFRATEST ermittelte Index bildet in einer Kennzahl die Zufriedenheit, die Weiterempfehlungs- sowie die Fortführungsabsicht und den unter Berücksichtigung von Alternativen subjektiv wahrgenommenen Nettonutzen ab. Nach Aussage dieses Indexes weisen die Genossenschaftsbanken mit 68 Prozent den höchsten Anteil „gebundener“ Kunden auf.

Die Akquisition von Neukunden ist insbesondere für die Kreditgenossenschaften vor dem Hintergrund des bisher traditionell etablierten Bringgeschäfts der Kunden eine vergleichsweise neue Herausforderung.[1136] Dass die Akquisitionsbemühungen auch im Vergleich zu den Kundenbindungsbemühungen vergleichsweise stiefmütterlich durchgeführt werden, resultierte nicht zuletzt aus der oftmals geäußerten Einschätzung, es sei relativer günstiger bestehende Geschäftsbeziehungen auszuschöpfen als neue Kunden zu akquirieren.[1137] Gleichwohl darf aus Sicht der Kreditgenossenschaften nicht vergessen werden, dass die Akquisition wertvoller Firmenkunden zentraler Bestandteil der langfristigen Existenzsicherung des Genossenschaftsbetriebs ist. Denn es kann begründet angenommen werden, dass im Zeitverlauf bei der Ausschöpfung von Kundenwertpotenzialen „natürliche" Grenzen erreicht werden. Sofern diese Ausschöpfung nicht effizient im Sinne der geforderten Rentabilität aus Mitgliedersicht und nachhaltig, also andauernd ist, müssen neue Kundenwertquellen identifiziert werden. Dass zudem die Kundenbeziehungsdauern nicht unendlich sind, liegt im Bereich der statistischen Erwartung. So ist davon auszugehen, dass Unternehmen ihren Lebenszyklussen entsprechend in Degenerationsphasen eintreten und so ihre Existenz verlieren. Auch kann es sein, dass sich Firmenkunden aufgrund dynamischen Wachstums aus der Positionierung und Kompetenz der Kreditgenossenschaften heraus entwickeln und Geschäftsbeziehungen zu den vergleichsweise größeren Kreditbanken aufnehmen.[1138] Es liegen bisher noch keine fundierten Erkenntnisse über erfolgreich Akquisitionsprozesse im Firmenkundengeschäft der Banken vor. Es dürfte jedoch allgemeingültig gelten, dass die Einschätzung über die Erfolgswirksamkeit einer Akquisitionsbemühung in umgekehrter Richtung davon abhängt, wie hoch das Bindungspotenzial eines anvisierten Akquisekunden gegenüber seinen bisherigen wettbewerblichen Bankverbindungen ist.

1136 So wurden im Jahr 2010 von 3.105 mittelständischen Unternehmen mit einer Beschäftigtenzahl von 2-499 Mitarbeitern 20 Prozent von einem Mitarbeiter eines Geldinstituts, mit dem der Kunde zu der Zeit keine geschäftliche Zusammenarbeit hatte, angesprochen. Davon waren in nur 10 Prozent der Fälle die Mitarbeiter bei einer VR-Bank beschäftigt. Vgl. *tns infratest* (2010), S. 87.

1137 Vgl. *Sheth,J. N./Partvatiyar, A.* (1995), S. 265; *Vogel, V.* (2006), S. 1 sowie die dort genannte Literatur. „Für das Firmenkundengeschäft der Banken fehlen genaue Untersuchungen." *Renker, C.* (2005), S. 249.

1138 Dies indizieren auch die Ergebnisse der TNS INFRATEST-Untersuchung zum Firmenkundengeschäft in Deutschland aus dem Jahr 2008. Demnach gibt es einen negativen Zusammenhang zwischen der Größe eines Firmenkunden gemessen am Umsatz und dem Marktanteil einer Kreditgenossenschaft im jeweiligen Segment, Vgl. *tns infratest* (2008), S. 6 und S. 22.

Neben der Akquisition von potenziellen Kunden sind auch Maßnahmen des sog. „Corporate Customer Recovery Management", d. h. der Kundenrückgewinnung,[1139] zu berücksichtigen. Für die Rückgewinnung ist vor allem von Relevanz, aus welchen Gründen Firmenkunden die Kreditgenossenschaft vollständig oder partiell bspw. in Form der Nachfrage nach Produkten, die bisher bei der Kreditgenossenschaft kontrahiert wurden, und nun bei anderen Anbietern bezogen werden, wechseln. RENKER teilt die Abwanderungsursachen in drei Gruppen ein: bankinduzierte, firmenkundeninduzierte und bankbetreuerinduzierte Ursachen. An einer Studie aus dem Sparkassensektor zeigt er auf, dass vor allem Firmenschließungen, das aktivere Akquisitionsverhalten von Wettbewerbern und ein gestörtes Verhältnis zum Firmenkundenbetreuer als relativ wichtige Abwanderungsgründe genannt werden.[1140] Die Ergebnisse von TNS INFRATEST zeigen zudem, dass vor allem die wahrgenommene Unflexibilität und Schwerfälligkeit der Kreditgenossenschaften einen Wechsel durch den Firmenkunden begründen.[1141] Dass die Rückgewinnung von Altkunden zwar relativ teuerer als die Bindung bestehender Kunden und relativ günstiger als die Akquisition von Nichtkunden, aber dennoch erfolgversprechend ist, wird damit begründet, dass diese profitabler und treuer sein können als Kunden mit kontinuierlicher Geschäftsbeziehung (siehe Abbildung 42).[1142] STAUSS/FRIEGE zeigen in einer Fallstudie, dass der Return on Investment eines Neukunden 23 Prozent im Vergleich zu 214 Prozent bei einem zurückgewonnenen Altkunden beträgt.[1143] Die vergleichsweise höhere Kundentreue und -profitabilität begründet RENKER damit, dass zurück gewonnene Firmenkunden zur Rechtfertigung der revidierten Entscheidung eine Bestätigung benötigen, die sich in intensiveren Geschäftsvolumina konkretisiert.[1144]

1139 Vgl. hier und nachfolgend *Renker, C.* (2005), S. 244 ff.

1140 Zudem argumentiert er, die Notwendigkeit und die Chancen eines erfolgreichen Rückgewinnungsprozesses würden von vielen Firmenkundenbetreuern nicht erkannt. So gaben von 620 befragten Kreditinstituten im Jahr 2003 nur 2 von 61 der antwortenden Banken an, die Rückgewinnung von abgebrochenen Geschäftsbeziehungen systematisch anzustreben. Vgl. *Renker, C.* (2005), S. 247.

1141 Vgl. *tns infratest* (2010), S. 85.

1142 Vgl. *Renker, C.* (2005), S. 248 sowie die dort genannte Literatur; *Sauerbrey, C./Henning, R.* (2000), S. 17. SAUERBREY/HENNING gehen in ihren Untersuchungen davon aus, dass die Kosten der Rückgewinnung etwa halb so hoch sind wie die Kosten der Kundenakquisition und dreimal so hoch wie die Kundenbindungskosten. Für das Firmenkundengeschäft fehlen genaue Untersuchungen dazu jedoch noch.

1143 Vgl. *Stauss, B./Friege, C.* (1999), S. 359. Es handelt sich hierbei jedoch um eine zum Anwendungskontext dieser Arbeit branchenfremde Fallstudie.

1144 Vgl. *Renker, C.* (2005), S. 248.

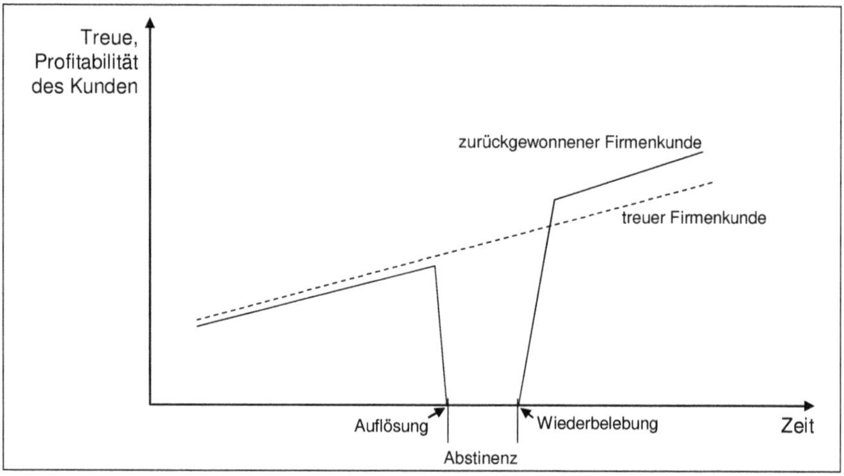

Abbildung 42: Profitabilität und Treue zurückgewonnener und treuer Firmenkunden[1145]

Werden die bisherigen Überlegungen zur Bindungsdimension zusammengefügt, wird deutlich, dass für aktuelle Kunden das Bindungspotenzial und für potenzielle Kunden die gleichzeitige Betrachtung des Akquisitions- und des Bindungspotenzials relevant ist. Die bisher betrachteten Kundenwerttreiber sind noch nicht ausreichend, um die Kundenwertermittlung zu ermöglichen. Da sie noch keine Aussage über die tatsächlichen Zielbeiträge treffen, sind entsprechende Kundenwerttreiber der Ertragsdimension zu betrachten.

4.5.3 Kundenwerttreiber der Ertragsdimension

Während die Beziehungsdimension, die im vorhergehenden Kapitel festgelegt und diskutiert wurde, als Kundenwerttreiber umstritten ist, hat die Ertragsdimension in allen Kundenwertmodellen eine herausragende Bedeutung.[1146] Basierend auf dem Gewicht der materiellen Ziele der Kreditgenossenschaften[1147] ist

---

1145 In Anlehnung an *Renker, C.* (2005), S. 248.

1146 Dabei ist zu berücksichtigen, dass die Spezifizierung der Ertragsdimension unterschiedlich ausfällt. Während in einer Vielzahl von Beiträgen die strenge und theoretisch postulierte liquiditätsorientierte Sicht vertreten wird, gibt es ebenso viele Beiträge, die aus pragmatischen Gründen auf Größen des internen Rechnungswesens wie z. B. den Deckungsbeitrag abstellen. Unterschiedlich ist in diesen Arbeiten jedoch die Definition des Deckungsbeitrags, da dieser unterschiedliche Kostengrößen umfasst.

1147 Vgl. die Ausführungen in Kapitel D.3.1.

diese Dimension auch für das Firmenkundenwertmodell der Kreditgenossenschaften zwingend zu berücksichtigen.

Aus Steuerungsperspektive ist es zielführend, die Ertragsdimension in einzelne Kundenwerttreiber, die verschiedene Maßnahmen zur Kundenwertrealisierung fundieren und Analysen in Bezug auf relevante Potenziale unterstützen, zu differenzieren. Vor dem Hintergrund des jedoch realiter vorliegenden Zusammenwirkens dieser Komponenten lehnt sich die folgende Betrachtung in dieser Arbeit an die Aussage von KAMINSKY an: „Vom analytischen Standpunkt [...] aus erlaubt das Zusammenwirken [...] keinen Verzicht auf die getrennte Betrachtung der Sphären."[1148] Daher wird zum einen zwischen bestehenden und zusätzlichen Produktbeziehungen unterschieden. Zum zweiten wird eine differenzierte Betrachtung von positiven (Erträge) und negativen Wertbeiträgen (Kosten) vorgenommen. Wie sich aus der Übersicht ausgewählter Kundenwertmodelle in Tabelle 12 zeigt, betrachten die meisten Autoren nicht nur diejenigen ökonomischen Erfolgsgrößen, die unmittelbar und direkt aus der Kundenbeziehung resultieren. Vielmehr werden auch Faktoren betrachtet, die einem Kunden zugerechnet werden können, sich jedoch nicht auf die betrachtete Kundenbeziehung auswirken. Mit Blick auf die besondere Bedeutung der Geschäftsbeziehung sollen die Kundenwerttreiber der Ertragsdimension in beziehungsbezogene und beziehungsübergreifende Größen unterteilt werden. Während erstere ihren erfolgsrelevanten Beitrag in der dyadischen Beziehung zwischen Firmenkunde und Kreditgenossenschaft leisten, berücksichtigen letztere auch das Zusammenspiel mit Dritten, insbesondere auf der Kundenseite.

4.5.3.1 Beziehungsbezogene Kundenwerttreiber der Ertragsdimension

4.5.3.1.1 Basisgeschäftspotenzial

Unter dem Basisgeschäftspotenzial soll im Folgenden das aus Sicht der Kreditgenossenschaft mit einem Firmenkunden über einen zu bestimmenden in der Zukunft liegenden Zeitraum kontrahierbare Leistungsvolumen in zum Bewertungszeitpunkt gegebenen Produktbeziehungen verstanden werden. Dieser Kundenwerttreiber umfasst die künftigen Erlöse bzw. Erträge, die aus einer etablierten Kundenbeziehung zu erwarten sind. Der Ertragsbegriff wird durch die Provi-

[1148] *Kaminsky, S.* (1955), S. 30. Dabei bezieht sich KAMINSKY in seiner Argumentation ursprünglich auf die differenzierte Betrachtung des Werte- und des Betriebsbereichs in der Kosten- und Erfolgsrechnung der Kreditinstitute, obwohl diese nur gemeinsam eine mit einem Preis dotierte Marktleistung erzeugen. Siehe dazu auch die Ausführungen in Kapitel C.4.3.

sionsbeiträge und Konditionsbeiträge konkretisiert.[1149] DILLER bezeichnet diesen Bestimmungsfaktor in seinem Kundenwertmodell als Penetrationswert[1150] und WEBER/LISSAUTZKI als Loyalitätswert.[1151] Das Basisgeschäftspotenzial stellt den gedanklichen Sockelwert des ökonomischen Kundenwerts dar.[1152] BAUER/HAMMERSCHMIDT und BAUER/HAMMERSCHMIDT/BRÄHLER subsumieren unter dem Basisgeschäftspotenzial den autonomen Umsatz, welcher sich durch Kundenumsätze aufgrund von Standardmarketingmaßnahmen ergibt.[1153] ANDON/BAXTER/ BRADLEY definieren noch enger: „Base Profits are profits that will be earned from customers purchases, unaffected by factors such as time, loyalty and efficiency, over the period of a customer relationship."[1154] Dieser Kundenwerttreiber steht in direkter Beziehung zu den Wachstums- und Profitabilitätszielen der Kreditgenossenschaft.

Die produktbezogene Abgrenzung des Basisgeschäftspotenzials resultiert aus der notwendigen Trennung von den später noch zu erläuternden Cross-Selling- und Up-Selling-Potenzialen. Während letztgenannte Trennung regelmäßig auch in der Literatur vorgenommen wird,[1155] setzen sich nur wenige Beiträge damit auseinander, wie der Umfang der durch diesen Kundenwerttreiber berücksichtigten Produkte bzw. Bankleistungen abgegrenzt werden soll. Daher soll auf diesen Punkt kurz eingegangen werden.

1149 Während im industriellen Kontext eine explizite Differenzierung zwischen Erlösen (ohne Berücksichtigung von Kosten) und Erträgen (mit Berücksichtigung von Kosten) sinnvoll ist, soll nachfolgend bei zinstragenden Geschäften ausschließlich von Erträgen gesprochen werden. Dies begründet sich damit, dass der Begriff des Ertrags in der bankbetrieblichen Betriebswirtschaftslehre weiter verbreitet ist. Er impliziert zudem, dass aufbauend auf der Marktzinsmethode Finanzierungs- bzw. Opportunitätskosten bereits in Abzug gebracht sind. Da diese i. d. R. nicht vom Kunden beeinflusst werden können, sondern durch das bankinterne Treasury, und auch dort i. d. R. verantwortet werden, sind die Auswirkungen auf die nachfolgenden Ausführungen gering bis nicht vorhanden. Analog wird der Saldo aus Provisionserträgen und -aufwendungen als Provisionsbeitrag bezeichnet und verwendet.

1150 Vgl. *Diller, H.* (2001), S. 10.

1151 Vgl. *Weber, J./Lissautzki, M.* (2005), S. 313.

1152 Vgl. *Stahl, H. K./Matzler, K./Hinterhuber, H. H.* (2006), S. 428 f. Die Autoren bezeichnen dies auch als Sockelgeschäft der Kundenbeziehung und gehen von einer bestimmten Bedarfsstruktur des Kunden über die gesamte Beziehungsdauer aus. Ähnlich auch *Hippner, H.* (2004), S. 25, der diesen Teilwert als Basisvolumen bezeichnet.

1153 Vgl. *Bauer, H.-H./Hammerschmidt, M.* (2005), S. 335; *Bauer, H.-H./Hammerschmidt, M./Brähler, M.* (2002), S. 328 ff.; so auch *Schneider, N. C.* (2007), S. 67 und *Homburg, C.* (2007), S. 409.

1154 *Andon, P./Baxter, J./Bradley, G.* (2003), S. 303.

1155 Vgl. z. B. *Rudolf-Sipötz, E.* (2001), S. 95 ff.; *Cornelsen, J.* (2000), S. 169 ff.

Ausgangspunkt der folgenden Überlegungen ist die Feststellung, dass der Absatz einer bestimmten Bankleistung in der Vergangenheit der Kundenbeziehung stattgefunden hat und nun festzulegen ist, ob dieses Produkt bzw. diese Produktbeziehung zugrunde gelegt werden soll, um das Basisgeschäftspotenzial zu bestimmen. Grundsätzlich lässt sich der betrachtete Zeitraum als Abgrenzungskriterium verwenden, womit drei prinzipielle Arten der Produktabgrenzung verbunden sind (siehe Abbildung 43). Diese Möglichkeiten sind:

- Möglichkeit 1: Die Betrachtung des Basisgeschäftspotenzials bezieht sich auf alle Produkte, die in einem bestimmten Zeitraum, z. B. der letzten (Abrechnungs-)Periode, mit dem Kunden kontrahiert wurden (Produkte B, C und D werden berücksichtigt).
- Möglichkeit 2: Der relevante Zeitraum wird über die gesamte bisherige Kundenbeziehungsdauer definiert, so dass alle mindestens einmal seit Beginn der Kundenbeziehung kontrahierten Produkte betrachtet werden (alle Produkte werden berücksichtigt).
- Möglichkeit 3: Es werden der Zeitraum der bisherigen Kundenbeziehung betrachtet und nur die Produkte berücksichtigt, für die aufbauend auf dem letzten vorliegenden Produktabschluss und einem typisierten oder bedarfsspezifischen Wiederkaufszyklus[1156] ein Wiederkauf für den prospektiven Bewertungszeitraum zu erwarten ist (Produkte A und D werden berücksichtigt. Produkt B scheidet aus, da ein Wiederkauf außerhalb des Betrachtungszeitraumes liegt. Zudem scheidet C aus, da das Produkt beim letzten erwarteten Kauf nicht beim Anbieterunternehmen bezogen wurde).

[1156] Wiederkaufzyklen ergeben sich aus der Annahme eines wiederkehrenden produktspezifischen Bedarfs eines Kunden. Sie sind nicht gleichzusetzen mit der kundenseitigen Entscheidung den Bedarf beim betrachteten Anbieterunternehmen zu decken.

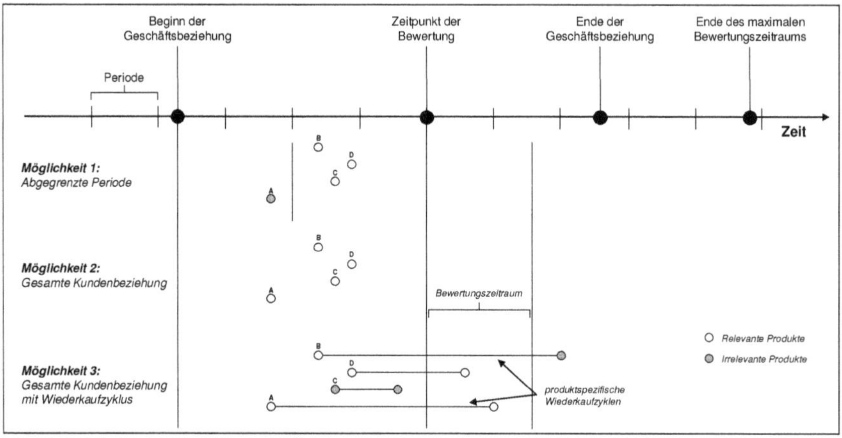

Abbildung 43: Möglichkeiten zur Produktabgrenzung für das Basisgeschäftspotenzial[1157]

Wird realistischerweise eine kunden- oder anbieterseitige Dynamik im Zeitablauf unterstellt (z. B. weil das Nachfrageverhalten des Firmenkunden sich verändert oder die Kreditgenossenschaft im Rahmen von Sortimentsentscheidungen Leistungen künftig nicht mehr anbietet), führt dies zwingend zum Ausschluss der Möglichkeiten 1 und 2, welche in der Literatur oft implizit angenommen werden. Gelingt es für die in der Vergangenheit kontrahierten Produkte Wiederkaufzyklen zu bestimmen, so sollte prinzipiell die Möglichkeit 3 angewendet werden. Problematisch ist dabei, dass kundenspezifisch bestimmte Bankprodukte kontinuierlich (z. B. die Dienstleistungen des Zahlungsverkehrs) und andere Produkte diskontinuierlich (z. B. Investitionskredite) nachgefragt werden.[1158] Typische Wiederkaufzyklen wie sie bei den meisten Gebrauchsgütern wie z. B. bei Automobilen vorliegen, gibt es für Bankleistungen nicht.[1159] In diesem Fällen sollte auf bedarfsspezifische Wiederkaufzyklen rekurriert werden, die sich aus den bestehenden Verträgen und der künftigen, erwarteten Bedarfssituation eines Kunden ergeben. Implizit bedeutet dies ein wertloses Basisgeschäftspotenzial, wenn keine Wiederkaufrelevanz in der relevanten künftigen Periode vorliegt.[1160]

1157 Eigene Darstellung. Die jeweils grau kolorierten Produkte werden nicht berücksichtigt.

1158 Vgl. *Lippmann, I.* (2006), S. 397; *Eichelmann, T./Bufka, J./Lehmann, M.* (2001), S. 779.

1159 So hängt der künftige Bedarf eines Kredits nicht nur von Fälligkeit eines bestehenden Kredits ab, sondern auch davon, welches Auszahlungsvolumen das Unternehmen in der Zukunft plant und welche Finanzierungsmöglichkeiten vorliegen. Bei ausreichender Innenfinanzierungskraft ist die Fremdfinanzierung über Kredite gegebenenfalls obsolet.

1160 Vgl. *Diller, H.* (2001), S. 11.

Korrigiert wird das so abgegrenzte Produktprogramm durch zwei Faktoren. Dies ist erstens die geschäftspolitische Ausrichtung der Bank, mithin also die im Planungs- oder Bewertungszeitraum liegenden bzw. hier umzusetzenden Sortimentsentscheidungen. Ggf. ist zu berücksichtigen, dass Bankleistungen nicht mehr angeboten werden oder dass Leistungsvarianten mit gleichem Grundnutzen angeboten werden sollen. Liegt letzterer Fall vor, sollten die entsprechenden Leistungsvarianten betrachtet werden. Zweitens ist der erwartete Bedarf des Kunden bezüglich dieser Produkte zu berücksichtigen. Spricht mehr gegen den konkreten Produktbedarf als dafür, so sind diese Produkte auszuschließen. Dies betrifft z. B. Bankleistungen für das Auslandsgeschäft, wenn das Unternehmen seine Auslandsaktivitäten bekanntermaßen einstellt. Diese Aspekte sind in der Prognose des Basisgeschäftspotenzials zu berücksichtigen.

Zentrale Einflussfaktoren auf das Basisgeschäftspotenzial sind die Entwicklung des Kunden über den Planungs- oder Bewertungszeitraum, das daraus abgeleitete Bedarfspotenzial[1161] sowie der kundenseitige Loyalitätsgrad. Das Bedarfspotenzial des Firmenkunden nach Finanzdienstleistungsprodukten und Bankleistungen kann im Sinne des industriellen Marketings als derivativer Bedarf oder abgeleitete Nachfrage verstanden werden.[1162] In lexikalischer Definition ist die abgeleitete Nachfrage dadurch charakterisiert, dass sie die Nachfrage nach Produktionsfaktoren ist, die sich aus der Nachfrage nach Konsumgütern ergibt.[1163] Der Definitionsaspekt der Konsumgüter ist zu relativieren, da sonst nur Firmenkunden betrachtet werden können, die auf Konsumgütermärkten tätig sind. Der Charakter der abgeleiteten Nachfrage resultiert vielmehr daher, dass in diskreter Form die Nachfrage nach Produkten des Firmenkunden dessen Existenz und damit auch den Bedarf nach Bankleistungen begründet. In stetiger Form hat die Entwicklung der Absatz- und Beschaffungsmärkte des Kunden Einfluss darauf, in welchem Umfang er etwa Zahlungsverkehrsdienstleistungen oder alternative Produkte in Anspruch nimmt. Das Ausmaß des Einflusses der Marktentwicklung auf die Unternehmensentwicklung bzw. die Stärke und Richtung der Korrelation zwischen diesen Variablen wird moderiert durch die Managementkompetenz. Die Managementkompetenz drückt die Fähig- und Fertigkeiten der Geschäftsleitung eines Unternehmens aus, die Marktentwicklung im Sinne der Unternehmenszielsetzung zu nutzen. Eine weitere moderierende Variable im Kontext der Ableitung des konkreten Bedarfspotenzials ist die Qualität

---

1161 In Anlehnung an die im Marketing etablierten Begriffsverwendungen wird an dieser Stelle zwischen dem kundenspezifischen Bedarfspotenzial und dem anbieterspezifischem Anteil am Bedarfspotenzial, dem Bedarfsvolumen unterschieden.

1162 Vgl. *Barth, K./Wille, K.* (2000), S. 10.

1163 Vgl. *Gabler Wirtschaftslexikon* (2000), Band A- Be, S. 10.

des Informationsprozesses, mittels dessen die Informationen über die Markt- und Unternehmensentwicklung an die Kreditgenossenschaft fließen. Liegen hinreichende Informationen über die bisher genannten Variablen vor, bedarf es eines geeigneten Transformationsmodells, dass die konkrete Unternehmensentwicklung in das Bedarfspotenzial nach Bankdienstleistungen übersetzt.[1164]

Der kreditgenossenschaftliche Anteil des Bedarfspotenzials eines Kunden wird als Bedarfsvolumen bezeichnet. Dieses ergibt sich aus der funktionalen Verknüpfung des Bedarfspotenzials mit dem Loyalitätsgrad. Der Loyalitätsgrad ist in Anlehnung an WEBER und LISSAUTZKI als absatzmengenbezogener Anteil definiert, der mathematisch Werte zwischen 0 und 1 (100%) annehmen kann.[1165] Um das Basisgeschäftspotenzial zu bestimmen, wird der Loyalitätsgrad in Abgrenzung zum Entwicklungspotenzial als kundenseitig gegeben (konstant oder dynamisch veränderlich) für den Planungs- oder Bewertungszeitraum angenommen.

Werden diese Überlegungen auf das industrielle Geschäft übertragen, determinieren Bedarfsvolumen und Bedarfsstruktur das „Mengengerüst" des zu bestimmenden Basisgeschäftspotenzials. Dieses ist mit einem geeigneten Bewertungsfaktor (Preis oder Zinssatz) zu gewichten, um das „Wertgerüst" zu erhalten. In diesem Zusammenhang kann unterschieden werden, ob der Bewertungsfaktor kundenbezogen ausgestaltet sein soll. Im Falle eines kundenbezogenen Bewertungsfaktors lassen sich aus der Historie der Geschäftsbeziehung approximativ kundenindividuelle Zahlungsbereitschaften im Vergleich zur Zahlungsbereitschaft des Gesamtkundenbestands anhand des kundendurchschnittlichen Zinssatz- und/oder Konditionsniveaus ermitteln,[1166] so dass die geschäftspolitisch motivierten Standardkonditionen kundenindividuell relativiert und die Bewertung des „Mengengerüsts" vorgenommen werden kann. Alternativ können auch die festgelegten Standardkonditionen verwendet werden, um das Basisgeschäftspotenzial zu bewerten. Vor dem Hintergrund der expliziten Berücksichtigung einer noch nicht vollständig abgeschöpften Zahlungsbereitschaft eines

---

1164 Ein beispielhaftes Modell wird in Kapitel E.1.2.4 vorgestellt.

1165 Vgl. *Lissautzki, M.* (2007), S. 145 ff.; *Weber, J./Lissautzki, M.* (2005), S. 313 ff. Damit grenzen die Autoren die Kundenbindung von der Loyalität ab. Während die Kundenbindung eine Aussage über das Ob trifft, bezieht sich die Loyalitätsrate auf die Intensität im Fall eines Ob. Vgl. für ein plakatives Beispiel *Lissautzki, M.* (2007), S. 145 ff.

1166 Dabei ist zu berücksichtigen, dass sowohl Produktspezifika wie etwa Laufzeiten, Volumina wie auch Kundenspezifika wie unterschiedliche Ausfallrisikoklassen und Besicherungen Einfluss auf die Konditionsgestaltung haben. Daher ist die Auswahl einer geeigneten Vergleichsgruppe aus dem Gesamtkundenbestand dahingehend auszuwählen, dass eine hinreichend aussagekräftige Vergleichbarkeit gegeben ist.

Firmenkunden, sollte ein kundenbezogener Bewertungsfaktor auf Basis bisheriger Transaktionen genutzt werden.

4.5.3.1.2 Entwicklungspotenzial

Das Entwicklungspotenzial fasst zwei Möglichkeiten zusammen, um über das Basisgeschäftspotenzial hinaus Erträge in bestehenden Kundenbeziehungen zu realisieren. Es umfasst zum einen das Up-Selling-Potenzial und zum anderen das Preispotenzial. Wie auch das Basisgeschäftspotenzial bezieht sich das Entwicklungspotenzial auf die bestehenden Produktbeziehungen, die somit auch kongruent zum Basisgeschäftspotenzial abzugrenzen sind.

Das Up-Selling-Potenzial basiert auf dem Marketing- und Vertriebskonzept des Up-Selling, wobei der Begriff Up-Selling in der betriebswirtschaftlichen Forschung nicht eindeutig definiert ist. Aus einer Gegenüberstellung ausgewählter Begriffsdefinitionen leitet POHLKAMP drei wesentliche Merkmale ab, die aus seiner Sicht in den Vordergrund treten:[1167]

- Up-Selling umfasst Transaktionen innerhalb einer bestehenden Geschäftsbeziehung. Dies setzt mindestens eine Transaktion vor dem als Up-Selling zu bezeichnenden Verkauf voraus (Einstiegsprodukt).
- Up-Selling zielt auf den Verkauf von höherwertigen Produkten und Dienstleistungen im Sinne von qualitativ besser und teurer. Teilweise ist jedoch unklar, welcher der beiden Bezugspunkte einer höheren Wertigkeit heranzuziehen ist.
- Up-Selling ist der Verkauf von Produkten und Dienstleistungen, die in einer substitutiven Beziehung zueinander stehen. Das Up-Selling-Produkt entstammt damit der gleichen Leistungskategorie und stiftet dem Kunden den gleichen Grundnutzen. Es resultieren aus dem Up-Selling folglich Kannibalisierungseffekte.

Weiterhin wird in der Literatur auch der Mehrverkauf eines bisher schon verkauften Produkts[1168] und die Ausschöpfung zunehmender Zahlungsbereitschaften im Zeitablauf der Kundenbeziehung als Up-Selling definiert.[1169] Ersteres bezieht sich auf das Ziel, eine Ausweitung der Kundendurchdringungsrate bzw. des Loyalitätsgrads zu realisieren.[1170] Letzteres lässt sich damit begründen,

---

1167 Vgl. *Pohlkamp, A.* (2009), S. 14 ff.

1168 Vgl. *Stüker, D.* (2008), S. 171; *Homburg, C.* (2007), S. 409; *Schneider, N. C.* (2007), S. 117; *Vogel, V.* (2006), S. 47; *Bauer, H.-H./Hammerschmidt, M.* (2005), S. 335; *Kamakura, W. et al.* (2005), S. 283.

1169 Vgl. *Pohlkamp, A.* (2008), S. 27; *Hempelmann, B./Lürwer, M.* (2003), S. 338; *Reichheld, F. F./Sasser, W. E.* (1990), S. 105 f.

1170 Vgl. *Eisenächer, H. W./Backofen, O. J./Hilverkus, S.* (2006), S. 792 und S. 795.

dass Up-Selling unter anderem auf die kundenindividuelle Zahlungsbereitschaften abzielt, um kundenseitige Preisobergrenzen auszunutzen.[1171] Im Rahmen des Entwicklungspotenzials ist dieses das Preispotenzial, das ein enges Verständnis der Abschöpfung von Zahlungsbereitschaften nutzt. Zusammenfassend lassen sich für das Entwicklungspotenzial die folgenden Facetten ableiten (siehe Abbildung 44).

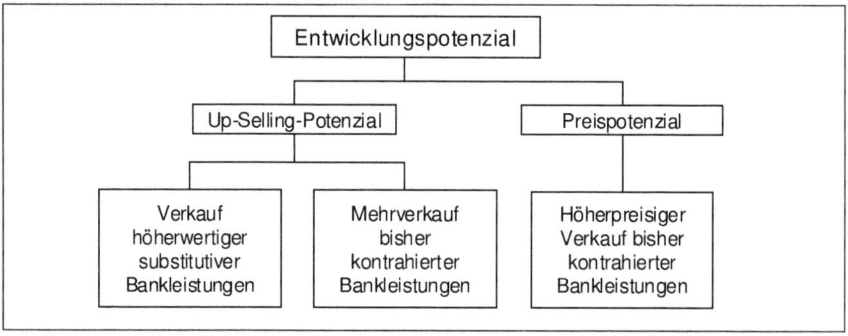

Abbildung 44: Facetten des Entwicklungspotenzials[1172]

Diese einzelnen Facetten sind das Gerüst der nachfolgenden Erläuterung des Entwicklungspotenzials als Werttreiber des Kundenwerts. Dabei ist zu berücksichtigen, dass das Up-Selling-Potenzial bisher nur rudimentär in der Literatur behandelt wurde,[1173] so dass eine konzeptionelle Auseinandersetzung vor dem Hintergrund eines zweckadäquaten Verständnisses für das hier zu entwickelnde Kundenwertmodell vorgenommen werden muss. Denn so ist insbesondere in wettbewerbsintensiven Märkten dem Up-Selling als Möglichkeit der Bestandsausschöpfung eine besondere Bedeutung einzuräumen[1174] und zu konstatieren, dass im Vergleich zu ausländischen Banken dieses Potenzial in deutschen Kreditinstituten nahezu ungenutzt ist.[1175]

Um den Verkauf höherwertiger, substitutiver Leistungen im Kundenwertmodell berücksichtigen zu können, also bei gleichem Grundnutzen ein höherwertiges Produkt anzubieten, ist zunächst eine bedarfs- bzw. nutzenbasierte Produktgruppenbildung vorzunehmen. Es sind alle Produkte, die einen ähnlichen

1171 Vgl. *Pohlkamp, A.* (2009), S. 21.

1172 Eigene Darstellung.

1173 Vgl. *Pohlkamp, A.* (2009), S. 13; *Vogel, V.* (2006), S. 47; *von Wangenheim, F.* (2003), S. 44.

1174 Vgl. *Duttenhöffer, S.* (2004), S. 514.

1175 Vgl. *Heppelmann, S./Middelmann, M. K.* (2006), S. 5.

Grundnutzen wie das in der Vergangenheit kontrahierte Produkt aufweisen, einer Produktgruppe zuzuordnen.[1176] Grundlegende empirische Erkenntnisse dazu liegen für das Firmenkundengeschäft der Banken nicht vor. Diese würden sich aus entsprechenden empirischen Kundenstudien ableiten lassen, wonach die befragten Kunden das Leistungsangebot der Banken hinsichtlich ihres Grundnutzens strukturieren. Trotz dieses Defizits ist als Grundlage des Up-Sellings im Sinne des Verkaufs höherwertiger Leistungen davon auszugehen, dass eine entsprechend ausgerichtete Leistungsstruktur in den Kreditgenossenschaften vorliegt bzw. durch institutsinterne Plausibilitätsüberlegungen auch ohne Integration der Kundensicht ermittelt werden kann. Die in Abbildung 15 dargestellte Systematik des BVR kann einen ersten groben Anhaltspunkt für eine derartige Produktgruppenbildung sein. Jedoch muss im Sinne des Up-Selling eine Leistungsstruktur definiert werden, die auch den Aspekt der Höherwertigkeit, d. h. der relativen Wertunterschiede aus Sicht der Kreditgenossenschaft berücksichtigt.[1177] Dieses ist in einem zweiten Schritt vorzunehmen. Hier empfiehlt es sich, vergleichbare Ausprägungsmerkmale zugrunde zu legen (so z. B. Volumina, Laufzeiten und Bonitätsklassen für Aktivgeschäfte). Als Beispiel nennt DUDERSTADT unterschiedliche Ausprägungen von Kreditkarten.[1178]

Der Mehrverkauf bisher kontrahierter Leistungen kann kunden- oder anbieterinitiiert sein, wenngleich dies im Ergebnis mit Blick auf die Wirkung auf den Kundewert weitgehend identisch ist. DILLER bezeichnet diese Facette als Penetrationswert.[1179] Der kundeninitiierte Einfluss wird konzeptionell im Basisgeschäftspotenzial berücksichtigt. Liegt die Initiative auf Anbieterseite, ist hierunter der vertriebliche Ansatz zu verstehen, das kundenindividuelle Bedarfsvolu-

---

[1176] Dies gilt jedoch nicht für gebündelte Produkte, die den gleichen Nutzen stiften wie ein vorhergehendes Basisprodukt. Dies betrifft z. B. im Firmenkundengeschäft den Fall eines festverzinslichen Kredits, der prinzipiell nutzenäquivalent zu einem synthetischen Festzinskredit ist, der sich aus einem variablen Kredit und einem Zinsderivat (Zins-Cap oder Zins-Swap) zusammensetzt.

[1177] Offen ist dabei vor allem die Beurteilung der Wertigkeit einzelner Produkte anhand derer diese in Beziehung gesetzt werden können. In diesem Punkt zeigt sich auch die fundamentale Kritik an bisherigen Arbeiten, die Up-Selling auf der reinen Erlösebene im Kundenwert berücksichtigen, aber keine Aussage darüber treffen, wie die Höherwertigkeit bestimmt wird. Z. B. *Bauer, H.-H./Hammerschmidt, M.* (2005), S. 335. Das Problem, die Höherwertigkeit zu bestimmen, gilt insbesondere für Bankleistungen, die hochgradig von den kundenindividuell ausgestalteten Produktparametern und bei risikotragenden Geschäften von der aktuellen und zu erwartenden Risikosituation des Kunden abhängen. Eine abschließende Klärung dieser Frage kann im Rahmen dieser Arbeit jedoch nicht erfolgen.

[1178] Vgl. *Duderstadt, S.* (2006), S. 54, Fn. 243.

[1179] Vgl. *Diller, H.* (2001), S. 10.

men zu steigern. Dieser Effekt resultiert daraus, andere Banken zu verdrängen (Verdrängungseffekt), indem bei gegebenem Bedarfspotenzial der Loyalitätsgrad erhöht wird, und/oder daraus, die Nachfrage des Kunden zu stimulieren, mithin das Bedarfspotenzial zu erhöhen und proportional, also mit konstantem Loyalitätsgrad, daran zu partizipieren (Mengeneffekt). Aus Kombination beider Alternativen resultieren Mixeffekte, die nicht eindeutig zugeordnet werden können. Im Zusammenhang mit dem Verdrängungseffekt ist die durch Anbietermaßnahmen zu entwickelnde und für den Planungs- oder Bewertungszeitpunkt zu prognostizierende Größe der Loyalitätsgrad in Verbindung mit dem gegebenen leistungsbezogenen Basisgeschäftspotenzial. Der Mengeneffekt resultiert bspw. aus normativen Bedarfsschätzungen, die sich im Firmenkundengeschäft für einzelne Produkte anhand betriebswirtschaftlicher Überlegungen begründen lassen. So z. B. die Substitution von für den Firmenkunden relativ teureren Lieferantenkrediten durch Kontokorrentkredite.[1180] Die relevante Größe, die in diesem Kontext zusätzlich zum Loyalitätsgrad zu bestimmen ist, ist das perioden- und produktspezifische zusätzliche Bedarfspotenzial des Firmenkunden. Hier ist zu berücksichtigen, dass der zusätzliche Bedarf vollständig oder nur quotal von der Kreditgenossenschaft gedeckt wird (letzteres z. B. bei Poolverträgen). Abbildung 45 visualisiert die vorhergehenden Überlegungen an einem einfachen Beispiel. Dabei wird unterstellt, dass die Ausweitung des Bedarfspotenzials von TEUR 100 auf TEUR 125 vollständig durch die Kreditgenossenschaft gedeckt wird. Es liegen drei Effekte vor: die Ausweitung des Loyalitätsgrads von 40 Prozent auf 60 Prozent für das bestehende Bedarfspotenzial führt zum Verdrängungseffekt. Die Steigerung des Bedarfspotenzials von TEUR 100 auf TEUR 125 führt bei konstantem gegebenen Loyalitätsgrad von 40 Prozent zum Mengeneffekt. Der Mixeffekt ist analytisch zweigeteilt und basiert auf der Ausweitung des Bedarfspotenzials bei im Beispiel vollständiger Deckung durch die Genossenschaftsbank.[1181] Diese Effekte sind im Sinne des Kundenwerts auch durch das Preispotenzial beeinflussbar.

1180 Vgl. *Perridon, L./Steiner, M.* (1999), S. 416 ff.

1181 Dies kann etwa dann der Fall sein, wenn ein Kunde bestehende Betriebsmittelkredite hat und einen neuen Betriebsmittelkredit bei der Kreditgenossenschaft aufnimmt.

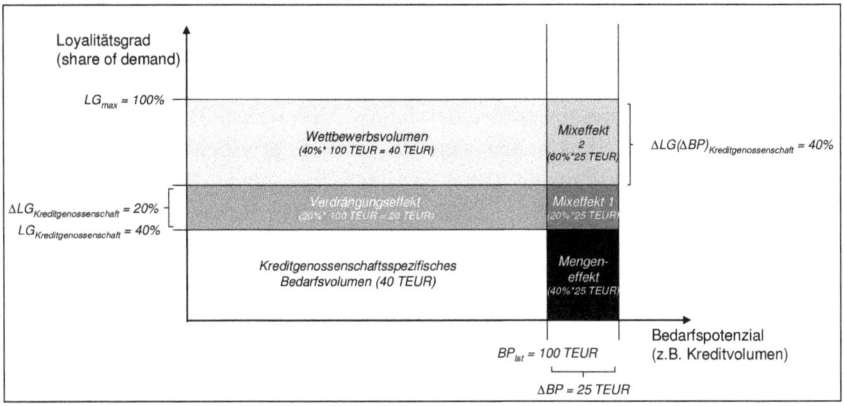

Abbildung 45: Verdrängungs-, Mengen- und Mixeffekt im Kontext des Up-Selling-Potenzials[1182]

Die Ergebnisse der Studie der TNS INFRATEST indizieren erhebliche Beiträge aus dieser Facette des Entwicklungspotenzials. Denn so erreichen die Kreditgenossenschaften bei einer Kundenreichweite von 52 Prozent einen produktübergreifenden Loyalitätsgrad von 26 Prozent, woraus eine Ausschöpfungsquote von 50 Prozent resultiert.[1183]

Das Preispotenzial konkretisiert sich in der Ausschöpfung einer im Zeitablauf gestiegenen,[1184] aber auch einer gegenwärtig nicht abgeschöpften Zahlungsbereitschaft des Kunden. Es knüpft an die Feststellung an, dass aufgrund des zunehmenden Wettbewerbs ein Preisverfall mit sinkenden Margen zu beobachten ist.[1185] Denn dass dies nicht ausschließlich und zwingend wettbewerbsbedingt ist, begründen SCHIERENBECK/POHL, die argumentieren, dass die bisherige Preispolitik „unprofitables Verhalten der Kunden erst ermöglicht."[1186] Zwar sieht SCHEER bei Firmenkunden eine höhere Preissensibilität und Verhand-

---

1182 Eigene Darstellung. Hier handelt es sich um eine einperiodige Betrachtung.

1183 Vgl. *tns infratest* (2010), S. 8 und S. 24. Die Ausschöpfungsquote berechnet sich als Quotient aus Loyalitätsgrad und Kundenreichweite. Eine Ausschöpfungsquote von 100 Prozent entspräche einer Situation, in der der Anteil der Kundenreichweite und der Loyalitätsgrad gleich sind.

1184 Häufig wird unterstellt, die Zahlungsbereitschaft eines Kunden steige mit zunehmender Dauer der Geschäftsbeziehung. Vgl. die vielzitierten Ausführungen von *Reichheld, F. F./Sasser, W. E.* (1990), S. 108 sowie *Homburg, C./Hoyer, W. D./Koschate, N.* (2005), S. 46 f. und *Choi, D. H. et al.* (2006), S. 938.

1185 Vgl. *Pohle, A./Schlütken, R.* (2009), S. 40. Siehe auch die Ausführungen in Kapitel C.1.5.

1186 *Schierenbeck, H./Pohl, M.* (2010), S. 290.

lungsmacht als bei den Privatkunden.[1187] Jedoch zeigen unterschiedliche Studien, dass oft kleine Preisänderungen zu einer nachhaltigen Ergebnisveränderung führen können.[1188] So zeigt PAUL für die Kreditgenossenschaften auf Basis der konsolidierten Jahresabschlüsse des Jahres 2006 welche Bedeutung der Absatzpreis auf das Ergebnis haben kann.[1189] Isolierte preisbedingte Änderungen im Zinsgeschäft um 10 Prozent hätten zu Veränderungen der Reingewinnspanne von über einem Drittel geführt.[1190] Veränderungen bei Personal- oder Sachkosten oder der Risikoaufwendungen im gleichen Ausmaß hätten dagegen einen deutlich geringeren Einfluss von lediglich 19 Prozent, 13 Prozent bzw. 7 Prozent gehabt. Erhebliche Preisgestaltungsspielräume werden bei entsprechender Preispolitik gerade im Geschäft mit Firmenkunden gesehen, „da der Preis für jeden Kunden einzeln bestimmt werden kann".[1191] Auf Basis branchenübergreifender Daten findet STOCK heraus, dass zudem die Komplexität und Spezifität der Leistungen Einfluss auf die Preissensitivität haben.[1192] Sie begründet bei gegebenen positiv konnotierten Geschäftsbeziehungen die geringe Preissensitivität mit Transaktionskostenvorteilen auf Seiten des Kunden.[1193] Aufbauend auf den Aussagen aus den Kapiteln C.2.4.1 und C.3.1 lässt sich feststellen, dass die kreditgenossenschaftliche Qualitätsführerschaftsstrategie in Verbindung mit den relationalen Vertriebsansätzen mit der Identifikation und Ausnutzung von Zahlungsbereitschaften auf Seiten der Firmenkunden durch preispolitische Maßnahmen im Sinne des Kundenwerts korrespondiert.

1187 Vgl. *Scheer, O.* (1989), S. 46.

1188 Vgl. *Völckner, F.* (2006), S. 34.

1189 Vgl. hier und nachfolgend *Paul, S.* (2008), S. 403.

1190 Die Reingewinnspanne ist eine bilanzanalytische Kennzahl zur Analyse der Erfolgslage eines Finanzdienstleistungsunternehmens. Sie findet auch Anwendung in der ROI-Analyse und ist definiert als der Jahresüberschuss vor Steuern in Relation zur Bilanzsumme. Als Bezugsgröße kommen jedoch auch andere bilanzielle Größen in Frage. Vgl. *Schierenbeck, H.* (2003), S. 422 ff.

1191 *Wübker, G./Baumgarten, J.* (2004), S. 578.

1192 Vgl. *Stock, R.* (2003), S. 340 ff. Die Preissensitivität darf jedoch nicht mit der Preisbereitschaft verwechselt werden, obwohl diese inhaltlich sehr ähnlich sind. Erstere ist definiert als Grad, in dem ein Kunde seine Kaufentscheidung von der Höhe des Preises einer Leistung abhängig macht. Die Preisbereitschaft dagegen ist die grundsätzliche Absicht in einer künftigen Kaufsituation höchstens einen bestimmten Preis für eine bestimmte Leistung zu akzeptieren. Vgl. *Stock, R.* (2003), S. 335.

1193 Basis dieser Aussage ist die Annahme eines maximalen Kostenbudgets für eine Transaktion, das für den Preis und die Transaktionskosten kalkuliert wird. Sinken die Transaktionskosten, kann dies zugunsten des Preises genutzt werden. Vgl. *Stock, R.* (2003), S. 337.

Von großer Bedeutung für das Preispotenzial ist die Preisdifferenzierung ersten Grades nach PIGOU,[1194] die sich auf die kundenindividuelle Abschöpfung der Preisbereitschaft bezieht. Ziel ist, die Preisbereitschaft, verstanden als maximale Preisobergrenze,[1195] eines Kunden für die Kreditgenossenschaft zu nutzen. Aufgrund der Vielzahl an Kunden und der zusätzlichen internen Koordinationsaufwendungen, die aus einem kundenindividuellen Konditionssystem resultieren, dürfte die Preisdifferenzierung zweiten Grades leichter umzusetzen sein.[1196] Dabei wird eine bestimmte Anzahl von Segmenten mit Maximalpreisen festgelegt und der Firmenkunde ordnet sich mittels Selbstselektion dem relevanten Segment zu. Für die Kundenwertermittlung ist zu berücksichtigen, dass sich diese Preisbereitschaft auf das insgesamt prognostizierte Bedarfsvolumen im Planungs- oder Bewertungszeitraum bezieht und angenommen wird, dass die Substitutionsprodukte zu maximalen kundenindividuellen Preisen kalkuliert werden. Folglich wird angenommen, dass die maximale Preisobergrenze abgeschöpft werden kann, ohne dass Einflüsse auf die Absatzmenge resultieren. Problematisch an der praktischen Berücksichtigung dieses Kundenwerttreibers ist nach JUNCKER, dass es im Alltag des Firmenkundengeschäfts oft an den Voraussetzungen einer differenzierten Preispolitik fehlt. „So sind Preissensibilitäten, Bedürfnisse und Präferenzen der Kunden und die resultierenden Preissteigerungsspielräume durchweg nicht bekannt."[1197] Gelingt es jedoch die Preisbereitschaften verlässlich zu schätzen, lassen sich durch Abschöpfung der Konsumentenrente zusätzliche Erträge erzielen, die positiv auf den Kundenwert wirken.[1198]

Es ist evident, dass das Basisgeschäftspotenzial und das Entwicklungspotenzial bei dynamischer Betrachtung interagierende Potenziale des Kundenwerts sind, die im Zeitablauf negativ korrelieren.[1199] Denn Bestandteile des Entwicklungspotenzials einer Periode stellen Bestandteile des Basisgeschäftspotenzials der folgenden Periode dar, sofern in beiden Perioden eine Kundenwertbestimmung vorgenommen wird.

Während sich das Basisgeschäftspotenzial und das Entwicklungspotenzial auf die bestehenden Produktbeziehungen beziehen, sollen im folgenden Kapitel die Potenziale aus dem Verkauf zusätzlicher Leistungen erörtert werden.

1194 Vgl. hier und nachfolgend *Pigou, A. C.* (1960), S. 279.
1195 Vgl. *Woratschek, H./Roth, S.* (2006), S. 372.
1196 Vgl. hier und nachfolgend *Pigou, A. C.* (1960), S. 279.
1197 *Juncker, K.* (2006), S. 350.
1198 Vgl. *Woratschek, H./Roth, S.* (2006), S. 373; *Diller, H.* (2001), S. 16.
1199 Vgl. *Diller, H.* (2001), S. 11.

4.5.3.1.3 Cross-Selling-Potenzial

Das Cross-Selling-Potenzial gehört zu den intensiv diskutierten Wertreibern des Kundenwerts und wird in der Literatur als der realisierbare zusätzliche Erlös aus dem als Cross-Selling bezeichneten Überkreuz-Verkauf verstanden.[1200] Cross-Selling bezeichnet die Aktivierung von vorhandenen Kundenkontakten für weitere Produktverkäufe oder Nutzung von weiteren Dienstleistungen eines Unternehmens.[1201] Dieser Vertriebsansatz zielt darauf ab, produktübergreifende Verkaufschancen zu realisieren.[1202] Während sich die Literatur in diesem Punkt weitgehend einig ist, liegt keine einheitliche inhaltliche Konkretisierung des Begriffs Cross-Selling vor. Es besteht Uneinigkeit darüber, ob sich Cross-Selling nur auf bestehende Kundenbeziehungen bezieht, ob es durch eine zeitliche Distanz zwischen dem initialen und dem nachfolgenden Verkauf gekennzeichnet ist und ob ein Verbund zwischen den Produktkategorien bestehen muss. Weiterhin unterscheiden einige Autoren dahingehend, ob das Cross-Selling nur das vom Anbieterunternehmen selbst hergestellte Produktprogramm oder aber auch von Dritten bezogene und den Kunden angebotene Sortimentsbestandteile umfasst. SCHÄFER setzt die inhaltliche Konkretisierung hinsichtlich des Vorhandenseins einer bestehenden Geschäftsbeziehung mit der Frage des Zeitbezugs gleich,[1203] so dass sich die Begriffsdefinition auf drei Aspekte konkretisiert: die zeitliche Abgrenzung, die sachliche Abgrenzung und die Abgrenzung im Hinblick auf das Kriterium der Eigenerstellung oder Fremdfertigung. Diese Aspekte sollen mit Blick auf die bisherige Diskussion des Kundenwertmodells zweckadäquat bestimmt werden.

1200 Vgl. z. B. *Lissautzki, M.* (2007), S. 153 ff.; *Foehn, P.* (2006), S. 128 ff.; *Friederichs-Schmidt, S.* (2006), S. 105 ff.; *Böhrs, S.* (2004), S. 58 f.; *Tewes, M.* (2003), S. 87 ff.; *Diller, H.* (2001), S. 14 f.; *Gelbrich, K.* (2001), S. 57 ff.; *Rudolf-Sipötz,* E. (2001), S. 100 ff. Siehe auch die genannten Kundenwertmodelle in Tabelle 12. Während das Cross-Selling die Aktivitäten aus Anbietersicht umfasst, wird für die Nachfragerperspektive der Begriff Cross-Buying verwendet. Vgl. *Cornelsen, J.* (2000), S. 175. RUDOLF-SIPÖTZ legt ihrem Kundenwertmodell der Outside-in Perspektive des Marketing entsprechend das Cross-Buying-Potenzial zugrunde. Vgl. *Rudolf-Sipötz, E.* (2001), S. 100. Da sich der Begriff Cross-Selling etabliert hat und die Cross-Buying-Bereitschaft als ein Bestimmungsfaktor des Cross-Selling-Potenzials verstanden wird, wird diesem Vorgehen hier nicht gefolgt.

1201 Vgl. *Wittmann, G.* (2006), S. 10.

1202 Vgl. hier und nachfolgend *Homburg, C./Schäfer, H.* (2006), S. 159 ff.; *Schäfer, H.* (2002), S. 52 ff.

1203 Vgl. *Schäfer, H.* (2002), S. 55.

Mit Bezug auf die Kriterien Verbund und Zeitbezug unterscheidet CORNELSEN die folgenden vier Arten des Verbundverkaufs, von denen nach seinen Ausführungen das Cross-Selling eine Ausprägung ist (vgl. Tabelle 19).

Tabelle 19: Einordnung des Cross-Selling in verschiedene Formen des Verbundverkaufs[1204]

Zeitbezug / Produkt-/ Nutzenverbund	Zeitpunkt (statisch)	Zeitraum (dynamisch)
ja	substitutional / complementary bundling	Anschlussverkauf
nein	independent bundling	*Cross-Selling*

Nach dieser Betrachtung läge Cross-Selling nur dann vor, wenn zwischen den Verkäufen eine zeitliche Distanz liegen würde. Dies entspricht jedoch nicht dem praktischen Verständnis in Kreditinstituten, die auch den Verkauf einer Versicherung im Rahmen eines Finanzierungsgeschäfts als Cross-Selling betrachten. Dies gleicht eher dem von CORNELSEN als bundling, d. h. der Bündelung verbundener, aber auch unverbundener Leistungen, bezeichneten Vorgehen. Nach HOMBURG/SCHNURR kann Cross-Selling dagegen sowohl zeitlich versetzt als auch zeitgleich stattfinden.[1205] Dieser Aussage wird hier gefolgt. Denn insbesondere der (zeitgleiche) Verkauf von Produktbündeln wird als erfolgversprechende Möglichkeit angesehen, Cross-Selling im Firmenkundengeschäft erfolgreich zu implementieren.[1206] Daher wird hier im Gegensatz zu CORNELSEN bundling als spezielle Form des Cross-Selling verstanden.[1207]

Im Hinblick auf die sachliche Abgrenzung, also der Frage nach der Beziehung zwischen den vom Cross-Selling erfassten Produkten wird unterschieden, ob diese komplementär[1208] zueinander oder unabhängig[1209] voneinander sind. BEUTIN/KLENK argumentieren beim Cross-Selling im Bankenkontext für einen komplementären Verwendungsverbund zwischen Einstiegs- oder Kernleistungen und Zusatzleistungen.[1210] Sie führen als Beispiel für das Firmenkundenge-

1204 *Cornelsen, J.* (2000), S. 173.

1205 Vgl. *Homburg, C./Schnurr, P.* (1998), S. 172. Diese Festlegung übernimmt auch *Schäfer, H.* (2002), S. 55.

1206 Vgl. *Wittmann, G.* (2006), S. 9 ff.

1207 So auch *Heppelmann, S./Middelmann, M.* (2006), S. 6.

1208 Vgl. z. B. *Diller, H.* (2001), S. 14.

1209 Vgl. *Cornelsen, J.* (2000), S. 173 sowie die Tabelle 19.

1210 Vgl. *Beutin, N./Klenk, P.* (2005), S. 51; so auch *Wittmann, G. et al.* (2007), S. 16.

schäft den Kontokorrentkredit als Einstiegsprodukt und Beratungsgespräche zum Rating als Zusatzleistungen an.[1211] PRAXMARER dagegen sieht in der komplementären Verbundbeziehung keine zwingende Voraussetzung für Cross-Selling, sondern lediglich den Vorteil eines leichter realisierbaren Cross-Selling-Erfolgs im Bankenkontext.[1212] Insofern können auch bezüglich des Verwendungsverbunds vollständig unverbundene Produkte Gegenstand des Cross-Selling sein. In der bankbetrieblichen Praxis herrscht zudem das Verständnis vor, dass Cross-Selling-Erfolge auch bei unverbundenen Produkten realisiert werden können.[1213] Dies zeigt sich in der Kennzahl der Cross-Selling-Rate, die eine der zentralen kundengerichteten Erfolgskennzahlen ist.[1214] Sie ist zeitlich statisch definiert, bezieht sich auf das gesamte Produktprogramm und berücksichtigt den Absatzverbund von Produkten nicht.[1215] Die Cross-Selling-Rate ist „the number of different product categories a customer has purchased."[1216] Aus diesen Gründen liegt im Weiteren dem Cross-Selling der Verkauf sowohl komplementär verbundener als auch unverbundener Produkte zugrunde. Nachfolgend gelten als Einstiegsprodukte die Produkte, die zum Bewertungszeitpunkt Transaktionsgegenstand der Geschäftsbeziehung sind. Zusatzprodukte sind dann diejenigen Produkte, die im Zuge des Cross-Selling zusätzlich zu den Einstiegsprodukten verkauft werden und diese nicht substituieren.[1217] In diesem Punkt zeigt sich eine Interdependenz zur Produktabgrenzung für das Basisgeschäftspotenzial und das Entwicklungspotenzial. Alle Bankleistungen, die dort in der Betrachtung ausgegrenzt werden, werden im Cross-Selling-Potenzial unter Berücksichtigung der genannten Korrekturfaktoren (Geschäftspolitik und manifester Bedarf des Kunden sowie keine Berücksichtigung im Entwicklungspotenzial als höherwertiges Substitutionsgut) in die Betrachtung integriert. Dies begründet gleichzeitig, dass beim Cross-Selling-Potenzial keine Kannibalisierungseffekte zu berücksichtigen sind.[1218] Die Bankprodukte, die bisher nicht an den Kunden

---

[1211] Der Nutzenverbund ergibt sich in diesem Beispiel daraus, dass bei Kreditgeschäften die Risikosituation des Kunden eine Einflussgröße auf den zu entrichtenden Zinssatz ist. Dies wird als risikoadjustierte Bepreisung bezeichnet. Die Beratung zum Rating beinhaltet die Analyse der Risikosituation sowie ggf. Empfehlungen zu positiven Veränderungen.

[1212] Vgl. *Praxmarer, M. A.* (1993), S. 260.

[1213] Hier könnte der Verbund bei den selbsterstellten Dienstleistungen aus Sicht des Kunden in der Identität des Anbieters der einzelnen Leistungen gesehen werden.

[1214] Vgl. hier und nachfolgend *Ritter, D.* (1993), S. 140.

[1215] Die Cross-Selling-Quote ermittelt sich als Mittelwert der Anzahl der verschiedenen mit einem Kunden kontrahierten Produkte über alle relevanten Kunden.

[1216] *Venkatesan, R./Kumar, V.* (2004), S .111.

[1217] Vgl. *Schäfer, H.* (2002), S. 15 und S. 56 sowie die dort jeweils angegebene Literatur.

[1218] Vgl. *Tewes, M.* (2003), S. 90; *Rudolf-Sipötz, E.* (2001), S. 132.

abgesetzt wurden und in einer Substitutionsbeziehung stehen, werden bei einem Preisklassenwechsel dem Entwicklungspotenzial und ohne vorliegendem Preisklassenwechsel dem Basisgeschäftspotenzial zugeordnet.

Vor dem Hintergrund der ausgeprägten Kooperationsstruktur der Finanz-Gruppe und mit Blick auf die große Anzahl externer Leistungen, die die Kreditgenossenschaften den Firmenkunden anbieten,[1219] wird nachfolgend das gesamte Sortiment unabhängig davon, ob selbst erstellt oder extern bezogen, als relevantes Sortiment für das Cross-Selling angesehen.

Auf Basis der bisherigen Ausführungen wird das Cross-Selling-Potenzial allgemein als der bewertete, mögliche Verkauf zusätzlicher, bisher nicht verkaufter und nicht substitutiver Leistungen verstanden.[1220] Es ist ein Maßstab dafür, in wie weit eine bestehende Geschäftsbeziehung auf andere Bankleistungen der Kreditgenossenschaft ausgeweitet werden kann.[1221] Das Cross-Selling-Potenzial als Einflussgröße des Kundenwerts zu berücksichtigen, wird vor allem in stagnierenden Märkten empfohlen, denn es wird als viel versprechende Wachstumsoption betrachtet.[1222] Aber auch die Positionierung der Kreditgenossenschaften als Allfinanzanbieter[1223] drängt die Berücksichtigung eines speziell auf die Breite des Leistungsprogramms ausgerichteten Kundenwerttreibers auf. Gleichzeitig kann durch die veränderte Produktnachfrage der Firmenkunden eine marktseitige Möglichkeit zum Cross-Selling indiziert werden.[1224] Aus Steuerungssicht hat das Cross-Selling-Potenzial die Funktion, die enge Kreditfokussierung der Firmenkundenberater[1225] zugunsten des Allfinanzangebots zu überwinden. Denn obwohl in der gesamten Bankenbranche Cross-Selling im Firmenkundengeschäft intensiv betrieben wird,[1226] zeigen empirische Ergebnisse,

---

[1219] Vgl. dazu die Ausführungen in den Kapiteln C.1.4.4 und C.2.3. So auch *Duhnkrack, T.* (2007), S. 1221.

[1220] So auch *Schneider, N. C.* (2007), S. 118; *Schäfer, H.* (2002), S. 56; *Eberling, G.* (2002), S. 134.

[1221] Vgl. *Bauer, H.-H./Hammerschmidt, M.* (2005), S 335; *Cornelsen, J.* (2000), S. 172.

[1222] Vgl. *Homburg, C./Schäfer, H.* (2006), S. 159; *Kamakura, W. A./Ramaswami, S. N./Srivastava, R. K.* (1991), S. 329.

[1223] Vgl. *Duhnkrack, T.* (2007), S. 1221.

[1224] Vgl. *Engstler, M./Praeg, P./Vocke, C.* (2007), S. 8; *Heine, J. M.* (2007), S. 5.

[1225] Vgl. *Groß, T./Michaelis, H.* (2002), S. 164 ff.

[1226] So gaben in einer Studie der Unternehmensberatung IBM 95 Prozent der befragten Kreditinstitute an, Cross-Selling aktiv zu betreiben. Vgl. *Pfeiffer, M./Pirngruber, N./Mährle, C.* (2003), S. 5. Dabei scheint das Cross-Selling eine im Zeitablauf zunehmend größere Bedeutung zu bekommen. Eine Studie des FRAUNHOFER INSTITUTS zeigt, dass im Jahr 2006 60,5 Prozent und im Jahr 2007 87,2 Prozent der Befragten, die Vertriebsintensivierung mittels Cross- und Up-Selling-Ansätzen konkretisieren wollten. Vgl. *Engstler, M./Praeg, P./Vocke, C.* (2007), S. 10 f.

dass die realisierten Erfolge noch „deutlich hinter den Möglichkeiten“[1227] bleiben.[1228] Speziell für die Kreditgenossenschaften zeigen Studien, dass die Cross-Selling-Raten nur bei etwa 3,3 liegen.[1229]

Der positive Einfluss des Cross-Selling-Potenzials auf den Kundenwert wird in der Literatur vielfältig begründet.[1230] Unterschieden wird dabei zwischen beziehungsbezogenen und beziehungsübergreifenden Effekten. Zu den beziehungsbezogenen Effekten zählen vor allem die Auswirkungen auf die Erlöse und Kosten der Geschäftsbeziehung, wobei von einem positiven Einfluss ausgegangen wird,[1231] die aus transaktionsbezogenen economies of scope[1232] resultieren.[1233] Zudem wird vermutet und ist in einzelnen Branchen empirisch belegt, dass das Ausmaß, zu dem ein Kunde über verschiedene Produktkategorien hinweg bei einem Anbieter kauft, positiven Einfluss auf die Stabilität und Dauer der Geschäftsbeziehung hat.[1234] Dies wird begründet mit dem Aufbau von ökonomischen Wechselbarrieren sowie mit der Qualität und Intensität der persönlichen Beziehungen zwischen den interagierenden Personen auf Anbieter- und Kundenseite.[1235] Auch der Diversifikationseffekt hinsichtlich der produktbasierten Erlösströme auf Einzelkundenebene wird als stabilisierender Einfluss aus dem Cross-Selling angesehen.[1236] Mit Blick auf die beziehungsübergreifenden Effekte werden vor allem economies of scale (Mengeneffekte) und Diversifikationseffekte als Vorteil des Cross-Selling angeführt.[1237] Konträre Effekte resultieren vor allem daraus, dass Kunden aufgrund der Anbieterkonzentration eine

---

1227 *Gawlik, H./Rathmann, B.* (2008), S. 18 f.

1228 Vgl. *Paul, M./Paul, S./Stein, S.* (2003), S. 6; *Beutin, N./Klenk, P.* (2005), S. 52.

1229 Vgl. *Wittmann, G. et al.* (2007), S. 43. Als Vergleichsmaßstab sei auf das firmenkundenspezifische Produktprogramm in Kapitel C.2.3 verwiesen.

1230 Eine ausführliche Übersicht über Studien zu Auswirkungen des Cross-Sellings liefert *Schäfer, H.* (2002), S. 20 ff.

1231 Vgl. *Schmöller, P.* (2001), S. 120; *Stanger, M.* (2007), S. 20.

1232 Die economies of scope sind Kostensynergieeffekte, die sich im Kontext des Cross-Selling aus im Vergleich zu Neukundenakquisitionen geringeren Anbahnungskosten sowie Vereinbarungs-, Anpassungs- oder Kontrollkosten ergeben. Vgl. *Schäfer, H.* (2002), S. 156.

1233 Vgl. *Wünschmann, S.* (2007), S. 43; *Schneider, N. C.* (2007), S. 118; *Tewes, M.* (2003), S. 90; *Schäfer, H.* (2002), S. 154 ff.; *Cornelsen, J.* (2000), S. 180.

1234 Vgl. *Reinartz, W. J./Kumar, V.* (2000), S. 24; *Venkatesan, R./Kumar, V.* (2004), S. 118; *Kamakura, W. A./Ramaswami, S. N./Srivastava, R. K.* (1991), S. 329.

1235 Vgl. *Schäfer, H.* (2002), S. 155.

1236 Vgl. *Cornelsen, J.* (2000), S. 181.

1237 Vgl. *Schäfer, H.* (2002), S. 155; *Matzler, K./Stahl, H. K./Hinterhuber, H. H.* (2009), S. 11.

höhere Verhandlungsmacht aufbauen können, die zu Preiszugeständnissen auf Seiten des Anbieters führen können.[1238]

Das Cross-Selling-Potenzial einer Geschäftsbeziehung wird bestimmt durch den gegebenen und künftigen Bedarf des Firmenkunden, der bisherigen Ausschöpfung und der Bereitschaft des Kunden weitere Produkte von dem Anbieter zu beziehen.[1239] Die in der Literatur aufgeführten Einflussgrößen dieser Bestimmungsfaktoren ordnet SCHÄFER folgenden fünf Bereichen zu: Merkmale des Kunden (z. B. Komplexität des Kunden), Merkmale der Umwelt des Kunden (z. B. Marktdynamik), Merkmale der Produkte (z. B. Produktverbundbeziehungen), Merkmale der Geschäftsbeziehung (z. B. Vertrauen) und Merkmale des Anbieters (z. B. Breite des Produktprogramms).[1240] „Innerhalb dieser fünf Bereiche kann prinzipiell eine Vielzahl möglicher Einflussfaktoren des Cross-Selling-Potenzials identifiziert werden.“[1241] Daher sollen nur die am häufigsten diskutierten näher betrachtet werden.

Die Cross-Buying-Bereitschaft wird vor allem dadurch beeinflusst, wie zufrieden der Kunde mit den bisherigen Leistungen des Anbieters ist und wie stark seine Diversifikations- und Variety-Seeking-Bedürfnisse ausgeprägt sind.[1242] Das Diversifikationsbedürfnis eines Kunden wird durch dessen Risikotoleranz beeinflusst. Je höher die Risikotoleranz ist, desto geringer ist dessen Diversifikationsbedürfnis, da die Abhängigkeit von einem oder wenigen Anbietern für ihn unproblematisch ist. Als Variety-Seeking wird der Wunsch nach Abwechslung bezeichnet, der dazu führen kann, dass auch ein zufriedener Kunde den Anbieter wechselt, um etwas Neues auszuprobieren.[1243] Dieses Persönlichkeitsmerkmal ist vor allem in Konsumgütermärkten relevant. Inwieweit es vor dem Hintergrund der Besonderheiten des Firmenkundengeschäfts für diese von Relevanz ist, ist jedoch fraglich. Die Cross-Buying-Bereitschaft eines Firmenkunden ist als limitierender Faktor bei der Ausschöpfung des Cross-Selling-Potenzials zu verstehen, denn häufig sinkt diese mit zunehmender Anzahl der vom selben Lieferanten gekauften Produkte.[1244] Zudem fragen nach Erkenntnissen von MEYER/DORNACH nur wirklich überzeugte Kunden zusätzliche Leistungen bei einem Anbieter nach.[1245]

1238 Vgl. *Schäfer, H.* (2002), S. 155.
1239 Vgl. *Homburg, C./Schäfer, H.* (2006), S. 162; *Schäfer, H.* (2002), S. 108.
1240 Vgl. *Schäfer, H.* (2002), S. 108 f.
1241 *Schäfer, H.* (2002), S. 109.
1242 Vgl. *Tewes, M.* (2003), S. 89 f.; *Rudolf-Sipötz, E.* (2001), S. 100 ff.
1243 Vgl. *Tewes, M.* (2003), S. 90, Fn. 289.
1244 Vgl. *Stahl, H. K. et al.* (2009), S. 259.
1245 Vgl. *Meyer, A./Dornach, F.* (1997), S. 66.

Während die Cross-Buying-Bereitschaft durch geeignete Marketing-Mix-Entscheidungen insgesamt zu fördern ist,[1246] ist die Frage nach dem relevanten Bedarf für die steuerungsbezogen zweckmäßige Betrachtung des Cross-Selling-Potenzials zu stellen. Um den relevanten Bedarf abzugrenzen, soll auf das steuerungsorientierte Konzept von LISSAUTZKI rekurriert werden.[1247] Er unterscheidet anhand der Kriterien a) Art des Kundenbedarfes (aktuell vorhanden, latent vorhanden, später vorhanden), b) bisheriges Kundenverhalten (bisher nicht nachgefragt, Nachfrage bei Wettbewerbern gedeckt) und c) Bestandteil des Leistungsprogramms (im Sortiment des Anbieters vorhanden, zukünftig in Sortiment aufzunehmen) verschiedene Cross-Selling-Ansätze (vgl. Abbildung 46), die als steuerungsorientierte Dimensionen des Cross-Selling-Potenzials betrachtet werden sollen.

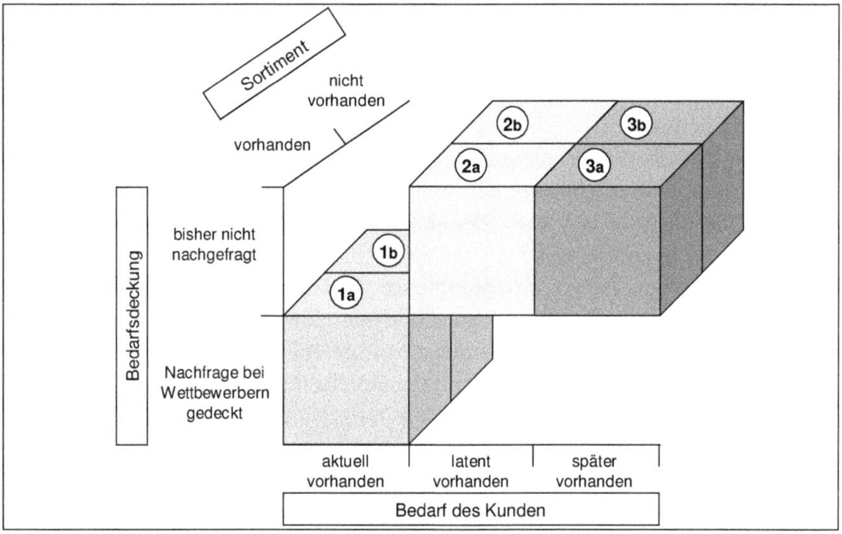

Abbildung 46: Mögliche Unterscheidungen im Cross-Selling[1248]

[1246] In seiner branchenübergreifenden Studie stellt SCHÄFER fest, dass die Bereitschaft zum Cross-Buying direkt von der Beschaffungsverbundenheit der angebotenen Leistungen sowie dem Vertrauen des Kunden zum Anbieter positiv beeinflusst wird. Vgl. *Schäfer, H.* (2002), S. 128 f. Damit sind Ansatzpunkte definiert, um das Cross-Selling-Potenzial auszuschöpfen, dass Cross-Selling-Potenzial als solches wird dadurch jedoch nicht gemessen.

[1247] Vgl. hier und nachfolgend *Lissautzki, M.* (2007), S. 156 ff.

[1248] *Lissautzki, M.* (2007), S. 157.

Das loyalitätsbezogene Cross-Selling resultiert aus dem Verkauf von Produkten, für die der Kunde bereits einen vorhandenen Bedarf hat, der jedoch bei einem Wettbewerber gedeckt wird und sich entweder auf Bankleistungen des aktuellen Sortiments (1a) oder auf neue Bankleistungen (1b) der Kreditgenossenschaft bezieht. Typisch im Firmenkundengeschäft sind etwa Versicherungsprodukte oder Leasingdienstleistungen. Aus diesem Ansatz leitet sich das loyalitätsbezogene Cross-Selling-Potenzial ab.

Handelt es sich um Produkte, für die der Kunde lediglich einen latenten Bedarf hat und daher dieser noch nicht gedeckt ist, so wird dies als bedürfnisweckendes Cross-Selling bezeichnet. Auch hier wird unterschieden, ob die Kreditgenossenschaft bedarfsdeckende Leistungen im Produktprogramm hat (2a) oder nicht (2b). Dies können bspw. Produkte des elektronischen Zahlungsverkehrs sein, die ab einer bestimmten Größe das Cash-Management unterstützen und den beleghaften Zahlungsverkehr ersetzen. Damit wird das bedürfnisweckende Cross-Selling-Potenzial konstituiert.

Als dritten Ansatz definiert LISSAUTZKI das lebenszyklusbezogene Cross-Selling. Da der Begriff des Lebenszyklus im Zusammenhang mit Privatkunden verwendet, jedoch nicht idiomatisch für das Firmenkundengeschäft ist,[1249] soll dieser Ansatz als unternehmensentwicklungsbezogenes Cross-Selling bezeichnet werden. Im Gegensatz zum latenten Cross-Selling, bei dem der Bedarf durch die Kreditgenossenschaft identifiziert und an den Firmenkunden kommuniziert wird, resultiert das unternehmensentwicklungsbezogene Cross-Selling-Potenzial aus einer auch für den Firmenkunden absehbaren Bedarfsentwicklung (3a, 3b). Dies liegt z. B. vor, wenn der Firmenkunde Aktivitäten im Ausland vornimmt und damit der Bedarf nach Produkten des Auslandszahlungsverkehrs verbunden ist.

Das loyalitätsbezogene Cross-Selling-Potenzial kann durch die Analyse der produktspezifischen Wettbewerbssituation eines Kunden ermittelt werden kann. Dazu ist eine Analyse der zum Bewertungszeitpunkt bestehenden Drittbeziehungen geeignet. Wie bereits im Zusammenhang mit dem Basisgeschäftspotenzial ausgeführt, ist die Grundlage der Bestimmung der anderen beiden Potenzialdimensionen die Analyse der Unternehmensentwicklung. Aus den Analyseergebnissen sind dann die Bedarfsstruktur und die Bedarfsvolumina abzuleiten. Hinsichtlich der einzelnen Dimensionen ist dabei der Loyalitätsgrad der Ver-

1249 Im Vergleich zu den Privatkunden und ihrem Lebenszyklus sind im Finanzdienstleistungsbereich die Firmenkunden und der ihnen zuortenbare Unternehmenslebenszyklus vergleichsweise weniger deterministisch, so dass keine leicht abgrenz- und erkennbaren Lebenszyklusphasen vorhanden sind.

gangenheit per definitionem Null bzw. mathematisch unbestimmt.[1250] Aus diesem Grund ist für die Ermittlung des Cross-Selling-Potenzials die Höhe des Loyalitätsgrads zu bestimmen, mit dem das prognostizierte Bedarfsvolumen zugunsten der Kreditgenossenschaft ermittelt wird. Im Sinne des Potenzialgedankens wird angenommen, dass die maximale Zahlungsbereitschaft des Kunden ausgeschöpft werden kann. Hinsichtlich der Prognosemöglichkeiten stellen DILLER jedoch fest, dass das Cross-Selling-Potenzial kundenindividuell nur schwer zu bestimmen sei.[1251]

Die bisher diskutierten Kundenwerttreiber berücksichtigen außerhalb der Refinanzierungs- bzw. Opportunitätskosten bei zinstragenden Geschäften und direkten Provisionsaufwendungen keine zu investierenden Ressourcen in die Kundenbeziehung bzw. in die einzelnen Transaktionen. Dies begründet sich damit, dass die Leistungserstellung und ihre Kosten im Firmenkundengeschäft von der Integration des externen Faktors abhängen. Damit besteht die Möglichkeit die Kundenintegration als kostenverursachenden Einflussfaktor explizit zu berücksichtigen. Diesem Gedanken tragen die nächsten Kundenwerttreiber Rechnung.

4.5.3.1.4 Basiskostenpotenzial

Die Deckungsbeitragskalkulation der Kreditgenossenschaften gemäß VR-CONTROL differenziert zwischen den Standardstückkosten und der Standardrisikoprämie des jeweiligen Einzelgeschäfts.[1252] Bei den nachfolgenden Ausführungen zum Basiskostenpotenzial wird die Standardrisikoprämie nicht betrachtet, sondern nur die leistungs- und kundenbezogenen Kosten des Betriebsbereichs, die aus der Leistungserstellung und -verwertung resultieren. Die explizite Betrachtung des bewerteten Ressourcenverbrauchs des Betriebsbereichs in diesem Kundenwertmodell beruht auf der Intention, die kundeninduzierten Kosten als eigenständigen und gestaltbaren Kundenwerttreiber des Kundenwerts zu betrachten. Dabei soll analog zur differenzierten Betrachtung bei den ertragsbezogenen Kundenwerttreibern zwischen zwei Komponenten unterschieden werden. Zum einen werden die erwarteten bzw. geplanten leistungs- und kundenbezogenen Kosten, die sich aus dem Basisgeschäfts-, Entwicklung- und Cross-Selling-Potenzial ergeben im Kontext des Basiskostenpotenzials betrachtet. Zum ande-

---

1250 Vgl. *Lissautzki, M.* (2007), S. 157 f.

1251 Vgl. *Diller, H.* (2001), S. 15. So auch *Stahl, H. K. et al.* (2009), S. 259.

1252 Vgl. die Ausführungen in Kapitel C.4.3. Die Standardrisikoprämie hängt ab von der Kundenbonität, dem Umfang der kreditspezifischen Sicherheiten sowie dem Kreditvolumen. Das bedeutet, sie ist nur zum Teil produktspezifisch, da sich die Kundenbonität auch auf andere Kreditverträge auswirkt. Die Standardrisikoprämie als negative Einflussgröße wird im Rahmen der Risikodimension näher betrachtet.

ren werden die Möglichkeiten, die Kosten durch eine bessere Integration des externen Faktors in die Bankleistungserstellung zu reduzieren im Rahmen des Kooperationspotenzials betrachtet. Denn die Integration des Kunden wird als das betriebswirtschaftliche Kernproblem der kundenintegrierenden Leistungserstellung angesehen, da dieser den Leistungserstellungsprozess mit steuert und so Einfluss auf die Effizienz und Effektivität des Unternehmens hat.[1253]

Ausgangspunkt der folgenden Überlegungen ist, zunächst den Umfang der zu berücksichtigenden Kosten festzulegen. Die Literatur ist sich einig, dass mindestens die Einzelkosten der Kundenbeziehung betrachtet werden müssen.[1254] Grundlage ist die relative Einzelkostenrechnung nach RIEBEL.[1255] Diese basiert auf dem Einzelkosten-, dem damit zwingend verbundenen Deckungs- sowie dem Grundrechnungsprinzip. Das Einzelkostenprinzip besagt, dass alle im Unternehmen anfallenden Kosten als Einzelkosten eines speziellen Bezugsobjekts – einer einzelnen Entscheidung – ausgewiesen werden, auf dessen Disposition sie zurückzuführen und dem sie daher logisch zwingend zuzurechnen sind.[1256] Auf-

---

1253 Vgl. *Kleinaltenkamp, M./Schweikart, J.* (1999), S. 111; *Gelbrich, K.* (2001), S. 72. Nach SCHIERENBECK sind produktbezogene Kosten des Betriebsbereichs über die Vertragslaufzeit einer Bankleistung derart zu verteilen, dass sie zu Beginn sehr hoch, im weiteren Verlauf relativ niedrig und gegen Vertragsende wieder relativ hoch sind. Vgl. *Schierenbeck, H.* (2003), S. 309. Dies ist unter anderem darauf zurückzuführen, dass zu Beginn intensive Abstimmungen und Vorbereitungen mit dem Kunden vorgenommen werden müssen. Dazu auch *BVR* (2003b), Kapitel 2.1, S. 65.

1254 Vgl. z. B. *Stüker, D.* (2008), S. 49 ff.; *Tewes, M.* (2003), S. 129; *Cornelsen, J.* (2000), S. 98.

1255 Vgl. hier und nachfolgend *Riebel, P.* (1992), S. 247 ff. Im Gegensatz zum Direct Costing basiert die Einzelkostenrechnung auf der Kostenspaltung in Abhängigkeit der Zurechenbarkeit. Beim Direct Costing und dessen Aufbaustufe der stufenweisen Fixkostendeckungsrechnung ist die konzeptionelle Grundlage die Kostenspaltung nach dem Verhalten bei Variation eines Kosteneinflussfaktors. I. d. R. wird als Kosteneinflussfaktor die Beschäftigung des Unternehmens betrachtet. Damit liegt der Fokus der stufenweisen Fixkostendeckungsrechnung tendenziell auf Produkten, während die Einzelkostenrechnung sich auf „beliebige" Bezugsgrößen beziehen kann. Vgl. zur Kostenspaltung z. B. *Coenenberg, A. G.* (1999), S. 49 ff. und zur stufenweisen Fixkostendeckungsrechnung z. B. *Agthe, K.* (1959).

1256 Um die Kosten einem Bezugsobjekt zuzurechnen nennt RIEBEL das Relevanz- und das Identitätsprinzip als zwingende Anforderungskriterien. Nach dem Relevanzprinzip sind nur die durch eine Entscheidung zusätzlich ausgelösten positiven und negativen Wirkungen zu berücksichtigen, wenn diese Entscheidung beurteilt werden soll. Das Identitätsprinzip wechselt die Blickrichtung im Vergleich zum Relevanzprinzip und fragt nach, welcher identische Entstehungszusammenhang zu negativen und positiven Wirkungen geführt hat. Nach dem Identitätsprinzip „lassen sich zwei Größen untereinander oder einem Bezugsobjekt dann und nur dann eindeutig zurechnen, wenn diese auf den-

bauend auf einer Bezugsobjekthierarchie ist die Unterscheidung zwischen Einzel- und Gemeinkosten relativ. Die strikte Anwendung des Einzelkostenprinzips führt dazu, dass Gemeinkosten nicht auf nur gemeinsam zurechenbare Bezugsgrößen geschlüsselt werden und folglich eine Netto-Ergebnisrechnung i. d. R. nicht möglich ist.[1257] Ersetzt wird die Netto-Ergebnisrechnung durch die Deckungsbeitragsrechnung, die sachlich und zeitlich abschließend auszuführen ist. Das bedeutet, dass z. B. ein über Leistungen und Perioden gemeinsamer Deckungsbeitrag nicht aufgeteilt werden darf. Der Deckungsbeitrag ist als eine durch eine bestimmte Maßnahme ausgelöste Erfolgsänderung zu verstehen.[1258] Die vorgenannten RIEBEL'schen Prinzipien bedürfen einer, keinen einzelnen Zweck bevorzugenden Datenbasis, die als Grundrechnung zu konzipieren ist. Die Grundrechnung stellt sachlich begründete Zuordnungsbeziehungen für die Kostenrechnung her und gibt an, welchen Bezugsobjekten welche Kosten gemäß dem Identitätsprinzip unmittelbar zugerechnet werden können.[1259] Bezugsobjekte können alle interessierenden Sachverhalte sein, die hierarchisch so geordnet werden, dass Gemeinkosten einer Ebene auf einer hierarchisch höheren Ebene als Einzelkosten zugerechnet werden können. Für eine kundenorientierte, sachliche Bezugsgrößenhierarchie gibt es in der Literatur viele Beispiele, die sich vornehmlich auf den industriellen Kontext beziehen.[1260] Für das Firmenkundengeschäft der Banken sind die vorgestellten Bezugsgrößenhierarchien jedoch ungeeignet. Eine sachliche Bezugsgrößenhierarchie für das Firmenkundengeschäft könnte dem in Abbildung 47 dargestellten Aufbau entsprechen. Dabei wird besonders auf die Verbundeffekte auf Kundenseite eingegangen, die darin bestehen, dass Einzelkunden zu Engagements zusammengeschlossen werden und diese Adressaten vertriebspolitischer Maßnahmen sind. Diese Bezugsgrößenhierarchie ist sowohl für die Kostenzuordnung als auch für die Zuordnung der bereits

---

selben dispositiven Ursprung, dieselbe Entscheidung zurückgeführt werden können." *Riebel, P.* (1992), S. 259.

1257 Theoretisch ist dies denkbar bei einem Unternehmen, dass für einen Kunden innerhalb einer typischen Abrechnungsperiode ein Produkt herstellt, dafür gegründet wurde und nach Fertigstellung des Produkts liquidiert wird und sich daher alle Kosten des Unternehmens für diese Bezugsgrößen Einzelkosten sind. Da dies in der Realität nur selten anzutreffen ist (bestimmte Projektgesellschaften außen vor gelassen), kann die Aussage RIEBELS zur „Abkehr von der Netto-Erfolgsrechnung" als Konsequenz der Einzelkostenrechnung bestätigt werden.

1258 Dies entspricht dem Prinzip der Einzelgeschäftskalkulation in VR-CONTROL wobei jedoch durch die Barwertrechnung statt der Erfolgsänderung eine Vermögenswertänderung fokussiert wird.

1259 Vgl. *Tewes, M.* (2003), S. 256.

1260 Vgl. z. B. *Lissautzki, M.* (2007), S. 171; *Wille, K.* (2005), S. 98; *Tewes, M.* (2003), S. 257.

diskutierten Kundenwerttreiber konsistent anzuwenden. Zeitliche Bezugsgrößenhierarchien ergeben sich oftmals aus abrechnungslogisch sinnvollen Zeiträumen (z. B. Wochen, Monate, Jahre, Vertrags- oder Kundenbeziehungsdauern).

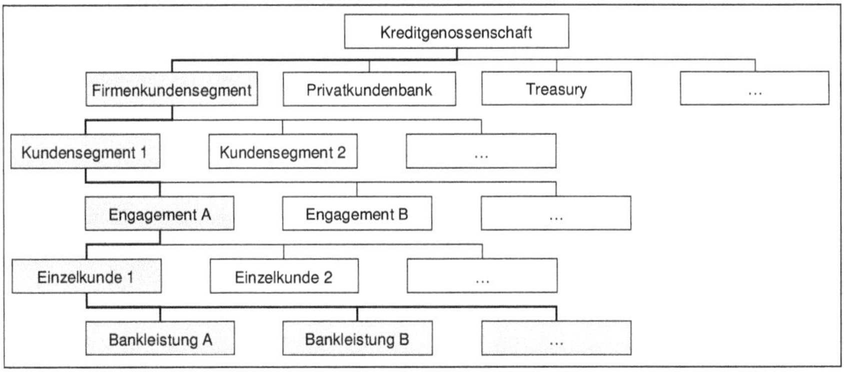

Abbildung 47: Exemplarische Bezugsgrößenhierarchie für das Firmenkundengeschäft[1261]

Der Rekurs auf die RIEBEL'sche Einzelkostenrechnung führt gleichzeitig dazu, dass der verwendete Kostenbegriff festgelegt ist. RIEBEL lehnt den wertmäßigen Kostenbegriff ab, da dieser den Grundcharakter der Kosten als negative Erfolgskomponente infrage stellt und den Gewinnbegriff demontiert.[1262] Pagatorische Kosten dagegen stellen begriffslogisch das „natürliche" Pendant der Erlöse dar und können diesen daher grundsätzlich gegenübergestellt werden. Im entscheidungsorientierten Sinn sind die relevanten Kosten demnach nur die durch eine Entscheidung über das betrachtete Objekt ausgelösten zusätzlichen Auszahlungen.[1263] Aus dieser begrifflichen Festlegung, die analog auf die zu berücksichtigen Erlöse anzuwenden ist, folgt, dass „die bisherige *künstliche Diskrepanz* zwi-

---

1261 Eigene Darstellung. Gemeinkosten der Bankleistungen A und B sind etwa kundenbezogene Bonitätsanalysen, die für die Kreditüberwachung eines bestimmten Einzelkunden oder Engagements anfallen und auf dieser Hierarchieebene ggf. als Einzelkosten zugerechnet werden können.

1262 Vgl. hier und nachfolgend *Riebel, P.* (1992), S. 260. Der wertmäßige Kostenbegriff berücksichtigt als Kostenkomponente einen engpassbedingten entgehenden Zielbeitrag zusätzlich zu den pagatorischen, also den an Ausgaben orientierten Kosten.

1263 Vgl. *Riebel, P.* (1992), S. 262. Diese Definition ist folglich nicht immer deckungsgleich mit der Definition von Kosten als leistungsbedingtem Faktorverzehr.

schen Kostenrechnung, Ausgaben-, Auszahlungs- und *Investitionsrechnung*, entfällt und eine *Integration* ermöglicht wird.“[1264]

Die strikte Anwendung der Einzelkostenrechnung führt in Dienstleistungsunternehmen und insb. in Banken zu vergleichsweise hohen Deckungsbeiträgen, da nur ein geringer Anteil der Kosten als Einzelkosten der Bezugsgröße Produkt oder Kunde im Sinne des Identitätsprinzips zurechenbar ist.[1265] Aufgrund dessen wird regelmäßig das Identitätsprinzip derart verwässert, als Gemeinkosten auf Basis geeigneter Verrechnungsverfahren den Kunden zugerechnet werden.[1266] FISCHER/VON DER DECKEN bezeichnen dies allgemein als „erweitertes Verursachungsprinzip“[1267] und BOHNENKAMP für den Bankenkontext als „Prinzip der Einzelkostenrechnung mit normierter Leistungsinanspruchnahme“[1268]. Unterscheiden lassen sich nach LISSAUTZKI pauschalverteilungsorientierte und leistungsorientierte Verrechnungsverfahren.[1269] Letztere nutzen die kundenindividuelle Beanspruchung von Ressourcen und sollten daher für die Gemeinkostenverrechnung genutzt werden. Es handelt sich somit um eine beanspruchungsgerechte Gemeinkostenzurechnung, die auch die wesentliche Grundlage der Prozesskostenrechnung ist.

Auch in den Kreditgenossenschaften werden die Standardstückkosten der Einzelgeschäfte auf Basis der sog. prozessorientierten Standardstückkostenrechnung kalkuliert.[1270] Dabei wird eine produktorientierte Konzeption der Prozess-

---

[1264] *Riebel, P.* (1992), S. 262.

[1265] Vgl. *Fischer, T. M./von der Decken, T.* (2001), S. 295 f.; *Schierenbeck, H.* (2003), S. 371; *Bohnenkamp, P.* (1995), S. 27 sowie die dort angegebene Literatur. Bei Banken gilt diese Aussage für die Kosten des Betriebsbereichs. Vgl. für eine ausführliche Kritik *Knöbel, U.* (1997), S. 89 ff.

[1266] Vgl. zur weiteren Begründung *Reckenfelderbäumer, M./Welling, M.* (2006), S. 346 f.; *Tewes, M.* (2003), S. 259 ff.; *Fischer, T. M./von der Decken, T.* (2001), S. 295; *Freiling, J./Reckenfelderbäumer, M.* (2000), S. 512 ff. Zudem wird von der Identität von Kosten und Auszahlungen in gleichen Zeiträumen abgewichen.

[1267] *Fischer, T. M./von der Decken, T.* (2001), S. 295.

[1268] *Bohnenkamp, P.* (1995), S. 27.

[1269] Vgl. *Lissautzki, M.* (2007), S. 177 ff. Zu den pauschalverteilungsorientierten Verfahren zählt er die Divisions- und die Zuschlagskalkulation und zu den leistungsorientierten Verfahren verschiedene Ausprägungen der Äquivalenzziffernkalkulation und der Prozesskostenrechnung.

[1270] Vgl. *BVR* (2003b), Kapitel 2.1, S. 62 ff. Diese wird in der Literatur auch als prozessorientierte Standard-Einzelkostenrechnung bezeichnet. Vgl. *Schierenbeck, H.* (2003), S. 370 ff. sowie die dort angegebene Literatur. Vgl. zur Kritik an diesem Vorgehen *Knöbel, U.* (1995), S. 99 ff.

kostenrechnung implementiert,[1271] die hinsichtlich des verrechneten Kostenumfangs einer Teilkostenrechnung entspricht (siehe Abbildung 48).[1272]

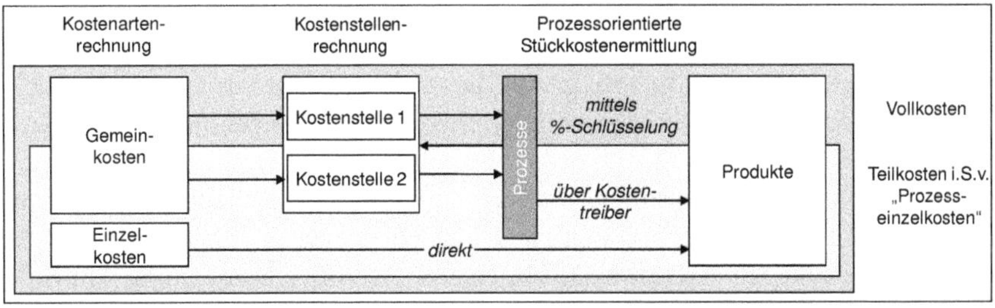

Abbildung 48: Systematik der prozessorientierten Kostenrechnung in den Kreditgenossenschaften[1273]

In den mittels der Prozesskostenrechnung verrechneten Gemeinkosten sind in grober Systematik sowohl Beratungs-, Antrags-, Vertragsbearbeitungs-, Bestandspflege- sowie Auflösungsprozesse bzw. -kosten enthalten.[1274] Diese Systematik basiert auf der Annahme eines filialbasierten Ansatzes, der sich jedoch nur im Bringgeschäft des Kunden realistisch widerspiegelt und vergleichsweise geringe Prozesskosten für Beratungstätigkeiten umfasst.[1275] Hieraus ergeben sich für die kundenwertorientierte Steuerung Probleme.[1276] Vor dem Hintergrund der in VR-FINANZPLAN MITTELSTAND hinterlegten Vertriebsstrategie des aktiven Vertriebs wird nicht berücksichtigt, dass die Akquisitions- und Beratungsprozesse und deren Kosten stark vom Kundenverhalten abhängen und entsprechend variieren. Nach dieser Systematik wären zwei Kunden mit gleicher Produktnachfrage, Bonität und Kondition gleichwertig, auch wenn der eine Kunde betreuungsintensiver ist als der andere. Hinzu kommt, dass Betreuungsgespräche im Sinne der aktiven Betreuungsstrategie nicht zwingend mit einem Produktabschluss als Träger der Kosten enden, so dass kundeninduzierte Kosten diesem

---

1271 Vgl. zu den Grundlagen der Prozesskostenrechnung im Allgemeinen z. B. *Coenenberg, A. G.* (1999), S. 220 ff. sowie für den Bankenkontext im Speziellen *Bohnenkamp, P.* (1995), S. 1 ff.

1272 Es handelt sich jedoch nicht um eine Grenzkostenrechnung, die dem Marginalprinzip entspricht.

1273 *BVR* (2003b), Kapitel 2.1, S. 62.

1274 Vgl. *BVR* (2003b), Kapitel 2.1, S. 66.

1275 Akquiseaufgaben werden aufgrund der Annahme des Bringgeschäfts in der Rechensystematik nicht berücksichtigt. Des Weiteren sind produktunabhängige Beratungen nicht enthalten.

1276 Vgl. *Reckenfelderbäumer, M./Welling, M.* (2006), S. 343.

(Bestands-)Kunden nicht zugerechnet werden und die Bewertung der Geschäftsbeziehung c. p. zu positiv ist. Schließlich wird nicht beachtet, dass im umgekehrten Fall in einem Beratungsgespräch mehr als ein Produkt beraten und kontrahiert wird. Werden dem Kunden produktindividuelle Beratungskosten über die Addition der verrechneten Produktkosten zugerechnet, ist die Profitabilität der Geschäftsbeziehung c. p. zu gering. Aus diesen Gründen bedarf es einer sinnvollen Erweiterung der bisher implementierten Prozesskostenrechnung in den Kreditgenossenschaften.

Mit Blick auf diesen Prozesskostenrechnungsansatz erscheint eine explizite Differenzierung zwischen produkt- und kundenbezogenen Kosten adäquat, da sonst die Grundlagen einer zweckmäßigen und sinnvollen Betrachtung von Kosten auf Ebene des Kunden fehlen.[1277] In der einschlägigen Literatur wird in diesem Zusammenhang die Implementierung einer kundenbezogenen Prozesskostenrechnung postuliert, die die Kundengemeinkosten beanspruchungsgerecht den Kunden zurechnet.[1278] Vor diesem Hintergrund sollten speziell die Prozessdefinitionen in den Kreditgenossenschaften vor dem Hintergrund der geänderten Informationsanforderungen des Kundenwerts gewürdigt werden. Einen nützlichen Ansatz entwickelt CORNELSEN aufbauend auf den Vorarbeiten von ENGELHARDT ET AL., der zwischen autonomen, leistungsbezogen-integrativen und ablaufbezogen-integrativen Prozessen unterscheidet.[1279] Autonome Prozesse sind dadurch charakterisiert, dass diese ohne Einflussnahme des Kunden ablaufen. Dies sind auf Produktebene z. B. die bankbetrieblichen Arbeitsprozesse im Kontext der Bestandspflege der Einzelgeschäftsinformationen. Auf der Kundenebene sind dies z. B. Prozesse der Gesprächsvorbereitung im Kontext der bankinitiierten Betreuungsgespräche. Bei den leistungsbezogen-integrativen Prozessen dagegen spezifiziert der Kunde die Prozessleistung. Auf Produktebene fallen hierunter z. B. die Prozesse zur Vertragsformulierung und auf der Kundenebene bspw. die Auswahl eines bestimmten Finanzierungsprodukts. Diese leistungsbe-

---

1277 Vgl. *Bungenstock, C.* (2002), S. 9.

1278 Vgl. z. B. *Tewes, M.* (2003), S. 259 ff.; *Eberling, G.* (2002), S. 174; *Cornelsen, J.* (2000), S. 113 ff.; *Schulz, B.* (1995), S. 111.

1279 Vgl. hier und nachfolgend *Cornelsen, J.* (2000), S. 114 ff. sowie die dort angegebene Literatur insb. *Engelhardt, W. H./Kleinaltenkamp, M./Reckenfelderbäumer, M.* (1993). Diese Prozesstypisierung lässt sich mit der Prozessebenen des Service-Blueprinting aus Kapitel B.1.3 verbinden. Zu den autonomen Prozessen sind die Backstage-Prozesse, die Support-Prozesse sowie die Facility-Prozesse zu zählen. Die ablaufbezogenen integrativen Prozesse und die leistungsbezogen-integrativen Prozesse sind Ausprägungen der Onstage-Prozesse. Lediglich die reinen Kundenprozesse finden in CORNELSENS Typologie kein Pendant, was jedoch unproblematisch ist, da diese keine Relevanz für die kundenorientierte Prozesskostenrechnung haben.

zogen-integrativen Prozesse können, müssen aber nicht, kundenindividuell ablaufen. Die ablaufbezogen-integrativen Prozesse sind dadurch gekennzeichnet, dass der Kunde ganz oder teilweise während des Prozessablaufs in diesen eingreift und dabei einen oder mehrere Prozessparameter verändert. Auf Produktebene liegt dies z. B. vor, wenn mit dem Firmenkunden spezielle Finanzierungen oder sonstige Bankdienstleistungen erarbeitet werden. Auf Kundenebene gehört dazu etwa die kundenindividuelle Ausgestaltung der Beratungsgespräche, die in der Bank oder beim Kunden stattfinden.

In der vorliegenden Arbeit soll kein vollständiger konzeptioneller Rahmen für eine derartige kundenbezogene Prozesskostenrechnung erarbeitet werden, für die weitere Untersuchung sind die skizzierten Basiselemente jedoch ausreichend. Denn unter Berücksichtigung dieser Ausführungen lässt sich die in den Kreditgenossenschaften implementierte Systematik der Prozesskostenrechnung im Sinne der kundenwertorientierten Steuerung erweitern (siehe Abbildung 49).

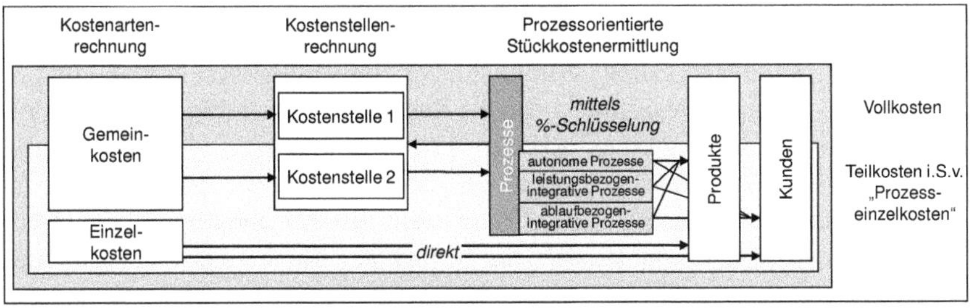

Abbildung 49: Integration der Prozessdifferenzierung in die Systematik der prozessorientierten Kostenrechnung der Kreditgenossenschaften[1280]

Aufbauend auf diesem Ansatz der Prozessanalyse und den bereits bestimmten Kundenwerttreibern lässt sich das Basiskostenpotenzial nun näher konkretisieren.[1281] Das Basiskostenpotenzial stellt eine im Zusammenhang mit dem Basisgeschäfts-, dem Entwicklungs- und dem Cross-Selling-Potenzial stehende Maßgröße für die in die Geschäftsbeziehung zu investierenden Ressourcen dar. Es setzt sich somit zusammen aus den jeweiligen Einzelkosten und den produktbe-

1280 Eigene Darstellung.

1281 Statt von Potenzial spricht DILLER vom Transaktionskostenwert. Vgl. *Diller, H.* (2001), S. 16. Aufgrund der Verbindungen zu den schon definierten Kundenwerttreibern, die als Potenzialgrößen definiert sind, soll jedoch vom Basiskostenpotenzial gesprochen werden. Zudem wäre wie die Ausführungen in diesem Kapitel zeigen eine enge Fokussierung auf die einzelne Transaktion nicht zielgerecht.

zogenen Prozesskosten der einzelnen vorgenannten Kundenwerttreiber und den kundenbezogenen Prozesskosten, die produktübergreifend sind und somit auch nicht diesen Kundenwerttreibern zugeordnet werden können. Konsequent zur produktbezogenen Bestimmung des Basis-, Entwicklungs- und Cross-Selling-Potenzials lassen sich die kundenbezogenen Prozesskosten also übergreifend verstehen.

Ein Dilemma bei der Betrachtung der Berücksichtigung der Kosten liegt darin, dass der Kundenwert Entscheidungsgrundlage dafür ist, ob in eine Geschäftsbeziehung Ressourcen zur Ausschöpfung der Potenziale investiert werden sollen und gleichzeitig diese zu investierenden Ressourcen den prospektiven Kundenwert beeinflussen. Bezogen auf das hier definierte Basiskostenpotenzial entspricht dies den kundenbezogenen Einzel- und Prozesskosten z. B. in Form der Betreuungskosten. Auf diesen Aspekt ist im Zusammenhang mit den kundenwertorientierten Vertriebsplanungsaktivitäten weiter einzugehen.

Das Basiskostenpotenzial umfasst diejenigen Kosten, die produktspezifisch auf Basis der erwarteten Erlösträger und dem Kundenverhalten als beeinflussende Variable resultieren. Dabei wird davon ausgegangen, für die zukünftigen Perioden das Kundenverhalten bezüglich der Integrationsbereitschaft und -fähigkeit als „konstant“ anzunehmen. Im Rahmen des nachfolgend erläuterten Kooperationspotenzials wird ein Kundenwerttreiber fokussiert, der sich dadurch ergibt, dass der Kunde im Sinne der Kreditgenossenschaft bezüglich seines Verhaltens „entwickelt“ werden kann. Damit stellt das Kooperationspotenzial ein Korrektiv des Basiskostenpotenzials dar, beinhaltet darüber hinaus jedoch weitere Vorteile für die Primärbank.

4.5.3.1.5 Kooperationspotenzial

Die Literatur zum Kundenwert kennt das Kooperationspotenzial als Bereitschaft und Fähigkeit eines Kunden, auf begrenzte Zeit Produktionsfaktoren in den Dispositionsbereich des Anbieters einzubringen.[1282] Die Berücksichtigung eines derartigen Kundenwerttreibers ist insbesondere bei Geschäftsbeziehungen relevant, die durch ein hohes Maß an Integrativität gekennzeichnet sind, wie es bei Dienst- und Bankleistungen der Fall ist.[1283] Denn diese Integrativität bestimmt u. a. die Kosten der von der Kreditgenossenschaft erbrachten Bankleistungen. Et-

---

[1282] Vgl. *Rudolf-Sipötz, E.* (2001), S. 121. Etwas anders RIEKER, der das Kooperationspotenzial im Kontext von Anbieter-Kunden-Beziehungen als Möglichkeit, langfristig zusammenzuarbeiten, definiert. Vgl. *Rieker, S.* (1995), S. 60 f. Als Synergieeffekte der vertikalen Kooperation sieht auch GELBRICH das Kooperationspotenzial. Vgl. *Gelbrich, K.* (2001), S. 72.

[1283] Vgl. *Rudolf-Sipötz, E.* (2001), S. 126. Vgl. auch Kapitel C.2.3.

wa 55 Prozent der Verwaltungskosten der Kreditgenossenschaften resultieren aus kundenbezogenen Prozessen.[1284]

Basis der weiteren Überlegungen zum Kooperationspotenzial sind die Besonderheiten der Bankleistungen, die in Kapitel C.2.3 herausgearbeitet wurden. Zentrales Konstitutionsmerkmal des Kooperationspotenzials ist die Kooperation zwischen zwei oder mehr Akteuren, die als Zusammenarbeit mit dem Ziel des Erreichens individueller Vorteile definiert wird.[1285] Als Vorteile werden Kooperationsgewinne unterstellt, die sich bezüglich der Kundenbindung und -zufriedenheit, im Rahmen der Produktentwicklung und des Produktionsprozesses und gemeinsamer Marktaktivitäten von Kunden und Herstellern ergeben.[1286] Ob diese Vorteile realisiert werden können, hängt davon ab, ob der Kunde in der Lage ist, sich wertschaffend in den Dienstleistungserstellungsprozess einzubringen und der Anbieter die dafür erforderlichen Fähigkeiten aufbringt. Weiterhin müssen Kunden und Anbieter bereit sein, miteinander zu kooperieren. Ein Ansatz, Kooperationsoptionen zwischen Anbieter und Kunde für den Dienstleistungsbereich darzustellen, ist die Isoleistungslinie von CORSTEN (siehe Abbildung 50). Die Isoleistungslinie stellt dar, bei welchen Aktivitätsgraden von Anbieter und Nachfrager ein gleichartiger Leistungsoutput erstellt werden kann.

Die Isoleistungslinie visualisiert, dass sowohl die Integration des Kunden (Externalisierung) als auch die Übernahme von Aufgaben des Kunden durch den Anbieter (Internalisierung) Ansatzpunkte liefern kann, um kundenwertschaffende Maßnahmen zu identifizieren. Dies sei an drei Beispielen aus dem Bankenbereich verdeutlicht, wobei nicht beachtet wird, ob dadurch die Isoleistungslinie parallel verschoben wird.

Durch die Nutzung des Online-Bankings oder der Selbstbedienungseinrichtungen, wie Geldausgabeautomaten und Kontoauszugsdrucker, übernimmt der Bankkunde traditionelle Aufgabenfelder der Bank (Externalisierung). In Abhängigkeit bestimmter Einflussvariablen des Kundenverhaltens kann dies auf Seiten der Bank zu höheren Kundenprofitabilitäten führen.[1287]

1284 Vgl. *BVR* (2007b), S. 20.

1285 Vgl. *Schneider, Y.* (2007), S. 120.

1286 Vgl. dazu ausführlich *Schneider, Y.* (2007), S. 122 ff.

1287 Vgl. *Gensler, S./Skiera, B./Böhm, M.* (2007). Einflussfaktoren sind der Kanaleffekt, der auftritt, wenn ein kausaler Effekt der Nutzung eines Vertriebskanals auf das Produktnutzungsverhalten besteht, und der Selbstselektionseffekt, der die Unterschiede der Kundencharakteristika beschreibt.

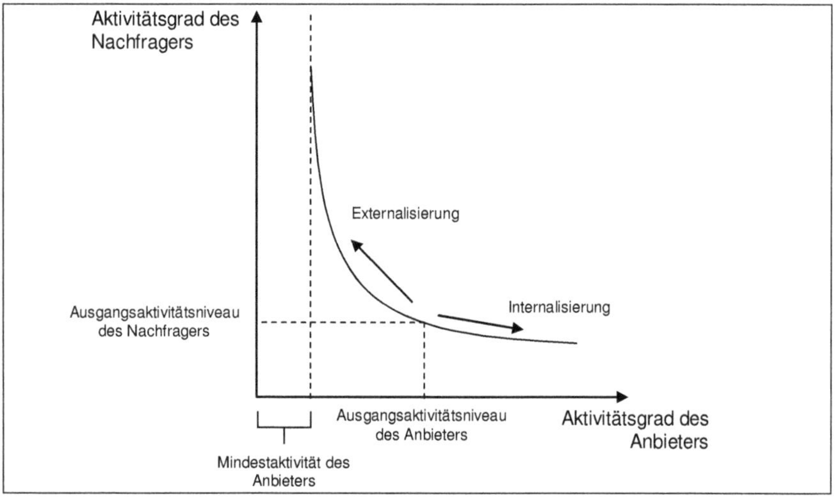

Abbildung 50: Isoleistungslinie[1288]

Das zweite Beispiel der bankenseitigen Externalisierung knüpft an die Darstellung des Kreditprozesses in Abbildung 19 an. Aus den Erkenntnissen der Prinzipal-Agenten- i. V. m. der Transaktionskostentheorie und dem Relationship Banking folgt,[1289] dass für den Bankenkontext solche (Kredit-)Vertragsbezie-hungen in besonderer Weise relevant sind, die sich durch Unsicherheit und Informationsdefizite des Prinzipals (Bank) dem Agenten (Firmenkunde) gegenüber auszeichnen. In Abhängigkeit des Ausmaßes und der Art der Informationsasymmetrie sowie den Maßnahmen zu dessen Abbau (z. B. Screening, Monitoring) fallen Transaktionskosten auf Seiten des Prinzipals an. Unberührt von der informationsökonomischen Begründung der Existenz von Banken[1290] stellt das Kooperationspotenzial eines Firmenkunden in diesem Zusammenhang einen Einflussfaktor auf die Höhe der Transaktionskosten und die Effizienz der Informationsproduktion auf Seiten der Bank dar. Dies soll an einem konkreten Beispiel verdeutlicht werden. Im Rahmen der Kreditwürdigkeitsprüfung ist die Beschaffung von

1288 *Corsten, H.* (2000), S. 151.

1289 Vgl. dazu z. B. *Püthe, T.* (2009), S. 40 ff. sowie *Segbers, K.* (2007), S. 27 ff. und S. 120 ff.

1290 Informationsökonomische Modelle kommen zu dem Ergebnis, dass die Existenz von Banken sich darin begründet, dass diese komparative Kostenvorteile bei der Kompensation von Informationsasymmetrien gegenüber anderen Finanzintermediären haben. Vgl. *Püthe, T.* (2009), S. 61 sowie die dort angegebene Literatur.

qualitativen Ratinginformationen des Kreditkunden mit vielfältigen Problemfeldern versehen (z. B. Medienbrüche, Notwendigkeit zur häufigen Kundenansprache).[1291] Einen Lösungsansatz beschreiben BERENS ET AL. damit, dass auf Seiten des Firmenkunden eine Software implementiert wird, mittels der die relevanten Informationen erfasst und digital an die Bank übermittelt werden können. Auch hier übernimmt der Kunde in kooperativer Weise Aufgaben der Bank, um Schnittstellenprobleme und Probleme der Informationsbeschaffung zu lösen und uno actu für eine höhere Prozessqualität und bessere Ratinggrundlage zu sorgen.

Ein Beispiel für die bankenseitige Internalisierung von Aufgaben besteht in der sog. Wertschöpfungskettenkreuzung, die die selektive Auslagerung von (Teilen von) Finanzprozessen an Banken umfasst.[1292] Der von KÖNIG ET AL. beschriebene Ansatz der Wertschöpfungskettenkreuzung besteht darin, dass die Bank mittels eines eingebetteten Informationssystems Zugriff auf Rechnungsdaten des Firmenkunden hat und Aufgaben des Forderungs- und Liquiditätsmanagement übernimmt. Die bankseitige Vorteilhaftigkeit wird von den Autoren nicht dargelegt. Es kann jedoch vermutet werden, dass diese sich in einer stärkeren Gebundenheit des Kunden aufgrund zusätzlicher (System-)Wechselkosten, einer höheren risikorelevanten Transparenz über die Liquiditätslage des Unternehmens sowie dem Angebot zusätzlicher Finanzdienstleistungen zeigen. Dagegen müssen jedoch Kosten für die Integration- und Interaktion ebenso berücksichtigt werden, wie Kosten, die im Rahmen der Akquisition sowie der Entwicklung der Kooperationsbereitschaft und -fähigkeit (Qualifikation) des Firmenkunden entstehen.

Die Qualifikation der Kunden sieht GOUTHIER als zwingend notwendig an, um die Kunden optimal in den Dienstleistungserstellungsprozess integrieren zu können.[1293] Diese Aufgabe obliegt dem Anbieterunternehmen, das damit die Vorteile eines integrationsbereiten und -fähigen Kunden nutzen kann. GOUTHIER unterscheidet aus Sicht des Unternehmens zwei Extremformen von Kundenbildern.[1294] Dies ist der Kunde als Störfaktor und der Kunde als Ressource. An diesen zwei Leitbildern richtet er Integrationsziele und -strategien aus. Während

---

1291 Vgl. hier und nachfolgend *Berens, W. et al.* (2005), S. 786 f.

1292 Vgl. *König, W. et al.* (2007), S. 133 ff. Zu beachten ist, dass bisher keine derartigen Angebote zur Wertschöpfungskettenkreuzung im (mittelständischen) Firmenkundengeschäft vorliegen. Bei großen Unternehmen ist zudem eher der Trend zur Disintermediation zu beobachten, der sich darin zeigt, dass Finanzprozesse in die Unternehmen integriert werden, so dass Kreditinstitute als Finanzintermediäre obsolet werden.

1293 Vgl. hier und nachfolgend *Gouthier, M. H. J.* (2003), S. 11.

1294 Vgl. hier und nachfolgend *Gouthier, M. H. J.* (2003), S. 179 ff. Ausprägungen zwischen diesen beiden Extremen werden von GOUTHIER anerkannt jedoch nicht weiter thematisiert

beim Kunden als Störfaktor das Ziel des Abbaus des Integrationsgrades über eine Strategie der Internalisierung seiner Aufgaben zu erreichen ist, verhält es sich beim Kunden als Ressource umgekehrt. Hier soll der Integrationsgrad über eine Externalisierungsstrategie ausgebaut werden. Dem Nutzen der Kooperationsfähigkeit und -bereitschaft stehen somit i. d. R. Kosten der Kundenentwicklung gegenüber.[1295] So berichtet RUDOLF-SIPÖTZ von einem Fall im Bankenbereich, bei dem „unprofessionelles“ Agieren des Kunden zu Haftungsansprüchen gegenüber der Bank führte.[1296] Anschließend versuchte die Bank mittels geeigneter Maßnahmen die Kunden zu schulen und damit das Kooperationspotenzial zu steigern. Die Entscheidung, ob eine Maßnahme zur Kundenentwicklung durchgeführt werden soll, knüpft GOUTHIER an die Frage, ob die Kosten der Inkompetenz größer sind als die Kosten der Kompetenzbeschaffung zzgl. etwaiger kompetenzbedingter Opportunitätskosten, die z. B. aus einem intensiveren Preiskampf aufgrund besser informierter Kunden resultieren.[1297] Diese Kostenarten werden zusammen als Kompetenzkosten bezeichnet.

Im Gegensatz zu den bisherigen Kundenwerttreibern, die sich durch konkrete Bankleistungen als Fixpunkte der Zuordnung von Erlösen und Kosten messen lassen können, besteht beim Kooperationspotenzial eine größere Unbestimmtheit der resultierenden Nutzen- und Kostengrößen. Nach SCHNEIDER lassen sich für die Größen Kooperationsfähigkeit und -bereitschaft des Kunden und des Anbieters und dem produktbedingten Bedarf an Zusammenarbeit Kennzahlen ableiten, die geplant werden können.[1298] VON WANGENHEIM sieht das Wertpotenzial der Kooperation „in den realisierbaren Synergien und Wertsteigerungen, die durch die Zusammenlegung von Ressourcen erreicht werden können.“[1299] Gleichwohl dürfte die Messung dieses Kundenwerttreibers problematisch bis nicht hinreichend valide realisierbar sein.

Zusammenfassend lässt sich festhalten, dass das Kooperationspotenzial die Möglichkeiten beinhaltet, wie durch die Gestaltung der Integration des externen Faktors, also des Firmenkunden, die produkt- und kundenbezogenen Kosten reduziert werden können. Daraus resultieren unmittelbare Auswirkungen auf die ökonomischen Charakteristika der zu bewertenden Kundenbeziehung. Synergien aus der vertikalen Zusammenarbeit von Kreditgenossenschaft und Bank schaffen somit den Wert des Kooperationspotenzials.[1300] Die Höhe wird grds. durch die Eingriffstiefe, d. h. die Stelle im Wertschöpfungsprozess, an der der Eingriff

---

[1295] Vgl. *Gouthier, M. H. J.* (2003), S. 456 ff.

[1296] Vgl. hier und nachfolgend *Rudolf-Sipötz, E.* (2001), S. 126.

[1297] Vgl. hier und nachfolgend *Gouthier, M. H. J.* (2003), S. 461 ff.

[1298] Vgl. *Schneider, Y.* (2007), S. 158.

[1299] *von Wangenheim, F.* (2003), S. 54.

[1300] Vgl. *Schmöller, P.* (2001), S. 120 ff.; *Meffert, H./Bruhn, M.* (2009), S. 424.

stattfindet, sowie die Eingriffsintensität, die durch die Zahl der betroffenen Prozesse sowie der erforderlichen Intensität beeinflusst wird, bestimmt.[1301]

Mit dem Kooperationspotenzial sind die sich auf den Güter- und Warenstrom beziehenden Kundenwerttreiber der Ertragsdimension abschließend behandelt. Bereits im Rahmen der Diskussion zum Kooperationspotenzial wurde deutlich, dass Informationsströme ebenfalls inhärenter Bestandteil der Interaktionsprozesse zwischen Firmenkunden und Kreditgenossenschaft sind. Neben den unmittelbar mit der Leistungserstellung verbundenen Informationen können diese Informationsströme auch Informationen beinhalten, die sich nur mittelbar oder auch gar nicht auf die betrachteten Interaktionsprozesse auswirken, gleichwohl nutzenstiftend für die Kreditgenossenschaft sein können.

4.5.3.1.6 Informationspotenzial

Der begriffliche Inhalt des Informationspotenzials ist in der Literatur uneinheitlich.[1302] In dieser Arbeit umfasst das Informationspotenzial diejenigen Informationen, die von Seiten des Kunden an das Anbieterunternehmen fließen und von diesem zur erfolgreichen Unternehmensführung (z. B. Prozessoptimierung, Produktentwicklung, Kundenorientierung) eingesetzt werden können.[1303] Nach BAUER ist der Kunde „die wichtigste Quelle eines Unternehmens für strategisch relevante Informationen."[1304] „Das Informationspotential beschreibt ganz allgemein das Potential eines Kunden durch sein Informationsverhalten positive Kosten- und Nutzen-Wirkungen herbeizuführen und damit zur Zielerreichung eines Anbieters beizutragen."[1305] Abzugrenzen ist das Informationspotenzial vom Kooperationspotenzial insofern, als das Kooperationspotenzial die Informationen als Inputfaktor in einem konkreten kundenintegrativen Leistungserstellungsprozess umfasst. Im Informationspotenzial dagegen sollen nun diejenigen Informationen von einem Firmenkunden erfasst werden, die über den konkreten Leistungserstellungskontext hinaus nutzenstiftend für die Kreditgenossenschaft sind. In diesem Kontext sind Informationen nicht zweckorientiertes Wissen[1306], son-

---

1301 Vgl. *Schmöller, P.* (2001), S. 124 sowie die dort angegebene Literatur.

1302 Vgl. z. B. *Wünschmann, S.* (2007), S. 37 ff., *Schneider, N. C.* (2007), S. 159 ff., *Howald, B.* (2007), S. 52, *Friederichs-Schmidt, S.* (2006), S. 139 ff., *Foehn, P.* (2006), S. 136 ff., *Böhrs, S.* (2004), S. 62 ff., *von Wangenheim, F.* (2003), S. 51 ff., *Tewes, M.* (2003), S. 94 ff., *Eberling, G.* (2002), S. 154 ff., *Rudolf-Sipötz, E.* (2001), S. 113 ff. und *Cornelsen, J.* (2000), S. 224 ff.

1303 Vgl. ähnlich *Rudolf-Sipötz, E.* (2001), S. 113.

1304 *Bauer, R. A.* (2000), S. 41.

1305 *Tewes, M.* (2003), S. 94.

1306 Vgl. dazu die Ausführungen in Kapitel E.1.2.1.

dern „wertschaffender Inputfaktor“[1307]. GELBRICH verwendet dazu den Begriff des Know-how- oder Innovationspotenzials.[1308] Da jedoch auch Beschwerden des Kunden Gegenstand des Informationspotenzials sein können,[1309] soll dieser Begriffsverwendung nicht gefolgt werden.[1310] Vielmehr wird das Innovationspotenzial in Anlehnung an RUDOLF-SIPÖTZ unter das hier weiter gefasste Informationspotenzial subsumiert.[1311]

RUDOLF-SIPÖTZ/TOMCZAK sehen in dem Inhalt und der Qualität der Informationen sowie der Bereitschaft zur Informationsabgabe zentrale Bestimmungsfaktoren des Informationspotenzials.[1312] Informationen, die Gegenstand des Informationspotenzials sind, beziehen sich auf unterschiedliche Bereiche und Themen.[1313] Diese sind z. B. Kundenbedürfnisse- und -situationen, Prozessoptimierungen oder Produktentwicklungen und -verbesserungen, Entwicklung neuer/Überarbeitung bestehender Konzepte in Beratung oder Service, Service- und Produktqualität, Ansprüche der Kunden an die Mitarbeiter, Konkurrenz- und Marktanalysen oder Determinanten der Loyalität oder Abwanderungsgründe. Wertvoll aus Sicht der Kreditgenossenschaft sind diejenigen Informationen, die sich nutzenstiftend einsetzen lassen, z. B. wenn sie zu Verbesserungen auf der Prozess- oder Leistungsebene führen.[1314] Das bedeutet zugleich, dass sich auf Basis der erhaltenen Informationen für die Kreditgenossenschaft realisierbare Veränderungen initiieren lassen.

Hinsichtlich der Qualität der Informationen lassen sich faktische und normative Informationen unterscheiden. Faktische Informationen beinhalten Aussagen über objektiv prüfbare Sachverhalte, während normative Informationen subjektive Bewertungen und Meinungen von Kunden sind.[1315] Faktische Informationen gelten als wertvoller, da die Inhalte aufgrund ihrer Objektivität leicht auf andere Kunden übertragbar bzw. für die Bank nutzbar sind.[1316] Normative Informationen führen erst dann zu Handlungen, wenn Anregungen gleicher Art mehrfach

---

1307 *Schneider, Y.* (2007), S. 92.

1308 Vgl. *Gelbrich, K.* (2001), S. 72. Ähnlich auch *Rieker, S.* (1995), S. 59 und *Schulz, B.* (1995), S. 115.

1309 Vgl. *Meffert, H./Bruhn, M.* (2009), S. 424.

1310 Für eine ausführliche Auseinandersetzung mit dem Beschwerdeverhalten im Kontext des Kundenwerts vgl. *Wünschmann, S.* (2007), S. 93 ff.

1311 Vgl. *Rudolf-Sipötz, E.* (2001), S. 114. So auch *Schneider, Y.* (2007), S. 91 f.

1312 Vgl. *Rudolf-Sipötz, E./Tomczak, T.* (2001), S. 39 f.

1313 Vgl. *Rudolf-Sipötz, E.* (2001), S. 114 sowie die dort angegebene Literatur.

1314 Vgl. *Tewes, M.* (2003), S. 95.

1315 Vgl. *Schneider, N. C.* (2007), S. 92.

1316 Vgl. *Tewes, M.* (2003), S. 94.

an das Unternehmen herangetragen werden.[1317] Auf Ebene des Einzelkunden erhöhen diese die Transparenz über und das Verständnis für den Kunden. Während normative Informationen häufig in Form von Beschwerden artikuliert werden, werden faktische Informationen durch initiative Maßnahmen auf Seiten des Anbieters generiert wie z. B. Kundenbefragungen oder Kundenworkshops. CORNELSEN kombiniert Kundeninformationen in Abhängigkeit des Inhalts (Leistungen und Prozesse) und der Qualität. Übertragen auf den hier fokussierten Bankenkontext lassen sich darauf aufbauend die folgenden Informationsarten ableiten.

Tabelle 20: Kundeninformationen in Abhängigkeit von Qualität und Inhalt[1318]

Inhalt / Art	Bankleistung	Prozess
Normativ (subjektiv)	„Produktive" Informationen: • Konditionshöhe • Leistungsindividualität • Bedarfssituation/ Künftige Planung • …	„Produktive" Informationen: • Qualifikation der Berater • Art und Inhalt der Betreuung • …
Faktisch (objektiv)	Anregungen/Verbesserungsvorschläge: • Beratungsinhalte • Leistungsmerkmale • …	Anregungen/Verbesserungsvorschläge: • Kreditprozessstruktur • Bearbeitung von Anfragen • …

Die Bereitschaft des Firmenkunden, Informationen über den konkreten Leistungserstellungsprozess hinaus an die Kreditgenossenschaft abzugeben, stellt die conditio sine qua non des Informationspotenzials dar. Als Einflussfaktoren dieser Bereitschaft werden in der Literatur insbesondere das Commitment und das Involvement des Kunden genannt.[1319] Commitment wird als die innerlich empfundene Verpflichtung, sich in die Beziehung einzubringen, verstanden.[1320] Nach MORGAN/HUNT führt ein erhöhtes Commitment zu einer höheren Kooperationsbereitschaft,[1321] die sich auch auf die Weitergabe von Informationen bezieht.[1322] Das Involvement beschreibt das innere Engagement eines Kunden, sich

1317 Vgl. hier und nachfolgend *Cornelsen, J.* (2000), S. 225 f.

1318 In Anlehnung an *Cornelsen, J.* (2000), S. 226.

1319 Vgl. *Tewes, M.* (2003), S. 96.

1320 Vgl. *Tewes, M.* (2003), S. 96. Eine ausführliche Diskussion verschiedener Definitionen des Begriffs Commitment findet sich bei *Püthe, T.* (2009), S. 162 ff.

1321 Vgl. *Morgan, R. M./Hunt, S. D.* (1994), S. 23.

1322 Vgl. *Tewes, M.* (2003), S. 96. DWYER/SCHURR/OH messen Commitment unter anderem anhand des Inputs, worunter sie den signifikanten Austausch von ökonomischen, kom-

einer subjektiv als wichtig empfundenen Sache zu widmen. Unterschieden werden kann zwischen dem product-involvement, bei dem die Leistungen des Anbieters Objekt des Engagements sind, dem self-involvement, unter dem ein persönliches Bedürfnis nach Anerkennung verstanden wird, und dem other-involvement, das auf die Unterstützung Dritter ausgerichtet ist. Unabhängig davon, welches Involvement vorliegt, wird davon ausgegangen, dass ein hohes Involvement mit einer höheren Bereitschaft zur Abgabe von Informationen einhergeht.[1323] Darüber hinaus werden auch auskunftsfördernde Persönlichkeitsmerkmale des Kunden, situative Einflussfaktoren, Unzufriedenheit, Erfolgsaussichten auf Veränderungen aus Sicht des Kunden sowie produkt- und dienstleistungsspezifische Faktoren diskutiert.[1324]

Informationen zu generieren und zu nutzen, kann eine Quelle von Wettbewerbsvorteilen sein, da es Außenstehenden nur schwer gelingen dürfte, die Kundeninformationen und das im Unternehmen bereits enthaltene Wissen in ähnlicher Weise zu verknüpfen.[1325] Herausragende Bedeutung wird daher den Kundeninformationen und demzufolge der Berücksichtigung des Informationspotenzials in einem Kundenwertmodell in Märkten mit hohem Konkurrenzdruck und intensivem Wettbewerb beigemessen.[1326] Wie die Ausführungen in Kapitel C.1.5 zum Wettbewerb und der Konzentration zeigen, kann davon für das Firmenkundengeschäft der Kreditgenossenschaften ausgegangen werden. Je besser ein Unternehmen seine Kunden versteht, desto besser kann es auf deren Bedürfnisse eingehen und den Leistungserstellungsprozess auf die Herstellung kundenorientierter Leistungen ausrichten.[1327] Ein weiterer mit dem Kundenverständnis verbundener Vorteil ist, das Kundenplanungs- und -informationsrisiko zu reduzieren.[1328] Dieses Risiko besteht aus dem Verlustpotenzial, dass sich daraus ergibt, dass auf Basis der informationsschwachen, aber annahmenintensiven Prognose von Kundenwerten Entscheidungen getroffen werden, die bei Abweichungen von den erwarteten Werten zu negativen Konsequenzen für die Kreditgenossenschaft führen. Dies ist klassischerweise der Fall, wenn spezifisch in Kundenbeziehungen investiert wird. Aus diesen Gründen soll das Informationspo-

---

munikativen und/oder emotionalen Ressourcen verstehen. Vgl. *Dwyer, F. R/Schurr, P. H./Oh, S.* (1987), S. 19.

1323 Vgl. *Schneider, Y.* (2007), S. 102 f.; *Tewes, M.* (2003), S. 96.

1324 Vgl. ausführlich dazu *Schneider, Y.* (2007), S. 101 ff.

1325 Vgl. *Schneider, N. C.* (2007), S. 95.

1326 Vgl. *Kleinaltenkamp, M./Dahlke, B.* (2006), S. 218 f.

1327 Vgl. *Schneider, Y.* (2007), S. 94 sowie die dort angegebene Literatur.

1328 Vgl. dazu die Ausführungen in Kapitel D.4.5.4.1.2.

tenzial eines Kunden in einem Kundenwertmodell für das Firmenkundengeschäft der Kreditgenossenschaften explizit berücksichtigt werden.[1329]

Die Höhe und Wirkrichtung des Informationspotenzials hängt davon ab, welchen Nutzen die Informationen für die Kreditgenossenschaft haben und welche Kosten mit deren Beschaffung, Aufbereitung und Verwendung verbunden sind. Der Nutzen kann aus Sicht der Kreditgenossenschaft bspw. in Ertragssteigerungen, Kostenreduzierungen oder Kundenbindungsintensivierungen gesehen werden. Der Nutzen des Informationspotenzials wird dadurch beeinflusst, in wie weit die Kreditgenossenschaft fähig ist, die Informationen zu sammeln, zu systematisieren und auszuwerten.[1330] Relevante Kosten entstehen durch die Schaffung und Aufrechterhaltung von Infrastrukturen, die als Kundenfeedbacksysteme bezeichnet werden können,[1331] sowie den anfallenden Kosten im Rahmen der Umsetzung von induzierten Veränderungen. VON WANGENHEIM schlägt daher vor, die Bewertung des Informationspotenzials auf Basis dessen künftiger Verwendungsmöglichkeiten vorzunehmen.[1332] Dies können z. B. Erlöszuwächse aus auf Kundenanregung entwickelten Produktvarianten oder -innovationen oder Kosteneinsparungen aus Prozessoptimierung, Zeitreduzierung und Produktivitätssteigerung sein.[1333] Er stimmt jedoch KLEINALTENKAMP/DAHLKE zu, die argumentieren, dass „dieser Wert nicht per se existiert“[1334]. Denn die Verwendung des durch die Kundeninformation veränderten Wissens im Unternehmen hängt von einer Vielzahl weiterer Faktoren ab. „Eine Zurechnung der Kosten-Nutzen-Effekte von Kundeninformationen auf einzelne Kunden ist [.] sehr problematisch […] [, da sie; Erg. d. Verf.] multiple Wirkungs- und Verbundeffekte entfalten [können; Erg. d. Verf.]“[1335].

Im Gegensatz zu den bisherigen Bestimmungsfaktoren, sind die Messung des Informationspotenzials und dessen etwaige monetäre Abbildung schwierig.[1336] SCHNEIDER entwickelt zwar ein theoretisches Modell eines monetären

1329 Anders *Krafft, M.* (2007), S. 203, der die Notwendigkeit qualitative Aspekte im Kundenwert zu berücksichtigen nicht sieht, da diese, obgleich sie eine wesentliche Rolle bei Entscheidungen spielen, auch ohne explizite Integration intuitiv berücksichtigt werden. Ähnlich auch *Lissautzki, M.* (2007), S. 249 f., der qualitative Aspekte nicht berücksichtigt, da sie nur schwer zu monetarisieren sind.

1330 Vgl. *Gelbrich, K.* (2001), S. 58.

1331 Vgl. *Tewes, M.* (2003), S. 98.

1332 Vgl. *von Wangenheim, F.* (2003), S. 52.

1333 Vgl. *Cornelsen, J.* (2000), S. 230.

1334 *Kleinaltenkamp, M./Dahlke, B.* (2006), S. 233.

1335 *Tewes, M.* (2003), S. 99.

1336 Vgl. *Diller, H.* (2001), S. 10.

Informationswerts.[1337] Der monetäre Informationswert wird jedoch in der praktischen Anwendung in ihrer empirischen Studie durch einen ordinalen Wert ersetzt.[1338] Daher wird bei der Messung des Informationspotenzials weniger auf den tatsächlichen monetären Nutzen der Information, sondern auf die Kunden- und Informationsmerkmale, die das Informationspotenzial beeinflussen, eingegangen. Dieses sind die bereits genannten Grundvoraussetzungen Commitment und Involvement des Kunden, der Aktivitätsgrad des Kunden (reaktive oder selbstinitiierte Informationsübermittlung), die Intensität und Häufigkeit mit der Kunden Informationen übermitteln, die Qualität der Information (normative oder faktische Informationen) sowie die Relevanz der Inhalte der Information.[1339] Die Informationsinhalte sind im Rahmen einer Messung kreditgenossenschaftsindividuell auszugestalten. Relevante Inhaltsdimensionen können Markt- und Konkurrenzinformationen auf Seiten der Kreditgenossenschaft, Informationen zur gegenwärtigen und geplanten, zukünftigen Unternehmensentwicklung oder Informationen zu risikorelevanten Bereichen, die sich nicht in direkt in den kommunizierten Unternehmensplanungen des Firmenkunden niederschlagen, sein.

Es ist die Aufgabe des Kundenmanagements in der Kreditgenossenschaft und folglich auch des Vertriebs bzw. der Firmenkundenbetreuung, die unterschiedlichen Informationsinhalte zu benennen, zu strukturieren und den Informationsfluss aktiv zu fördern. Erst dadurch kann eine zweckgerechte und verstärkte Ausschöpfung des Informationspotenzials des Firmenkunden erreicht werden.[1340]

Mit dem Informationspotenzial ist die Ableitung der beziehungsbezogenen Kundenwerttreiber der Ertragsdimension abgeschlossen. Nachfolgend werden die Kundenwerttreiber erörtert, die über die dyadische Beziehung hinaus einen Beitrag zur Zielerreichung des Anbieterunternehmens leisten können.

4.5.3.2 Beziehungsübergreifende Kundenwerttreiber der Ertragsdimension

Die beziehungsübergreifenden Kundenwerttreiber zeichnen sich dadurch aus, dass sie sich nicht auf die direkten ökonomischen Charakteristika der Beziehung zwischen Firmenkunde und Kreditgenossenschaft auswirken. Ihren wertschaffenden Beitrag erzielen sie dadurch, dass die Beziehung zu einem Firmenkunden

---

[1337] Vgl. *Schneider, N. C.* (2007), S. 181.

[1338] Vgl. *Schneider, N. C.* (2007), S. 210 ff.

[1339] Vgl. *Tewes, M.* (2003), S. 94 ff. Ähnlich auch die Einflussfaktoren des Informationspotenzials bei *Rudolf-Sipötz, E.* (2001), S. 120.

[1340] Vgl. *Rudolf-Sipötz, E.* (2001), S. 121.

Einfluss nimmt auf aktuelle oder potenzielle Geschäftsbeziehungen zu anderen Firmenkunden.

4.5.3.2.1 Referenzpotenzial

Auch das Referenzpotenzial ist ein uneinheitlich definierter Kundenwerttreiber.[1341] Die Begriffsvielfalt lässt sich sinnvoll anhand eines einfachen Beziehungsgefüges erläutern. Das relevante Beziehungsgefüge besteht aus dem Anbieterunternehmen sowie einer Menge von aktuellen und/oder potenziellen Kunden. Es wird davon ausgegangen, dass alle drei genannten Akteure miteinander kommunizieren können. Für die weiteren Ausführungen soll vereinfachend von zwei Kunden ausgegangen werden. Anhand dieses gedanklich skizzierten Beziehungsdreiecks können die verschiedenen Ansätze des Referenzpotenzials als Kundenwerttreiber diskutiert werden. Gemeinsamkeit aller Ansätze ist, dass es eine verbale oder non-verbale Kommunikation auf Ebene der Kunden gibt, deren Gegenstand das Anbieterunternehmen oder Leistungen des Anbieterunternehmens sind. Die Informationen, die über die Kommunikation ausgetauscht werden, können positiv, negativ oder neutral sein.[1342] Unterschiede der Ansätze ergeben sich aus dem Verständnis von Referenzen und der Integration des Anbieters in den Referenzprozess. DILLER unterscheidet dazu zwischen aktiven und passiven Referenzen.[1343]

Im Industriegüterbereich handelt es sich bei einer Referenz typischerweise „um einen anbieterseitigen Verweis auf bereits bestehende Anlagen, Systeme oder Projekte."[1344] Das bedeutet, das Anbieterunternehmen kommuniziert mit einem potenziellen oder aktuellen Kunden derart, dass es auf einen anderen Kunden als Referenz verweist, um damit ein Signal der eigenen Leistungsfähigkeit zu geben. „Man leiht sich [.] den guten Ruf des Referenzgebers und signalisiert auf diese Weise Selbstbindung, was Anbahnungskosten spart."[1345] Dabei kann es sich bei dem Referenznehmer sowohl um einen potenziellen Kunden handeln mit dem das Anbieterunternehmen eine Geschäftsbeziehung aufbauen will als auch um einen bestehenden Kunden, dem bisher nicht von ihm nachgefragte oder neu entwickelte Leistungen angeboten werden. Die beiden Kunden weisen dabei nicht zwingend eine eigenständige Beziehung auf. In diesem Kontext sind die Referenz akquisitorisch in ihrer Wirkung und der Referenzgeber

---

1341 Vgl. z. B. *Cornelsen, J.* (2000), S. 186 ff. sowie *Rudolf-Sipötz, E.* (2001), S. 108 ff.

1342 Vgl. *Cornelsen, J.* (2000), S. 190.

1343 Vgl. *Diller, H.* (2001), S. 13.

1344 *von Wangenheim, F.* (2003), S. 54.

1345 *Stahl, H. K./Matzler, K./Hinterhuber, H. H.* (2006), S. 429.

passiv. In der Terminologie DILLERS wären dies passive Referenzen.[1346] RUDOLF-SIPÖTZ bezeichnet diesen Wertbeitrag als Ausstrahlungseffekt eines Schlüsselkunden.[1347]

Im Rahmen der Kundenwertforschung wird vor allem die aktive Referenz im Sinne der intendierten oder unintendierten Kommunikation zwischen zwei Kunden über ein Anbieterunternehmen oder dessen Leistungen betrachtet. So definiert CORNELSEN Referenzen als „eine Form der direkten, verbalen Kommunikation zwischen zwei Personen [.], bei der positive, negative oder neutrale Informationen über einen Anbieter bzw. dessen Angebotsleistung [...] ausgetauscht werden, ohne dass dabei kommerzielle Interessen im Vordergrund stehen."[1348] Derartige Referenzen werden entweder aktiv von Referenzgeber bzw. -empfänger initiiert oder passiv erfragt. Nach SCHMÖLLER und STRÄTER sind Referenzempfänger stets Nichtkunden.[1349] VON WANGENHEIM rekurriert nicht auf den Begriff der Referenz, da er diesen als – wie oben beschrieben – etabliert im Industriegütermarketing ansieht. Er nutzt den Begriff der Weiterempfehlung, den er als „Abgabe positiver und negativer Informationen über wahrgenommene Merkmale eines Anbieters oder eine Anbieterleistung durch einen nicht kommerziell interessierten Kommunikator an mehrere Rezipienten"[1350] definiert.[1351] In Abgrenzung zu CORNELSENs Definition beschränkt VON WANGENHEIM die Informationsübergabe nicht auf die verbale Kommunikation.[1352] In beiden Definitionen ist das Anbieterunternehmen nicht direkt involviert, sondern lediglich Kommunikationsinhalt, wobei jedoch die Referenzübergabe aktiv durch die Kunden verläuft und keine kommerzielle Motivation aufweist. Häufig liegen daher Beziehungen zwischen den Kunden vor. Durch die Referenz oder Weiterempfehlung erfolgt eine Beeinflussung des faktischen oder potenziellen Kaufverhaltens anderer Akteure. VON WANGENHEIM fokussiert zudem im Gegensatz zu SCHMÖLLER und STRÄTER sowohl auf Nichtkunden als auch auf Bestandskunden. Aufbauend auf diese weite Definition können die Einflusseffekte von aktiven Referenzen differenziert werden. Die Wirkung der Referenzen sind bei potenziellen Kunden so zu verstehen, dass diese hinsichtlich der Entscheidung

---

[1346] Vgl. *Diller, H.* (2001), S. 13.

[1347] Vgl. *Rudolf-Sipötz, E.* (2001), S. 111; auch *Rieker, S.* (1995), S. 58 f. und *Schmöller, P.* (2001), S. 126, die in diesem Zusammenhang den Begriff der Strategischen Relevanz eines Kunden nutzt.

[1348] *Cornelsen, J.* (2000), S. 190.

[1349] Vgl. *Schmöller, P.* (2001), S. 125; *Sträter, J.* (2005), S. 76.

[1350] *von Wangenheim, F.* (2003), S. 55.

[1351] Eine ähnliche Definition nutzen *von Wangenheim, F./Bayón, T./Herrmann, A.* (2006), S. 306.

[1352] Vgl. *von Wangenheim, F.* (2003), S. 55.

eine Geschäftsbeziehung mit einem Anbieterunternehmen aufzubauen, beeinflusst werden (Akquisitionseffekt). Bei aktuellen Kunden dagegen wirken die Referenzen auf die Dauer der verbleibenden Kundenbeziehung[1353] (Bindungseffekt) und/oder auf das Kaufvolumen und die Kauffrequenz[1354] (Intensitätseffekt).

Die unbestrittene Bedeutung von Referenzen liegt in ihrer Eigenschaft, als Informationsquelle aus Konsumentenperspektive und als werbliche Kommunikationsform aus Anbieterperspektive zu fungieren und der damit verbundenen nicht unbedingt intendierten Beeinflussung des Verhaltens oder der Einstellungen des Referenznehmers.[1355] Die Bedeutung von Referenzen nimmt auch deshalb zu, da klassische Kommunikationsstrategien als relativ ineffektiv gelten,[1356] so dass referenzaktive Kunden bei positiven Referenzen helfen, Akquisitionskosten zu sparen.[1357] Insbesondere für die Finanzdienstleistungsbranche gelten aktive Referenzen in Form der Weiterempfehlungen als wesentlicher Erfolgsfaktor.[1358] Aber auch die passiven Referenzen entwickeln signifikante Multiplikatoreffekte. So nennt RUDOLF-SIPÖTZ das Beispiel einer Universalbank um die Ausstrahlungseffekte einer Kündigung der Bankbeziehung zu verdeutlichen.[1359] Danach haben 29,1 Prozent der befragten Kontoabbrecher angegeben, dass weitere Personen aus dem Familien- oder Bekanntenkreis mit ihnen die Bank verlassen hatten. Zwar beziehen sich diese Belege für die Bedeutung von Referenzen auf Geschäftsbeziehungen im Privatkundengeschäft und können damit nur bedingt auf das Firmenkundengeschäft übertragen werden. Dennoch kann plausibel davon ausgegangen werden, dass aktive und passive Referenzen auch für das Firmenkundengeschäft der Kreditgenossenschaften von gehobener Relevanz sind. Dabei sind vor allem das Regionalprinzip und die Eigenschaften von Bankleistungen als relevante Kontextfaktoren zu beachten.[1360] Aufgrund des Regio-

---

1353 Vgl. *von Wangenheim, F.* (2003), S. 73 ff.

1354 Vgl. *Tewes, M.* (2003), S. 105.

1355 Vgl. *Cornelsen, J.* (2000), S. 190 ff.; *von Wangenheim, F./Bayón, T./Herrmann, A.* (2006), S. 305. Ein Ergebnis dieser Verhaltensbeeinflussung ist z. B. in der Geschwindigkeit von Diffusionsprozessen zu sehen, die durch Referenzen bzw. Weiterempfehlungen beschleunigt oder gebremst werden können. Vgl. *Hogan, J. E./Lemon, K. N./Libai, B.* (2003), S. 196 ff.

1356 Vgl. *Rudolf-Sipötz, E.* (2001), S. 109 f.

1357 Vgl. *Gelbrich, K.* (2001), S. 59; *Stahl, H. K./Matzler, K./Hinterhuber, H. H.* (2006), S. 429.

1358 Vgl. *Lissautzki, M.* (2007), S. 109; *Walter, G.* (1996), S. 17; *Schulz, B.* (1995), S. 114; *Nader, G.* (1995), S. 2 f.

1359 Vgl. hier und nachfolgend *Rudolf-Sipötz, E.* (2001), S. 110 f.

1360 Vgl. zum Regionalprinzip Kapitel C.1.4.3 und zum Bankleistungsprogramm Kapitel C.2.3.

nalprinzips sind – wenngleich durch Fusionen größer werdend – die Absatzmärkte der Kreditgenossenschaften von begrenzter und überschaubarer Ausdehnung. Damit geht einher, dass die physische Distanz zwischen den Kunden ebenfalls gering ist. Dadurch ist die Wahrscheinlichkeit relativ hoch, dass sich Firmenkunden in Netzwerken wie z. B. regionalen Unternehmerverbänden begegnen und austauschen. Es kann begründet angenommen werden, dass auch die örtlichen Banken bzw. deren Leistungen Gegenstand der Kommunikation sind. Somit können die notwendigen Voraussetzungen aktiven Referenzgebens als gegeben angenommen werden. Kommunikationsinhalt dürfte dabei auch das Verhalten von Hausbanken in Krisensituationen sein, da hier deren geschäftspolitische Grundausrichtung am Einzelfall beurteilt werden kann. Gerade dieses Verhalten stellt für mittelständische Unternehmen ein wesentliches Motiv für den Auf- oder Ausbau einer Bankbeziehung dar, ist jedoch ex ante unbekannt. Hinzu kommen die informationsökonomischen Eigenschaften von Bankleistungen, die tendenziell einen hohen Grad an Vertrauens- und Erfahrungseigenschaften aufweisen.[1361] Nach BLACK neigen Menschen in unklaren und durch Unsicherheit geprägten Situationen dazu, den Rat von anderen zu suchen.[1362] Und CUNNIGHAM zeigt, dass Kunden mit hohem Risiko öfter das Gespräch mit anderen Kunden suchen.[1363]

Eine weitere Überlegung ist aus Sicht der Kreditgenossenschaft mit Blick auf die strategische Positionierung anzustellen. Wie gezeigt wurde,[1364] hat die empirische Kundenstruktur ihren Schwerpunkt bei Kleinst- und kleinen mittelständischen Unternehmen. Sollen nun auch größere Unternehmen als Firmenkunden akquiriert werden, so muss sich die Kreditgenossenschaft als leistungsfähiger Partner in der Wahrnehmung dieser Kunden positionieren. Dabei helfen Referenzkunden, die sowohl passiv – sofern Informationen über bestehende Geschäftsbeziehungen publizitätsfähig sind – als auch aktiv als Referenzgeber im Sinne der Kreditgenossenschaft auftreten. Aber auch auf Ebene der einzelnen Bankleistungen können referenzbezogene Überlegungen ansetzen. Aufgrund der Immaterialität der Leistung und den damit verbundenen hohen Anteilen an Erfahrungs- und Vertrauenseigenschaften, dienen Referenzen, als interpersonelle Informationen, als glaubwürdigere Quelle befürwortender Aussagen.[1365]

Mit Blick auf die Gesamtbank ist jedoch zu berücksichtigen, dass eine rege, positive Referenztätigkeit auch Risiken in sich birgt. Etwa dann, wenn aus den

1361 Vgl. dazu die Ausführungen in Kapitel C.2.3.
1362 Vgl. *Black, J. S.* (1982), S. 169 f.
1363 Vgl. *Cunningham, S. M.* (1967), S. 279 f. So auch *Helm, S.* (2003), S. 125.
1364 Vgl. dazu die Ausführungen in Kapitel C.2.2.3.
1365 Vgl. *Rudolf-Sipötz, E.* (2001), S. 109.

Referenzaktivitäten eine einseitige Kundenstruktur resultiert, die zu Klumpenrisiken führt.[1366]

Aufbauend auf den Erläuterungen zum Referenzbegriff und deren Bedeutung kann das Referenzpotenzial definiert werden als der aktuelle oder potenzielle Beitrag zur Zielerreichung der Kreditgenossenschaft, der sich dadurch ergibt, dass aktuelle oder potenzielle Firmenkunden aktiv oder passiv als Referenzgeber auftreten und dadurch das Verhalten anderer aktueller oder potenzieller Firmenkunden positiv oder negativ beeinflussen. Im Gegensatz zur Begriffsdefinition von GELBRICH, die ausschließlich einen positiven Wertebereich für das Referenzpotenzial sieht,[1367] wird mit diesem Verständnis auch der Möglichkeit Raum gegeben, dass Referenzen der Kreditgenossenschaft schaden. Es gilt, dass das Referenzpotenzial die ökonomischen Merkmale anderer Kundenbeziehungen beeinflusst. Betriebswirtschaftlich betrachtet, können Referenzen zusammenfassend insofern auf die Zielerreichung einer Kreditgenossenschaft wirken, als sie das Ertragsniveau heben oder senken, die Dauerhaftigkeit von Kundenbeziehungen verlängern oder verkürzen und Akquisitionskosten sowie Kundenbindungskosten erhöhen oder reduzieren können. Aufgrund dessen wird auf das Risiko hingewiesen, das Referenzpotenzial eines Kunden nicht im Kundenwert zu berücksichtigen, da dadurch fehlerhafte Priorisierungen resultieren können.[1368] Die Integration des Referenzpotenzials in den Kundenwert gilt jedoch als schwierig, da er mangels objektiver Messbarkeit leicht manipulierbar ist[1369] und die Messung hohe Anforderungen stellt. „If a „true“ referral value were to be measured, models would need to be even more complicated.“[1370]

In wie weit das Referenzpotenzial seine Wirkung entfaltet, ist schwierig zu prognostizieren und für das Firmenkundengeschäft von Banken bisher kaum wissenschaftlich untersucht. Nach RUDOLF-SIPÖTZ sind relevante Einflussfaktoren, die Anzahl der potenziellen Referenzempfänger (soziales Netz), die Qualität des Referenzträgers, die sich konkretisiert in Fachwissen, Persönlichkeit und Kundenzufriedenheit, die Richtung und Intensität der Referenz, die abhängt von der Kundenzufriedenheit sowie die Referenzhäufigkeit, die durch Persönlichkeit, Kundenzufriedenheit und Verhalten in der Vergangenheit bestimmt

1366 Vgl. *Diller, H.* (2006), S. 110.

1367 Vgl. *Gelbrich, K.* (2001), S. 59.

1368 Vgl. *von Wangenheim, F.* (2003), S. 2.

1369 „In fact, the lifetime value of a loyal customer can be astronomical, especially when referalls are added to the economies of customer retention and repeat purchases of related products." *Heskett, J. L et al.* (1994), S. 164.

1370 *Helm, S.* (2003), S. 130.

wird.[1371] GELBRICH fügt produktbezogene Einflussgrößen hinzu, die sich im Fachwissen über das konkrete Produkt und hohes Involvement in Bezug auf das Produkt manifestieren.[1372] Im Einklang mit der überwiegenden Mehrzahl der empirischen Studien[1373] belegt VON WANGENHEIM für den B2B-Kontext, dass die Kundenzufriedenheit, das situative Involvement und der eigene Empfang einer positiven Weiterempfehlung (sog. Schneeballeffekt) signifikanten Einfluss auf die Weitergabe positiver Weiterempfehlungen haben. Negative Weiterempfehlungen werden dagegen durch Unzufriedenheit, Produktbedeutung, situatives Involvement, Entscheidungsunsicherheit und dem eigenen Empfang negativer Weiterempfehlungen signifikant beeinflusst.[1374]

Neben dem Referenzpotenzial werden in der Literatur weitere beziehungsübergreifende Kundenwerttreiber diskutiert. Diese lassen sich aber grundsätzlich mit den bereits für das hier zu entwickelnde Kundenwertmodell ausgeschlossenen Verbundeffekten gleichsetzen.[1375]

4.5.3.2.2 Member Value-Potenzial

Wie die Ausführungen in den Kapiteln C.1.4.2 und D.3.1.2.4 darlegen, ist der Förderauftrag ein unbestimmter Rechtsbegriff, der in der Praxis vielfältig materiell ausgestaltet ist. Im Gegensatz zu den bisherigen Werttreibern des Kundenwerts ist ein auf den Förderauftrag ausgerichteter Werttreiber zunächst kontraintuitiv, da er die definitorische Wirkrichtung des Kundenwerts umkehrt. Während der Förderauftrag in die Richtung wirkt, welchen Beitrag die Kreditgenossenschaft zum wirtschaftlichen Erfolg des Mitglieds leisten kann, fragt das auf einen Mitgliedskunden ausgerichtete Maß des Kundenwerts, welchen Beitrag dieses Mitglied der Kreditgenossenschaft zur Zielerreichung leisten kann. Beim Versuch diese Überlegungen zusammenzuführen, wird schnell evident, dass dies nicht bei Betrachtung der dyadischen Beziehung zwischen Unternehmen in seiner als Rolle Mitgliedskunde, und Genossenschaftsbank, sondern nur unter Ein-

---

1371 Vgl. *Rudolf-Sipötz, E.* (2001), S. 112 in enger Anlehnung an *Cornelsen, J.* (2000), S. 199 ff.

1372 Vgl. *Gelbrich, K.* (2001), S. 63.

1373 Vgl. *von Wangenheim, F./Bayón, T./Herrmann, A.* (2006), S. 304 ff.

1374 Vgl. *von Wangenheim, F.* (2003), S. 201 ff. Interessant ist zudem, dass die Aussage von REICHHELD/SASSER damit widerlegt wird, da das Weiterempfehlungsverhalten am höchsten bei Kunden ist, die erst vor kurzem zu einem Anbieter gewechselt sind, was in diesem Studiendesign einem hohen situativen Involvement entspricht. REICHHELD/SASSER dagegen sagen aus, dass Kunden, die seit längerer Zeit in einer Geschäftsbeziehung mit dem Anbieterunternehmen stehen, einen höheren Erfolgsbeitrag aus Referenzen leisten. Vgl. *Reichheld, F. F./Sasser, W. E.* (1990).

1375 Vgl. dazu die Ausführungen in Kapitel D.4.5.1.

bezug dritter Geschäftsbeziehungen erfolgen kann. Denn nur so lässt sich der scheinbare Widerspruch auflösen und ein Kundenwerttreiber mit Bezug zum Förderauftrag ableiten. Diese Facette des Kundenwerts zu berücksichtigen, leitet sich unmittelbar aus dem immateriellen Ziel der Kreditgenossenschaften ab.[1376] Das immaterielle Ziel wurde mittels des Member Values operationalisiert, so dass im Weiteren vom Member Value-Potenzial gesprochen wird.

Das Member Value-Potenzial stellt die Frage, in wie weit ein Firmenkunde einen Beitrag dazu leistet oder leisten kann, das Member Value-Ziel der Kreditgenossenschaft für Dritte zu erreichen. Es bezieht sich also nicht primär auf den Member Value, den der konkret betrachtete Mitglieds-Firmenkunde selbst wahrnimmt. Es wird als beziehungsübergreifender Kundenwerttreiber der Ertragsdimension verstanden, da der Member Value als Mittel gesehen wird, um die Mitgliederbindungen und die damit verbundenen wirtschaftlichen Vorteile aus einer Mitgliederbeziehung zu erhöhen. Die Mitgliedschaft wird als explizites Zeichen der Verbundenheit zwischen Kreditgenossenschaft und Kunden angesehen,[1377] woraus ein positiver Einfluss auf das Bindungspotenzial und die ökonomischen Beiträge der jeweiligen Kundenbeziehung resultieren dürfte.

Die einzelnen Wertbeiträge des Member Value-Potenzials sind in Abhängigkeit davon, ob der zu bewertende Firmenkunde Mitglieds- oder Nur-Kunde, zu betrachten. Der Wertbeitrag einer Mitgliedschaft aus Sicht der Kreditgenossenschaft resultiert aus verschiedenen Quellen. Erstens stellen Mitglieder der Kreditgenossenschaft Eigenkapital zur Verfügung, so dass dadurch die Förderfähigkeit bzw. das Förderpotenzial *FP* der Kreditgenossenschaft gestützt wird. Weiterhin wird angenommen, die Mitgliedschaft intensiviere die Geschäftsbeziehung zwischen Firmenkunden und Kreditgenossenschaft, woraus positive Einflüsse auf die Kundenwerttreiber der Ertragsdimension resultieren. Schließlich kann argumentiert werden, dass in Unternehmen weitere potenzielle Mitglieder arbeiten, die aus den genannten Gründen als Mitglieder rekrutiert werden können, denen wiederum die bereits genannten positiven Wertbeiträge zugeordnet werden können.

Ein Beitrag des Mitglieds- oder Nur-Firmenkunden zur Zielerreichung der Kreditgenossenschaft liegt mit Blick auf § 1 GenG dann vor, wenn dieser einen Beitrag dazu leistet, dass die Kreditgenossenschaft ihren Förderauftrag relativ besser nachkommen kann und somit in der Lage ist, den Member Value für andere Mitglieder zu erhöhen. Wird der in Abbildung 7 dargelegte Ansatz zur Konzeptualisierung des Förderauftrags zugrunde gelegt, so kann dieser Zielerreichungsbeitrag mit Blick auf den inneren und den erweiterten Förderkreislauf

---

[1376] Vgl. dazu die Ausführungen in Kapitel D.3.1.3.

[1377] Vgl. *Theurl, T.* (2003), S. 13.

oder auf die Allgemeinförderung diskutiert werden.[1378] Die jeweiligen Maßnahmen innerhalb dieser Förderkreisläufe erzeugen dabei einen Nutzen im Sinne des Member Value, der aus der unmittelbaren Förderung *UF*, der mittelbaren Förderung *MF* oder dem Förderpotenzial *FP* resultieren kann.

Erfolgsbeiträge bei der Förderung im Sinne des inneren Förderkreislaufs resultieren daraus, dass der betrachtete Firmenkunde positiven Einfluss auf die Leistungsbeziehungsebene zwischen der Kreditgenossenschaft und einem dritten Kunden nimmt. Es wurde oben beschrieben, dass ein unmittelbarer Fördernutzen sich in mitgliedergerichteten Leistungs- oder Preisvorteilen niederschlägt. Es ist leicht ersichtlich, dass dies vor allem dann gelingt, wenn der zu bewertende Firmenkunde in den bereits diskutierten Kundenwerttreibern positive Bewertungen erfährt.[1379] In diesem Fall würde der Firmenkunde auch einen Beitrag zu den Möglichkeiten der mittelbaren Förderung und des Förderpotenzials leisten. Würde dies nun dem Member Value-Potenzial zugrunde gelegt, würde jedoch eine Doppelzählung dieser Kundenwerttreiber resultieren, so dass eine verzerrte Kundenbewertung folgen würde.

Gegenstand des erweiterten Förderkreislaufs ist z. B. das Angebot Dritter zu günstigeren Konditionen oder mit besserer Qualität. Letztgenanntes lässt sich gut als Teilwert des Member Value-Potenzials nutzen. Wird der kreditgenossenschaftliche Förderauftrag darüber festgelegt, den Mitgliedern aus einem Netzwerk von Kooperationspartnern Leistungen mit entsprechenden Vorteilen anbieten zu können, so ist den Firmenkunden, die diesem Netzwerk angehören und aus Sicht der anderen Mitglieder attraktive Leistungen anbieten, ein positives Förderpotenzial zuzuweisen. Dies vor allem dann, wenn dadurch auch die Attraktivität einer kreditgenossenschaftlichen Mitgliedschaft gesteigert werden kann, woraus selbst wieder Vorteile für die Kreditgenossenschaft resultieren können, wenn es sich um wertvolle Mitglieder-Kundenbeziehungen handelt. Diese Facette des Member Value-Potenzials ist abhängig von der Bereitschaft des Firmenkunden, einem derartigen Kooperationsnetzwerk beizutreten. Ein konkretes Beispiel liefert die BERLINER VOLKSBANK EG.[1380] Im Rahmen eines

---

[1378] Vgl. dazu die Ausführungen in Kapitel C.1.4.2 und Kapitel D.3.1.2.4.

[1379] So ist z. B. davon auszugehen, dass bei langfristig ertragsmaximaler und kostenminimaler Betreuung von Firmenkunden, was einem hohen Kundenwert gemäß der bisher diskutierten Kundenwerttreiber im Kern entspricht, die Gesamtertragslage der Kreditgenossenschaft positiv beeinflusst wird. Daraus wiederum lassen sich positive Wirkungen auf den Förderauftrag ableiten, wenn z. B. für Mitglieder-Kunden Preisvorteile durch Quersubventionierung ermöglicht werden. Dieser Gedanke gilt analog für die an dieser Stelle der Analyse noch nicht betrachtete Risikodimension.

[1380] Vgl. hier und nachfolgend *Algner, M. R./Bolsinger, H. J.* (2006), S. 12 sowie die dort angegebene Literatur.

Bonusprogramms können Mitglieder bei über 700 Firmenkunden vergünstigt einkaufen.

Die dritte Form der Förderung ist die Allgemeinförderung, die unter anderem die Förderung regionaler, kommunaler Einrichtungen umfasst. In diesem Zusammenhang wird seitens der Kreditgenossenschaften oftmals argumentiert, die Bereitstellung von Krediten an mittelständische Unternehmen der Region sei dem Förderauftrag zuzurechnen, der auch mit dem Schlagwort „regionale Verantwortung" überschrieben wird. Darüber hinaus liege eine besondere Förderleistung vor, wenn Unternehmen auch in wirtschaftlich angespannten Situationen die Finanzierung bereitgestellt wird. So würden Arbeitsplätze in der Region gesichert und somit die Region gefördert. Es ist offensichtlich, dass dies Allgemeinförderungskonzept keine Bestandteil des Member Value-Potenzials eines Firmenkunden sein kann. Wenngleich es auch denkbare Ansätze gibt, wie ein Firmenkunde auch die Ansätze in der Allgemeinförderung im Sinne der Kreditgenossenschaft unterstützen kann, so z. B. wenn sich Firmenkunden auf Initiative der Kreditgenossenschaft an Maßnahmen zur Allgemeinförderung beteiligen.

Wie die Ausführungen zeigen, ist es für die Bestimmung des Member Value-Potenzials eines Firmenkunden von grundlegender Bedeutung eine hinreichend materielle Konkretisierung des Förderauftrags vorzulegen. Doch auch bei Vorhandensein einer derartigen Grundlage, wie sie etwa in einem Förderplan vorgenommen wird,[1381] dürfte die Messung des Förderpotenzials schwierig sein.

4.5.4 Kundenwerttreiber der Risikodimension

Obwohl ohne die Einschätzung von Risiken die Kundenbewertung unvollständig wäre,[1382] erfolgt die Betrachtung von Risiken in der Kundenwertforschung bisher nur rudimentär.[1383] Dadurch resultiert die Gefahr, dass risikoreiche Kunden mehr Ressourcen zugeordnet bekommen als es ökonomisch vertretbar wäre.[1384] Um ein vollständiges Kundenwertmodell zu entwickeln, soll der Fokus der weiteren Betrachtung auf die Risikodimension gerichtet werden. Als Risiko wird im Folgenden die Gefahr einer negativen Abweichung der Ausprägung einer Größe von einer ex ante geplanten Referenzausprägung der Größe verstanden.[1385]

1381 Vgl. *Boettcher, E.* (1979), S. 33 ff.

1382 Vgl. *Mödritscher, G. J.* (2008), S. 213.

1383 Vgl. *Stüker, D.* (2008), S. 177; *Weber, J./Lissautzki, M.* (2005), S. 311; *Eberling, G.* (2002), S. 157.

1384 Vgl. *Eberling, G.* (2002), S. 157.

1385 Vgl. *Siemes, A.* (2002), S. 8. Korrespondierend dazu ist die positive Abweichung der Istausprägung von der Planausprägung als Chance zu verstehen. Nicht weiter betrachtet

Nur wenige Beiträge zum Kundenwert nennen risikogerichtete Kundenwerttreiber. WEBER/LISSAUTZKI, LISSAUTZKI und MÖDRITSCHER unterscheiden zwischen dem Kundenverlustrisiko, dem Zahlungsausfalls- oder Bonitätsrisiko[1386] sowie dem Kundenplanungs- und -informationsrisiko als kundenwertrelevante Risiken auf Ebene des Einzelkunden.[1387] Aus Sicht der Kreditgenossenschaft kommt dem Kundenverlustrisiko die größte Bedeutung zu, da eine Abwanderung zu einem kompletten Verlust der kundenbezogenen Zielbeiträge führt.[1388] Das Kundenverlustrisiko ist Bestandteil des Bindungspotenzials, das im Kontext der Beziehungsdimension diskutiert wurde.[1389] Aus diesem Grund soll diese Risikoart hier nicht weiter betrachtet werden. Das Bonitätsrisiko umfasst die Fähigkeit eines Kunden, seine Verpflichtungen gegenüber dem Anbieterunternehmen nachzukommen, was insbesondere im Aktivgeschäft der Kreditgenossenschaften von herausragender Bedeutung ist. Es ist aufgrund seines strengen Kundenbezugs (Adressrisiko) zwingend von Relevanz und soll daher im Weiteren detailliert betrachtet werden. Das Kundenplanungs- und -informationsrisiko steht im Zusammenhang mit der Prognose der zukunftsgerichteten Kundenwerttreiber. Es steht für Risiken, die in Fehleinschätzungen bezüglich dieser Größen liegen.[1390]

Mit Blick auf das hier zu entwickelnde Kundenwertmodell sollen das Kundenplanungs- und -informationsrisiko sowie das Bonitätsrisiko näher betrachtet werden. Da sich das Bonitätsrisiko sowohl beziehungsbezogen als auch bezie-

---

werden die unterschiedlichen Risikoeinstellungen. Vgl. ebenfalls *Siemes, A.* (2002), S. 8 ff. sowie die dort genannte Literatur.

1386 Es sei darauf hingewiesen, dass die synonyme Verwendung der Begriffe (Zahlungs-) Ausfallrisiko und Bonitätsrisiko nicht der bankbetriebswirtschaftlichen Terminologie entspricht. Während das Zahlungsausfallsrisiko den insolvenzinduzierten Verlust umfasst, bezieht sich das Bonitätsrisiko auf den bonitätsmigrationsinduzierten Verlust. Vgl. *Schierenbeck, H./Lister, M./Kirmße, S.* (2008), S. 6.

1387 Vgl. *Weber, J./Lissautzki, M.* (2005), S. 311; *Lissautzki, M.* (2007), S. 204 ff. *Mödritscher, G. J.* (2008), S. 213.

1388 Vgl. *Ryals, L.* (2003), S. 170.

1389 LISSAUTZKI weist darauf hin, dass das Kundenverlustrisiko sowie der Kundenbindungsgrad unterschiedliche Aspekte des Kundenwerts sind. Vgl. *Lissautzki, M.* (2007), S. 207. Den Unterschied konkretisiert er darin, dass der Kundenbindungsgrad Einfluss auf die Höhe des erwarteten Kundenwerts hat. Das Kundenverlustrisiko dagegen beschreibt, die Höhe des Verlusts, der sich aufgrund einer unerwarteten Beendigung der Geschäftsbeziehung ergibt. Dieser Verlust entspricht in seinem weiten Verständnis dem entgehenden Kundenwert, stellt somit lediglich die negativ formulierte Aussage des Kundenwerts dar.

1390 Vgl. *Lissautzki, M.* (2007), S. 205.

hungsübergreifend analysieren lässt,[1391] soll diese Differenzierung hier ebenfalls vorgenommen werden. In der Bankbetriebslehre ist das Bonitätsrisiko eine Ausprägung des Kreditrisikos. Daher wird im Folgenden der umfassendere Begriff des Kreditrisikos verwendet.

4.5.4.1 Beziehungsbezogene Kundenwerttreiber der Risikodimension

4.5.4.1.1 Kreditrisiko

Kreditrisiken treten in drei Ausprägungen auf, als Ausfallrisiko, als Bonitätsrisiko und als Spread-Risiko (siehe Tabelle 21). Ein Ausfallrisiko liegt vor, wenn ein Kreditschuldner seinen Zins- und/oder Tilgungs- und/oder Liefer-/Erfüllungsverpflichtungen gar nicht oder nicht vollständig nachkommt.[1392] Das Bonitätsrisiko bezeichnet die Gefahr, dass ein Kreditnehmer aufgrund einer veränderten Bonität in eine schlechtere Ratingklasse migriert.[1393] Durch diese Bonitätsveränderung und der damit verbundenen höheren Risikoaufschläge auf den Diskontierungsfaktor resultieren ein geringerer (barwertiger) Marktwert der ausstehenden Position und damit ein geringerer Vermögenswert für die Kreditgenossenschaft et vice versa.[1394] Das Spread-Risiko resultiert aus einem erhöhten Risikoaufschlag auf den risikolosen Zins bei unveränderter Bonitätseinstufung (Rating). Ursachen eines abweichenden Spreads sind bspw. Erwartungen oder das Verhalten von Marktteilnehmern. Sowohl das Bonitäts- als auch das Spread-Risiko wirken sich negativ auf den Marktwert eines Kredites aus und können unter dem Begriff Marktwertrisiken subsumiert werden.

1391 „For example, in the financial services industry in the management of credit relationships that [...] customers have with banks, where the measurement and management of the risk as well as return of the overall portfolio is taken very seriously." *Ryals, L.* (2003), S. 167.

1392 Vgl. *Kroon, G.* (2009), S. 11 sowie die dort angegebene Literatur. Unterschieden werden kann zwischen dem Vorleistungsrisiko, dass sich auf die Zins- und Tilgungsleistungen bezieht und dem Eindeckungsrisiko, das sich bei Swap-Transaktionen, Termingeschäften und Optionen auf die Erfüllungs- und Lieferverpflichtung bezieht.

1393 Das kreditnehmerindividuelle Risiko eines Kreditausfalls wird mittels einer ex ante Schätzung auf Basis eines Ratingverfahrens ermittelt. Dabei ist zu berücksichtigen, dass Veränderungen der Architektur des Ratingverfahrens bei gleichen Inputdaten zu unterschiedlichen Ergebnissen führen. Vgl. *Bernet, B./Westerfeld, S.* (2008), S. 1013. Als Ratingklasse wird das kategoriale Ergebnis eines Ratingverfahrens bezeichnet. Dazu wird die intervallskaliert ermittelte Ausfallwahrscheinlichkeit unter Berücksichtigung weiterer Aspekte wie z. B. der bereitstehenden Sicherheiten des Kreditnehmers in eine kategoriale Messgröße transformiert.

1394 Vgl. hier und nachfolgend *Kroon, G.* (2009), S. 11 ff.

Tabelle 21: Ausprägungen des Kreditrisikos[1395]

			Marktwertrisiken	
		Ausfallrisiko	**Bonitätsrisiko**	**Spread-Risiko**
Ex ante	**Erwartete Verluste**	Erwarteter Kreditausfall	Erwartete Bonitäts-verschlechterung	Erwartete Spread-Ausweitung
	Unerwartete Verluste	Über den erwarteten Verlust hinausgehender möglicher…		
		…insolvenzbedingter Kreditausfall	…bonitätsinduzierter Wertverlust	…spread-induzierter Wertverlust
Ex post		Ist-(Ausfall-) Risikokosten	Ist-(Bonitäts-) Risikokosten	Ist-(Spread) Risikokosten
Aus bilanziellen und außerbilanziellen (Geld- und Kreditleihe-)Geschäften mit in- und ausländischen Privatkunden, Firmenkunden (Kreditschuldner) und aus Eigengeschäften (Anleiheemittenten oder Kontrahenten)				

Das Spread-Risiko und Bonitätsrisiko werden nicht explizit betrachtet, da sie vor allem bei Forderungen vorliegen, die am Markt gehandelt werden, was für die Firmenkundenkredite der Kreditgenossenschaften i. d. R. (noch) nicht der Fall ist.

Das ex ante Kreditrisiko eines Kreditnehmers lässt sich, wie in Tabelle 21 dargestellt, differenzieren in den erwarteten Verlust und den unerwarteten Verlust der ausstehenden Forderungen. Aus diesem Grund ist es sinnvoll, die im statistischen Erwartungsbereich liegenden Kreditverluste nicht mit „echten" Verlustüberraschungen zu vermischen.[1396] Denn der erwartete Verlust eines Kreditnehmers stellt strenggenommen kein Risiko im zugrunde gelegten Verständnis dar, wenn als Risiko die Abweichung eines tatsächlichen Ergebnisses von einem erwarteten Ergebnis definiert wird.[1397] AVERBECK ET AL. argumentieren jedoch, dass erst durch die Kalkulation der Ausfallrisiken die Bewertung der Vertriebsleistung und die Steuerung des Kreditgeschäfts ermöglicht werden.[1398] Aus diesem Grund und aufgrund der kalkulatorischen Verknüpfung von Konditionsmarge und erwartetem Verlust wird der erwartete Verlust betrachtet, um alle relevanten Kostenarten des Kundenwerts im weiteren Verlauf der Analyse zu erfassen. Erwartete Verluste sollen durch vom Kunden geschäftsbezogen zu entrichtende Risikoprämien abgedeckt werden. Die so von der Kreditgenossenschaft eingenommenen Risikoprämien fließen nach dem versicherungsmathematischen Prinzip in einen Topf und sollen in ihrer Gesamtheit die erwarteten Verluste der Kreditgenossenschaft decken. Dabei wird kein periodischer Ausgleich,

1395 *Kroon, G.* (2009), S. 14.
1396 Vgl. *Schierenbeck, H./Lister, M./Kirmße, S.* (2008), S. 154.
1397 Vgl. *Wald, M.* (2002), S. 79.
1398 Vgl. *Averbeck, C. et al.* (2008), S. 407.

sondern ein bei sachgerechter Kalkulation und Berücksichtigung in den Konditionen langfristig kumulierter Ausgleich angenommen.[1399] Im Falle eines tatsächlichen Ausfalls eines Kreditnehmers dürfte jedoch die vereinnahmte Risikoprämie nicht ausreichen, den effektiven Verlust zu decken. Bei vertragsgemäßer Rückführung des Kredits wird die Risikoprämie als Ertrag vereinnahmt.[1400] Die Höhe der Risikoprämie ist abhängig von der Ausfallwahrscheinlichkeit eines Kreditnehmers, dem Kreditvolumen bzw. der Inanspruchnahme, der Laufzeit des abgeschlossenen Geschäfts und der Höhe und Art der Besicherung sowie den diese Größen beeinflussenden Faktoren (siehe Abbildung 51).[1401]

Abbildung 51: Einflussfaktoren der Risikoprämie[1402]

Das eigentliche Kreditrisiko einer Bank ist der unerwartete Verlust, der nicht über die Summe der vereinnahmten Risikoprämien, sondern mittels des sog. ökonomischen Eigenkapitals bzw. Risikokapitals getragen wird.[1403] Der unerwartete Verlust kann nur auf Ebene des Kreditportfolios gemessen werden.[1404] In Bezug auf den Kundenwert hat der unerwartete Verlust zwei relevante Implikationen. Das ist zum einen die Berücksichtigung der Kosten, die anfallen, um risikoabhängige Geschäfte mit ökonomischem Eigenkapital zu hinterlegen. Und zum zweiten der Beitrag des Firmenkunden zur Kreditportfoliostruktur bzw. zum Credit-Value-at-Risk. Die Betrachtung der Kosten des ökonomischen Eigenkapitals ergänzt den Umfang relevanter kundenbezogener Kosten ebenso wie die im vorhergehenden Abschnitt erläuterte Standardrisikoprämie für erwartete

1399 Vgl. *Döhring, J./Hromadka, J.* (2002), S. 37 f.

1400 Vgl. *BVR* (2003b), Kapitel 4.2, S. 4.

1401 Vgl. *BVR* (2003b), Kapitel 2.1, S. 48.

1402 *BVR* (2003b), Kapitel 2.1, S. 49.

1403 Vgl. *Kroon, G.* (2009), S. 15; *BVR* (2003b), Kapitel 2.4, S. 3.

1404 Vgl. *Kroon, G.* (2009), S. 15.

Verluste. Ausgangspunkt der Kalkulation der Kosten für das ökonomische Kapital ist der Verzinsungsanspruch auf das bereitgestellte Eigenkapital sowie korrespondierend dazu die Berechnung der Kapitalkosten auf Ebene des einzelnen risikoabhängigen Geschäfts. In der Steuerungskonzeption VR-CONTROL werden die Kapitalkosten mittels des sog. Multiplikatoransatzes ermittelt.[1405] In diesem Ansatz wird der erwartete Verlust eines Einzelgeschäfts mit einem Eigenkapitalmultiplikator multipliziert und somit der unerwartete Verlust berechnet. Der Eigenkapitalmultiplikator ist der Quotient aus unerwartetem zu erwartetem Verlust eines repräsentativen Referenzkreditportfolios (für ein bestimmtes Konfidenzniveau und eine bestimmte Haltedauer).[1406] Er soll bankindividuell festgelegt und nach Privat- und Firmenkunden differenziert werden. Abbildung 52 visualisiert die Zusammenhänge. Die Zielrendite zur Ermittlung der Eigenkapitalkosten ist institutsindividuell vom Vorstand festzulegen.[1407]

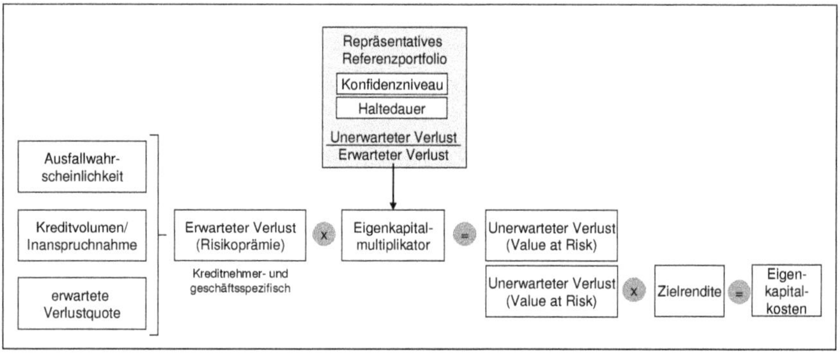

Abbildung 52: Multiplikatoransatz (erwarteter Verlust)[1408]

Aufgrund der funktionalen Verknüpfung mit dem erwarteten Verlust sind teilweise identische Einflussfaktoren des unerwarteten Verlusts zu berücksichtigen.

1405 Vgl. hier und nachfolgend *BVR* (2003b), Kapitel 2.4, S. 10. Der Multiplikatoransatz orientiert sich am marginalen Value-at-Risk-Ansatz. Danach ergeben sich die Eigenkapitalkosten aus einer Differenzbetrachtung des ökonomisch notwendigen Kapitals mit dem zusätzlichen Geschäft und ohne das zusätzliche Geschäft. Vgl. dazu *BVR* (2003b), Kapitel 2.4, S. 9.

1406 Vgl. *Kroon, G.* (2009), S. 51; *BVR* (2003b), Kapitel 2.4, S. 10. Mit diesem Ansatz wird unterstellt, dass ein linearer Zusammenhang zwischen der Variation der Standardabweichung des Referenzportfolios und der Standardabweichung des Value-at-Risk bei Aufnahme eines weiteren Kreditnehmers vorliegt. Vereinfachend wird darauf verzichtet, die Veränderung der Standardabweichung des Referenzportfolios zu berechnen.

1407 Vgl. *BVR* (2002b), S. 29.

1408 In Anlehnung an *BVR* (2003b), Kapitel 2.4, S. 10.

Dies sind die Ausfallwahrscheinlichkeit, das Kreditvolumen, die Inanspruchnahme sowie die erwartete Verlustquote.

Neben den Kosten, die für ex ante erwarteten und unerwarteten Verluste in der Kundenkalkulation zu berücksichtigen sind, sind weitere Einflüsse des kundenspezifischen Ausfallrisikos zu nennen. Zum einen resultiert aus dem Umstand, dass einige produkt- bzw. bedarfsspezifische Potenziale nur in Abhängigkeit bestimmter Voraussetzungen hinsichtlich der Bonität des Kreditnehmers realisierbar sind, ein weiterer Einfluss auf den Kundenwert. Dies ist z. B. der Fall bei der Ausweitung von Kreditlinien, die aufgrund des Bedarfs des Kunden zwar möglich, aber vor dem Hintergrund der Bonität des Kunden nicht realisiert werden sollen. Folglich resultiert hier ein mittelbarer Einfluss des Adressrisikos auf den Kundenwert. Dies muss im Rahmen der konkreten kundenwertorientierten Vertriebsplanung berücksichtigt werden. Zum anderen besteht das Risiko eines insolvenzbedingten Kundenausfalls auch darin, dass künftige, nach dem Kreditausfallereignis liegende Kundenwerte nicht mehr realisierbar sind.[1409]

Der Beitrag des Firmenkunden zur Kreditportfoliostruktur bzw. zum Credit-Value-at-Risk ist aufgrund der notwendigen Betrachtung des gesamten Kreditrisikoportfolios und damit weiterer Kundenbeziehungen als beziehungsübergreifender Kundenwerttreiber zu verstehen. Dieser ist Gegenstand des Kapitels D.4.5.4.2.

So wie hier geschehen, betrachten einige Autoren das Kreditrisiko als eigenständiges Risiko in einem Kundenwertmodell.[1410] Bei näherer Betrachtung ist jedoch zu konstatieren, dass das Kreditrisiko eine besondere Ausprägung des Kundenplanungsrisikos ist.[1411] Denn die Wahrscheinlichkeit einer Zahlungsunfähigkeit des Kunden und dessen Einfluss auf die Kundenwerttreiber ließen sich vollständig in das nachfolgend beschriebene Kundenplanungsrisiko überführen. Aufgrund seiner herauszuhebenden Bedeutung für das Bankgeschäft soll das Kreditrisiko im Einklang mit der Literatur dennoch separat betrachtet werden.[1412]

1409 Aufgrund der Insolvenz des Firmenkunden ist die Struktur des Konstrukts Firmenkunde aus Sicht der Kreditgenossenschaft zu überdenken. In der Regel sind dann Kundenverbünde neu zu strukturieren, so dass das Konstrukt Kundenverbund keine das Insolvenzereignis überdauernde Qualität hat.

1410 Vgl. z B. *Stüker, D.* (2008), S. 178; *Lissautzki, M.* (2007), S. 204 ff.

1411 Zu dieser Erkenntnis kommt auch *Eberling, G.* (2002), S. 160.

1412 STEIN/KALTOFEN/PAUL bezeichnen das Kreditrisiko als das bedeutendste Einzelrisiko von Banken. Vgl. *Stein, S./Kaltofen, D./Paul, S.* (2009), S. 352.

4.5.4.1.2 Kundenplanungsrisiko

Wie in den vorhergehenden Kapiteln beschrieben, liegt dem hier zu entwickelnden Kundenwertmodell eine prospektive Betrachtung zugrunde, da nur dadurch die aus Steuerungssicht geforderte Entscheidungsrelevanz erreicht wird. Damit geht zwingend einher, dass die Kundenwerttreiber für einen in der Zukunft liegenden Zeitraum prognostiziert werden müssen, womit wiederum das Risiko von Schätzfehlern verbunden ist.[1413] Das Kundenplanungsrisiko bezieht sich in diesem Kontext auf die Unwägbarkeiten, die aus einer notwendigen Prognose der bisher diskutierten Kundenwerttreiber resultieren.

SRIVASTAVA/SHERVANI/FAHEY unterscheiden als Ausprägungen dieser Unwägbarkeiten die „vulnerability" und die „volatility". Die „[...] vulnerability is defined simply as any occurence that negatively affects cash flow, while volatility is any occurence that creates fluctuations."[1414] STAHL/MATZLER/ HINTERHUBER übersetzen den Begriff der "vulnerability" mit Reagibilität, worunter sie das Ausmaß der Reaktion der Kundenwerttreiber auf externe Einflüsse verstehen.[1415] Beide Autorenschaften unterscheiden die makroökonomische Umwelt, die Branche, das Anbieterunternehmen und den Kunden als Bezugsebenen, auf denen die Volatilität und die Reagibilität beeinflusst werden. Letztgenannte Autorenschaft differenziert auf der Kundenebene zwischen zwei weiteren untergeordneten Bezugsebenen. Dies sind zum einen die soziodemografischen und zum zweiten die psychografischen und verhaltensbezogenen Merkmale des Kunden.[1416] Erstere sind für Firmenkunden einer Kreditgenossenschaft z. B. die Ertragslage sowie die Finanz- und Vermögenslage des Unternehmens, aber auch die Marktposition. Letztere sind z. B. Verhaltensabsichten hinsichtlich der Beziehungsgestaltung mit der Kreditgenossenschaft. Für das Kundenplanungsrisiko sind vor allem diejenigen Faktoren relevant, die sich unterschiedlich auf die Ausprägungen der Kundenwerttreiber auswirken. So betreffen z. B. alle Firmenkunden einer Branche politische oder rechtliche Änderungen auf der makroökonomischen Ebene gleichermaßen. Unterschiede könnten sich dennoch hier ergeben, wenn die Reagibilität unterschiedlich hoch ausfällt. Dies z. B. dann, wenn

---

1413 Vgl. *Buhl, H. U./Heinrich, B.* (2008), S. 1.

1414 *Srivastava, R. K./Shervani, T. A./Fahey, L.* (1997), S. 52.

1415 Vgl. hier und nachfolgend *Stahl, H. K./Matzler, K./Hinterhuber, H. H.* (2006), S. 433; *Srivastava, R. K./Shervani, T. A./Fahey, L.* (1997), S. 52.

1416 Tatsächlich unterscheiden STAHL/MATZLER/HINTERHUBER die vier Ebenen Makro-Umwelt, Branche, Kunde und Share-Of-Wallet. Damit ersetzen sie im Vergleich zu SRIVASTAVA/SHERVANI/FAHEY die Ebene Anbieterunternehmen durch die Kundenebene und ergänzen die Share-of-Wallet-Ebene.

ein Firmenkunde die Veränderungen schnell und für sich erfolgreich adaptieren kann, während ein anderes Unternehmen hier Probleme hat.[1417]

Es ist begründet anzunehmen, dass die Einschätzung des Kundenplanungsrisikos bei Bestandskunden aufgrund der Geschäftsbeziehungshistorie im Vergleich zu Nichtkunden mit weniger Schwierigkeiten verbunden und die Risikohöhe geringer ist.[1418]

4.5.4.2 Beziehungsübergreifende Kundenwerttreiber der Risikodimension

Die kreditnehmerindividuellen Risiken der Firmenkunden aggregieren sich auf Ebene der Bank zum Firmenkreditportfoliorisiko und zusammen mit den Krediten und Risiken der anderen Bankportfolien zum Gesamtbankportfoliorisiko. Durch den Einzug der Portfoliotheorie in das Kreditgeschäft der Banken findet ein Wandel im Umgang mit Krediten statt. Nicht mehr der Ertrag als einzig bestimmende Größe eines Kreditgeschäfts ist entscheidend, sondern die Relation des mit dem Ertrag einhergehenden Risikos des Grundgeschäfts und die Einbettung des Geschäftes in das gesamte Kreditportfolio.[1419] Das Kreditportfolio wird in den Kreditgenossenschaften mittels eines speziellen Kreditportfoliomodells abgebildet.[1420] Das Ist-Kreditprotfolio dient als Grundlage der Festlegung von Adressrisikolimiten und der Steuerung des Kreditportfolios.

Im Rahmen der Adressrisikoplanung wird ein Soll-Portfolio definiert, das durch Eigenschaften für das zu erzielende Neugeschäftsvolumen (z. B. Kreditvolumen Anzahl Engagements, Ratingklassenstruktur etc.) und der Risikostatistik (z. B. erwarteter Verlust, unerwarteter Verlust bzw. Value-at-Risk etc.) charakterisiert wird.[1421] Um das Soll-Portfolio zu erreichen, wird unter Berücksichtigung des Ist-Portfolios ein Plan-Portfolio für den Planungszeitraum definiert. Für die Erreichung dieses Plan-Portfolios wird in der operativen Geschäftspolitik eine darauf aufbauende Limitsystematik auf Portfolioebene, Strukturebene und Einzelengagementebene definiert. Auf Portfolioebene wird der Value-at-Risk, d. h. der mit einer bestimmten Wahrscheinlichkeit innerhalb des Planungshorizonts nicht zu überschreitende Verlustbetrag als Limit bestimmt. Dieser orientiert sich am Gesamtbanklimit und dem damit verbundenen absoluten Anteil des Risikokapitals für das Adressrisiko. Die Höhe des vorzuhaltenden Risikokapitals wird von der Anzahl Kreditnehmer, der Volumenstruktur sowie

---

1417 Auswirkungen auf den Kundenwert der Unternehmen ergeben sich z. B. aus Erträgen aus Finanzierungsprodukten oder aus dem Zahlungsverkehr, da sich diese Bedarfe derivativ aus dem Erfolg des Firmenkunden ableiten.

1418 Vgl. *Lissautzki, M.* (2007), S. 218.

1419 Vgl. *Stricker, P./Leßmann, J.* (2008), S. 1.

1420 Zu den methodischen Grundlagen vgl. *BVR* (2003b), Kapitel 4.5.

1421 Vgl. hier und nachfolgend *BVR* (2003b), Kapitel 4.3, S. 9 ff.

den Korrelationsbeziehungen zwischen den Krediten bestimmt.[1422] Daraus resultieren Vorgaben im Hinblick auf das Kreditrisikoportfolio beeinflussende Strukturgrößen, die sich in Strukturlimiten in Form von Blankovolumenlimiten je Branchen und Ratingklassen konkretisieren. Weiterhin wird auf Einzelengagementebene ein Blankovolumen definiert, um Risiken aus dem gleichzeitigen Ausfall mehrerer großer Kreditengagements zu begrenzen.

Der Beitrag eines Kunden im Sinne des Kundenwerts liegt nun darin, welche Wirkung seine Existenz im Ist-Portfolio auf die Risiko-Struktur des gesamten Portfolios hat. In Kreditgenossenschaften sind oftmals die 10 gemessen am Aktivvolumen größten Kunden für 60 Prozent des Value-at-Risk verantwortlich.[1423] Bezüglich des prospektiven Kundenwerts können sich vor dem Hintergrund der Limitsystematik Restriktionen bei denjenigen Teilwerten des Kundenwerts ergeben, die auf Basis eines über das Einzelengagementlimit hinaus gehenden Kreditengagements realisiert werden könnten. Insofern kann die Kreditrisikostrategie der Kreditgenossenschaft restriktiven Einfluss auf den Kundenwert haben. Dies ist im Kontext der Prognose und Integration des Kundenwerts in die Vertriebsplanung zu berücksichtigen.

Ein weiterer Einfluss der Portfoliobetrachtung resultiert aus dem Beitrag des einzelnen Kreditengagements zu einem nicht adäquat diversifizierten Portfolio, mit der Konsequenz von Konzentrationsrisiken.[1424] Zu den Konzentrationsrisiken gehören Großkreditrisiken, deren Ausfälle starke negative Ertragsauswirkungen induzieren können. Bei Kreditgenossenschaften sind dies vor allem jedoch Branchenrisiken und geographisch bedingte Risiken aufgrund unzureichender Diversifikation bzw. aufgrund des Regionalprinzips fehlender Möglichkeiten zur Streuung.[1425] Um das Kreditportfolio zu steuern, stehen den Kreditgenossenschaften grds. verschiedene Instrumente zur Verfügung. Dies sind neben den bereits genannten ex ante definierten adressrisikospezifischen Vorgaben für Neugeschäfte auch ex post Möglichkeiten des Kreditrisikotransfers sowie der Einsatz von Kreditderivaten.[1426] Es kann auch direkt in die Geschäftsbeziehung eingegriffen werden, so z. B. bei der Nutzung anstehender Fälligkeiten. Nachteilig am letztgenannten Vorgehen ist, dass die Handlungsspielräume aufgrund der kreditvertraglichen Bindungen bei problemlosen Kreditbeziehungen nur gering sind und einen massiven Eingriff in eine Kundenbeziehung darstellen.[1427] Denn wenn aufgrund von Steuerungsmaßnahmen in der Portfoliostruktur ansonsten

---

1422 Vgl. *Rolfes, B.* (1999), S. 403.
1423 Vgl. *Geilmann-Ebbert, A./Heine, S.* (2006), S. 1147.
1424 Vgl. *Koneberg, M.* (2006), S. 7.
1425 Vgl. *Geilmann-Ebbert, A./Heine, S.* (2006), S. 1147.
1426 Vgl. *Koneberg, M.* (2006), S. 11.
1427 Vgl. *Ridder, T.* (2002), S. 22.

bezüglich Bonität und bisheriger oder zu erwartender Profitabilität intakte Kundenbeziehungen beendet werden, führt dies ggf. zu Unverständnis auf Seiten des Firmenkunden mit potenziell negativen Auswirkungen auf seine Referenztätigkeit. Daher wird empfohlen auf kapitalmarktorientierte oder verbundinterne Maßnahmen der Adressrisikosteuerung zurückzugreifen, durch die die Geschäftsbeziehung nicht direkt tangiert wird. Voraussetzung für diese Möglichkeiten ist, dass ein hinreichendes Maß an Transparenz über die Qualität des zu handelnden Kreditrisikos vorhanden ist. Im Gegensatz zu den börsennotierten Unternehmen basiert diese Transparenz im Mittelstandssegment auf den Ergebnissen eines standardisierten Ratings. Problematisch ist dabei für die Kreditgenossenschaften jedoch, dass der Handel von einzelnen Krediten stark eingeschränkt ist und ein liquider Markt bisher nicht existiert.[1428] Aus diesem Grund sind vor allem verbundinterne Lösungen wie z. B. WGZ Loop von der WGZ BANK AG und VR-Circle von der DZ BANK AG als Möglichkeiten des Kreditrisikotransfers von gehobener Relevanz für die Kreditgenossenschaften.[1429]

Werden Kreditrisiken nicht gehalten, sondern weitergegeben, ergeben sich keine Eigenkapitalkosten für unerwartete Verluste. In diesem Fall sind Kosten für das Hedging des unerwarteten Verlusts, d. h. der Teil der Kosten aus der Sekundärmarkttransaktion, der nicht dem erwarteten Verlust zuzurechnen ist, als Kosten für unerwartete Verluste zu berücksichtigen.

4.6 Zusammenfassung der Erkenntnisse

In Kapitel D.4.5 wurden die Dimensionen und Kundenwerttreiber eines für das Firmenkundengeschäft der Kreditgenossenschaften adäquaten Kundenwertmodells begründet hergeleitet. Dabei wurden drei Dimensionen unterschieden: die Beziehungsdimension, die Ertragsdimension und die Risikodimension. Diesen Dimensionen wurden wiederum verschiedene Kundenwerttreiber zugeordnet. Dabei wurde deutlich, dass die Quellen des Kundenwerts eines Firmenkunden für die Kreditgenossenschaften differieren. Die Zusammenfassung des gesamten Kundenwertmodells wird aufbauend auf dem allgemeinen Strukturmodell in Abbildung 53 dargestellt.

[1428] Vgl. *Geilmann-Ebbert, A./Heine, S.* (2006), S. 13.

[1429] Vgl. dazu ausführlich *Koneberg, M.* (2006), S. 205 ff.

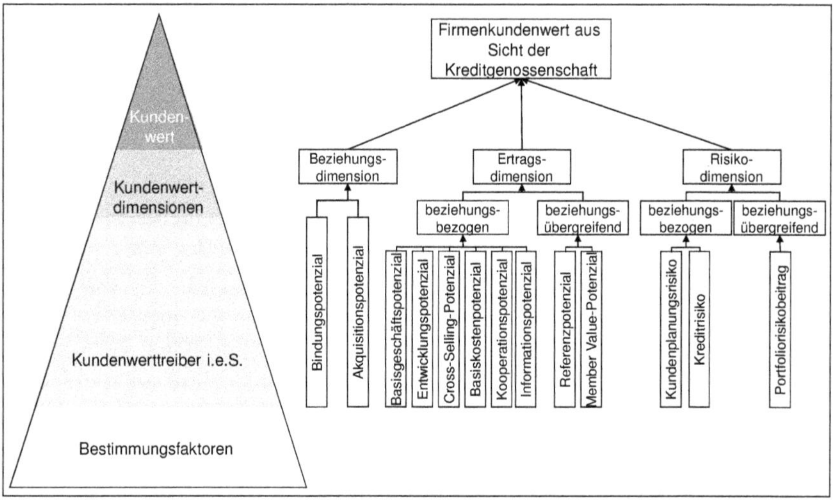

Abbildung 53: Kundenwertmodell für das Firmenkundengeschäft der Kreditgenossenschaften[1430]

Das Kundenwertmodell weist hinsichtlich der Kundenwerttreiber einen hohen Differenzierungsgrad aus, der wie in Kapitel D.4.2.2 bereits dargelegt aus, vertriebssteuerungsbezogenen Anforderungen resultiert. Ein Blick in das Schrifttum zeigt, dass grundsätzlich noch weitere Determinanten konzeptualisierbar sind.[1431] Jedoch ist zu berücksichtigen, dass eine noch stärker differenzierte Konzeptualisierung des Kundenwerts den Aufwand erhöht, die einzelnen Kundenwerttreiber zu messen und in der Unternehmens- und Funktionalsteuerung zu berücksichtigen. Es ist davon auszugehen, dass die Konzeptualisierung des Kundenwerts einem Optimierungsproblem entspricht, dass es also einen optimalen Grad an differenzierter Erfassung (Kosten) und Verwendung (Nutzen) der Kundenteilwerte gibt. Es kann begründet angenommen werden, dass mit zunehmender Differenziertheit des Kundenwertmodells die zusätzlichen Kosten gegenüber dem zusätzlichen Nutzen überproportional ansteigen, so dass aus

---

1430 Eigene Darstellung. Um die Darstellung übersichtlich zu halten, wurde die Ebene der Bestimmungsfaktoren nicht berücksichtigt. Es sei dazu auf die entsprechenden Unterkapitel von Kapitel D.4.5 verwiesen.

1431 So z. B. weitere Verbundeffekte im Kundenstamm, die sich z. B. in steigender oder geringerer Komplexität eines Unternehmens durch das Vorhandensein eines Kunden zeigen. Jedoch sind diese gemeinschaftlich resultierenden Verbundeffekte nur schwierig einzelnen Kunden zuzuordnen, so dass diese nicht weiter betrachtet werden. Vgl. zu einer ausführlichen Darstellung der Verbundeffekte *Lissautzki, M.* (2007), S. 255 ff.

ökonomischer Sicht kein Nutzen resultiert. Zu diskutieren ist, ob der Optimalpunkt, an dem Grenzkosten und Grenznutzen identisch sind, bei dem entwickelten Firmenkundenmodell noch nicht erreicht oder bereits überschritten wurde. Diese Frage vermag entweder eine empirische Überprüfung des Kundenwertmodells oder der praktische Einsatz desselben zu beantworten. Für den weiteren Verlauf der Untersuchung soll – begründet durch die jeweiligen Ausführungen zu den Teilwerten – angenommen werden, dass der Kundenwert in diesem Kontext optimal modelliert ist.

Weiterhin ist es notwendig, eine Differenzierung des Kundenwertmodells im Firmenkundengeschäft für aktuelle und potenzielle Kunden vorzunehmen. Denn so sind die einzelnen Determinanten des Kundenwerts primär für Bestandskunden bestimmt. Um dennoch die Möglichkeit zu bieten, auch potenzielle Kunden zu berücksichtigen, muss die differenzierte Betrachtung zwischen Basis-, Entwicklungs- und Cross-Selling-Potenzial aufgegeben werden.[1432]

Abschließend sei darauf hingewiesen, dass Marktpreisrisiken etwa in Form von Zinsrisiken, die im Zusammenhang mit Kundengeschäften entstehen, nicht dem Kundenwert zugeordnet werden, da die am Markt verfügbaren Interbankengeschäfte es grundsätzlich erlauben, diese Risiken zu eliminieren. Die Entscheidung, dies nicht zu tun, unterliegt dem Risiko-Chancen-Kalkül der Kreditgenossenschaft.[1433] Die Frage nach dem Aufwand der entsteht, wenn der „vielschichtige“ Kundenwert als Ziel- und Steuerungsgröße eingesetzt wird, hängt zudem davon ab, wie er gemessen werden soll. Mit dem Kundenwert als Messproblem setzt sich daher das folgende Kapitel auseinander, in dem ein instrumenteller Messansatz entwickelt wird.

[1432] Vgl. dazu die Ausführungen in Kapitel D.5.5.1.

[1433] Vgl. *BVR* (2002b), S. 9 f.

5 Operationalisierung des zweckspezifischen Kundenwertmodells

Nachdem das Kundenwertmodell im vorhergehenden Kapitel hergeleitet wurde, soll nun die Metrik zur Messung des Kundenwerts erläutert werden. Die weitere Vorgehensweise für die Messung der Kundenwerttreiber und des Kundenwerts lehnt sich konsistent an die begrifflichen Grundlagen aus Kapitel D.1.2.3 an, wo die Begriffe (anbieterspezifischer) Kundenwert und Kundenwertpotenzial differenziert wurden. Übertragen auf die Kundenwerttreiber kann somit unterschieden werden, ob diese im Sinne des Potenzials oder des anbieterspezifischen Ergebnisses, also des Werts, beschrieben werden. Vereinfacht lässt sich dieser Gedanke funktional wie folgt darstellen (Formel [D.9]).[1434]

$$KWT = g(KWTP, a) \qquad [D.9]$$

mit:

KWT: (Anbieterspezifischer) Kundenwerttreiber

$g(\cdot)$: Kundenwertfunktion

KWTP: Maximale Ausprägung des Kundenwerttreibers (Kundenwerttreiberpotenzial)

α: Anbieterspezifische Ausschöpfung des Kundenwerttreiberpotenzials (Loyalitätsgrad)

Daraus folgt, dass die Messung des Kundenwerts und der Kundenwerttreiber derart vorgenommen werden soll, dass mit gleichen Messinstrumentarien sowohl das Kundenwertpotenzial als auch der anbieterspezifische Kundenwert gemessen werden können. Es sei bereits an dieser Stelle darauf hingewiesen, dass dies nicht bei allen Kundenwerttreibern gelingt.

5.1 Überblick und Auswahl der Methodik zur Messung des Kundenwerts

Ebenso vielfältig wie die in der Forschung und Praxis diskutierten Kundenwertmodelle sind die Metriken, die zur Messung des Kundenwerts eingesetzt werden. Hierzu moniert WÜNSCHMANN, dass die „Flut von operational orientierten Publikationen [.] eine Vielfalt von Formeln und Modellen [hinterlässt; Erg. d. Verf.]“[1435], mit denen Kunden bewertet und beurteilt werden können. Aus die-

---

[1434] Aus Vereinfachungsgründen wird nur ein einziger Kundenwerttreiber berücksichtigt.

[1435] *Wünschmann, S.* (2007), S. 46.

sem Grund sollen relevante Verfahren der Messung des Kundenwerts zunächst begründet ausgewählt werden.[1436]

Aufgrund der Vielzahl an Messansätzen werden in der Literatur verschiedene Systematisierungsansätze vorgestellt, um Metriken zur Kundenwertmessung zu strukturieren.[1437] Diese Ansätze bedienen sich i. d. R. der Dimensionen des Kundenwerts als Systematisierungskriterien.[1438] Dabei ist zu beobachten, dass diese Ansätze nicht zwingend zu trennscharfen Einordnungen der Verfahren führen.[1439] Einen Überblick häufig angewendeter Verfahren zeigt Abbildung 54.

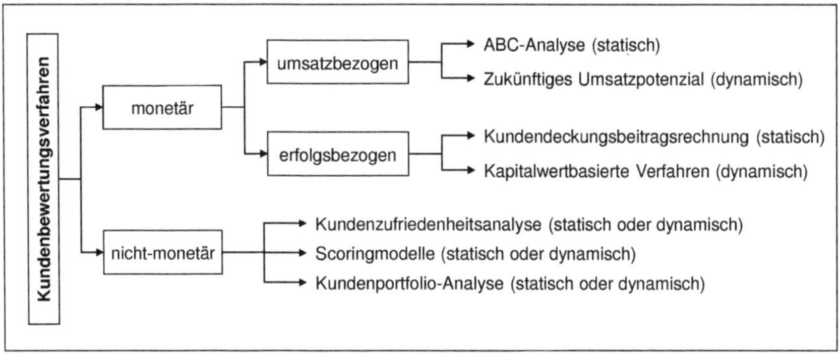

Abbildung 54: Mögliche Systematisierung ausgewählter Kundenbewertungsverfahren[1440]

Während die Majorität der Systematisierungsansätze die Messmethoden anhand der Anzahl und der Dimension der Inputvariablen sowie der zeitlichen und der objektbezogenen Dimension strukturiert, klassifiziert BURMANN die Metriken danach, welches Steuerungspotenzial die Verfahren innehaben.[1441] Steuerungsaufgaben sieht er in der Selektion von Neukunden, der Allokation von Ressour-

1436 Vgl. *Mödritscher, G. J.* (2008), S. 155.

1437 Vgl. z. B. *Krafft, M.* (2007), S. 75; *Homburg, C.* (2007), S. 400; *Schroeder, N.* (2006), S. 38.

1438 Vgl. dazu die Ausführungen in Kapitel D.1.2.4.

1439 Vgl. *Schemuth, J.* (1996), S. 43.

1440 *Homburg, C.* (2007), S. 400. Eine alternative Systematisierung findet sich bei z. B. *Mödritscher, G. J.* (2008), S. 157 oder bei *Wünschmann, S.* (2007), S. 47.

1441 Vgl. hier und nachfolgend *Burmann, C.* (2003), S. 113 ff. Obwohl BURMANN in seinem Beitrag den Schwerpunkt auf investitionstheoretische Verfahren legt, ist die der Systematisierung zugrunde liegende Frage verallgemeinerbar. Sie Stellt mit Blick auf die Systematisierung in Abbildung 54 auch insofern eine Ergänzung dar, als sie nach der Tiefe der Verfahren fragt.

cen auf Bestandskunden, der Ausgestaltung von Marktbearbeitungsstrategien (Instrumenteneinsatz) und der Unterstützung zur Unternehmensbewertung. Er unterscheidet im Ergebnis drei Gruppen von Operationalisierungen des Kundenwerts. Als erstes nennt er die Black-Box-Modelle, bei denen die rein monetären Inputdaten modellexogen bestimmt werden und teilweise auf Durchschnittswerten basieren. Diese Modelle haben ein begrenztes Steuerungspotenzial für die Neukundenselektion und Unternehmensbewertung, da deren Fokus auf den Bestandskunden liegt und zudem keine zusätzlichen Impulse für die unternehmenswertorientierte Steuerung resultieren. Potenzial haben diese Modelle bei der Ressourcenallokation für Bestandskunden und kein Potenzial hinsichtlich des Instrumenteneinsatzes, da sie nicht ermitteln können, wie der Kundenwert auf deren Einsatz reagiert. Als zweite Gruppe werden verhaltenstheoretisch orientierte Modelle geprüft, deren Inputdaten mehrdimensional sind. Bei diesen werden vereinzelte Kundenwerttreiber modellendogen ermittelt.[1442] Diese Modelle haben zwar Steuerungspotenzial bezüglich der Ressourcenallokation bei Bestandskunden, da sie in der Kundensegmentierung angewendet werden können. Auch haben sie bedingt gegebenes Steuerungspotenzial bei der Akquisitionsentscheidung mit Blick auf potenzielle Kunden und dem Instrumenteneinsatz des Marketings. Hinsichtlich der Unternehmensbewertung attestiert ihnen BURMANN jedoch kein Steuerungspotenzial, da Kundenrisiken nicht berücksichtigt werden. Lediglich den hybriden Modellen, die investitionstheoretische Verfahren mit dem Einsatz von Marktbearbeitungsinstrumenten verknüpfen und somit die relevanten Bestimmungsfaktoren und deren Auswirkungen auf die Kundenwerttreiber modellendogen umfassen, bescheinigt BURMANN ein umfängliches Steuerungspotenzial für die vier genannten Steuerungsaufgaben.

Werden BURMANNS Ergebnisse zugrunde gelegt, empfiehlt sich die Messung des Kundenwerts auf Basis eines hybriden Modells. Damit ließe sich der Einsatz vertriebspolitischer Maßnahmen und Instrumente in einem Totalmodell abbilden, was durchaus im Sinne der kundenwertorientierten Vertriebssteuerung ist (z. B. für die Berücksichtigung des Einflusses der Besuchsaktivitäten des Firmenkundenberaters auf den anbieterspezifischen Kundenwert). Aus folgenden Gründen wird dies hier jedoch nicht gemacht. Der Forschungsstand zu den hybriden Modellen muss gegenwärtig noch als vergleichsweise niedrig beschrieben werden, zumal in vielen Teilbereichen eines solchen Totalmodells bank- und kreditgenossenschaftsspezifische Erkenntnisse fehlen. Die Entwicklung eines umfassenden Messmodells ist zudem nicht der zentrale Untersuchungsgegenstand dieser Arbeit. Vielmehr steht die auf Basis des Kundenwerts

[1442] Als Beispiel nennt BURMANN das Referenzwertmodell von CORNELSEN. Vgl. *Cornelsen, J.* (2000), S. 169 ff.

ausgestaltete Vertriebssteuerung im Fokus. Dazu ist die Messung des Kundenwerts zwar notwendig, jedoch lassen sich die wesentlichen Gestaltungsvorschläge und Implikationen auch auf Basis der Black-Box-Modelle ableiten und diskutieren, ohne den Erkenntnisgewinn der Arbeit zu beeinträchtigen. Zwar wird damit in Kauf genommen, die Steuerungsaufgaben bezüglich der Unternehmensbewertung zu vernachlässigen. Dies ist jedoch irrelevant, da diese Steuerungsaufgaben nicht zum Aufgabenkatalog der Vertriebssteuerung gehören[1443] und die Bewertung genossenschaftlicher Unternehmen nur bedingt vergleichbar mit Unternehmen anderer Rechtsformen ist.[1444] Des Weiteren müssen für die praktische Anwendung der hybriden sowie auch der verhaltenstheoretisch orientierten Modelle umfangreiche kundenbezogene Informationen erhoben werden. Dabei ist zum einen offen, ob es den relativ und absolut eher kleinen Kreditgenossenschaften gelingt, diese Informationen valide zu erheben. Und zum zweiten ist fraglich, ob die stärker detaillierte Analyse zwingend einen positiven Beitrag zum Kosten-Nutzen-Verhältnis der kundenwertorientierten Vertriebssteuerung leistet.[1445] Nach MEFFERT/BRUHN nimmt mit zunehmender Berücksichtigung vorökonomischer Faktoren die Reliabilität und Validität der Messergebnisse ab und die Komplexität der Definition des Kundenwerts zu.[1446] Und VOGEL/EVANSCHITZKY/RAMASESHAN stellen in diesem Kontext fest, dass trotz der wissenschaftlichen Entwicklungen „the results are still inconclusive as to the relationship among marketing inputs, customer attitudes, and customer behavior."[1447] Mit Blick auf die Werttreiberhierarchie, die hier als strukturelle Basis für den Kundenwert dient (siehe Abbildung 35), erläutert auch LISSAUTZKI, dass auf Ebene der Bestimmungsfaktoren große Schwierigkeiten vorlägen, die Zusammenhänge zwischen den einzelnen Faktoren zu identifizieren.[1448] Für den Gang seiner Analyse, die den Kundenwert in die gesamthafte wertorientierte Unternehmenssteuerung integriert und dazu eines logisch-konsistenten Berechnungssystems bedarf, sei eine vollständige und eindeutige Darstellung der Zusam-

---

1443 Vgl. dazu die Ausführungen in Kapitel B.2.3.

1444 Vgl. *Schöffling, B.* (1991), S. 3 ff.

1445 So zeigen z. B. WÜBBEN/VON WANGENHEIM, dass bei wesentlichen Analysen im Rahmen der Prognose und Messung kundenwertrelevanter Informationen wie dem Aktivitätszustand eines Kunden (Bindungspotenzial), der Vorhersage künftigen Kaufverhaltens und der Identifikation der Top-10- und Top-20-Kunden Managementheuristiken grundsätzlich gleichwertig zu komplexeren statistischen Methoden sind. Lediglich bei der Vorhersage des künftigen Kaufverhaltens erwiesen sich die statistischen Methoden als geringfügig leistungsfähiger. Vgl. *Wübben, M./von Wangenheim, F.* (2008), S. 90 ff.

1446 Vgl. *Meffert, H./Bruhn, M.* (2009), S. 425.

1447 *Vogel, V./Evanschitzky, H./Ramaseshan, B.* (2008), S. 98.

1448 Vgl. hier und nachfolgend *Lissautzki, M.* (2007), S. 120.

menhänge notwendig. Aus diesem Grund berücksichtigt er in seinem Messmodell nur die Ebenen, für die er den Zusammenhang und die Stärke quantifizieren kann und schließt somit die Ebene der Bestimmungsfaktoren weitgehend aus. Diese Argumentation lässt sich auch auf die vorliegende Arbeit übertragen. Aus den genannten Gründen sollen Messansätze diskutiert werden, die tendenziell der Gruppe der Black-Box-Modelle zuzuordnen sind.

Aufbauend auf den bisherigen Erkenntnissen dieser Arbeit ist ein dynamisches Verfahren zu präferieren, da die statischen Verfahren nicht geeignet sind, das Bewertungsobjekt Kundenbeziehung adäquat zukunftsorientiert zu messen.[1449] Dass rein umsatzbezogene Verfahren mit Blick auf das Kundenwertmodell nicht hinreichend leistungsfähig sind, ist leicht ersichtlich.[1450] Hinsichtlich des Aggregationsniveaus können Messmodelle auch dahingehend unterschieden werden, ob sie den Kundenwert auf Einzelkundenebene oder auf Gruppen- bzw. Gesamtkundenstammebene messen.[1451] Der Fokus liegt nachfolgend auf den individuellen Messansätzen, da dies dem Postulat der grenznutzenorientierten Einzelbewertung am ehesten entspricht und in der Literatur gefordert wird.[1452] Gleichwohl sollen auch die Möglichkeiten einer gruppenbasierten Messung skizziert werden. Dies erfolgt vor dem Hintergrund, dass es in der Vertriebsplanung sinnvoll sein kann, die Messung von Kundenwerten anhand differierender Vorgehensweisen vorzunehmen.[1453] Aus diesen Überlegungen resultiert, dass die investitionstheoretischen im Allgemeinen und die kapitalwertbasierten Verfahren im Speziellen Gegenstand der weiteren Analyse sind.[1454]

Jedoch zeigen bereits die Ausführungen zu einigen der Kundenwerttreiber eines kreditgenossenschaftlichen Kundenwertmodells für Firmenkunden, dass eine in einem einzigen Messansatz vorzunehmende und ausschließlich monetäre

---

1449 Vgl. *Homburg, C.* (2007), S. 406; *Homburg, C./Steiner, V. V./Totzek, D.* (2009), S. 70 ff.

1450 So berücksichtigen diese Verfahren z. B. die Ressourcenverbräuche nicht, die sich aus dem Basiskostenpotenzial i. V. m. dem Kooperationspotenzial und der Risikodimension ergeben.

1451 An dieser Stelle sei darauf hingewiesen, dass mit Einzelkunde sowohl ein Einzelstamm als auch ein Kundenverbund im Sinne einer Betreuungseinheit gemeint sein kann. Vgl. dazu die Ausführungen in Kapitel C.2.2.4.

1452 HOEKSTRA/HUIZINGH argumentieren, „in customer-based marketing the focus is on individual customers […]. LTV should be computed for each individual customer." *Hoekstra, J. C./Huizingh, E.* (1999), S. 263.

1453 Vgl. dazu die Ausführungen in Kapitel E.2.

1454 Vgl. für die Anwendung der kapitalwertbasierten Verfahren bei der Bewertung von Existenzgründungen als Investitionsprojekt aus Sicht einer Bank auch *Böhm, A.* (1999), S. 90 ff. Vor dem Hintergrund der kundenindividuellen Bewertung kann auch von einer partiellen Investitionsrechnung gesprochen werden.

Messung des Kundenwerts gegenwärtig praktisch unmöglich erscheint.[1455] Aus diesem Grund soll auf das Ergebnis von SCHMÖLLER und TEWES aufgebaut werden.[1456] Diese differenzieren den Kundenwert in einen monetären und einen nicht-monetären Kundenteilwert.[1457] Während der erstgenannte anhand eines kapitalwertbasierten Verfahrens gemessen wird, wird für die Messung des nichtmonetären Kundenwerts ein Scoringmodell genutzt.[1458] Wird eine solche Trennung vorgenommen, ist im Weiteren zu prüfen, ob es Möglichkeiten gibt, die Kundenteilwerte zielsetzungsgerecht zusammenzufassen.

5.2 Messung des monetären Kundenteilwerts

5.2.1 Kapitalwertbasierte Verfahren als konzeptionelle Grundlage

Gegenwärtig erfahren die kapitalwertbasierten Verfahren in der Literatur besondere Aufmerksamkeit.[1459] In einer Reihe von Studien wurden diese Verfahren auf ihre theoretische Fundierung, praktische Tauglichkeit und empirische Relevanz hin untersucht.[1460] VENKATESAN/KUMAR stellen fest, dass derart gemessene Kundenwerte gegenüber anderen Metriken überlegen sind.[1461] RYALS zeigt in zwei Fallstudien der Finanzdienstleistungsbranche die durch diese Messung erzeugten Veränderungen in der Marktbearbeitung, die durch die kundenwertbezogenen Informationen eingeleitet werden, sowie deren positive Wirkungen auf den Unternehmenserfolg.[1462] Die empirischen Ergebnisse von KRAFFT, HOM-

---

1455 Vgl. *Homburg, C.* (2007), S. 410. Dies gilt für das Informationspotenzial, das Referenzpotenzial, das Member Value-Potenzial sowie die beziehungsübergreifenden Kundenwerttreiber der Risikodimension. Zwar zeigen einige Autoren wie z. B. SCHNEIDER auf, wie die Messung und Integration des Informationswerts in den CLV theoretisch vorgenommen werden kann. In der empirischen Anwendung jedoch wird dieser Ansatz nicht umgesetzt. Vgl. *Schneider, N.* (2007), S. 159 ff. und S. 210 ff. Für eine Übersicht und Würdigung von Metriken für die Messung des Referenzwerts vgl. *Schneider, N.* (2007), S. 143 ff. und *Helm, S.* (2001), S. 124 ff.

1456 Vgl. *Tewes, M.* (2003), S. 159; *Schmöller, P.* (2001), S. 165.

1457 GELBRICH/MÜLLER sprechen sich dagegen bei der Ermittlung eines prospektiven Kundenwerts für einen rein monetären Kundenwert aus. Vgl. *Gelbrich, K./Müller, S.* (2006), S. 471.

1458 Die Bewertung nicht-monetärer oder schwer bis nicht monetarisierbarer Kundenwerttreiber mittels Punktbewertungsmodellen wird auch von *Hoberg, P.* (2007), S. 1248 als gängige Vorgehensweise beurteilt.

1459 Vgl. *Rust, R. T./Lemon, K. N./Zeithaml, V. A.* (2004), S. 110.

1460 Vgl. *Kiwitz, K./Scheffler, C.* (2009), S. 2 ff.; *Mödritscher, G. J.* (2008), S. 157; *Homburg, C.* (2007), S. 413; *Sträter, J.* (2005), S. 182 ff.

1461 Vgl. *Venkatesan, R./Kumar, V.* (2004),S. 118 f.

1462 Vgl. *Ryals, L.* (2005), S. 254 ff.

BURG ET AL., REINECKE/TOMCZAK und SCHÄFFER/STEINERS zeigen jedoch, dass diese Verfahren in der Praxis bisher nur in geringem Umfang angewendet werden.[1463] Methodische Grundlage dieser Verfahren ist die Kapitalwertformel [D.10]:[1464]

$$C = \sum_{t=0}^{t=n} \frac{e_t - a_t}{(1+i)^t} \qquad [D.10]$$

mit:

C: Kapitalwert

e_t: (erwartete) Einzahlungen in der Periode *t*

a_t: (erwartete) Auszahlungen in der Periode *t*

i: Kalkulationszinssatz

t: Periodenindex

n: (erwartete) Restdauer der Geschäftsbeziehung

Der Wert eines Kunden entspricht demnach dem Saldo der auf den Bewertungszeitpunkt diskontierten Ein- und Auszahlungen, die dem betrachteten Kunden direkt zurechenbar sind und im zugrundeliegenden Planungshorizont anfallen. Inhaltlich entspricht der Kundenkapitalwert also dem anbieterspezifischen Kundenwert.[1465] Er wird auch als Vermögenswert eines Kunden bezeichnet[1466] und ist kongruent zur vermögensorientierten Steuerung gemäß der Gesamtbanksteuerungskonzeption VR-CONTROL. Es ist erkennbar, dass der Einsatz dieses Verfahrens dem Verständnis der Kundenbeziehung als Investitionsobjekt entspricht.[1467] Die Höhe des Kundenkapitalwerts wird in diesem Modell durch die (erwarteten) periodischen Cash-flows, die (restliche) Kundenbindungsdauer sowie den Diskontierungsfaktor bestimmt.[1468] Wie in Kapitel D.1.1 erläutert, hat sich als allgemeine Kategoriebezeichnung dieser Verfahren der Begriff des Customer Lifetime Value (CLV) etabliert. „Although a considerable number of CLV models have been developed so far, no generally accepted superior approach exists."[1469] JAIN/SINGH unterteilen die bestehenden Ansätze in Berech-

---

1463 Vgl. *Krafft, M.* (1997), S. 9; *Homburg, C. et al.* (2000), S. 247; *Reinecke, S./Tomczak, T.* (2001) S. 81; *Schäffer, U./Steiners, D.* (2005), S. 322.

1464 Vgl. *Mödritscher, G. J.* (2008), S. 188; *Homburg, C.* (2007), S. 407.

1465 Dies gilt nur, wenn alle Dimensionen und Kundenwerttreiber monetär abgebildet werden.

1466 Vgl. *Link, J./Hildebrand, V. G.* (1997), S. 164.

1467 Vgl. *Gupta, S./Lehmann, D. R.* (2003), S. 9.

1468 Vgl. *Kiwitz, K./Scheffler, C.* (2009), S. 34; *Rosset, S. et al.* (2003), S. 322.

1469 *Bauer, H.-H./Hammerschmidt, M.* (2005), S. 333.

nungsmodelle des CLV, Analysemodelle des Kundenstamms sowie in Modelle, die sich mit der Analyse des CLV beschäftigen und dessen Einfluss auf Entscheidungsprozesse analysieren.[1470] KUMAR/GEORGE hingegen unterscheiden zwischen Modellen, die auf Ebene des Einzelkunden (bottom-up approach) oder auf Ebene des Kundenstamms (top-down approach) ansetzen.[1471] Zu den letzteren Ansätzen sind auch die Methoden zu zählen, die den CLV auf Kundensegmentebene berechnen. Eine ähnliche Aufteilung nehmen KUMAR/RAMANI/ BOHLING vor, die zwischen einem „Average CLV Approach" und einem „Individual Level CLV Approach" unterscheiden.[1472] Während beim ersten Ansatz Durchschnittswerte berechnet werden, wird beim zweiten Ansatz ein kundenindividueller CLV ermittelt. Diese Vielfalt kann als Indiz gewertet werden, dass die Modellierung des CLV „eine der zentralen Herausforderungen der Kundenwertforschung"[1473] ist.

Nach der klassischen Formel wird der Kundenwert als barwertiger Saldo aus undifferenzierten Ein- und Auszahlungen ermittelt.[1474] Möglich ist auch eine differenzierte Berechnung, die nützlicher als Kontroll- und Steuerungsinstrument ist.[1475] Um die für die Vertriebssteuerung und unter Berücksichtigung des hergeleiteten Kundenwertmodells notwendige differenzierte Messung des Kundenwerts vornehmen zu können, haben einige Autoren differenzierte Formeln des CLV entwickelt,[1476] die zugleich versuchen, vollumfänglich die einzelnen Bestandteile des Kundenwerts zu integrieren. Ein umfassendes Rahmenkonzept stellen z. B. BAUER/HAMMERSCHMIDT/BRÄHLER vor (siehe Formel [D.11]):[1477]

1470 Vgl. *Jain, D./Singh, S. S.* (2002), S. 34 ff.

1471 Vgl. *Kumar, V./George, M.* (2007), S. 157 f.

1472 Vgl. *Kumar, V./Ramani, G./Bohling, T.* (2004), S. 62 ff.

1473 *Fischer, M./Albers, S.* (2007), S. 170.

1474 Vgl. z. B. *Homburg, C./Beutin, N.* (2001), S. 229.

1475 Vgl. *Henseler, J./Hoffmann, T.* (2003), S. 39. HENSELER/HOFFMANN schlagen zur Differenzierung vor, Erlöse und Kosten separat zu betrachten.

1476 So z. B. GIERL/KURBEL, die zwischen dem Wert der eigenen Nachfrage, dem Wert aus der Unterstützung bei der Neukundenakquisition und dem Wert aus der Unterstützung bei der Verhinderung von Abwanderung unterscheiden. Vgl. *Gierl, H./Kurbel, T.* (1997), S. 177.

1477 Vgl. *Bauer, H.-H./Hammerschmidt, M./Brähler, M.* (2002), S. 330. Zur einheitlichen Verwendung von Indizes wird der von HAMMERSCHMIDT/BRÄHLER verwendete Index *i* für Kunden in das in dieser Arbeit verwendete *c* geändert.

$$CLV_c = -AK_{cc} + R_{ct} \cdot \sum_{t=0}^{T} \frac{(AE_{ct} + UE_{ct} + CE_{ct} + RW_{ct})}{(1+r_c)^t} - R_{ct} \cdot \sum_{t=0}^{T} \frac{(MK_{ct} + PSLK_{ct})}{(1+r_c)^t} + R_{ct} \cdot \sum_{t=0}^{T} \frac{(InfoP_{ct} + KoopP_{ct} + InnoP_{ct})}{(1+r_c)^t} - \frac{AufK_c}{(1+r_c)^T} \quad [D.11]$$

mit:

CLV_c:	Customer Lifetime Value des Kunden *c*
AK_c:	Akquisitionskosten zur Gewinnung des Kunden *c* (nur relevant bei Bewertung eines Neukunden)
T:	Lebensdauer der Geschäftsbeziehung mit einem Kunden *c*
R_{ct}:	Bindungsrate des Kunden *c* in der Periode *t*
AE_{ct}:	Autonome Erlöse, die durch den Kunden *c* in der Periode *t* verursacht werden
UE_{ct}:	Up-Selling-Erlöse, die durch den Kunden *c* in der Periode *t* verursacht werden
CE_{ct}:	Cross-Selling-Erlöse, die durch den Kunden *c* in der Periode *t* verursacht werden
RW_{ct}:	Referenzwert des Kunden *c* in der Periode *t* (sofern monetarisierbar)
$InfoP_{ct}$:	Informationspotenzial des Kunden *c* in der Periode *t* (sofern monetarisierbar)
$KoopP_{ct}$:	Kooperationspotenzial des Kunden *c* in der Periode *t* (sofern monetarisierbar)
$InnoP_{ct}$:	Innovationspotenzial des Kunden *c* in der Periode *t* (sofern monetarisierbar)
MK_{ct}:	Marketingkosten für den Kunden *c* in der Periode *t* (zur Erreichung der prognostizierten Erlöse und der Bindungsrate)
$PSLK_{ct}$:	Produkt-, Service- und Logistikkosten, die durch den Kunden *c* in der Periode *t* verursacht werden
r_c:	Kundenspezifischer, risikoadäquater Zinssatz
$AufK_c$:	Auflösungskosten der Kundenbeziehung mit dem Kunden *c*

Dieser differenzierte Ansatz sensibilisiert den Anwender stärker als die verdichteten Berechnungsformeln, die Vielzahl an möglichen Einflussfaktoren, die den

Wert des Kunden beeinflussen, zu berücksichtigen.[1478] Somit könnte, sofern die einzelnen Kundenwerttreiber monetär gemessen werden können, der Customer Lifetime Value als geeignetes Messmodell angewendet werden. Nachfolgend soll daher eine für die kundenwertorientierte Vertriebssteuerung im Firmenkundengeschäft der Kreditgenossenschaften adäquate kapitalwertbasierte Metrik entwickelt werden.

5.2.2 Entwicklung eines kapitalwertbasierten Kundenwertmessmodells für Kreditgenossenschaften

5.2.2.1 Integration der Kundenwerttreiber der Ertragsdimension

Um die Zielsetzung dieser Arbeit zu erreichen, die kundenwertorientierte Vertriebssteuerung als Erweiterung der Steuerungskonzeption VR-CONTROL zu entwickeln, werden für die Messung des Kundenwerts die folgenden Festlegungen getroffen. Erstens sollen alle bankleistungsbezogenen Erfolgsbeiträge mittels des Schemas der Einzelgeschäftskalkulation aus VR-CONTROL bewertet werden.[1479] Konkret bedeutet dies, dass die Bewertung der Kundenwerttreiber auf Basis der Einzelgeschäftskalkulation erfolgt. Dies ist methodisch problematisch,[1480] jedoch gängig in praktischen und wissenschaftlichen Beiträgen.[1481] Mit eben dieser methodischen Unschärfe stellt z. B. BARTH für den Bankenkontext eine einfache formale Definition des CLV auf.[1482] Damit wird eine unmittelbare Verknüpfung zum internen Rechnungswesen der Bank erreicht.[1483] In Konsequenz bedeutet dieses Vorgehen eine entsprechend leichtere Einbindung in die Gesamtbanksteuerung. In diesem Zusammenhang wird zudem von einer barwertigen Deckungsbeitragsrechnung ausgegangen.[1484] Nachfolgend werden zunächst die einzelnen Kundenwerttreiber hinsichtlich ihrer Messung vorgestellt.

Für das Basisgeschäfts-, das Entwicklungs- und das Cross-Selling-Potenzial gilt, dass sich der anbieterspezifische Wert als Ergebnis aus jeweils bankleistungsbezogenem Bedarf des Kunden (Bedarfspotenzial) und Loyalitätsgrad ermitteln lässt. Wird der Loyalitätsgrad nicht berücksichtigt bzw. auf den Faktor 1 bestimmt, so kann das gesamte Kundenwerttreiberpotenzial gemessen werden. In letztgenannten Fall sind Bedarfspotenzial und Bedarfsvolumen eines Kunden

---

1478 Vgl. *Homburg, C.* (2007), S. 411.
1479 Vgl. dazu die Ausführungen in Kapitel C.4.3.
1480 Vgl. *Mödritscher, G. J.* (2008), S. 188.
1481 Vgl. *Barth, K./Wille, K.* (2000), S. 33.
1482 Vgl. *Barth, W.* (2009), o. S.
1483 Vgl. dazu die Ausführungen in Kapitel C.4.3. So auch *Beeser, A. J.* (2003), S. 44 ff.
1484 Vgl. *Bruhn, M./Georgi, D./Wöhle, C. B.* (2005), S. 386 ff.

identisch. Das Bedarfspotenzial und das Bedarfsvolumen sind Ertragsgrößen, d. h. mittels ausgewählter (Teil-)Ergebnisse der Einzelgeschäftskalkulation bewertet.[1485] Anders als im industriellen Kontext gilt bei Bankleistungen nicht immer der einfache funktionale Zusammenhang, dass der Umsatz das Produkt aus Preis und Menge ist. Dies begründet sich mit der etablierten Anwendung der Marktzinsmethode für zinstragende Geschäfte.[1486] Ohne auf die Kalkulation einzelner Bankleistungen detailliert einzugehen, soll dies beispielhaft erläutert werden. Angenommen wird, dass in einem in der Zukunft liegenden Jahr der betrachtete Firmenkunde eine Kreditfinanzierung vornehmen möchte. Der gesamte Kreditbedarf beläuft sich auf TEUR 1.000 (Bedarfspotenzial). Für die Kalkulation wird ein Ratenkredit mit jährlicher Tilgung, einem Nominalzinssatz von 10 Prozent und einer Laufzeit von 3 Jahren unterstellt. Als Refinanzierungsgeschäfte werden struktur- und fristenkongruente Geldmarktgeschäfte abgeschlossen, die je Laufzeitband einen individuellen Zinssatz haben. Basierend auf diesen Annahmen wird der Zinskonditionsbeitrag ermittelt (siehe Tabelle 22), der als Bewertungsmaßstab herangezogen wird.

Tabelle 22: Beispielhafte Ermittlung des Zinskonditionsbeitragsbarwerts[1487]

		t=0	**t=1**	**t=2**	**t=3**
Kredit	Auszahlung	-900			
	Tilgung		300	300	300
	Zinsen (10%)		90	60	30
	Kapitaldienst		390	360	330
	Cash-flow	-900	390	360	330
Refinanzierung	3-jährige Refinanzierung (8%)	306	-24	-24	-330
	2-jährige Refinanzierung (6%)	317	-19	-336	
	1-jährige Refinanzierung (5%)	330	-347		
	Summe	52	0	0	0
	Zinskonditionsbeitragsbarwert	**52**			

Das bewertete Bedarfspotenzial beträgt somit 52 EUR. Würde nun der Loyalitätsgrad auf 50 Prozent festgelegt, so dass davon ausgegangen wird, dass die Kreditgenossenschaft nicht das gesamte Bedarfspotenzial decken kann, liegt das

1485 Das bedeutet konkret, dass nicht das Nachfragevolumen z. B. in Form von Kreditfinanzierungsbedarf in Höhe von 250.000 EUR für 10 Jahre, sondern die aus diesen und weiteren zu prognostizierenden/schätzenden Größen resultierende Größe in Form des Deckungsbeitrags I, Deckungsbeitrags II oder Deckungsbeitrags III zugrunde gelegt wird.

1486 Vgl. *Rolfes, B./Dartsch, A.* (1997), S. 926 ff.; *Schierenbeck, H.* (2003), S. 70 ff.

1487 Eigene Darstellung.

bewertete Bedarfsvolumen bei 26 EUR.[1488] Diese Verfahrensweise gilt in analoger Weise auch für Provisionsbeiträge und soll daher als grundlegendes Vorgehen für die Ermittlung des Bewertungsmaßstabs verwendet werden. Diese Festlegung gilt für alle Bedarfspotenziale und Bedarfsvolumina in der entwickelten Metrik, daher wird in den Formellegenden selbst auf die Festlegung nicht mehr hingewiesen. Vor dem Hintergrund dieser Überlegungen gilt für das Basisgeschäftspotenzial Formel [D.12]:

$$BGP_{c,t} = \sum_{p_c=1}^{P_c} BP_{c,p_c,t} \cdot \alpha_{c,p_c,t} \cdot (1 - \rho_{c,pq}) \qquad \text{[D.12]}$$

mit:

$BGP_{c,t}$: Basisgeschäftspotenzial eines Kunden c in der Periode t

$BP_{c,p_c,t}$: Bedarfspotenzial eines Kunden c für das Produkt p_c in der Periode t

$\alpha_{c,p_c,t}$: Loyalitätsgrad eines Kunden c für das Produkt p_c in der Periode t; mit $0 \leq \alpha_{c,p_c,t} \leq 1$

$\rho_{c,pq}$: Dummyvariable der Verbundbeziehung zwischen den Produkten p und q mit
$\rho_{c,pq} = 1$, wenn eine Substitutionsbeziehung im Sinne des Up-Sellings für den Kunden c vorliegt und
$\rho_{c,pq} = 0$, wenn keine Substitutionsbeziehung im Sinne des Up-Sellings für den Kunden c vorliegt

c: Index für Kunden

p_c: Index der Produkte im Sinne des Basisgeschäftspotenzials aus Sicht des Kunden c

q_c: Index der Produkte im Sinne des Up-Sellings aus Sicht des Kunden c

t: Periodenindex

Aufgrund der Interdependenzen zwischen dem Basisgeschäftspotenzial und dem Up-Selling-Potenzial ist in Formel [D.12] eine Dummyvariable eingefügt, so dass es im Falle einer Substitutionsbeziehung zwischen den relevanten Bankleistungen zu keiner Verzerrung im Sinne einer Doppelzählung kommt.

Die Messung des Entwicklungspotenzials erfolgt gemäß der Modellkonzeption mehrstufig. Dazu gehören der Verkauf höherwertiger substitutiver Leistun-

---

[1488] Aufgrund der mathematischen Struktur der Ermittlung des Zinskonditionsbeitrags lässt sich das bewertete Bedarfsvolumen in Verbindung mit dem Loyalitätsgrad als Linearkombination des bewerteten Bedarfspotenzials darstellen.

gen, der Mehrverkauf (zusammen Up-Selling-Potenzial) und der höherpreisige Verkauf bisher kontrahierter Leistungen (Preispotenzial) (siehe Formel [D.13]).

$$\begin{aligned} EP_{c,t} &= USP_{c,t} + PP_{c,t} \\ &= HSL_{c,t} + MVP_{c,t} + PP_{c,t} \end{aligned} \qquad [D.13]$$

mit:

$EP_{c,t}$: Entwicklungspotenzial eines Kunden c in der Periode t

$USP_{c,t}$ Up-Selling-Potenzial eines Kunden c in der Periode t

$PP_{c,t}$: Preispotenzial eines Kunden c in der Periode t (bezogen auf das Basisgeschäftspotenzial und das Mehrverkaufspotenzial)

$HSL_{c,t}$: Entwicklungspotenzial aus dem Verkauf höherwertiger substitutiver Leistungen eines Kunden c in der Periode t

$MVP_{c,t}$: Entwicklungspotenzial aus Mehrverkauf eines Kunden c in der Periode t

Das Entwicklungspotenzial aus dem Verkauf höherwertiger substitutiver Leistungen basiert auf einer Substitutionsbeziehung zwischen einer Bankleistung, die dem Basisgeschäftspotenzial zugeordnet ist und einer nutzenidentischen, jedoch aus Banksicht höherwertigen Bankleistung, die nicht dem Basisgeschäfts- sondern dem Entwicklungspotenzial zugeordnet ist. Diese Interdependenz wird in Formel [D.14] berücksichtigt, so dass im Falle einer Substitutionsbeziehung zwischen zwei Bankleistungen das leistungsspezifische Basisgeschäftspotenzials durch die Dummyvariable korrigiert wird. Für die Berechnung des Entwicklungspotenzials aus dem Verkauf höherwertiger substitutiver Leistungen gilt, dass zunächst ein zur Substitutionsleistung gleichwertiger leistungsspezifischer Loyalitätsgrad angesetzt wird:

$$HSL_{c,t} = \sum_{q_c=1}^{Q_c} BP_{c,q_c,t} \cdot \alpha_{c,q_c,t} \cdot \rho_{c,pq} \qquad [D.14]$$

mit:

$BP_{c,q_c,t}$: Bedarfspotenzial eines Kunden c für das Produkt q_c in der Periode t

$\alpha_{c,q_c,t}$: Loyalitätsgrad eines Kunden c für das Produkt q_c in der Periode t; mit $0 \leq \alpha_{c,q_c,t} \leq 1$ und $\alpha_{c,q_c,t} = \alpha_{c,p_c,t}$, wenn p_c und q_c in einer Substitutionsbeziehung im Sinne des Up-Selling stehen

Um das Entwicklungspotenzial aus dem Mehrverkauf zu messen, ist zu berücksichtigen, dass dies über das Bedarfspotenzial und/oder den Loyalitätsgrad beeinflusst wird. Die jeweiligen Veränderungen können isoliert (Verdrängungs- und Mengeneffekt) oder zusammen auftreten (Mixeffekt). Weiterhin ist zu beachten, dass der Mehrverkauf sich entweder auf das Basisgeschäftspotenzial oder das bereits dargestellte Entwicklungspotenzial aus dem Verkauf höherwertiger substitutiver Leistungen (siehe Formel [D.14]) bezieht:

$$
\begin{aligned}
MVP_{c,t} &= MVP_{c,t}^{BGP} + MVP_{c,t}^{HSL} \\
&= VE_{c,t}^{BGP} + ME_{c,t}^{BGP} + MX_{c,t}^{BGP} + VE_{c,t}^{HSL} + ME_{c,t}^{HSL} + MX_{c,t}^{HSL}
\end{aligned}
\qquad [D.15]
$$

mit:

$MVP_{c,t}^{BGP}$:	Entwicklungspotenzial aus Mehrverkauf eines Kunden *c* in der Periode *t* bei Produkten des Basisgeschäftspotenzials (*BGP*)
$MVP_{c,t}^{HSL}$:	Entwicklungspotenzial aus Mehrverkauf eines Kunden *c* in der Periode *t* bei Produkten des Entwicklungspotenzials aus dem Verkauf höherwertiger substitutiver Leistungen (*HSL*)
$VE_{c,t}^{BGP}$:	Verdrängungseffekt mit Bezug zum Basisgeschäftspotenzial (*BGP*) eines Kunden *c* in der Periode *t*
$ME_{c,t}^{BGP}$:	Mengeneffekt mit Bezug zum Basisgeschäftspotenzial (*BGP*) eines Kunden *c* in der Periode *t*
$MX_{c,t}^{BGP}$:	Mixeffekt mit Bezug zum Basisgeschäftspotenzial (*BGP*) eines Kunden *c* in der Periode *t*
$VE_{c,t}^{HSL}$:	Verdrängungseffekt mit Bezug zum Entwicklungspotenzial aus dem Verkauf höherwertiger substitutiver Leistungen (*HSL*) eines Kunden *c* in der Periode *t*
$ME_{c,t}^{HSL}$:	Mengeneffekt mit Bezug zum Entwicklungspotenzials aus dem Verkauf höherwertiger substitutiver Leistungen (*HSL*) eines Kunden *c* in der Periode *t*
$MX_{c,t}^{HSL}$:	Mixeffekt mit Bezug zum Entwicklungspotenzials aus dem Verkauf höherwertiger substitutiver Leistungen (*HSL*) eines Kunden *c* in der Periode *t*

Der Kundenwertbeitrag aus dem Mehrverkauf von Bankleistungen aus dem Basisgeschäftspotenzial lässt sich anhand der folgenden Formel [D.16] in den Messansatz integrieren:

$$MV_{c,t}^{BGP} = \sum_{p_c=1}^{P_c} BP_{c,p_c,t} \cdot \Delta\alpha_{c,p_c,t} \cdot (1-\rho_{c,pq}) + \sum_{p_c=1}^{P_c} \Delta BP_{c,p_c,t} \cdot \alpha_{c,p_c,t} \cdot (1-\rho_{c,pq}) + \sum_{p_c=1}^{P_c} \Delta BP_{c,p_c,t} \cdot \beta_{c,p_c,t}^{\Delta BP_{c,p,t}} \cdot (1-\rho_{c,pq}) + \sum_{p_c=1}^{P_c} \Delta BP_{c,p_c,t} \cdot \Delta\alpha_{c,p_c,t} \cdot (1-\rho_{c,pq}) \quad [D.16]$$

mit:

$\Delta BP_{c,p_c,t}$: Zusätzliches Bedarfspotenzial eines Kunden c für das Produkt p in der Periode t

$\Delta\alpha_{c,p_c,t}$ Zusätzlicher Loyalitätsgrads eines Kunden c für das Produkt p_c in der Periode t im Vergleich zur aktuellen Situation bezogen auf das Bedarfspotenzial $BP_{c,p_c,t}$;

mit $\Delta\alpha_{c,p_c,t} + \alpha_{c,p_c,t} \leq 1$ und $\alpha_{c,p_c,t} \geq -1 \cdot \Delta\alpha_{c,p_c,t}$

$\beta_{c,p_c,t}^{\Delta BP_{c,p_c,t}}$: Zusätzlicher Loyalitätsgrad des Kunden c für das Produkt p_c in der Periode t bezogen auf das zusätzliche Bedarfspotenzial $\Delta BP_{c,p_c,t}$;

mit $0 \leq \beta_{c,p_c,t}^{\Delta BP_{c,p_c,t}} \leq 1$

und $\alpha_{c,p_c,t} + \Delta\alpha_{c,p_c,t} + \beta_{c,p_c,t}^{\Delta BP_{c,p_c,t}} \leq 1$

Der Mehrverkauf ist auch für Produkte möglich, die Gegenstand des Entwicklungspotenzials aus dem Verkauf höherwertiger substitutiver Leistungen sind. Für dieses Potenzial kann daher in analoger Weise der Kundenwertbeitrag aus dem Mehrverkauf von Leistungen wie folgt in die Messung integriert werden:

$$MV_{c,t}^{HSL} = \sum_{q_c=1}^{Q_c} BP_{c,q_c,t} \cdot \Delta\alpha_{c,q_c,t} \cdot \rho_{c,pq} + \sum_{q_c=1}^{Q_c} \Delta BP_{c,q_c,t} \cdot \alpha_{c,q_c,t} \cdot \rho_{c,pq} + \sum_{q_c=1}^{Q_c} \Delta BP_{c,q_c,t} \cdot \beta_{c,q_c,t}^{\Delta BP_{c,q,t}} \cdot \rho_{c,pq} + \sum_{q_c=1}^{Q_c} \Delta BP_{c,q_c,t} \cdot \Delta\alpha_{c,q_c,t} \cdot \rho_{c,pq} \quad [D.17]$$

mit:

$\Delta BP_{c,q_c,t}$: Zusätzliches Bedarfspotenzial eines Kunden c für das Produkt q_c in der Periode t

$\Delta\alpha_{c,q_c,t}$ Zusätzlicher Loyalitätsgrad eines Kunden c für das Produkt q_c in der Periode t im Vergleich zur aktuellen Situation bezogen auf das Bedarfspotenzial $BP_{c,q_c,t}$; mit $\Delta\alpha_{c,q_c,t} + \alpha_{c,q_c,t} \leq 1$ $\alpha_{c,q_c,t} \geq -1 \cdot \Delta\alpha_{c,q_c,t}$

$\beta_{c,q_c,t}^{\Delta BP_{c,q_c,t}}$: Zusätzlicher Loyalitätsgrad des Kunden c für das Produkt q_c in der Periode t bezogen auf das zusätzliche Bedarfspotenzial $\Delta BP_{c,q_c,t}$;

mit $0 \leq \beta_{c,q_c,t}^{\Delta BP_{c,q_c,t}} \leq 1$

und $\alpha_{c,q_c,t} + \Delta\alpha_{c,q_c,t} + \beta_{c,q_c,t}^{\Delta BP_{c,q_c,t}} \leq 1$

Abschließend ist das Preispotenzial in die Messung zu integrieren. Aus dynamischer Sicht kann argumentiert werden, dass sich das Preispotenzial sowohl auf das Basisgeschäftspotenzial als auch auf die anderen Facetten des Entwicklungspotenzials bezieht. Da das Entwicklungspotenzial aus dem Verkauf höherwertiger substitutiver Leistungen jedoch schon eine preispolitische Komponente im Sinne der Abschöpfung der Zahlungsbereitschaft des Kunden beinhaltet, soll nachfolgend lediglich das Basisgeschäftspotenzial und der Mehrverkauf bisher kontrahierter Leistungen betrachtet werden. Hinsichtlich des Preispotenzials ist zu berücksichtigen, dass dies bereits in der Einzelgeschäftskalkulation für eine Bankleistung enthalten ist. Anders als bei gängigen Vorgehensweisen, bei denen sich der Umsatz als Produkt aus Preis und Menge ergibt, erlaubt die Einzelgeschäftskalkulation eine einfache formelmäßige Abbildung nicht. Um die Darstellung nachvollziehbar zu halten, soll daher an dieser Stelle darauf verzichtet werden, die vollständige Kalkulation darzustellen.[1489] Die Messung des Preispotenzials wird unter Berücksichtigung dieses Aspekts wie folgt in den Messansatz integriert (siehe Formel [D.18]):[1490]

1489 Für eine ausführliche konzeptionelle Darstellung der Kalkulationen des Deckungsbeitrags III in VR-CONTROL sei auf BVR (2003b), Kapitel 2.1 verwiesen.

1490 Dabei gilt die Annahme, dass es keine zu berücksichtigende Wechselwirkung zwischen Höhe der Kondition bzw. Gebühr einer Bankleistung und der nachgefragten Menge gibt. Es wird also angenommen, dass die Ausnutzung der maximalen Zahlungsbereitschaft auf Einzelkundenebene bedarfsvolumenneutral erfolgt.

$$PP_{c,t} = PP_{c,t}^{BGP} + PP_{c,t}^{MV^{BGP}} \qquad [D.18]$$

$$= \sum_{p_c=1}^{P_c} \left(\left(BP(\tau_{c,p_c,t}^{max})_{c,p_c,t} - BP(\tau_{c,p_c,t}^{BGP})_{c,p_c,t} \right) \cdot \alpha_{c,p_c,t} \cdot \left(1-\rho_{c,pq}\right) \right)$$

$$+ \sum_{p_c=1}^{P_c} \left(\left(BP(\tau_{c,p_c,t}^{max})_{c,p_c,t} - BP(\tau_{c,p_c,t}^{BGP})_{c,p_c,t} \right) \cdot \Delta\alpha_{c,p_c,t} \cdot \left(1-\rho_{c,pq}\right) \right)$$

$$+ \sum_{p_c=1}^{P_c} \left(\left(\Delta BP(\tau_{c,p_c,t}^{max})_{c,p_c,t} - \Delta BP(\tau_{c,p_c,t}^{BGP})_{c,p_c,t} \right) \cdot \alpha_{c,p_c,t} \cdot \left(1-\rho_{c,pq}\right) \right)$$

$$+ \sum_{p_c=1}^{P_c} \left(\left(\Delta BP(\tau_{c,p_c,t}^{max})_{c,p_c,t} - \Delta BP(\tau_{c,p_c,t}^{BGP})_{c,p_c,t} \right) \cdot \beta_{c,p_c,t}^{\Delta BP_{c,p_c,t}} \cdot \left(1-\rho_{c,pq}\right) \right)$$

$$+ \sum_{p_c=1}^{P_c} \left(\left(\Delta BP(\tau_{c,p_c,t}^{max})_{c,p_c,t} - \Delta BP(\tau_{c,p_c,t}^{BGP})_{c,p_c,t} \right) \cdot \Delta\alpha_{c,p_c,t} \cdot \left(1-\rho_{c,pq}\right) \right)$$

mit:

$PP_{c,t}^{BGP}$:	Preispotenzial des Kunden c in der Periode t bezogen auf das Basisgeschäftspotenzial (*BGP*)
$PP_{c,t}^{MV^{BGP}}$:	Preispotenzial des Kunden c in der Periode t bezogen auf den Mehrverkauf der Produkte des Basisgeschäftspotenzial (MV^{BGP})
$BP(\tau_{c,p_c,t}^{max})_{c,p_c,t}$:	Bedarfspotenzial eines Kunden c für das Produkt p_c in der Periode t unter Berücksichtigung der Ausnutzung der leistungsbezogenen maximalen Zahlungsbereitschaft
$BP(\tau_{c,p_c,t}^{BGP})_{c,p_c,t}$:	Bedarfspotenzial eines Kunden c für das Produkt p_c in der Periode t unter Berücksichtigung der Ausnutzung der für das Basisgeschäftspotenzial zugrunde gelegten Zahlungsbereitschaft ($= BP_{c,p_c,t}$)
$\Delta BP(\tau_{c,p_c,t}^{max})_{c,p_c,t}$:	Zusätzliches Bedarfspotenzial eines Kunden c für das Produkt p_c in der Periode t unter Berücksichtigung der Ausnutzung der maximalen Zahlungsbereitschaft
$\Delta BP(\tau_{c,p_c,t}^{BGP})_{c,p_c,t}$:	Zusätzliches Bedarfspotenzial eines Kunden c für das Produkt p_c in der Periode t unter Berücksichtigung der Ausnutzung der für das Basisgeschäftspotenzial zugrunde gelegten Zahlungsbereitschaft ($= \Delta BP_{c,p_c,t}$)
$\tau_{c,p_c,t}^{BGP}$:	Zahlungsbereitschaft in Form von Zins- oder Gebührensätzen des Kunden c für das Produkt p_c in der Periode t, die bei der Bewertung des Basisgeschäftspotenzials zugrunde gelegt wurde

$\tau^{max}_{c,p_c,t}$: Maximale Zahlungsbereitschaft in Form von Zins- oder Gebührensätzen des Kunden c für das Produkt p_c in der Periode t

und $\alpha_{c,p_c,t} + \Delta\alpha_{c,p_c,t} + \beta^{\Delta BP_{c,p_c,t}}_{c,p_c,t} \leq 1$

Als weiterer Kundenwerttreiber ist das Cross-Selling-Potenzial in die Metrik zu integrieren. In dynamischer Sicht kann gefordert werden, dass ein Cross-Selling-Produkt gemäß den Ausführungen in Kapitel D.4.5.3.1.3 in einer Periode t bei erfolgreichem Abschluss in der nachfolgenden Periode $t+1$ nicht mehr dem Cross-Selling-Potenzial zugeordnet werden darf. Durch dieses Vorgehen würde jedoch die Komplexität der Metrik weiter gesteigert werden, ohne dass ein signifikanter Nutzen resultieren würde. Denn für die Vertriebssteuerung sollen zum Planungszeitpunkt, der uno actu der Bewertungszeitpunkt ist, Maßnahmenpläne erarbeitet werden, die das Cross-Selling umfassen. Aktualisierte Maßnahmenpläne bedingen jedoch aktualisierte Entscheidungsgrundlagen, die unter anderem aus ermittelten Kundenwerten bestehen. Stattdessen wird daher vom Zeitpunkt der Messung ausgegangen und festgelegt, ob es sich mit Bezug zur gegenwärtigen Situation um ein Cross-Selling-Produkt handelt. Aus dynamischer Sicht besteht zudem die Fragestellung, ob die Ausweitung des Geschäftsvolumens aus Cross-Selling-Produkten durch im Entwicklungspotenzial zusammengefasste Effekte sinnvoller Weise in der Metrik zu berücksichtigen ist. Welche Vorgehensweise zu präferieren ist, kann nicht eindeutig beantwortet werden.[1491] Da zum Zeitpunkt der Bewertung – anders als beim Basisgeschäftspotenzial – keine aktuellen, proprietären Informationen über das Produktnutzungsverhalten eines Kunden bei der Kreditgenossenschaft vorliegen und somit eine Messung desselben relativ schwieriger ist, soll das Cross-Selling-Potenzial ohne diese Effekte gemessen werden. Das bedeutet auch, dass das Cross-Selling-Potenzial annahmegemäß unter Berücksichtigung der maximalen Zahlungsbereitschaft des Kunden für die relevanten Bankleistungen erfolgt. Das Cross-Selling-Potenzial wird damit wie folgt in die Metrik des Kundenwerts integriert, wobei der in Abbildung 46 vorgenommenen Differenzierung Rechnung getragen wird (siehe Formel [D.19]:

$$CSP_{c,t} = CSP^{L}_{c,t} + CSP^{BW}_{c,t} + CSP^{UE}_{c,t} \qquad [D.19]$$

mit:

$CSP_{c,t}$: Cross-Selling-Potenzial eines Kunden c in der Periode t

[1491] Vgl. *Lissautzki, M.* (2007), S. 154 ff.

$CSP^{L}_{c,t}$: Loyalitätsbezogenes Cross-Selling-Potenzial eines Kunden c in der Periode t

$CSP^{BW}_{c,t}$: Bedürfnisweckendes Cross-Selling-Potenzial eines Kunden c in der Periode t

$CSP^{UE}_{c,t}$: Unternehmensentwicklungsbezogenes Cross-Selling-Potenzial eines Kunden c in der Periode t

Für die formale Darstellung der einzelnen Summanden des Cross-Selling-Potenzials ist zu berücksichtigen, dass sich diese sowohl auf aktuell angebotene als auch auf aktuell noch nicht angebotene Bankleistungen beziehen. Das loyalitätsbezogene Cross-Selling-Potenzial wird gemäß folgender Formel [D.20] berechnet:

$$CSP^{L}_{c,t} = \sum_{x^{L}_{c}=1}^{X^{L}_{c}} BP_{c,x^{L}_{c},t} \cdot \alpha_{c,x^{L}_{c},t} + \sum_{y^{L}_{c}=1}^{Y^{L}_{c}} BP_{c,y^{L}_{c},t} \cdot \alpha_{c,y^{L}_{c},t} \qquad [D.20]$$

mit:

$BP_{c,x^{L}_{c},t}$: Bedarfspotenzial eines Kunden c für das Produkt x^{L}_{c} in der Periode t

$BP_{c,y^{L}_{c},t}$ Bedarfspotenzial eines Kunden c für das Produkt y^{L}_{c} in der Periode t

$\alpha_{c,x^{L}_{c},t}$: Loyalitätsgrad eines Kunden c für das Produkt x^{L}_{c} in der Periode t; mit $0 \leq \alpha_{c,x^{L}_{c},t} \leq 1$

$\alpha_{c,y^{L}_{c},t}$: Loyalitätsgrad eines Kunden c für das Produkt y^{L}_{c} in der Periode t; mit $0 \leq \alpha_{c,y^{L}_{c},t} \leq 1$

x^{L}_{c}: Index der aktuell vorhandenen Produkte im Sinne des loyalitätsbezogenen Cross-Selling-Potenzials aus Sicht des Kunden

y^{L}_{c}: Index der aktuell noch nicht vorhandenen Produkte im Sinne des loyalitätsbezogenen Cross-Selling-Potenzials aus Sicht des Kunden

Das bedürfnisweckende Cross-Selling-Potenzial wird wie folgt berechnet:

$$CSP^{BW}_{c,t} = \sum_{x^{BW}_{c}=1}^{X^{BW}_{c}} BP_{c,x^{BW}_{c},t} \cdot \alpha_{c,x^{BW}_{c},t} + \sum_{y^{BW}_{c}=1}^{Y^{BW}_{c}} BP_{c,y^{BW}_{c},t} \cdot \alpha_{c,y^{BW}_{c},t} \qquad [D.21]$$

mit:

$BP_{c,x^{BW}_{c},t}$: Bedarfspotenzial eines Kunden c für das Produkt x^{BW}_{c} in der Periode t

$BP_{c,y_c^{BW},t}$: Bedarfspotenzial eines Kunden c für das Produkt y_c^{BW} in der Periode t

$\alpha_{c,x_c^{BW},t}$: Loyalitätsgrad eines Kunden c für das Produkt x_c^{BW} in der Periode t; mit $0 \leq \alpha_{c,x_c^{BW},t} \leq 1$

$\alpha_{c,y_c^{BW},t}$: Loyalitätsgrad eines Kunden c für das Produkt y_c^{BW} in der Periode t; mit $0 \leq \alpha_{c,y_c^{BW},t} \leq 1$

x_c^{BW}: Index der aktuell vorhandenen Produkte im Sinne des bedürfnisweckenden Cross-Selling-Potenzials aus Sicht des Kunden

y_c^{BW}: Index der aktuell noch nicht vorhandenen Produkte im Sinne des bedürfnisweckenden Cross-Selling-Potenzials aus Sicht des Kunden

Das unternehmensentwicklungsbezogene Cross-Selling-Potenzial wird wie folgt berechnet:

$$CSP_{c,t}^{UE} = \sum_{x_c^{UE}=1}^{X_c^{UE}} BP_{c,x_c^{UE},t} \cdot \alpha_{c,x_c^{UE},t} + \sum_{y_c^{UE}=1}^{Y_c^{UE}} BP_{c,y_c^{UE},t} \cdot \alpha_{c,y_c^{UE},t} \qquad [D.22]$$

mit:

$BP_{c,x_c^{UE},t}$: Bedarfspotenzial eines Kunden c für das Produkt x_c^{UE} in der Periode t

$BP_{c,y_c^{UE},t}$ Bedarfspotenzial eines Kunden c für das Produkt y_c^{UE} in der Periode t

$\alpha_{c,x_c^{UE},t}$: Loyalitätsgrad eines Kunden c für das Produkt x_c^{UE} in der Periode t; mit $0 \leq \alpha_{c,x_c^{UE},t} \leq 1$

$\alpha_{c,y_c^{UE},t}$: Loyalitätsgrad eines Kunden c für das Produkt y_c^{UE} in der Periode t; mit $0 \leq \alpha_{c,y_c^{UE},t} \leq 1$

x_c^{UE}: Index der aktuell vorhandenen Produkte im Sinne des bedürfnisweckenden Cross-Selling-Potenzials aus Sicht des Kunden

y_c^{UE}: Index der aktuell noch nicht vorhandenen Produkte im Sinne des bedürfnisweckenden Cross-Selling-Potenzials aus Sicht des Kunden

Die bisher für die Messung des Kundenwerts betrachteten Kundenwerttreiber bezogen sich hinsichtlich des in Kapitel 4.5 hergeleiteten Kundenwertmodells auf ertragsbezogene Komponenten, die außer den Refinanzierungs- bzw. Opportunitätskosten und direkten Provisionsaufwendungen keine Kosten berücksichtigen. Aufgrund der oben getroffenen Festlegung, dass im Rahmen der Messung auf Ergebnisgrößen der Deckungsbeitragskalkulation nach VR-CONTROL rekurriert wird, könnte auch eine andere Ergebnisgröße als Bewertungsmaßstab für das Bedarfspotenzial und das Bedarfsvolumen herangezogen werden. In Abhängigkeit der ausgewählten Ergebnisgröße sind unterschiedliche Volumina an Kosten zu betrachten. Dabei ist zu berücksichtigen, dass die Kalkulation nach VR-CONTROL gegenwärtig nicht einer notwendigen kundenbezogenen Prozesskostenrechnung entspricht.[1492]

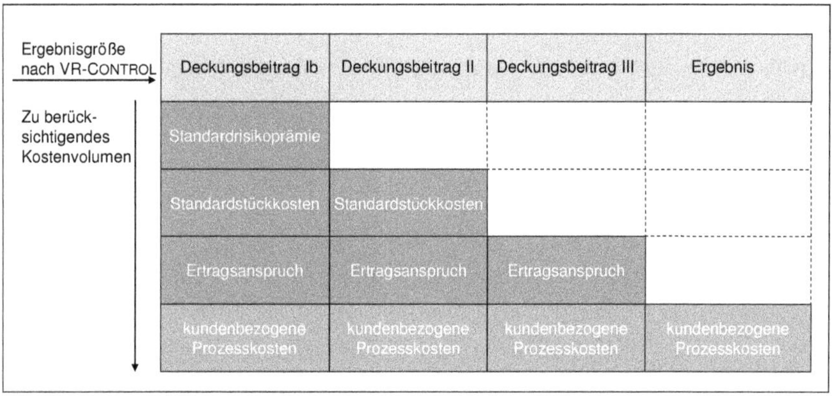

Abbildung 55: Kostenvolumen in Abhängigkeit der verwendeten Ergebnisgröße[1493]

Wie in Kapitel D.4.5.4.1.1 geschildert, sind die Standardrisikoprämie und die Eigenkapitalkosten – als Komponente des Ertragsanspruchs – adressrisikobezogene Größen, die folglich nur bei risikotragenden Aktivgeschäften von Bedeutung sind. Auf die Integration der adressrisikobezogenen Kosten wird in Kapitel D.5.2.2.4 eingegangen werden. Im Ertragsanspruch sind auch Overheadkosten und weitere Kosten enthalten. Diese werden für die Kundenbewertung nicht weiter berücksichtigt, da sie unabhängig von der Entscheidung sind, ob und wie mit einem Kunden eine Geschäftsbeziehung ausgestaltet sein soll. Sie gelten im

[1492] Zur Erläuterung der einzelnen Kostengrößen vgl. die Ausführungen in Kapitel C.4.3.
[1493] Eigene Darstellung.

vorliegenden Kontext als entscheidungsirrelevant. Der Fokus der weiteren Betrachtung liegt nunmehr auf den Standardstückkosten und den kundenbezogenen Prozesskosten.

Gemäß der Einzelgeschäftskalkulation in VR-CONTROL sind die Standardstückkosten fester Bestandteil der bankleistungsbasierten Deckungsbeitragsrechnung, also der Einzelgeschäftskalkulation. Dies gilt auch für die gemäß den Ausführungen zur kundenbezogenen Prozesskostenrechnung ermittelten bankleistungsbezogenen Prozesskosten, die auch als Standardstückkosten betrachtet werden können. Die Integration dieser Kosten in die Messmethode kann auf folgende Arten erfolgen. Erstens kann der Zinskonditions- bzw. Provisionsbeitrag um die Standardstückkosten reduziert werden, um dann die Saldogröße als Bewertungsmaßstab des Bedarfsvolumens zu nutzen. In diesem Fall sind die Formeln [D.12] bis [D.22] zu korrigieren, da der funktionale Zusammenhang zwischen bewerteten Bedarfsvolumen und bewerteten Bedarfspotenzial, der über den Loyalitätsgrad hergestellt wird, nicht mehr gilt. Stattdessen müsste zunächst das nicht bewertete Bedarfsvolumen bestimmt werden und dann mittels des um die Standardstückkosten reduzierten Konditionsbeitrags bzw. Provisionsbeitrags bewertet werden. Zweitens kann alternativ dazu je Kundenwerttreiber, der mit dem Konditions- bzw. Provisionsbeitrag bewertet wurde, die Summe der Standardstückkosten, die den Produkten zugerechnet werden und die dem jeweiligen Kundenwerttreiber zugeordnet sind, in Abzug gebracht werden. Dabei sind die Wechselwirkungen zwischen Basisgeschäftspotenzial und Entwicklungspotenzial zu beachten. Drittens besteht die Möglichkeit die Standardstückkosten en bloc in die Metrik zu integrieren. Den differenziertesten Ausweis stellt die erste Vorgehensweise dar. Konform zu den bisherigen formalen Ausführungen wäre jedoch eine Integration gemäß der zweitgenannten Alternative. Im Weiteren soll davon ausgegangen werden, dass die Bewertung des Bedarfsvolumens auf Basis eines um die bankleistungsbezogenen Standardstückkosten reduzierten Konditions- bzw. Provisionsbeitrags erfolgt. Die formelmäßige Abbildung entspricht somit so weitgehend den bisher gemachten Ausführungen in der Formeln [D.12] bis [D.22], dass eine wiederholte Darstellung nicht vorgenommen werden soll.

Weiterhin zu betrachten sind die kundenbezogenen Prozesskosten. Die kundenbezogenen Prozesskosten stellen per definitionem für die einzelne Bankleistung Gemeinkosten dar, so dass abweichend von den bisherigen Ausführungen die formelmäßige Abbildung nicht an bankleistungsbezogenen Kundenwerttreibern orientiert. Unter der Annahme, dass sich die kundenbezogenen Prozesskosten auf Basis der in Kapitel D.4.5.3.1.4 genannten Prozessstruktur ermitteln lassen, können diese Kosten wie folgt formal beschrieben werden:

$$kPK_{c,t} = kPK_{c,t}^{aP} + kPK_{c,t}^{liP} + kPK_{c,t}^{aiP} \quad \text{[D.23]}$$

mit:

$kPK_{c,t}$: Kundenbezogene Prozesskosten eines Kunden c in der Periode t

$kPK_{c,t}^{aP}$: Kundenbezogene Prozesskosten eines Kunden c in der Periode t für autonome Prozesse

$kPK_{c,t}^{liP}$: Kundenbezogene Prozesskosten eines Kunden c in der Periode t für leistungsbezogen-integrative Prozesse

$kPK_{c,t}^{aiP}$: Kundenbezogene Prozesskosten eines Kunden c in der Periode t für ablaufbezogene-integrative Prozesse

Unmittelbar an das Basiskostenpotenzial knüpft das Kooperationspotenzial an. Da sich das Kooperationspotenzial auf die Integration des externen Faktors, mithin des Kunden ausrichtet, wird die Wirkung auf den Kundenwert über die kundenbezogenen Prozesskosten integriert. Bezogen auf diese Kosten stellt das Kooperationspotenzial eine Korrekturgröße dar, die absolut oder relativ in die Metrik eingefügt werden kann. Für die Berücksichtigung im vorliegenden Messansatz soll eine prozentuale Größe verwendet werden, so dass unter Berücksichtigung der Ausführungen in Kapitel D.4.5.3.1.5 dieser Kundenwerttreiber wie folgt in die Metrik für die Messung des Kundenwerts integriert wird. Die Kompetenzkosten, die sich aus den Kosten für die Kompetenzbeschaffung und den Opportunitätskosten der Kompetenz des Kunden zusammensetzen, sind als Einflussfaktoren ebenfalls zu berücksichtigen. Die mathematische Formulierung erfolgt dabei so, dass das Ergebnis der Berechnung als Korrekturgröße verstanden wird:

$$\begin{aligned} KP_{c,t} = {} & KK_{c,t}^{KKP_{c,t}} + OK_{c,t}^{KKP_{c,t}} \\ & - \delta_{c,t}^{kPK^{aP}} \cdot kPK_{c,t}^{aP} \\ & - \delta_{c,t}^{kPK^{liP}} \cdot kPK_{c,t}^{liP} \\ & - \delta_{c,t}^{kPK^{aiP}} \cdot kPK_{c,t}^{aiP} \end{aligned} \quad \text{[D.24]}$$

mit:

$KP_{c,t}$: Kooperationspotenzial für den Kunden c in der Periode t

$KK_{c,t}^{KKP_{c,t}}$: Ausgaben, die im Zusammenhang mit dem Kooperationspotenzial auf Seiten der Kreditgenossenschaft für den Kunden c in der Periode t anfallen (Kompetenzkosten)

$OK_{c,t}^{KKP_{c,t}}$: Kosten, die im Zusammenhang mit dem Kooperationspotenzial auf Seiten der Kreditgenossenschaft für den Kunden c in der Periode t

anfallen (Opportunitätskosten)

$\delta_{c,t}^{kPK^{aP}}$: Kundeninduzierte Quote des Kosteneinsparungspotenzials für kundenautonome Prozesse für einen Kunden c in der Periode t; mit $0 \leq \delta_{c,t}^{kPK^{aP}} \leq 1$

$\delta_{c,t}^{kPK^{liP}}$: Kundeninduzierte Quote des Kosteneinsparungspotenzials für leistungsbezogen-integrative Prozesse für einen Kunden c in der Periode t; mit $0 \leq \delta_{c,t}^{kPK^{liP}} \leq 1$

$\delta_{c,t}^{kPK^{aaP}}$: Kundeninduzierte Quote des Kosteneinsparungspotenzials für ablaufbezogen-integrative Prozesse für einen Kunden c in der Periode t; mit $0 \leq \delta_{c,t}^{kPK^{aaP}} \leq 1$

Bei den bisher für die Messung betrachteten Kundenwerttreibern handelt es sich dem Wesen nach um monetäre Größen, die zusammengefasst den periodischen monetären Wertbeitrag des anbieterspezifischen Kundenwerts vor der Integration des Risikos ergeben:

$$KW_{c,t}^{mvR} = BGP'_{c,t} + EP'_{c,t} + CSP'_{c,t} - kPK_{c,t} - KP_{c,t} \qquad \text{[D.25]}$$

mit:

$KW_{c,t}^{mvR}$ Monetärer Kundenwert vor Integration des Risikos eines Kunden c in der Periode t

$BGP'_{c,t}$: Unter Berücksichtigung von bankleistungsbezogenen Prozesskosten (Standardstückkosten) bewertetes Basisgeschäftspotenzial eines Kunden c in der Periode t

$EP'_{c,t}$: Unter Berücksichtigung von bankleistungsbezogenen Prozesskosten (Standardstückkosten) bewertetes Entwicklungspotenzial eines Kunden c in der Periode t

$CSP'_{c,t}$: Unter Berücksichtigung von bankleistungsbezogenen Prozesskosten (Standardstückkosten) bewertetes Cross-Selling-Potenzial eines Kunden c in der Periode t

Der in Formel [D.25] berechnete monetäre Kundenwert stellt eine periodische Größe dar. Bevor die periodenübergreifende Messung des monetären Kundenwerts dargestellt wird, werden die Kundenwerttreiber der Bindungsdimension integriert.

5.2.2.2 Integration der Kundenwerttreiber der Beziehungsdimension

Zur Beziehungsdimension zählen das Bindungs- und das Akquisitionspotenzial. Letzteres ist nicht relevant für aktuelle Kunden, d. h. Bestandskunden. Für Nichtkunden wird das bisher und nachfolgend für Bestandskunden entwickelte Messverfahren im Weiteren anzupassen sein.[1494]

Hinsichtlich der Integration des Bindungspotenzials finden sich in der Literatur verschiedene Verfahren, die eine metrisch-skalierte Bindungsrate z. B. auf Basis von Diffusionsmodellen, Markov-Ketten oder Kundenloyalitätsmodellen schätzen.[1495] Ergänzend zur klassischen Kapitalwertformel (siehe Formel [D.10]) wird bei kapitalwertbasierten Verfahren eine Kundenbindungsrate eingefügt, um das Bindungspotenzial zu integrieren. Dies entspricht dem von DWYER in die wissenschaftliche Diskussion eingebrachten „customer retention"-Modellen (Kundenloyalitätsmodelle).[1496] Fundamentale Annahme dieser Modelle ist, dass „customers have made long-term commitments to a vendor because switching vendors is costly and assets dedicated to the transaction cannot be redeployed easily [...]. If a customer decides to leave a supplier, the account is lost forever."[1497] Derartige Situationen werden als "Lost-for-Good"-Situationen bezeichnet und i. d. R. bei Kundenbeziehungen angewandt, die auf Verträgen basieren (contractual settings). Demgegenüber stehen die „customer migration"-Modelle (Kundenmigrationsmodelle), die bei so genannten „Always-a-Share"-Situationen angewendet werden. Diese Situationen zeichnen sich dadurch aus, dass „customers may rely on several vendors and can adjust their share of business done with each."[1498] Kundenbeziehungen ohne vertragliche Basis werden diesen Situationen zugeordnet. Aufgrund ihrer strikten Dichotomie sollen beide Modelle als theoretisches Grundschema einer Bewertung angesehen werden.[1499]

Nach STRÄTER und FISCHER/ALBERS lassen sich Kunde-Bank-Beziehungen eher durch „Lost-for-Good"-Situationen beschreiben, so dass Bewertungsmodelle in Form der „customer retention"-Modelle angewendet werden können.[1500] Problematisch ist, dass die Situationstypisierung auf Ebene der Bezugsgröße Anbieterunternehmen stattfindet, was implizit der Annahme von Einproduktun-

---

1494 Vgl. dazu die Ausführungen in Kapitel D.5.5.1.

1495 Vgl. *Homburg, C.* (2007), S. 407 so wie die dort angegebene Literatur.

1496 Vgl. *Dwyer, F. R.* (1997), S. 6 ff.

1497 *Dwyer, F. R.* (1997), S. 8. "If a customer is won back after termination, the company treats the customer as a new customer and ignores its history with the customer." *Venkatesan, R./Kumar, V.* (2004), S. 108.

1498 *Dwyer, F. R.* (1997), S. 8.

1499 Vgl. *Sträter, J.* (2005), S. 57.

1500 Vgl. *Sträter, J.* (2005), S. 57; *Fischer, M./Albers, S.* (2007), S. 170 und S. 173. So auch *Böhm, A.* (1999), S. 227 ff.

ternehmen entspricht. Die hier betrachteten Kreditgenossenschaften dagegen bieten einerseits Bankleistungen an, die wie etwa Investitionskredite hochgradig durch Verträge determiniert sind, und andererseits Produkte wie Geschäftskonten, deren erlösrelevante Nutzungsintensität i. d. R. nicht durch Verträge bestimmt ist.[1501] So folgert STRÄTER, dass in einem praxistauglichen Modell die Komplexität deutlich erhöht werden muss.[1502] BEESER argumentiert, dass Geschäftsbeziehungen zu Firmenkunden eher als „Always-a-Share"-Situationen zu interpretieren sind, denn diese nutzen i. d. R. mehr als eine Bankverbindung.[1503] Nach BRUHN ET AL. ist für die Auswahl einer relevanten Verfahrensklasse zugrunde zu legen, welche Marktform und welche Marketingziele verfolgt werden. So sind „customer-retention"-Modelle vor allem in Märkten sinnvoll anzuwenden, bei denen das Relationship Marketing im Mittelpunkt steht.[1504] Und BAUER/HAMMERSCHMIDT argumentieren, dass dieses Vorgehen in den Fällen sinnvoll ist, wo Wechselkosten hoch und das Commitment der Beziehungspartner langfristig ist.[1505] Diese Situationscharakteristika gelten für die Geschäftsbeziehungen zwischen Firmenkunden und Kreditgenossenschaften.[1506] Daher wird nachfolgend von einer „Lost-for-Good"-Situation und damit einem „customer retention"-Modell ausgegangen.

Für die Integration des Bindungspotenzials wird in diesen Verfahrensklassen eine periodische Bindungsrate („retention rate") geschätzt und in die Berechnung des periodenübergreifenden monetären Kundenertragswerts integriert. Die Kundenbindungsrate wird als die Wahrscheinlichkeit des Bestands einer Kundenbeziehung in einer bestimmten Periode verstanden. „Die Kundenbindungswahrscheinlichkeit ist ein grundlegender Faktor [...], denn nur diese kann die Beziehung zwischen Kunde und Unternehmen sowie die darin enthaltenen Chancen und Risiken im erweiterten investitionstheoretischen Ansatz bewerten."[1507] Die „retention rate" bildet die Unsicherheit des Bestands der Geschäfts-

1501 Vgl. dazu auch die Ausführungen in Kapitel D.1.2.2. Bei den Geschäftskonten kann es sein, dass die vertragliche Basis noch existiert, jedoch eine andauernde Inaktivität seitens des Kunden festzustellen ist.

1502 Vgl. *Sträter, J.* (2005), S. 57.

1503 Vgl. *Beeser, A. J.* (2003), S. 50. Diese Möglichkeit sehen auch *Fischer, M./Albers, S.* (2007), S. 171.

1504 Vgl. *Bruhn, M. et al.* (2000), S. 168.

1505 Vgl. *Bauer, H.-H./Hammerschmidt, M.* (2005), S. 334.

1506 Vgl. z. B. die Ergebnisse von PAUL/PAUL/STEIN, die zeigen, dass die Geschäftsbeziehungsdauer zwischen Banken und Firmenkunden in 75 Prozent der Fälle mehr als 10 Jahre beträgt. Vgl. *Paul M./Paul, S./Stein, S.* (2003), S. 5.

1507 *Meffert, H./Bruhn, M.* (2009), S. 420.

beziehung ab.[1508] In vielen „customer retention"-Modellen wird eine konstante Bindungsrate unterstellt. Empirische Untersuchungen stützen in vielen Fällen diese Annahme, da die beobachteten Bindungsraten um einen bestimmten Wert schwanken.[1509] Einige Autoren nutzen dagegen eine im Zeitablauf sinkende kumulative Kundenbindungsrate, so dass ferner in der Zukunft liegende Kundenwertbeiträge mit einem geringeren Beitrag in den monetären Kundenwert eingehen als näher in der Zukunft liegende.[1510] DILLER kritisiert diese Vorgehensweisen mit dem Hinweis, dass dadurch Präferenzänderungen ebenso ausgeblendet würden, wie Konkurrenzmaßnahmen.[1511] Dieses Defizit ließe sich kompensieren, in dem eine periodenindividuelle Bindungsrate geschätzt wird, zu deren Einflussgrößen diese Aspekte zählen.[1512] Für Banken argumentieren z. B. BLATTBERG/DEIGHTON könne aufgrund der durch zusätzliche Produktbeziehungen im Zeitablauf steigenden Komplexität auch von einer steigenden Kundenbindungsrate ausgegangen werden.[1513] Mit der periodenindividuellen Schätzung der Bindungsrate unter Berücksichtigung vielfältiger Einflussfaktoren wird jedoch der Prognoseaufwand weiter erhöht. Die Verwendung der Kundenbindungsrate unterstellt nach MÖDRITSCHER implizit, „dass über die Dauer hinweg die Entscheidungen des Management zur Abwendung des Abbruchs beschränkt sind."[1514]

Ob eine periodenindividuelle Kundenbindungsrate in die Berechnung des monetären Kundenwerts eingefügt wird, ist kreditgenossenschaftlich festzulegen und abhängig vom jeweiligen Institutskontext. Unabhängig davon resultiert unter Berücksichtigung der Kundenbindungsrate die folgende Formel:

$$KW_{c,t}^{mvR} = \left(BGP'_{c,t} + EP'_{c,t} + CSP'_{c,t} - kPK_{c,t} - KP_{c,t}\right) \cdot b_{c,t} \qquad \text{[D.26]}$$

mit:

1508 Vgl. *Meffert, H./Bruhn, M.* (2009), S. 418; *Stüker, D.* (2008), S. 211.

1509 Vgl. *Fischer, M./Albers, S.* (2007), S. 174 sowie die dort genannte Literatur.

1510 Vgl. *Bruhn, M. et al.* (2000), S. 172; *Stüker, D.* (2008), S. 211 ff. *Bauer, H.-H./Hammerschmidt, M.* (2005), S. 334 ff.; *Lissautzki, M.* (2007), S. 134. Ein einfaches Modell, um eine mittlere Kundenbindungsrate abzuleiten, nennen ROSSET ET AL. in Form einer Survivalfunktion der Form $S(t)=r^t$. r wird dabei als mittlere Kundenverlustquote definiert, die sich als Quotient von Kundenabwanderungen eines Jahres zum Gesamtkundenbestand am Anfang des Jahres berechnet. Vgl. *Rosset, S. et al.* (2003), S. 323.

1511 Vgl. *Diller, H.* (2001), S. 20 ff.

1512 MEFFERT/BRUHN schlagen dazu die Verwendung eines Scoringmodells vor, da damit alle relevanten Determinanten der Kundenbindung berücksichtigt werden können. Vgl. *Meffert, H./Bruhn, M.* (2009), S. 421.

1513 Vgl. *Blattberg, R. C./Deighton, J.* (1996), S. 138 f.

1514 *Mödritscher, G. J.* (2008), S. 205.

$b_{c,t}$: Kundenbindungsrate für den Kunden c in der Periode t; mit $0 \leq b_{c,t} \leq 1$

Wird Formel [D.26] zugrunde gelegt, um den periodenübergreifenden monetären Kundenwert zu ermitteln, ist darauf hinzuweisen, dass der Einfluss der Kundenbindungsrate auf den Kundenwert erheblich sein kann.[1515] Somit wird zwar durch die Kundenbindungsrate das Abwanderungsrisiko eines Kunden explizit in die Metrik integriert. Die Kundenbindungsrate selbst stellt jedoch einen unsicheren Parameter dar, was es zu berücksichtigen gilt.[1516] Basierend auf Formel [D.26] ergibt sich für die Berechnung des periodenübergreifenden monetären Kundenwerts die folgende Berechnung:

$$KW_c^{mvR} = \sum_{t=1}^{T} \frac{\left(BGP'_{c,t} + EP'_{c,t} + CSP'_{c,t} - kPK_{c,t} - KP_{c,t}\right) \cdot b_{c,t}}{(1+i)^t} \qquad [D.27]$$

mit:

KW_c^{mvR}: Periodenübergreifender monetärer Kundenwert vor Integration des Risikos eines Kunden c

i: Kalkulationszinssatz

Neben der Kundenbindungsrate wird in Formel [D.27] für die mehrperiodige Betrachtung auch der Diskontierungsfaktor i eingefügt. Dieser bildet die Zeitpräferenzrate des Bewertenden ab[1517] Die Auswahl des Diskontierungsfaktors ist Gegenstand des nächsten Kapitels.

5.2.2.3 Bestimmung des Diskontierungsfaktors

Die Konkretisierung der Zeitpräferenzrate in Form des Diskontierungsfaktors, der seit jeher als eine der kritischen Größen investitionstheoretischer Modelle

---

1515 So zeigen beispielhafte Berechnung von STÜKER, dass die Veränderung der Kundenbindungsrate um 10 Prozentpunkte zu Veränderungen des berechneten Kapitalwerts c. p. von über 200 Prozent bzw. zum Vorzeichenwechsel führen kann. Vgl. *Stüker, D.* (2008), S. 214.

1516 Vgl. *Stüker, D.* (2008), S. 215.

1517 Die Zeitpräferenz ist zu berücksichtigen, wenn Ereignisse zu unterschiedlichen Zeitpunkten anfallen und aufgrund dessen für den Entscheider von unterschiedlicher Bedeutung sind. Die Zeitpräferenzrate kann auch als Grenzrate der Substitution von Zukunfts- und Gegenwartskonsum verstanden werden. Vgl. zur Zeitpräferenz *Berens, W./Delfmann, W.* (2002), S. 58. Regelmäßig wird angenommen, dass gegenwärtiger Konsum dem zukünftigen Konsum vorgezogen wird.

gilt,[1518] wird mal mehr mal weniger fundiert vorgenommen. Dies gilt auch für die investitionstheoretische Bewertung von Kunden.[1519] Die theoretisch richtige Konkretisierung und damit Interpretation der Zeitpräferenzrate stellt eine große Herausforderung für den Bewertenden dar.[1520] Mögliche Interpretationen klassifiziert ROLFES wie folgt:

Tabelle 23: Interpretationsansätze des Kalkulationszinsfußes[1521]

Finanzierungsorientiert			**Opportunitätsorientiert**			
				Engpassorientiert		
Eigen-kapital-kosten	Fremd-kapital-kosten	Misch-kosten	Rendite einer alter-nativen Anlage	Rendite der nächst-günstigsten Investition	Grenzrendite aus Investi-tions- und Finanzierungs möglichkeiten	Dualvariable aus einem Totalmodell

Bei den finanzierungsorientierten Interpretationen wird der Kalkulationszins aus den für die Investition bereitstehenden Finanzierungsmitteln abgeleitet.[1522] In der Regel wird dazu ein Mischzins herangezogen, der als gewichtetes arithmetisches Mittel berechnet wird („Weighted Average Cost of Capital“). Während für das Fremdkapital die Zinsen als exogene und objektive Größe bestimmt werden können, ist die Ermittlung der Eigenkapitalkosten diffiziler, da diese nicht vertraglich fixiert sind. Eigenkapitalkosten setzen sich aus Sicht der Finanzierungstheorie aus einem risikolosen Zins und einer investitionsobjektspezifischen Risikoprämie zusammen.[1523] Probleme resultieren bei diesem Vorgehen daraus, die Finanzierungsstruktur für das einzelne Investitionsobjekt festzulegen und die Höhe der Risikoprämie zu bestimmen. Empfohlen und angewandt wird das

---

1518 Vgl. *Grob, H. L.* (1989), S. 187 f. sowie die dort angegebene Literatur.

1519 Zu diesem Ergebnis kommt auch *Homburg, C.* (2007), S. 410. Bei BAUER/HAMMERSCHMIDT gilt z. B.: „the discount rate appropriate for marketing investments“. *Bauer, H.-H./Hammerschmidt, M.* (2005), S. 337. REINARTZ/KRAFFT argumentieren bei der Auswahl des Diskontierungsfaktors mit dem Hinweis auf vergleichbare Studien. Vgl. *Reinartz, W. J./Krafft, M.* (2001), S. 1269. VENKATESAN/KUMAR gehen von einem Diskontierungsfaktor von 15 Prozent aus, ohne dies weiter zu begründen. Vgl. *Venkatesan, R./Kumar, V.* (2004), S. 108.

1520 Vgl. *Grob, H. L.* (1989), S. 188.

1521 *Rolfes, B.* (1993), S. 693.

1522 Vgl. hier und nachfolgend *Wille, K.* (2005), S. 73 ff. sowie die dort angegebene Literatur.

1523 Vgl. z. B. *Perridon, L./Steiner, M.* (1999), S. 497 ff.

„Capital Asset Pricing Model“ (CAPM), um den Eigenkapitalkostensatz zu bestimmen.[1524] Zentrale Annahme dieses Modells ist, dass sich das Risiko einer Anlage in ein unsystematisches Risiko, das durch Diversifikationsmaßnahmen verringert werden kann, und ein systematisches Risiko, das nicht vermieden werden kann, aufteilen lässt. Für das systematische Risiko erhält der Investor eine marktübliche Risikoprämie, die als Produkt aus Risikomenge und Risikopreis berechnet wird. Der Risikopreis wird als Differenz aus durchschnittlicher Marktrendite und risikolosem Zins ermittelt. Die Risikomenge, die vereinfachend als Gewichtungsfaktor verstanden werden kann, ist ein Ausdruck dafür wie stark die Investitionsrendite um die Marktrendite schwankt und wird als Betafaktor bezeichnet.[1525] Problematisch bei der Anwendung dieses Verfahrens in der Kundenbewertung ist, dass die für den Einsatz des CAPM notwendigen Betafaktoren auf Ebene der Kundenbeziehung schwer bis gar nicht ermittelt werden können.[1526] GLEIßNER kommt zu dem Schluss, dass dafür „keine sinnvollen risikoadäquaten Diskontierungszinsen aus Kapitalmarktdaten ableitbar sind.“[1527] Die logischen Widersprüche bei der Anwendung dieses Modells für die Bewertung von Investitionen nennt WILLE als Grund dafür, dass es „nicht für die partielle Investitionsrechnung und somit auch nicht für die Bestimmung des [.] [monetären Kundenwert; Erg. d. Verf.] geeignet“[1528] ist. Darüber hinaus ist von Zurechnungsproblemen der Finanzierung auszugehen,[1529] so dass die finanzierungsorientierten Diskontierungsfaktoren insgesamt als inadäquat zu beurteilen sind.

Die opportunitätsorientierte Interpretation leitet den Diskontierungsfaktor aus einem Vergleich der Investition mit alternativen und somit verdrängten In-

---

1524 Vgl. *Barth, K./Wille, K.* (2000), S. 39; *Sträter, J.* (2005), S. 111.

1525 Schwankt die Investitionsrendite stärker um die Marktrendite führt dies zum einem Betafaktor von größer 1, so dass die Risikoprämie über dem marktüblichen Abstand zum risikolosen Zins liegt. Im umgekehrten Fall ist der Betafaktor kleiner 1, so dass die Risikoprämie kleiner ist als die Risikoprämie des Marktes.

1526 Mögliche Vorgehen finden sich bei *Schmöller, P.* (2001), S. 160 ff., *Dhar, R./Glazer, R.* (2003), S. 88 f. und *Barth, K./Wille, K.* (2000), S. 39 ff. Zur kritischen Auseinandersetzung vgl. *Stüker, D.* (2008), S. 225 f., *Gleißner, W.* (2005), S. 412 ff. und *Eberling, G.* (2002), S. 189 ff.

1527 *Gleißner, W.* (2005), S. 413. So auch *Tewes, M.* (2003), S. 280.

1528 *Wille, K.* (2005), S. 77. Im Original spricht WILLE vom CE („Customer Equity“). Aufgrund abweichender Begriffsverwendungen wurde dieser Begriff an die verwendete Terminologie angepasst. Vgl. zum Begriff des „Customer Equity“ Kapitel D.1.1.

1529 Vgl. *Schmöller, P.* (2001), S. 157. TEWES abstrahiert bei der Kundenwertmessung von Fremdfinanzierungen und legt einen reinen Eigenkapitalkostensatz zugrunde. Vgl. *Tewes, M.* (2003), S. 277 f.

vestitionsprojekten ab.[1530] Die engpassbezogenen Ansätze nutzen dazu ein Totalmodell.[1531] Das führt zu dem Zirkelproblem, dass für das Totalmodell ein Kalkulationszinsfuß feststehen muss, um die Investitionen in eine Reihenfolge zu bringen.[1532] Dies ist jedoch nicht zwingend für die Ansätze notwendig, die nicht auf einen Kapitalengpass aufbauen und bei denen die Rendite einer alternativen Finanzanlage herangezogen wird (Opportunitätsansatz). Eine zum Opportunitätsansatz alternative Argumentation bietet das Gegenseitenkonzept, bei dem mit korrespondierenden und strukturgleichen Gegengeschäften argumentiert wird.[1533] In der Marktzinsmethode, die der Deckungsbeitragsberechnung zugrunde liegt, wird so vorgegangen, wobei zusätzlich von Risikofreiheit und Laufzeitkongruenz ausgegangen wird. Im Sinne der partiellen Investitionsrechnung, der auch die hier vorgenommene Einzelkundenbewertung auf Basis kapitalwertbasierter Verfahren zuzuordnen ist, gilt, dass sich aus der Summe der Erfolge der Einzelentscheidungen der Gesamterfolg konstituiert. Daraus leitet sich ab, dass eine partielle Entscheidung unabhängig von (früheren) Entscheidungen ist. Diesen Gedanken, der auch der Marktzinsmethode unterliegt, kann auf den Kalkulationszinsfuß übertragen werden.[1534] Nach ROLFES stellt die Rendite einer alternativen Finanzanlage den einzig zulässigen Kalkulationszins dar, da diese sicher und im Entscheidungszeitpunkt aktuell ist, darüber hinaus extern gegeben und somit objektiv ist und einen echten Grenzkostensatz darstellt.[1535] Darüber hinaus berücksichtigt dieses Vorgehen die Tatsache, dass Kreditinstitute unabhängig vom Kundengeschäft am Geld- und Kapitalmarkt agieren können. Die Verwendung derartiger laufzeitkongruenter Zinssätze bei der kapitalwertbasierten Kundenbewertung wird z. B. von BÖHM und STRÄTER vorgenommen.[1536] Dann gilt, dass der Diskontierungsfaktor i periodisch differenziert und in der Regel mittels eine Zerobondabzinsungsfaktors dargestellt wird.[1537]

1530 Vgl. *Wille, K.* (2005), S. 77 f. sowie die dort angegebene Literatur.

1531 Vgl. *Grob, H. L.* (1989), S. 191.

1532 Vgl. *Grob, H. L.* (1989), S. 188; *Wille, K.* (2005), S. 77.

1533 Im Falle nicht gespaltener Zinssätze am Geld- und Kapitalmarkt führen beide Argumentationen zu gleichen Ergebnissen. Vgl. hier und nachfolgend *Schierenbeck, H.* (2003), S. 84 ff.

1534 Tatsächlich wird dies bei der barwertigen Deckungsbeitragsrechnung vorgenommen. Dabei werden die künftigen Erfolge mittels laufzeitspezifischer Zinssätze diskontiert.

1535 Vgl. dazu ausführlich *Rolfes, B.* (1993), S. 696.

1536 Vgl. *Böhm, A.* (1999), S. 95 ff.; *Sträter, J.* (2005), S. 16 f.

1537 Vgl. *Kroon, G.* (2009), S. 30 f. Zerobandabzinsungsfaktoren stellen den in Prozent des Rückzahlungsbetrages ausgedrückten Anlagebetrag dar (et vice versa).

Mit Auswahl dieser Größe kann der Zeitpräferenz des Entscheiders Rechnung getragen werden. Jedoch muss auch die Risiko-Präferenz in die Messung integriert werden.

5.2.2.4 Integration der Kundenwerttreiber der Risikodimension

Als relevante Risikodimensionen wurden das Kreditrisiko sowie das Kundenplanungsrisiko definiert. Wie im Vorhergehenden erläutert,[1538] wird das Kreditrisiko in einen erwarteten und einen unerwarteten Verlust unterschieden. In der Deckungsbeitragskalkulation nach VR-CONTROL, die dem Kundenertragswert zugrunde liegt, werden diese Verlustarten entsprechend differenziert berücksichtigt, haben jedoch gemein, dass sie als Kostenkomponente kalkuliert werden.

Für den erwarteten Verlust wird auf Basis des in Abbildung 51 dargestellten Modells eine Standardrisikoprämie berechnet, die im Sinne einer Versicherungsprämie vom Kunden für das erwartete Ausfallrisiko zu entrichten ist. Sie wird für alle Aktivgeschäfte berechnet und wird als produktbezogene Kostenart berücksichtigt. Basis der Kalkulation ist die Verknüpfung der erwarteten Ausfallwahrscheinlichkeit mit der erwarteten Rückflussquote. Die periodische Ausfallwahrscheinlichkeit (marginale Ausfallrate) beschreibt die Wahrscheinlichkeit, dass der Kunde frühestens am ersten und spätestens am letzten Tag einer betrachteten Periode ausfällt. Die periodischen Ausfallwahrscheinlichkeiten werden mittels eines Ratings zum Bewertungszeitpunkt in Verbindung mit Migrationswahrscheinlichkeiten zwischen den Ratingklassen ermittelt.[1539] Letztere werden regelmäßig für einen Zeitraum von einem Jahr ermittelt. Über Migrationsmatrizen werden darauf aufbauend mehrjährige Ausfallwahrscheinlichkeiten berechnet.[1540] Unter Annahme der Gültigkeit der Markov-Eigenschaft der 1-Jahres-Matrix wird diese n-fach potenziert.[1541] Aus der kumulativen Ausfallwahrscheinlichkeit bis zum 2. Jahr, kann durch Subtraktion der Ausfallwahrscheinlichkeit des 1. Jahres die marginale Ausfallrate des 2. Jahres berechnet

---

1538 Vgl. dazu die Ausführungen in Kapitel D.4.5.4.1.1.

1539 Bei der Ermittlung der Ausfallraten auf Basis historischer Daten wird das Ausfallereignis als erstmalige Bildung einer Einzelwertberichtigung im Jahresabschluss der Kreditgenossenschaft definiert.

1540 Vgl. zur Methodik auch *BVR* (2003b), Kapitel 2.1, S. 51 f.

1541 Die Markov-Eigenschaft besagt, dass die Wanderungswahrscheinlichkeit eines Jahres unabhängig von der der jeweiligen Vorjahre ist. Vgl. *Kroon, G.* (2009), S. 40 sowie die dort genannte Literatur. Markov-Ketten werden auch in Kundenmigrationsmodellen verwendet. Vgl. z. B. *Beeser, A. J.* (2003) oder *Homburg,C./Steiner, V. V/Totzek, D.* (2009), S. 70 ff.

werden. Unterjährige Ausfallraten lassen sich mittels linearer Interpolation ermitteln.[1542]

Die kumulierten ausstehenden Forderungen der Kreditgenossenschaft gegenüber dem Firmenkunden werden als Kreditäquivalent bezeichnet.[1543] Bedingt durch die Sicherheitenstellung des Firmenkunden ist jedoch nicht das Kreditäquivalent selbst maßgeblich zur Berechnung der Standardrisikoprämie, sondern es ist um den Wert der Sicherheiten zu korrigieren. Der Quotient aus Sicherheitenwert und Kreditäquivalent ist die Besicherungsquote[1544] oder Rückflussquote[1545]. Wird diese Quote von 1 subtrahiert, resultiert die erwartete Verlustquote. Wird die Verlustquote mit dem Kreditäquivalent mit der zum Zeitpunkt des Ausfalls erwarteten Ausfallwahrscheinlichkeit multipliziert, ergibt sich der Ausfallschaden für die Periode t. Die barwertige Betrachtung über den gesamten relevanten Zeitraum ist die Basis zur Ermittlung der Standardrisikoprämie.

Unerwartete Verluste werden nicht über die vereinnahmten Risikoprämien getragen, sondern über das sog. Risikokapital ausgeglichen. Die Höhe des zu hinterlegenden Eigenkapitals wird mittels des in Abbildung 52 dargestellten formalen Zusammenhangs berechnet. Die auf das zu hinterlegende Eigenkapital zu entrichtende Zielrendite wird institutsindividuell festgelegt[1546] und in der Deckungsbeitragskalkulation als Kostengröße berücksichtigt. Wie die Ausführungen verdeutlichen, kann die konkrete Integration dieser Risikodimension in die Metrik als bankleistungsbezogene Kostengröße erfolgen.[1547] Analog zu den bankleistungsbezogenen Prozesskosten (Standardstückkosten) können die Standardrisikoprämie und die Eigenkapitalkosten über verschiedene Alternativen in die Metrik integriert werden.[1548] Auch für diese Größen soll für den weiteren Verlauf angenommen werden, dass sie Gegenstand des Bewertungsmaßstabs für das Bedarfsvolumen sind.[1549]

[1542] Vgl. *BVR* (2003b), Kapitel 2.1, S. 52.

[1543] Zu den Kreditäquivalenten zählen die Nominalvolumina der Aktivgeschäfte sowie die dazu gehörigen Zinserträge. Vgl. *BVR* (2003b), Kapitel 2.1. Das Kreditäquivalent ist in der barwertigen Betrachtung der Barwert der noch ausstehenden periodischen Tilgungen und Zinszahlungen in der restlichen vertraglich definierten oder fiktiv angenommenen Laufzeit der aktivischen Bankleistung.

[1544] Vgl. *Böhm, A.* (1999), S. 223.

[1545] Vgl. *BVR* (2003b), Kapitel 2.1, S. 49 sowie die Abbildung 51.

[1546] Vgl. *BVR* (2002b), S. 29. STRÄTER legt seinen Berechnungen z. B. eine Zielrendite von 15 Prozent zugrunde. Vgl. *Sträter, J.* (2005), S. 123.

[1547] Sie können auch als kalkulatorische Wagniskosten bezeichnet werden. Vgl. *Baumeister, A.* (2003), S. 223.

[1548] Vgl. dazu die Ausführungen in Kapitel D.5.2.2.1.

[1549] Es sei darauf hingewiesen, dass sich die formale Darstellung um die risikobezogenen Komponenten reduziert, wenn die Bewertung des Bedarfspotenzials respektive des Be-

Neben der kalkulatorischen Wirkung hat das mit dem Kreditrisiko bezeichnete Ausfallrisiko eine weitere Implikation für die kapitalwertbasierte Kundenwertmessung. Im Falle eines Ausfalls eines Kunden in einer Periode *t* können die in den Perioden *t+1* bis *T* prognostizierten Erfolgsbeiträge des Kunden aufgrund des Ausfallereignisses des Kunden nicht mehr realisiert werden, da damit die Kundenbeziehung wie sie der Kundenbewertung zugrunde lag, in der Periode *t* beendet wird.[1550] Das bedeutet, dass es neben der Kundenbindung noch eine weitere Einflussgröße gibt, die ursächlich für die Beendigung einer der Bewertung zugrunde gelegten Geschäftsbeziehung sein kann.[1551] Wird begründet angenommen, dass die beiden Ereignisse „Abwanderung" und „Kreditausfall" als Beendigungsgrund nicht gemeinsam auftreten können, so ist die Wahrscheinlichkeit dieses kombinierten Ereignisses gleich Null.[1552] Für die übrigen drei Ereignisse bzw. Ereigniskombinationen lassen sich die Wahrscheinlichkeiten anhand einer Vierfeldertafel ableiten.[1553]

Tabelle 24: Vierfeldertafel mit Wahrscheinlichkeiten der Ereignisse 1 bis 4[1554]

	Ausfall	**Kein Ausfall**	**Σ**
Abwanderung	*Ereignis 1* W(Abw.∩Ausf.) = 0	*Ereignis 2* W(Abw.∩K. Ausf.) = (1-*b*)	W(Abw.) = (1-*b*)
Keine Abwanderung	*Ereignis 3* W(K. Abw.∩Ausf.) = ε	*Ereignis 4* W(K. Abw.∩K. Ausf.) = $b-\varepsilon$	W(Keine Abw.) = *b*
Σ	W(Ausf.) = ε	W(Kein Ausf.) = (1-ε)	**100 %**

darfsvolumens mittels einer entsprechenden Deckungsbeitragsgröße vorgenommen wird.

1550 Vgl. *Böhm, A.* (1999), S. 224.

1551 Es ist zwar zu berücksichtigen, dass mit dieser Situation nicht zwingend die Folge verbunden sein muss, dass alle mit dem Firmenkunden verbundenen Kundenbeziehungen zur Kreditgenossenschaft beendet sind. So ist es durchaus wahrscheinlich, dass Privatkunden noch Kunden der Bank bleiben oder auch das das Unternehmen selbst noch Kunde der Bank bleibt. In diesen Fällen ist jedoch eine so gravierende Veränderung der Geschäftsbeziehungscharakteristika (z. B. in Form geänderter Inhaber/Gesellschafter oder eine Überführung in die Problemkreditbetreuung) zu beobachten, dass eine Neubetrachtung der einzelnen Kundenbeziehungen geboten ist.

1552 Vgl. auch *Böhm, A.* (1999), S. 274. Diese Annahme entspricht der grundsätzlichen Annahme der "Lost-for-Good"-Modelle auf der einen Seite und der Annahme des Kreditrisikos als die Struktur einer Geschäftsbeziehung veränderndes Ereignis auf der anderen Seite.

1553 Vgl. *Böhm, A.* (1999), S. 274 f.; *Bleymüller, J./Gehlert, G./Gülicher, H.* (1998), S. 30.

1554 Eigene Darstellung.

Auf Basis der vorgehenden Ausführungen berechnet sich der periodenübergreifende monetäre Kundenwert unter Berücksichtigung des Kreditrisikos wie folgt:

$$KW_c^{mnKR} = \sum_{t=1}^{T}\left(\frac{\left(BGP''_{c,t}+EP''_{c,t}+CSP''_{c,t}-kPK_{c,t}-KP_{c,t}\right)\cdot\left(b_{c,t}-\varepsilon_{c,t}\right)}{\left(1+i_t\right)^t}\right) \qquad [D.28]$$

mit:

KW_c^{mnKR}: Monetärer periodenübergreifender Kundenwert unter Berücksichtigung des Kreditrisikos

$BGP''_{c,t}$: Unter Berücksichtigung von bankleistungsbezogenen Prozesskosten (Standardstückkosten) und Kreditrisikokosten bewertetes Basisgeschäftspotenzial eines Kunden *c* in der Periode *t*

$EP''_{c,t}$: Unter Berücksichtigung von bankleistungsbezogenen Prozesskosten (Standardstückkosten) und Kreditrisikokosten bewertetes Entwicklungspotenzial eines Kunden *c* in der Periode *t*

$CSP''_{c,t}$: Unter Berücksichtigung von bankleistungsbezogenen Prozesskosten (Standardstückkosten) und Kreditrisikokosten bewertetes Cross-Selling-Potenzial eines Kunden *c* in der Periode *t*

$\varepsilon_{c,t}$: Ausfallwahrscheinlichkeit des Kunden *c* in der Periode *t*

i_t: Periodisch differenzierter Diskontierungsfaktor

In Abgrenzung zum Ausfallrisiko, das analog wie das Risiko der Kundenabwanderung auf den Kundenwert wirkt, stellt das noch zu integrierende Planungsrisiko auf die Unsicherheit hinsichtlich der Höhe der Kundenwerttreiber ab. Gleichwohl sind diese Risiken abhängig voneinander. Die Frage nach der Höhe der Kundenwerttreiber erfolgt unter der Bedingung, dass der Kunde nicht abwandert oder ausfällt. Im Falle der Abwanderung oder des Ausfalls sind die Kundenwerttreiber der nachfolgenden Perioden annahmegemäß gleich Null.

Wie die Ausführungen in Kapitel D.4.5.4.1.1 deutlich machen, ist die Bewertung einer Kundenbeziehung auf Basis zukunftsgerichteter Größen mit Unwägbarkeiten verbunden. Läge Sicherheit[1555] über die künftige Höhe der relevanten Kundenwerttreiber vor, kann eine deterministische, d. h. einwertige Messung vorgenommen werden. Es ist jedoch begründet davon auszugehen, dass bei der Messung von Kundenwerten die Ausprägungen der Kundenwerttreiber nur

1555 (Entscheidungs-)Situationen bei Sicherheit sind dadurch gekennzeichnet, dass für jede Aktion der Realisationsgrad der verfolgten Zielgrößen eindeutig feststeht. Vgl. zu Entscheidungen bei Sicherheit z. B. *Berens, W./Delfmann, W.* (2002), S. 59 ff.

unter Unsicherheit[1556] geschätzt werden können. In diesen Fällen ist eine stochastische, d. h. mehrwertige Betrachtung unter Berücksichtigung von Eintrittswahrscheinlichkeiten sinnvoll.[1557] Dies wird in der Metrik darüber berücksichtigt, dass für alle prognostizierten Größen Erwartungswerte angesetzt werden.[1558] Um Redundanzen in der Darstellung zu vermeiden, soll eine explizite formale Abbildung nicht vorgenommen werden. Wird der so ermittelte Erwartungswert des monetären Kundenwerts als Entscheidungsgrundlage verwendet, impliziert dies, dass von einem risikoneutralen Entscheider ausgegangen wird, der die Streuung der mehrwertigen Ergebnisse nicht berücksichtigt.[1559] Kreditgenossenschaften gelten jedoch als (leicht) risikoavers.[1560] D. h., aus Sicht der Kreditgenossenschaft dürfte bei gleichem Erwartungswert ein Firmenkunde mit geringem Planungsrisiko einen höheren Kundenwert haben als ein Kunde mit einem hohen Planungsrisiko.[1561]

Die Abbildung dieser Risikopräferenz kann über zwei Vorgehensweisen erfolgen:[1562] Mittels der Sicherheitsäquivalentmethode oder mittels eines Risikozuschlags auf den Diskontierungsfaktor. Bei der Sicherheitsäquivalentmethode werden die Kundenwerttreiber adjustiert, um der mit ihnen verbundenen Unsicherheit Rechnung zu tragen. Das Sicherheitsäquivalent ist der sichere Betrag, welcher dem unsicheren Betrag, d. h. der Wahrscheinlichkeitsverteilung der Ausprägungen der Kundenwerttreiber, aus Sicht eines risikoaversen Entscheiders gleichgesetzt wird.[1563] Mittels der Lage- und Streuungsparameter der Wahrscheinlichkeitsverteilungen lässt sich die Risikostruktur der betrachteten Größe transparent machen. Das Sicherheitsäquivalent wird wie folgt bestimmt:[1564]

1556 Unsicherheit beschreibt die Tatsache, dass die künftige Entwicklung nicht gewiss ist und somit verschiedene Umweltentwicklungen bestehen, deren Eintrittswahrscheinlichkeit unbekannt ist. Können Wahrscheinlichkeiten für die einzelnen Umweltentwicklungen angegeben werden, so dies als Risiko beschrieben. Vgl. *Berens, W./Delfmann, W.* (2002), S. 66 und S. 72.

1557 Vgl. *Stüker, D.* (2008), S. 216.

1558 Vgl. *Schroeder, N.* (2006), S. 57 f. Vgl. für die Prognose der kundenwertrelevanten Einflussfaktoren als Gegenstand des kundenwertorientierten Vertriebssystems die Ausführungen in Kapitel E.1.

1559 Vgl. *Schroeder, N.* (2006), S. 57; *Berens, W./Delfmann, W.* (2002), S. 74.

1560 Vgl. *Buzziol, S.* (2004), S 17.

1561 Vgl. *Stahl, H. K./Matzler, K./Hinterhuber, H. H.* (2006), S. 230; *Srivastava, R. K./Shervani, T. A./Fahey, L.* (1997), S. 51.

1562 Vgl. hier und nachfolgend *Schmöller, P.* (2001), S. 159 sowie die dort angegebene Literatur.

1563 Vgl. *Stüker, D.* (2008), S. 185; *Perridon, L./Steiner, M.* (1999), S. 15.

1564 GLEIßNER unterstellt für das Umsatzrisiko, das dem Basisgeschäftspotenzial gleichzusetzen möglich ist, eine Normalverteilung, während er für das Cross-Selling-Potenzial

$$SÄ[KWT_t] = \mu[KWT_t] - RA_t \quad \text{[D.29]}$$

mit:

$SÄ[KWT_t]$: Sicherheitsäquivalent für einen Kundenwerttreiber in der Periode t

$\mu[KWT_t]$: Erwartungswert der Verteilung der Ausprägungen der Kundenwerttreiber in der Periode t

RA_t: Subjektiver Risikoabschlag in der Periode t

Das Sicherheitsäquivalent ist die durch Risikoeinstellung des Entscheiders geprägt. Um die Sicherheitsäquivalente zu bestimmen, bedarf es eines Entscheidungskriteriums, dass den Anforderungen der Eindeutigkeit, Konsistenz sowie der Umsetzbarkeit und Wirtschaftlichkeit gerecht wird.[1565] STÜKER schlägt dazu das μ-σ-Prinzip für den Kontext der Kundenbewertung vor. Für den Einsatz im Rahmen der vorliegenden Metrik sind zunächst die Ausprägungen der Kundenwerttreiber unter Berücksichtigung der Kundenbindungsrate zu ermitteln, um erst Erwartungswert und Standardabweichung zu ermitteln und dann das Sicherheitsäquivalent. Bei der Nutzung der Sicherheitsäquivalentmethode erfolgt die Diskontierung mittels des risikolosen Zinssatzes.

Bei der Risikozuschlagsmethode wird der Diskontierungsfaktor zur Bezugsgröße der Risikopräferenz. Um einen risikoadjustierten Diskontierungsfaktor abzuleiten, wird im Schrifttum häufig auf das hier bereits ausgeschlossene CAPM verwiesen. Alternativ dazu werden qualitative Risikobewertungsmodelle diskutiert, die die kundenindividuellen Planungsrisikofaktoren berücksichtigen können.[1566] In Abhängigkeit der kundenindividuellen Ausprägungen der Risikofaktoren werden Risikoauf- oder -abschläge auf den Diskontierungsfaktor berechnet. Da als Diskontierungsfaktor hier der risikolose Zins ausgewählt wurde, sind nur Risikoaufschläge zu berücksichtigen.[1567] Der Risikoaufschlag wird häufig mittels eines Scoringmodells ermittelt.[1568] Als Risikoeinflussfaktoren lassen sich z. B. die Entwicklung der Vorsteuerungsgrößen der bankleistungsbezogenen Nachfrage des Firmenkunden, dessen Fähigkeit diese für das eigene Unternehmen umzusetzen sowie das Ausmaß an Sicherheit, mit dem diese Entwick-

eine digitale Verteilung annimmt. Vgl. *Gleißner, W.* (2005), S. 429. Neben stetigen Wahrscheinlichkeiten sind auch diskrete Wahrscheinlichkeitsverteilungen hinreichend leistungsfähig, um die Risikostruktur transparent zu machen. Vgl. *Stüker, D.* (2008), S. 76. Vgl. dazu auch das Beispiel in *Grob, H. L.* (1999), S. 428 ff.

1565 Vgl. hier und nachfolgend *Stüker, D.* (2008), S. 77 ff. und 219 ff.

1566 Vgl. z. B. *Tewes, M.* (2003), S. 281 ff.; *Ryals, L.* (2003), S. 169 f.

1567 In der Argumentation von TEWES wird auf die Marktrendite als Ausgangsgröße rekurriert. Vgl. *Tewes, M.* (2003), S. 282.

1568 Vgl. *Fischer, T./von der Decken, T.* (2001), S. 319.

lungen aus Sicht der Bank prognostiziert werden können, nutzen. Die Ermittlung von planungsrisikobezogenen Faktoren nach dieser Vorgehensweise ist schnell und einfach durchführbar und fällt als Quasi-Kuppelprodukt der Kundenwertprognosetätigkeiten der Bank an. Aufgrund der Kritik der methodeninhärenten Subjektivität und der für die Kundenwertmessung noch weitgehend ungeklärten methodisch richtigen Herangehensweise kommen GELBRICH/ MÜLLER jedoch zu dem Ergebnis, dass in diesem Kontext „die Frage nach dem [risikoadjustierten; Erg. d. Verf.] Diskontierungszinssatz großen Spielraum zur Manipulation lässt.“[1569]

HOGAN ET AL. weisen darauf hin, dass bei Nutzung der Kundenbindungsrate das Risiko einer Kundenabwanderung berücksichtigt wird und daher nicht zusätzlich im risikoadjustierten Diskontierungsfaktor erfasst werden darf.[1570] STÜKER führt dies zu der Aussage, dass die Sicherheitsäquivalentmethode im Fall der im Zähler der Metrik berücksichtigten Kundenbindungsrate der Risikozuschlagsmethode überlegen ist, da eine separate Berücksichtigung des Abwanderungsrisikos und des Planungsrisikos erfolgen kann.[1571] Weitere Vorteile der Sicherheitsäquivalentmethode sieht er darin, dass mit diesem Verfahren auf das für die Prognose der Kundenwerte vorhandene Wissen aufgebaut wird und keine zusätzlichen Daten beschafft werden müssen. Er trifft dabei die Annahme, dass die Risikozuschlagsmethode auf Basis des CAPM erfolgt.[1572] Bei einem alternativen Vorgehen, wie es das qualitative Risikobewertungsmodell darstellt, ist ebenfalls eine getrennte Berücksichtigung möglich. Zudem kann mit diesem Vorgehen der Diskontierungsfaktor einfach an die kundenindividuellen Planungsrisiken angepasst werden. In diesen Fällen ist jedoch auf eine strikte Trennung der Risikoarten zu achten. Zudem sollten nach EBERLING nur diejenigen Risiken über den Diskontierungsfaktor abgebildet werden, die einen symmetrischen Einfluss auf die Ausprägungen der Kundenwerttreiber haben.[1573] Da die Risikozuschlagsmethode über den Diskontierungsfaktor zwar subjektiv, jedoch im praktischen Einsatz leichter vermittel- und durchführbar sein dürfte, ist dieses Verfahren bei der Kundenbewertung der Firmenkunden in Kreditgenossenschaften zu empfehlen. Die Verfahrensschwächen sollte sich der Bewerter je-

---

1569 *Gelbrich, K./Müller, S.* (2006), S. 472.

1570 Vgl. *Hogan, J. E. et al.* (2002), S. 31.

1571 Vgl. hier und nachfolgend *Stüker, D.* (2008), S. 223.

1572 In diesem Fall lassen sich die kundenindividuellen Beta-Faktoren hinsichtlich des berücksichtigten Risikos nicht differenzieren.

1573 Vgl. *Eberling, G.* (2002), S. 190. Ein asymmetrisches Risiko ist z. B. das Ausfallrisiko, da nur eine Verschlechterung der Situation möglich ist.

doch stets vergegenwärtigen.[1574] Für die Metrik wird vereinfachend kein periodenspezifischer Risikozuschlag unterstellt:

$$KW_c^m = \sum_{t=1}^{T} \left(\frac{\left(BGP''_{c,t} + EP''_{c,t} + CSP''_{c,t} - kPK_{c,t} - KP_{c,t}\right) \cdot \left(b_{c,t} - \varepsilon_{c,t}\right)}{\left(1 + i_t + z_c\right)^t} \right) \qquad [D.30]$$

mit:

KW_c^m: Monetärer periodenübergreifender Kundenwert unter Berücksichtigung der Risikodimension

z_c: Risikozuschlag für den Kunden c

Zur Plausibilitätskontrolle lässt sich der ermittelte Risikozuschlag in ein entsprechendes Sicherheitsäquivalent umwandeln.[1575] Es ist zu fordern, dass das mit dem risikolosen Zins diskontierte Sicherheitsäquivalent dem Erwartungswert der betrachteten Größe, die mit dem risikoadjustierten Zinssatz diskontiert wird, betragsmäßig entspricht.

Der Beitrag einer Kundenbeziehung zur Kreditrisikostruktur des Kreditinstituts, der als beziehungsübergreifender Kundenwerttreiber der Risikodimension in Kapitel D.4.5.4.2 beschrieben wurde, wird nicht in die Messung des monetären Kundenwerts integriert. Denn die entscheidungsbezogene Würdigung dieses Kundenwerttreibers kann nur auf Basis der gesamthaften Betrachtung des Portfolios erfolgen. Dieser übergeordnete Kundenwerttreiber, der konträre Entscheidungen zu Ergebnissen der Messung des Kundenwerts bedingen kann, soll im Kontext der Vertriebsplanung berücksichtigt werden.[1576]

5.2.3 Festlegung des Messzeitraums

Werden Kunden mit dem oben hergeleiteten kapitalwertbasierten Modell bewertet, so zwingt dies dazu, den Messzeitraum T festzulegen. MÖDRITSCHER fordert zwar, dass die dynamische Berechnung anhand eines abgrenzbaren, plausiblen Handlungszeitraums erfolgt.[1577] Die Auseinandersetzung mit dem für die Messung des monetären Kundenwerts relevanten Zeitraum erfolgt im Schrifttum jedoch nur rudimentär und die Festlegung desselbigen sehr unterschiedlich. Werden die einzelnen Alternativen klassifiziert, kann zwischen steuerungstheoretisch ausgewählten Zeiträumen und Zeiträumen mit Bezug zur Kundenbezie-

---

[1574] Vgl. *Stüker, D.* (2008), S. 226.

[1575] Vgl. dazu ausführlich *Tewes, M.* (2003), S. 282 ff. sowie *Stüker, D.* (2008), S. 226 sowie die jeweils angegebene Literatur.

[1576] Vgl. dazu die Ausführungen in Kapitel E.2.

[1577] *Mödritscher, G. J.* (2007), S. 284.

hungsdauer unterschieden werden. Beiden liegt eine prospektive Betrachtung zugrunde.[1578]

Bei steuerungstheoretischen Zeiträumen wird die erwartete Beziehungsdauer zum Kunden nicht berücksichtigt. Es kann argumentiert werden, dass der Messzeitraum dem Zeitraum des Planungshorizonts entsprechen sollte.[1579] Dies begründet sich damit, dass der Kundenwert als Entscheidungsgrundlage für den Planungshorizont dient und somit dazu zeitlich kongruent auszugestalten ist. Nach BERGER/NASR ist die Auswahl des Messzeitraums branchenabhängig.[1580] Für das Marketing zeigen die Ergebnisse von REINECKE/REIBSTEIN, dass der durchschnittliche Planungshorizont der befragten Unternehmen bei 3,6 Jahren liegt.[1581] In der kreditgenossenschaftlichen Praxis beträgt der Planungshorizont im Vertrieb der Firmenkundenbank häufig nur ein Jahr. Die mittlere Kundenbeziehungsdauer im Firmenkundengeschäft liegt jedoch deutlich darüber.[1582] Wird der Messzeitraum für den Kundenwert so definiert, kann die Kundenbeziehungsdauer zu einem Kunden länger oder kürzer sein als dieser Messzeitraum. Im Falle einer längeren Kundenbeziehungsdauer wird von dem abgeschnittenen, hinter dem Messzeitraum liegenden Zeitraum abstrahiert. Dessen ggf. gewichtiger Einfluss auf den Kundenwert bleibt unberücksichtigt.[1583] Damit würden Maßnahmen fundiert, die erst nach Ende des Planungshorizonts wertvolle Kunden nicht hinreichend würdigen und somit Fehlentscheidungen implizieren. Gleichwohl werden in vielen Anwendungsfällen in der Literatur diese Messzeiträume genutzt.[1584]

Die Festlegung des Messzeitraums mit Bezug zur Kundenbeziehungsdauer erfolgt in der Literatur ebenfalls uneinheitlich. HELM/GÜNTER nutzen „die durchschnittliche Dauer einer Geschäftsbeziehung“[1585]. Andere Autoren gehen

---

1578 Vgl. dazu auch die Ausführungen in Kapitel D.1.2.4.2.

1579 Vgl. z. B. *Venkatesan, R./Kumar, V.* (2004), S. 108.

1580 Vgl. *Berger, P. D./Nasr, N. I.* (1998), S. 21.

1581 Vgl. *Reinecke, S./Reibstein, D. J.* (2002), S. 20.

1582 Etwa drei Viertel der befragten Unternehmen in der Studie von PAUL/PAUL/STEIN gaben an, seit mehr als 10 Jahren mit der Hausbank eine Geschäftsbeziehung zu haben. Und fast jedes zweite Unternehmen hat seit mehr als 25 Jahren eine Bankbeziehung zur Hausbank. Vgl. *Paul, M./Paul, S./Stein, S.* (2003), S. 5. Die Studie der KPMG bestätigt dies auch für Unternehmen bis 5 Mio. EUR Jahresumsatz. Danach haben fast zwei Drittel der befragten Unternehmen eine seit mehr als 10 Jahren andauernde Geschäftsbeziehung. Vgl. *KMPG* (2009), S. 10 f.

1583 Vgl. *Adam, D.* (2000), S. 40.

1584 Vgl. *Reinartz, W. J./Krafft, M.* (2001), S. 1269 berechnen Kundenwerte für einen Zeitraum von 24 Monaten.

1585 *Helm, S./Günter, B.* (2006), S. 22. Ähnlich auch *Meyer, M./Shaffu, N.* (2007), S. 57.

von der kundenindividuellen Dauer der Geschäftsbeziehung aus.[1586] Vor dem Hintergrund der Beziehungsorientierung sollte der Kundenwert über die gesamte erwartete Kundenbeziehungsdauer betrachtet werden.[1587] Dabei besteht das Problem, dass mit zunehmendem Messzeitraum, das Prognoserisiko steigt.[1588] Daher wird im Schrifttum für die Bewertung des Kundenstamms eine aus der Unternehmensbewertung zweigeteilte zeitliche Messung vorgeschlagen.[1589] Neben einer detaillierten Planungsphase, die der Dauer der Vertriebs- oder Marketingstrategie entspricht, wird ein Restwert für einen unendlichen Zeitraum (ewige Rente) angenommen.[1590] Während bei Privatkunden nicht von einer unendlichen Lebensdauer als Voraussetzung dieses Vorgehens ausgegangen werden kann, kann für das Business-to-Business-Geschäft die Möglichkeit eines solchen Vorgehens als theoretisch möglich betrachtet werden.[1591] Zentrale Annahme ist, das Unternehmen nicht zwingend aufhören müssen zu existieren.[1592] Die Definition von Firmenkunden als Kundenverbünde aus privaten und juristischen Personen und die Einzelkundenbetrachtung[1593] stehen diesem Vorgehen jedoch konträr gegenüber.[1594] Dennoch scheint dieses Vorgehen ein akzeptabler Kompromiss zu sein, um zeitlich vertikale Abhängigkeiten in der Messung des Kundenwerts zu berücksichtigen. Besondere Aufmerksamkeit ist dann dem Restwert zu widmen.[1595] In der Unternehmensbewertung kann der Restwert ein Veräußerungswert, ein Liquidationswert oder eine unendliche Rente mit oder ohne Ver-

---

1586 Vgl. z. B. *Schröder, N.* (2006), S. 48; *Hempelmann, B./Lürwer, M.* (2003), S. 357; *Pelzl, U.* (2006), S. 11; *Barth, W.* (2009), o. S.

1587 Vgl. *Bruhn, M. et al.* (2000), S. 169 sowie die dort angegebene Literatur.

1588 Vgl. *Mulhern, F. J.* (1999), S. 29; *Rehbach, S.* (2003), S. 41. Das Prognoserisiko sinkt jedoch, je höher der Diskontierungsfaktor ist, da dadurch der Einfluss der später anfallenden Erfolgsbeiträge sinkt.

1589 Vgl. *Barth, K./Wille, K.* (2000), S. 36; *Reiners, J. O.* (2004), S. 43 f.; *Wiesel, T./Skiera, B.* (2007), S. 712.

1590 So z. B. *Homburg, C./Steiner, V. V./Totzek, D.* (2009), S. 79 ff., die einen für einen Zeitraum von 4 Jahren für jedes Jahr detailliert planen und für den danach liegenden, unendlichen Zeitraum eine ewige Rente unterstellen. Vgl. auch *Schmöller, P.* (2001), S. 157 ff.

1591 Vgl. *Schmöller, P.* (2001), S. 158.

1592 Vgl. *Reiners, J. O.* (2004), S. 43.

1593 Im Gegensatz Einzelkundenbetrachtung können bei der Betrachtung des gesamten Kundenstamms kompensatorische Effekte in der Art angenommen werden, dass im Prognosezeitraum beendete Kundenbeziehungen durch neue Kundenbeziehungen kompensiert werden.

1594 Vgl. dazu die Ausführungen in Kapitel C.2.2.4 sowie Kapitel D.1.2.4.3.

1595 Vgl. *Barth, K./Wille, K.* (2000), S. 36.

änderung sein.[1596] Da der Veräußerungs- und der Liquidationswert als Optionen für die Kundenbewertung irrelevant sind, soll von einer ewigen Rente ausgegangen werden. In wieweit diese Veränderungen unterworfen ist, ist kundenindividuell zu entscheiden. So ist z. B. bei jungen Unternehmen eher mit einem Wachstum der ewigen Rente als bei etablierten Unternehmen zu rechnen. Weiterhin ist festzulegen, wie mit der Kundenbindungsrate und der Ausfallwahrscheinlichkeit bei diesem Vorgehen umgegangen werden soll (siehe Formel [D.30]). Zunächst ist festzustellen, dass die Verwendung einer ewigen Rente von diesen Größen konzeptionell abstrahiert, wenn der Zähler der letzten Periode für die Berechnung der ewigen Rente herangezogen wird.[1597] Wird bei der Herleitung der Kundenbindungsrate unterstellt, dass sich diese modellendogen als exponentielles Produkt über die Zeit ergibt,[1598] so ist zu beachten, dass die Kundenbindungsrate mit zunehmender Dauer in Richtung des Wertes Null konvergiert. Für die Ausfallwahrscheinlichkeit hingegen liegt eine Abhängigkeit von den zugrundeliegenden Migrationsmatrizen vor, so dass die Entwicklung mit zunehmender Dauer unbestimmt ist. Es erscheint vor diesem Hintergrund plausibel, diese beiden Größen modellexogen vorzugeben. Problematisch ist, einen konkreten Wert festzulegen, der das Ergebnis der Berechnung nicht (zu stark) verzerrt.

Vor dem Hintergrund der genannten Argumente für und wider die einzelnen Vorgehensweisen muss konstatiert werden, dass eine allgemein- und endgültige Empfehlung nicht vorgenommen werden kann. „Typically the length-of-time-period decision should be made based on the time-related aspects of customer lifetime, interpurchase times, and an organization's planning cycle."[1599] Für die Vertriebssteuerung ist es jedoch sinnvoll, bei der Kundenwertermittlung von einem zweigeteilten Messzeitraum auszugehen, der eine detaillierte Detailplanung und eine ewige Rente aufweist. Hinsichtlich der Verzerrungsproblematik ist mittels Sensitivitätsanalysen zu ermitteln, wie stark der Einfluss variierender Größen der Kundenbindungsrate und der Ausfallwahrscheinlichkeit auf die Entscheidungen der Vertriebssteuerung sind, so dass mindestens Transparenz über deren Einflüsse besteht, wenn sie schon nicht ausgeschlossen werden können.

5.3 Messung des nicht-monetären Kundenteilwerts

Im vorhergehenden Kapitel D.5.2 wurde ein Messinstrument entwickelt, in dem die ihrer Natur nach monetären Kundenwerttreiber berücksichtigt werden. Wie

---

1596 Vgl. *Stüker, D.* (2008), S. 84.

1597 Vgl. *Reiners, J. O.* (2004), S. 43.

1598 Mathematisch formuliert bedeutet dies $r_1 = 0{,}8$ und $r_2 = r_1 \cdot r_1 = 0{,}8 \cdot 0{,}8 = 0{,}64$.

1599 *Mulhern, F. J.* (1999), S. 29.

bereits die Ausführungen zu den ihrem Wesen nach nicht-monetären Kundenwerttreiber – also dem Informations-, dem Referenz- und dem Member Value-Potenzial – verdeutlichen, ist eine monetäre Messung dieser Größen nur schwierig bis gar nicht möglich. Es entspräche zwar teilweise den formulierten Anforderungen an die Kundenwertmodellierung,[1600] widerspräche aber dem überzuordnenden Ziel der Arbeit, wenn nun Ansätze beschrieben würden, die eine monetäre Messung dieser Kundenwerttreiber unterstützen. Denn der Forschungsstand im Allgemeinen und im Bankenkontext im Speziellen ist noch zu gering, als dass hier auf hinreichend ausgearbeitete und praktikable Verfahren rekurriert werden könnte. Für diesen als Bewertungsdefekt zu charakterisierenden Strukturdefekt des Kundenwertmodells schlägt ADAM vor, eine sachgerechte Transformation des defekten Ausgangsproblems in nicht defekte Teilprobleme zu überführen.[1601] Aus diesem Grund wird eine monetäre Messung dieser Kundenwerttreiber nicht vorgenommen. Als geeignete Alternative im Kontext der Kundenbewertung wurden bereits Punktbewertungsverfahren genannt und in Wissenschaft und Praxis verwendet. Dieses Instrument ist die Grundlage der folgenden Ausführungen zur Messung des nicht-monetären Kundenwerts.

5.3.1 Grundlegendes Punktbewertungsverfahren

Punktbewertungsverfahren, auch als Scoringmodelle bezeichnet, werden in der Kundenbewertung aufgrund ihrer breiten Anwendbarkeit auch bei differierenden Messskalen und Heterogenität der Inputgrößen, d. h. der Kundenwerttreiber oft eingesetzt. FOEHN hat ein Scoringmodell entwickelt, mit dem der Wert eines Kunden im Private Banking gemessen werden kann.[1602] RADDAO hat ein Scoringmodell entworfen, um Firmenkunden zu beurteilen.[1603] Scoringmodelle dienen dazu, „die Wertschätzung einer Alternative im Hinblick auf alle relevanten Bewertungskriterien durch inhaltlich nicht interpretierbare und damit gegenseitig aufrechenbare Punktwerte zum Ausdruck zu bringen.“[1604] Das grundlegende eindimensionale Scoringmodell lässt sich formal wie folgt darstellen:[1605]

1600 So wurde in Kapitel D.4.2.3 die Anforderung benannt, dass die Kundenwertmodellierung eine grenznutzenorientierte Einzelbewertung unterstützt. Dieser Anforderung wird die nicht-monetäre Messung einzelner Kundenwerttreiber nicht gerecht. Dieselbe Aussage gilt für die Anforderungen der zutreffenden Ergebnisinformation und der integrierten Ergebnisrechnung.

1601 Vgl. *Adam, D.* (1996), S. 15.

1602 Vgl. *Foehn, P.* (2006), S. 115 ff.

1603 Vgl. *Raddao, N.* (2009), S. 29 ff.

1604 *Diller, H.* (1998), S. 253.

1605 Vgl. *Adam, D.* (1996), S. 413.

$$GS_c = \sum_{m=1}^{M} S_{cm} \cdot GF_m \qquad [D.31]$$

mit:

GS_c: Gesamtscore des Kunden c

S_{cm}: Score des Kunden c bei der Eigenschaft m

GF_m: Gewichtungsfaktor der Eigenschaft m

m: Index der Eigenschaften bzw. Bewertungskriterien im Punktbewertungsverfahren

Wie Formel [D.31] verdeutlicht, sind Scoringmodelle grundsätzlich einfach strukturierte, jedoch differenzierbare Bewertungsverfahren.[1606] Beim Aufbau eines Punktbewertungsverfahrens werden zunächst die relevanten Bewertungskriterien ausgewählt und die Messskala festgelegt. Anschließend werden den Bewertungskriterien Bedeutungsgewichte zugewiesen, die der Bedeutung des jeweiligen Kriteriums im Bewertungszusammenhang entsprechen. In einem weiteren Schritt wird das Verfahren für die Wertsynthese der Produkte aus Messwert und Gewicht je Bewertungskriterium festgelegt. Auf Basis dieser Struktur werden dann für die Bewertungskriterien die Messwerte für die Bewertungsobjekte erfasst und Gesamtpunktwerte je Bewertungsobjekt ermittelt.

Kritisiert wird an den Scoringmodellen, dass sie zahlreichen subjektiven Einflüssen unterliegen und eine für die Abbildung der Realität inadäquate lineare Modellstruktur aufweisen.[1607] Diese Schwäche kann partiell kompensiert werden, wenn bei Aufbau und Anwendung eines Scoringmodells darauf geachtet wird, sich am Rationalitätsbegriff nach WEBER zu orientieren. Dieser definiert „Rationalität als herrschende Meinung von Fachleuten hinsichtlich einer bestimmten Zweck-Mittel-Situation“[1608]. Damit verbundene Bedingungen sind, dass die Fachleute als solche anerkannt werden (das dürfte z. B. bei erfahrenen Firmenkundenberatern der Fall sein) und dass es die Möglichkeit und Fähigkeit eines offenen Diskurses bei unterschiedlichen Meinungen gibt, der ein konsen-

---

1606 Vgl. *Helm, S./Günter, B.* (2006), S. 17; *Adam, D.* (1996), S. 412 f.

1607 Insbesondere die Auswahl der Bewertungskriterien, deren Gewichtung sowie die konkrete Bewertung eines Merkmalsträgers unterliegen häufig der Subjektivität. Vgl. *Gelbrich, K./Müller, S.* (2006), S. 479 f.; *Stüker, D.* (2008), S. 61 f.; *Barth, W./Wille, K.* (2000), S. 25 und S. 29. Darüber hinaus kritisiert ADAM, dass statt der Realität die empfundene Differenz zwischen einer subjektiv wahrgenommenen Realität und einer subjektiven, nicht explizierten Idealvorstellung des Bewertenden gemessen wird. Vgl. *Adam, D.* (1996), S. 83.

1608 *Weber, J.* (2004), S. 51.

suales Ergebnis liefern kann.[1609] Die enge Orientierung an diesem Rationalitätsbegriff würde nur zu einem wirtschaftlichen Messmodell führen. Gemeint ist mit Orientierung, dass der Definitionskern, der sich darin zeigt, dass die herrschende und konsensuale Meinung von einer Gruppe von Fachleuten als Fixpunkt sinnvollen Verhaltens verstanden werden kann, einer stark subjektiven Modellbildung entgegen wirken kann.

Weiterhin wird eine Genauigkeit der metrischen Ergebnisse, die der Operationalisierung nicht entspricht, kritisiert.[1610] Es resultiert keine absolute Vorziehenswürdigkeit, sondern nur eine relative in Form eines Ranking.[1611] Dies unterscheidet die Kundenbewertung mit Punktbewertungsverfahren von der Bewertung mit monetären Verfahren. Wird im vorliegenden Anwendungskontext ein Scoringmodell verwendet, impliziert dies, dass von den Zielen der Gesamtbanksteuerung hinsichtlich ihrer Dimensionalität abgewichen wird und die formalanalytische Verknüpfung von Gesamtbank- und Vertriebszielen nicht erreicht werden kann.[1612] Gleichwohl ist zu konstatieren, dass sich Punktbewertungsverfahren in ihrer Ausbaubarkeit inhaltlich zu den Gesamtbankzielen konsistent ausgestalten lassen. Aus diesem Grund sind sie grundsätzlich auch für die Messung von Kunden(teil)werten geeignet.

Weiterhin werden ein etwaiger Skalenwechsel nach unten, der zu einem Informationsverlust führt, sowie die additive Verknüpfung, die aufgrund ihrer methodeinhärenten Kompensationsmöglichkeit von Merkmalsausprägungen zu unsinnigen Ergebnissen führen kann, kritisiert.[1613] Die Kompensationsgefahr kann reduziert werden, wenn z. B. Mindestwerte für zentrale Kriterien definiert werden. Werden diese nicht erreicht, gilt ein Kunde als unattraktiv bzw. das Bewertungskriterium wird negativ beurteilt.[1614] Dies gilt z. B. dann, wenn der Kunde negativ über die Kreditgenossenschaft spricht, woraus ein negatives Referenzpotenzial resultiert.

[1609] Vgl. *Weber, J.* (2004), S. 51. WEBER weist in seiner weiteren Argumentation darauf hin, dass Rationalität verstanden als herrschende Meinung in Wissenschaft und Praxis weit verbreitet ist. Dennoch sind auch hier Irrtümer vorbehalten, und zwar immer dann, wenn Paradigmenwechsel aus individuellen Leistungen resultieren. Schwierig ist jedoch, dass diese nicht ex ante erkannt werden können.

[1610] Vgl. *Gelbrich, K./Müller, S.* (2006), S. 480.

[1611] Vgl. *Stüker, D.* (2008), S. 61; *Stanger, M.* (2007), S. 28; *Adam, D.* (1996), S. 82.

[1612] So ist z. B. das Ziel der Vermögenswertsteigerung für eine Kreditgenossenschaft, das anhand eines in Euro gemessenen Zielwerts definiert ist, nicht mit einem Kundenscore zu verknüpfen, der per definitionem dimensionslos ist.

[1613] Vgl. *Gleißner, W.* (2005), S. 410.

[1614] Vgl. *Tewes, M.* (2003), S. 147.

Diesen Nachteilen stehen einige gewichtige Vorteile gegenüber, die dazu führen, dass Kundenscoringmodelle in der Praxis eine weite Verbreitung haben.[1615] Dazu zählen ihre Einfachheit sowie die frei bestimmbare Anzahl von Bewertungskriterien und Dimensionen.[1616] Weiterhin sind Scoringmodelle aufgrund ihrer leichten Erfassbarkeit aussagekräftige Diskussionsgrundlagen, die zu „einer kritischen Auseinandersetzung mit unternehmerischen Erfolgsfaktoren“[1617] führen. Im Gegensatz zu der impliziten Berücksichtigung dieser Faktoren[1618] in der Kundenbewertung haben Punktbewertungsverfahren den Vorteil, dass die Faktoren expliziert[1619] und deren Einbeziehung intersubjektiv nachvollziehbar wird.[1620]

5.3.2 Punktwertbasiertes Kundenwertmessmodell für das Firmenkundengeschäft der Kreditgenossenschaften

Der erste Schritt beim Aufbau eines punktwertbasierten Messmodells ist die Auswahl der Bewertungskriterien. Diese resultieren aus dem hergeleiteten Kundenwertmodell und sind das Informations-, das Referenz- sowie das Member Value-Potenzial. Diese können als drei Dimensionen eines mehrdimensionalen Punktbewertungsverfahrens genutzt werden, denen jeweils ein Bedeutungsgewicht zugeordnet werden kann. Wird keine dimensionsspezifische Gewichtung vorgenommen, so gelten die Dimensionen als gleichgewichtig aus Sicht des Kreditinstituts. Für die genannten drei Dimensionen sind anschließend die konkreten Bewertungskriterien festzulegen, die unabhängig voneinander sein müssen. Weitere Anforderungen sind, dass die Bewertungskriterien mindestens ordinal skaliert sind und deren Messung intersubjektiv nachprüfbar ist.[1621] Für die einzelnen Bewertungskriterien können die Bedeutungsgewichte festgelegt wer-

1615 In einer älteren, branchenübergreifenden Studie von HARNISCHFEGER gaben etwa 36 Prozent der Befragten an, ein Kundenscoringmodell zu nutzen; und etwa 64 Prozent planten ein derartiges Modell einzusetzen. Vgl. *Harnischfeger, U.* (1996), S. 20.

1616 Vgl. *Helm, S./Günter, B.* (2006), S. 17; *Gelbrich, K./Müller, S.* (2006), S. 479.

1617 *Barth, W./Wille, K.* (2000), S. 29.

1618 So formuliert KRAFFT: „Qualitative Aspekte wie bspw. das Referenzpotenzial [...] werden bewusst vernachlässigt [...]. Diese nicht unmittelbar monetären Erwägungen fließen nach Kenntnis des Verfassers bei konkreten Fragestellungen aber ohnehin in die Entscheidung von Managern und Kundenbetreuern ein und wirken somit als Korrektiv der [...] ökonomischen Entscheidungshilfen.“ *Krafft, M.* (2007), S. 201.

1619 Postuliert wird dieses Vorgehen auch von *Schmöller, P.* (2001), S. 176 f., *Hoberg, P.* (2007), S. 1248.

1620 Vgl. *Rieker, S.* (1995), S. 69 sowie die dort angegebene Literatur.

1621 Vgl. *Adam, D.* (1996), S. 416.

den.[1622] Basierend auf den Ausführungen zum Informationspotenzial in Kapitel D.4.5.3.1.6 lässt sich ein Scoringmodell anhand der in Abbildung 56 gezeigte Struktur aufbauen.

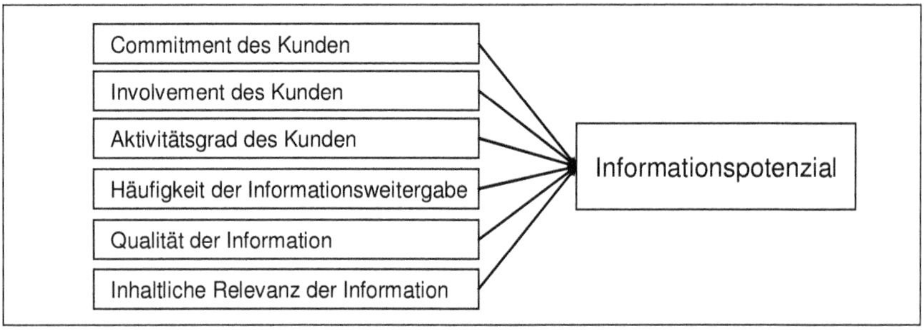

Abbildung 56: Beispielhafte Struktur eines Scoringmodells für das Informationspotenzial[1623]

Analog ist für das Referenzpotenzial vorzugehen, für das sich basierend auf den Ausführungen in Kapitel D.4.5.3.2.1 ein Scoringmodell ableiten lässt, das der in Abbildung 57 dargestellten Struktur entspricht.[1624] Für das Referenzpotenzial ist zu berücksichtigen, dass die Richtung der Referenz, also die Frage ob es sich um eine positive oder negative Äußerung bezüglich der Kreditgenossenschaft handelt ggf. als KO-Kriterium oder als negativwertige Einflussgröße zu berücksichtigen ist. Damit kann beachtet werden, dass ein Kunde, der sich negativ über die Kreditgenossenschaft oder deren Leistungsangebot äußert, gerade keinen Beitrag zur Zielerreichung leistet, sondern sich konträr dazu verhält.

1622 Ein auf Expertenwissen basierendes Verfahren, das konsistente Ergebnisse für die Bedeutungsgewichte liefert beschreibt *Adam, D.* (1996), S. 417 f. Alternativ lassen sich auch multivariate Analyseverfahren wie z. B. das Conjoint Measurement oder die Delphi-Methode nutzen. Letztere wird von SCHMÖLLER in diesem Anwendungskontext empfohlen, „da es sich bei der Bewertung von Kunden zur besseren Objektivierung immer um eine Gruppenentscheidung handeln sollte." *Schmöller, P.* (2001), S. 175.

1623 Eigene Darstellung.

1624 In der Literatur finden sich Modelle, mit denen das Referenzpotenzial auch monetär ermittelt werden kann. Vgl. für eine vergleichende Übersicht und Kritik *Helm, S.* (2003), S. 124 ff. Diese Modelle gehen jedoch von einem im Vergleich zur vorliegenden Arbeit abweichenden Begriff des Referenzpotenzials aus.

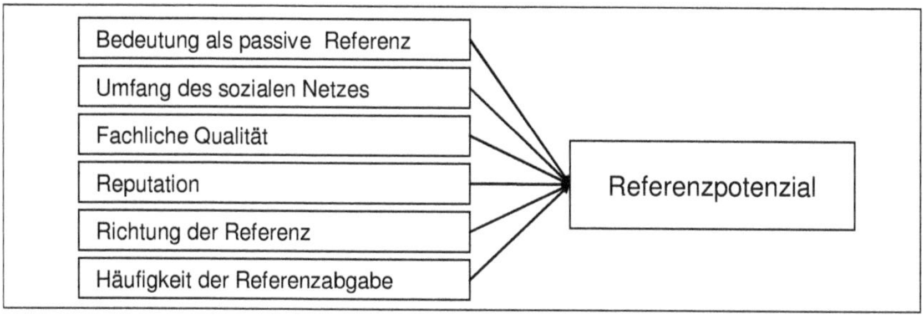

Abbildung 57: Beispielhafte Struktur eines Scoringmodells für das Referenzpotenzial[1625]

Für das Member Value-Potenzial ließe sich vor dem Hintergrund der Ausführungen in KapitelD.4.5.3.2.2 ein beispielhaftes Scoringmodell nutzen, das in Abbildung 58 gezeigt wird.

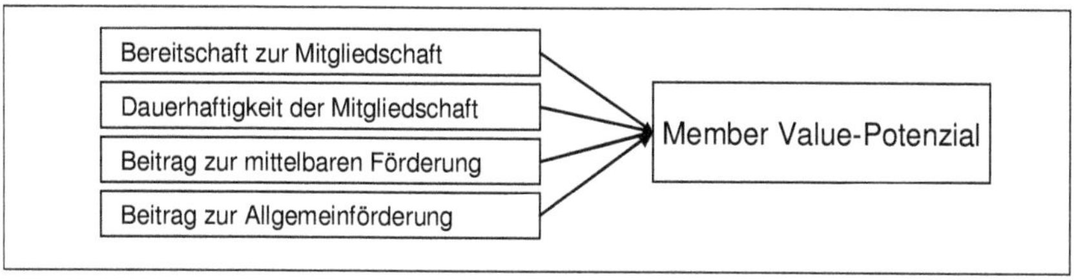

Abbildung 58: Beispielhafte Struktur eines Scoringmodells für das Member Value-Potenzial[1626]

Wichtig ist, gleiche Punktskalen für die Bewertung zu verwenden. Sofern sich die Anzahl der Einflussfaktoren unterscheidet, sind die sich ergebenden Punktwerte zu relativieren.[1627] Liegen für alle drei Kundenwerttreiber Punktwerte vor, ist eine Wertsynthese zu einem Gesamtpunktwert vorzunehmen. Neben der in Formel [D.31] dargestellten additiven gibt es auch die multiplikative sowie die multilineare Aggregation.[1628] Das additive Aggregationsmodell ist das in praxi

1625 Eigene Darstellung.

1626 Eigene Darstellung.

1627 Punktwerte werden relativiert, indem der erreichte Punktwert durch die Anzahl der Bewertungskriterien dividiert wird. Vgl. *Schmöller, P.* (2001), S. 175.

1628 Bei Vorliegen einer messbaren Einzelpräferenzfunktion stellt die additive Aggregation einen Spezialfall der multiplikativen Aggregation und diese wiederum einen Spezialfall der multilinearen Aggregation dar. Alle Syntheseverfahren basieren auf dem additiven

am weitesten verbreitete Syntheseverfahren, das als ausreichend gewertet wird, da es meistens gelingt, die Artenpräferenz durch die intuitive additive Verknüpfung hinreichend genau abzubilden.[1629] RIEKER empfiehlt eine multiplikative Verknüpfung, wenn es essenzielle Bewertungskriterien gibt. Wird die Null als Wert der Messskala berücksichtigt, resultiert über diese Kombination das „Knock-Out-Kriterium".[1630] Dies wäre z. B. Beispiel mit Blick auf das Referenzpotenzial bei einer bekanntermaßen negativen Kommunikation des Kunden sinnvoll. In wie weit dies notwendig ist, ist institutsindividuell zu entscheiden. Für den einfachen Fall, lässt sich der Gesamtpunktwert für den nicht-monetären Kundenwert wie folgt ermitteln:

$$KW_c^{nm} = KTW_c^{IP} \cdot GF_{IP} + KTW_c^{RP} \cdot GF_{RP} + KTW_c^{MVP} \cdot GF_{MVP} \qquad [D.32]$$

$$= \left(\sum_{h=1}^{h} GF_h^{IP} \cdot S_{c,h}^{IP} \right) \cdot GF_{IP} + \left(\sum_{j=1}^{J} GF_j^{RP} \cdot S_{c,j}^{RP} \right) \cdot GF_{RP} + \left(\sum_{l=1}^{L} GF_l^{MVP} \cdot S_{c,l}^{MVP} \right) \cdot GF_{MVP}$$

mit:

$$GF_{IP} + GF_{RP} + GF_{MVP} = 1$$

KW_c^{nm}: Nicht-monetärer Kundenteilwert des Kunden c

KTW_c^{IP}: Kundenteilscore des Kunden c für das Informationspotenzials

GF_{IP}: Gewichtungsfaktor des Kundenteilscores für das Informationspotenzial

KTW_c^{RP}: Kundenteilscore des Kunden c für das Referenzpotenzial

GF_{RP}: Gewichtungsfaktor des Kundenteilscores für das Referenzpotenzial

KTW_c^{MVP}: Kundenteilscore des Kunden c für das Member Value-Potenzial

GF_{MVP}: Gewichtungsfaktor des Kundenteilscores für das Member Value-Potenzial

GF_h^{IP}: Gewichtungsfaktor der Eigenschaft h in der Dimension Informationspotenzial

---

Grundansatz der Präferenzaggregation. Vgl. dazu ausführlich *Siebert, J.* (2009), S. 38 ff.

1629 Vgl. *Siebert, J.* (2009), S. 30 und S. 38 sowie die dort angegebene Literatur.

1630 Vgl. *Rieker, S.* (1995), S. 69.

$S_{c,h}^{IP}$: Score des Kunden *c* bei der Eigenschaft *h* in der Dimension Informationspotenzial

GF_j^{RP}: Gewichtungsfaktor der Eigenschaft *j* in der Dimension Referenzpotenzial

$S_{c,j}^{RP}$: Score des Kunden *c* bei der Eigenschaft *j* in der Dimension Referenzpotenzial

GF_l^{MVP}: Gewichtungsfaktor der Eigenschaft *l* in der Dimension Member Value Potenzial

$S_{c,l}^{MVP}$: Score des Kunden *c* bei der Eigenschaft *l* in der Dimension Member Value-Potenzial

h: Index der Eigenschaften des Informationspotenzials

j: Index der Eigenschaften des Referenzpotenzials

l: Index der Eigenschaften des Member Value-Potenzials

Beispielhaft lässt sich der nicht-monetäre Kundenteilwert damit wie folgt bestimmen:

Tabelle 25: Beispielhafte Ermittlung des Gesamtpunktwerts für den nicht-monetären Kundenwert[1631]

Bewertungsdimension	**Gewicht**	**Punktwert**	**Teilscore**
Informationspotenzial	0,3	2,00	$0{,}3 \cdot 2{,}00 = 0{,}60$
Referenzpotenzial	0,4	1,75	$0{,}4 \cdot 1{,}75 = 0{,}70$
Member Value-Potenzial	0,3	1,50	$0{,}3 \cdot 1{,}50 = 0{,}45$
		Nicht-monetärer Kundenwert (Gesamtpunktwert):	**1,75**
		Maximal möglicher Wert:	**3,00**
		Prozentuale Bewertung:	**58,3 %**

Um das Schätzrisiko im Scoringmodell zu berücksichtigen, können statt einwertiger Merkmalsausprägungen auch mehrere Ausprägungen zugelassen werden, so dass in Verbindung mit jeweiligen Eintrittswahrscheinlichkeiten ein Erwartungswert ermittelt werden kann.[1632]

Werden der monetäre und der nicht-monetäre Kundenteilwert auf Basis der hier vorgestellten Metriken ermittelt, so ist darauf hinzuweisen, dass die Berücksichtigung der Dynamik in den beiden Metriken unterschiedlich ist. Während bei dem kapitalwertbasierten Verfahren eine periodenspezifische Betrachtung

---

1631 Eigene Darstellung.

1632 Vgl. *Adam, D.* (1996), S. 413.

für die Zukunft erfolgt, ist das Punktbewertungsverfahren statisch bzw. nicht periodisch differenziert.[1633] Es bildet nicht die zu berücksichtigende Veränderung der Bewertungskriterien im weiteren Verlauf der Kundenbeziehung ab. So wäre es etwa vorstellbar, dass ein Firmenkunde künftig eine exponierte Stellung in einem regionalen Verein oder Verband einnehmen wird. Daraus ließe sich ein positiver Einfluss auf sein Referenzpotenzial ableiten. Grundsätzlich besteht die Möglichkeit, ein mehrperiodisches Scoringmodell zu nutzen. In diesem Fall müsste dann auch der Zeitpräferenz der Entscheider Rechnung getragen werden. In Analogie zur Diskontierung im kapitalwertbasierten Verfahren, wäre auch hier ein Diskontierungsfaktor plausibel herzuleiten. Für das weitere Vorgehen wird von einem periodenunabhängigen nicht-monetären Kundenteilwert ausgegangen.

5.4 Zusammenführung des monetären und des nicht-monetären Kundenteilwerts

Im Ergebnis dieses Abschnitts zur Messung des Kundenwerts liegen zwei auf unterschiedlichen Skalen gemessene Kundenteilwerte vor. Fraglich ist nun, ob und wie diese im Sinne der Steuerungsadäquanz zusammengefasst werden sollten und können.

Die Zusammenführung des monetären und nicht-monetären Kundenwerts in einer Größe dient im Schrifttum vor allem dem Zweck, einen einzelnen übergeordneten kundenbezogenen Entscheidungswert zu erhalten.[1634] Die mit dieser Größe in Zusammenhang stehenden Entscheidungssituationen sind die Selektion werthaltiger Kunden aus Sicht des Anbieterunternehmens sowie darauf aufbauend die Zuordnung von Ressourcen. Darüber hinaus ist es für den vorliegenden Kontext zwingend erforderlich, einen steuerungsadäquaten Entscheidungswert für die Vertriebsplanung, -steuerung und -kontrolle kundenwertgerichteter Maßnahmen zu haben. Denn nur dann ist der gemessene Kundenwert hinreichend, um als Vertriebssteuerungsgröße genutzt zu werden.

Problematisch ist nun vor allem die sinnvolle Verknüpfung des monetären mit dem nicht-monetären Kundenwerts, da „für letzteren Näherungswerte eines in Geldeinheiten ausgedrückten Äquivalents gefunden werden müssen, um eine Gewichtung zu ermitteln."[1635] SCHMÖLLER empfiehlt für die Aggregation der beiden Werte die Verwendung eines Scoringmodells, das um Kundenprofile ergänzt werden soll.[1636] Die Berücksichtigung der Kundenprofile erfolgt mit dem

---

[1633] Vgl. *Tewes, M.* (2003), S. 158.

[1634] Vgl. z. B. *Mengen, A./Metler, A.* (2008), S. 30 ff.

[1635] *Schmöller, P.* (2001), S. 181.

[1636] Vgl. *Schmöller, P.* (2001), S. 181 ff.

Ziel, eine informatorische Grundlage zu haben, um die Kundenwerte transparent darzustellen. Dieses Vorgehen eignet sich zwar gut im Rahmen der Planung, um werttreiberbasierte Maßnahmen zu planen. In Verbindung mit der vermögenswertorientierten Zielsetzung auf Gesamtbankebene führt die dann fehlende Verknüpfbarkeit von Gesamtbank- und Vertriebssteuerung jedoch zu Problemen, die zu fehlender praktischer Akzeptanz dieses Vorgehens führen dürften.

Als Aggregationsverfahren schlägt NAGEL vor, den qualitativen, nichtmonetären Kundenwert als Gewichtungsfaktor für den monetären Kundenwert zu verwenden.[1637] In diesem Fall besteht nicht die Möglichkeit einer kompensatorischen Beziehung zwischen den Kundenteilwerten. Zwar kann einem so gemessenen Kundenwert die Steuerungsadäquanz analog zu anderen monetären Größen zuerkannt werden. Ein etwaiger negativer monetärer Kundenwert eines Kunden, der aufgrund des hohen nicht-monetären Kundenwerts dennoch wertvoll ist, kann bei diesem Vorgehen nicht mehr kompensiert werden.[1638] Damit schränkt dieses Vorgehen den Wertebereich der Entscheidungsgrundlagen unbegründet ein. Aus diesem Grund ist dieses Verfahren abzulehnen.

GELBRICH und GELBRICH/MÜLLER nutzen die Data Envelopement Analysis (DEA), um den aggregierten Kundenwert zu akquirierender Kunden zu messen.[1639] Der aggregierte Kundenwert wird als Effizienzgröße definiert. Die DEA ist ein Verfahren, das auf Basis verschiedener inhaltlicher Spezifikationen der eingehenden Größen (Inputs und Outputs) angewendet werden kann. Sie hat jedoch den Vorteil, dass die Bedeutungsgewichte nicht subjektiv bestimmt, sondern „als Ergebnis eines integrierten mathematischen Verfahrens“[1640] ermittelt werden. Das Ergebnis der DEA ist eine dimensionslose Kennzahl. Damit ist das Problem verbunden, dass eine Verknüpfung mit der vermögenswertorientierten Gesamtbanksteuerung nicht möglich ist. Zudem liegt der vornehmliche Zweck der DEA darin, Handlungsalternativen hinsichtlich ihrer Effizienz zu messen.[1641] Dieser Zweck ist für die Auswahl und Kontrolle von Vertriebsmaßnahmen im Zusammenhang mit der Kundenbewertung interessant, stellt jedoch nur einen Ausschnitt der relevanten Aufgaben der Vertriebssteuerung dar.[1642]

1637 Vgl. *Nagel, D.* (2008), S. 190.

1638 Durch die multiplikative Verknüpfung dieser beiden Größen ist kein kompensierender Vorzeichenwechsel möglich. Dafür kann es passieren, dass ein nicht-intendierter Vorzeichenwechsel resultiert, wenn beide Kundenteilwerte negativ sind.

1639 Vgl. *Gelbrich, K./Müller, S.* (2006), S. 481 f.; *Gelbrich, K.* (2001), S. 95 ff.

1640 *Hagenloch, T.* (2008), S. 1374.

1641 Vgl. *Schneider, N. C.* (2007), S. 101.

1642 Vgl. dazu die Ausführungen in Kapitel B.2.3.2.

RUDOLF-SIPÖTZ nutzt einen dreidimensionalen Vektor, um die von ihr berücksichtigten Kundenteilwerte zu einer Entscheidungsgröße zu aggregieren.[1643] Diesen überführt sie zur besseren Veranschaulichung in ein dreidimensionales Portfoliomodell, einen Kundenkubus. Ihrem Vorgehen liegt die Aussage zugrunde, dass es aus Managementperspektive nicht das Ziel der Kundenbewertung sein kann, „den Kundenwert in einer einzigen Zahl auszudrücken.“[1644] Im Ergebnis resultiert eine über die Ziehung von Grenzwerten im Kundenkubus frei definierbare Vielzahl an ordinalen Kundenrängen. Dieses Vorgehen lässt keine eindeutige Rangreihung der einzelnen Firmenkunden zu. Das Problem der analytischen Verbindung der beiden Kundenteilwerte wird durch grafische Mittel umgangen.[1645] Darin liegt auch der wesentliche Nutzen dieses Vorgehens.[1646] Für die Einzelkundenbetrachtung ist es wenig geeignet, da es eher für die Analyse der Gesamtheit der Kunden ausgerichtet ist,[1647] wodurch der Nutzen dieses Vorgehens eingeschränkt ist.

Es ist zu konstatieren, dass alle genannten Verfahren Schwächen haben, die eine ausschließliche Anwendung wenig zweckmäßig werden lassen. Aus diesem Grund wird für die Konzeption einer kundenwertorientierten Vertriebssteuerung anwendungs- und entscheidungszweckbezogen mit den Kundenteilwerten umgegangen. Statt der Auswahl eines einzelnen Verfahrens bietet dieses Vorgehen die Möglichkeit, die Verfahren entsprechend ihrer Zweckmäßigkeit im Sinne der Aufgaben der Vertriebssteuerung einzusetzen.

5.5 Besonderheiten der Messung des Kundenwerts

In den vorhergehenden Kapiteln wurden für die Messung des Kundenwerts Metriken beschrieben, die aufgrund ihrer konzeptionellen Struktur nur für Bestandskunden auf Einzelkundenebene sinnvoll eingesetzt werden können. Nachfolgend wird ergänzend erläutert, wie die Messung des monetären Kundenwerts für potenzielle Kunden und wie eine kundengruppenbasierte Messung erfolgen kann. Weiterhin wird erläutert, wie die Aggregation der auf Basis unterschiedlicher

---

1643 Während das Kundenwertmodell zwischen dem Markt- und dem Ressourcenpotenzial unterscheidet, differenziert RUDOLF-SIPÖTZ bei der Messung des Kundenwerts zwischen dem gegenwärtigen Marktpotenzial, dem künftigen Marktpotenzial und dem Ressourcenpotenzial. Vgl. hier und nachfolgend *Rudolf-Sipötz, E.* (2001), S. 178 ff.

1644 *Rudolf-Sipötz, E.* (2001), S. 178.

1645 Vgl. *Gelbrich, K./Müller, S.* (2006), S. 476.

1646 Vgl. *Stüker, D.* (2008), S. 66.

1647 Dies bedeutet auch, dass die Anwendung eines Kundenkubus auf einen einzelnen Kunden ohne Aussage ist.

objektbezogener Dimensionen ermittelten Werte auf Gesamtbankebene erfolgen kann.

5.5.1 Messung der Kundenwerte für Nichtkunden

Eine der allgemeinen Anforderungen an Kundenwertmodelle ist, dass diese bezugsgrößenflexibel sein sollen. Das bedeutet, dass sie sich auf aktuelle und potenzielle Kunden gleichermaßen anwenden lassen. Grundsätzlich ist dies mit den vorgestellten Messverfahren möglich, wenngleich Anpassungen im Kundenwertmodell und in der Metrik notwendig sind. Denn aufgrund der fehlenden Historie ist die vorgenommene Differenzierung der Kundenwerttreiber nicht vollumfänglich möglich. Hinsichtlich der Kundenwerttreiber der Ertragsdimension ist festzuhalten, dass die grundlegende bankleistungsbezogene Aufteilung in das Basisgeschäfts-, das Entwicklungs- und das Cross-Selling-Potenzial nicht möglich ist. Statt dieser Differenzierung soll von einem gesamthaften Geschäftspotenzial gesprochen werden. Dabei ist zu beachten, dass im Entwicklungspotenzial das Preispotenzial gegenstandslos ist, wenn davon ausgegangen wird, zu Beginn der Geschäftsbeziehung die Zahlungsbereitschaft des Kunden abzuschöpfen. Wird im Rahmen der Akquisition von einer Penetrationsstrategie ausgegangen, die mit geringen Preisen respektive Gebühren und Zinsen ausgeht, so ist in der dynamischen Betrachtung das Preispotenzial zu berücksichtigen. Ergänzend zu den bereits definierten Kosten sind darüber hinaus auch Kosten für die Kundenbeziehungsanbahnung zu betrachten. Diese sollen für die Bewertung von Nichtkunden als Akquisitionskosten in die Metrik eingehen.[1648]

Bei der Risikodimension bleiben die genannten Kundenwerttreiber erhalten. Es sei jedoch darauf hingewiesen, dass mangels der Anwendbarkeit interner Ratingverfahren wie dem VR-RATING auf alternative Verfahren zur Bestimmung der Ausfallwahrscheinlichkeit sowie der weiteren relevanten Einflussfaktoren für die Standardrisikoprämie und die Eigenkapitalkosten zurückgegriffen werden muss. Hier sind strukturell identische Verfahren zu nutzen, die annähernd identische und verlässliche Ergebnisse liefern wie die Instrumente bei den Bestandskunden, da ansonsten die Vergleichbarkeit der Ergebnisse sowie die darauf aufbauende Rangreihung der Kundenbeziehungen nach ihren Kundenwerten nicht sinnvoll möglich ist.

Mit Blick auf die Beziehungsdimension wurde das Akquisitionspotenzial thematisiert, das sowohl für die Nichtkunden als auch die wiederzugewinnenden

---

[1648] Die Kosten im Zusammenhang mit der Akquisition von Kunden können auch stärker differenziert berücksichtigt werden. So unterscheidet LISSAUTZKI zwischen den Werbekosten, den Kosten des Direktmarketings sowie den Verhandlungs-, Entscheidungs- und Vereinbarungskosten. Vgl. *Lissautzki, M.* (2007), S. 231.

Kunden gilt. In Analogie zur Kundenbindungsrate soll das Akquisitionspotenzial über eine Erfolgswahrscheinlichkeit der vorzunehmenden Akquisitionsbemühungen berücksichtigt werden.[1649]

Werden diese Überlegungen auf die Metrik übertragen, kann der monetäre externe Kundenwert wie folgt gemessen werden:

$$KW_c^m = \sum_{t=1}^{A} \frac{-AK_{c,t}}{(1+i_t+z_c)^t} + \left(\frac{\phi_{c,A} \cdot \left(\sum_{t=A}^{T} \left(\frac{(GGP''_{c,t} - kPK_{c,t} - KP_{c,t}) \cdot (b_{c,t} - \varepsilon_{c,t})}{(1+i_t+z_c)^{t-A}} \right) \right)}{(1+i_t+z_c)^A} \right) \quad [D.33]$$

mit:

$AK_{c,t}$: Akquisitionskosten für den Kunden *c* in der Periode *t*

$GGP''_{c,t}$ Unter Berücksichtigung von bankleistungsbezogenen Prozesskosten (Standardstückkosten) und Risikokosten bewertetes Gesamtgeschäftspotenzial eines Kunden *c* in der Periode *t*

$\phi_{c,A}$: Akquisitionswahrscheinlichkeit für den Kunden *c* in der Periode der erwarteten Akquisition *A (t=A)*

A: Periode der erwarteten Akquisition (t=*A*)

Mit diesem Messmodell können die monetären Kundenwerte der Nichtkunden des numerischen Kundenpotenzials ermittelt werden. Für die Anwendung des Scoringmodells, um den nicht-monetären Kundenteilwert zu messen, sind keine Anpassungen nötig, sofern beim Aufbau des Punktbewertungsverfahrens darauf geachtet wird, dass keine Bewertungskriterien verwendet werden, für die die Daten nur für Bestandskunden vorliegen können.

Eine weitere Besonderheit der Kundenwertmessung ist die kundengruppenbasierte Messung, die Gegenstand des folgenden Kapitels ist.

5.5.2 Kundengruppenbasierte Messung des Kundenwerts

Während die bisherigen Ausführungen und Überlegungen ihr Fundament in der Einzelkundenbetrachtung bzw. der Betrachtung vertriebspolitisch motivierter

---

[1649] Hinsichtlich der Erfolgswahrscheinlichkeit der Akquisitionsbemühungen ließe sich ebenfalls eine in Abhängigkeit des Fortschritts des Anbahnungsprozesses differenzierte Betrachtung vornehmen.

Kundenverbünde haben und als direkte Messung des Kundenwerts bezeichnet werden, wird für die kundengruppenbasierte Messung eine andere Ebene der objektbezogenen Dimension des Kundenwerts betrachtet.[1650]

Die indirekte, kundengruppenbasierte Messung des Kundenwerts ist dann relevant, wenn informationsökonomische Gründe eine Bewertung auf Basis kundenindividueller Informationen ausschließen.[1651] Für SACHENBACHER verdeutlicht bereits der Versuch, die Frage nach der individuellen Kundenentwicklung zu beantworten, dass zukunftsorientierte Kalkulationsmethoden nicht auf kundenindividueller Basis erfolgen können.[1652] Die Unwägbarkeiten je Einzelkundenverbindung seien dafür zu groß. Bei der kundengruppenbasierten Messung von Kundenwerten wird demnach nicht für jeden einzelnen Kunden der Kundenwert gemessen, sondern für eine zweckmäßig zu definierende Gruppe oder ein Segment von Kunden. Dadurch lassen sich einige Vorteile in der Kundenwertorientierung erreichen. Zunächst ist von einem geringeren Prognose- und Schätzaufwand auszugehen. Zudem werden Prognoserisiken auf Ebene des Einzelkunden durch die Bewertung eines größeren Portfolios teilweise oder ganz diversifiziert. Die Bewertung von Kundengruppen und des gesamten Kundenstamms ist daher bspw. bei strategischen Entscheidungen auf Unternehmens- oder Ebene der strategischen Geschäftseinheiten und für Zwecke der kundenwertbasierten Unternehmensbewertung relevant.

Für die kundengruppenbasierte Kundenwertermittlung ist im ersten Schritt der Kundengesamtbestand in homogene Segmente aufzuteilen. Für die jeweiligen Segmente werden im zweiten Schritt die relevanten Kundenwerttreiber ermittelt und darauf aufbauend der Kundenwert berechnet. Für den Kundenwert auf Ebene des einzelnen Kunden wird der Kundenwert der betrachteten Gruppe durch die Anzahl der Kunden in der Gruppe dividiert, so dass eine Durchschnittsgröße resultiert.[1653] Es ist offensichtlich, dass dieses Vorgehen sich nur für den monetären Kundenteilwert eignet.

Den genannten Vorteilen stehen jedoch auch einige Nachteile gegenüber. Werden gemittelte Kundenwerte auf Einzelkundenebene betrachtet, so geht damit ein großer Informationsverlust einher, der insbesondere für die Vertriebssteuerung im Firmenkundenkontext nachteilig sein kann. Denn für die Ableitung von mitarbeiterindividuellen Vertriebszielen auf Basis des monetären Kundenteilwerst dürften diese gemittelten Größen wenig Akzeptanz finden. Zudem

---

1650 Vgl. dazu die Ausführungen in Kapitel D.1.2.4.1.

1651 Vgl. *Hempelmann, B./Lürwer, M.* (2003), S. 339.

1652 Vgl. *Sachenbacher, H. U.* (1990), S. 10.

1653 Ein alternatives Vorgehen liegt darin, direkt mittlere Werte für die einzelnen Kundenwerttreiber zu ermitteln und diese dann mit der Anzahl der Kunden in einer Kundengruppe zu multiplizieren. Vgl. *Hempelmann, B./Lürwer, M.* (2003), S. 340.

führt die Betrachtung von Durchschnittswerten zu Ineffizienzen in der kundenwertbasierten Ressourcenzuordnung, so dass die Gefahr besteht, relativ wertvollen Kunden relativ zu wenig Ressourcen zuzuweisen und relativ wertgeringen Kunden relativ zu viele Ressourcen zuzuweisen. Gerade dies sollte jedoch vermieden werden.

Tendenziell ist aufgrund der genannten Nachteile die kundengruppenbasierte Messung des Kundenwerts für die Vertriebssteuerung im Verständnis dieser Arbeit von nachgelagerter Bedeutung, da strategische Entscheidungen über die Auswahl von strategischen Geschäftsfeldern auf Ebene des Gesamtunternehmens und auf Ebene des der Vertriebspolitik übergeordneten Marketings sind. Dennoch sind kundengruppenbasierte Messungen des monetären Kundenwerts nicht per se abzulehnen. Ihr Einsatz ist zweckmäßig vorzunehmen und kann in begründeten Einzelfällen die Ermittlung eines individuellen monetären Kundenteilwerts ersetzen. Einen dieser Ausnahmefälle stellt etwa die Messung von monetären Kundenteilwerten für Nichtkunden dar. So ließen sich die in Formel [D.33] verwendeten Kundenwerttreiber mittels multivariater Analyseverfahren fundieren und logische Analogieschlüsse für die Bewertung ableiten.

5.5.3 Aggregation der Kundenwerte

Die bisherigen Ausführungen bezogen sich darauf, wie der Wert einer einzelnen Kundenbeziehung oder einer Gruppe von Kunden gemessen werden kann. Die Ausführungen im vorherigen Kapitel machen bereits deutlich, dass die objektbezogene Dimension des Kundenwerts in Abhängigkeit der konkreten Aufgabenstellung der Vertriebssteuerung variiert.[1654] Vor allem für strategische Aufgaben ist die Kenntnis aggregierter Kundenwerte für den gesamten Kundenbestand von zentraler Bedeutung, während für die operative Planung und Vertriebssteuerung Kundenwerte auf Einzelkundenebene relevant sind.

Um aggregierte Kundenwerte zu ermitteln, wird in der Literatur für den monetären Kundenteilwert die Wertadditivität angenommen.[1655] Die Prämisse der Wertadditivität unterstellt, dass sich der aggregierte monetäre Kundenteilwert des gesamten Kundenbestands aus den monetären Kundenteilwerten der einzel-

---

[1654] So auch *Schroeder, N.* (2006), S. 44 f.

[1655] Vgl. z. B. *Blattberg, R. C./Deighton, J.* (1996), S. 137 f.; *Hogan, J. E. et al.* (2002), S. 6 ff.; *Jain, D./Singh, S. S.* (2002), S. 40 f.; *Gupta, S./Lehmann, D. R.* (2003), S. 19 ff.; *Burmann, C.* (2003), S. 122 ff.; *Bauer, H.-H./Hammerschmidt, M.* (2005), S. 338 ff. Die letztgenannten Autoren addieren mit dem Ziel der kundenwertbasierten Unternehmensbewertung sowohl die Bestandskunden als auch die potenziellen Neukunden, um den monetären Kundenteilwert der Kundenbasis zu erhalten.

nen Kundenbeziehungen durch Summation ermitteln lässt.[1656] Ihr liegt die Annahme zugrunde, dass die einzelnen bewerteten Kundenbeziehungen unabhängig voneinander sind, so dass durch die Mischung der Kundenbeziehungen kein zusätzlicher Wert entsteht. Zwar ist diese Annahme kritisch zu sehen, da in Analogie zur Kreditportfoliosteuerung unterschiedliche Mischungen von Kundenbeziehungen mit unterschiedlichen Kundenplanungsrisiken und damit stabilen monetären Kundenteilwerten aus Sicht der Kreditgenossenschaft verbunden sind. Jedoch liegt zum einen in diesem Zusammenhang noch ein erheblicher Forschungsbedarf vor[1657] und zum zweiten sind diese Aspekte von nachgelagerter Bedeutung, da deren Auswirkungen vor allem bei am Markt gehandelten Vermögensgegenständen relevant sind, dies jedoch weder für Geschäftsanteile an Kreditgenossenschaften noch für Kundenbeziehungen gilt. Aus diesen Gründen soll vereinfachend von Wertadditivität ausgegangen werden, so dass sich der Wert des gesamten Kundenbestands aus der Summe der direkt ermittelten monetären Kundenteilwerte der einzelnen Kundenbeziehungen ermitteln lässt.

6 Zusammenfassung und kritische Würdigung der Erkenntnisse

Wie die vorhergehenden Ausführungen zeigen, liegen für die Kundenwertorientierung mannigfaltige Konzeptualisierung- und Operationalisierungsansätze vor. Aufbauend auf einem grundlegenden Verständnis des Begriffs Kundenwert wurde geprüft, ob die Erfolgsvoraussetzungen der Kundenwertorientierung für das Firmenkundengeschäft der Kreditgenossenschaften vorliegen. Dies wurde mit Rekurs auf die Implikationen aus Teil C der Arbeit bestätigt. Besonders das Zusammenspiel von Kundenwertorientierung und genossenschaftlichen Prinzipien musste einer detaillierten Analyse unterworfen werden, um zu prüfen, ob daraus Besonderheiten erwachsen, die zwingend zu berücksichtigen sind und wie ein allgemein gültiges Zielsystem für Kreditgenossenschaften formuliert werden kann. Hier zeigte sich, dass im Mitgliedergeschäft eine unbedingte Übertragung der Kundenwertorientierung wie sie in bisherigen Beiträgen zur Kundenwertforschung vorgenommen wird, nicht möglich ist. Der genossenschaftliche Wesenszweck, die genossenschaftliche Selbstverwaltung und der Rollenpluralismus der Mitgliederkunden führen zu Einflüssen, die zwingend in der Umsetzung der Kundenwertorientierung der Kreditgenossenschaften zu berücksichtigen sind. Anderenfalls würde eine weitere Distanzierung vom kulturellen Kern der Kreditgenossenschaften unterstützt werden, die in einer weiteren

[1656] Vgl. *Breuer, W.* (1997), S. 1148.

[1657] Vgl. *Schroeder, N.* (2006), S. 64 sowie die dort genannte Literatur.

Verkehrung des genossenschaftlichen Förderauftrags, die sich darin zeigt, das der Mitgliedskunde der Kreditgenossenschaft zu nutzen habe und nicht umgekehrt, mündet. Dieses wichtige Ergebnis ist auch für die in Teil E zu entwickelnde Vertriebssteuerungskonzeption zu berücksichtigen.

Weiterhin wurde die Konzeptualisierung und Operationalisierung eines Kundenwertmodells vorgenommen, das sich zweckmäßig an der Situation der Kreditgenossenschaften ausrichtet. Dies war nötig, da bisherige Beiträge, die Kundenwertmodelle entwickelt haben, entweder branchenfremd waren oder den Anforderungen, die an Kundenwertmodelle zu stellen sind, nicht vollumfänglich standhalten konnten. Das in den Kapiteln D.4 und D.5 konzeptualisierte und operationalisierte Kundenwertmodell soll abschließend mittels dieser Anforderungen gewürdigt werden.

Aus Sicht des Ganzheitlichkeitspostulats kann festgestellt werden, dass durch die Betrachtung der drei Dimensionen Beziehung, Ertrag und Risiko sowie der jeweiligen Differenzierung zwischen beziehungsbezogenen und beziehungsübergreifenden Kundenwerttreibern ein ganzheitliches Kundenwertmodell konzeptualisiert wurde. Diejenigen beziehungsübergreifenden Kundenwerttreiber, die fallweise in der Literatur genannt werden, wurden mangels Eindeutigkeit in der kundenbezogen Zuordnung nicht berücksichtigt. Aufgrund des breiten und differenzierten Zielsystems, das der Herleitung des Kundenwertmodells zugrunde liegt, kann konstatiert werden, dass alle relevanten Ziele berücksichtigt wurden. Zudem bieten die verwendeten Metriken aufgrund ihrer Struktur die Möglichkeit, sowohl den anbieterspezifischen Kundenwert als auch den das Kundenwertpotenzial zu messen. Bei letzterem ist jedoch zu berücksichtigen, dass semantisch richtig von einem anbieterspezifischen Kundenwertpotenzial zu sprechen ist. Dies ergibt sich daraus, dass die institutsspezifischen Kostenstrukturen gegenständlich für die Kundenbewertung sind. Weichen die Kostenstrukturen eines dritten Anbieters davon ab, muss er zwingend zu einer abweichenden Einschätzung des Kundenwerts kommen. Das Kundenwertmodell begrenzt die Betrachtung des relevanten Zeitraums auf den prospektiven Kundenwert, was jedoch als zweckadäquat zu beurteilen ist. Aufgrund der Auswahl der Kundenwerttreiber und des einzelkundenbezogenen Vorgehens kann begründet davon ausgegangen werden, dass die Voraussetzungen der interindividuellen Variabilität gegeben sind. Hinreichend ist diese Anforderung jedoch erst erfüllt, wenn die tatsächliche Prognose der Kundenwerttreiberausprägungen von gemittelten oder zu stark standardisierten Werten abstrahiert. Da das Messmodell des monetären Kundenwerts auf einem dynamischen Investitionsrechenverfahren aufbaut, ist der Dynamik bei diesem Kundenteilwert hinreichend Rechnung getragen. Dies gilt jedoch nicht für den mittels eines Punktbewertungsverfahrens gemessenen nicht-monetären Kundenteilwert, da dieser keine dynamische Berechnung ermöglicht. Mit den genannten Anpassungen für die Messung des Kundenwerts auf Ebene der potenziellen Kunden kann die Anforderung der Bezugsgrößenflexibilität als erfüllt bewertet werden. Hinsichtlich des wirtschaftlichen Einsatzes des Kundenwertmodells kann richtigerweise vermutet werden, dass ein größerer Erfassungs- und Prognoseaufwand als im Vergleich zu den diskutierten Modellen und bisherigen Vertriebssteuerungsansätzen zu unterstellen ist. Dieser zusätzliche Aufwand dürfte jedoch durch die höhere Steuerungsadäquanz des operationalisierten Kundenwerts im Kontext der vorhandenen marktstrategischen Ansätze kompensiert werden. Zudem ist die Auseinandersetzung mit dem Kundenwert und dessen Kundenwertreibern kein Selbstzweck,[1658] sondern Teil einer systematischen Auseinandersetzung mit kundenbezogenen Erfolgspotenzialen im Sinne des strategischen Managements.

Aufgrund des sehr differenzierten Ausweises der Erfolgsquellen des Kundenwerts ist aus Sicht der vertriebssteuerungsbezogenen Anforderungen festzustellen, dass das Postulat der Handlungsorientierung erfüllt ist. Für die Anforderung der Operationalität kann dies uneingeschränkt für den monetären Kundenteilwert konstatiert werden. Als problematisch ist dies jedoch für den nicht-monetären Kundenteilwert zu sehen, da dieser nur schwierig als Planungs-, Steuerungs- und Kontrollgröße genutzt werden kann.

Wie schon die Ausführungen zu den Möglichkeiten des Bewertungsmaßstabs zeigen, kann für das Kundenwertmodell eine hinreichende Skalierbarkeit in Abhängigkeit der Möglichkeiten der Kreditgenossenschaft unterstellt werden. Im einfachsten Fall erfolgt die Bewertung auf Ebene der Konditionsbeiträge. Diese Vereinfachung kann ergänzt werden, indem die Kostengrößen nicht betrachtet werden. Dies ist zwar problematisch, da es den Kundenwert Ziel- und Steuerungsgröße verzerrt, aber es ist möglich. Da die gesamte Herleitung des Kundenwertmodells und dessen Messung das Ziel verfolgt, von den Kreditgenossenschaften eingesetzt werden zu können, ist begründet davon auszugehen, dass das Kundenwertmodell adäquat ist. Durch den Rekurs auf die Einzelgeschäftskalkulation werden auch deren Eigenschaften auf den monetären Kundenwert übertragen. Das betrifft die Erfüllung des Postulats der grenznutzenorientierten Einzelbewertung ebenso wie die Einbindung in die Gesamtbanksteuerung. Nicht oder nur zu Teilen erfüllt sind diese beiden Anforderungen durch den nicht-monetären Kundenteilwert. Hier zeigt sich deutlich die Begründetheit der Forderung von STAHL ET AL., die es als vordringlich notwendig absehen Ansätze zur adäquaten Bewertung von nicht-monetären Größen zu entwickeln.[1659]

[1658] Vgl. *Reiners, J. O.* (2004), S. 68.

[1659] Vgl. *Stahl, H. K.* et al. (2009), S. 260.

Aufgrund des inhaltlichen Zielbezugs kann eine tendenzielle Integrationsfähigkeit des nicht-monetären Kundenteilwerts in die Gesamtbanksteuerung vorgenommen werden. In wie weit das entwickelte Kundenwertmodell in den Kreditgenossenschaften akzeptiert wird, kann nicht abschließend beantwortet werden, da eine entsprechende empirische Überprüfung im Rahmen dieser Arbeit nicht vorgenommen werden soll.

Wie in Kapitel A.1 erläutert, setzt sich der Wert einer Kreditgenossenschaft aus dem „Zerschlagungswert" und dem „Potenzialwert" zusammen.[1660] Der „Potenzialwert" wird unter anderem substantiiert durch das hergeleitete Kundenwertmodell. Dieser Gedanke lässt sich mit dem Förderpotenzial *FP* des Member Value zusammenbringen. Denn der „Potenzialwert" ist eine der zentralen Größe, die den Umfang des Förderpotenzials determinieren. Daher kann abschließend ausgeführt werden, dass der firmenkundenspezifische Kundenwert in toto wesentlicher Bestandteil des „Förderpotenzials" im Sinne des Member Value ist.

[1660] Vgl. Kapitel A.1.

E Gestaltungsempfehlungen einer kundenwertorientierten Vertriebssteuerung im Firmenkundengeschäft der Kreditgenossenschaften

Aufbauend auf dem konzeptualisierten und operationalisierten Kundenwertmodell und unter Berücksichtigung der herausgearbeiteten Implikationen aus dem konkreten Anwendungskontext werden in Teil E Gestaltungsempfehlungen einer kundenwertorientierten Vertriebssteuerung erläutert. Dazu wird zunächst der Blick auf das Vertriebsinformationssystem gelegt (Kapitel E.1), das die informatorische Grundlage für den Vertrieb und die Vertriebssteuerung ist. Die explizite Betrachtung des Vertriebsinformationssystems, das originär dem Vertriebscontrolling zuzuordnen ist,[1661] erfolgt, da Kunden- und Kundenwertdaten von essentieller Bedeutung für die kundenwertorientierte Vertriebssteuerung sind, und im Gegensatz zu etablierten Vertriebssteuerungsansätzen nicht ausschließlich aus institutsinternen Quellen generiert werden können. Empirische Studien zeigen, dass die Qualität kundenbezogener Daten in einer Vielzahl von Kreditinstituten mangelhaft ist.[1662] Die Beschaffung der relevanten Informationen wird daher gleichzeitig zum inhaltlichen Gegenstand der Vertriebssteuerung. Anknüpfend an die informatorischen Grundlagen wird die Vertriebssteuerung bestehend aus Vertriebsplanung (Kapitel E.2), Vertriebsplanrealisation (Kapitel E.3) und Überwachung und Sicherung (Kapitel E.4) konzeptionell dargestellt und hinsichtlich ihrer Ausgestaltungsmöglichkeiten diskutiert. Abschließend werden die Ergebnisse zusammengefasst und gewürdigt (Kapitel E.5).

1661 Vgl. zum Zusammenhang von Vertriebssteuerung und -controlling die Ausführungen in Kapitel B.2.2.

1662 Vgl. *Pfeiffer, M./Pirngruber, N./Mährle, C.* (2003), S. 6. So gaben 72 Prozent der in der Studie befragten Institute an, dass ihre Firmenkundendaten fehlerbehaftet sind. Grundlage der Studie sind 44 der 400 größten deutschen Banken. Wenn diese Ergebnisse für die großen Banken gelten, dürften sie auch – ggf. tendenziell verstärkt – für die kleinen und kleineren Kreditgenossenschaften Gültigkeit haben.

1 Kundenwertorientiertes Vertriebsinformationssystem

1.1 Definition des Vertriebsinformationssystems

Die Voraussetzung einer erfolgreichen Vertriebssteuerung ist ein zielgerichtetes Vertriebsinformationssystem, dessen zentrale Aufgabe in der Bereitstellung entscheidungsrelevanter Informationen für das Vertriebsmanagement und die Vertriebsmitarbeiter liegt.[1663] Informationen sind zweckbezogenes, entscheidungsrelevantes Wissen, das dazu dient, zielsetzungsorientiertes Handeln vorzubereiten.[1664] Wissen wird differenziert in explizites und implizites Wissen.[1665] Explizites Wissen ist konkret und auf geeigneten Medien übermittelbar. Implizites Wissen lässt sich nur unvollständig in Worte fassen. Es umfasst kognitive (mentale Modelle von Individuen wie Schemata, Paradigmen und Überzeugungen) und technische Elemente (individuelle Fähig- und Fertigkeiten, die kontextspezifisch zu erfolgreichen Problemlösungen führen). Implizites Wissen ist nur schwer in explizites Wissen wandelbar.

Wie in Kapitel B.2.1 erläutert wurde, ist die Steuerung integraler Bestandteil der Führung, die in die Phasen der Willensbildung und Willensdurchsetzung aufgeteilt wird. Willensbildungsprozesse können intuitiv oder reflexiv erfolgen.[1666] Intuitive Willensbildungsprozesse basieren auf begrenztem und oft implizitem Wissen, während reflexive Willensbildungsprozesse mit explizitem Wissen fundiert werden. Das explizite Wissen wird für spezifische Entscheidungssituationen durch eine gezielte Informationssuche generiert. Entscheidungen, die intuitiv erfolgen, können nur schwer intersubjektiv nachvollzogen und somit kaum bis gar nicht in einen konzeptionellen Steuerungsansatz integriert werden. Vertriebssteuerungshandlungen basieren daher auf explizitem Wissen, dessen Beschaffung, Speicherung, Aufbereitung und Bereitstellung Aufgaben der Vertriebsinformationssysteme sind.[1667] Unter einem Vertriebsinformationssystem wird die planvoll entwickelte und geordnete Gesamtheit von Informationen und Regelungen hinsichtlich der Träger der informatorischen Aufgaben, die Informationswege zwischen ihnen sowie die Methoden und Verfahren der In-

---

[1663] Vgl. *Duderstadt, S.* (2006), S. 9 ff. und S. 39.

[1664] Vgl. *Wittmann, W.* (1959), S. 8 und S. 14.

[1665] Vgl. hier und nachfolgend *Schreyögg, G./Geiger, D.* (2005), S. 434 f. sowie die dort genannte Literatur.

[1666] Vgl. hier und nachfolgend *Tewes, M.* (2003), S. 236 sowie die dort angegebene Literatur.

[1667] Vgl. *Weber, J.* (2004), S. 105.

formationsbeschaffung und -verarbeitung verstanden.[1668] Das Vertriebsinformationssystem ist primär auf den Informationsbedarf der Führungs- und Steuerungsfunktion ausgerichtet, unterstützt jedoch auch die Funktionen des ausführenden Vertriebs.[1669] Das Vertriebsinformationssystem liefert sowohl deskriptive Aussagen (z. B. Anzahl Unternehmen resp. Firmenkunden zzgl. Kundenwert im regionalen Marktgebiet der Kreditgenossenschaft) als auch normative und präskriptive Aussagen (z. B. kundenwertbezogene Bereichs- und Individualziele oder Maßnahmenpläne).[1670]

Aufbauend auf diesem Verständnis des Vertriebsinformationssystems kann zwischen Instrumenten der Informationsbeschaffung, -aufbereitung und -bereitstellung sowie den funktionalen und institutionellen Aspekten des Vertriebsinformationssystems unterschieden werden. Nachfolgend sollen funktionale und instrumentelle Aspekte knapp skizziert werden. Da sich die instrumentellen den funktionellen Aspekten zu- und unterordnen lassen, sollen letztere strukturgebend für die folgenden Ausführungen sein. Um die funktionalen Aspekte zu strukturieren, bietet sich die Gliederung der Aufgaben nach den Stufen des Informationsprozesses an. Dieser gliedert sich in der Literatur in die Stufen der Informationsbeschaffung, Informationsaufbereitung bzw. -verarbeitung, Informationsspeicherung und Informationsübermittlung.[1671]

1.2 Kundenwertorientierte Informationsbeschaffung

1.2.1 Informationsbedarf als Determinante der Informationsbeschaffung

Ausgangspunkt der Informationsbeschaffung ist die Analyse des Informationsbedarfs. Aufgabenorientiert ist der Informationsbedarf definiert als die „Art, Menge und Qualität der Informationsgüter, die ein Informationssubjekt im gegebenen Informationskontext zur Erfüllung einer Aufgabe in einer bestimmten Zeit und innerhalb eines gegebenen Raumgebietes benötigt bzw. braucht."[1672] Spezifiziert auf den konkreten Untersuchungskontext ist der Informationsbedarf definiert als Art, Menge und Qualität der Kundenwertinformationen, die im

---

1668 Vgl. *Diller, H.* (1975), S. 7.

1669 Vgl. *Dauser, A.* (1995), S. 130, der sich in seiner Argumentation auf die institutionellen Aspekte und nicht so wie hier allgemeiner geschehen auf die funktionellen Aspekte bezieht.

1670 Vgl. zur Unterscheidung deskriptiver, präskriptiver und normativer Aussagen *Dauser, A.* (1995), S. 130.

1671 Vgl. *Eberling, G.* (2002), S. 84 sowie die dort angegebene Literatur.

1672 *Szyperski, N.* (1980), Sp. 904.

Rahmen des Vertriebs und der Vertriebssteuerung von den Aufgabenträgern zur Erfüllung ihrer jeweiligen Aufgaben benötigt werden. Der Informationsbedarf wird als objektivierte, intersubjektiv bestimmbare Größe verstanden, die von der Informationsnachfrage des einzelnen Akteurs abweichen kann.[1673] Die Informationsnachfrage ist geprägt durch das Verhalten und die Einstellungen des Aufgabenträgers und kann aufgrund dessen stark vom für die Aufgabenerfüllung notwendigen Informationsbedarf abweichen (Felder 7 und 5 in Abbildung 59). In Abweichungen zwischen Informationsnachfrage und -bedarf sowie dem instrumentell determinierten Informationsangebot und -bedarf liegen Ineffizienzen des Informationssystems begründet. Die Informationsbereitstellung wird ineffizient, wenn Informationen angeboten werden, die für die Erfüllung der Aufgabe nicht von Bedeutung sind (Felder 5 und 6 in Abbildung 59).[1674]

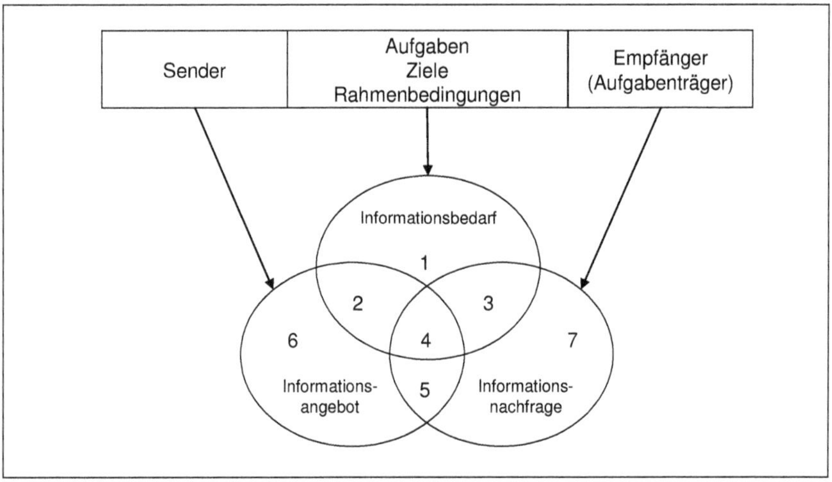

Abbildung 59: Informationsbedarf, -angebot und -nachfrage[1675]

Die Qualität des kundenwertorientierten Vertriebsinformationssystems ist dadurch gekennzeichnet, in wie weit es gelingt, Informationsbedarf, -nachfrage und -angebot des Vertriebs und der Vertriebssteuerung zur Deckung zu bringen (Feld 4 in Abbildung 59). Um zu vermeiden, dass das Informationssystem als

1673 Vgl. *Szyperski, N.* (1980), Sp. 905.

1674 Für eine ausführliche Diskussion der Ineffizienzen hinsichtlich des kundenwertorientierten Informationsbedarfs vgl. *Eberling, G.* (2002), S. 86 ff. Für eine allgemeine Diskussion vgl. *Horváth, P.* (2003), S. 362 f.

1675 *Berthel, J.* (1992), Sp. 875.

Ganzes oder in Teilen ineffizient ist, weil irrelevante Informationen angeboten oder nachgefragt werden, ist der Informationsbedarf hinsichtlich Inhalt und Eigenschaften zu konkretisieren. Die unabhängige Ermittlung des objektivierten Informationsbedarfs soll gewährleisten, dass Informationsineffizienzen nicht vorkommen. Zudem ist sie nötig, um Aufgabenträger auf relevante Informationen und die damit verbundenen Chancen und Risiken hinzuweisen.[1676] Inhaltlich ergibt sich der Informationsbedarf aus den weiter unten diskutierten Determinanten sowie den Aufgaben der Vertriebssteuerung. Um den Informationsbedarf zu konkretisieren reicht es nicht, die Informationsinhalte zu bestimmen, sondern es müssen auch deren relevante Merkmale beschrieben werden. Dazu können folgende Eigenschaftsmerkmale herangezogen werden:[1677]

- Verdichtungsgrad,
- Art,
- Häufigkeit,
- Verwendungszweck,
- Sicherheit,
- Darstellungsform,
- Bedeutung,
- Termindringlichkeit,
- Qualität,
- Kosten und
- Aktualitätsgrad,
- Menge,
- Genauigkeit,
- Zuverlässigkeit,
- Messbarkeit.

Die je Merkmal notwendigen oder angestrebten Ausprägungen der kundenwertorientierten Informationen sollten zwar im Vorfeld des Einsatzes des Kundenwerts als Ziel- und Steuerungsgröße in der Vertriebsplanung formuliert werden, jedoch ist davon auszugehen, dass nur Mindestanforderungen verlässlich formuliert werden können. Nicht zuletzt aufgrund gegebener Budgetbeschränkungen ist zudem anzunehmen, dass die Informationseigenschaften nur in submaximaler Intensität angestrebt werden können.[1678]

1.2.2 Ermittlung des kundenwertorientierten Informationsbedarfs

Die Ermittlung des für ein effektives Vertriebsinformationssystem detaillierten Informationsbedarfs ist kein triviales Problem, da genau spezifiziert werden muss, welche Informationen zu welchen Zwecken benötigt werden. Zudem gilt: „Der Bedarf an Kundenwertinformationen kann in der Realität [.] a priori nicht präzise ermittelt werden."[1679] Denn es ist davon auszugehen, dass der Informationsbedarf zeitlich variant ist. In Abhängigkeit des Fortschreitens der jeweiligen Vertriebs- und insbesondere Vertriebssteuerungsaufgaben, für welche der Informationsbedarf zu ermitteln ist, wird sich dieser erst hinreichend konkretisie-

1676 Vgl. *Eberling, G.* (2002), S. 89.
1677 Vgl. *Horváth, P.* (2003), S. 362 f.
1678 Vgl. *Berthel, J.* (1992), Sp. 874.
1679 *Eberling, G.* (2002), S. 95.

ren.[1680] Aus diesem Grund wird an dieser Stelle keine abschließende Definition des kundenwertorientierten Informationsbedarfs vorgenommen, sondern lediglich eine grobe Struktur vorgestellt.

Grob strukturiert sind drei Schwerpunkte des kundenwertorientierten Informationsbedarfs zu nennen. Erstens die kundenbezogenen, vertrieblich relevanten Rohdaten, die zur Kundenbewertung im Vertriebscontrolling genutzt werden (z. B. Kundenstammdaten, Kundenplanungen, Produktnutzungsdaten).[1681] Ein zweiter Schwerpunkt sind der Kundenwert und die Kundenwerttreiber. Den relevanten Bezugsrahmen stellen die Metriken für den monetären und nichtmonetären Kundenteilwert dar. Die zu den Kundenteilwerten aggregierten und verarbeiteten Rohdaten sind die informatorische Basis der kundenwertorientierten Vertriebssteuerung. Der dritte Schwerpunkt liegt in den aus dem Kundenwert abgeleiteten präskriptiven und normativen Aussagen im Kontext der Vertriebssteuerung. Diese dreiteilige Grobstruktur ist als Grundlage einer systematischen und detaillierten Ermittlung des kundenwertbezogenen Informationsbedarfs zugrunde zu legen. Der konkrete Informationsbedarf ist institutsindividuell und unter Berücksichtigung nachfolgend erläuterter Determinanten zu ermitteln.

Die relevanten Determinanten des Informationsbedarfs sind aufgaben- und subjektbezogen oder ergeben sich aus betrieblichen Rahmenbedingungen.[1682] Aufgabenbezogene Determinanten sind der Aufgabeninhalt und die -ziele, die Handlungsrhythmik und die -ebene sowie die verwendeten Methoden. Der Aufgabeninhalt bestimmt in wesentlicher Weise den kundenwertorientierten Informationsbedarf. Für Planungs- und Steuerungsaufgaben sind bspw. prospektive und für Kontrollaufgaben auch retrospektive Kundenwertinformationen relevant.[1683] Weiterhin hat das Zielsystem einer Aufgabe Einfluss auf den Informationsbedarf. Werden alle Kundenwerttreiber aktiv in Zielbildungsprozessen berücksichtigt, induziert dies einen umfassenderen Informationsbedarf als im Fall von selektiven Zielbildungsprozessen (z. B. nur das Cross-Selling-Potenzial).

[1680] Vgl. *Horváth, P.* (2003), S. 364.

[1681] Vgl. dazu die Ausführungen in Kapitel D.4 und Kapitel D.5.

[1682] Vgl. hier und nachfolgend *Eberling, G.* (2002), S. 91 ff. sowie die dort angegebene Literatur.

[1683] Grundsätzlich können auch für Kontrollaufgaben zum Bewertungsstichtag prospektive Kundenwertinformationen relevant sein. So z. B. in denjenigen Fällen, in denen Maßnahmen zur Entwicklung des prospektiven Kundenwerts initiiert werden. Als Beispiel sei die Steigerung des Loyalitätsgrads des Kunden genannt. Eine Steigerung dieser Größe kann c. p. bei zwei aufeinander folgenden Bewertungszeitpunkten zu steigenden prospektiven Kundenwerten führen.

Abhängig ist der Informationsbedarf auch davon, ob die Kundenwerte in die operative oder die strategische Handlungsebene eingebunden werden sollen.[1684] Während operative Informationen hinreichend exakt und konkretisiert sein müssen, sind strategische Informationen vergleichsweise unbestimmt. Die Handlungsrhythmik korrespondiert mit den Informationseigenschaften der Häufigkeit und Termindringlichkeit und ist eng verbunden mit der Handlungsebene. Werden Aufgaben häufiger durchgeführt, sinkt der Netto-Informationsbedarf (Differenz zwischen Wissensbestand und Informationsbedarf) auf Seiten des Aufgabenträgers. Liegen termindringliche Aufgaben vor, wird der Informationsbedarf mangels zeitlicher Kapazitäten reduziert. Die zur Aufgabenerfüllung verwendeten Methoden führen zu konkreten Anforderungen an den Informationsbedarf. So benötigt etwa die Firmenkundenbewertung anhand eines Scoringmodells andere Informationen als die Berechnung eines kapitalwertbasierten Kundenwerts. In diesem Kontext sei darauf hingewiesen, dass hier die mehrfache Nutzung von Informationen in der Geschäftsbeziehung zum Firmenkunden evident wird.[1685] Neben den Aufgaben des Vertriebs- und der Vertriebssteuerung können in einer erweiterten Betrachtung auch Aufgaben des Risikomanagements betrachtet werden. Denn z. B. für die Nutzung aktiver Instrumente der Portfoliosteuerung der Kreditrisiken, die insbesondere bei Bewertung des beziehungsübergreifenden Kundenwerttreibers der Risikodimension relevant werden können, ist es zwingend notwendig, die für den Sekundärmarkt erforderliche Transparenz über den Kreditnehmer herzustellen. Mangels externen Ratings bei mittelständischen Unternehmen, erfordert dies zwingend den Einsatz der internen Ratingverfahren,[1686] die ebenfalls auf externen Kundendaten aufbauen. Dieser Sachverhalt ist vor allem im Kontext der Informationsbeschaffung relevant, um diese effektiv und effizient auszugestalten.

Hinsichtlich der subjektbezogenen Determinanten des Informationsbedarfs lassen sich der Wissensstand, das Risikoverhalten und das Informationsverhalten des Aufgabenträgers als relevante Einflussfaktoren unterscheiden. Der Wissensstand des Aufgabenträgers bestimmt den (Netto-)Informationsbedarf in wesentlicher Weise. Studien zeigen, dass Experten weniger Informationen zur Lösung eines Problems benötigen als Laien.[1687] So kann ein erfahrener Firmenkundenberater das Wertpotenzial eines Kunden und die Möglichkeiten dieses auszuschöpfen wahrscheinlich besser und mit weniger zusätzlichen Informationen

---

1684 Vgl. hier und nachfolgend *Eberling, G.* (2002), S. 91 ff. sowie die dort angegebene Literatur.

1685 Vgl. dazu die Ausführungen in Kapitel C.2.4.1.3.

1686 Vgl. *Ridder, T.* (2002), S. 22.

1687 Vgl. *Gemünden, H. G.* (1993), S. 1733 f.

einschätzen als ein junger Firmenkundenberater oder vertriebsferner Mitarbeiter der Kreditgenossenschaft. Das Informationsverhalten äußert sich in der Aufnahmefähigkeit und den informationskommunikativen Präferenzen (z. B. bildhafte, textliche oder verbale Informationen) eines Informationsadressaten. Dies muss bei der Informationsbedarfsermittlung ebenfalls berücksichtigt werden. Das Risikoverhalten eines Aufgabenträgers beeinflusst den Informationsbedarf derart, dass risikoaverse Aufgabenträger tendenziell mehr Informationen benötigen als risikofreudige Aufgabenträger.

Die Determinanten, die den betrieblichen Rahmenbedingungen zugeordnet werden, sind die betriebsinternen und -externen Ressourcen sowie etwaige Restriktionen. Insgesamt ermöglichen und beschränken die betrieblichen Rahmenbedingungen die kundenwertorientierten betrieblichen Aktivitäten und beeinflussen dadurch den Informationsbedarf. In Teil C dieser Arbeit wurden die kreditgenossenschaftsspezifischen Kontextfaktoren beschrieben, die in diesem Zusammenhang zu berücksichtigen sind. Zu den betriebsinternen Ressourcen gehören z. B. IT-Systeme (Data-Warehouses, CRM-Systeme) oder Organisationsstrukturen wie Vertriebskonzeptionen, die eine differenzierte und individualisierte Bearbeitung von Kunden ermöglichen und bezwecken und somit den Informationsbedarf an kundenwertorientierten Informationen begründen. Betriebsexterne Ressourcen wie bspw. die weiteren Unternehmen der FinanzGruppe erweitern den Pool an beschaffbaren Kundeninformationen, die in die Bewertung einfließen können, und bedingen zugleich die Informationsbereitstellung (z. B. für die Verbundpartner relevante Komponenten des Basisgeschäfts-, Entwicklungs- oder Cross-Sellings-Potenzials). Schließlich sind auch Restriktionen zu berücksichtigen, die den kundenwertorientierten Informationsbedarf limitieren und ökonomischer (z. B. Budgetbeschränkungen), juristischer (z. B. Datenschutzgesetze)[1688], technischer (z. B. inkompatible Informationssysteme), politischer (z. B. Einflussnahme von Mitgliedern) oder sozialer Art (z. B. Fairness-Prinzipien i. V. m. dem Förderauftrag) sein können.

1.2.3 Quellen kundenwertorientierter Informationen

Ist der relevante Bedarf an Kundenwertinformationen definiert, besteht die zentrale Aufgabe darin, die Informationsbeschaffung zu strukturieren. Ziel der Informationsbeschaffung ist es, effektiv und effizient, die für die Kundenbewertung und kundenwertorientierte Steuerung relevanten Daten aus internen und externen Quellen zu beschaffen.[1689] Ausgangspunkt der Informationsbeschaffung ist die Frage nach dem aktuellen Informationsstand im Unternehmen, an

---

1688 Vgl. dazu ausführlich *Wölfel, J./Denzler, M.* (2008), S. 1 ff.

1689 Vgl. *Stüker, D.* (2008), S. 300.

den sich die zweite Frage nach den Alternativen, die fehlenden Informationen zu beschaffen, anschließt. Diese betrifft sowohl die Quellen der Informationen als auch die Träger der Informationsbeschaffung.[1690] Alternative Informationsquellen lassen sich danach unterscheiden, ob sie institutsintern oder institutsextern sind.[1691] Mit Bezug zum hergeleiteten Kundenwertmodell listet Tabelle 26 exemplarisch und nicht abschließend einige Quellen auf.[1692]

Tabelle 26: Überblick über ausgewählte Informationsquellen[1693]

Interne Quellen	• Interne Datenbanken mit Kundenstammdaten (Kernbankensoftware) • Kosten-Leistungs-Rechnung (Prozesskostenrechnung) • Kontodaten / Produktdaten • Zahlungsverkehrsdaten • Befragung von Mitarbeitern der Kreditgenossenschaft aus Markt und Marktfolge • Daten des gesamten Kundenbestands (Vergleichsgruppenanalysen)
Externe Quellen	• Jahresabschlussdaten (e-bundesanzeiger) • Planungsrechnungen • Vermögensübersichten • Branchenstudien des BVR • Kundenbezogene Daten der Verbundpartner • Firmendatenbanken (HOPPENSTEDT, DAFNE, MARKUS) • Befragung und Selbstauskünfte der Firmenkunden • Kundenbezogene Beobachtungen

Probleme können bei der Informationsbeschaffung auftreten, wenn die aussichtsreichen Beschaffungsquellen nicht bekannt sind, die Beschaffung einer Information nicht möglich ist oder die Beschaffung bestimmter Informationen von den Beteiligten nicht gewollt wird.[1694] Traditionell stehen aus vertriebspolitischer Sicht[1695] vor allem interne Quellen im Fokus. So finden WITTMANN ET AL. in einer empirischen Studie heraus, dass gegenwärtig vor allem interne und

---

1690 Vgl. *Berthel, J.* (1975), S. 59.

1691 Vgl. *Walter, G.* (1996), S. 47 ff.; *Dauser, A.* (1995), S. 140.

1692 Vgl. für eine alternative Übersicht *Segbers, K.* (2007), S. 92 und S. 95. Der Schwerpunkt dieser Übersichten liegt jedoch in der Finanzkommunikation zum Abbau der Informationsasymmetrien, die in Hausbankbeziehungen mit Schwerpunkt im risikotragenden Kreditgeschäft vorliegen.

1693 Eigene Darstellung.

1694 Vgl. *Horváth, P.* (2003), S. 353.

1695 Diese Aussage gilt nicht aus risikopolitischer Sicht. Vgl. dazu *Segbers, K.* (2007), S. 92 und S. 95.

produktbezogene Daten im Vertrieb erfasst und gespeichert werden.[1696] Gleichzeitig moniert BERGHAUS für die Kreditgenossenschaften, dass die Kenntnis über die tatsächliche Produktnutzung zu gering sei, um systematisch Kundenpotenziale auszuschöpfen.[1697] Dazu sind kundenseitige Informationen, z. B. in Form von Aussagen über kontrahierte Finanzdienstleistungen bei anderen Anbietern, zur Vervollständigung des vertrieblich relevanten Informationsstands notwendig, zu berücksichtigen und zu beschaffen.[1698]

Für die Kundenbewertung ist der Kunde als Informationsquelle von herausragender Bedeutung.[1699] Dies begründet sich mit den Ausführungen zum Kundenwertmodell und dessen Ganzheitlichkeit und Zukunftsorientierung. Neben der Notwendigkeit den gesamten latenten und manifesten Finanzdienstleistungsbedarf eines Firmenkunden zu erfassen, besteht die Notwendigkeit, die Entwicklung des bankleistungsbezogenen Bedarfspotenzials einzuschätzen. Es wurde bereits darauf hingewiesen, dass das künftige Bedarfspotenzial eines Firmenkunden wesentlich von dessen Unternehmensentwicklung abhängt.[1700] Diese hängt von den Umfeldentwicklungen sowie der Antizipations- und Adaptionsfähigkeit des Unternehmens mithin der Managementkompetenz im Unternehmen ab. Das Ergebnis aus erwarteter Umfeldentwicklung und Managementkompetenz mündet in der Strategie und Planung des Firmenkunden. Bei kapitalmarktorientierten Unternehmen stellen Informationen zur Strategie und Planung in Teilen öffentliche Informationen dar, die aufgrund von Informationsprozessen des Unternehmens allgemein erhältlich. Bei allen anderen Unternehmen sind diese Informationen proprietär, also private Informationen, die nicht öffentlich verfügbar sind.[1701] Die Majorität der Firmenkunden der Kreditgenossenschaften ist aufgrund der Größe, Rechtsform und den rechtlichen Vorgaben nur in einem vergleichsweise geringem Maße dazu verpflichtet, umfangreiche Informationen

---

1696 Vgl. *Wittmann, G. et al.* (2007), S. 32 und S. 46. In dieser Studie gaben 63 Prozent der Befragten an, (produkt-) nutzungsbezogene Daten zu erheben. Und 44 Prozent gaben an, dass die vorhandenen Kundendaten umfassend, aktuell und verlässlich sind.

1697 Vgl. *Berghaus, U.* (2009), S. 36.; ähnlich auch *Berghaus, U.* (2008), S. 40 ff.

1698 Dies wird auch von HOEKSTRA/HUIZINGH gefordert. Vgl. *Hoekstra, J. C./Huizingh, E.* (1999), S. 264.

1699 Vgl. *Bauer, R. A.* (2000), S. 41.

1700 Vgl. dazu die Ausführungen in D.4.5.3.1.1. Während dies für das Unternehmen als Nukleus des betrachteten Kundenverbunds unstrittig ist, kann dies aufgrund der „Schicksalsgemeinschaft“ zwischen Unternehmen und Unternehmer sowie dessen Familie nur angenommen werden. Diese Annahme soll für diese Argumentation zugrunde gelegt werden. Vgl. zum Begriff der Schicksalsgemeinschaft von Unternehmen und Unternehmer *Hamer, E.* (1987), S. 62 f.

1701 Vgl. *Segbers, K.* (2007), S. 116.

öffentlich zu machen.[1702] Daher müssen die relevanten Informationen durch die Kreditgenossenschaft direkt beim Kunden beschafft werden. Zwar ist der Vertrieb nicht der alleinige Träger der Aufgaben im Sinne der Informationsbeschaffung, jedoch kommt ihm dabei als Schnittstelle zum Kunden eine zentrale Bedeutung, wenn nicht sogar die wichtigste Rolle zu.[1703] Die Forderung WALTERS, der es für Banken als besonders wichtig erachtet, den eigenen Datenbestand zu qualifizieren, d. h. ihn mit weiteren, kundenwertrelevanten Merkmalen zu versehen, stellt daher vor allem eine Anforderung an den institutionellen Vertrieb der Kreditgenossenschaften dar.[1704]

Für die Informationsbeschaffung ist es bei bankexternen und subjektiven Informationen notwendig, die erhaltenen Informationen im Rahmen der bankinternen Informationsprozesse zu evaluieren und zu plausibilisieren.[1705] Daraus resultiert z. B. die Frage, in wie weit die vom Kunden übermittelten Informationen zur Unternehmensplanung aus Sicht der Kreditgenossenschaft als realistisch eingeschätzt werden. Wird als Firmenkunde ein Verbund aus betrieblichen und privaten Kunden betrachtet, so ist neben der zusätzlichen isolierten Betrachtung der privaten Kundenebene auch die Transmission von kundenwertrelevanten Einflussgrößen zwischen der betrieblichen und der privaten Ebene zu berücksichtigen.[1706]

Diesen Überlegungen tragen die Kreditgenossenschaften bereits grundsätzlich Rechnung, da sie mittels zukunftsorientierter Dialoge versuchen, betriebli-

---

1702 Gem. § 325 HGB sind Kapitalgesellschaften und Personenhandelsgesellschaften ohne natürliche Person als persönlich haftendem Gesellschafter dazu verpflichtet ihren Jahresabschluss im elektronischen Bundesanzeiger zu veröffentlichen. Für kleine und mittelgroße Kapitalgesellschaften gem. § 267 HGB gibt es nach §§ 326, 327 HGB reduzierte Offenlegungspflichten. Darüber hinaus sind nach § 241a HGB Einzelkaufleute, die in zwei aufeinanderfolgenden Jahren einen Umsatz von weniger als TEUR 500 haben von den Buchführungspflichten aus §§ 238-241 HGB befreit. Vor dem Hintergrund der in Kapitel C.2.2.3 dargelegten empirischen Kundenstruktur der Kreditgenossenschaften ist begründet davon auszugehen, dass die Möglichkeiten der externen Informationsbeschaffung begrenzt sind.

1703 Vgl. *Bauer, R. A.* (2000), S. 41; *Segbers, K.* (2007), S. 95 f., der den Blick in diesem Zusammenhang auf den Firmenkundenberater als Ausdruck des institutionellen Vertriebs richtet, dessen zentrale Aufgabe in der Plausibilisierung der erfassten Informationen liegt.

1704 Vgl. *Walter, G.* (1996), S. 49.

1705 Vgl. *Segbers, K.* (2007), S. 93.

1706 So sind z. B. positive Cash-flows, die im Unternehmen bleiben, in der Kundenwertermittlung anders zu handhaben als die an die Unternehmenseigner ausgeschütteten Jahresüberschüsse.

che und private bedarfsrelevante Informationen von den Kunden zu erhalten.[1707] Eine institutionalisierte Plausibilisierung der erhaltenen Informationen liegt jedoch, anders als beim risikopolitisch motivierten Informationsbedarf im Kontext der internen Ratingverfahren, nicht vor. Es ist daher zu empfehlen, ein solches, institutionalisiertes Verfahren einzurichten und anzuwenden. Dabei sollte dringend auf den Datenfundus und die Erfahrung Bezug genommen werden, die in der genossenschaftlichen FinanzGruppe an unterschiedlichen Stellen vorliegen. Im gegenwärtigen Vorgehen der Kreditgenossenschaften liegt zudem die Ursache eines möglichen Zirkularitätsproblems, denn die Auswahl der mittels eines zukunftsorientierten Dialogs wie dem VR-FINANZPLAN MITTELSTAND und somit einer ressourcenintensiven Maßnahme zu betreuenden Kunden erfolgt auf Basis von angenommenen Kundenwerten und gleichzeitig zum Zweck der Ermittlung von Kundenwerten. Dieses Problem könnte vermieden werden, indem institutsinterne, vergangenheitsorientierte Inputdaten verwendet werden, um den Kundenwert zu ermitteln. Wie jedoch später noch begründet wird, ist dies im Sinne eines prospektiven Kundenwerts problematisch. Auf das Zirkularitätsproblem wird in Kapitel E.1.2.4 weiter eingegangen.

Eine wichtige Quelle kundenwertrelevanter Informationen sind auch die intern vorliegenden Zahlungsverkehrsdaten, die als Kuppelprodukt der Zahlungsverkehrsabwicklung für den Firmenkunden anfallen. Mittels geeigneter Analysen können hier wichtige Informationen zum Kunden und dessen aktuelle und künftige Bedarfe erhoben werden. Diese Informationen können z. B. in die Ermittlung des Cross-Selling-Potenzials fließen. Zu nennen sind hier bspw. Überweisungen an Drittbanken oder verbundfremde Versicherungs- oder Leasinggesellschaften.[1708]

Die Ausführungen zur Struktur und zum Umfang der FinanzGruppe[1709] machen deutlich, dass aus dem Verbund heraus umfangreiche Möglichkeiten vorliegen, fehlende Kundeninformationen z. B. für die Bewertung von Nichtkunden, zu generieren. Als weitere wichtige Quellen sind daher bank- und verbundinterne Kundenbestandsdaten, die für Längs- und Querschnittsanalysen genutzt werden können, zu nennen.[1710]

1707 Vgl. dazu die Ausführungen in Kapitel C.2.4.1.3 und Kapitel C.2.4.3 zum Thema VR-FINANZPLAN MITTELSTAND.

1708 Beispiele für weitere Potenzialanalysen auf Basis der bankinternen Produktnutzungsdaten finden sich bei *Scheer, O.* (1989), S. 111 ff. und S. 210 ff. Zwar beziehen sich die Beispiele auf das Privatkundengeschäft, sie lassen sich aber mit geringem Aufwand auch auf das Firmenkundengeschäft anpassen.

1709 Vgl. dazu die Ausführungen in Kapitel C.1.2 und Kapitel C.1.4.4.

1710 Vgl. zu den damit verbundenen Möglichkeiten zur kundenbezogenen Analyse *Schulz, B,* (1995), S. 71 ff.

Insgesamt ist davon auszugehen, dass unterschiedliche Informationsquellen den Kenntnisstand der Kreditgenossenschaft zu steigern vermögen. Besondere Bedeutung hat jedoch der Kunde selbst als Quelle zukunftsorientierter kundenwertrelevanter Informationen. In diesem Zusammenhang sei auf das Informationspotenzial des Kunden verwiesen, das direkt mit dieser Aufgabe korrespondiert. Je höher die Bereitschaft eines Kunden ist, Informationen an die Kreditgenossenschaft zu liefern, desto besser ist die Informationslage zu diesem Kunden.

1.2.4 Methoden der Informationsbeschaffung

In der Literatur findet sich eine Vielzahl von Methoden, die der Informationsbeschaffung dienen. Teilweise werden diese Verfahren nicht der Informationsbeschaffung, sondern der Informationsaufbereitung zugeordnet.[1711] Dies begründet sich mit der Entscheidung, an welcher Stelle des Informationsprozesses von Informationen im Sinne der aufgabenbezogenen Definition nach WITTMANN gesprochen wird. Wird in der Informationsbeschaffung nur die Sammlung von Daten verstanden,[1712] sind alle datenverarbeitenden Aktivitäten sowie Prognosen der Informationsaufbereitung zuzuordnen. Werden jedoch auch Prognoseergebnisse als deskriptive Informationen verstanden, so können die Prognoseaktivitäten, d. h. die Verwendung von Prognoseinstrumenten selbst der Informationsbeschaffung zugeordnet werden. Dieses breitere Verständnis wird hier zugrunde gelegt. Folglich sind unter Methoden der Informationsbeschaffung alle Verfahren zu subsumieren, die dazu dienen, kundenwertorientierte Informationen extern und/oder intern zu sammeln und ggf. auf Basis bestehender Daten und/oder Informationen neue zu erzeugen. Dieses breite Verständnis umfasst demnach ebenso die Instrumente, die eingesetzt werden, um Informationen vom Kunden zu erfassen,[1713] sowie Instrumente, um diese Informationen zu verarbeiten und in neue Informationen zu transformieren. Im Fokus der weiteren Ausführungen stehen Methoden, die sich auf den Informationsbedarf des konkreten Kundenwerts und dessen Messansätze beziehen. Der darüber hinausgehende Informationsbedarf aus Sicht der kundenwertorientierten Vertriebssteuerung wird im weiteren Verlauf der Arbeit situativ aufgegriffen.

Vor dem Hintergrund des hergeleiteten Kundenwertmodells und dessen Messansätzen für den monetären und nicht-monetären Kundenteilwert lassen sich eine Vielzahl von Instrumenten finden, Kundenwertinformationen zu be-

---

1711 So z. B. *Stüker, D.* (2008), S. 303 ff.

1712 Daten können in diesem Zusammenhang im Gegensatz zu Informationen als zweckneutrales Wissen definiert werden.

1713 Dazu gehören etwa der Fragenkatalog des Ratings oder die strukturierten Gesprächsleitfäden des VR-FINANZPLAN MITTELSTAND. Vgl. *BVR et al.* (2006).

schaffen.[1714] Ohne auf den in der kundenwertorientierten Literatur hinreichend diskutierten und gewürdigten Katalog en detail einzugehen,[1715] werden besondere Methoden und Aspekte besprochen. Zur Strukturierung bietet es sich an, zwischen dem nicht-monetären und monetären Kundenteilwert zu unterscheiden, sowie bei letzterem eine prozessuale Betrachtung vorzunehmen.

Für den nicht-monetären Kundenteilwert, der mittels eines Punktbewertungsverfahrens gemessen wird, sind die Merkmalsausprägungen der relevanten Bewertungskriterien kundenindividuell zu erheben (z. B. Häufigkeit, Qualität und Inhalt von Informationen). In Abhängigkeit der Art und Messkala der Bewertungskriterien kommen unterschiedliche Verfahren zur Anwendung. Bei einigen der Verfahren ist dazu die Interaktion mit dem Kunden notwendig (z. B. Fragen nach der Größe des sozialen Netzes bei der Beurteilung des Referenzpotenzials) bei anderen Kriterien wiederum kann auf interne Daten zurückgegriffen werden (z. B. dokumentierte Kundenanregungen im Sinne des Informationspotenzials). Ein ausschließlich auf leicht beobachtbaren Merkmalen des Firmenkunden ausgerichtetes Punktbewertungsmodell der so gemessenen Kundenwerttreiber reduziert den Bewertungsaufwand. Weiterhin liegen für einige Kriterien objektive Daten vor, während für andere Bewertungskriterien eine subjektive Einschätzung vorgenommen werden muss. Kritisch ist die Informationsbeschaffung, wenn sie nicht auf objektiver Beobachtbarkeit resultiert, sondern Meinungen und Urteile von Personen zugrunde gelegt werden. In der Auswahl der Methoden der Informationsbeschaffung ist es daher wichtig, Subjektivität weitgehend zu vermeiden. Dazu erscheint es sinnvoll, den Begriff der Subjektivität näher zu betrachten. Subjektivität zeichnet sich durch einen situativen Subjektbezug aus. Das bedeutet, dass die Aussage über einen zu beschreibenden oder zu bewertenden Gegenstand durch die Persönlichkeitsstruktur des Bewertenden geprägt ist. Daraus folgt, dass zwei Personen in äußerlich gleichen Entscheidungs- oder Bewertungssituationen zu unterschiedlichen Ergebnissen kommen können. Das damit verbundene zentrale Problem liegt in der mangelnden Nachvollziehbarkeit der Ergebnisfindung durch Dritte. Eine Verbindung zum Begriff des impliziten Wissens wird an dieser Stelle evident. Im Gegensatz dazu ist Objektivität dadurch gekennzeichnet, dass statt des Subjektbezugs ein ausschließlicher Objektbezug vorliegt und folglich zwei Personen zu gleichen Ergebnissen kommen. Werden die Begriffe Objektivität und Subjektivität als Extrema eines Kontinuums aufgefasst, lässt sich als Punkt zwischen den Extrema die intersub-

---

[1714] Für eine allgemeine Übersicht von Verfahren und Instrumenten, die leicht auf die Kundenwertorientierung übertragen werden können vgl. *Horváth, P.* (2003), S. 380 ff.

[1715] Vgl. dazu ausführlich z. B. *Schulz, B.* (1995), S. 71 ff. und *Eberling, G.* (2002), S. 110 ff.

jektive Nachprüfbarkeit finden. Ein Ergebnis ist intersubjektiv nachprüfbar, wenn zwei Personen unabhängig voneinander basierend auf für die Ergebnisfindung geltenden Vorgaben, Inputs und Methoden zu einem gleichen oder sehr ähnlichen Ergebnis kommen, auch wenn keine objektive Bestimmung möglich ist. Methoden der Informationsbeschaffung für die Messung des nichtmonetären Kundenteilwerts sollen insbesondere dieser Anforderung genügen.

Für den monetären Kundenteilwert lässt sich in allgemeiner Struktur ein mehrstufiges Verfahrensmodell definieren, das als Grundlage der Methodenauswahl genutzt werden kann. Im ersten Schritt ist festzustellen, welche bankleistungsbezogenen Bedarfe auf Seiten des Kunden zu welchen Zeitpunkten vorliegen und welche Volumina (z. B. Kreditvolumen, Zahlungsverkehrsvolumen, Anzahl Firmenkreditkarten) damit verbunden sind. Im zweiten Schritt ist das erkannte Bedarfspotenzial zu bewerten.[1716]

Wie oben erwähnt, ist die originäre Quelle der dafür benötigten Informationen der Kunde selbst. Es wurde bereits im Rahmen der Herleitung der Kundenwertreiber und der relevanten Informationsquellen auf den Umstand hingewiesen, dass die Nachfrage eines Firmenkunden nach Bankleistungen als derivative Nachfrage verstanden werden kann, die von der Unternehmensentwicklung abhängt. Demnach gilt es zunächst über geeignete Kommunikationsprozesse festzustellen, welche Unternehmensentwicklung die Geschäftsleitung des Unternehmens anstrebt. Die Kommunikationsprozesse müssen dabei nicht zwingend persönlicher Art sein, sondern können vor dem Hintergrund der Ausführungen zum Kooperationspotenzial auch auf Basis technologischer Verfahren erfolgen. Die generierten Informationen, die im Wesentlichen Plandaten und strategische Überlegungen des Unternehmens sind, sind mittels geeigneter Verfahren in bankleistungsbezogene Bedarfe zu übersetzen sowie die damit verbundenen Bedarfspotenziale zu schätzen.

Aufgrund der Metrik für den monetären Kundenteilwert ist festzustellen, dass bei der Informationsbeschaffung Instrumente in den Vordergrund rücken, die die Ausprägungen der Kundenwertreiber für die Zukunft dynamisch prognostizieren. Es gibt zwei grundsätzliche Vorgehensweisen, die dazu angewendet werden können. Erstens der Rückgriff auf Daten der Vergangenheit und deren Extrapolation in die Zukunft und zweitens die Prognose künftiger Entwicklungen auf Basis von Indikatoren.[1717] Für die Verwendung von Prognosen, die auf Vergangenheitsdaten basieren, spricht das zentrale Problem der Prognose, das in der richtigen Schätzung der Dauer und des Verlaufes der Kundenbeziehung,

---

[1716] Vgl. zur Bewertung und möglicher Bewertungsmaßstäbe auch die Ausführungen in Kapitel D.5.2.2.1.

[1717] Vgl. *Tewes, M.* (2003), S. 270.

mithin also der gemessenen Ausprägungen der Kundenwerttreiber in der Zukunft liegt.[1718] Jedoch sind sie nicht in der Lage, Diskontinuitäten hinreichend zu verarbeiten.[1719] Wie beispielhafte Anwendungsfälle zeigen, führen schon kleine Variationen der Daten zu massiven Änderungen der Kundenbewertung mit bemerkenswerten Konsequenzen.[1720] MALTHOUSE/BLATTBERG stellen in ihrer Untersuchung zwei Regelmäßigkeiten vor, die dabei bedeutend sind. Erstens die 20/55-Regel, wonach 55 Prozent der tatsächlich 20 wertvollsten Kunden nicht als solche erkannt werden. Und zweitens die 80/15-Regel, die besagt, dass 15 Prozent der tatsächlich durchschnittlich wertvollen Kunden nicht als solche identifiziert werden. Werden auf Basis der fehlerhaften Kundenwerte den Kundenbeziehungen Ressourcen zugeordnet, resultieren folglich erhebliche Ineffizienzen.[1721] BEESER führt für den Bankenkontext aus, dass bei der Bewertung von Bankkunden keine reine Fortschreibung der Vergangenheit erfolgen dürfe, da die Dynamik der Kundenbeziehung im Zeitablauf vom Lebenszyklus abhängt.[1722] Nach ihrer Ansicht bedarf es vielmehr einer differenzierten, auf ökonomischen Überlegungen beruhenden Prognose zukünftiger Kundenwerttreiber.[1723] Zwar bezieht sich diese Aussage auf das Privatkundengeschäft, jedoch dürfte der Lebenszyklus eines Privatkunden vergleichsweise einfacher zu schätzen sein als die Dynamik der Unternehmensentwicklung.[1724] Für den Business-to-Business-Bereich, dem das Firmenkundengeschäft der Banken zuzuordnen ist, bieten sich nach STÜKER als Basis Entwicklungspotenzialanalysen an, die Informationen über die Stellung des Firmenkunden auf seinen Märkten relativ zum Wettbewerb sowie zu den Zukunftschancen dieser Märkte liefern können.[1725] „Calculations should [.] also be based on data concerning future situations, such as purchase intentions or sales potential."[1726]

In Abhängigkeit der berücksichtigten Einflussfaktoren auf die zu prognostizierende Größe wird zwischen Entwicklungs- und Wirkungsprognosen unter-

---

1718 Vgl. *Wimmer, K.* (2009), S. 210; *Mödritscher, G. J.* (2008), S. 205; *Henseler, J./ Hoffmann, T.* (2003), S. 39; *Burmann, C.* (2003), S. 115.

1719 Vgl. *Stüker, D.* (2008), S. 305.

1720 Vgl. *Mödritscher, G. J.* (2008), S. 206 sowie die dort genannte Literatur.

1721 Vgl. *Malthouse, E. C./Blattberg, R. C.* (2005), S. 11.

1722 Vgl. *Beeser, A. J.* (2003), S. 14.

1723 Vgl. *Beeser, A. J.* (2003), S. 47.

1724 So lassen sich für einen Privatkunden Eckpunkte des Lebenszyklus wie z. B. Ausbildung, Berufseinstieg, Heirat, Renteneintritt vergleichweise einfacher definieren und abschätzen als dies bei der Unternehmensentwicklung der Fall ist.

1725 Vgl. *Stüker, D.* (2008), S. 170.

1726 *Hoekstra, J. C./Huizingh, E.* (1999), S. 262.

schieden.[1727] Entwicklungsprognosen zeigen die zu prognostizierenden Größen in Abhängigkeit von Variablen, die das Unternehmen nicht beeinflussen kann. Bezugsgröße dieses Vorgehens sind z. B. das Bedarfspotenzial eines Firmenkunden für das Basisgeschäfts-, das Entwicklungs- und das Cross-Selling-Potenzial (bzw. das Gesamtgeschäftspotenzial bei Nichtkunden), dessen Preiselastizität sowie dessen Prädispositionen hinsichtlich des Basiskosten- und des Kooperationspotenzials. Bei den Wirkungsprognosen wird die abhängige Größe in Abhängigkeit von Variablen, die das Unternehmen direkt beeinflussen kann, gezeigt. Bezugsgröße dieser Prognosen ist z. B. das bewertete Bedarfsvolumen im Sinne des Kundenwertmodells oder eine Einflussgröße des Referenzpotenzials, die durch institutsseitige Maßnahmen beeinflusst wird. Zu den gestaltbaren Variablen gehören unter anderem die vertriebspolitischen Maßnahmen, die in der Vertriebsplanung festgelegt werden. In diesem Punkt zeigt sich eine enge Verzahnung des kundenwertorientierten Informations- und des kundenwertorientierten Planungssystems, die auf das bereits angesprochene Zirkularitätsproblem rekurriert. Dieses begründet sich damit, dass Maßnahmen, die den Einsatz von Ressourcen bedingen und den Wert einer Kundenbeziehung beeinflussen, auf Basis des Kundenwerts fundiert werden (siehe Abbildung 60).

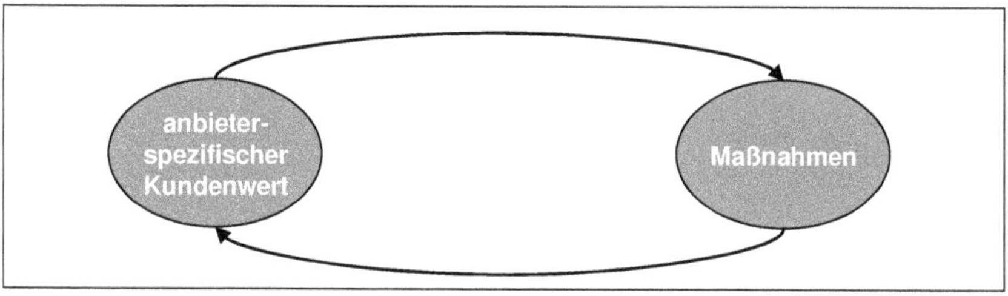

Abbildung 60: Zirkularitätsproblem des Kundenwerts[1728]

Dieses Problem kann auf unterschiedliche Arten gelöst werden. Es ist offensichtlich, dass das Zirkularitätsproblem einen geeigneten Ansatzpunkt für ein mathematisches Lösungsverfahren darstellt. Dazu müsste der anbieterspezifische Kundenwert jedoch mit entsprechenden Kundenreaktionsmodellen verknüpft werden, die die Reagibilität der Kundenwerttreiber auf anbieterseitige Maßnahmen funktional abbilden. Bereits bei der Operationalisierung des Kundenwerts in Kapitel D.5.1 wurde darauf hingewiesen, dass für deren Einsatz entsprechende Erkenntnisse in den Kreditgenossenschaften noch fehlen. Zudem

[1727] Vgl. hier und nachfolgend *Meffert, H.* (1998), S. 166.
[1728] Eigene Darstellung.

wirkt der deutlich höhere Komplexitätsgrad einer Anwendung entgegen.[1729] Daher ist zunächst zu empfehlen, praktikable Alternativen zu nutzen. Eine Alternative ist, statt des anbieterspezifischen Kundenwerts das Kundenwertpotenzial als Bezugsgröße in der Vertriebssteuerung zu nutzen. In diesem Fall werden jedoch die Charakteristika der Kundenbeziehung nicht beachtet, so dass ein hohes Risiko ineffizienter Entscheidungen vorliegt.[1730] TEWES schlägt als Alternative vor, den anbieterspezifischen Kundenwert auf Basis gegebener Strategien und Planungen zu prognostizieren und dann diesen nach der Planung auf Basis der geänderten Strategie und Planung erneut zu ermitteln.[1731] Zu dieser von ihm benannten direkten Vorgehensweise schlägt er auch eine indirekte Vorgehensweise vor.[1732] Danach wird zunächst das Kundenwertpotenzial ermittelt. Anschließend wird im Rahmen der Planung die Strategie zur Realisierung des anbieterspezifischen Kundenwerts festgelegt. Zentrale Bezugsgröße der Strategie ist die Ausschöpfungsquote des Kundenwertpotenzials, die sich unter anderem in erwarteten Loyalitätsgrad, realisierbarer Preisbereitschaft sowie die Integrationsfähigkeit und -bereitschaft konkretisiert.[1733] Durch Verknüpfung dieser Größen kann das bewertete Bedarfsvolumen und der anbieterspezifische Kundenwert ermittelt werden, der dann Grundlage der Vertriebsplanung ist. Abbildung 61 stellt die relevante Vorgehensweise auf Basis der bisherigen Ausführungen grafisch dar.

[1729] Vgl. *Woratschek, H./Roth, S.* (2006), S. 370.

[1730] Denkbar ist der praktische Fall, einen hinsichtlich des Bedarfspotenzials attraktiven Firmenkunden intensiv zu betreuen. Da die Kreditgenossenschaft aus Sicht des Firmenkunden jedoch nur eine Nebenbankbeziehung darstellt, kann diese das Potenzial des Kunden nicht abschöpfen. Aufgrund des Bezugs auf das Bedarfspotenzial würde dieser Aspekt jedoch nicht berücksichtigt werden.

[1731] Vgl. *Tewes, M.* (2003), S. 269.

[1732] Vgl. *Tewes, M.* (2003), S. 270.

[1733] Der Loyalitätsgrad entspricht dem Anteil des Bedarfs, der auf die Kreditgenossenschaft entfällt. Er ist daher für fast alle beziehungsbezogenen Kundenwerttreiber der Ertragsdimension gleichermaßen direkt (Basisgeschäfts-, Entwicklungs- und Cross-Selling-Potenzial) oder indirekt (Basiskostenpotenzial) relevant. Die Preiselastizität dagegen betrifft nur das Entwicklungspotenzial bzw. dies Facette des Preispotenzials und die Integrationsfähigkeit und -bereitschaft das Kooperationspotenzial.

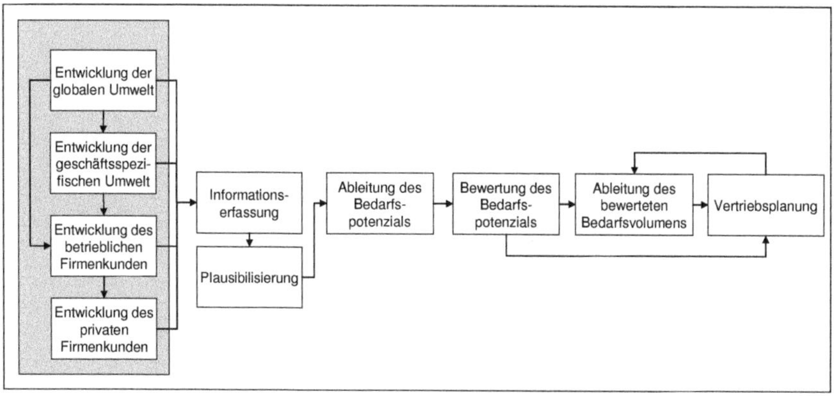

Abbildung 61: Vorgehensweise zur Ermittlung des monetären Kundenteilwerts[1734]

Für die Prognose des Bedarfspotenzials stehen unterschiedliche Methoden zur Verfügung, die sich in quantitative und qualitative Verfahren unterscheiden lassen.[1735] Ohne auf diese Verfahren dezidiert einzugehen, seien beispielhaft einige Verfahren skizziert, die im bankbetrieblichen Kontext eingesetzt werden können. Wichtig sind dabei insbesondere drei Fragestellungen. Erstens die Frage nach dem zeitlichen Anfall des Kundenbedarfs. Zweitens die Frage nach der Höhe des Bedarfspotenzials bzw. des Bedarfsvolumens. Und drittens die Frage nach der konkreten Ausprägung der Bedürfnisbefriedigung mithin also der konkreten Bankleistung.

Um zu erkennen, welche bankleistungsbezogenen Bedarfe auf Seiten des Firmenkunden in dynamischer Sicht künftig vorliegen können, kann z. B. ein idealisierter Unternehmenslebenszyklus eingesetzt werden. Dabei werden den einzelnen Phasen des Unternehmens Bankleistungen zugeordnet. Beispielhaft sei ein auf Finanzierungsprodukte ausgerichteter Ansatz der WGZ BANK vorgestellt (siehe Abbildung 62). Danach wird der Frühphase des Unternehmens ein anderer Produktmix zugeordnet als der Expansionsphase und der Phase der strategischen Weiterentwicklung.

1734 Eigene Darstellung.

1735 Vgl. *Meffert, H.* (1998), S. 166 ff.; *Tewes, M.* (2003), S. 271 f. Einen ausführlichen Überblick über derartige Methoden findet sich bei *Schulz, B.* (1995), S. 71 ff.

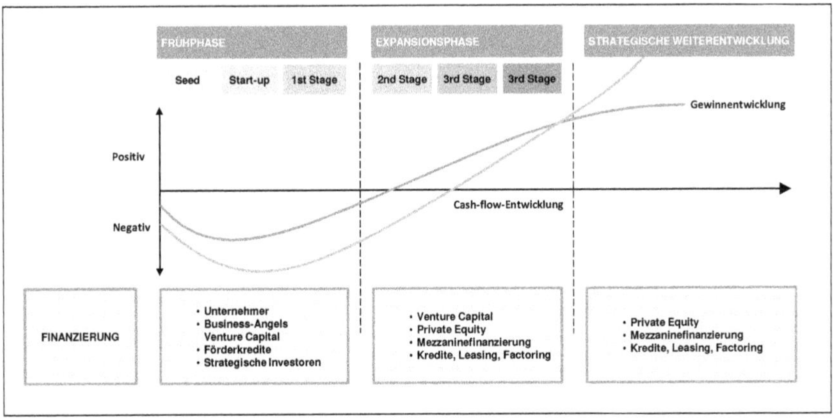

Abbildung 62: Finanzierungsmittel für mittelständische Unternehmen im Lebenszyklus[1736]

Es sei darauf hingewiesen, dass es problematisch ist, zu erkennen, in welcher Phase des Lebenszyklus' sich ein Unternehmen befindet. Aus diesem Grund könnte auch ein Unternehmenslebenszyklus etwa mit den Phasen Existenzgründung, Etablierung, Internationalisierung und Nachfolge genutzt werden. Dabei müssen die einzelnen Phasen nicht zwingend in der genannten Chronologie ablaufen. Wichtig ist, dass Merkmale benannt sind, die es erlauben, einen Firmenkunden frühzeitig einer Phase zuzuordnen und dass den einzelnen Phasen spezifische Produktbedarfe verlässlich zugewiesen werden können. Ein ähnliches Vorgehen lässt sich auf Basis von qualitativen Expertensystemen vornehmen, die aufbauend auf normativen Vorgaben in Verbindung mit konkreten Kundendaten ausgeben, ob für bestimmte Bankleistungen ein Bedarf bei einem Firmenkunden vorliegt. In der Literatur wird zudem vorgeschlagen, Sollproduktnutzungs- oder Musterkundenprofile zu verwenden, um Cross-Selling-Potenziale zu identifizieren.[1737] Diese können auf Basis von Längs- oder Querschnittsanalysen des Kundenbestands ermittelt werden. Ebenfalls zweckmäßig sind in diesem Kontext Analysen der leistungsspezifischen Affinitäten in Form von (bedingten) Wahrscheinlichkeitsmodellen.[1738] Jedoch können hieraus keine unmittelbaren Bedarfspotenziale abgelesen werden, da diese Modelle nur indizieren, dass für

1736 *WGZ Initiativkapital* (2005), S. 11.

1737 Vgl. *Frese, B.* (2009), S. 45; *Duderstadt, S.* (2006), S. 114; *Freiberger, T./Kornatz, C.* (2007), S. 55.

1738 Vgl. *Hagemann, H.* (1986), S. 20. Ergebnis dieser Analysen ist die Aussage, dass Kunden, die ein Produkt A nutzen mit einer bestimmten Wahrscheinlichkeit auch das Produkt B nutzen.

eine bestimmte Bankleistung ein Bedarf vorliegen könnte, jedoch nicht in welchem Umfang oder Volumen. Gleichwohl können derartige Analysen ergänzende Hilfestellungen geben, um die bankleistungsbezogenen Bedarfe zu erkennen, die dann jedoch weiter zu quantifizieren sind.

Mittels des relativ einfachen Modells von GLEIßNER/JAHN kann z. B. das Bedarfpotenzial künftiger Kreditfinanzierungen prognostiziert werden.[1739] Annahmegemäß resultiert das gesamte Kreditfinanzierungspotenzial aus drei Quellen: der Anschlussfinanzierung bestehender Kredite, die im Prognosezeitraum getilgt werden, der ggf. möglichen Steigerung der Finanzierungsquote auf ein branchenübliches Niveau und künftigen fremdfinanzierten Erweiterungsinvestitionen des Kunden. Für die Anwendung benötigt das Modell keine weiteren kundenindividuellen Informationen als die Branchenzugehörigkeit und einen ggf. geschätzten Jahresumsatz U. Unter Rückgriff auf eine branchenübliche Kapitalumschlagshäufigkeit KU lässt sich auf die Bilanzsumme BS schließen, indem der Umsatz durch die Kapitalumschlagshäufigkeit dividiert wird.[1740] Auf Basis der Analyse vorhandener Jahresabschlussdaten der Branche wird der Anteil kq an der Bilanzsumme bestimmt, den ein Unternehmen der betrachteten Branche typischerweise durch Bankkredite BK finanziert. Für den nächsten Schritt wird eine durchschnittliche Kreditlaufzeit L geschätzt, mit der sich der jährliche Refinanzierungsbedarf RF ermitteln lässt. Dabei wird eine konstante Bankkreditquote unterstellt. Zusätzlich zum jährlichen Refinanzierungsbedarf ergibt sich bei wachsenden Unternehmen ein Bedarf an zusätzlichen Bankkrediten, der von der Wachstumsrate w des Unternehmens abhängig ist. Für die Berechnung werden eine konstante Finanzierungsstruktur und ein konstanter Kapitalumschlag angenommen sowie eine rentabilitätsabhängige Gewinnthesaurierung nicht berücksichtigt. Insgesamt errechnet sich auf Basis dieser Annahmen und Daten der gesamte jeweilige (jährliche) Bedarf an Bankkrediten eines betrachteten Kunden gemäß Formel [E.1]:

1739 Vgl. hier und nachfolgend *Gleißner, W./Jahn, C.* (2005), S. 154 ff. Bei der Modellskizze handelt es sich um einen Ausschnitt eines weitergehenden Modells, das nach Angaben der Verfasser in der IKB DEUTSCHE INDUSTRIEBANK AG eingesetzt wird.

1740 Da der Umsatz im Gegensatz zur Bilanzsumme kein Bestandteil der Publizitätspflicht kleiner und mittelgroßer Kapitalgesellschaften gem. § 267 HGB ist, kann auch direkt von der aus öffentlich zugänglichen Daten bekannten Bilanzsumme ausgegangen werden. Vgl. Fn. 1702.

$$FB = RF + BK_{zusätzlich} = \frac{BK}{L} + BS \cdot kq \cdot w = \frac{BS \cdot k}{L} + BS \cdot kq \cdot w \qquad [E.1]$$

$$= \frac{\frac{U}{KU} \cdot kq}{L} + \frac{U}{KU} \cdot kq \cdot w = \frac{U}{KU} \cdot kq \cdot \left(w + \frac{1}{L} \right)$$

mit:

FB:	jährlicher Finanzierungsbedarf
RF:	refinanzierungsbedingter Kreditbedarf
$BK_{zusätzlich}$:	zusätzlicher Bedarf an Bankkrediten
BK:	branchenüblicher absoluter Anteil an Bankkrediten
L:	durchschnittliche Kreditlaufzeit
BS:	Bilanzsumme
kq:	branchenüblicher Anteil der Bankkredite an der Bilanzsumme
w:	Wachstumsrate des Unternehmens bezogen auf die Bilanzsumme
U:	Jahresumsatz
KU:	branchenübliche Kapitalumschlagshäufigkeit

Dieses einfache Modell stellt die Grundstruktur eines weiter differenzierbaren Modells dar, bei dem die genannten Annahmen (kundenindividuell) variiert werden können. Die empirische Überprüfung der Prognosefähigkeit dieses Modells ergab, dass branchendurchschnittliche Werte für den Anteil der Kreditfinanzierung unzureichend sind und zusätzlich nach der Unternehmensgröße differenziert werden sollte.[1741] Prognosemodelle wie dieses sollten in analoger Weise auch für die anderen relevanten Bankleistungen entwickelt werden. Dabei ist vor dem Hintergrund der Verbundorientierung eine nach Bankleistungen differenzierte Vorgehensweise einzufordern, da ansonsten die kundenwertbasierte Verbundkoordination erschwert wird. Vergleichsweise einfach dürften sich Modelle für den Bedarf an Zahlungsverkehrsdienstleistungen ableiten lassen. Bis auf das dargestellt Modell von GLEIẞNER/JAHN gibt es nach Kenntnis des Verfassers keine weiteren im Schrifttum beschriebenen Verfahren, so dass hier ein breites Forschungsfeld zu identifizieren ist. Mit Blick auf die etwa 1.100 eigenständigen Kreditgenossenschaften, die fast alle im Firmenkundengeschäft tätig sind, kann angenommen werden, dass für die Entwicklung derartiger Modelle eine breite Datenbasis vorhanden ist, die es zweckgemäß zu nutzen gilt.

Sowohl das Bedarfspotenzial als auch das Bedarfsvolumen stellen die bankleistungsbezogenen „Mengengerüste“ der Kundenwertermittlung dar und müs-

---

1741 Vgl. *Gleißner, W./Jahn, C.* (2005), S. 157 ff.

sen für die Messung des monetären Kundenwerts bewertet werden. Wie bei der Herleitung des Kundenwertmodells ausgeführt, sind dazu weitere Informationen zu beschaffen und zu nutzen. Dazu zählen z. B. Informationen zur Zinsentwicklung, zur Preiselastizität des Firmenkunden, für deren Ermittlung eine Vielzahl von Methoden zur Verfügung steht,[1742] oder Informationen zu bankleistungsbezogenen und kundenbezogenen Prozesskosten, die eventuell unter Berücksichtigung weiterer Einflussfaktoren wie etwa Kostensenkungsprogrammen zu erheben sind.[1743]

Die Anzahl relevanter Methoden hängt davon ab, wie differenziert und breit der Bewertungsmaßstab (DB Ib bis DB III)[1744] für das Bedarfspotenzial und das Bedarfsvolumen sein soll. Eine besondere Problematik stellt in diesem Zusammenhang die Parametrisierung der Bankleistungen dar. So stellt sich z. B. beim Modell von GLEIßNER/JAHN die Frage, mit welchen konkreten Bankleistungen der Kreditbedarf gedeckt werden soll. Dazu gehören etwa Fragen zu Zins- und Tilgungsmodalitäten, Sicherheitenstellungen etc. Für die Ermittlung des monetären Kundenteilwerts sind diese Aspekte, wie das Beispiel in Tabelle 22 verdeutlicht, notwendig. Es ist evident, dass Abweichungen zwischen den der Kundenwertprognose zugrunde liegenden Parametern und den tatsächlichen Parametern einer abgesetzten Bankleistung ggf. signifikante Veränderungen des ex-ante und ex-post gemessenen Kundenwerts begründen. Eine Möglichkeit die Prognosetätigkeiten für den Kundenwert zu vereinfachen und zu unterstützen, ist die Nutzung von "Defaults" in der Prognose und in der späteren, darauf aufbauenden Kundenbearbeitung sowie die Straffung des Bankleistungsprogramms in der Tiefe.[1745] "Defaults" stellen bei grundsätzlich konfigurier- oder parametrisierbaren Leistungen wie z. B. Investitionsdarlehen hinsichtlich Laufzeit, Verzinsungsart und etwaigen Optionen (Sondertilgungen), Vorgaben (harte Defaults) oder Empfehlungen (weiche Defaults) des Herstellers dar. Dass "Defaults" grundsätzlich einen nennenswerten Einfluss auf das Entscheidungsverhalten von Kunden haben zeigen POLAK ET AL. anhand eines Produktkonfigurators im Internet und führen dabei aus, dass ihre Erkenntnisse auch auf andere Produktbereiche übertragen werden können.[1746] Zwar liegen noch keine Erkenntnisse dazu für das Firmenkundengeschäft der Banken im Allgemeinen oder der Kreditge-

---

1742 Vgl. für einen Überblick z. B. *Völckner, F.* (2006), S. 34 ff.

1743 Vgl. dazu z. B. *Lissautzki, M.* (2007), S. 197 ff.

1744 Vgl. dazu die Ausführungen in Kapitel C.4.3.

1745 Während die Breite eines Bankleistungssortiments angibt, wie viele verschiedenartige Produkte und Dienstleistungen angeboten werden, beschreibt die Tiefe des Bankleistungssortiments die Anzahl an Differenzierungen und Varianten der einzelnen Bankleistungen.

1746 Vgl. *Polak B. et al.* (2008), S. 1033 ff.

nossenschaften im Speziellen vor. Aufgrund der hohen Bedeutung des persönlichen Vertriebs und der tendenziellen Informationsasymmetrie hinsichtlich der Bankleistungen zwischen Firmenkundenberater und Firmenkunde kann jedoch begründet angenommen werden, dass Vorgaben und Empfehlungen der Bank in diesem Kontext ebenfalls in der Art wirken, dass die prognostizierten und realisierten Parameter abgesetzter Bankleistungen in relativ geringerem Ausmaß divergieren. Unberührt davon resultiert eine vereinfachte Prognose dadurch, dass das Bankleistungsprogramm in der Tiefe reduziert wird. Entsprechende Ansätze sind gegenwärtig in der FinanzGruppe im Rahmen der Strategie BÜNDELUNG DER KRÄFTE: EIN VERBUND – EINE STRATEGIE zu beobachten.[1747]

Im Kapitel D.5.2.2.4 wurde bereits auf die Notwendigkeit einer mehrwertigen Prognose der Kundenwerttreiber hingewiesen. In diesem Zusammenhang wird in der Literatur regelmäßig eine dreistufige Szenarioanalyse verwendet,[1748] mit der ein optimistisches, ein neutrales und ein pessimistisches Szenario Eingang in die Bewertung finden. Zu beachten ist, dass nicht der gesamte monetäre Kundenteilwert mit einer Szenariowahrscheinlichkeit multipliziert wird, sondern die Ausprägungen der einzelnen Kundenwerttreiber, die in diese Größe Eingang finden.

Wird die Vielfalt der Informationen und der Informationsquellen betrachtet, die für die Kundenbewertung benötigt werden, ist zu konstatieren, dass nur ein ausgewählter Methodenmix in Frage kommt, den Informationsbedarf zu decken.[1749] Dabei ist in Abhängigkeit der verfügbaren Informationen zwischen Bestands- und Nichtkunden zu unterscheiden. Es ist unstrittig, dass dieses Vorgehen besondere Anforderungen an das Vertriebscontrolling in den Kreditgenossenschaften stellt, so dass es sinnvoll erscheint, nachfolgend wesentliche Probleme der Informationsbeschaffung zu thematisieren.

1.2.5 Probleme der Informationsbeschaffung

BRUHN ET AL. weisen darauf hin, dass mit dem auch hier verwendeten kapitalwertbasierten Verfahren zur Berechnung des Kundenwerts auf Basis der Investitionstheorie vor allem Zeit-, Qualitäts- und Kostenprobleme verbunden sind.[1750]

1747 Hinsichtlich der Breite des Bankleistungssortiments gibt es im Sinne der Positionierung der Allfinanzanbieter keine Alternative. Vgl. *BVR* (1999b), S. 13. Hinsichtlich der Tiefe empfiehlt der BVR Produkte zur Abdeckung des Grundbedarfs zu standardisieren. Selten nachgefragte Bankleistungen des Spezialbedarfs dagegen sollten maßgeschneidert angeboten werden.

1748 Vgl. z. B. *Tewes, M.* (2003), S. 273; *Stüker, D.* (2008), S. 333 ff.

1749 Vgl. *Gleißner, W.* (2005), S. 420.

1750 Vgl. dazu ausführlich *Bruhn, M. et al.* (2000), S. 184 ff.

Das Zeitproblem hat zwei Facetten. Erstens liegen für die Berechnung hinreichend aussagekräftige Daten nicht immer zum Zeitpunkt der Messung vor (z. B. für den Loyalitätsgrad eines Kunden). Zweitens ist es schwierig, die Kosten und Nutzengrößen den richtigen Zeiträumen in der Zukunft zuzuordnen. Das Qualitätsproblem fokussiert auf die Datenqualität und die Abhängigkeit der Kundenwertmessung von den richtigen Daten. Nach SACHENBACHER ist die Beschaffung der relevanten Informationen für Banken aufgrund deren Besonderheiten bedeutend schwieriger als bei industriellen Vorhaben.[1751] Gleichzeitig führt er mit Blick auf das Firmenkundengeschäft aus, dass "die Firmenkundschaft gegenüber der Privatkundschaft zahlenmäßig wesentlich niedriger ist"[1752], wodurch sich die Bedeutung dieses Problems reduziert. Jedoch ist die geringere Anzahl Firmenkunden nicht allein ausschlaggebend. Im Rahmen der Informationsbeschaffung ist der Firmenkundenberater von besonderer Bedeutung. Daher kommt es auch darauf an, welche Zeiträume diesem für derartige Tätigkeiten bleiben. Zentrale Einflussfaktoren dafür sind die Betreuungsspanne sowie die so genannte Vertriebszeit. Die maximale Anzahl betreuter Unternehmen je Firmenkundenbetreuer ist insbesondere bei Sparkassen und Genossenschaftsbanken mit Werten bis hin zu 180 Unternehmen sehr hoch, was eine individuelle Betreuung und Erfassung kundenwertrelevanter Informationen sehr schwierig macht.[1753] Der Mittelwert liegt einer umfangreicheren Studie von EULER HERMES zufolge bei 105 Unternehmen je Firmenkundenberater,[1754] worin BENÖLKEN die maximale Betreuungsspanne sieht, die in seiner Studie von 54 Prozent der befragten Kreditinstitute nicht überschritten wird.[1755] Die Vertriebszeit lässt eine Aussage darüber zu, zu welchem Anteil der effektiven Arbeitszeit ein Firmenkundenberater mit oder mit Blick auf einen Firmenkunden vertrieblich tätig ist. Nur die kombinierte Betrachtung von Betreuungsspanne und Vertriebszeit erlaubt ein aussagefähiges Urteil über die Probleme der Beschaffung kundenwertrelevanter Informationen mittels des persönlichen Vertriebs. Gegenwärtig liegen die durchschnittlichen Zeitanteile für die Beschäftigung mit dem Kunden bei etwa 25 bis 30 Prozent, was nach Expertenmeinung als zu gering angesehen wird.[1756] KÄSER/RITZENHOFEN nennen als Benchmarkwert für die anteilige Ver-

---

1751 Vgl. *Sachenbacher, H.-U.* (1990), S. 16.

1752 *Sachenbacher, H.-U.* (1990), S. 224.

1753 Vgl. *Segbers, K.* (2007), S. 227.

1754 Vgl. *Euler Hermes* (2005), S. 19.

1755 Vgl. *Benölken, H.* (2002), S. 122. Grundlage der Ergebnisse ist die Befragung von 137 Regionalbanken, also Sparkassen und Kreditgenossenschaften.

1756 Vgl. *Schmoll, A.* (2006), S. 133 f.

triebszeit 50 Prozent, da sie einen tendenziell positiven Zusammenhang zwischen Vertriebszeit und Erfolg im Firmenkundengeschäft feststellen.[1757]

Vor diesem Hintergrund ist es bedeutend, das Stellen- und Aufgabenprofil des Firmenkundenberaters kritisch zu hinterfragen.[1758] DAHMEN nennt zwei Gründe, warum die intensive Auseinandersetzung mit den Firmenkunden notwendiger Bestandteil des Aufgabengebiets der Firmenkundenberater ist.[1759] Zum einen kann der Firmenkundenberater nur über diesen Weg mit dem Firmenkunden auf Augenhöhe und in dessen Sprache kommunizieren sowie bedarfsadäquate Lösungen anbieten. Zum zweiten bedingt die Nutzung interner Ratingverfahren, die für die Bonitätsbeurteilung und somit Hinterlegung von Eigenkapital bedeutend ist, sich mit dem Geschäftsmodell seiner aktuellen und potenziellen Kunden auseinanderzusetzen. Dazu ist es nicht nur notwendig, sich mit den Kundenmärkten der Firmenkunden zu beschäftigen, sondern auch mit deren Wettbewerbern und den Geschäftsprozessen, die dem Geschäftsmodell zugrunde liegen. Es sei an dieser Stelle darauf hingewiesen, dass die Erfassung von Rohdaten im Vordergrund steht. Die Integration dieser Daten in die Prognose- oder andere Informationsaufbereitungsmodelle für die Kundenwerttreiber des Kundenwerts kann institutionell an anderer Stelle platziert sein.

Zwar kann allgemein konstatiert werden, dass im Business-to-Business-Bereich die Einschätzung des Bedarfspotenzials leichter als im Privatkundengeschäft möglich ist.[1760] Eines der zentralen Probleme der Informationsbeschaffung liegt darin, dass sich die künftigen Transaktionen hinsichtlich Zeitpunkt, Volumen und konkretisierter Bankleistung nur schwer abschätzen lassen, und so die Ermittlung des monetären Kundenteilwerts den objektiv messbaren Bereich verlässt und subjektive Einschätzungen in die Beurteilung der Kundenattraktivität einfließen.[1761] MULHERN stellt dazu fest„models incorporating predicted future purchases are subject to a great deal of forecasting error"[1762].

[1757] Vgl. *Käser, B./Ritzenhofen, A.* (2009), S. 32. Diese definieren die Vertriebszeit als Zeitanteil für persönliche und telefonische Gespräche mit Kunden inkl. Zeit für Gesprächsvor- und -nachbereitung (ohne administrative Aufgaben aus dem Kreditprozess). Grundlage der Vergleichswertherleitung ist die Gegenüberstellung von Nettovertriebszeit und Deckungsbeitrag von 168 Kreditinstituten.

[1758] Vgl. *Schmoll, A.* (2006), S. 134 ff. Relevante Einflussgrößen auf die Vertriebszeit sind z. B. aufbauorganisatorische Änderungen (z. B. Vertriebsassistenzen), ablauforganisatorische Änderungen (z. B. Service Level Agreements oder automatisierte Früherkennungsverfahren) sowie ein laufendes Prozesscontrolling. Vgl. *Käser, B./Ritzenhofen, A.* (2009), S. 32.

[1759] Vgl. hier und nachfolgend *Dahmen, A.* (2006), S. 20 f.

[1760] Vgl. *Barth, W./Wille, K.* (2000), S. 17.

[1761] Vgl. *Sträter, J.* (2005), S. 46; *Beeser, A. J.* (2003), S. 47.

[1762] *Mulhern, F.* (1999), S. 28.

Ein Kostenproblem resultiert vor allem daraus, dass Zeit für die Informationsbeschaffung aufgewandt werden muss und dass interne Informationssysteme für die Berechnung und Verwendung des Kundenwerts neu beschafft oder angepasst werden müssen.

Anknüpfend an den letzten Problempunkt sei noch einmal auf die Integration der FinanzGruppe in die Kundenwertorientierung aufmerksam gemacht. Es ist im Lichte des Kooperationsprinzips gegenwärtige Praxis, dass die Verbundunternehmen oder die Kreditgenossenschaften in konzertierter Aktion nach Lösungen streben, um kosteneffiziente Verfahrensweisen und -methoden im Verbund zu implementieren. Gegenstand solcher Maßnahmen könnten daher sowohl die Ermittlung geeigneter Prognoseverfahren als auch die Übernahme konkreter Aufgaben der Kundenwertbeschaffung sein, sofern diese nicht effizienter durch die Kreditgenossenschaften selbst erledigt werden können.[1763]

Von Seiten der Praxis wird als Problem angeführt, dass eine kundenindividuelle und differenzierte Potenzial- bzw. in diesem Fall Kundenwertanalyse unwirtschaftlich sei, da mit dem zunehmenden Detaillierungsgrad die Kosten überproportional zunähmen und in der Regel prohibitive Ausmaße erreichen. In diesen Fällen kann natürlich eine Vereinfachung der Informationsbeschaffung vorgenommen werden, die konsistent zur Nutzung kundengruppenbasierter Messungen des Kundenwerts ist. Es besteht in diesen Fällen jedoch die Gefahr, werthaltige Kunden nicht zu erkennen und somit Kundenwertpotenziale nicht realisieren zu können. Weitere Möglichkeiten der Vereinfachung basieren auf der einfacheren Bewertung von Bedarfspotenzialen, die statt mit barwertigen Deckungsbeiträgen mit periodischen Margen, Volumen und Laufzeiten bewertet werden. In diesen Fällen ist aber auf die richtige Berücksichtigung der Kostengrößen zu achten.

Abschießend sei auf das Problem hingewiesen, dass der Firmenkunde eventuell nicht bereit ist, Informationen preiszugeben.[1764] Gelingt es nicht, den Firmenkunden dazu zu motivieren, die relevanten Informationen mitzuteilen, sind ebenfalls alternative Verfahren der Informationsbeschaffung z. B. in Form von Analogieschlüssen vorzunehmen.

Trotz der genannten Probleme ist BLATTBERG/GETZ/THOMAS zuzustimmen, die argumentieren, dass es besser ist, „to be roughly right and to utilize [...] customer equity than not to measure it and to operate an enterprise using insuffi-

---

1763 Dabei geht es weniger um die Aufgaben der Informationsbeschaffung des persönlichen Vertriebs als vielmehr um die Informationsbedarfe bei der Prognose und Ermittlung des Kundenwerts und der Kundenwerttreiber.

1764 Dieses Problemfeld thematisieren z. B. *Treiblmaier, H.* (2007), S. 45 ff. und *Hansen, U.* (2006), S. 146 ff. nach deren Aussage, im Beziehungsmarketing zwingend auch die Verbraucherperspektive eingenommen werden müsse.

cient indicators, such as current sales and profits. Such indicators may be more accurately measured, but they are less relevant managerially and strategically."[1765]

1.3 Kundenwertorientierte Informationsaufbereitung

Dieser Prozessschritt des Vertriebsinformationssystem begründet sich damit, dass die zur Lösung von Entscheidungsproblemen benötigten Informationen i. d. R. nicht so vorliegen, dass sie unmittelbar im Entscheidungsprozess eingesetzt werden können und somit die Aufbereitung der Informationen nötig ist.[1766] In der Literatur finden sich einige Beispiele wie die kundenwertbezogenen Informationen aufbereitet werden können. Bereits im Zusammenhang mit der Operationalisierung des Kundenwerts wurden Portfoliomodelle als eine Möglichkeit genannt. Eine weitere Möglichkeit stellen Kennzahlen oder Kennzahlensysteme dar. Zu nennen ist hier z. B. die so genannte Customer Scorecard,[1767] die die Idee der Balanced Scorecard auf die Kundenwertorientierung überträgt.

Ohne auf die einzelnen Möglichkeiten der Informationsaufbereitung im Detail einzugehen, seien die wesentlichen Anforderungen an diesen Aspekt des Vertriebsinformationssystems genannt.[1768] Um Missverständnissen vorzubeugen, muss einheitlich und konsistent vorgegangen werden, d. h. konkret, Gleiches muss gleich benannt werden. Weiterhin muss dafür Sorge getragen werden, dass die Informationen richtig und verlässlich sind, sowie zeitnah aufbereitet und bereitgestellt werden können. Dabei ist darauf zu achten, dass die Nachvollziehbarkeit der aufbereiteten Informationen gewährleistet ist und problem- und benutzeradäquat erfolgt. Von zentraler Bedeutung ist, dass der Informationsadressat die Form der Aufbereitung mitbestimmen kann. Nur in diesem Fall wird den bereits für den Informationsbedarf relevanten subjektbezogenen Determinanten hinreichend stringent Rechnung getragen. Des Weiteren ist zu fordern, dass schon bei der Informationsversorgung die Bedeutung der Informationen beurteilt wird, um adressatengerechte Impulse geben zu können. Dabei ist jedoch darauf zu achten, keine verzerrende Darstellung vorzunehmen. Zudem sollte die Informationsversorgung den Informationsstand der Adressaten berücksichtigen. Dies betrifft im vorliegenden Fall nicht nur die Ergebnisse der Kundenwertermittlung, sondern auch die Kenntnisse über die Verfahrensweisen, die

[1765] *Blattberg, R. C./Getz, G./Thomas, J. S.* (2001), S. 211.

[1766] Vgl. *Erichson, B./Hammann, P.* (1985), S. 165.

[1767] Vgl. für eine an der Balanced Scorecard orientierte kundenwertbezogene Scorecard *Friederichs-Schmidt, S.* (2006), S. 199 ff.

[1768] Vgl. hier und nachfolgend *Horváth, P.* (2003), S. 379 f. und *Weber, J.* (2004), S. 130 ff. sowie die dort angegebene Literatur.

eingesetzt werden, um den Kundenwert zu ermitteln. Die Informationsaufbereitung ist zudem mit der Speicherung und Weitergabe der Informationen abzustimmen, so dass keine Inkongruenzen auftreten.

1.4 Speicherung der Kundenwertinformationen

Kundenwertrelevante Informationen und Kundenwertinformationen bedürfen dann der Speicherung, wenn die Informationsverwendung und -verfügbarkeit zeitlich auseinander fallen. Insbesondere die Instrumente zur Prognose von einzelnen Größen des Kundenwerts basieren auf umfangreichen Daten, die zu unterschiedlichen Zeiten erfasst, aufbereitet und verwendet werden, so dass das zeitliche Auseinanderfallen begründet angenommen werden kann. Im Rahmen der Informationsspeicherung ist daher zunächst auszuwählen, welche Informationen in welcher Aufbereitung gespeichert werden sollen. Diese Auswahl ist davon abhängig, welche Informationen künftig verwendet werden sollen und ist somit institutsspezifisch. Neben der Auswahl der relevanten Informationen sind auch die Dauer der Speicherung sowie die Zugriffsnotwendigkeiten beeinflussende Größen. Aufgrund der weiten und zunehmenden Verbreitung von EDV-Systemen für den Austausch von Informationen bieten sich vor allem elektronische Speichermedien an.[1769]

Bei den Kreditgenossenschaften erfolgt die Speicherung von kundenbezogenen Informationen entweder zentral bei den Rechenzentralen oder dezentral und lokal in den Bankhäusern.[1770] Vor dem Hintergrund der zunehmenden Bemühungen der Kreditgenossenschaften, Möglichkeiten der Synergiehebung durch die gemeinschaftliche Ausnutzung von Ressourcen zu realisieren, ist davon auszugehen, dass die systematische Speicherung von Kundenwertinformationen auf Ebene der Rechenzentralen erfolgt. Die damit verbundenen Koordinationsaufgaben und -probleme können an dieser Stelle nicht diskutiert werden, vielmehr sollen allgemeine Anforderungen genannt werden. Für die Belange der kundenwertorientierten Steuerung ist es erforderlich, dass die Systeme:

- die integrierte und zentrale Sicht aller relevanten Kundendaten als Voraussetzung ganzheitlicher Bewertungen und Vergleiche,

---

[1769] So müssen z. B. nach § 5b EStG i. V. m. §§ 4 Abs. 1, 5 und 5 a EStG steuerpflichtige, bilanzierende Unternehmen ihre Jahresabschlüsse für die Wirtschaftsjahre, die nach dem 31.12.2011 beginnen, elektronisch an die Finanzverwaltung übermitteln. Somit firmenkundenseitig bestehende Schnittstellen könnten auch von den Kreditgenossenschaften verwendet werden.

[1770] Von einer weiteren dezentralen Speicherung auf Ebene der Filialen wird hier abgesehen.

- die Speicherung unterschiedlicher Daten über einen längeren Zeitraum als Voraussetzung für Prognosen und periodenübergreifende Bewertungen und
- die automatisierte, EDV-gestützte Datenanalyse (Data-Mining) als Voraussetzung der Verarbeitung komplexer und umfangreicher Datenmengen

erlauben.[1771]

Tabelle 27: Exemplarische Datenarten einer Kundendatenbank[1772]

Datenart	**gibt Informationen über...**	**Datenbeispiele**
Grund-/ Stammdaten	längerfristig gleichbleibende und weitgehend produktunabhängige Kundendaten	Namen, Firma, Gründungsjahr, Geburtstag, Geschlecht, Beruf, Ausbildung, Branche etc.
Wirtschaftliche Verhältnisse	periodisch variante weitgehend produktunabhängige Kundendaten	Jahresabschluss und -bericht, Vermögens- und Schuldenübersichten, Bankenspiegel, Einkommensteuererklärungen und -bescheide etc.
Transaktions-daten (eigen und Wettbewerb)	bankleistungs-, verbundleistungs- und fremdleistungsbezogene Nachfragedeckung	Volumina, Tilgungs- und Zinsmodalitäten, Fälligkeiten, Transaktionspartner, Zahlungsverkehrsdaten etc.
Risiko-, Rating- und Bonitätsdaten	risikobezogene Aspekte im Sinne der Risikodimension des Kundenwerts	Value-at-Risk, Besicherungsumfang und -struktur, quantitative und qualitative Ratingdaten, Ratingklasse etc.
Controllingdaten	bisherige Erträge und Kosten in Verbindung mit einer Kundenbeziehung	Deckungsbeiträge, Standardstück- und Risikokosten, kundenbezogene Prozesskosten etc.
Institutsseitige Aktionsdaten	kundenbezogene (vertriebspolitische) Maßnahmen in Bezug auf Art, Intensität, Häufigkeit, Zeitpunkt und Kosten	Kontaktarten und -dauern (wann durch wen, in welcher Form?), geplante Kontakte, Anschreiben und Einladungen etc.
Kundenseitige Aktions- und Reaktionsdaten	kundenbezogene Aktionen und Kontaktaufnahmen sowie Reaktionen auf (vertriebspolitische) Maßnahmen und Verhaltensweisen des Kunden	Teilnahmen, Ablehnungsgründe, Kundenanfragen, Kundenanregungen, Kundenkorrespondenz etc.
Kundenwert-bezogene Daten	Attraktivität eines Kunden aus Sicht der Kreditgenossenschaft	prognostizierter monetärer Kundenteilwert, prognostizierte Ausprägungen der einzelnen Kundenwerttreiber, nicht-monetärer Kundenteilwert, Inputdaten des nicht-monetären Kundenteilwerts etc.

[1771] Vgl. *Eberling, G.* (2002), S. 232.
[1772] Eigene Darstellung.

Aufgrund der vielfältigen Informationsquellen und der mehrfachen Nutzung des kundenbezogenen Wissens im Kontext der Geschäftsbeziehung zu einem Firmenkunden ist es zweckmäßig, den Einsatz von Datenbanken zu forcieren, die rohe und aufbereitete Kunden- und Kundenwertdaten zweck- und prozessentkoppelt speichern und in der Lage sind, diese zweck- und prozessbezogen zusammenzuführen. In der Literatur gibt es eine Vielzahl von möglichen Datenbankstrukturen für Data-Warehouses, die dieser Anforderung Rechnung tragen. Relevante Datenfelder eines solchen Data-Warehouses stellt die Tabelle 27 exemplarisch dar.[1773] Eine derartige Datenbank gilt als Hauptressource des Marketings und Vertriebs, wobei sie ohne Wert ist, wenn die Mitarbeiter keinen Zugriff auf diese haben.[1774]

1.5 Übermittlung von Kundenwertinformationen

Die Informationsentstehung und -verwendung fallen je nach Grad der Zentralisation des Vertriebs und der Vertriebssteuerung in der Kreditgenossenschaft räumlich auseinander. Daher müssen zwischen den Stellen der Kundenwertermittlung und der Kundenwertverwendung Informationsübermittlungsvorgänge stattfinden.[1775] Diese Vorgänge fallen im Allgemeinen in den Bereich der betrieblichen bzw. in concreto der vertrieblichen Berichtssysteme, deren Gegenstand Berichte in physischer, in mündlicher oder elektronischer Form sind. Das Berichtswesen dient den Zwecken der Dokumentation, der Initiierung, der Kontrolle und der Entscheidungsvorbereitung.[1776]

Die zentralen Berichtseigenschaften (Zweck, Inhalt, Verdichtungsgrad, Genauigkeit, Adressaten und Absender, Termine und Bearbeitungszeiten) ergeben sich zum Teil bereits direkt aus der Informationsbedarfsermittlung. Folglich entspricht das vertriebliche Berichtswesen einer dem vertrieblichen Informationsbedarf angepassten, geordneten Struktur aller Vertriebsberichte.[1777] Der Aufbau des Vertriebsberichtssystems orientiert sich an der zeitlichen Frequenz in Abhängigkeit der Fristigkeiten für Vertriebsplanung und -kontrolle, an den Phasen des Vertriebssteuerungsprozesses, welcher in die Phasen der Planung und der Steuerung bestehend aus Durchsetzung, Überwachung und Sicherung aufgeteilt

1773 Vgl. *Galasso, G.* (1999), S. 236 sowie die dort genannte Literatur; *Preißner, A.* (2003), S. 21 ff.

1774 Vgl. *Homburg, C./Schäfer, H.* (2000), S. 43.

1775 Vgl. *Horváth, P.* (2003), S. 607.

1776 Vgl. *Dauser, A.* (1995), S. 143.

1777 Vgl. *Eberling, G.* (2003), S. 236; *Küpper, H.-U.* (2001), S. 152.

wird,[1778] und an der jeweiligen Adressatengruppe (Vorstand, Vertriebsleitung und -steuerung, Firmenkundenberater).

Mit Blick auf die hier betrachtete Vertriebssteuerung sind drei Berichtsformen zu unterscheiden.[1779] Dies sind Standardberichte, Abweichungsberichte und Bedarfsberichte. Standardberichte bilden den Kern des vertrieblichen Berichtswesens. Sie zeichnen sich dadurch aus, dass sie in regelmäßigen Abständen erstellt werden und eine fest definierte Menge an Informationen enthalten. Im Rahmen der kundenwertorientierten Vertriebssteuerung sind dies etwa die kundenindividuellen Berichte, die die Prognosewerte für Determinanten des Kundenwerts enthalten und in Verbindung mit den mitarbeiterindividuellen Zielen als Basis der dezentralen Vertriebssteuerung dienen. Aufgrund ihres Standardisierungsgrads können diese Berichte mehr Informationen enthalten, als für den konkreten Empfänger relevant sind.

Liegen Situationen vor, in denen definierte Meldegrenzen überschritten werden, so werden Abweichungsberichte eingesetzt. Sie werden bspw. erstellt, wenn von kundenwertorientierten Zielen abgewichen wird, und dadurch ggf. Einzelfallentscheidungen initiiert werden müssen. Regelmäßig kann dies etwa auftreten, wenn sich im unterjährigen Verlauf die Bonität eines Firmenkunden deutlich verschlechtert und somit z. B. geplante Kundenwerte nicht mehr realisierbar werden.

Da Informationsbedürfnisse im Verlauf der Planrealisation variieren können, treten Situationen auf, in denen die Standardberichte keine ausreichende Informationsbasis begründen. In diesen Fällen sind Bedarfsberichte notwendig. Sie decken ein momentanes Informationsbedürfnis und können Abweichungsberichte ergänzen. Dies kann bspw. dann der Fall sein, wenn im Laufe einer Realisationsphase neue Verbundleistungen zu berücksichtigen sind. In diesen Fällen könnten Bedarfsberichte darüber Auskunft geben, welche verbundleistungsbezogenen Kundenwerte im Absatzmarkt der jeweiligen Kreditgenossenschaft unter Berücksichtigung des strategischen Status quo zu erwarten sind.

Das kundenwertorientierte Vertriebsinformationssystem stellt in Summe die Basis einer kundenwertorientierten Vertriebssteuerung dar. Gestaltungsempfehlungen für die Phasen der Vertriebsplanung, -steuerung i. e. S. und Überwachung werden in den nachfolgenden Kapiteln erörtert. Die folgenden Ausführungen orientieren sich an der prozessualen Sicht auf die Vertriebssteuerung, wobei die einzelnen Phasen nicht immer trennscharf abzugrenzen sind und Abhängigkeiten oder Rückkopplungen möglich und wahrscheinlich sind.

[1778] Vgl. dazu die Ausführungen in Kapitel B.2.

[1779] Vgl. hier und nachfolgend *Horváth, P.* (2003), S. 609 ff.; *Küpper, H.-U.* (2001), S. 153 f.

2 Kundenwertorientierte Vertriebsplanung

Der erste Schritt der kundenwertorientierten Vertriebssteuerung ist die kundenwertorientierte Vertriebsplanung, die in eine strategische, d. h. langfristige und eine operative, d. h. kurzfristige Planungsebene differenziert werden kann.

2.1 Strategische Vertriebsplanung

In der strategischen Vertriebsplanung werden langfristige und aggregiert formulierte Vorgaben für die Entwicklung von Vertriebseinheiten und -leistungen erarbeitet. Der in der strategischen Planung verwendete abstrakte Begriff des Erfolgspotenzials[1780] wird durch die Aspekte Kundenwert und Vertrieb inhaltlich konkretisiert und beschreibt das gesamte Gefüge vertrieblicher und kundenwertspezifischer Voraussetzungen, die vorliegen müssen, um die prognostizierten und zum Zielinhalt gemachten Kundenwerte zu realisieren. Die strategische Vertriebsplanung zeichnet sich durch eine große Irreversibilität der Entscheidungen und durch ihren strukturbildenden Charakter aus.[1781] Sie ist inhaltlich mit der strategischen Gesamtbankplanung verbunden und wird durch diese determiniert. Die möglichen Anknüpfungspunkte der kundenwertorientierten strategischen Vertriebsplanung an die strategische Gesamtbankplanung werden zunächst benannt und im Weiteren ausführlich erörtert, um darauf aufbauend Gestaltungsempfehlungen ableiten zu können.

2.1.1 Anknüpfungspunkte an die strategische Gesamtbankplanung

Die strategische Vertriebsplanung ist Bestandteil des strategischen Managements, dessen zentraler Gegenstand die Formulierung, Implementierung und Kontrolle von Strategien durch Gestaltung und Steuerung der Unternehmensstrukturen und -prozesse ist.[1782] Eine Strategie ist ein bedingter, langfristiger und globaler Verhaltensplan, mit dem festgelegte Ziele erreicht werden sollen.[1783] Strategien beziehen sich in Anlehnung an das Drei-Ebenen-Konzept von HAX/MAJLUF auf die Ebenen der Gesamtbank, der strategischen Geschäftseinheiten und der Funktionalbereiche.[1784] Dabei gilt, dass die Gesamtbankstrategie den Rahmen für die Geschäftseinheiten und die Strategie der Geschäftseinheiten den Rahmen für die Funktionalbereiche vorgibt.[1785] Strategische Entscheidungen

---

1780 Vgl. dazu die Ausführungen in Kapitel B.2.3.1.

1781 Vgl. *Tewes, M.* (2003), S. 187 sowie die dort angegebene Literatur.

1782 Vgl. *Börner, C. J.* (2005), S. 33.

1783 Vgl. *Meffert, H* (1998), S. 60.

1784 Vgl. *Hax, A. C./Majluf, N. S.* (1996), S. 5 ff.

1785 Vgl. hier und nachfolgend *Duderstadt, S.* (2006), S. 64 f.

auf Ebene der Gesamtbank sind u. a. die Auswahl und Definition der strategischen Geschäftseinheiten.[1786] Auf Ebene der Geschäftseinheiten wird über die strategische Positionierung ebendieser entschieden. Und auf Funktionalbereichsebene wird darüber entschieden, wie die konkrete Ausgestaltung der bankbetrieblichen Funktion sein muss, um die gewünschte Positionierung zu erreichen. Es ist somit erforderlich, die jeweiligen Strategien vertikal zwischen den Ebenen und horizontal untereinander auf einer Ebene und mit den Zielen auf Gesamtbankebene abzustimmen.[1787] Unabhängig davon auf welcher Ebene Strategien formuliert werden, richten sie sich an der Erschließung und dauerhaften Sicherung von Erfolgspotenzialen aus.[1788]

Erfolgspotenziale zu schaffen und zu erhalten, ist der zentrale Zweck des strategischen Planungsprozesses, der darauf ausgerichtet ist, die Existenz der Kreditgenossenschaft langfristig zu sichern.[1789] Er lässt sich grob in die Analyse- und die Planungsphase, in der strategische Handlungsalternativen formuliert, bewertet und ausgewählt werden, differenzieren.[1790] In der Analysephase wird die Ausgangssituation der Kreditgenossenschaft hinsichtlich der externen (Umweltanalyse) und internen Rahmenbedingungen (Unternehmensanalyse) systematisch analysiert.[1791] In der Umweltanalyse werden die Chancen und Risiken der Kreditgenossenschaft, die sich aus der Entwicklung der externen Rahmenbedingungen ergeben, prognostiziert und beurteilt. Um die Vielfalt möglicher Einflussfaktoren zu strukturieren, empfiehlt der BVR den Primärbanken die Umwelt in die Wirkungsfelder Megatrends, Region, Wettbewerb, Konjunktur, Geld- und Kapitalmarkt sowie Recht und Politik aufzuteilen.[1792] Die Einflüsse von beobachteten oder erwarteten Entwicklungen dieser Wirkungsfelder sind differenziert für das Privat- und Firmenkundengeschäft zu analysieren.

[1786] Im Weiteren wird davon ausgegangen, dass die Entscheidung über die strategischen Geschäftseinheiten zugunsten des Firmenkundengeschäfts vorliegt.

[1787] Vgl. *Schierenbeck, H.* (2003), S. 535.

[1788] Vgl. *Börner, C. J.* (2005), S. 33.

[1789] Vgl. *Schierenbeck, H.* (2003), S. 531.

[1790] Vgl. *Hoffmann, W./Klien, W./Unger, M.* (1996), S. 216; *Hinterhuber, H. H.* (1997), S. 203; *Baum, H.-G./Coenenberg, A. G./Günther, T.* (2004), S. 23; *Schierenbeck, H.* (2003), S. 531 f.

[1791] Dies ist auch Gegenstand der MaRisk. Vgl. *Bundesanstalt für Finanzdienstleistungsaufsicht* (2010), AT 4.2, Textziffer 1.

[1792] Vgl. dazu und für Beispiele zu den einzelnen Wirkungsfeldern *BVR* (2007b), S. 9 ff. Megatrends zeichnen sich dadurch aus, dass sie langfristig wirken und einen nachhaltigen und durchgreifenden Wandel begründen. Beispiel sind die demographische Entwicklung, die Globalisierung sowie die zunehmende Individualisierung und Digitalisierung. Vgl. *BVR* (2007b), S. 10 f.

Die Unternehmensanalyse hat zum Ziel, die Stärken und Schwächen des Kreditinstituts zu erkennen. Um Wettbewerbsvor- und -nachteile ableiten zu können, erfolgt diese Analyse häufig relativ zum Wettbewerb, indem die Ausprägungen strategischer Erfolgsfaktoren aus Sicht der Kreditgenossenschaft und des Wettbewerbs beurteilt werden. Die Ausprägungen der strategischen Erfolgsfaktoren beeinflussen stark die Zielerreichungen hinsichtlich der Rentabilität und des Wachstums der Kreditgenossenschaft.[1793] Zu diesen zählt SCHIERENBECK unter anderem das Marktpotenzial, den Marktanteil, die Konkurrenzsituation, die Kundengewohnheiten und -bedürfnisse, die Preiselastizität der Kunden, das Image der Bank, das Vertriebsnetz oder die Akquisitionsperformance der Primärbank. Darüber hinaus wird vom BVR empfohlen, die einzelnen Funktionsbereiche der Bank systematisch zu analysieren. Zu diesen Funktionsbereichen werden das Management der Bank, der Vertrieb, die Produktion, das Portfoliomanagement und der Service gezählt.[1794] Zur Analyse des Funktionsbereichs Vertrieb wird vom BVR vorgeschlagen, Deckungsbeiträge, Vertriebskennzahlen und Marktpotenzialdaten zu nutzen.[1795]

Die Ergebnisse der Umwelt- und der Umfeldanalyse werden in der SWOT-Matrix kombiniert,[1796] um Erfolgspotenziale zu identifizieren[1797]. Aufbauend auf den Analyseergebnissen, werden in der Planungsphase die strategischen Ziele formuliert sowie die zur Zielerreichung vorzunehmenden Handlungsalternativen (Strategien) entwickelt und hinsichtlich ihrer Erfolgswirksamkeit bewertet. Gemäß VR-CONTROL ist die zentrale Ziel- und Steuerungsgröße der Gesamtbanksteuerung der Vermögenswert der Bank, der sich aus dem „Zerschlagungswert" und dem „Potenzialwert" konstituiert, wobei jedoch im Status quo nur der „Zerschlagungswert" adressiert wird.[1798] Diese beiden Wertgrößen werden beeinflusst durch die Ertrags-, Sicherheits- und Wachstums- sowie Förderauftragsziele der Kreditgenossenschaft, die als strategische Ziele in dieser Phase für den strategischen Planungszeitraum zu konkretisieren sind.

Anknüpfend an die Ergebnisse der SWOT-Analyse wird für die strategische Planung der Kreditgenossenschaften empfohlen, die Planungsphase in die Teil-

---

[1793] Vgl. *Schierenbeck, H.* (2003), S. 533.

[1794] Vgl. *BVR* (2007b), S. 15 f. Konkret wird die Gegenüberstellung der genannten Funktionsbereiche mit den Ebenen der Balanced Scorecard von KAPLAN/NORTON vorgeschlagen. Zu den Ebenen zählen Finanz-, Kunden- und Mitarbeiterebene sowie die Ebene der internen Prozesse. Vgl. *Kaplan, R. S./Norton, D. P.* (1997), S. 46 ff.

[1795] Vgl. *BVR* (2007b), S. 17.

[1796] SWOT steht für Strengths (dt.: Stärken), Weaknesses (dt.: Schwächen), Opportunities (dt.: Chancen) und Threats (dt.: Risiken).

[1797] Vgl. *Börner, C. J.* (2005), S. 33 und S. 35.

[1798] *BVR* (2002b), S. 11. Vgl. dazu die Ausführungen in Kapitel D.3.1.

prozesse strategische Vision, strategische Positionierung, strategische Planung, strategische Handlungsfelder und strategisches Controlling aufzuteilen.[1799] Die strategische Vision umfasst die Formulierung eines qualitativen Sollwerts für das Wesen der jeweiligen Kreditgenossenschaft, an der sich alle Strategien auszurichten haben.[1800] Im Rahmen der strategischen Positionierung werden für die Gesamtbank, die strategischen Geschäftseinheiten und die Funktionalbereiche strategische Ziele und Strategien definiert,[1801] wobei die Ziele erst in der Phase der strategischen Planung in konkret messbare Zielvorgaben transformiert werden.[1802] Anschließend werden strategische Handlungsfelder identifiziert.[1803] Strategische Handlungsfelder zeichnen sich dadurch aus, dass für bestimmte Aspekte der Kreditgenossenschaft die gegenwärtige Situation nicht hinreichend gestaltet ist, um die strategischen Ziele zu erreichen. Für die strategischen Handlungsfelder werden Maßnahmenpläne erarbeitet und umgesetzt. Sie stellen also letztlich, den Implementierungsaspekt des strategischen Managements dar. Den Abschluss des strategischen Planungsprozesses stellt die Auswahl der strategischen Handlungsalternativen zur Erreichung der strategischen Ziele dar, die im Weiteren in enger Verzahnung zur operativen Planung und Steuerung implementiert und kontrolliert wird. Nur durch die strategiekonsistente Ausgestaltung der operativen Planung, Steuerung und Kontrolle kann eine erfolgreiche Strategieumsetzung gewährleistet werden.[1804] Das strategische Controlling umfasst die Koordination des strategischen Planungsprozesses, die Identifikation und Analyse von Zielabweichungen sowie die Einleitung von Gegenmaßnahmen.[1805]

Basierend auf dieser Skizze des strategischen Planungsprozesses auf Gesamtbankebene lassen sich nun die Anknüpfungspunkte zwischen kundenwertorientierter Vertriebssteuerung und Gesamtbanksteuerung benennen, für die Gestaltungsempfehlungen zu erörtern sind. Es wird bewusst von Anknüpfungspunkten gesprochen, da damit ausgesagt wird, dass die Kundenwertorientierung ein Aspekt in diesem Bezugsrahmen auf Gesamtbankebene darstellt. Die folgenden Ausführungen stellen somit Überlegungen dar, wie die Gesamtbanksteuerung durch die Kundenwertorientierung zielführend ergänzt werden kann. Der Fokus liegt dabei auf dem Funktionalbereich des Vertriebs.

1799 Vgl. *BVR* (2007b), S. 3.

1800 Vgl. *BVR* (2007b), S. 26 ff. Dies betrifft sowohl die Strategie auf Gesamtbankebene als auch die Strategien auf Geschäftseinheiten- oder Funktionalbereichsebene.

1801 Vgl. *BVR* (2007b), S. 32 ff.

1802 Vgl. *BVR* (2007b), S. 43 ff.

1803 Vgl. hier und nachfolgend *BVR* (2007b), S. 50 ff.

1804 Vgl. *Börner, C. J.* (2005), S. 36.

1805 Vgl. *BVR* (2007b), S. 54 ff. Diese Phase wird im Weiteren nicht explizit als strategisches Controlling untersucht, sondern der strategischen Vertriebskontrolle zugeordnet.

Im Rahmen der strategischen Analyse ist das Kundenwertmodell als zusätzliches Analyseraster der strategischen Umweltanalyse mit Fokus auf das Firmenkundengeschäft zu nutzen. Darüber hinaus ist der Vertrieb als Funktionalbereich Gegenstand der Unternehmensanalyse. Mit dem Kundenwert kann für die strategische Geschäftseinheit Firmenkunden ein Beurteilungsmaßstab der Stärken und Schwächen des Vertriebs genutzt werden.

Die strategische Vision bietet keinen besonderen Anknüpfungspunkt für die Kundenwertorientierung im Allgemeinen oder die kundenwertorientierte Vertriebssteuerung und wird daher nicht näher betrachtet.

In den Phasen der strategischen Positionierung und der strategische Planung ist der Kundenwert die zentrale Bezugsgröße für Ziele auf Ebene des Funktionalbereichs Vertrieb und neben dem Risiko ergänzende Zielbezugsgröße auf der Ebene der strategischen Geschäftseinheit Firmenkunden. Weiterhin sind der Kundenwert und dessen Werttreiber Bezugsgrößen für die Ableitung und Formulierung von strategischen Handlungsalternativen auf Ebene der strategischen Geschäftseinheit und des Funktionalbereichs Vertrieb. Im Weiteren werden diese Anknüpfungspunkte detailliert erörtert.

2.1.2 Analyse der strategischen Ausgangssituation

2.1.2.1 Chancen-Risiken-Analyse

Im Rahmen der Umfeldanalyse werden die Entwicklungen der globalen und geschäftsspezifischen Umwelt prognostiziert. Wie oben beschrieben, wird die Umwelt der Kreditgenossenschaft in einzelne Wirkungsfelder unterteilt. Die Diagnose der Umfeldentwicklungen soll Chancen und Risiken in der Schaffung und Sicherung von Erfolgspotenzialen benennen.[1806] Wichtig für die strategische Planung ist es daher, die Umfeldentwicklungen aus Sicht der Kreditgenossenschaft zu beurteilen. Da der Kundenwert die externe Bezugsgröße der Erfolgspotenziale darstellt, bietet es sich für die Firmenkundenbank an, relevante Entwicklungen der einzelnen Wirkungsfelder auf Basis ihrer Einflüsse auf diese Größe zu beurteilen, indem diese dem Kundenwert als Ganzem und den einzelnen Kundenwerttreibern gegenübergestellt werden. Im Zentrum der Gegenüberstellung stehen die Fragen nach der Wirkrichtung und Wirkstärke der Entwicklungen auf den Kundenwert. Für die Wirkrichtung lassen sich die Kategorien Chance (positive Wirkrichtung) und Risiko (negative Wirkrichtung) nutzen. Die Bedeutung von Chancen und Risiken kann mittels der Wirkstärke (hoch, mittel, gering) beurteilt werden. Werden Entwicklungen in den einzelnen Wirkungsfeldern auf diese Weise dahingehend untersucht, welchen Einfluss sie auf die Kun-

---

[1806] Vgl. *Eberling, G.* (2002), S. 275.

denwert oder einzelne Kundenwerttreiber haben, können darauf aufbauend Chancen und Risiken begründet werden (siehe Abbildung 63). Diese Analyse kann sowohl auf Basis des gesamten numerischen Kundenpotenzials, des Bestands an aktuellen Kunden, einzelner Kundengruppen als auch auf Ebene der einzelnen Kundenbeziehung der Firmenkundenbank erfolgen. Letzteres ist zu empfehlen, da die Formulierung strategischer Ziele und vertrieblicher Strategien auf Basis einzelner Kundenbeziehungen erfolgen und die Grundlage dieser Schritte unter anderem die Chancen-Risiken-Analyse ist.

Wirkungsfelder → ***Kundenwert***	Bindungspotenzial	Basisgeschäftspotenzial	Entwicklungspotenzial	Cross-Selling-Potenzial	Basiskostenpotenzial	Kooperationspotenzial	Informationspotenzial	Referenzpotenzial	Förderpotenzial	Kreditrisiko	Kundenplanungsrisiko	Portfoliorisikobeitrag
Megatrends	*Richtung*	*Richtung*	*Richtung*	*Richtung*	*Richtung*	*Richtung*	*Richtung*	*Richtung*	*Richtung*	*Richtung*	*Richtung*	*Richtung*
	Stärke	*Stärke*	*Stärke*	*Stärke*	*Stärke*	*Stärke*	*Stärke*	*Stärke*	*Stärke*	*Stärke*	*Stärke*	*Stärke*
Region	*Richtung*	*Richtung*	*Richtung*	*Richtung*	*Richtung*	*Richtung*	*Richtung*	*Richtung*	*Richtung*	*Richtung*	*Richtung*	*Richtung*
	Stärke	*Stärke*	*Stärke*	*Stärke*	*Stärke*	*Stärke*	*Stärke*	*Stärke*	*Stärke*	*Stärke*	*Stärke*	*Stärke*
Wettbewerb	*Richtung*	*Richtung*	*Richtung*	*Richtung*	*Richtung*	*Richtung*	*Richtung*	*Richtung*	*Richtung*	*Richtung*	*Richtung*	*Richtung*
	Stärke	*Stärke*	*Stärke*	*Stärke*	*Stärke*	*Stärke*	*Stärke*	*Stärke*	*Stärke*	*Stärke*	*Stärke*	*Stärke*
Konjunktur	*Richtung*	*Richtung*	*Richtung*	*Richtung*	*Richtung*	*Richtung*	*Richtung*	*Richtung*	*Richtung*	*Richtung*	*Richtung*	*Richtung*
	Stärke	*Stärke*	*Stärke*	*Stärke*	*Stärke*	*Stärke*	*Stärke*	*Stärke*	*Stärke*	*Stärke*	*Stärke*	*Stärke*
Geld- und Kapitalmarkt	*Richtung*	*Richtung*	*Richtung*	*Richtung*	*Richtung*	*Richtung*	*Richtung*	*Richtung*	*Richtung*	*Richtung*	*Richtung*	*Richtung*
	Stärke	*Stärke*	*Stärke*	*Stärke*	*Stärke*	*Stärke*	*Stärke*	*Stärke*	*Stärke*	*Stärke*	*Stärke*	*Stärke*
Recht und Politik	*Richtung*	*Richtung*	*Richtung*	*Richtung*	*Richtung*	*Richtung*	*Richtung*	*Richtung*	*Richtung*	*Richtung*	*Richtung*	*Richtung*
	Stärke	*Stärke*	*Stärke*	*Stärke*	*Stärke*	*Stärke*	*Stärke*	*Stärke*	*Stärke*	*Stärke*	*Stärke*	*Stärke*

Abbildung 63: Beurteilungsraster zur Ableitung kundenwertbezogener Chancen und Risiken[1807]

Diese allgemeinen Überlegungen sollen an einigen Beispielen konkretisiert werden. In Teilen der Literatur und Praxis wird argumentiert, dass es eine Bedeutungsabnahme des Hausbankenprinzips von Seiten der Firmenkunden gäbe.[1808] Dies hat sichtbar unmittelbaren Einfluss auf das Bindungspotenzial, mithin also auf die Bereitschaft der Firmenkunden, langfristig und intensiv eine Geschäftsbeziehung mit einer Bank einzugehen. Darüber hinaus impliziert dies, dass sich

[1807] Eigene Darstellung.

[1808] Vgl. z. B. *Börner, C. J.* (2005), S. 58.

die damit anzunehmende reduzierte Cross-Selling-Bereitschaft der Kunden negativ auf das Cross-Selling-Potenzial auswirkt.

Veränderungen auf dem Geld- und Kapitalmarkt in Form von Leitzinsänderungen durch die Europäische Zentralbank können Einfluss auf das Basisgeschäfts- und das Entwicklungspotenzial haben. Reduziert die Zentralbank die Leitzinsfazilitäten dürfte einerseits eine entsprechende Erwartungshaltung zur Konditionsanpassung auch bei den Firmenkunden gegenüber der Kreditgenossenschaft beobachtbar sein.[1809] Darüber hinaus dürfte es schwieriger sein, Zinserhöhungen durchzuführen. Andererseits bietet eine derartige Situation die Möglichkeit, Bankdienstleistungen des Zinsmanagement zur Absicherung des niedrigen Zinssatzes anzubieten, was einen positiven Einfluss auf das Cross-Selling-Potenzial haben kann.

Ebenfalls Einfluss auf das Entwicklungs- und Cross-Selling-Potenzial können die Markteintritte oder Expansionsstrategien von Wettbewerbern haben. Verfolgen diese bspw. das Ziel, schnell Marktanteile zu gewinnen, so kann dies mit einer Penetrationsstrategie begleitet werden, wodurch tendenziell die Marktpreise sinken.[1810] Auch die veränderten Angebote von Automobilherstellerbanken, die Veränderungen der produktbegleitenden Finanzdienstleistungen vornehmen, und damit Einfluss auf den Kundenwert haben können, sind als Beispiel anzuführen.[1811]

Dieses kundenwertbezogene Analyse- und Beurteilungsraster bietet Gewähr, dass die strategische Umfeldanalyse sich auf den Kundenwert als zentrale Ziel- und Steuerungsgröße ausrichtet. Gleichsam sind die Ergebnisse dieser Analyse in Verbindung mit der Ableitung von Vertriebsstrategien Voraussetzung für die Prognose von Kundenwerten und Kundenwerttreibern.[1812]

2.1.2.2 Stärken-Schwächen-Analyse

Die kundenwertbezogene Stärken-Schwächen-Analyse betrifft im Wesentlichen zwei Aufgabenkomplexe. Zum einen die Analyse der strategischen Ausgangssituation mit Blick auf gegenwärtige Kundenwerte und zum zweiten die Schwach-

---

1809 Dies gilt vornehmlich für die variabel verzinslichen Produkte wie z. B. Kontokorrentkredite. Bei Zinssteigerungen betrifft dies vor allem passivlastige Kunden z. B. aufgrund von Tagesgeldkonditionen.

1810 Bei der Penetrationsstrategie sollen mit relativ niedrigen Konditionen und Gebühren schnell Märkte erschlossen werden. Vgl. dazu ausführlich *Meffert, H.* (1998), S. 548 ff.

1811 So bietet der Hersteller MERCEDES BENZ neben der Anschaffungsfinanzierung auch Kfz-Versicherungen für gewerbliche Kunden an. Vgl. *Mercedes Benz* (2011), o. S.

1812 Vgl. dazu auch die Ausführungen in Kapitel E.1.2.4.

stellen- inkl. Ursachenanalyse.[1813] Bezugsobjekte der Schwachstellenanalyse sind sowohl der Kundenwert als auch der Vertrieb.

Die direkte Diagnose der anbieterspezifischen Kundenwerte und Kundenwertpotenziale steht naturgemäß im Zentrum der kundenwertbezogenen Stärken-Schwächen-Analyse.[1814] Daher wird im Rahmen des ersten Aufgabenkomplexes eine Bewertung der gegenwärtigen Kundenbeziehungen im Status quo vorgenommen.[1815] Dies ist im Sinne der integrierten Rendite-Risiko-Steuerung zweistufig vorzunehmen. Im ersten Schritt ist die Kreditrisikostrategie der Gesamtbank festzulegen und hinsichtlich ihrer Auswirkungen auf die Firmenkundenbank zu eruieren. Die Notwendigkeit dazu resultiert daraus, dass Firmenkunden, die gegenwärtig oder aufgrund der zu erwartenden Entwicklung auch unter Berücksichtigung der Möglichkeiten der Portfoliorisikosteuerung nicht mehr zum risikopolitischen Profil passen, schon zu diesem Zeitpunkt der Planung selektiert werden. Für diese ergibt sich konsequenterweise eine Strategie der Reduzierung oder Beendigung der Kundenbeziehung.[1816]

Der um die selektierten Adressrisiken im Sinne der Kreditrisikostrategie bereinigte Bestand der Firmenkunden ist im zweiten Schritt näher zu analysieren. Dazu werden sowohl die Kundenwertpotenziale als auch die anbieterspezifischen Kundenwerte der einzelnen Kundenbeziehungen unter der Prämisse zum Bewertungszeitpunkt vorliegender Pläne und Strategien ermittelt. Die Analysen können differenziert nach den Kundenteilwerten ein- oder mehrdimensional vorgenommen werden.

Für die eindimensionale Analyse kann für den monetären Kundenteilwert eine Rangreihung der Bestandskunden vorgenommen und mittels der Lorenzkurve visualisiert werden. Aufgrund der Möglichkeit negativer Kundenwerte kann die Form der Lorenzkurve den charakteristischen Verlauf einer „whale-curve" annehmen,[1817] die sich dadurch auszeichnet, dass nach Erreichen des Maximums von 100 Prozent die Kurve eine negative Steigung aufweist. Typischerweise wird diese Darstellung mit der normativen Ableitung von Wertgruppen für die Kunden vorgenommen. So sind z. B. in der exemplarischen Abbildung 64 31 Prozent A-Kunden, 23 Prozent B-Kunden, 20 Prozent C-Kunden und 26 Prozent aufgrund ihres negativen monetären Kundenteilwerts D-

---

1813 Vgl. hier und nachfolgend insbesondere *Stüker, D.* (2008), S. 317 ff.; *Tewes, M.* (2003), S. 188 ff.; *Cornelsen, J.* (2000), S. 269 ff.; *Eberling, G.* (2002), S. 264 f.

1814 Vgl. *Eberling, G.* (2002), S. 266.

1815 Vgl. *Meyer, A./Kantsperger, R./Wilkoszewski, A.* (2005), S. 309.

1816 Vgl. dazu auch die Ausführungen in Kapitel E.2.1.3.2.

1817 Vgl. *Kaplan, R. S./Narayan, V. G.* (2001), S. 7.

Kunden.[1818] Durch diese Analyse wird deutlich, dass knapp ein Drittel der Firmenkunden für 80 Prozent des „Potenzialwerts" und des „Förderpotenzials" im Sinne des Member Value der Bank aus dem Firmenkundengeschäft verantwortlich sind. Abweichend von der normativen Festlegung der Wertgruppen kann auch eine mathematische Herleitung erfolgen, indem z. B. parallel zur Diagonalen an die Lorenzkurve eine Tangente angelegt wird. Das Lot vom Tangentialpunkt teilt den Kundenbestand in unterdurchschnittliche Kundenwerte (rechts vom Lot) und überdurchschnittliche Kundenwerte (links vom Lot).[1819] Unabhängig davon, wie kundenwertbasierte Gruppen gebildet werden, liegt die zentrale Aussage dieser Analyse darin, zu erkennen, wie sich monetäre Kundenwerte unterschiedlicher Höhe im Kundenstamm verteilen. Daraus lassen sich wiederum Aussagen zu Abhängigkeiten oder strukturellen Schwächen begründen. Nach den MaRisk ist diese Information wesentlich für die Risikostrategie, die mit der Gesamtbank- und der Geschäftsfeldstrategie abzustimmen ist.[1820]

In der Regel wird argumentiert, die D-Kunden seien als Wertvernichter abzustoßen, C-Kunden standardisiert und B- und A-Kunden intensiv und individuell zu betreuen. Da es sich hier jedoch um den anbieterspezifischen Kundenwert unter Annahme bestehender Pläne und Strategien handelt, ist noch keine Aussage darüber möglich, ob eine zum Status quo alternative Bearbeitung der jeweiligen Kunden kundenwertsteigernde Ergebnisse hätte. Der Fokus richtet sich folglich auf die Frage, ob „noch bestehende Wertsteigerungspotentiale durch strategische und operative Veränderungen der Kundenbearbeitung ausgeschöpft werden können."[1821] Folglich ist im Weiteren die Analyse der Potenzialausschöpfung von Interesse. Mögliche Bezugsgrößen dieser Analyse sind:

- die Kundenwerttreiber der gleichen Kundenbeziehungen zu einem vergangenen Zeitpunkt,
- die Kundenwerttreiber anderer Kundenbeziehungen zum gleichen Zeitpunkt und
- das Kundenwertpotenzial der Kundenbeziehung.[1822]

1818 Bei der vorgenommenen Darstellung stellen 100 Prozent des Kundenwerts nicht die Summe der einzelnen Kundenwerte dar, sondern das Maximum der kumulierten Kundenwerte.

1819 Vgl. *Rieker, S.* (1995), S. 53.

1820 Vgl. *Bundesanstalt für Finanzdienstleistungsaufsicht* (2010), AT 4.2, Textziffer 2.

1821 *Tewes, M.* (2003), S. 190.

1822 Vgl. hier und nachfolgend *Eberling, G.* (2002), S. 268 ff.

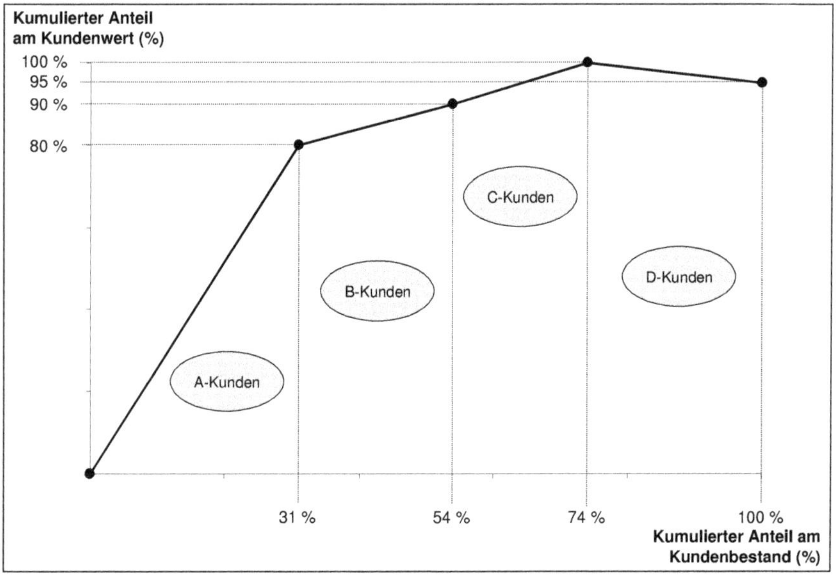

Abbildung 64: Beispiel einer kundenwertbasierten Lorenzkurve[1823]

Mittels des Zeitvergleichs lässt sich die bisherige Entwicklung der Kundenbeziehung im Lichte des Kundenwerts feststellen. Diese Analyse ist insbesondere für langfristige Kundenbeziehungen unter Anwendung der relationalen Vertriebsansätze von Interesse. Der Vergleich mit den Kundenwerttreibern anderer Geschäftsbeziehungen des Kundenstamms ermöglicht es, Ansatzpunkte der bankseitig induzierten Entwicklung des anbieterspezifischen Kundenwerts zu finden. CORNELSEN bezeichnet dies als internen Kundenwert-Wettbewerb. Alternativ dazu nennt er den externen Kundenwert-Wettbewerb, wenn die vergleichende Analyse mit bankexternen Kundenbeziehungen vorgenommen wird.[1824]

Der Vergleich des anbieterspezifischen Kundenwerts mit dem Kundenwertpotenzial stellt den herausragenden Analyseschritt in der kundenwertorientierten Stärken-Schwächen-Analyse dar. Das Kundenwertpotenzial stellt die Obergrenze realisierbarer Wertbeiträge auf Basis der gegenwärtigen Strategien und Planungen dar. Im Sinne einer GAP-Analyse[1825] ist daher zu empfehlen, die Kun-

---

1823 *Stüker, D.* (2008), S. 319.

1824 Vgl. *Cornelsen, J.* (2000), S. 272 f.

1825 Die GAP-Analyse gehört zu den klassischen Instrumenten der strategischen Planung. Sie basiert auf der Idee, dass zwischen den geplanten Zielen und der Prognose der Zielerreichung unter Beibehaltung der bisherigen Aktivitäten aufgrund der Veränderungen

denpotenzialwerte den anbieterspezifischen Kundenwerten gegenüber zu stellen. Dadurch wird eine Aussage darüber möglich, welche anbieterspezifischen Kundenwerte möglich wären. Dies führt zu Überlegungen, warum die anbieterspezifischen Kundenwerte in ihrer beobachteten Höhe und Struktur vorliegen und warum diese von den Kundenpotenzialwerten abweichen. Möglich ist eine derartige Gegenüberstellung in Form einer Portfoliodarstellung. Auf der Abszisse wird dazu das Kundenwertpotenzial und auf der Ordinate der Ausschöpfungsgrad, der sich als Quotient aus anbieterspezifischem Kundenwert und Kundenwertpotenzial ergibt, dargestellt (siehe Abbildung 65).[1826] Jede Kundenbeziehung kann mittels ihrer konkreten Werte in dieser Darstellung positioniert werden. So lässt sich bspw. herausstellen, bei welchen Kunden gegenwärtig die Ausschöpfungsgrade unterdurchschnittlich sind (Quadrant 3 und 4). Liegt bei diesen ein hohes Kundenwertpotenzial vor, ist zu fragen, warum der Ausschöpfungsgrad gering ist und wie dieser ggf. erhöht werden kann. Bei geringen Kundenwertpotenzialen dagegen ist zu erörtern, ob sich ein Bemühen darum, den Ausschöpfungsgrad zu steigern, bei knappen Vertriebsressourcen lohnt. Bei Kunden mit überdurchschnittlichen Kundenwertpotenzialen und überdurchschnittlichen Ausschöpfungsgraden (Quadrant 2) ist zu diskutieren, wie eine solche Situation genutzt und abgesichert werden kann, während im Fall von unterdurchschnittlichen Kundenwertpotenzialen und überdurchschnittlichen Ausschöpfungsgraden (Quadrant 1) auch zu fragen ist, ob vertriebliche Ressourcen hier entzogen werden können, um an anderer Stelle eingesetzt zu werden.

Die Gegenüberstellung von Kundenwertpotenzial und anbieterspezifischen Kundenwert kann ebenso auf Ebene der einzelnen Kundenwerttreiber der Ertragsdimension erfolgen,[1827] um so detaillierte Auskünfte über mögliche Erfolgsquellen zu erhalten. Dieses Vorgehen knüpft unmittelbar an die Diagnose an, dass im Firmenkundengeschäft die Ertragspotenziale nicht differenziert und vollumfänglich analysiert und genutzt werden.[1828]

---

von Stärken und Schwächen eine im Zeitablauf immer größer werdende Ziellücke (engl.: Gap) entstehen wird. Vgl. *Horváth, P.* (2003), S. 386.

1826 Vgl. *Cornelsen, J.* (2000), S. 272. CORNELSEN bezeichnet das Kundenwertpotenzial als externe Dimension und den Ausschöpfungsgrad als interne Dimension der Portfoliodarstellung.

1827 Vgl. *Eberling, G.* (2002), S. 269.

1828 Vgl. dazu die Ausführungen in Kapitel C.1.5.

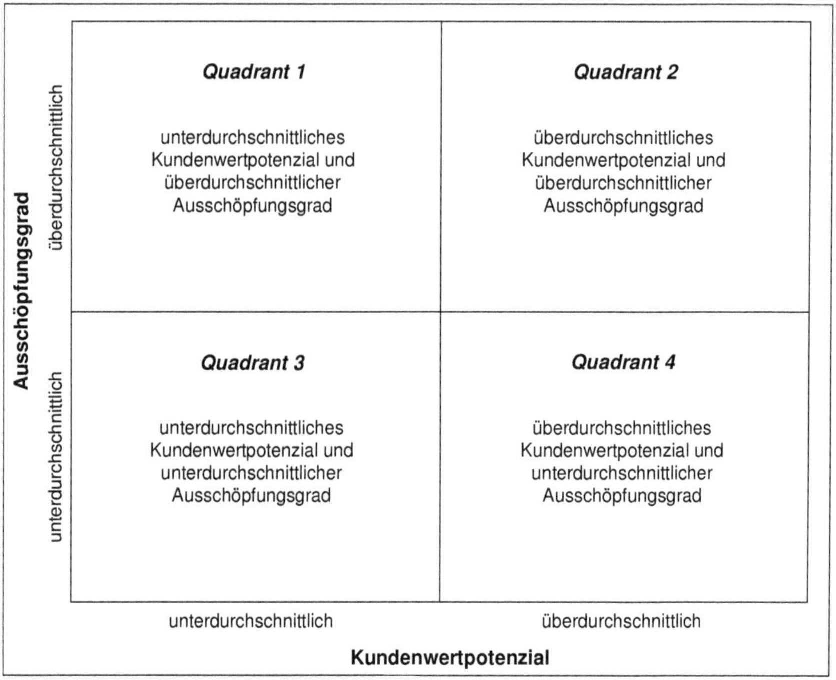

Abbildung 65: Kundenwertpotenzial-Ausschöpfungsgrad-Portfolio[1829]

Mit Blick auf das hergeleitete Kundenwertmodell ist es für die Stärken-Schwächen-Analyse empfehlenswert, eine dreidimensionale Analyse mittels eines Kundenkubus, der zwischen den Dimensionen Ertragspotenzial, Bindungspotenzial und Risiko unterscheidet, vorzunehmen. In der Dimension Ertragspotenzial wird das mit dem risikolosen Zins diskontierte Ergebnis aus Basisgeschäfts-, Entwicklungs-, Cross-Selling-, Basiskosten- und Kooperationspotenzial für den ausgewählten Bewertungszeitraum abgetragen. Für die Dimension des Bindungspotenzials kann die über den Bewertungszeitrum additiv kumulierte Bindungsrate zur Operationalisierung herangezogen werden. Für die Risikodimension kann das Scoringmodell zur Herleitung des Risikoaufschlags auf den Zins um die Kreditrisikogrößen erweitert werden, so dass es eine einzige die Risikodimension darstellende Größe gibt.[1830] Werden nun die einzelnen Kunden-

[1829] Eigene Darstellung.

[1830] Vgl. dazu auch die Ausführungen in Kapitel D.5.2.2.4. Hinsichtlich der Ertrags- und der Risikodimension kann theoretisch zwar keine Unabhängigkeit angenommen werden. Jedoch zeigen empirische Ergebnisse, dass das im vorliegenden Kontext diese Abhän-

beziehungen in dem so aufgespannten Kundenkubus (siehe Abbildung 66) positioniert, lassen sich in einer einfachen Interpretation relative Stärken und Schwächen der Kundenbeziehungen mit Blick auf den monetären Kundenwert ableiten.

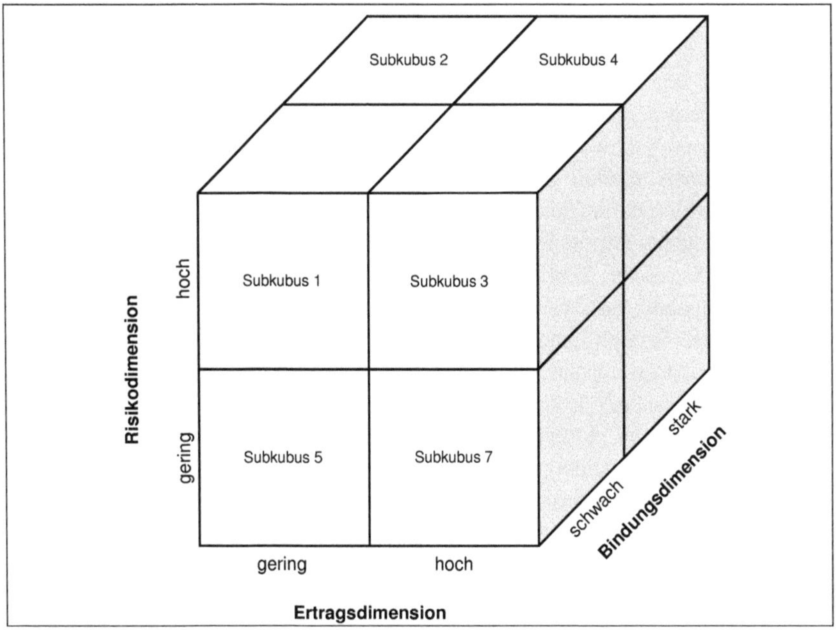

Abbildung 66: Dreidimensionaler Kundenkubus auf Basis des hergeleiteten Kundenwertmodells[1831]

In den Subkuben 1 und 2 sind die Kundenbeziehungen positioniert, deren Schwächen in einem hohen Risiko und einem geringen Ertragspotenzial liegen. Kundenbeziehungen in den Subkuben 3 und 4 zeichnen sich durch die Stärke eines hohen Ertragspotenzials aus, weisen aber auch hohe Risiken auf. In wie weit diese Situation im Sinne der Kreditgenossenschaft geändert werden kann, ist Gegenstand der individuellen Analyse der Kundenbeziehungen. Wird die kompensatorische Interdependenz zwischen Risiko und Ertrag akzeptiert, sind

gigkeit vor allem beeinflussende risikoadjustierte Pricing in den Kreditgenossenschaften nicht im ökonomisch geforderten und regulatorisch empfohlenen Sinne umgesetzt wird. Vgl. dazu *Püthe, T.* (2009), S. 310 f.

1831 Eigene Darstellung.

die Beziehungen im Subkubus 3 durch ein schwaches Bindungspotenzial geprägt. Zu prüfen ist, ob durch geeignete Vertriebsmaßnahmen, die Bindung des Kunden erhöht werden kann. Kundenbeziehungen in den Subkuben 5 und 6 weisen als Stärke ein geringes Risiko auf, so dass die zwar nur geringen Erträge vergleichsweise sicher beurteilt werden können. Derartige Kunden können als Auslastungskunden betrachtet werden. Wesentlich ist, die Bindungsschwächen zu beheben. Zu thematisieren ist zudem, ob derartige Kunden durch geeignete Maßnahmen in die Subkuben 7 oder 8 überführt werden können. Die Kundenbeziehungen in den Subkuben 7 und 8 zeichnen sich durch ihre Ertragspotenzialstärke und geringen Risiken aus. Gelingt es, alle Kunden aus dem Subkubus 7 um ihre Bindungsschwäche zu kurieren, so liegen Kundenbeziehungen mit dem größten Ausmaß an relativen Stärken vor.

Es sei jedoch darauf hingewiesen, dass diese Darstellungen auf dem gegenwärtigen Kundenwertpotenzial und anbieterspezifischem Kundenwert basieren. Sie stellen den ersten Schritt der strategischen Vertriebsplanung dar.[1832] Es ist davon auszugehen, dass veränderte Strategien und operative Aktionspläne Einfluss auf diese Größen haben. Folglich dienen diese Analysen im ersten Schritt lediglich einer Bestandsaufnahme und kritischen Diskussion möglicher Ansatzpunkte. Weitergehende Erkenntnisse liefert die Analyse von Schwachstellen auf Ebene der einzelnen aktuellen Kundenbeziehungen. Dadurch wird eine detaillierte Analyse des Beziehungsstands erreicht, die eine fundierte Grundlage der Ableitung von Strategien und Zielen ist, da auf die einzelnen Kundenwerttreiber und deren Bestimmungsfaktoren eingegangen wird.[1833]

Anleihen nimmt die Schwachstellenanalyse an den aus der wertorientierten Unternehmensführung bekannten Werttreiberanalysen. In der Literatur wird in diesem Zusammenhang vor allem die Analyse der Schwächen forciert.[1834] Gleichwohl sollte sich die Analyse nicht darauf beschränken, sondern auch die Stärken berücksichtigen. Dies begründet sich damit, dass stärken- und schwächenorientierte Strategieansätze unterschieden werden können.[1835] Zu den stärkenorientierten Strategieansätzen sind alle Strategien zu zählen, die im Kontext der SWOT-Analyse versuchen, durch Stärken Chancen zu nutzen oder Risiken zu vermeiden. Schwächenorientierte Ansätze fokussieren, ob und wie Schwächen vor dem Hintergrund von Chancen und Risiken wirken und kompensiert werden müssen und können. Entscheidend dafür, welcher Ansatz zu verfolgen

---

[1832] Vgl. *Cornelsen, J.* (2000), S. 275.

[1833] Vgl. *Tewes, M.* (2003), S. 190; *Eberling, G.* (2002), S. 270; *Cornelsen, J.* (2000), S. 275.

[1834] Vgl. *Tewes, M.* (2003), S. 190; *Cornelsen, J.* (2000), S. 275.

[1835] Vgl. hier und nachfolgend *BVR* (2007b), S. 22.

ist, ist die Frage nach der Erfolgswirksamkeit. Ist es betriebswirtschaftlich sinnvoller, Schwachstellen zu beheben, da die damit verbundenen Wirkungen auf den Kundenwert die Kosten weit stärker überwiegen als bei der Nutzung und dem Ausbau der Stärken, sind schwächenorientierte Strategien sinnvoll et vice versa. Kundenwertbezogene Schwachstellen liegen vor, wenn Ausprägungen der Bestimmungsfaktoren des Kundenwerts vorliegen, die zu einem im Verhältnis zum Kundenwertpotenzial geringen anbieterspezifischen Kundenwert führen. Dies kann z. B. die Situation sein, dass der betrachtete Kunde nur eine geringe Bereitschaft dazu hat, mehr als Zahlungsverkehrs- und Finanzierungsleistungen bei der Kreditgenossenschaft zu beziehen. Dadurch wird das Cross-Selling-Potenzial des Kunden negativ beeinflusst. Bei der Betrachtung der Schwachstellen und Stärken ist zu differenzieren, ob es sich um kundenbezogene oder bankbezogene Bestimmungsfaktoren handelt. So lassen sich aus der Analyse des Cross-Selling-Potenzials bspw. Hinweise ableiten, durch die Erweiterung des Bankleistungssortiments das Kundenwertpotenzial und den anbieterspezifischen Kundenwert zu erhöhen.[1836] Diese Analyse erfolgt individuell für die einzelnen Kundenwerttreiber, wird an dieser Stelle jedoch nicht weiter im Detail vertieft. Es sei daher auf die entsprechende Literatur verwiesen.[1837]

Werden vor allem die bankbezogenen Bestimmungsfaktoren betrachtet, lässt sich die kundenwertbezogene Stärken-Schwächenanalyse für den Funktionsbereich des Vertriebs vornehmen. Ziel ist es, zu bestimmen, wie die Fähigkeiten des Vertriebs zur aktuellen und zukünftigen Realisierung von Wertbeiträgen aus Kundenbeziehungen zu beurteilen sind.[1838] Wie bereits mehrfach erwähnt, ist der Vertrieb die Schnittstelle zum Kunden, die eine zentrale Rolle bei der Einschätzung, Schaffung und Nutzung von Kundenwerten im Firmenkundengeschäft spielt. Daher ist es für die strategische Vertriebsplanung von besonderer Bedeutung, die Stärken und Schwächen des Vertriebs zu kennen. Die Struktur eines für die Wissensgenerierung einzusetzenden Analyserasters basiert zum einen auf dem Kundenwert, den Kundenwerttreibern und deren Bestimmungsfaktoren sowie zum anderen auf der differenzierten Betrachtung des Vertriebs. Letzteres kann bspw. erreicht werden, in dem der Vertrieb in seinen funktionalen, prozessualen und institutionellen Dimensionen betrachtet wird. In der funktionalen Sicht ist z. B. von Interesse, in wie weit die akquisitorischen Aufgaben tatsächlich effektiv erfüllt werden. Dieser Aspekt lässt sich weiter verfeinern, so

---

1836 Vgl. dazu die Ausführungen in Kapitel D.4.5.3.1.3. So gibt es z. B. eine Reihe von Kreditgenossenschaften, die Tochterunternehmen haben, die als Reisebüros tätig sind. So z. B. die VR-BANK UCKERMARK-RANDOW EG oder die VR-BANK AALEN EG.

1837 Vgl. *Tewes, M.* (2003), S. 190 ff.; *Cornelsen, J.* (2000), S. 275 ff.

1838 Vgl. *Eberling, G.* (2002), S. 271.

dass zu z. B. zu fragen ist, wie intensiv das Allfinanzangebot im Vertrieb kommuniziert wird, ob die ganzheitliche Beratung im Sinne der relationalen Vertriebsansätze erfolgt oder ob die Schnittstelle zwischen Markt und Marktfolge reibungslos funktioniert. Auch lässt sich fragen, in wie weit der Vertrieb die Informationen eines Kunden aufnimmt und intern weiterleitet oder ob der Vertrieb hinreichend ausgerüstet ist, die verschlechterte Risikosituation eines Firmenkunden frühzeitig zu erkennen und geeignete Maßnahmen einzuleiten. Hinsichtlich der prozessualen Dimension ist bspw. zu fragen, in wie weit es gelingt, die Vertriebsprozesskosten zu reduzieren oder die Firmenkunden in die Vertriebsprozesse zu integrieren. In der institutionellen Sicht ist etwa eine Frage, in wie weit Firmenkundenberater und Firmenkunden zueinander passen oder ob den einzelnen Firmenkundenberatern eine adäquate Quantität und Qualität an Firmenkunden zugeordnet ist. Ziel dieser Analyse ist es also, herauszufinden, welchen Einfluss die vertriebliche Disposition in funktioneller, prozessualer und institutioneller Hinsicht auf den Kundenwert als Ganzes, auf einzelnen Kundenwerttreiber und/oder deren Bestimmungsfaktoren hat. Vor allem das Verfahren des Benchmarking ist ein aussagekräftiger Ansatz bei der Analyse der Stärken und Schwächen des Vertriebs, da es nicht nur die Ergebnisse vergleicht, sondern darüber hinaus danach fragt, wie die Ergebnisse zustande gekommen sind und worin sich die Unterschiede bei den Benchmarkobjekten begründen (siehe Tabelle 28).[1839]

Tabelle 28: Mögliche Formen des kundenwertbezogenen Benchmarkings des Vertriebs[1840]

<table>
<tr><th>Parameter</th><th colspan="6">Ausprägungen des Parameters</th></tr>
<tr><td>Objekt</td><td colspan="2">funktionaler Vertrieb</td><td colspan="2">prozessualer Vertrieb</td><td colspan="2">institutioneller Vertrieb</td></tr>
<tr><td rowspan="3">Zielgrößen</td><td colspan="6">Kundenwert</td></tr>
<tr><td colspan="6">Kundenwerttreiber</td></tr>
<tr><td colspan="6">Bestimmungsfaktoren</td></tr>
<tr><td>Vergleichs-partner</td><td colspan="3">verschiedene Vertriebseinheiten</td><td colspan="3">andere Primärbanken</td></tr>
</table>

Die vorgestellten Analysen dürften in der Regel auf Basis des jeweiligen kreditgenossenschaftlichen Kundenstamms der Firmenkundenbank erfolgen. Insofern

---

1839 Vgl. *Horváth, P.* (2003), S. 413 ff. Zentrale Prämisse eines solchen Vorgehens ist eine die Benchmarkobjekte übergreifende einheitliche Konzeptualisierung und Operationalisierung des Kundenwerts z. B. anhand des in dieser Arbeit vorgestellten Modells.

1840 In Anlehnung an *Horváth, P.* (2003), S. 413.

kann die relative Analyse der Stärken und Schwächen durch das bisherige marktpolitische Verhalten der Primärbank verzerrt sein. Wichtige Impulse lassen sich zusätzlich gewinnen, wenn kundenwertbezogene Bezugsgrößen verbundweit erhoben und genutzt werden können. Verbundinterne Benchmarkings, die Voraussetzung eines Benchmarkings zwischen den einzelnen Primärbanken sind, sind dazu zentral zu entwickeln. Da es solche Benchmarkings zu anderen Themenfeldern schon gibt, bietet sich die Möglichkeit, auf bestehenden Infrastrukturen aufzusetzen.

Im Anschluss an die Analysephase werden die Vertriebsziele geplant und strategische Handlungsalternativen formuliert. In wie weit dies im Kontext des Kundenwerts erfolgen kann, wird nachfolgend beschrieben.

2.1.3 Vertriebszielplanung und -strategieformulierung

Es wurde in Kapitel C.3.1 dargestellt, dass die Kreditgenossenschaften grundsätzlich die generische Differenzierungsstrategie in Form der Qualitätsführerschaft verfolgen. Innerhalb dieser strategischen Vorgabe bewegen sich die nachfolgenden Ausführungen.

2.1.3.1 Vertriebszielplanung

Für die Herleitung von Strategien ist die Definition von strategischen Zielen als Orientierungspunkt notwendig. Das Fundamentalziel ist die Steigerung des Vermögenswerts. Die damit verbundenen Instrumentalziele wurden in Kapitel D.3.1.3 als Grundlage der Kundenwertmodellierung hergeleitet. In Kapitel E.2.1.1 wurde der Vermögenswert als die zentrale Ziel- und Steuerungsgröße hinsichtlich seiner Relevanz für die strategische Planung auf Gesamtbankebene konkretisiert. Wie bereits erläutert, konstituiert sich der Vermögenswert einer Bank aus dem „Zerschlagungswert“ und dem „Potenzialwert“.[1841] Vereinfachend gilt für den gesamtbanksteuerungsbezogenen Wert der Kreditgenossenschaft der in Formel [E.2] dargestellte Zusammenhang:

$$VW_t = ZW_t + PW_t \qquad \text{[E.2]}$$

mit:

VW_t : Vermögenswert der Kreditgenossenschaft zum Zeitpunkt *t*

ZW_t : Zerschlagungswert der Kreditgenossenschaft zum Zeitpunkt *t*

PW_t : Potenzialwert der Kreditgenossenschaft zum Zeitpunkt *t*

1841 Vgl. *BVR* (2002b), S. 11.

Die Kundenwerte, die durchgängig aus in der Zukunft liegenden Transaktionen mit Firmenkunden oder auf nicht in monetären Größen messbaren Erfolgsbeiträgen des Kunden resultieren, sind sachlogisch dem „Potenzialwert" zuzuordnen. Diese Größe ist mangels konzeptioneller Grundlagen bisher selten oder gar nicht Gegenstand der strategischen Planung in der Kreditgenossenschaft.[1842] Wird der Auffassung gefolgt, dass sich die bankbetriebswirtschaftlichen Steuerungskonzepte der Kreditgenossenschaften weiter an die des Kreditbankensektors, für den die strenge Shareholder Value Orientierung angenommen wird, angleichen, so dürfte es langfristig so sein, dass der „Potenzialwert" als Bezugsgröße der Gesamtbanksteuerung im Allgemeinen und der strategischen Gesamtbanksteuerung im Besonderen aufgrund der Verknüpfung von Kundenwert und Unternehmenswert an Bedeutung gewinnen wird.[1843] Im Folgenden wird daher davon ausgegangen, dass die strategische Gesamtbankplanung um diese Komponente des Vermögenswerts erweitert wird. Damit wird die größtmögliche Kongruenz zwischen strategischer Planung auf Ebene der Gesamtbank, der Ebene der strategischen Geschäftseinheiten und den Funktionalbereichen erreicht, wenn für die Firmenkundenbank und den Vertrieb die Kundenwerte als strategische Zielgröße betrachtet werden. Gleichwohl gelingt es auch bei einer geringeren Kongruenz, die strategischen Ziele der Gesamtbank hinsichtlich des „Zerschlagungswerts" mit der kundenwertorientierten Zielformulierung für den Vertrieb der Firmenkundenbank zu harmonisieren. So lässt sich ein strategisches Ziel auf Basis des barwertigen Deckungsbeitrags III, der dem Vermögenszuwachs aus Kundengeschäften entspricht,[1844] mit zu realisierenden anbieterspezifischen Kundenwerten gleichsetzen. Insgesamt ist in diesen Fällen jedoch ein höherer Abstimmungsaufwand zwischen Gesamtbank- und Vertriebszielen für das Bank- und das Vertriebscontrolling zu konstatieren.

[1842] Genau in diese Lücke ordnet sich diese Arbeit ein. Wenngleich an dieser Stelle keine gesamtbankbezogene Sicht eingenommen wird. Weiterhin ist in der Praxis festzustellen, dass in der Planung der Kreditgenossenschaften vor allem handelsrechtliche, periodische Größen der Gewinn- und Verlustrechnung und der Bilanz betrachtet werden. Von diesem Aspekt wird im Weiteren jedoch abstrahiert, da von der langfristigen Dominanz der betriebswirtschaftlichen Konzeption von VR-CONTROL ausgegangen wird.

[1843] So sieht EBERLING die Kundenwertorientierung als zwingende Konsequenz einer irgendwie ausgeprägten Wertorientierung der Unternehmensführung. Vgl. *Eberling, G.* (2002), S. 43 ff. Ähnlich auch *von Wangenheim, F.* (2003), S. 11 ff. Und für SCHROEDER ist der Kundenwert die zentrale Steuerungsgröße der wertorientierten Unternehmenssteuerung. Vgl. *Schroeder, N.* (2006). Vgl. für die Verknüpfung von Kundenwert und Unternehmenswert z. B. *Schmöller, P.* (2001), S. 151 ff.; *Tewes, M.* (2003), S. 162 ff.; *Wille, K.* (2005), S. 182 ff.; *Stüker, D.* (2008), S. 31 ff.

[1844] Vgl. *BVR* (2002b), S. 16.

Um den Vermögenswert der Kreditgenossenschaft zu steigern, kann diese anstreben, den „Zerschlagungswert“ oder den „Potenzialwert“ oder beide Werte zu erhöhen. In der strategischen Planung sind Erfolgspotenziale Gegenstand der Zielplanungsaktivitäten. Erfolgspotenziale sind im Kontext der Kundenwertorientierung determiniert durch die anbieterspezifischen Kundenwerte und Kundenwertpotenziale. Aus diesem Grund sind die strategischen Zielplanungen auf Ebene der „Potenzialwerte“, mithin unter anderem auf Ebene der firmenkundenspezifischen Kundenwerte zu konkretisieren. Der kreditgenossenschaftliche Vorstand definiert mit Blick auf den Vermögenswert der Bank den Entwicklungspfad sowie das zu erreichende Zielniveau des „Potenzialwerts“ am Ende des strategischen Planungszeitraums. Daraus lassen sich die „Zerschlagungswerte“ ableiten, die aus den Kundengeschäften resultieren.

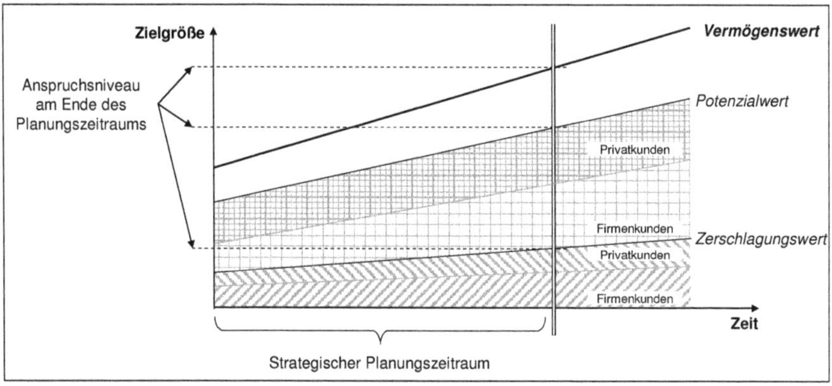

Abbildung 67: Zielgrößen der strategischen Gesamtbankplanung[1845]

Ausgehend von den Gesamtbankzielen leiten sich die strategischen Ziele der Firmenkundenbank und des Vertriebs ab. Für die Ableitung von kundenwertorientierten Vertriebszielen ist es sinnvoll, die Ziele näher zu konkretisieren, d. h. den Geltungsbereich, den Zielinhalt, das Zielausmaß sowie den Zeitbezug zu präzisieren.[1846]

1845 Eigene Darstellung. Nicht betrachtet wird das Treasury. Die Integrale unterhalb der Kurven für den Zerschlagungs- und Potenzialwert stellen die Ziele für die Firmen- bzw. Privatkundenbank dar. Die Addition der Kurven von Zerschlagungs- und Potenzialwert führt zur aggregierten Vermögenswertkurve. Die Abbildung erhebt keinen Anspruch auf eine realistische relative Struktur der Zielgrößen.

1846 Vgl. *Eberling, G.* (2002), S. 249 ff.

Der Geltungsbereich eines Ziels bestimmt, für welchen Gestaltungsraum ein Ziel Steuerungsfunktion besitzt.[1847] Als Gliederungskriterien der Präzisierung bieten sich neben der objektbezogenen Dimension des Kundenwerts auch die Aufbauorganisation der Kreditgenossenschaft und die Fristigkeit der Planung an. Bei der objektbezogenen Dimension wird zwischen Zielen auf Ebene des Kundenstamms und der Menge der Nichtkunden, Zielen auf Ebene von Kundengruppen und Zielen auf Ebene einzelner Kundenbeziehungen unterschieden. Es ist konsistent zum Verständnis der Kundenwertorientierung in dieser Arbeit, wenn strategische Ziele auf Ebene der einzelnen Kundenbeziehung formuliert werden. In vertikaler Sicht kann bei der Aufbauorganisation zwischen der Firmenkundenbank und Privatkundenbank sowie den Teilbanken der Produktions-, Steuerungs- und Vertriebsbank unterschieden werden. Der jeweilige Geltungsbereich determiniert auf Funktionalbereichsebene die Zielinhalte. Bei der Ableitung von Zielen für die einzelnen Geltungsbereiche ist darauf zu achten, dass diese widerspruchsfrei sind. So ist z. B. die Summe der Ziele der einzelnen Kundenbeziehungen kompatibel zu den Vertriebszielen zu formulieren, wobei die Vertriebsziele im Top-Down-Ansatz den Anspruch definieren, der wiederum durch die Gesamtbankplanung determiniert ist.

Der Zielinhalt gibt darüber Auskunft, welche Soll-Größe im Planungsprozess angestrebt wird. Um den auf den gesamten Kundenwert bezogenen Zielinhalt zu präzisieren, bieten sich zwei grundlegende Vorgehensweisen an:

- Zielableitung anhand definitionslogischer Beziehungen oder
- Zielableitung anhand sachlogischer Zweck-Mittel-Beziehungen.[1848]

Bei den definitionslogischen Zielbeziehungen stellen die untergeordneten Ziele Partialziele dar, aus denen sich mittels mathematischer Verknüpfung das Oberziel ableiten lässt. Dies wäre z. B. für die einzelnen Größen in Formel [D.30] für den monetären oder in Formel [D.32] für den nicht-monetären Kundenwert möglich. Sachlogisch abgeleitete Zielsysteme stützen sich auf vermutete oder empirisch ermittelte Zweck-Mittel-Relationen. So ließen sich z. B. für das Bindungspotenzial Ziele für das Ausmaß der Gebundenheit und/oder der Verbundenheit definieren, die positiv auf die Bindung des Kunden wirken. Im Rahmen der strategischen Planung sollten Ziele aufbauend auf den ermittelten Kundenwertpotenzialen auf Ebene des anbieterspezifischen Kundenwerts formuliert werden. In der operativen Planung, die Gegenstand des Kapitels E.2.2 ist, werden konkrete kundenwerttreiberbasierte Zielformulierungen erörtert. Diese Trennung begründet sich damit, dass die operative Vertriebsplanung konkreter und detaillierter als die strategische Vertriebsplanung ist und es daher als ausrei-

---

1847 Vgl. *Eberling, G.* (2002), S. 249.

1848 Vgl. hier und nachfolgend *Eberling, G.* (2002), S. 252.

chend angesehen werden kann, strategische Vertriebsziele auf Basis des anbieterspezifischen Kundenwerts unter Rekurs auf das Kundenwertpotenzial zu formulieren.

Hinsichtlich des Zielausmaßes werden unbegrenzte und begrenzte Ziele unterschieden. Bei unbegrenzten Zielen wird ein maximaler Zielerreichungsgrad und bei begrenzten Zielen das Erreichen eines bestimmten Anspruchsniveaus angestrebt.[1849] Als eine besondere Ausprägung eines unbegrenztes Ziels kann z. B. die Erhöhung des monetären Kundenwerts in fünf Jahren um mindestens 10 Prozent verstanden werden. Dies wird auch als satisfizierendes Zielausmaß bezeichnet. Ein begrenztes Ziel wäre die Steigerung des Kundenwerts um 10 Prozent in fünf Jahren und wird auch als fixiertes Zielausmaß bezeichnet. Für kundenwertorientierte Ziele werden satisfizierende Ziele empfohlen, da die mit der Kundenbewertung verbundenen Unsicherheiten fixierte Ziele konzeptionell inadäquat sind.[1850]

Allgemeine Ziele wie z. B. den Kundenwert steigern, sind zeitraumübergreifend und zeitraumunabhängig. Ziele sind erst dann als Steuerungsgrößen leistungsfähig, wenn sie zeitlich operationalisiert sind. Korrespondierend zur Trennung zwischen strategischer und operativer Planung, sind auch die Ziele strategisch oder operativ, wobei die strategischen Ziele meist über einen mehrjährigen Zeitraum zu erreichen sind und die operativen Ziele für ein Jahr gelten. Die konkreten Zeiträume sind institutsindividuell festzulegen. Für die strategische Planung gilt, dass sich die Zielvorgaben auf einen in der weiteren Zukunft liegenden Zeitraum beziehen.

Da der Kundenwert aus Sicht der Gesamtbank definiert ist, ist für die untergeordnete Ebene der Funktionalbereiche resp. Teilbanken zu konstatieren, dass strategische Funktionalbereichsziele auf Basis des gesamthaften Kundenwerts konzeptionell inadäquat sind. Dem Vertrieb wird i. d. R. keine Verantwortlichkeit über die produktionsbezogenen Standardstückkosten einzelner Bankleistungen, die Einfluss auf den monetären Kundenwert haben, zuzuweisen sein. Ebenso gilt nach dem Prinzip der dualen Steuerung, dass dem Vertrieb keine Verantwortung für die Risikostruktur der Firmenkundenbank zugewiesen werden kann.[1851] Daher sollte der Kundenwert in teilbankenbezogene Kundenwerte differenziert werden (siehe Formel [E.3]).[1852]

1849 Vgl. *Wöhe, G.* (1996), S. 126.

1850 Vgl. *Eberling, G.* (2002), S. 260.

1851 Vgl. dazu die Ausführungen Kapitel C.4.

1852 Die dargestellte additive Verknüpfung der teilbankenbezogenen Kundenwerte entspricht nicht den tatsächlichen vorliegenden funktionalen Verknüpfungen, die auch multiplika-

$$KW_c = KW_c^{Vertrieb} + KW_c^{Produktion} + KW_c^{Steuerung} \quad [E.3]$$

mit:

KW_c:	Anbieterspezifischer Kundenwert des Kunden *c* aus Sicht der Gesamtbank
$KW_c^{Vertrieb}$:	Durch die Vertriebsbank beeinflussbarer Kundenwert des Kunden *c*
$KW_c^{Produktion}$:	Durch die Produktionsbank beeinflussbarer Kundenwert des Kunden *c*
$KW_c^{Steuerung}$:	Durch die Steuerungsbank beeinflussbarer Kundenwert des Kunden *c*

Strategische Kundenwertziele des Vertriebs der Firmenkundenbank beziehen sich somit auf den durch die Vertriebsbank beeinflussbaren Kundenwert, der auch als eigenständiger monetärer Kundenteilwert gemessen werden kann, und diejenigen Einflussgrößen des monetären und nicht-monetären Kundenwerts, die in dessen unmittelbaren oder mittelbaren Einflussbereich liegen. Dazu gehören mit Blick auf die Beziehungsdimension vor allem Ziele über die Bindung und Akquisition von Firmenkunden. Auf Ebene der Kundenwerttreiber der beziehungsbezogenen Ertragsdimensionen gehören dazu kundenwertbezogene Ziele, die sich auf den Absatz von Bankleistungen, die damit verbundenen Vertriebskosten und vertriebliche Ansätze zur Hebung des Kooperationspotenzials (z. B. über die Gestaltung von Vertriebskanälen bei der Beratung und Betreuung von Firmenkunden) beziehen. Hinsichtlich der beziehungsübergreifenden Kundenwerttreiber beziehen sich die Ziele auf die Möglichkeiten des Vertriebs das Informations- (z. B. Beschaffung und Aufnahme von Informationen), das Referenz- (z. B. Akquisition und Bindung referenzpotenzieller Unternehmen) und das Member Value-Potenzial (z. B. Akquisition von gewerblichen Mitgliedern) zu erhöhen. Hinsichtlich der Risikodimension können strategische Ziele für das Kundenplanungsrisiko und die Adressrisiken definiert werden, sofern diese durch den Vertrieb beeinflusst werden können.[1853] Die Präzisierung der Zielinhalte umfasst auch die Betrachtung der Bestimmungsfaktoren, die sich als Zielgrößen strategischer Ziele eignen, sofern diese durch den Vertrieb beeinflusst werden können. Dazu gehören vor allem vorökonomische Ziele wie z. B. Kundenzufriedenheit oder Dienstleistungsqualität in der Firmenkundenbetreuung. Insgesamt wird bei der Auswahl kundenwertbezogener Ziele deutlich: „Short-

---

tiv sein können. Sie ist eine vereinfachende Darstellung zur Verdeutlichung des grundlegenden Gedankens.

1853 So sieht BATZ die Möglichkeit eines entscheidenden Einflusses auf die Bonitätsentwicklung beim Markt aufgrund dessen relativ höchster Kundenkenntnis. Vgl. *Batz, C.* (2004), S. 35.

term objectives such as sales volume are [.] replaced by long-term objectives such as customer satisfaction; sales and profits are considered as being the rewards for delivering customer satisfaction and realizing customer value [...]. Also, transaction-related objectives such as market share [...] are replaced by relational objectives such as share of customer [...]. In replacing transaction-oriented objectives by relational objectives, an organization focuses on the quality rather than the quantity of the customer base."[1854]

Nachdem die Vertriebsziele festgelegt sind, sind die Strategien und Aktionspläne zu formulieren, mit denen diese Ziele erreicht werden sollen. Dies ist Gegenstand des nächsten Kapitels.

2.1.3.2 Vertriebsstrategieformulierung

Die Vertriebsstrategie beinhaltet die langfristig wirkende funktionelle, prozessuale und institutionelle Ausrichtung des Vertriebs und fokussiert auf die Auswahl der Zielkunden und der relevanten Wettbewerbsvorteile, die Ausgestaltung des Vertriebssystems und der Vertriebswege sowie der Preispolitik.[1855] Vor dem Hintergrund der Kundenwertorientierung bietet es sich an, für die Formulierung von Vertriebsstrategien zwei Ebenen zu unterscheiden, denn in der Literatur wird empfohlen, kundenwertbezogene Strategien im Allgemeinen und damit auch Vertriebsstrategien auf Ebene der einzelnen Kundenbeziehung und nicht auf Ebene von Kundengruppen oder des gesamten Kundenstamms zu entwickeln.[1856] In Verbindung mit dem in den Kapiteln C.2.1 und E.2.1.1 genannten Drei-Ebenen-Konzept resultiert somit ein Vier-Ebenen-Konzept, das dazu zwingt, die strategischen Entscheidungen der Funktionalbereichsebene des Vertriebs und der Ebene der Kundenbeziehungen abzugrenzen.[1857]

Auf der Ebene des gesamten Vertriebs sind langfristig bindende Entscheidungen hinsichtlich der institutionellen, funktionellen und prozessualen Merkmale des Vertriebs zu treffen. Dazu zählen z. B. Entscheidungen hinsichtlich der aufbauorganisatorischen Gestaltung des Vertriebs und der Art und Anzahl relevanter Vertriebskanäle, aber auch Entscheidungen über das grundsätzliche Vorgehen in der Firmenkundenbank. Entscheidungen dieser Ebene sind kundenübergreifend gültig, formell und haben eine besonders hohe Bindungswirkung

---

1854 *Hoekstra, J. C./Huizingh, E. K. R.* (1999), S. 262.
1855 Vgl. *Homburg, C./Schäfer, H./Schneider, J.* (2010), S. 27 ff.
1856 Vgl. *Stüker, D.* (2008), S. 327.
1857 Vgl. *Payne, A./Frow, P.* (2005), S. 170.

für künftige Entscheidungen, da nachträgliche Änderungen mit ggf. hohen Anpassungskosten verbunden sein können.[1858]

Auf der Ebene der einzelnen Kundenbeziehungen werden dagegen die materiellen Inhalte der Vertriebsstrategie festgelegt. Zu diesen zählen vor allem die Selektion und Segmentierung der Firmenkunden, die Handlungsalternativen der Kundenbearbeitung sowie die inhaltliche Ausgestaltung von Instrumenten der Vertriebsunterstützung (z. B. der VR-FINANZPLAN MITTELSTAND). Entscheidungen der materiellen Vertriebsstrategie haben stärker konzeptionellen Charakter und können daher vergleichsweise einfacher geändert werden. Gleichwohl sind die formelle und die materielle Ebene abhängig voneinander, wodurch die Anpassungsmöglichkeiten begrenzt sind. So z. B. wenn aufbauend auf der Kundensegmentierung und der Kundenselektion institutionelle Vertriebsstrukturen definiert wurden.

Hinsichtlich der formellen Aspekte sind die strategischen Entscheidungsalternativen institutsindividuell zu entwickeln und zu bewerten. Allgemeingültige Aussagen hierzu lassen sich nicht oder nur schwer ableiten. In der Literatur werden daher vornehmlich die Aspekte der materiellen Strategieebene im Lichte des Kundenwerts diskutiert, da hier eher allgemeingültige Aussagen zur Strategieentwicklung getroffen werden können. Ausgangspunkt der Formulierung von Vertriebsstrategien ist die Frage, ob die strategischen Kundenwertziele des Vertriebs mit der gegenwärtigen Strategie und den damit verbundenen Maßnahmenprogrammen und Aktionsplänen erreicht werden können. Im Sinne der GAP-Analyse kann z. B. dem Ziel, den Gesamtfirmenkundenwert im Planungszeitraum um 20 Prozent auf 120 zu erhöhen, mit dem prognostizierten Ergebnissen auf Basis der gegenwärtigen Strategie und Planung gegenübergestellt werden. Zeigt sich, dass das formulierte Ziel nicht erreicht werden kann, ist zu fragen, welche Strategieänderungen oder -wechsel notwendig sind, um das Ziel zu erreichen. Der erste Blick richtet sich dabei auf die Bestandskunden und deren Kundenwertpotenzial sowie den Möglichkeiten, dies auszuschöpfen. Zeigt sich, dass eine Intensivierungsstrategie nicht ausreichend ist, fällt der Blick auf die Nichtkunden, so dass Überlegungen über eine Extensivierungsstrategie anzustrengen sind.[1859] Diese beiden strategischen Stoßrichtungen sind die grundsätzlichen Leitlinien der weiteren Überlegungen für die Vertriebsstrategie.

[1858] So z. B. wenn das Vertriebssystem von einem werkseigenen zu einem offenen Vertriebssystem geändert werden soll und damit die Notwendigkeit einhergeht, Personalstrukturen zu ändern.

[1859] Die Begriffe der Intensivierungs- und Extensivierungssstrategie leiten sich aus einer von SCHMOLL für das Firmenkundengeschäft adaptierten Ansoff-Matrix ab. Vgl. *Schmoll, A.* (2006), S. 78 f.

Es wird zwischen zwei grundsätzlichen strategischen Handlungsalternativen mit Blick auf die Bestandskunden unterschieden, die sich auf die Quantität des Ressourceneinsatzes beziehen. Zum einen der Erhalt und die Entwicklung von auch ggf. unter gegenwärtigen Planungen und Maßnahmen wertlosen Kundenbeziehungen. Zum zweiten die konsequente Beendigung von Kundenbeziehungen, die einen negativen Kundenwert aufweisen.[1860] Die Auswahl von Strategien erfolgt auf Basis wertbezogener Kriterien, d. h. dem anbieterspezifischen Kundenwert aus gegenwärtiger Perspektive, dem gesamten Kundenwertpotenzial sowie der Wahrscheinlichkeit, dieses Potenzial durch eine veränderte Strategie zu erschließen.[1861] Der kundenwertbezogene Blick auf die Kunden stellt eine an der Effizienz ausgerichtete Determinante der Strategieformulierung dar, die die an der Effektivität orientierte Kundensegmentierung nach (kauf-) verhaltensorientierten Merkmalen ergänzt.[1862]

Zur Ableitung von Strategien haben sich Portfolioanalysen als das klassische Instrument etabliert[1863] und stellen auch zur Steuerung der vielfältigen Aktivitäten gegenüber Kunden ein gängiges methodisches Hilfsmittel dar.[1864] Mit Blick auf die Portfoliodarstellung in Abbildung 65 lassen sich bspw. kundenwertbasierte Normstrategien formulieren. Kunden im Quadranten 3, die sich durch einen unterdurchschnittlichen Ausschöpfungsgrad und ein unterdurchschnittliches Kundenwertpotenzial auszeichnen, stellen Kandidaten für eine potenzielle Beendigung der Kundenbeziehung dar, wenn es unwahrscheinlich ist, das Kundenwertpotenzial oder den anbieterspezifischen Kundenwert durch bankbezogene Einflussfaktoren zu erhöhen.[1865] TOMCZAK/REINECKE/ FINSTERWALDER unterscheiden zwei Basisstrategien, die bei diesen Geschäftsbeziehungen angewendet werden können.[1866] Bei einer Teilausgrenzungsstrategie wird

---

1860 Vgl. *Tewes, M.* (2003), S. 196. Ähnlich auch HILGENSTOCK, der noch die Beobachtungsstrategie als Zwischenstufe eingefügt. Vgl. *Hilgenstock, G. P.* (1995), S. 811.

1861 Vgl. *Tewes, M.* (2003), S. 197.

1862 Vgl. ähnlich *Blattberg, R. C./Deighton, J.* (1996), S. 136 ff. In Praktikerbeiträgen wird regelmäßig postuliert, eine Segmentierung auf Basis von Kundenwerten oder Potenzialen vorzunehmen. Eine Berücksichtigung sonstiger Kriterien, um Kundengruppen zu definieren, die die Grundlage der Auswahl vertrieblicher Strategien und Maßnahmen sind, wird dabei nicht vorgenommen. Es ist dagegen jedoch zu empfehlen, die klassische Kundensegmentierung anhand kaufverhaltens- oder bedarfsrelevanter Kriterien, um die ökonomische Segmentierung mit Rekurs zum Kundenwert zu ergänzen. Vgl. dazu *Homburg, C./Schäfer, H./Schneider, J.* (2010), S. 34 ff. Die Autoren sprechen von Kundensegmentierung (Effektivität) und Kundenpriorisierung (Effizienz).

1863 Vgl. *Horváth, P.* (2003), S. 386; *Götz, P./Diller, H.* (1991), S. 25.

1864 Vgl. *Götz, P./Diller, H.* (1991), S. 1.

1865 Vgl. *Weber, J./Lissautzki, M.* (2004), S. 40 f.; *Günther, B./Helm, S.* (2003), S. 61.

1866 Vgl. hier und nachfolgend *Tomczak, T./Reinecke, S./Finsterwalder, J.* (2000), S. 413 ff.

die Geschäftsbeziehung zwar nicht beendet, dem Kunden wird jedoch nur ein begrenztes Leistungsspektrum offeriert. Dies impliziert also nicht, dass keine Transaktionen mit dem Kunden mehr vorgenommen werden. Es beinhaltet vielmehr, dass aus Sicht der Kreditgenossenschaft die Bereitschaft fehlt, eine Geschäftsbeziehung mit dem Kunden aktiv aufrechtzuerhalten.[1867] Statt eines relationalen Vertriebsansatzes wird für diese Kunden ein transaktionaler Vertriebsansatz verfolgt, so dass der Umfang zu investierender Ressourcen in die Kundenbeziehung auf Null gesenkt wird. Die Totalausgrenzung, bei der die Kundenbeziehung zum Kunden insgesamt aktiv beendet wird, ist die zweite Basisstrategie.[1868] Zwar wird ein derartiges Vorgehen als „ultima ratio" beurteilt,[1869] dennoch bedingen begrenzte Ressourcen der Kreditgenossenschaft diese Kundenselektions-[1870] und Kundenpriorisierungsentscheidungen[1871]. Insbesondere aufgrund des Regionalprinzips und der Kommunikationsprozesse zwischen Firmenkunden sollten Kreditgenossenschaften jedoch hinreichend vorsichtige kundenwertbezogene Maßstäbe anlegen, um Kundenselektionsentscheidungen zu begründen.[1872] Dazu gehört auch, eine dezidierte Analyse der Auswirkungen einer Kundenbeendigung auf den gesamten Kundenstamm vorzunehmen.[1873] Weiterhin ist zu berücksichtigen, dass die in Kapitel D.3.2 diskutierten Besonderheiten bei Mitglieder-Kunden zu beachten sind, so dass ggf. aufgrund des Förderauftrags die Kundenbeziehung zu einem Mitglieder-Kunden trotz eines geringen Kundenwerts nicht beendet werden sollte.

Bei Kunden im Quadranten 4, die gekennzeichnet sind durch ein hohes Kundenwertpotenzial und einen unterdurchschnittlichen Ausschöpfungsgrad, sind strategische Handlungsalternativen zu eruieren, wie der anbieterspezifische Kundenwert gesteigert werden kann. Ansatzpunkte dazu lassen sich z. B. mittels des Kundenkubus in Abbildung 66 finden, indem ausschließlich Kunden des Quadranten 4 in diesem Kundenkubus eingeordnet werden, oder auf Basis von

---

[1867] Vgl. zum Begriff der Geschäftsbeziehung auch Kapitel C.2.4.1.3 sowie ausführlich *Segbers, K.* (2007), S. 10 ff.

[1868] Vgl. *Tomczak, T./Reinecke, S./Finsterwalder, J.* (2000), S. 413 ff.

[1869] Vgl. *Fischer, T./von der Decken, T.* (2001), S. 304.

[1870] Vgl. *Diller, H.* (1995a), Sp. 1368.

[1871] Vgl. *Droll, M.* (2008), S. 1 ff.; *Günter, B./Helm, S.* (2006), S. 48.

[1872] COLLINGS/BAXTER verweisen in diesem Kontext auf die negativen Imagewirkungen, die mit der anbieterseitigen Beendigung einer Kundenbeziehung einhergehen können. Vgl. *Collings, D./Baxter, N.* (2005), S. 27.

[1873] Die regional begrenzten Geschäftsgebiete der Genossenschaftsbanken führen dazu, dass negativen Referenzwirkungen und der Möglichkeit, dass ausgegrenzte Kunden ggf. bei anderen Banken Kunden werden und deren Marktanteil steigern, besonderes Augenmerk zu schenken ist. Vgl. *Günter, B./Helm, S.* (2003), S. 56.

verhaltens- und merkmalsbasierten Kundensegmentierungen.[1874] Fixpunkte möglicher Strategien wären z. B. die Risiken zu reduzieren, den Bindungsgrad oder das Ertragspotenzial zu erhöhen. HOMBURG/STEINER/TOTZEK sprechen in diesem Zusammenhang von offensiven Marketingstrategien, deren Ziel in der Erhöhung der einzelnen Kundenwerte liegt.[1875] Diese werden auch als Ausschöpfungs- oder Entwicklungsstrategien bezeichnet. Ansatzpunkte, den anbieterspezifischen Kundenwert bei gegebenem Kundenwertpotenzial zu erhöhen, liegen in der Steigerung der Kundenbindung, der Erhöhung des Loyalitätsgrads, der Ausschöpfung von Preiselastizitäten, dem Absatz bisher nicht abgesetzter Leistungen, dem Senken der kundenbezogenen Prozesskosten oder der kundenbezogenen Risiken.[1876] Selten wird in diesem Zusammenhang auch genannt, dass sich der anbieterspezifische monetäre Kundenteilwert steigern lässt, wenn die Bankleistungen früher als prognostiziert abgesetzt werden können.[1877]

Bei Kunden im Quadranten 1 und 2 ist zu ermitteln, wie diese gegenüber wettbewerblichen Akquisitionsbemühungen abgesichert werden können. Insbesondere der Aufbau von Wechselbarrieren kann als Gegenstand einer entsprechenden Absicherungsstrategie genannt werden. Ziel dieser defensiven Marketingstrategien ist es, den anbieterspezifischen Kundenwert dieser Kundenbeziehungen zu stabilisieren.[1878]

Zeigt sich, dass mit diesen kundenstammbezogenen Vertriebsstrategien die strategischen Vertriebsziele nicht erreicht werden können, sind Strategien zu diskutieren, wie werthaltige Nichtkunden gewonnen werden können. Zu den Nichtkunden zählen nach dem numerischen Kundenpotenzial[1879] sowohl diejenigen Firmenkunden, die bisher keine Geschäftsbeziehung zur Kreditgenossenschaft hatten, als auch diejenigen Firmenkunden, die in der Vergangenheit mal eine Geschäftsbeziehung zur Kreditgenossenschaft unterhalten haben. Folglich sind Akquisitions- und/oder Rückgewinnungsstrategien zu formulieren. Für eine

---

1874 Vgl. dazu ausführlich *Duderstadt, S.* (2006), S. 74 ff. In der Literatur wird allenthalben argumentiert, die kundenwertbezogene Kundensegmentierung sei alleinig ausreichend, für die Ableitung von Vertriebsstrategien. Zu empfehlen ist jedoch ein zweistufiges Kundensegmentierungsmodell, das zunächst die Kunden nach adäquaten Kriterien zur Ansprache segmentiert und innerhalb dieser Segmente dann nach Kundenwerten klassifiziert. Für mögliche Kriterien der Segmentierung von Firmenkunden vgl. *Schulz, T. C.* (2005).

1875 Vgl. *Homburg, C./Steiner, V. V./Totzek, D.* (2009), S. 71 f.

1876 Ähnlich *Stüker, D.* (2008), S. 328; *Tewes, M.* (2003), S. 200 f.

1877 Dies begründet sich mit der positiven Zeitpräferenzrate der Entscheider, wonach heutige Zuflüsse höher gewertet werden als künftige. Vgl. dazu die Ausführungen in Kapitel D.5.2.2.3.

1878 Vgl. *Homburg, C./Steiner, V. V./Totzek, D.* (2009), S. 71 f.

1879 Vgl. dazu die Ausführungen in Kapitel D.1.2.2.

erfolgreiche Strategieentwicklung bei Nichtkunden stehen die Analyse der Bindung an die gegenwärtige(n) Bank(en) sowie die Möglichkeiten, die Bindung zu reduzieren, im Fokus der Betrachtung. Bei den Rückgewinnungsstrategien ist zusätzlich zu fragen, aus welchen Gründen die ehemals vorhandene Geschäftsbeziehung beendet wurde (Kündigungsgrundanalyse) und ob diese Gründe auch gegenwärtig ein Hemmnis für den Wiederaufbau der Geschäftsbeziehung darstellen. Uninteressant für die Rückgewinnungsabsichten sind nach STAUSS/ FRIEGE absichtlich vertriebene, sich entfernte und weggekaufte Kunden.[1880]

Wenngleich sich diese Normstrategien plausibel aus dem Kundenportfolio in Abbildung 65 ableiten lassen, gilt, dass „diese keinen dogmatischen Charakter haben. Sie geben nur die Richtung der zu treffenden Entscheidungen an."[1881] Letztlich kann hinsichtlich des Kundenwerts in Verbindung mit den formulierten Zielen für den „Potenzialwert" der Kreditgenossenschaft allgemein für die Strategiefindung nur postuliert werden, keine Geschäftsbeziehungen zu Kunden langfristig aufrecht zu erhalten, die einen negativen Kundenwert und keine Chancen der Änderung dieser Situation aufweisen. In diesem Postulat werden sowohl der monetäre als auch der nicht-monetäre Kundenwert gleichermaßen berücksichtigt, indem folgendes Entscheidungsmodell der Kundenbewertung und -selektion in der strategischen Planung berücksichtigt wird (siehe Abbildung 68).

[1880] Vgl. *Stauss, B./Friege, C.* (2006), S. 517.
[1881] *Götz, P./Diller, H.* (1991), S. 28.

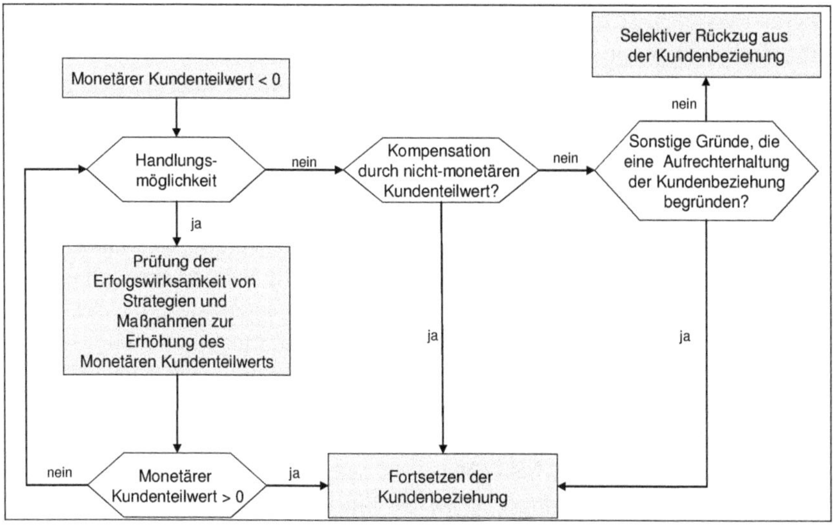

Abbildung 68: Entscheidungsmodell im Rahmen der strategischen Planung[1882]

2.1.4 Strategiebewertung

Nachdem verschiedene strategische Handlungsalternativen des Vertriebs auf Basis des Kundenwerts bei gegebenen Strategien und Plänen bestimmt worden sind, ist deren Erfolgswirksamkeit hinsichtlich des zu erreichenden Ziels zu bestimmen, um eine finale Auswahl der Vertriebsstrategie vorzunehmen. Dazu wird im Schrifttum eine aus der wertorientierten Unternehmensführung bekannte Vorgehensweise empfohlen.[1883] Im ersten Schritt wird der monetäre und nicht-monetäre Kundenteilwert zu Beginn der Planungsrunde auf Basis der bestehenden Planung bestimmt. Dieser Wert ist, wie schon in den bisherigen Ausführungen zur Analyse- und Planungsphase deutlich wurde, die Ausgangsbasis der Strategiebewertung und gilt als auch als Werthürde. Im zweiten Schritt sind die Kundenteilwerte und die Ausprägungen Kundenwerttreiber auf Basis der entwickelten strategischen Handlungsalternativen (Vertriebsstrategiealternativen) zu ermitteln. Die Differenz zwischen den Kundenwerten auf Basis der bestehenden Planung und auf Basis einer bestimmten Vertriebsstrategie stellt den Maßstab für die Erfolgswirksamkeit dieser einzelnen Vertriebsstrategiealternative dar. In diesem Zusammenhang ist es von Bedeutung, auch die mit der Strategie verbundenen Vertriebskosten in die Kundenbewertung einfließen zu lassen.

1882 In Anlehnung an *Tewes, M.* (2003), S. 205.

1883 Vgl. *Tewes, M.* (2003), S. 208; *Stüker, D.* (2008), S. 211.

Dieser Vergleich ist für alle formulierten Vertriebsstrategien vorzunehmen, um eine Entscheidungsgrundlage für die Auswahl einer tatsächlich umzusetzenden Vertriebsstrategie zu erhalten. Es sollte die Strategie ausgewählt werden, die die höchste strategieinduzierte Wertgenerierung impliziert.[1884]

Eines der zentralen Probleme dieser Vorgehensweise ist die Schätzung der Reagibilität des Kundenwerts oder Kundenwerttreiber auf die Vertriebsstrategie. Es ist begründet davon auszugehen, dass sich die einzelnen Strategien unterschiedlich auf die Höhe, die zeitliche Struktur und die Varianz der Kundenwerttreiber auswirken. Eine punktgenaue Schätzung dürfte beinahe unmöglich sein, während es realistisch erscheint, Wirkungsszenarien aufzubauen, die die Bandbreite der Strategiewirkung abbilden. Um dieser Problematik Rechnung zu tragen, lassen sich die bereits erwähnten Szenarioanalysen in der Kundenbewertung ergänzen um Sensitivitätsanalysen und Monte-Carlo-Simulationen.[1885] Während die Sensitivitätsanalyse nur einzelne Faktoren hinsichtlich ihrer Wirkung auf den Kundenwert betrachten kann, stellt die Monte-Carlo-Simulation ein Verfahren dar, das mehrere unsichere Einflussfaktoren gleichzeitig bezüglich ihrer Wirkung auf den Kundenwert berücksichtigen kann.[1886]

Da die Kundenwerte nicht nur durch die Strategien des Vertriebs, sondern auch durch die Strategien der Produktionsbank und der Steuerungsbank beeinflusst werden können, sind diese in einer übergeordneten Betrachtung auf Gesamtbankebene durch das zentrale Gesamtbankcontrolling zusammenzuführen, um den aus Gesamtbanksicht optimalen Strategiemix zu ermitteln.[1887] Somit kann der Kundenwert als Bewertungsmaßstab für die Koordination der strategischen Ziele der einzelnen Teilbanken verwendet werden:[1888]

$$\begin{aligned} KW_c(s_i^V, s_i^P, s_i^{St}) &= KW_c^{Vertrieb}\left(s_i^V\right) \\ &+ KW_c^{Produktion}\left(s_i^P\right) \\ &+ KW_c^{Steuerung}\left(s_i^{St}\right) \end{aligned} \qquad [E.4]$$

mit:

1884 Vgl. *Tewes, M.* (2003), S. 208; *Stüker, D.* (2008), S. 334.

1885 Vgl. hier und nachfolgend *Stüker, D.* (2008), S. 333 ff.

1886 Vgl. für einen beispielhaften Einsatz der Monte-Carlo-Simulation im Rahmen der Kundenbewertung *Gleißner, W.* (2005), S. 416 f.

1887 Vgl. *Blattberg, R. C./Deighton, J.* (1997), S. 25, die beispielweise fordern, dass die Beurteilung neuer Produkte, neuer Maßnahmen oder neuer Kundendienstangebote an der Frage gemessen werden, ob der Nettokapitalwert der Kunden dadurch wächst.

1888 Analog zur Formel [E.3] gilt, dass die additive Verknüpfung nur zu Darstellungszwecken gewählt wurde. Realiter ist von einer vergleichsweise komplexen und mehrfach rückgekoppelten Verknüpfung der einzelnen Strategiealternativen auszugehen.

s_i^V : Strategiealternative *i* der Vertriebsbank

s_i^P : Strategiealternative *i* der Produktionsbank

s_i^S : Strategiealternative *i* der Steuerungsbank

2.1.5 Strategieumsetzung

Die Phase der Strategieumsetzung stellt die sachlogische Verknüpfung zwischen der strategischen und der operativen Ebene der Vertriebssteuerung dar. Die strategische Vertriebsplanung schafft den organisatorischen Rahmen, so dass in der operativen Vertriebsplanung die langfristige Perspektive der strategischen Planung in kurz- und mittelfristige Bezugszeiträume dekomponiert wird, welchen operative Ziele und Maßnahmen zugeordnet werden.[1889] Die Herleitung von operativen Zielen und Maßnahmen ist Gegenstand der operativen Vertriebsplanung.

2.2 Operative Vertriebsplanung

Während die strategische Vertriebsplanung festlegt, welche Erfolgspotenziale, verstanden als Kombination aus Kundenwerten und bankinternen Vertriebsstrukturen und -prozessen, mit welchen Strategien abgesichert, ausgeschöpft oder entwickelt werden sollen, liegt der Fokus der operativen Vertriebsplanung in einer detaillierten und kurz- bis mittelfristigen Umsetzung dieser Strategien. Die operative Vertriebsplanung konkretisiert die Aufgaben des Ausführungssystems hinsichtlich der Ziele, Aktivitäten, Ressourcen, Aufgabenträger und Termine.[1890] Operative Vertriebspläne stellen die detaillierte gedankliche Antizipation der Handlungen im Vertriebsausführungssystem dar und dienen insbesondere der Kommunikation zwischen Vertriebsleitung und Vertriebsmitarbeitern.[1891] Im Gegensatz zur strategischen Vertriebsplanung zeichnet sich die operative Vertriebsplanung durch ein höheres Maß der Präzisierung aus und erfolgt auf Basis kurzfristig gegebener Strukturen und Kapazitäten.[1892] Die höhere Präzisierung zeigt sich insbesondere darin, dass kundengruppenbezogene und kundenindividuelle, differenzierte Ziele formuliert werden.[1893]

[1889] Vgl. *Wille, K.* (2005), S. 246.

[1890] Vgl. *Duderstadt, S.* (2006), S. 127; *Wille, K.* (2005), S. 250 f.

[1891] Vgl. *Tewes, M.* (2003), S. 183.

[1892] Vgl. *Althans, M.* (2001), S. 76.

[1893] Vgl. *Reiners, J. O.* (2004), S. 124; *Hilgenstock, G. P.* (1995), S. 815.

Aufgrund der Zukunftsgerichtetheit und Langfristigkeit der Planung sollte die Vertriebsplanung als rollierende Planung ausgestaltet werden, so dass der Präzisionsgrad der Vertriebsplanung mit zunehmendem Zukunftsbezug abnimmt und auf Basis der aus der Überwachsungs- und Sicherungsphase gewonnen Informationen Planänderungen vorgenommen werden können.[1894]

Analog zur strategischen Planung sind für die weiteren Ausführungen zunächst die Anknüpfungspunkte an die operative Gesamtbankplanung herauszustellen, um Gestaltungsempfehlungen im Lichte des Kundenwerts ableiten zu können.

2.2.1 Anknüpfungspunkte an die operative Gesamtbankplanung

Der operative Planungsprozess in den Kreditgenossenschaften wird in VR-CONTROL konzeptionell als Gegenstromverfahren beschrieben, das in drei Phasen eingeteilt wird. Im Rahmen der strategischen Gesamtbankplanung werden Entwicklungspfade und Anspruchsniveaus für die Zielgrößen im und zum Ende des Planungszeitraums Top-Down festgelegt. Daraus werden qualitative Leitlinien und quantitative Vorgaben des Gesamtbankergebnisses für die kommende Planungsperiode abgeleitet. Qualitative Leitlinien und quantitative Vorgaben beziehen sich auf die einzelnen in Tabelle 29 aufgeführten Zielgrößen.[1895] Die jeweiligen Zielgrößen werden so operationalisiert, d. h. hinsichtlich des Ausmaßes und Zeitbezugs festgelegt, dass der gewünschte Ergebnispfad der Bankentwicklung im Sinne der strategischen Ziele erreicht wird. Dabei werden diese Größen zunächst auf Gesamtbankebene definiert und abschließend auf die einzelnen Teilportfolios disaggregiert, so dass diese in Summe die Gesamtbankziele ergeben.

[1894] Vgl. zur rollierenden Planung *Horváth, P.* (2003), S. 204; *Küpper, H.-U.* (2001), S. 303.

[1895] Vgl. hier und nachfolgend *BVR* (2002b), S. 122; *BVR* (2003b), Kapitel 1.2, S. 3 ff.

Tabelle 29: Beispielhafte kurzfristige (1-Jahres-)Gesamtbankplanung[1896]

Zielgröße	**Qualitative Leitlinie**	**Quantitative Vorgabe**	
Gesamtbankergebnis und Eigenkapitalrentabilität		Eigenkapitalrendite:	20 %
		Ergebnisanspruch:	25 Mio. EUR
Gesamtbankrisikolimit	Aus dem Firmenkundenportfolio ist ein ausgeglichenes Adressrisikoergebnis zu erwirtschaften. Im schlimmsten Fall dürfen Markt- und Adressrisiken das geplante Gesamtbankergebnis erreichen, so dass das Vermögen der Bank unangetastet bleibt.	Gesamtbankrisikolimit:	25 Mio. EUR
		Adressrisikolimit:	20 Mio. EUR
		Adressrisikoergebnis:	0 Mio. EUR
		Marktpreisrisikolimit:	5 Mio. EUR
		Marktrisikoergebnis:	2 Mio. EUR
Kundengeschäftsergebnis	Aus dem Kundengeschäft der Kreditgenossenschaft ist eine stabile Grundrentabilität zu erwirtschaften. Systematische Verbesserung der Risikoqualität des Firmenkundengeschäftes durch Beschränkung der Neugeschäfte auf die Kunden der besten Ratingkategorien.	Deckungsbeitrag III:	24 Mio. EUR
Produktivitätsergebnis	Es ist ein ausgeglichenes Produktivitätsergebnis anzustreben, so dass die vereinnahmten Standardstückkosten sämtliche dem Kundengeschäft zurechenbaren Kosten abdecken.	Produktivitätsergebnis:	0 Mio. EUR
Overheadergebnis	Die Overheadkosten dürfen nur in Höhe der Inflationsrate steigen.	Overheadergebnis:	-1 Mio. EUR

Die Skizze der operativen Gesamtbankplanung macht deutlich, dass die Schnittstelle zwischen Gesamtbankplanung und Vertriebsplanung das Kundengeschäftsergebnis ist. Die zentrale Zielgröße dabei ist der Deckungsbeitrag III, für

1896 Eigene Darstellung. Beispielhafte Zahlen modifiziert entnommen aus *BVR* (2003b), Kapitel 1.2, S. 5.

den ein eigenständiger Planungsprozess vorliegt.[1897] Ausgangspunkt dieses Planungsprozesses ist zunächst die Feststellung, auf welcher Ebene der Kundengeschäftserfolg geplant wird. Als Alternativen werden die Ebenen des Controllingwürfels genannt, der die Dimensionen Kunden, Produkte und Profit-Center hat. Anschließend wird in der Top-Down-Planung der Ertragsanspruch an das Kundengeschäft formuliert, der sich aus der strategischen Planung ergibt. Dazu werden die strategischen Ziele in periodische Ziele heruntergebrochen. Auf Basis der Ergebnisse der Top-Down-Planung führen die Ergebnisverantwortlichen die Planung auf Basis einzelkunden- oder kundengruppenbezogener Geschäftszahlen durch (Bottom-Up-Planung). Der höhere Detaillierungsgrad der Bottom-Up-Planung in Verbindung mit bankleistungsbezogenen Volumen- und Stückzahlen stellt die Ausgangsbasis für die Anforderungen hinsichtlich personeller und sachlicher Kapazitäten sowie der Koordinationstätigkeiten mit den Verbundunternehmen dar, die auf Basis der Planzahlen formuliert und vorgenommen werden. Zwar stellt der Deckungsbeitrag III die wichtigste und zentrale Größe dar, dennoch sind Hilfsgrößen in Form der Inputgrößen des Deckungsbeitrags III (Volumen, Marge, Risikoprämien und Standardstückkosten) ebenfalls Gegenstand der Zielplanungsüberlegungen. Basierend auf dem Planergebnis obliegt es den Führungskräften der jeweiligen strategischen Geschäftseinheiten und Funktionalbereiche, die Planrealisation vorzunehmen. Dazu gehört vornehmlich die Planung der Maßnahmen, mit denen die Ziele erreicht werden sollen.[1898] In der Abstimmungsphase werden die Top-Down- und Bottom-Up-Planung koordiniert, so dass ein finales operatives Planungsergebnis für den Deckungsbeitrag III für das Kundengeschäft der Firmenkundenbank resultiert.

Basierend auf dieser Vorgehensskizze lassen sich nun für die operative kundenwertorientierte Vertriebsplanung die Anknüpfungspunkte an die Gesamtbankplanung finden. In einer engen Perspektive stellt der monetäre Kundenteilwert eine Hilfsgröße für die Ableitung der Zielplanung in der Bottom-Up-Planung dar, da dieser Wert idiomatisch für die Abbildung des Markt- bzw. Kundenpotenzials in der Vertriebsplanung ist. In einer weiteren Betrachtung kann jedoch postuliert werden, die Top-Down-Planung – wie auch bei der strategischen Planung – um den Kundenwert als Zielgröße zu ergänzen. Dies erscheint auch insofern notwendig, als die reine auf dem Deckungsbeitrag III basierende Planung, die konsequent in der wertorientierten Vertriebssteuerung[1899] mündet, dysfunktionale Verhaltensanreize bei den Mitarbeitern setzt, wenn

---

[1897] Vgl. hier und nachfolgend *BVR* (2002b), S. 8 und 73 ff. sowie grundlegend *Schierenbeck, H.* (2003), S. 387 ff.

[1898] Vgl. *BVR* (2002b), S. 65.

[1899] Vgl. zur wertorientierten Vertriebssteuerung die Ausführungen in Kapitel A.1.

kurzfristig Erfolge zu Lasten späterer Perioden realisiert werden. Weiterhin dient der Kundenwert als Bezugsrahmen für die Ableitung von operativen Maßnahmen im Rahmen der jeweiligen kundenwertbezogenen Strategien sowie der Abstimmung mit den Verbundunternehmen. Letzteres wird zwar nicht explizit in der operativen Planungsskizze genannt, ergibt sich jedoch zwingend aus den Ausführungen der Verbundorientierung in Kapitel C.1.4.4.

2.2.2 Kundenwertorientierte Balanced Scorecard als Bezugsrahmen der operativen Vertriebsplanung

Die Operationalisierung der strategischen Ziele und Strategien ist eine zentrale Herausforderung der operativen Planung.[1900] Für diese Aufgabe hat sich das Instrument der Balanced Scorecard als leistungsfähiger Ansatz in der Theorie und Praxis erwiesen. Zugleich ist die Balanced Scorecard ein multidimensionaler Ansatz, der quantitative und qualitative Aspekte vereint[1901] und daher kongruent zum dem dieser Arbeit zugrunde liegenden Kundenwert als zentraler Ziel- und Steuerungsgröße. Aus diesen Gründen soll die Balanced Scorecard als Bezugsrahmen der operativen Vertriebsplanung genutzt werden.

2.2.2.1 Konzept der Balanced Scorecard

In der Wissenschaft und Praxis erfreut sich die Balanced Scorecard als Bindeglied zwischen Strategieentwicklung und -umsetzung großer Aufmerksamkeit, da sie als konzeptionell einfach und flexibel gilt.[1902] Die Balanced Scorecard ist ein leistungsorientiertes und leistungssteuerndes Informations- und Managementsystem, das eine mehrfache Ausgewogenheit verschiedener Informations- und Steuerungsgrößen anstrebt.[1903] Die Ausgewogenheit bezieht sich zum einen auf interne und externe sowie auf finanzielle und nicht-finanzielle Steuerungsgrößen, zum zweiten auf Früh- und Spätindikatoren der Leistungsmessung sowie zum dritten auf objektive, leicht messbare und subjektive, abgeschätzte Maßgrößen. Grundlegende Idee der Balanced Scorecard ist die Übersetzung der Unternehmensstrategie in ein „übersichtliches System der Leistungsmessung, welches den Rahmen für ein strategisches Leistungsmessungs- und Managementsystem bildet."[1904]

1900 Vgl. *Köhler, A. G./Rolvering, H.-S./Germann, S.* (2005), S. 418.

1901 Vgl. *Klein, N.* (2009), S. 10.

1902 Vgl. *Kaufmann, L.* (1997), S. 428; *Schlüchtermann, J./Klöpfer, R./Braun, A.* (1999), S. 103.

1903 Vgl. hier und nachfolgend *Karlowitsch, M.* (1997), S. 1131.

1904 *Kaplan, R. S./Norton, D. P.* (1997), S. 2.

Die ausgewählten, ausgewogenen Steuerungs- und Maßgrößen fokussieren die Unternehmensleistung aus vier Perspektiven.[1905] KAPLAN/NORTON nutzen die finanzielle Perspektive, die Kundenperspektive, die interne Prozessperspektive sowie die Lern- und Entwicklungsperspektive zwar für die Vorstellung und Einführung der Balanced Scorecard in die wissenschaftliche und praktische Diskussion,[1906] führen aber aus, dass die „Scorecard als Schablone und nicht als Zwangsjacke gedacht ist."[1907]

Die ausgewählten Ziele und Kennzahlen der einzelnen Perspektiven stehen im Konzept der Balanced Scorecard nicht isoliert nebeneinander, sondern bilden ein inhaltlich zusammenhängendes Netzwerk, das durch die verfolgte Strategie determiniert wird. Die Verknüpfung der Ziele und Kennzahlen mit der Strategie kann über drei Prinzipien erfolgen. Erstens über Ursache-Wirkungsbeziehungen, die die Hypothesen der Strategieentwicklung wiedergeben, zweitens über Ergebnisse und Leistungstreiber, die vermitteln, wie die Ergebnisse erreicht werden sollen, und drittens mit der strikten Verbindung nicht-finanzieller Ziele mit den Finanzen.[1908]

Mit der Gestaltung und Nutzung der Balanced Scorecard als Managementsystem in Banken, insbesondere Kreditgenossenschaften und Genossenschaften im Allgemeinen haben sich KRING, HONOLD-REICHERT und BEUTHIEN/DIERKES/WEHRHEIM wissenschaftlich auseinandergesetzt.[1909] Vom BVR gibt es seit 2004 einen Leitfaden für die Einführung und Nutzung der Balanced Scorecard und einzelne Kreditgenossenschaften berichten von deren Anwendung.[1910] Eine Studie aus dem Jahr 2007 hat zum Ergebnis, dass die Einführung einer Balanced Scorecard in Regionalbanken zu den „prioritären Zielen der nächsten Jahre zu zählen ist"[1911]. Daher kann begründet angenommen werden, dass das Konzept der Balanced Scorecard hinreichend bekannt und etabliert ist.

[1905] Vgl. *Kaplan, R. S./Norton, D. P.* (1997), S. 8.

[1906] Vgl. dazu ausführlich *Kaplan, R. S./Norton, D. P.* (1997), S. 46 ff.

[1907] *Kaplan, R. S./Norton, D. P.* (1997), S. 33.

[1908] Vgl. *Kaplan, R. S./Norton, D. P.* (1997), S. 145. Die letztgenannte Möglichkeit stellen KAPLAN/NORTON als Forderung auf, um zu vermeiden, dass Maßnahmen und Programme zum Selbstzweck degradieren. Vgl. *Kaplan, R. S./Norton, D. P.* (1997), S. 145.

[1909] Vgl. *Kring, T. I.* (2005); *Honold-Reichert, T.* (2002). Eine Kritik der beiden Autoren findet sich bei *Beuthien, V./Dierkes, S./Wehrheim, M.* (2008), S. 188 ff.

[1910] Vgl. z. B. für die VOLKSBANK MITTELHESSEN EG *Bernhardt, H.-H./Dokter, M.* (2008), S. 38 ff. und für die VOLKSBANK FORCHHEIM EG *Homann-Wenig, S.* (2008), S. 217 ff.

[1911] *Natter, N./Meck, A./Jodlbauer, R.* (2007), S. 120. In der Befragung wurden 80 Regionalbanken aus Österreich und Deutschland befragt, von denen 33 Prozent angaben, in den nächsten bis zu 5 Jahren eine Balanced Scorecard einzuführen.

Die Balanced Scorecard wird regelmäßig als Konzept definiert, das auf Ebene des Unternehmens oder auf Ebene der strategischen Geschäftseinheiten zu verwenden ist. Gleichwohl finden sich in Theorie und Praxis Beispiele für eine Balanced Scorecard auf Funktionalbereichsebene und insbesondere auf Ebene des Vertriebs.[1912] ROßNER/SEIFFERT sehen in der Balanced Scorecard eine Methode, die die einzelnen strategischen und operativen Elemente der Vertriebssteuerung zu einem Gesamtkonzept verbindet. Darüber hinaus nutzen sie die grundlegenden Prinzipien der Balanced Scorecard, um eine Kundenwertmanagement-Scorecard zu entwickeln, die die Vertriebssteuerung dazu befähigt, kundenorientierte Strategien konsequent umzusetzen.[1913] Auch PUFAHL empfiehlt die Vertriebsstrategie mittels der Balanced Scorecard zu operationalisieren.[1914] Gegensätzlich argumentiert KÖRNERT, der ein Herunterbrechen der Balanced Scorecard auf den Vertrieb als problematisch ansieht, da noch viele konzeptionelle Probleme zu bewältigen seien.[1915]

Vor dem Hintergrund dieser Überlegungen wird im nächsten Kapitel die Entwicklung einer kundenwertorientierten Balanced Scorecard als Bezugsrahmen der operativen Vertriebsplanung erörtert, die sich inhaltlich über den Kundenwert bzw. die vertrieblich relevanten Kundenwerttreiber und Bestimmungsfaktoren konkretisiert und auf den grundlegenden Prinzipien der Balanced Scorecard aufbaut.

2.2.2.2 Entwicklungsoptionen einer kundenwertbezogenen Balanced Scorecard

Ausgangspunkt der Entwicklung einer kundenwertbasierten Balanced Scorecard ist die Frage nach der Bezugsebene der Strategie. In Kapitel E.2.1.3.2 wurde erläutert, dass bei der Strategieformulierung zwischen der Ebene des Vertriebs und der Kundenebene zu unterscheiden ist und im Schrifttum empfohlen wird, als Bezugsgröße kundenwertorientierter Strategien die einzelne aktuelle oder potenzielle Kundenbeziehung zu nutzen.[1916] Konsequent ist es demnach, eine kundeninviduelle, kundenwertorientierte Balanced Scorecard zu formulieren, so dass auch die operative Vertriebsplanung auf Kundenebene erfolgt. HOMBURG ET AL. zeigen, dass eine so ausgeprägte Marktorientierung der Vertriebsplanung

---

[1912] Vgl. z. B. *Deking, I./Meier, R.* (2000), S. 263 ff. So steuert z. B. die WGZ BANK ihren Vertrieb mit der Balanced Scorecard. Vgl. *Knappkötter, R./Völkel, H.-G.* (2002), S. 16. DOKTER/LÜDERS nutzen die Balanced Scorecard zur Steuerung von Profit-Centern. Vgl. *Dokter, M./Lüders, U.* (2003), S. 29.

[1913] Vgl. *Roßner, R./Seiffert, S.* (2005), S. 508.

[1914] Vgl. *Pufahl, M.* (2006), S. 162 ff.

[1915] Vgl. *Körnert, J.* (2003), S. 41 f.

[1916] Vgl. dazu die Ausführungen in Kapitel E.2.1.3.

den Planungserfolg erhöht.[1917] Eine kundenbezogene Balanced Scorecard hat sich jedoch in ein Scorecardnetzwerk zu integrieren, das auch eine Balanced Scorecard auf Gesamtbankebene, auf der Ebene der strategischen Geschäftseinheiten und der Funktionalbereichsebene umfasst.[1918] Die jeweils übergeordneten Scorecards sind als Orientierung für die Ausgestaltung der kundenwertorientierten Balanced Scorecard zu nutzen.[1919]

BEUTHIEN/HANRATH/WEBER konstruieren auf Gesamtbankebene eine Balanced Scorecard, die zwischen den Perspektiven Finanzen und Risiko, (Nur-)Kunden, Mitglieder, Lernen und Entwicklung und interne Prozesse unterscheidet.[1920] HOMANN-WENIG stellt für den Vertrieb im Firmenkundengeschäft eine Balanced Scorecard vor, die begründet die von KAPLAN/NORTON genannten Perspektiven nutzt, jedoch von der Unterscheidung der Kundenebene in Mitglieder und Nur-Kunden abstrahiert.[1921] Bemerkenswert ist, dass sie die Balanced Scorecard für das Geschäftsfeld Firmenkunden implizit der Balanced Scorecard für den Vertrieb gleichsetzt. Soll sich die kundenwertorientierte Balanced Scorecard auf Kundenebene an diesen überzuordnenden Scorecards orientieren, ist zu diskutieren, welchen Einfluss die explizite Berücksichtigung des Kundenwerts auf die Balanced Scorecard hat. Der Einfluss auf die Balanced Scorecard kann formell sein und die Architektur der Balanced Scorecard betreffen (z. B. die Art und Anzahl der relevanten Perspektiven) oder auch die Auswahl der Ziele und Kennzahlen berühren und somit materiell sein. Dazu ist ein Rückgriff auf in der Literatur vorgestellte kundenwertbezogene Scorecards sinnvoll.

Die Customer-Sorecard von RUDOLF-SIPÖTZ soll einen „umfassenden und schnellen Überblick über alle für das Kundenwertmanagement relevanten Informationen liefern."[1922] Diese Scorecard unterscheidet drei Wirkungsebenen, denen vier Dimensionen zugeordnet sind.[1923] In der interpersonellen Wirkungsebene wird der komplementäre Wert, bestehend z. B. aus dem Kooperations-

---

1917 Vgl. *Homburg, C. et al.* (2008), S. 655 und S. 659 f.

1918 Vgl. *Deking, I./Meier, R.* (2000), S. 263.

1919 Vgl. *Rudolf-Sipötz, E.* (2001), S. 199. In der VOLKSBANK MITTELHESSEN EG wurden aus der Balanced Scorecard auf Gesamtbankebene Scorecards für die Vertriebs-, die Steuerungs- und die Produktionsbank deduziert. Die Scorecard der Vertriebsbank konstituiert sich aus einzelnen Geschäftsfeldscorecards für Privat- und Firmenkunden. Vgl. *Bernhardt, H.-H./Dokter, M.* (2008), S. 41. So auch *Deking, I./Meier, R.* (2000), S. 263, die von einem top-down-Implementierungsprozess ausgehen, um die Strategiekonsistenz der einzelnen Scorecards zu gewährleisten.

1920 Vgl. *Beuthien, V./Hanrath, S./Weber, H. O.* (2008), S. 75.

1921 Vgl. *Homann-Wenig, S.* (2008), S. 222 ff.

1922 *Rudolf-Sipötz, E.* (2001), S. 200 f.

1923 Vgl. hier und nachfolgend *Rudolf-Sipötz, E.* (2001), S. 200 ff.

und dem Referenzpotenzial eines Kunden fokussiert. Der intrapersonellen Wirkungsebene sind kundenindividuell der gegenwärtige Erfolgsbeitrag und das künftige Erfolgspotenzial, zu dem z. B. das Cross-Selling-Potenzial gehört, zugeordnet. Die Dimension Kundenstamm ist der Makroebene, auf der z. B. Kundenabwanderungen betrachtet werden, zugeordnet. Es ist zu konstatieren, dass die kundenwertbezogene Ausgestaltung der Balanced Scorecard formell und materiell erfolgt. Die formelle Architektur dieser Customer-Scorecard orientiert sich eng an dem von RUDOLF-SIPÖTZ entwickelten Kundenwertmodell.[1924] Aus diesem Grund ist eine Übernahme auf den vorliegenden Anwendungskontext nicht möglich. Auch die Übernahme der verwendeten Verfahrensweise, d. h. dem Aufbau einer kundenbezogenen Scorecard, bei der sich die Dimensionen der Scorecard unmittelbar aus den Dimensionen des Kundenwertmodells ergeben, ist nicht sinnvoll, da damit ein Übergewicht externer Kennzahlen vorläge und die Innensicht der Vertriebssteuerung z. B. auf Mitarbeiter und Prozesse vernachlässigt werden würde.

In der Customer Equity Scorecard von WILLE sowie BARTH/WILLE wird die von KAPLAN/NORTON formulierte Struktur weitgehend beibehalten und inhaltlich an die kundenwertbezogenen Überlegungen angepasst.[1925] Der Finanzperspektive ordnen die Autoren z. B. die monetären Kundenwerte und die monetären Einflussgrößen und der Kundenperspektive die nicht-monetären Einflussgrößen (z. B. Kundennutzen, Kundenzufriedenheit) zu. Die Prozessperspektive umfasst Bestimmungsfaktoren des Kundenwerts, die dieser Ebene sachlogisch zugeordnet werden können (z. B. interne Strukturen zur Aufnahme von Kundeninformationen). Die Perspektive des Lernens und Wachsens umfasst in ähnlicher Weise diejenigen kundenwertbezogenen Bestimmungsfaktoren, die ihr sinnvoll zugeordnet werden können. Dazu zählen z. B. Maßnahmen zur Steigerung der Integration des Kunden in die Leistungserstellung. Im Gegensatz zur Scorecard von RUDOLF-SIPÖTZ hat die kundenwertorientierte Ausgestaltung der Scorecard keine formellen Auswirkungen, die sich in der Architektur der Scorecard niederschlagen, sondern lediglich materielle Auswirkungen, die sich in der Auswahl der Ziele und Maßnahmen in den einzelnen Perspektiven zeigen.

Auf der letztgenannten Vorgehensweise basiert auch die Entwicklung einer kundenwertbezogenen Balanced Scorecard bei FRIEDERICHS-SCHMIDT.[1926] Dabei werden auf der Finanz- und Kundenperspektive Kundenwerttreiber und kundenbezogene Bestimmungsfaktoren des Kundenwerts und der Kundenwerttreiber

---

[1924] Vgl. dazu Kapitel D.4.3.1.4.

[1925] Vgl. hier und nachfolgend *Wille, K.* (2005), S. 242 ff. sowie *Barth, K./Wille, K.* (2000), S. 77 ff.

[1926] Vgl. hier und nachfolgend *Friederichs-Schmidt, S.* (2006), S. 199 ff.

als Basis der Kennzahlen ausgewählt. Auf der Prozessperspektive und auf der Perspektive des Lernens und Entwickelns werden unternehmensinterne Einflussfaktoren herangezogen, um die Kennzahlen auszuwählen.

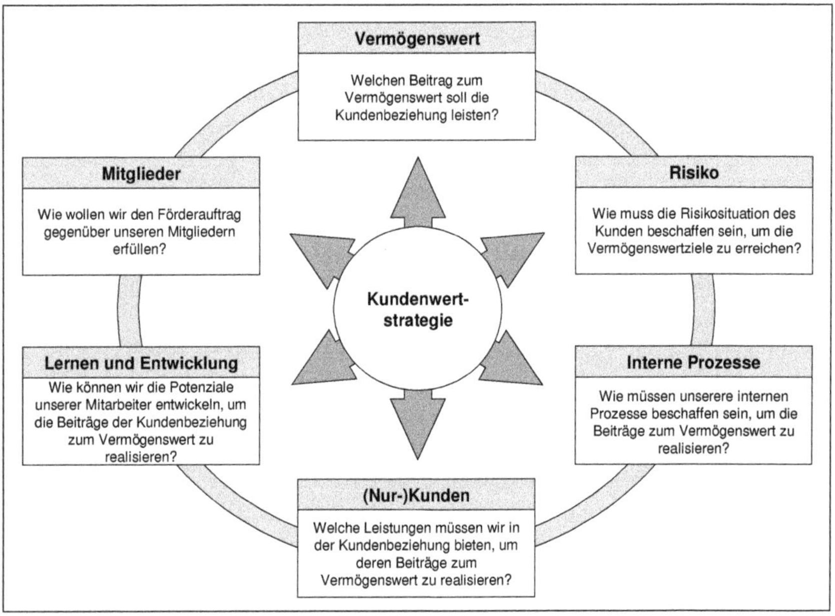

Abbildung 69: Grundlegende Architektur der kreditgenossenschaftlichen Balanced Scorecard[1927]

Dieses Vorgehen bietet eine größere Flexibilität und kann gewährleisten, dass die fundamentalen Prinzipien der Balanced Scorecard hinreichend berücksichtigt werden. Daher ist sie handlungsleitend für die Ableitung einer kundenwertbezogenen Balanced Scorecard des Vertriebs, die sich materiell am Kundenwert ausrichtet. Diese materielle Ausrichtung erfolgt über die Auswahl der Kennzahlen, für die Ziele definiert und Maßnahmen zur Zielerreichung geplant werden. Formelle Grundlage ist eine an die bisherigen Ergebnisse dieser Arbeit angepasste Balanced Scorecard von BEUTHIEN/HANRATH/WEBER für Kreditgenossenschaften.[1928] Abweichend von der Vorlage ist die oberste Ebene die Vermö-

---

1927 In Anlehnung an *Beuthien, V./Hanrath, S./Weber, H.-O.* (2008), S. 75.

1928 Vgl. hier und nachfolgend *Beuthien, V./Hanrath, S./Weber, H. O.* (2008), S. 75.

genswertperspektive.[1929] Zudem gibt es eine eigenständige Risikoperspektive. Die übrigen Perspektiven entsprechen der Vorlage der Autoren und umfassen die Perspektive des Lernens und Entwickelns, die interne Prozessperspektive und die (Nur-)Kunden Perspektive. Dies stellt die grundlegende Architektur der im Weiteren zugrunde gelegten kundenwertbezogenen Balanced Scorecard dar (siehe Abbildung 69).

2.2.2.3 Ziel- und Maßnahmenplanung auf Basis der Balanced Scorecard

2.2.2.3.1 Zielplanung

Die Zielplanung im Kontext der operativen Vertriebsplanung auf Basis der kundenbezogenen Balanced Scorecard umfasst die Auswahl relevanter Ziele, die Festlegung von Kennzahlen, mit denen die Ziele gemessen werden können, sowie die zu erreichenden Zielwerte und Bezugszeiträume. Bei der Ableitung der Ziele ist darauf zu achten, dass die Ziele sich – der Idee der Balanced Scorecard folgend – nicht widersprechen, die Strategie konkretisieren und in einem Netzwerk aus Kausalitätsbeziehungen eingeordnet werden.

In der Vermögenswertperspektive ist das aus der strategischen Planung auf Kundenebene formulierte Ziel hinsichtlich des anbieterspezifischen Kundenwerts aus Vertriebsperspektive maßgeblich.[1930] Im Gegensatz zur strategischen Planung werden für die operative Planung in der Balanced Scorecard auch dessen einzelne Bestimmungsgrößen näher betrachtet und ggf. als Ziele der Finanzperspektive berücksichtigt.[1931] Formal-analytisch lassen sich die Einflussgrößen aus der Formel [D.30] ableiten und als Zielgrößen definieren. Dazu gehören das Basisgeschäftspotenzial, das Entwicklungspotenzial bzw. dessen Ausprägungen, das Cross-Selling-Potenzial (alternativ bei Nichtkunden das Gesamtgeschäftspotenzial), die kundenbezogenen Prozesskosten und das Kooperationspotenzial. Eine mögliche Zielformulierung ist, den anbieterspezifischen Kundenwert in der laufenden Periode um einen zu bestimmenden Betrag zu erhöhen. Insgesamt stellen diese Größen Ergebnisgrößen im Sinne der Gestaltungsprinzipien der Balanced Scorecard dar. Hinsichtlich des Vermögenswertes und dessen Aufteilung in einem „Potenzialwert" und einen „Zerschlagungswert" würde mit diesen Zielgrößen bisher lediglich der „Potenzialwert" adressiert. Um auch die Ziele für den „Zerschlagungswert" zu berücksichtigen, sind periodenbezogene Ziele zu formulieren. Diese beziehen sich auf den in der betrachteten Periode zu reali-

[1929] Vgl. dazu die Ausführungen zum Zielsystem in Kapitel D.3.1.3.

[1930] Zu beachten ist, dass die Finanzperspektive hier als oberste Zielebene verstanden wird, die trotz ihrer Bezeichnung nicht zwingend nur Zielgrößen aufweisen muss, die in Geldeinheiten nominiert sind.

[1931] Vgl. *Stüker, D.* (2008), S. 347.

sierenden Kundenwert und dessen oben genannten Kundenwerttreiber. Eine mögliche Zielformulierung wäre, das Cross-Selling-Potenzial in Höhe eines bestimmten Betrags auszuschöpfen. Die vorhergehenden Überlegungen sollen anhand eines einfachen Beispiels erläutert werden.

Für einen Kunden wurden basierend auf den gegebenen Strategien und Maßnahmenprogrammen die in Tabelle 30 aufgeführten Werte für das Basisgeschäfts-, das Entwicklungs- und das Cross-Selling-Potenzial für vier Planungsperioden ermittelt. Unter Berücksichtigung der Kundenbindungsraten von 80 Prozent und der mittels des internen Ratingverfahrens ermittelten Ausfallwahrscheinlichkeit ergibt sich bei einem Diskontierungsfaktor ein anbieterspezifischer monetärer Kundenwert von 329 Geldeinheiten (GE).[1932]

Tabelle 30: Beispielhafte Berechnung des anbieterspezifischen monetären Kundenwerts[1933]

Kundenwertgrößen vor Maßnahmenplanung	**t=1**	**t=2**	**t=3**	**t=4**
Basisgeschäftspotenzial	100	120	125	130
Entwicklungspotenzial	30	35	35	40
Cross-Selling-Potenzial	20	25	28	25
Monetärer anbieterspezifischer Kundenwert vor Risiko je Periode t[1934]	**150**	180	188	195
Barwertiger monetärer anbieterspezifischer Kundenwert vor Kreditrisiko je Periode t (aus Sicht Beginn t=1) (Diskontierungsfaktor inkl. Risikozuschlag = 10%)	136	149	141	133
Kundenbindungsrate (80%)	80,0%	64,0%	51,2%	40,1%
Ausfallwahrscheinlichkeit	0,1%	0,2%	0,3%	0,4%
Barwertiger monetärere anbieterspezifischer Kundenwert nach Risiko je Periode t	109	95	72	53
Monetärer anbieterspezifischer Kundenwert (Beginn t=1)	329			
Monetärer anbieterspezifischer Kundenwert (Beginn t=2)		**242**		
Monetärer anbieterspezifischer Kundenwert (Beginn t=3)			151	
Monetärer anbieterspezifischer Kundenwert (Beginn t=4)				70

1932 Angenommen wird, dass die periodischen Zuflüsse jeweils am Periodenende realisiert werden und der Kundenwert für den Beginn der Periode t=1 ermittelt wird.

1933 Eigene Darstellung. Die Berechnung der monetären anbieterspezifischen Kundenwerte für die Zeitpunkte Beginn t=2, Beginn t=2 und Beginn t=3 erfolgt auf Basis der vorhandenen Daten. Das impliziert, dass die für die Berechnung aus Sicht des aktuellen Planungszeitpunktes keine Anpassung der Einflussgrößen vorliegt. Die Analyse etwaiger Abweichungen, die aus Veränderungen dieser Abweichungen resultieren, ist in der Vertriebskontrolle zu thematisieren.

1934 Vgl. auch Formel [D.25].

Für die operative Zielplanung kann darauf aufbauend im Sinne des „Zerschlagungswerts" das Ziel formuliert werden, in der Periode t=1 einen Anteil von 80 Prozent des ermittelten anbieterspezifischen monetären Kundenwerts aus Vertriebssicht, mithin also einen Betrag von 120[1935] GE zu realisieren. Dies entspricht weitgehend der Planung mit barwertigen Deckungsbeitrags-III-Daten im Rahmen der oben skizzierten operativen Planung. Im Sinne des „Potenzialwerts" kann das Ziel formuliert werden, den prognostizierten monetären anbieterspezifischen Kundenwert aus Vertriebssicht, zu Beginn der Periode t=2 von 242 GE um 10 Prozent auf etwa 264 GE zu steigern. Die Zielformulierung kann auch auf Ebene der einzelnen Kundenwerttreiber des monetären Kundenwerts erfolgen, die dieser Perspektive der Balanced Scorecard zugewiesen sind. Gleichfalls können auf dieser Ebene die Ziele für die nicht-monetären Kundenwerte formuliert werden, da diese einen mittelbaren Einfluss auf den „Potenzialwert" der Kreditgenossenschaft haben. Ziele ließen sich z. B. für den Kunden Gesamtscorewert oder den Teilscorewerten für das Informations-, das Referenz- und das Member Value-Potenzial gem. Formel [D.32] formulieren.

Auf den übrigen Perspektiven der Balanced Scorecard sind nun im Sinne der oben genannten Prinzipien zur Verknüpfung von Zielen jeweils relevante Ziele auszuwählen. Die Kausalitätsbeziehungen können dabei sowohl Top-Down oder Bottom-Up als auch induktiv oder deduktiv bestimmt werden.[1936]

Die Mitgliederperspektive fokussiert die Fragen, wie der Förderauftrag den Mitgliedern gegenüber erfüllt werden soll bzw. wie der Member Value geschaffen werden soll. Kundenwertbezogene Ziele lassen sich auf zwei Arten einbinden. Erstens über den direkten Bezug zum Member Value-Potenzial, so dass Ziele formuliert werden, wie das Member Value-Potenzial des Firmenkunden entwickelt und genutzt werden kann. Und zweitens über die Mitgliedsbeziehung zum Firmenkunden, so dass Ziele formuliert werden, wie der Förderauftrag in Richtung des Firmenkunden als Mitglied auf der Einleger- und Leistungsbeziehungsebene erfüllt werden soll.[1937]

Die Perspektive des Lernens und Entwickelns orientiert sich an der Frage, wie die Potenziale der (Vertriebs-)Mitarbeiter entwickelt und genutzt werden können, um die Kundenwertziele zu erreichen. Diese Perspektive umfasst somit ebenfalls bankseitige Einflussfaktoren des Kundenwerts (z. B. die Qualifikation

---

[1935] Der Wert 120 resultiert aus der Multiplikation des anbieterspezifischen monetären Kundenwerts der Periode t=1 in Höhe von 150 mit dem Zielanspruch von 80 Prozent.

[1936] Vgl. *Klein, N.* (2009), S. 9 f.

[1937] Beispiele möglicher Kennzahlen geben *Beuthien, V./Dierkes, S./Wehrheim, M.* (2008), S. 192.

und Zufriedenheit der Mitarbeiter[1938]). Auf dieser Perspektive finden sich Leistungstreiber und Ergebnisgrößen gleichermaßen.

Auf der (Nur-)Kundenperspektive finden sich Ziele, die die Fragen adressieren, welche kundenseitigen Leistungstreiber zu realisieren sind. Die Kundenperspektive sollte daher Ziele enthalten, die die kundenseitigen Bestimmungsfaktoren der Kundenwerttreiber betrachten. Dazu gehören z. B. die Kundenbindung, die Kundenzufriedenheit, die Cross-Buying-Bereitschaft, die Informationsbereitschaft oder die Bereitschaft zur Weitergabe von positiven Weiterempfehlungen. Kennzahlen auf dieser Ebene stellen für die Vermögenswertperspektive Frühindikatoren dar und werden selbst beeinflusst von der Prozessperspektive und der Perspektive des Lernens und Entwickelns.

Die Prozessperspektive sucht danach, strategiekonsistente Ziele zu formulieren, die eine Antwort auf die Fragen finden, welche organisatorischen, technologischen und prozessualen Voraussetzungen (im Vertrieb) vorliegen müssen, um die Kundenwertziele zu erreichen. Es sind also die bankseitigen Möglichkeiten in Zielen zu formulieren, die strategiekonsistent einen Beitrag dazu leisten, kundenseitige Einflussfaktoren des Kundenwerts zu fördern (z. B. die Kundenzufriedenheit durch kurze und einfache Kreditantragsprozesse zu steigern) und bankseitige Voraussetzungen des Kundenwerts zu schaffen und auszubauen (z. B. die Strukturen zur Beschaffung von kundenwertrelevanten Informationen).

Die Risikoperspektive umfasst Kennzahlen zu den beziehungsbezogenen Kundenwerttreibern der Risikodimension. Dazu gehören sowohl Ziele hinsichtlich des Adressrisikos (z. B. die Ratingnote oder die Besicherungsquote) als auch Ziele des Kundenplanungsrisikos[1939] (z. B. den Informationsstand zu einem Kunden und dessen Unternehmensplanung). Die Ziele dieser Perspektive wirken über die Ausfallwahrscheinlichkeit, den Risikozuschlag und den Ausfallschaden auf die Ziele der Vermögenswertperspektive positiv oder negativ ein. Gleichzeitig kann eine Abhängigkeit von internen Prozessen und den Fähigkeiten der Mitarbeiter, die über die Perspektive des Lernens und Entwickelns adressiert werden, unterstellt und abgebildet werden, z. B. bei der Fähigkeit Kundeninformationen aufzunehmen und in für die Prognose des Kundenwerts relevante Informationen zu transferieren.

Im Sinne der Umsetzung der Vertriebsstrategie sind für jede Zielgröße Kennzahlen zur Operationalisierung der Ziele sowie Soll-Werte und Maßnahmen zur Zielerreichung zu formulieren. Gegenstand des nächsten Kapitels ist die kundenwertorientierte Maßnahmenplanung im Kontext der operativen Vertriebsplanung.

1938 Vgl. *Beuthien, V./Hanrath, S./Weber, H.-O.* (2008), S. 70.

1939 Vgl. *Schöner, M./Graeve, A.* (2004), S. 156 f.

2.2.2.3.2 Maßnahmenplanung

Im Anschluss an die Zielplanung erfolgt die Maßnahmenplanung,[1940] in deren Fokus die Auswahl derjenigen Vertriebsmaßnahmen liegt, die dazu beitragen, die operativen und strategischen Ziele zu erreichen. Die Auswahl der operativen Maßnahmen erfolgt unter Beachtung der strategischen Zielvorgaben und Strategien.[1941] Zudem ist bei der Maßnahmenplanung deren Effektivität und Effizienz zu berücksichtigen.

Hinsichtlich der Effektivität, also der Auswahl der richtigen Maßnahmen aus Kundensicht, kann z. B. auf das KANO-Modell rekurriert werden, indem die Maßnahmen dahingehend unterschieden werden, ob sie Basisfaktoren, Leistungsfaktoren oder Begeisterungsfaktoren darstellen.[1942] Im personalisierten Vertrieb hat die Kundenkontaktstrategie eine besondere Bedeutung. Kundenkontaktstrategien sind generelle, einigermaßen zeitstabile Anspracheregeln, die eine Aussage darüber treffen, wie oft ein Kunde über welche Kanäle zu welchen Themen in einer Planungsperiode angesprochen werden soll.[1943] REINARTZ/THOMAS/KUMAR kommen in ihrer Studie im industriellen Kontext zu dem Ergebnis, dass persönliche Kontakte die größte Effektivität hinsichtlich der Ziele der Akquisition, der Bindung und der Profitabilität eines Kunden aufweisen.[1944] An zweiter Stelle stehen Telefon- und an dritter Stelle E-Mail-Kontakte. Sie weisen jedoch darauf hin: „It is also important to note that these modes of contacts are distinctive in terms of their costs.“[1945] Aus diesem Grund ist für die Kundenkontaktstrategie im Speziellen und die Maßnahmenplanung im Allgemeinen die Effizienz der Maßnahmen als Entscheidungskriterium zu berücksichtigen.

Bei der Umsetzung der Strategien sollen den Firmenkunden personelle und finanzielle Ressourcen in Abhängigkeit ihres erwarteten Kundenwertes differenziert zugewiesen werden.[1946] Regelmäßig und nahezu einmütig wird im Schrifttum postuliert, hohe Kundenwerte rechtfertigten ein hohes Maß an Ressourcenzuordnungen.[1947] Konkret hieße dies, dass ein Firmenkunde mit einem hohen Kundenwert intensiv betreut wird. „Die reine Kundenbewertung gibt alleine

---

[1940] Vgl. *Reiners, J. O.* (2004), S. 124.

[1941] Vgl. *Stüker, D.* (2008), S. 317.

[1942] Vgl. dazu ausführlich *Stahl, H. K. et al.* (2009), S. 247 ff.; *Matzler, K./ Sauerwein, E./Stark, C.* (2009), S. 324 ff. Für eine praxisbezogene Anwendung dieses Modells in Verbindung mit der Importance-Grid Methode vgl. *Raddao, N.* (2009), S. 61 ff.

[1943] Vgl. *Schöner, M./Graeve, A.* (2004), S. 150 f.

[1944] Vgl. *Reinartz, W. J./Thomas, J. S./Kumar, V.* (2005), S. 70.

[1945] *Reinartz, W. J./Thomas, J. S./Kumar, V.* (2005), S. 70.

[1946] Vgl. *Pelzl, U.* (2006), S. 12; *Buhl, H. U./Dzienziol, J./Heidemann, J.* (2010), S. 2.

[1947] Vgl. z. B. *Duderstadt, S.* (2006), S. 110 ff.

noch keine Indikation hinsichtlich optimaler Besuchsfrequenzen bzw. Ressourcenallokationen.“[1948] Da die betrieblichen und vertrieblichen Ressourcen knapp sind, ist eine zentrale Überlegung bei der Maßnahmenplanung die Frage nach der Beeinflussbarkeit des Firmenkunden durch Vertriebsmaßnahmen.[1949] Die zentrale Frage ist, welche Erfolge hinsichtlich der kundenwertbezogenen Ziele je eingesetzter Einheit an finanziellen und personellen Ressourcen erreicht werden kann.[1950] Daraus wiederum folgt die für die Maßnahmenplanung relevante Entscheidungsgrundlage, bei welchen Kundenbeziehungen vor dem Hintergrund der gegebenen Möglichkeiten mit welchem Aufwand welche Kundenwerte realisiert oder entwickelt werden können. Ein einfaches Modell zur Budgetallokation haben KRAFFT/ALBERS entwickelt.[1951] Im Zentrum ihres Modells steht die erfahrungsbasierte Ableitung von Budget-Elastizitäten, die sich aus dem Einfluss der Budgetveränderung auf die Veränderung einer bestimmten Zielgröße, die bei ihnen der Deckungsbeitrag ist, ergibt. Zwar ist mit der Anwendung eines solchen für den hier betrachteten Kundenwert als Zielgröße angepassten Modells noch nicht die Frage nach der Art der Maßnahme beantwortet, jedoch ergeben sich Hinweise auf die Budgethöhe, die für Maßnahmen zur Verfügung steht.[1952] Es ist somit zu konstatieren, dass eine optimale Vertriebspolitik am Kundenwert und an der Beeinflussbarkeit der Kunden durch Veränderungen im Marketing-Mix (im Sinne von Elastizitäten) auszurichten ist.[1953] Bei der Maßnahmenplanung geht es folglich darum, diejenigen Maßnahmen in den Vordergrund zu stellen, die erstens eine besonders starke Wirkung auf einen Kundenwerttreiber oder dessen Bestimmungsfaktoren ausüben und zweitens jene Kundenwerttreiber oder deren Bestimmungsfaktoren mit der höchsten Hebelwirkung auf den Kundenwert beeinflussen.[1954]

1948 *Reiners, J. O.* (2004), S. 157. In der kreditgenossenschaftlichen Praxis äußert sich diese These regelmäßig so, dass große Firmenkunden vergleichsweise öfter besucht werden. Problematisch daran ist jedoch, dass nicht nachgehalten wird, welchen periodischen oder überperiodischen Erfolg eine Betreuungsstunde des Vertriebsmitarbeiters generiert.

1949 Vgl. *Krafft, M./Rutsatz, U.* (2006), S. 282.

1950 Diese Aussage orientiert sich an den Überlegungen der engpassorientierten Planung. Vgl. dazu z. B. *Adam, D.* (1998), S. 224 ff. für die operative Produktionsprogrammplanung bei einem Engpass.

1951 Vgl. hier und nachfolgend *Krafft, M./Albers, S.* (2000), S. 523 ff.

1952 Vgl. für eine Übersicht von Modellen, die auch die Art der Maßnahme berücksichtigen z. B. *Fischer, M./Albers, S.* (2007), S. 177 ff.

1953 Vgl. *Krafft, M./Rutsatz, U.* (2006), S. 282.

1954 Vgl. *Tewes, M.* (2003), S. 212. So auch *Blattberg, R. C./Deighton, J.* (1997), S. 25.

Nach WEBER/LISSAUTZKI sind bei der Maßnahmenplanung zudem zwei weitere Aspekte von besonderer Bedeutung.[1955] Zum einen ist die Dynamik des Kundenwerts zu berücksichtigen, da es von enormer Bedeutung ist, ob Potenziale in der betrachteten Periode vorliegen oder erst in einer der nachfolgenden Perioden. So ist z. B. die Ansprache auf Finanzierungsbedarfe, die erwartungsgemäß erst in einigen Jahren auftreten, etwa aufgrund bekannter Fälligkeiten, in der kommenden Periode nicht zielführend. Zum zweiten ist es notwendig, einen hohen Detaillierungsgrad zu haben, so dass es nicht ausreichend ist, z. B. das Cross-Selling-Potenzial zu betrachten, sondern dessen Bestimmungsfaktoren in Form von konkreten Produkten des Cross-Selling-Potenzials. Die Anforderung eines hohen Detaillierungsgrads unterstreicht die Forderung einer kundenindividuellen Vorgehensweise in der Vertriebsplanung. Auf Ebene von Kundensegmenten festgelegte Maßnahmen gehen i. d. R. mit hohen Streuverlusten einher. Aus diesem Grund sieht STÜKER die Maßnahmenplanung auf Basis von Kundensegmenten nur als Notlösung an und postuliert eine kundenindividuelle Maßnahmenplanung, die sich an einer kundenindividuellen Entwicklungsstrategie orientiert.[1956]

Das zentrale Problem der Maßnahmenplanung ist nach TEWES die Verbindung zwischen einzelnen Maßnahmen und deren konkrete Wirkung auf das Kundenverhalten und damit die Kundenwerttreiber, da diese Beziehungen i. d. R. nicht als eindeutige Ursache-Wirkungs-Beziehung darzustellen und insbesondere nur schwierig zu quantifizieren sind.[1957] „Zudem werden Aussagen über Ursache-Wirkungs-Beziehungen erschwert, wenn - wie bei der überwiegenden Zahl der Maßnahmen zu erwarten ist - sachliche und zeitliche Wirkungsinterdependenzen auftreten, d. h. die Wirkung einer Maßnahme nicht auf eine Periode beschränkt bleibt und zudem mehrere Determinanten des Kundenwerts oder mehrere Kunden beeinflusst."[1958] Dieses Problem dürfte im Kontext des Beziehungssystems der Balanced Scorecard noch stärker evident sein.

Wie bereits ausgeführt, stellt der Vertrieb die Kontaktfunktion zwischen Absatzmarkt und Bank dar. Aufgrund dieses Sachverhaltes und der systemorientierten Definition des Bankbetriebs, der sich bei den Kreditgenossenschaften im Drei-Banken-Modell und der Verbundstruktur der FinanzGruppe konkretisiert, sind interne und externer Koordinationsanforderungen in der Vertriebsplanung zu berücksichtigen.

[1955] Vgl. hier und nachfolgend *Weber, J./Lissautzki, M.* (2004), S. 31 f.
[1956] Vgl. *Stüker, D.* (2008), S. 299.
[1957] Vgl. *Tewes, M.* (2003), S. 212 f.
[1958] *Tewes, M.* (2003), S. 213.

2.3 Interne und externe Koordination des Vertriebsplans

Im Drei-Banken-Modell[1959] bestehen Interdependenzen zwischen der Planung der Vertriebsbank sowie der Steuerungs- und der Produktionsbank, die zu internen Koordinationsbedarfen führen. Darüber hinaus führt die Verbundorientierung zu externem Koordinationsbedarf. Diese Koordinationsbedarfe werden nachfolgend im Lichte des Kundenwerts betrachtet.

2.3.1 Interne Koordination mit der Steuerungsbank

Wie in Kapitel C.2.4.1.1 beschrieben, übernimmt die Steuerungsbank Aufgaben der Portfoliosteuerung für die einzelnen Anlageklassen und Geschäftsarten, des Risikomanagements sowie weitere zentralisierte Aufgaben mit Blick auf das Personal, das Bankmanagement, das Controlling und das Marketing, worin auch Entscheidungen zur Produkt- und Preispolitik enthalten sind[1960]. Nachfolgende Ausführungen fokussieren auf das für das Firmenkundengeschäft bedeutende Kreditrisikomanagement, da hieraus die größten Einflüsse auf die Vertriebsplanung resultieren und die Produktpolitik, die einen wesentlichen Einfluss auf die Kundenwertermittlung hat.

In Banken ist es notwendig, die Vertriebsplanung eng mit der Kreditrisikostrategie zu verknüpfen, da letztere einen limitierenden Faktor im Rahmen einer kundenfokussierten Planung darstellen kann. Bei produkt- oder rein wertmäßigen Vertriebsplanungen, die keinen unmittelbaren Bezug zu einzelnen Kundenbeziehungen herstellen, ist dieser Schritt nicht von Relevanz. In den MaRisk wird festlegt, dass jede Bank eine Kreditrisikostrategie zu erarbeiten und durch die Geschäftsleitung zu verabschieden hat, welche bspw. geplante Aktivitäten im Kreditgeschäft, angestrebte Marktsegmente, Branchen, regionale Schwerpunkte und Portfoliostrukturen umfassen sollte.[1961] Zudem sind nach MaRisk Limitsysteme zu implementieren, die auch auf Einzelgeschäftsebene Kreditlimite enthalten.[1962] Die operative Vertriebsplanung muss bedingt durch ihre Fristigkeit also von gegebenen Strukturen hinsichtlich der Kreditrisikostrategie ausgehen. Dies betrifft insbesondere auch die gegenwärtige Risikostruktur sowie die Ausstattung mit Risikokapital, die eine zentrale Ressource für die Realisierung von risikobezogenen Kundenwertpotenzialen ist (z. B. Kreditfinanzierungsvolumina). Aus diesem Grund muss die operative Vertriebsplanung zwingend mit

---

1959 Vgl. zum Drei-Banken-Modell die Ausführungen in Kapitel C.2.4.1.1.

1960 Vgl. *BVR et al.* (2006), S. 23.

1961 Vgl. *Bundesanstalt für Finanzdienstleistungsaufsicht* (2010) AT 4.2; *Russ, A.* (2003), S. 351.

1962 Vgl. *Bundesanstalt für Finanzdienstleistungsaufsicht* (2010) BTR 1.

der Kreditrisikostrategie koordiniert werden, was sich in den Abstimmungsfeldern der Adressrisikostruktur, der Adressrisikolimite und der Risikokapitalausstattung konkretisiert.

Hinsichtlich so genannter Problemkredite wird unterstellt, dass die betroffenen Kundenbeziehungen, die zu Beginn der Vertriebsplanungsaktivitäten bekannt sind und in spezifischen Abteilungen des Markts oder der Marktfolge betreut werden (Problemkreditbetreuung),[1963] nicht Bezugsobjekte der Vertriebsplanung sind. Daher reduziert sich die Anzahl der Kundenbeziehungen auf diejenigen Firmenkunden, die zum Zeitpunkt der operativen Planung nicht als Problemkredite qualifiziert sind. Gleichwohl ist zu fordern, diese Kunden hinsichtlich des hier vorgestellten Kundenwertmodells zu bewerten, um Entscheidungen hinsichtlich der Sanierungswürdigkeit im Rahmen des Problemkreditmanagements zu fundieren.[1964]

Anders als bei der strategischen Planung, in der alle Strukturen und Prozesse der Kreditgenossenschaft als gestaltbar angesehen werden und daher eine gegenseitige Abhängigkeit der Vertriebsplanung von der Adressrisikostruktur in der Planung berücksichtigt werden kann, ist bei der operativen Vertriebsplanung die Adressrisikostruktur sowie deren geplante Änderung in der betrachteten Periode ein Datum für die Vertriebsplanung.[1965] Daraus resultiert, dass Kundenbeziehungen, die nicht oder hinsichtlich der gewollten Veränderung nicht mehr kompatibel zur Risikostruktur, d. h. dem Soll-Portfolio der Kreditrisiken, der Kreditgenossenschaft sind, zu selektieren sind. Für diese Kunden wird, wie in Kapitel E.2.1.3.2 erläutert, ein vollständiger oder partieller Rückzug aus der Kundenbeziehung durch die Kreditgenossenschaft zu initiieren sein, sofern keine Maßnahmen der aktiven Kreditrisikosteuerung angewendet werden können.[1966] Werden Instrumente der aktiven Kreditrisikosteuerung angewendet, sind die anfallenden Kosten in die Kundenbewertung zu integrieren und der anbieterspezifische Kundenwert nach Durchführung der Steuerungsmaßnahme zu ermitteln. Auf Basis dieser Größe kann dann im Einzelfall entschieden werden, welche Vorgehensweise zielsetzungsgerecht ist. In diesem Kontext ist zu erwarten, dass die Kundenwertorientierung auch zu einem stärkeren Einsatz aktiver Steuerungsinstrumente der Kreditrisikosteuerung führt, da abgelehnte Kredite Fir-

---

1963 Vgl. zur organisatorischen Gestaltung des Problemkreditmanagement *Rübenacker, C.* (2009), S. 62 ff.

1964 Vgl. *Rübenacker, C.* (2009), S. 250 ff.

1965 Vgl. *Juncker, K.* (2006), S. 346.

1966 Charakteristisch für aktive Instrumente der Kreditrisikosteuerung ist, dass Kredite und/oder Kreditausfallrisiken an Dritte übertragen werden. Vgl. *Hartmann-Wendels, T./Pfingsten, A./Weber, M.* (2010), S. 594.

menkunden zum Wechsel oder Verlagerung der Bankbeziehung motivieren können.[1967]

Ein weiterer für die kundenwertorientierte Vertriebsplanung relevanter Abstimmungspunkt ist der Abgleich der prognostizierten Kundenwerte mit den für die jeweilige Kreditgenossenschaft zu berücksichtigenden Großkreditobergrenzen[1968] bzw. den in der Gesamtbankplanung festgelegten Adressrisikolimiten.[1969] Insbesondere bei Firmenkunden, bei denen in Zukunft hohe Finanzierungsbedarfe erwartet und der Kundenwertermittlung zugrunde gelegt werden, ist zu fragen, ob diese die vorgegebenen Limite auf Einzelengagementebene übersteigen werden. Ist dies der Fall, ist zu überlegen, wie mit dieser Situation umgegangen werden kann. In diesen Fällen können ebenfalls Instrumente der aktiven Kreditrisikosteuerung eingesetzt werden. Neben Lösungen, die über den Kreditrisikotransfer in der FinanzGruppe realisiert werden können, besteht auch die Möglichkeit mit Drittbanken zusammenzuarbeiten (jeweils z. B. in Form von Konsortialkrediten[1970]). Problematisch bei diesem Abstimmungspunkt ist, die zeitliche Kongruenz zwischen der Kundenwertermittlung und der Adressrisiko- bzw. Kreditportfolioplanung herzustellen. Gelingt es nicht, die Großkreditgrenzen durch geeignete Maßnahmen zu umgehen, so impliziert dies nicht, dass die Kundenbeziehung beendet werden muss. Für die Kundenwertermittlung muss jedoch der Wegfall dieses in der Zukunft liegenden Geschäfts sowie die damit einhergehenden Verbundeffekte berücksichtigt werden. Gelingt es, die Großkreditgrenze zu umgehen, sind die mit den zu treffenden Maßnahmen verbundenen

---

1967 So zeigt sich z. B., dass bei kleineren Firmenkunden, bei denen ein abgelehnter Kreditantrag Bestandteil der Historie der Geschäftsbeziehung ist, die Geschäftsbeziehung zur Bank und die Bank selbst anders wahrnehmen als Firmenkunden bei denen das nicht der Fall ist. Vgl. *KPMG* (2009), S. 31, S. 46 und S. 57.

1968 Gemäß § 13 Abs. 1 KWG ist ein Großkredit ein Kredit, der 10 Prozent des haftenden Eigenkapitals des kreditgebenden Kreditinstituts erreicht oder übersteigt. Dabei wird jedoch nicht nur ein einzelnes Kreditgeschäft betrachtet, sondern die Gesamtheit der Kreditgeschäfte an einen einzelnen Kreditnehmer im Sinne des § 19 Abs. 2 KWG. Einzelne Großkredite dürfen eine Höhe von 25 Prozent des haftenden Eigenkapitals nicht überschreiten. Zudem darf die Summe aller Großkredite einen Betrag des 8-fachen des haftenden Eigenkapitals nicht überschreiten. Vgl. dazu *Hartmann-Wendels, T./Pfingsten, A./Weber, M.* (2010), S. 631 ff. Die Großkreditgesamtobergrenze, die bei 800 Prozent des haftenden Eigenkapitals lag, soll im Zuge der Änderungen der EU-Bankenrichtlinie abgeschafft werden. Vgl. *Deutsche Bundesbank* (2009), S. 69.

1969 Vgl. zur Planung des Adressrisikos *BVR* (2003b), Kapitel 4.3 sowie zur Limitsystematik bezüglich des Adressrisikos *BVR* (2003b), Kapitel 4.6.

1970 Bei Konsortialkrediten treten mehrere Banken, die den Kredit vergeben, als Zweckgemeinschaft gegenüber dem kreditnehmenden Firmenkunden auf. Vgl. *Tolkmitt, V.* (2007), S. 195 ff.

wirtschaftlichen Konsequenzen in der Kundenwertermittlung zu berücksichtigen. Dies gilt sowohl dann, wenn das gesamte Kreditgeschäft vermittelt als auch dann, wenn es nur zum Teil von der betrachteten Kreditgenossenschaft kontrahiert wird.

Im Sinne der integrierten Rendite-Risiko-Steuerung ergeben sich für die kundenwertorientierte Vertriebsplanung Koordinationsbedarfe für den Fall, dass Risikokapital knapp ist. Während die Ausführungen zur Kundenwertorientierung bisher implizit von der auch realiter zu beobachtenden Situation ausgingen,[1971] dass das Risikokapital nicht knapp ist und somit absolute Größen zur Vertriebssteuerung ausreichend sind, ist bei knappem Risikokapital der Kundenwert im Verhältnis zum einzusetzenden Risikokapital in Beziehung zu setzen. Im Ergebnis resultiert ein modifizierter Kundenwert. Stellt neben den finanziellen und personellen Vertriebsressourcen damit die Risikokapitalausstattung einen weiteren Engpass dar, sind optimale Lösungen mit linearen Planungsmodellen möglich.[1972] Die damit verbundenen Aufgaben sind originär dem Vertriebscontrolling in der Steuerungsbank zuzuweisen und werden an dieser Stelle nicht weiter thematisiert.

Zusammenfassend lässt sich für die Abstimmung von Vertriebs- und Steuerungsbank der in Abbildung 70 skizzierte Ablaufplan herleiten, der den Abstimmungsprozess konzeptionell beschreibt.

1971 Als Indiz für diese Aussage können die Inhalte der Pressemitteilungen angeführt werden, die mehrheitlich von einer Vermeidung der Kreditrisikoklemme durch die VR-Banken und zusätzlichem Kreditvergabepotenzial berichten. Zudem weist der BVR im Jahresbericht 2010 daraufhin: „Mit der seit Langem weitestgehend konstant bleibenden Eigenkapitalquote – berechnet als bilanzielles Eigenkapital im Verhältnis zur Bilanzsumme – verfügen die Kreditgenossenschaften über ausreichende Wachstumsspielräume. […] Die Volksbanken und Raiffeisenbanken sind mit Eigenkapital und Liquidität gut ausgestattet, um ihr Kreditvolumen auch zukünftig weiter zu steigern. Sie haben gut 100 Milliarden Euro mehr Einlagen als Kredite im Bestand.“ *BVR* (2011a), S. 46.

1972 Vgl. dazu z. B. im Kontext der Produktionsprogrammplanung *Adam, D.* (1998), S. 242 ff.

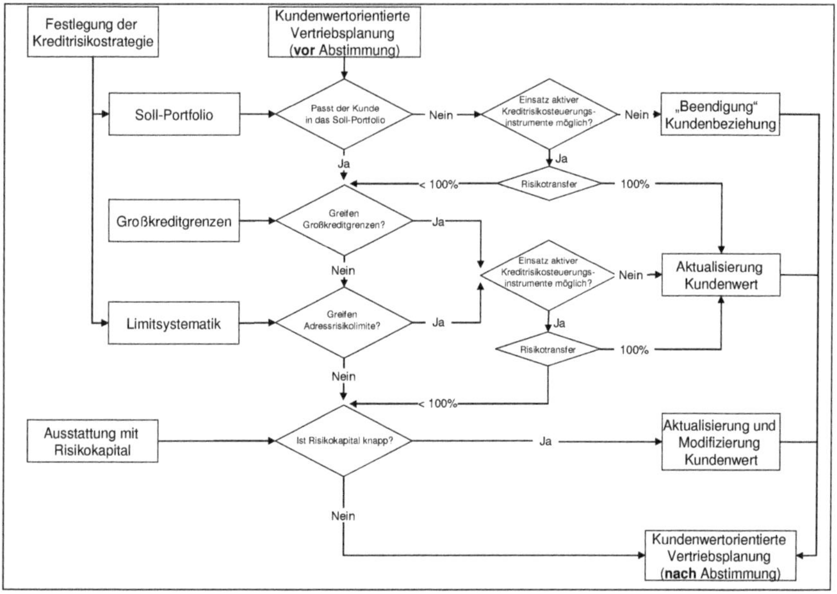

Abbildung 70: Ablaufplan der Abstimmung zwischen Vertriebs- und Steuerungsbank[1973]

Darüber hinaus besteht Abstimmungsbedarf zwischen der Vertriebs- und der Steuerungsbank mit Blick auf die Sortimentsplanung. Dieser Abstimmungsbedarf liegt in zwei Richtungen vor. Zum einen von der Steuerungsbank in die Vertriebsbank, sofern neue Bankleistungen im Planungszeitraum im Firmenkundenmarkt angeboten werden sollen. Denn diese neuen Produkte sind im Rahmen der Kundenwertermittlung und der darauf aufbauenden Vertriebsplanung zu berücksichtigen. In entgegengesetzter Richtung resultiert Abstimmungsbedarf, sofern sich aus der Kundenwertermittlung im Kontext des Cross-Selling-Potenzials zeigt, dass kundenwertinduzierende Produkte gegenwärtig nicht Bestandteil des Bankleistungssortiments sind, aber erfolgversprechend angeboten werden können.[1974] In diesem Zusammenhang sollte der Kundenwert als wesentliche Entscheidungsgrundlage der Produktpolitik verwendet werden.

2.3.2 Interne Koordination mit der Produktionsbank

Die Notwendigkeit zur Koordination der Planung der Vertriebs- und der Produktionsbank begründet sich mit der Aussage, dass „Aufgaben jenseits des direkten

1973 Eigene Darstellung.

1974 Vgl. Kapitel D.4.5.3.1.3. Dies betrifft in Abbildung 46 die „Würfel“ 1b, 2b und 3b.

Kundenprozesses in den Bereich der Produktionsbank [verlagert werden, Erg. d. Verf.]" [1975]. Vertriebs- und Produktionsbank stehen in einem unmittelbaren komplementären Verhältnis zueinander, das daraus resultiert, dass die Abwicklung eines abgeschlossenen Geschäfts in der Produktionsbank[1976] gebündelt ist, die entweder gleichzeitig auch Produktanbieter ist oder lediglich die Produktion im Sinne der weiteren Bearbeitung übernimmt.[1977] Aufgrund der Tatsache, dass der Absatz einer Bankleistung der Produktion ebendieser i. d. R. zeitlich vorgelagert ist, ist der Einfluss der Vertriebsplanung für die Produktionsbankplanung evident. Eine Vertriebstrategie und -planung, die die Akquisition von Kunden höher gewichtet als die Ausschöpfung bestehender Kundenbeziehungen, stellt ebenso andere Anforderungen an die Produktionsbank wie eine Strategie, deren Schwerpunkt in einer Intensivierung von großen Firmenkunden statt in einem Ausbau des kleinteiligen Geschäfts mit kleinen Firmenkunden liegt.

Für die vorzunehmende Koordination ist die gewählte Vorgehensweise der Ermittlung des Kundenwerts anhand der Bankleistungen, die dem Basisgeschäfts-, dem Entwicklungs- oder dem Cross-Selling-Potenzial zugeordnet werden, von besonders hoher Bedeutung. In Verbindung mit den Vertriebszielen und -maßnahmen können die operativ und strategisch fokussierten Bestandteile des bestehenden Bankleistungssortiments identifiziert werden, so dass sich darauf aufbauend relevante Informationen für die Kapazitätsplanung nach Art und Menge der Produktionsbank ableiten lassen. Wird bspw. das ressourcenintensive Kreditgeschäft zugunsten von Provisionsgeschäften mit Verbundpartnern reduziert, so bedingt dies mittel- bis langfristig kapazitive Änderungen in der Produktionsbank, da die produzierenden Tätigkeiten in diesen Fällen außerhalb der Kreditgenossenschaft anfallen. Irrelevant ist nach DAUSER die Frage nach restringierenden Einflüssen der Produktionsbank auf die Vertriebsplanung. "Anders als bei den meisten produzierenden Unternehmen unterliegt die Herstellung von Bankdienstleistungen nur geringen oder keinen Kapazitätsbeschränkungen. Somit ist, anders als bei den produzierenden Unternehmen, der Absatz am Markt der dominante Engpassbereich."[1978] Gleichwohl kann es zu saisonalen Kapazitätsengpässen in der Produktionsbank kommen, die kaum durch den Vertrieb beeinflusst werden können. Bei der Kapazitätsplanung ist die Planung so vorzunehmen, dass die unzureichenden Kapazitäten bei Nachfragespitzen einen geringeren negativen Einfluss auf Realisierung gegenwärtiger oder Schaffung von

---

1975 *BVR et al.* (2006), S. 23.

1976 Synonyme Begriffe, die in der Literatur verwendet werden, sind Transaktionsbank, Back-Office-Fabrik oder Abwicklungsbank. Vgl. *Moormann, J./Schmidt, G.* (2007), S. 21.

1977 Vgl. *Segbers, K.* (2007), S. 114.

1978 *Dauser, A.* (1995), S. 14.

künftigen Kundenwerten haben als die Kosten der Unterbeschäftigung bei geringerer Nachfrage.

Ein weiteres Koordinationsfeld resultiert aus Überlegungen der Produktionsbank, Verfahren, Strukturen oder Prozesse zu innovieren, die Einfluss auf den Kundenwert bzw. die Beeinflussung des Kundenwerts durch den Vertrieb haben. Dies liegt bspw. vor, wenn Firmenkundenportale eingesetzt werden,[1979] die der Externalisierung von Aufgaben im Sinne der Isoleistungskurve dienen, und so Einfluss auf die Beziehung zwischen Firmenkundenberater und Firmenkunde haben (Verringerung der Kontakte zwischen Firmenkunde und Firmenkundenberater). Aus diesem Grund sollten in die Entscheidungsfindung von Verfahrensinnovationen in der Produktionsbank deren Auswirkungen auf die Kundenwerte berücksichtigt werden.

2.3.3 Externe Koordination mit Verbundunternehmen

Die Verbundorientierung der Kreditgenossenschaften sowie die Prinzipien der Subsidiarität und Kooperation[1980] machen es notwendig, dass sich die Kreditgenossenschaften hinsichtlich der operativen, aber auch strategischen Vertriebsplanung mit den Verbundunternehmen abstimmen. Dies hat zweierlei Konsequenz. Zum einen bedarf es seitens der Verbundpartner einer konkreten Planungsgrundlage für die eigene Vertriebsplanung und die damit verbundenen übrigen Unternehmensteilpläne. Zum anderen ist es in den Fällen einer gemeinsamen Betreuung von Firmenkunden durch Firmenkundenberater der Kreditgenossenschaft und Vertriebsmitarbeiter der Verbundunternehmen notwendig, die operativen Ansatzpunkte auf Basis der strategischen Überlegungen zu begründen. Das heißt konkret, dass die kreditgenossenschaftliche Bewertung eines Firmenkunden und die damit verbundene Vertriebsstrategie handlungsleitend auch für die Aktivitäten und Maßnahmen der Verbundunternehmen sein muss.

WIEDEMANN empfiehlt hinsichtlich des Planungsprozesses im Verbund, dem Prinzip der demokratischen Willensbildung „von unten nach oben“ folgend, einen Bottom-Up-Planungsansatz.[1981] Das impliziert, dass die Kreditgenossenschaft in ihrer operativen Vertriebsplanung die Verbundprodukte berücksichtigt. Der bankleistungsbasierte Ansatz der Kundenwertermittlung unterstützt dieses Vorgehen. So lassen sich bei entsprechender Abgrenzung des relevanten Verbundprogramms die in den monetären Kundenwerten enthaltenen Verbundprodukte mengen- und volumenmäßig für die betrachteten Planperioden aggregie-

---

[1979] Vgl. zu Firmenkundenportalen, deren Nutzen und Akzeptanz durch die Firmenkunden *Schwencke, M.* (2008), S. 35 ff.

[1980] Vgl. dazu die Ausführungen in Kapitel C.1.4.4.

[1981] Vgl. *Wiedemann, A.* (1992), S. 106 f.

ren und als Planungsgrundlage den Verbundpartnern mitteilen. Übertragen auf den monetären Kundenwert bedeutet dies, dass sich der Kundenwert aus Sicht der Kreditgenossenschaft in einzelne Kundenwerte aus Sicht des jeweils relevanten Leistungsprogramms der beteiligten Unternehmen der FinanzGruppe zerlegen lässt (siehe Formel [E.5][1982]). Es sei jedoch darauf hingewiesen, dass der Kundenwert, der sich über das relevante Leistungsprogramm der beteiligten Verbundunternehmen der FinanzGruppe ergibt, nicht dem Kundenwert aus Sicht der betroffenen Verbundunternehmen selbst entsprechen muss. Dies begründet sich damit, dass die Kreditgenossenschaft in ihrer Kundenbewertung lediglich die ihr aus dem Absatz der Verbundprodukte zufließenden Erträge und Aufwendungen respektive Einnahmen und Ausgaben berücksichtigt. Diese können jedoch von den Einnahmen und Ausgaben, die das Verbundunternehmen aus der Kundenbeziehung erhält, abweichen.

$$KW_c^m = \sum_{u=1}^{U} KW_c^{m,u} \qquad \text{[E.5]}$$

mit:

$KW_c^{m,u}$:	Monetärer Kundenwert eines Kunden c aus Sicht des relevanten Leistungsprogramms des Unternehmens u der FinanzGruppe aus Sicht der Kreditgenossenschaft
u:	Index der beteiligten Unternehmen der FinanzGruppe[1983]

Auf Basis dieses Zusammenhangs lassen sich die verbundleistungsbezogenen Mengen- und Volumeninformationen generieren, die für die Verbundunternehmen die Vertriebsplanung fundieren. Weiterhin wird damit kommuniziert, welche Bedeutung die Leistungen der Verbundunternehmen aus Sicht der Kreditgenossenschaft im Kontext der jeweiligen Kundenbeziehung oder in aggregierter Form aus Sicht des gesamten Kundenstamms haben. Mit diesen Informationen können die Verbundunternehmen wiederum über die regionale Ebene bis zur Bundesebene die Plandaten aggregieren und ihren Planungen zugrunde legen.

Probleme resultieren, wenn größere Abweichungen zwischen den so ermittelten Plandaten der Kreditgenossenschaften und den Ansprüchen der Verbundpartner vorliegen. Der damit verbundene Anpassungs- und Korrekturprozess würde nämlich erst bei abgeschlossenem Vertriebsplanungsprozess der Kreditgenossenschaften einsetzen. Dies dürfte somit die Akzeptanz auf Seiten der Genossenschaftsbanken einschränken. Aus organisatorischer Sicht empfiehlt WIE-

---

1982 Die verwendete additive Verknüpfung ist eine vereinfachte Darstellung.

1983 In dieser formalen Darstellung gehört die Kreditgenossenschaft selbst auch zur Mengen der beteiligten Verbundunternehmen der FinanzGruppe.

DEMANN daher, eine frühzeitige Konkretisierung der Planung der Verbundunternehmen, so dass die Voraussetzungen einer rechtzeitigen Abstimmungsphase geschaffen sind.[1984] Für die Abstimmungsprozesse ist aus Sicht der Kundenorientierung und der Kundenwertorientierung zu fordern, dass Plananpassungen nicht dergestalt sein dürfen, dass die zwischen dem Verbundunternehmen und der Kreditgenossenschaft vereinbarten Ziele losgelöst von den Kundenbeziehungen und den damit verbundenen Kundenwerten erfolgen.[1985] Ansonsten würde nämlich die kundenwertorientierte Vertriebsplanung, die die Kundenbeziehungen individuell betrachtet ad absurdum geführt. Möglichkeiten der Anpassung liegen z. B. in der zeitlichen Verschiebung, so dass für spätere Perioden angesetzte Bedarfspotenziale früher vertrieblich angesprochen werden können oder in einer Vereinbarung, die die Kreditgenossenschaft teilweise aus dem Vertriebsprozess des Verbundunternehmens exkludiert. Dies wäre z. B. dann der Fall, wenn das Verbundunternehmen versucht, die Differenz zwischen Bottom-Up-Planwerten der Kreditgenossenschaft und dem eigenen Top-Down-Anspruch durch eigenständige Vertriebsmaßnahmen im Absatzmarkt der VR-Bank zu kompensieren.[1986]

Für diejeningen Verbundunternehmen, die zur Entlastung der Produktionsbank tätig werden, empfiehlt WIEDEMANN, dass diese ohne weiteren Abstimmungsbedarf von den von der Kreditgenossenschaft getroffenen Planungen ausgehen.[1987] Da sie als Service Center fungieren, die ihre Leistungen über Verrechnungspreise an die Kreditgenossenschaften abgeben, werden Leistungsverrechnungspreise auf Basis der so ermittelten Plankapazität bestimmt. Mengenabweichungen gehen dann zu Lasten der Kreditgenossenschaften und Preisabweichungen stellen von den Verbundunternehmen zu verantwortende Unwirtschaftlichkeiten dar.

„Die besondere Schwierigkeit der Kundenorientierung im Verbund liegt im Problem der Abstimmung der Aktivitäten der einzelnen Kreditgenossenschaften mit denen der Verbundpartner.“[1988] Wie bereits angeklungen, ist es nicht zwingend, dass die Bewertung eines Kunden hinsichtlich des relevanten Leistungsprogramms aus Sicht der Kreditgenossenschaft und aus Sicht des Verbundunter-

---

1984 Vgl. *Wiedemann, A.* (1992), S. 107.

1985 Dies wäre beispielsweise der Fall, wenn Volumina und Stückzahlen auf Basis historischer Werte fortgeschrieben werden oder wenn der Planung Marktpotenzialdaten zugrunde gelegt werden, die sich nicht auf einzelne Kundenbeziehungen zurückführen lassen.

1986 Dies entspräche auch den Leitlinien aus dem Strategiepapier BÜNDELUNG DER KRÄFTE: DIE GEMEINSAME STRATEGIE. Vgl. *BVR* (2001b), S. 8 f.

1987 Vgl. hier und nachfolgend *Wiedemann, A.* (1992), S. 108.

1988 *Wiedemann, A.* (1992), S. 117.

nehmens identisch ist. Damit geht einher, dass die relative Bedeutung eines Kunden aus Sicht der Kreditgenossenschaft von der aus Sicht des Verbundunternehmens abweicht. Dies gilt auch, wenn aus Sicht des Verbundunternehmens nur das numerische Kundenpotenzial der Kreditgenossenschaft betrachtet wird. Für die Abstimmung der vertrieblichen Aktivitäten in der Firmenkundenbank ist daher konsistent zum subsidiären Antritt der Verbundunternehmen zu fordern, dass die gemeinsame Festlegung von Maßnahmen dominiert wird durch die kreditgenossenschaftliche Beurteilung des Werts der Kundenbeziehung. Nur dadurch ist gewährleistet, dass die Kreditgenossenschaft eine widerspruchsfreie Planung der vertrieblichen Maßnahmen vornehmen kann. Im alternativen Fall würden die ggf. inkonsistenten relativen Bedeutungen der einzelnen Kundenbeziehungen aus Sicht der beteiligten Verbundunternehmen zu widersprüchlichen und damit für die Kreditgenossenschaft nicht umsetzbaren Handlungsempfehlungen führen.

3 Kundenwertorientierte Vertriebsplanrealisation

Die operative Vertriebsplanung der Ziele und Maßnahmen stellt die Basis der Planrealisation dar. Die konkrete Umsetzung ist ein Gegenstand der Vertriebssteuerung im engeren Sinn.[1989] Gestaltungsparameter dieses Teilaspekts der Vertriebssteuerung im Lichte der Kundenwertorientierung werden im Folgenden erläutert.

3.1 Steuerungsadäquate aufbauorganisatorische Struktur

Die Kreditgenossenschaften weisen eine markt- und kundenorientierte Aufbauorganisation auf.[1990] Dies stellt die notwendige Bedingung einer kundenwertorientierten Vertriebssteuerung dar. Die inhaltliche Festlegung über den Umfang der Verantwortlichkeit eines so genannten Responsibility-Centers[1991] stellt die hinreichende Bedingung dar. Je nach Umfang der Verantwortlichkeit werden Cost-Center, Expense-Center, Revenue-Center, Profit-Center und Investment-Center unterschieden.[1992] Bei Cost -Centern umfasst die Verantwortlichkeit die Effizienz der Leistungserstellung und als Kontrollgrößen werden die Kosten betrachtet. Die Verantwortlichkeit von Expense-Centern umfasst die Ausgaben, die innerhalb einer Periode angefallen sind. Die Steuerung dieser Einheiten erfolgt über Ausgabenbudgets. Statt Größen des internen Ressourcenverbrauchs beinhaltet die Verantwortlichkeit von Revenue-Centern ausschließlich die Erlösseite, so dass vor allem Erlösanalysen Gegenstand der Steuerung sind. Zentrale Annahme dabei ist, dass Kosten zwar hier entstanden, jedoch nicht von diesen Bereichen verursacht worden sind. Bei Profit-Centern werden sowohl die Erlös- als auch die Kostenseite betrachtet. Um die Leistung eines Profit-Centers zu beurteilen, wird der Saldo aus Erlösen und Kosten einer Periode herangezogen. Dabei ist die tatsächlich relevante Gewinngröße zu konkretisieren. Investment-Center sind Bereiche der Renditeverantwortung, d. h. auch Entscheidungen über Investitionen und Desinvestitionen können vom jeweiligen Verantwortlichen getroffen werden. Dieser Art von Responsibility-Centern ist die periodenübergreifende Betrachtung von Einnahmen und Ausgaben inhärent.

Im Kontext der auf Basis des Einzelgeschäfts aufbauenden wertorientierten Steuerung werden Vertriebseinheiten als Profit-Center geführt. Die Größe der

---

[1989] Vgl. dazu die Ausführungen in Kapitel C.2.4.2.

[1990] Vgl. dazu die Ausführungen in Kapitel C.2.4.2.

[1991] Vgl. zum Begriff der Responsibility Center *Eigler, J.* (2004), S. 668 sowie *Hofmann, C./Daugart, J.* (2004), S. 194.

[1992] Vgl. hier und nachfolgend *Coenenberg, A. G.* (1999), S. 531 ff.

Profit-Center ist institutsindividuell zu bestimmen und ist abhängig von dem Differenzierungsgrad der vorliegenden Kostenrechnungsinformationen.[1993] Auf Ebene des Profit-Centers werden sowohl die Kundengeschäftsergebnisse der Vertriebsbank als auch die Produktivitätsergebnisse der Produktionsbank ermittelt, um die Leistung des Profit-Centers zu beurteilen.[1994] Diese Profit-Center-Struktur der Kreditgenossenschaften ist konzeptionell kongruent zur bisher ausschließlichen Betrachtung des „Zerschlagungswerts" als relevanten Bestandteil des „Vermögenswerts", der der Gesamtbanksteuerung zugrunde gelegt wird. Mit der in dieser Arbeit vorgenommenen Ausweitung der Betrachtungsperspektive auch auf den „Potenzialwert" ließe sich begründen, Investment-Center statt Profit-Center als Grundlage der steuerungsadäquaten aufbauorganisatorischen Struktur im Vertrieb zu nutzen. Aufgrund der dualen Steuerungskonzeption ist jedoch zu beachten, dass Investitions- und Desinvestitionsentscheidungen mit Blick auf Kundenbeziehungen nicht zwingend ausschließlich von den Vertriebseinheiten bestimmt werden können. Insbesondere die damit verbundenen adressrisikobezogenen Auswirkungen auf das Kreditrisikoportfolio der Gesamtbank, das auf Gesamtbankebene gesteuert wird, können als Gründe dagegen vorgebracht werden. Somit wären dezentrale Organisationsbereiche nicht als Investment-Center in reiner Form umsetzbar. Unter Berücksichtigung dieser Einschränkung sollten Vertriebseinheiten eher im Sinne des hier konzeptualisierten und operationalisierten Modells als Investment-Center geführt werden.

Unabhängig von ihrer konkreten Ausgestaltung bedingen dezentrale Entscheidungseinheiten, dass „ein dezentrales Selbstcontrolling durch Instrumente zur Planungs-, Steuerungs- und Ergebnisverantwortung unterstützt und gefördert wird."[1995] Kern dessen ist, die dezentralen Entscheidungen im Sinne der Gesamtbank- und Vertriebsziele zu koordinieren.

3.2 Auswahl eines geeigneten Koordinationsmechanismus

Wie die ökonomische Definition des Bankbegriffs im Allgemeinen und die Etablierung dezentraler Entscheidungsbereiche im Speziellen begründet, handelt es sich bei den Kreditgenossenschaften um arbeitsteilige Systeme mit Interdependenzen der relevanten Subsysteme bzw. Organisationsebenen und –ein-

---

[1993] So nennt ANACKER Regional- oder Teilbanken, d. h. die Privatkundenbank und die Firmenkundenbank, als Beispiele für Profit-Center. Vgl. *Anacker, R.* (2003), S. 25. Im Gegensatz zu den Kosten ist es bei den Einzelgeschäftsabschlüssen vergleichsweise einfach möglich, diese den jeweiligen Vertriebseinheiten zuzuordnen.

[1994] Vgl. *Kuß, H.* (2002), S. 36.

[1995] *Hilgenstock, G. P.* (1995), S. 802.

heiten.[1996] Es wurde bei der Deskription des institutionellen Vertriebs der Kreditgenossenschaften deutlich, dass der bedeutendste Vertriebskanal der persönliche Vertrieb durch die Firmenkundenberater ist.[1997] Daraus resultiert eine besonders hohe Bedeutung der Personalführung in der Vertriebssteuerung. Es besteht somit die evidente Notwendigkeit, die Handlungen der einzelnen Akteure, d. h. Firmenkundenberater zu koordinieren, um das oder die definierten Ziele auf Gesamtbank- und Vertriebsebene zu erreichen.[1998] Gleichwohl bemängelt DUDERSTADT, dass das „Thema der Mitarbeiterführung [.] von vielen Banken als Erfolgsfaktor unterschätzt [wird; Erg. d. Verf.]“[1999].

Als Koordination wird in diesem Kontext die Abstimmung zwischen interdependenten, aber durch die Aufgabenteilung organisatorisch getrennten Tatbeständen verstanden.[2000] Objekte der Koordination können Handlungsprozesse oder Handlungsergebnisse sein. In der organisationstheoretischen Literatur gibt es eine Reihe von Koordinationsmechanismen, die sich in unterschiedlicher Weise auf die Koordinationsobjekte beziehen. Aufbauend auf der Ordnungsstruktur der Koordinationsmechanismen nach KIESER/KUBICEK lassen sich persönliche und technokratische Koordinationsmechanismen unterscheiden (siehe Tabelle 31).

Tabelle 31: Gegenüberstellung von Koordinationsmechanismen und -objekten[2001]

Koordinationsobjekt / ***Koordinationsmechanismus***		**Handlungs-prozess**	**Handlungs-ergebnis**
Persönliche Koordination	durch Weisung	x	x
	durch Selbstabstimmung	x	x
Technokratische Koordination	durch Programme	x	
	durch Pläne	x	x

Die persönliche Koordination durch Weisung erfolgt situativ und ist somit weitgehend flexibel und leicht zu gestalten.[2002] Sie kann sich sowohl auf den Handlungsprozess als auch auf das Handlungsergebnis beziehen. Dieser Koordinati-

1996 Vgl. zur ökonomischen Definition von Banken die Ausführungen in Kapitel C.1.1.2.

1997 Vgl. dazu die Ausführungen in Kapitel C.2.4.2.

1998 Vgl. *Eigler, J.* (2004), S. 668.

1999 *Duderstadt, S.* (2006), S. 173.

2000 Vgl. *Weber, J.* (2004), S. 75.

2001 Eigene Darstellung auf Basis *Kieser, A./Kubicek, H.* (1992) S. 102 ff.; *Weber, J.* (2004), S. 75 ff.

2002 Vgl. hier und nachfolgend *Kieser, A./Kubicek, H.* (1992) S. 102 ff.; *Weber, J.* (2004), S. 75 ff.

onsmechanismus erfolgt vor allem bei vertikalen Interaktionen, wie sie in Unternehmenshierarchien vorliegen. Bei horizontalen Interaktionen auf einer Hierarchieebene kommt dagegen die Koordination durch Selbstabstimmung zum Tragen, bei der die Abstimmung durch Gruppenentscheidungen erfolgt.[2003] Auch dieser Koordinationsmechanismus kann sich auf Handlungsprozesse oder Handlungsergebnisse beziehen. Die technokratische Koordination ist dadurch gekennzeichnet, dass sie über unpersönliche Medien erfolgt. Bei der programmbasierten Koordination werden die Handlungen in Inhalt und Ablauf festgelegt und im Bedarfsfall ausgeführt. Die Koordination durch Pläne basiert auf den verbindlichen Vorgaben von Zielen für die Aufgabenerfüllung. „Führen über Ziele bedeutet [...], die einem Unternehmen von ihrem(n) Eigner(n) und anderen Vergleichsgruppen gesetzten Ziele auf alle Organisationsbereiche herunterzubrechen, dass jede dezentrale Einheit zu ihrer Erreichung beiträgt.“[2004] Das Führen über Ziele wird auch unter dem Begriff des Management-by-Objectives (MbO) oder Management-by-Results (MbR) diskutiert.[2005] Diese Ansätze kommen häufig in Verbindung mit der Balanced Scorecard zur Anwendung,[2006] da diese über das Instrument der Ziele die Strategieformulierung operationalisiert.[2007]

Der Einsatz der persönlichen Koordinationsmechanismen erfolgt situativ und einzelfallabhängig, so dass eine intensive Auseinandersetzung mit diesen Koordinationsmechanismen vor dem Hintergrund der Kundenwertorientierung keine verallgemeinerbaren Aussagen erwarten lässt. Zu den antizipativen und somit vorab gestaltbaren Steuerungsmaßnahmen der Planrealisation gehören die technokratischen Koordinationsmechanismen. Aufgrund der hohen Bedeutung des persönlichen Vertriebs im Firmenkundengeschäft sowie der in Kapitel C.2.3 beschriebenen Besonderheiten des Vertriebs von Bankleistungen ist davon auszugehen, dass die damit verbundene Flexibilität und Individualität der einzelnen Interaktionen nur einen geringen Standardisierungsgrad zulassen,[2008] so dass die programmbasierte Koordination eher irrelevant für die Vertriebssteuerung ist. Besonderheiten resultieren aus der Kundenwertorientierung mit dem Kunden-

---

2003 Derartige Entscheidungen liegen z. B. bei Vorstandsbeschlüssen vor. Aufgrund der Anforderungen der MaRisk gibt es grds. in jeder Kreditgenossenschaft mindestens zwei Vorstandsstellen, so dass dadurch horizontaler Abstimmungsbedarf begründet wird.

2004 *Weber, J.* (2004), S. 78.

2005 Vgl. dazu ausführlich *Noll, J.* (2003), S. 899 f. Es handelt sich bei den MbR-Ansätzen im Wesentlichen um MbO-Ansätze mit dem Unterschied, dass die Organisationseinheiten, welche bestimmte Ziele (Ergebnisse) erreichen sollen, organisatorisch getrennt sind. Vgl. *Noll, J.* (2003), S. 900.

2006 Vgl. *Homburg, C./Schäfer, H./Schneider, J.* (2010), S. 148.

2007 Vgl. *Eigler, J.* (2004), S. 667.

2008 Vgl. *Tewes, M.* (2003), S. 302 f.

wert als zentrale Ziel- und Steuerungsgröße zudem vornehmlich in der technokratischen Koordination mittels Plänen. Aus diesem Grund wird dieser Koordinationsmechanismus ausgewählt und den weiteren Ausführungen zugrunde gelegt.

In den Kreditgenossenschaften hat in den vergangenen Jahren eine Intensivierung der technokratischen Koordination der arbeitsteiligen Prozesse über plan- bzw. zielbasierte Ansätze stattgefunden.[2009] In seiner Studie stellt KRAUß fest, dass über 80 Prozent der befragten Kreditgenossenschaften Zieldefinitionen im Rahmen der Vertriebssteuerung bzw. der Planrealisation nutzen (siehe Abbildung 71).[2010] Dies zeigt die insgesamt hohe praktische Bedeutung der Management-by-Objectives-Ansätze, wenngleich die verwendeten Zielgrößen zur kundenwertorientierten Vertriebssteuerung im Widerspruch stehen.

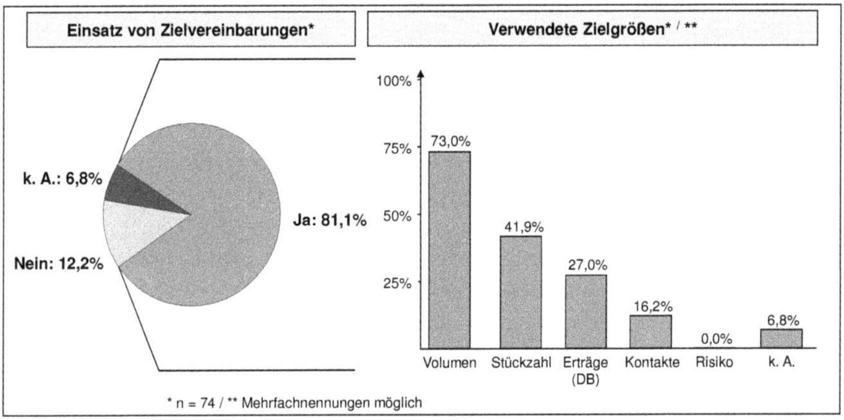

Abbildung 71: Einsatz von Zielvereinbarungen und Zielgrößen in Kreditgenossenschaften[2011]

Aus führungstheoretischer Sicht sollen Ziele Orientierungs- und Anhaltspunkte für die Mitarbeiter sein, die eine direkte persönliche Führung partiell substituieren.[2012] KÖHLER/ROLVERING/GERMANN argumentieren in diesem Zusammen-

2009 Vgl. *Kaiser, A./Kehr, J.* (2003), S. 31.

2010 Dass Zielvereinbarungen übergreifend bei Banken und Sparkassen das dominierende Führungsinstrument sind, indizieren auch die Ergebnisse der empirischen Studie von NIRSCHL/PAUL bei 85 Instituten mit Bezug zum Retailgeschäft. Sie geben an, dass bei 91,5 Prozent der Befragten die Zielvereinbarung das zentrale Führungsinstrument sei. Vgl. *Nirschl, M./Paul, V.* (2007), S. 200.

2011 Eigene Darstellung auf Basis der Daten in *Krauß, C.* (2005), S. 238.

2012 Vgl. *Schmoll, A.* (2006), S. 149.

hang gar, dass die „Voraussetzung für eine effektive Wahrnehmung der Steuerungsfunktion [durch die Vertriebssteuerung als Führungs- und Koordinationsinstrument, Erg. d. Verf.] [...] die Vorgabe von Zielen“[2013] sei.

Beim Festlegen dezentraler Ziele kann zwischen der Zielvorgabe und der Zielvereinbarung unterschieden werden. Während erstere einseitig erfolgt und stärker den Zielanspruch und damit den Zielinhalt der Bank berücksichtigt, liegt der Vorteil bei Zielvereinbarungen darin, dass der Mitarbeiter auf die Höhe der Ziele Einfluss nimmt und so keine demotivierenden Ziele zur Grundlage der Erfolgsmessung herangezogen werden. Konsistent zum Gegenstromverfahren der Vertriebsplanung und aufgrund tarifvertraglicher Vereinbarungen können nur Zielvereinbarungen die Grundlage eines leistungsorientierten Vergütungssystems in den Kreditgenossenschaften sein.[2014] Die leistungs- und erfolgsorientierte Vergütung, die als wesentlicher Bestandteil in der Vertriebssteuerung von Kreditinstituten angesehen wird,[2015] ist eine Ausprägungsform von Anreizsystemen. Der Einsatz von Anreizsystemen ergänzt die Koordinationsfunktion der Ziele um eine Motivationsfunktion, indem die Zielerreichungsgrade mit bestimmten positiven oder negativen Sanktionen verbunden sind.[2016] Soll eine kundenorientierte Unternehmenskultur etabliert werden, kommt der leistungs- und erfolgsorientierten Vergütung nach WEBSTER eine Schlüsselrolle zu.[2017] Die zielbasierte Führung stellt somit die notwendige Grundlage eines kundenwertorientierten Anreizsystems, das die tarifvertragliche Bedingung der leistungs- und erfolgsorientierten Vergütung in den Kreditgenossenschaften ist,[2018] dar.[2019] Die hinreichende Bedingung ist die Eignung des Kundenwerts oder kundenwertbasierter Ziele als Basis eines solchen Anreizsystems. Daher ist die Eignung des Kundenwerts als Grundlage eines vertriebliche Anreizsystems zu prüfen.

2013 *Köhler, A. G./Rolvering, H.-S./Germann, S.* (2005), S. 417.

2014 Vgl. *Kaiser, A./Kehr, J.* (2003), S. 31 f.

2015 Vgl. *Henke, K.* (1995), S. 758.

2016 Vgl. *Tewes, M.* (2003), S. 306 f. sowie die dort genannte Literatur.

2017 „The key to developing a market-driven, customer oriented business lies in how managers are evaluated and rewarded.“ *Webster, F. E.* (1988), S. 38. So auch *Hamel, W.* (2006), S. 462.

2018 Vgl. *AGVR* (2001), S. 6.

2019 Jedoch gilt: „Bei den meisten Kreditgenossenschaften werden die Kundenbetreuer [im Firmenkundengeschäft, Erg. d. Verf.] auch heute noch ohne Leistungsbezug bezahlt“. *Berhorst, U.* (2008), S. 36.

3.3 Kundenwertbasierte Anreizsysteme als Basis leistungs- und erfolgsorientierter Vergütung

3.3.1 Grundlagen von Anreizsystemen

Unter einem Anreizsystem wird die Gesamtheit von bewusst gestalteten und aufeinander abgestimmten Reizen verstanden, die dazu dienen, bestimmte Verhaltensweisen der Mitarbeiter durch positive Anreize oder Belohnungen auszulösen bzw. zu verstärken, um die Wahrscheinlichkeit des Auftretens unerwünschter Verhaltensweisen zu minimieren.[2020] In einem weit gefassten Verständnis sind die gesamten bankbetrieblichen Bedingungen als Anreize zu interpretieren. In einer engeren und hier relevanten Definition wird das Anreizsystem als Steuerungsinstrument verstanden, das durch zielgerichtete Gestaltung Einfluss auf das Verhalten der Mitarbeiter nimmt.[2021]

Der Einsatz von Anreizsystemen kann aus Sicht der Prinzipal-Agenten-Theorie und verhaltenswissenschaftlich begründet werden.[2022] Aus Sicht der Prinzipal-Agenten-Theorie wird mit einem Anreizsystem versucht, das Verhalten der Mitarbeiter unternehmenszielsetzungsgerecht zu steuern sowie partiell Risiken von der Unternehmensebene auf die Mitarbeiterebene zu verlagern, wenn es mit einem leistungs- und erfolgsorientierten Vergütungssystem verknüpft wird.[2023] Begründet wird dies u. a. mit der Gefahr opportunistischen Verhaltens des Agenten, die auf der einen Seite aus Informationsasymmetrien zwischen der Bank als Prinzipal und dem Firmenkundenberater als Agent und auf der anderen Seite aus der Tatsache, dass die Zielfunktion des Agenten von der des Prinzipals abweichen kann, resultiert.[2024] Verhaltenswissenschaftlich ist das vornehmliche Ziel von Anreizsystemen, die Motivation des Mitarbeiters zu erhalten oder zu erhöhen. Angelehnt an zwei unterschiedliche Motivationsquellen menschlichen Handelns, werden die einem Anreizsystem zugrunde liegende Anreize in Abhängigkeit ihrer Wirkungsweise in intrinsische Anreize mit langfristiger Motivationswirkung und extrinsische Anreize mit einer eher kurzfristigen Wirkungsdauer unterschieden.[2025] Anreizsysteme müssen so ausgestaltet sein, dass sie Zielkongruenz und Anreizkompatibilität gewährleisten.[2026] Zielkongruenz liegt vor, wenn der Firmenkundenberater über kundenbezogene Maß-

---

[2020] Vgl. *Büschgen, H. E.* (2001), S. 533 f.; *Eigler, J.* (2004), S. 679.

[2021] Vgl. ähnlich *Schmöller, P.* (2001), S. 203.

[2022] Vgl. *Homburg, C./Jensen, O.* (2000), S. 58; *Tewes, M.* (2003), S. 302.

[2023] Vgl. *Duderstadt, S.* (2006), S. 157 f.; *Eichelmann, T./Duderstadt, S.* (2005), S. 10.

[2024] Vgl. *Pfaff, D.* (2004), S. 169; *Buhl, H. U./Dzienziol, J./Heidemann, J.* (2010), S. 3.

[2025] Vgl. *Bastian, C.* (2000), S. 295.

[2026] Vgl. hier und nachfolgend *Buhl, H. U./Dzienziol, J./Heidemann, J.* (2010), S. 8.

nahmen so entscheidet wie die Bank entscheiden würde, so dass konsistente Verhaltensweisen vorliegen. Anreizkompatibel ist ein Anreizsystem dann, wenn der Firmenkundenberater dann einen Vorteil erfährt, wenn er sich so verhält, wie die Bank das machen würde.

Die zu gestaltenden Elemente eines Anreizsystems sind eine Menge von Anreizen, eine Menge von Bemessungsgrundlagen und die Kriterium-Anreiz-Relationen, die bestimmten Ausprägungen der jeweiligen Bemessungsgrundlage zu gewährende Anreize zuordnen.[2027] Die Ausgestaltung eines Anreizsystems umfasst viele einzelne Entscheidungstatbestände,[2028] die in weiten Teilen ohne Bezug zum Kundenwert festgelegt werden können und daher hier nicht weiter betrachtet werden. Unmittelbaren Bezug zum Kundenwert hat die Auswahl der relevanten Bemessungsgrundlage[2029] sowie der betroffenen Adressaten. Als Adressaten im Vertrieb der Firmenkundenbank sind sowohl die leitenden Angestellten auf der Leitungsebene als auch die einzelnen Firmenkundenberater auf der Ausführungsebene zu nennen. In Anlehnung an TEWES soll vereinfachend davon ausgegangen werden, dass auf Leitungsebene vor allem strategische Entscheidungen und auf Ausführungsebene vor allem operative Entscheidungen getroffen werden.[2030] Letztere stellen den Schwerpunkt der Vertriebssteuerung im engeren Sinn und somit den Schwerpunkt der weiteren Ausführungen dar.

KÖHLER/ROLVERING/GERMANN sehen aufgrund der im Firmenkundengeschäft vorherrschenden individuellen Kundenzuordnung die Möglichkeit, die kundenwertbezogenen Ziele der Vertriebsplanung in Ziele auf Mitarbeiterebene zu übersetzen.[2031] Die Vertriebsplanung wird in diesem Fall mit dem Anreizsystem verknüpft, indem das Ausmaß der Zielerreichung ein wesentlicher Maßstab der Leistungsbeurteilung und ggf. auch der Vergütung der betroffenen Mitarbeiter ist.[2032] Ziele im Sinne der technokratischen Koordination auf Basis von Plänen stellen die Grundlage für die Ableitung von Bemessungsgrundlagen dar, was als das zentrale Problem bei der Ausgestaltung von Anreizsystemen angesehen wird.[2033] Bezogen auf den Kundenwert ist daher zu fragen, welche Ziel-

---

2027 Vgl. *Homburg, C./Jensen, O.* (2000), S. 58.

2028 Vgl. dazu z. B. *Hamel, W.* (2006), S. 472 ff.; *Duderstadt, S.* (2006), S. 159 ff.; *Tewes, M.* (2003), S. 301 ff.

2029 Vgl. *Schmöller, P.* (2001), S. 204.

2030 Vgl. *Tewes, M.* (2003), S. 310.

2031 Vgl. *Köhler, A./Rolvering, H.-S./Germann, S.* (2005), S. 424. Zudem argumentieren die Autoren auf Basis ihrer Studienergebnisse, dass individuelle Zielvereinbarungen als eins von drei Kriterien sehr erfolgreiche Sparkassen von durchschnittlich erfolgreichen Sparkassen abgrenzen.

2032 Vgl. *Homburg, C. et al.* (2008), S. 645.

2033 Vgl. *Duderstadt, S.* (2006), S. 161 f.

größe sich als Bemessungsgrundlage für kundenwertorientierte Anreizsysteme eignet.[2034] Soll diese Frage beantwortet werden, sind die Anforderungen an eine Bemessungsgrundlage zu konkretisieren.

3.3.2 Anforderungen an Bemessungsgrundlagen

Bezogen auf den kreditgenossenschaftlichen Kontext sind die arbeitsrechtlichen Anforderungen an Ziele zu berücksichtigen. Ziele und die Kriterien der Zielvereinbarungen sollen sich auf das Aufgabenfeld des Einzelnen oder des Teams beziehen und durch den Vertriebsmitarbeiter beeinflussbar sein.[2035] Darüber hinaus existieren allgemeine Anforderungen. Bemessungsgrundlagen müssen den Zusammenhang zwischen den individuellen Zielen und Gesamtbankzielen herstellen,[2036] da nur so die postulierte Zielkongruenz hergestellt werden kann. Im Sinne der Anreizkompatibilität gilt, dass die Verbesserung der Ausprägung der Bemessungsgrundlage einen Beitrag zur Zielerreichung der Gesamtbank leistet.[2037] Zudem muss die Bemessungsgrundlage objektiv messbar und in ihrer Ausprägung durch den betroffenen Mitarbeiter und dessen Entscheidungen und Verhaltensweisen beeinflussbar sein.[2038] HAMEL schränkt diese Forderung durch sein Argument, es komme bei Anreizsystemen „nicht auf minutiöse Ursache-Wirkungsbeziehungen an, sondern vielmehr auf kategoriale Anerkennungen spezifischer Leistungen“[2039] leicht ein. Weiterhin wird gefordert, dass die Bemessungsgrundlage nicht durch den Berater manipuliert werden kann.[2040]

3.3.3 Würdigung kundenwertbasierter Bemessungsgrundlagen

Als mögliche Bemessungsgrundlagen bei kundenwertorientierten Anreizsystemen lassen sich der monetäre und der nicht-monetäre Kundenwert, die jeweiligen Kundenwerttreiber, die Steigerung der Kundenwerte oder die positive Veränderung der Kundenwerttreiber oder Bestimmungsfaktoren sowie die Implementierung kundenwertorientierten Verhaltens nennen.[2041]

Den kapitalwertbasierten Kundenwert gemäß Formel [D.30] als Bemessungsgrundlage zu nutzen, kann mittels verschiedener Zieloperationalisierungen

---

2034 Vgl. *Tewes, M.* (2003), S. 311.

2035 Vgl. *Kaiser, A./Kehr, J.* (2003), S. 31.

2036 Vgl. *Duderstadt, S.* (2006), S. 162.

2037 Vgl. *Eigler, J.* (2004), S. 672; *Homburg, C./Daugart, J.* (2004), S. 197; *Pfaff, D.* (2004), S. 179; *Schmöller, P.* (2001), S. 205.

2038 Vgl. *Eigler, J.* (2004), S. 670 und S. 672.

2039 *Hamel, W.* (2006), S. 470.

2040 Vgl. *Buhl, H. U./Dzienziol, J./Heidemann, J.* (2010), S. 9.

2041 Vgl. *Hamel, W.* (2006), S. 464.

erfolgen. Möglich wäre es, die absolute oder relative Veränderung zwischen zwei Bewertungszeitpunkten als Ziel für den Firmenkundenberater zu formulieren. Vorteilhaft ist, dass mit dieser Größe die postulierte Zielkongruenz und Anreizkompatibilität erreicht und der Zusammenhang zwischen Gesamtbank-, Vertriebs- und Mitarbeiterzielen leicht hergestellt werden kann. Jedoch ist zu konstatieren, dass der kapitalwertbasierte Kundenwert gemäß Formel [D.30] nicht ausschließlich durch Entscheidungen des einzelnen Firmenkundenberaters beeinflusst wird, da z. B. auch Entscheidungen der Steuerungs- und der Produktionsbank Einfluss nehmen. Würde nur derjenige Teil des kapitalwertbasierten Kundenwerts betrachtet, der durch den Vertrieb bzw. den Firmenkundenberater beeinflusst werden kann,[2042] würde dieses Defizit zwar behoben.[2043] Es würden implizit jedoch künftige, aber zum Zeitpunkt der Anreizgewährung noch nicht realisierte Verhaltensweisen und Maßnahmen in die Beurteilung einfließen. Zudem würde davon ausgegangen, dass das Kundenverhalten so eintritt, wie es bei der Ermittlung des Kundenwerts angenommen wird. Diese Annahme ist zwar obligatorisch für die Nutzung des Kundenwerts in der Vertriebssteuerung. Jedoch ist es problematisch, wenn die Anreizgewährung auf Basis dieser Größe erfolgen soll. Zwar kann argumentiert werden, dass das relevante Kundenverhalten gerade durch den Firmenkundenberater beeinflusst werden soll und kann. Gleichwohl müssten künftige negative Abweichungen, die den kapitalwertbasierten Kundenwert negativ beeinflussen und so auch einen Vermögenswertverlust für die Kreditgenossenschaft darstellen, dem Firmenkundenberater im Nachgang anzulasten sein.[2044] Daraus resultieren die aus der wertorientierten Vertriebssteuerung bekannten Probleme, dass die Bemessungsgrundlage der Anreizgewährung aufgrund der Dynamik des Kundenverhaltens oder nicht durch den Firmenkundenberater beeinflussbarer Störgrößen wie z. B. eine Insolvenz des Kunden, nicht stabil, sondern im Zeitablauf volatil ist. Damit verbundene und konsequenterweise durchzuführende negative Sanktionen dürften das Motivationsziel des Anreizsystems konterkarieren, da hier das so genannte Belohnungsrisiko virulent wird.[2045] Ähnliches gilt für den nicht-monetären Kunden-

---

[2042] Der durch die Vertriebsbank beeinflussbare Kundenwert wurde in Formel [E.3] als ein Summand des gesamten anbieterspezifischen Kundenwerts beschrieben.

[2043] So argumentiert TEWES, dass der Vertrieb nachhaltigen Einfluss auf den vom Kunden wahrgenommenen Nutzen hat, dieser wiederum den Kundenwert stark beeinflusst und daher der anbieterspezifische Kundenwert als Bemessungsgrundlage verwendet werden kann. Vgl. *Tewes, M.* (2003), S. 313.

[2044] Dies erfolgt in Analogie zu barwertigen Produktsteuerung, mithin der wertorientierten Steuerung auf Basis von Einzelgeschäftsbarwerten. Vgl. z. B. *Dokter, M./Lüders, U.* (2003), S. 29.

[2045] Vgl. *Schmöller, P.* (2001), S. 205.

wert, der aufgrund der Messmetrik noch stärker subjektiv geprägt ist und zudem von Einflussgrößen abhängt, die der Firmenkundenberater nicht bis kaum beeinflussen kann.

Weiterhin ist die Manipulationsfreiheit des monetären Kundenwerts zu diskutieren. Wie die Ausführungen in Kapitel D.5.2 verdeutlichen, hängt die Messung des Kundenwerts in beträchtlichem Umfang von den Informationen der Bank über die zukünftige Planung des Kunden ab. Diese Informationen werden in maßgeblicher Weise über den Firmenkundenberater durch den persönlichen Austausch mit dem Firmenkunden generiert. In dieser Situation liegt die Gefahr begründet, die Entwicklung des betrachteten Firmenkunden verzerrt darzustellen. Denn durch eine realistische Weitergabe der Informationen resultiert aus Sicht des Firmenkundenberaters die Gefahr, dass er hinsichtlich seiner Leistung realistischer und ggf. schlechter eingeschätzt wird.[2046]

Zusammenfassend ist zu konstatieren, dass die Verwendung des monetären oder nicht-monetären Kundenwerts als ausschließliche Bemessungsgrundlagen nicht geeignet ist. Die vorstehende Argumentation kann auf die Ebene der einzelnen Kundenwerttreiber, die in die Messung des Kundenwerts eingehen, übertragen werden und führt zum gleichen Ergebnis.

Alternativ zum monetären Kundenwert, der prospektiv ist, ist der in einer Periode realisierte Kundenwert als Bemessungsgrundlage zu diskutieren. Auch diese Größe weist den Vorteil der Zielkongruenz auf. Fraglich ist jedoch, ob auch die Anreizkompatibilität damit erreicht wird. Liegen periodische Ziele vor, kann dies dysfunktionales Verhalten bei den Vertriebsmitarbeitern induzieren,[2047] indem kurzfristige Erfolge zu Lasten langfristiger Erfolgspotenziale realisiert werden. Dies könnte etwa dann der Fall sein, wenn der Firmenkunden durch den Firmenkundenberater zu kurzfristigen Produktabsätzen gedrängt wird und dies dazu führt, dass ein daraus resultierend unzufriedener Kunde die Geschäftsbeziehung beendet. Zudem resultieren Probleme aus der Messung und der Manipulierbarkeit dieser Größe. Da die realisierten Erfolge im Rahmen der Einzelgeschäftskalkulation barwertig gemessen werden, liegen weiterhin Manipulationsspielräume vor.[2048] Aufgrund der periodenübergreifenden Dauer der Bankleistungserstellung können zudem die Probleme auftreten, die aus einer in der Zukunft abweichenden Ist-Situation von der erwarteten und der Messung zugrunde gelegten Situation resultieren. Eine isolierte Verwendung des in einer Periode realisierten Kundenwerts sollte daher auch nicht als Bemessungsgrundlage verwendet werden.

[2046] Vgl. *Buhl, H. U./Dzienziol, J./Heidemann, J.* (2010), S. 7.

[2047] Vgl. *Tewes, M.* (2003), S. 312.

[2048] Vgl. dazu z. B. *Batz, C.* (2004), S. 32 ff.; *Dokter, M./Lüders, U.* (2003), S. 29.

Als mögliche Bemessungsgrundlage können auch diejenigen Bestimmungsfaktoren des monetären und nicht-monetären Kundenwerts genutzt werden, die zum einen wichtige Einflussgrößen auf den Kundenwert sind und zum zweiten durch den einzelnen Mitarbeiter beeinflusst werden können.[2049] Für das Firmenkundengeschäft können dies bspw. die Kundenloyalität, die Kundenzufriedenheit, die Kundenbindung oder die vom Kunden aktiv aufgenommen Informationen sein. Dabei können sowohl Ergebnisse als auch Verhaltensweisen des einzelnen Vertriebsmitarbeiters in Betracht gezogen werden.[2050] Im Sinne eines inputorientierten Ansatzes, der sich auf Handlungsprozesse ausrichtet, kann auch eine auf am Kundenwert ausgerichtete Aktivitätensteuerung ergänzend eingesetzt werden. So stellt z. B. auch die Durchführung der in der Vertriebsplanung festgelegten Maßnahmen eine mögliche Bemessungsgrundlage dar. Problematisch ist dabei jedoch, dass damit die Ziele auf Gesamt-, Vertriebs- und Mitarbeiterebene nicht mehr unmittelbar miteinander verbunden werden können. Es ist daher begründet davon auszugehen, dass die Zielkongruenz geringer ausfällt. Zudem sind die einzelnen Bestimmungsfaktoren isolierte Größen, so dass die Gefahr vorliegt, den komplexen Gesamtzusammenhang der einzelnen Einflussfaktoren auf den Kundenwert nicht genügend zu berücksichtigen.

Wie die vorstehenden Ausführungen zeigen, ist auch bei Rekurs auf den Kundenwert als zentrale Ziel- und Steuerungsgröße im Vertrieb die Auswahl einer Bemessungsgrundlage eine bemerkenswerte Herausforderung für die Vertriebssteuerung. Zentrale Postulate der Kundenwertorientierung für die Auswahl von kundenwertbasierten Bemessungsgrundlagen sind, die Ausgewogenheit zwischen kurz- und langfristigen Zielen aufrechtzuerhalten sowie einen strikten Bezug zu den einzelnen Kundenbeziehungen aufrechtzuerhalten. Aus diesem Grund bietet es sich an, die kundenwertbezogene Balanced Scorecard als Orientierungspunkt für die Ziele und damit die Bemessungsgrundlage eines Firmenkundenberaters zu nutzen. Dies gewährleistet die notwendig Ausgewogenheit der Ziele und gleichzeitig deren Strategiekonsistenz, wodurch mittelbar auch die Zielkongruenz erreicht wird. Mit dem strikten Kundenwertbezug resultiert jedoch für die Gestaltung des Anreizsystems eine relativ höhere Komplexität. So würde die finale Höhe des Erfolgs als konkrete Ausprägung der Bemessungsgrundlage erst dann bekannt sein, wenn für alle von einem Firmenkundenberater betreuten Kunden die Ergebnisse vorliegen. Dies impliziert auch, dass eine unterjährige Positionsfeststellung aus Sicht des Firmenkundenberaters kaum möglich ist. Dies dürfte auch dann zu Problemen führen, wenn binnenperiodische

2049 Vgl. hier und nachfolgend *Tewes, M.* (2003), S. 312.

2050 Vgl. *Homburg, C./Schäfer, H./Schneider, J.* (2010), S. 150 f.

Wechsel in der Betreuung von Firmenkunden, d. h. in der Zuordnung von Firmenkunden zu Firmenkundenberater vorgenommen werden.

Abschließend sei noch auf die Möglichkeiten einer kundenwertorientierten Bemessungsgrundlage für die Leitungsebene eingegangen. Auf der strategischen Ebene sind Entscheidungen hinsichtlich der Selektion und Priorisierung von Kundenbeziehungen zu treffen. Daraus resultiert, dass geeignete Bemessungsgrundlagen auf dem anbieterspezifischen Kundenwert und das Kundenwertpotenzial sowie der Kombination aus diesen beiden Größen, mithin der Ausschöpfungsquote dieser Geschäftsbeziehungen im Einzelnen und in der Aggregation über den gesamten Kundenbestand basieren.[2051] Den dem prospektiven Kundenwert inhärenten Manipulationsspielräumen muss durch geeignete Kompensationsmaßnahmen bei der Ausgestaltung der übrigen Parameter des Anreizsystems Rechnung getragen werden.[2052] Mögliche Abweichungen, die durch externe Störgrößen bedingt werden, können unberücksichtigt bleiben, da es gerade die Aufgabe der Entscheidungsträger ist, auf externe Einflussgrößen so zu reagieren, dass die kundenwertbezogenen Ziele und damit die potenzialwertbezogenen Vermögenswertziele der Kreditgenossenschaft erreicht werden.[2053]

Neben diesen auf die Selbstkoordination ausgerichteten Aspekten der Vertriebssteuerung im engeren Sinn enthält VR-CONTROL mit der so genannten Vorsteuerung auch Instrumente der Fremdkoordination.[2054] Die Vorsteuerung umfasst Regelungen und Vorgaben, die zielsetzungsgerechte Entscheidungen beeinflussen sollen. Auf die Möglichkeiten den Kundenwert in der Vorsteuerung zu berücksichtigen, wird nachfolgend eingegangen.

3.4 Kundenwertorientierte Vorsteuerung

3.4.1 Grundlagen der Vorsteuerung nach VR-CONTROL

Ausgangspunkt der Vorsteuerung ist die Überlegung, dass die Einzelgeschäftskalkulation mit dem Deckungsbeitrag III keine abschließende Aussage über die Vorteilhaftigkeit eines Geschäfts zulässt.[2055] Diese Aussage gelingt nur, wenn dem ermittelten Deckungsbeitrag III ein Ergebnisanspruch gegenübergestellt

---

2051 Vgl. *Tewes; M.* (2003), S. 311 f.

2052 Z. B. durch eine Anreizgewährung bei einer leistungsorientierten Vergütung, die zeitlich gestreckt erfolgt. Vgl. *Tewes, M.* (2003), S. 322. Gestaltungsempfehlungen für ein monetäres Anreizsystem in diesem Zusammenhang zeigen *Buhl, H. U./Dzienziol, J./Heidemann, J.* (2010), S. 22 f. auf.

2053 Vgl. *Tewes, M.* (2003), S. 322.

2054 Vgl. *BVR* (2003b), Kapitel 2.3.

2055 Vgl. hier und nachfolgend *BVR* (2003b), Kapitel 2.3, S. 3 f.

wird, der als Mindestdeckungsbeitrag zu verstehen ist und diejenigen Kosten berücksichtigt, die noch nicht im Deckungsbeitrag III enthalten sind. Wesentlicher Bestandteil der Vorsteuerung ist daher die zentrale Vorkalkulation, die Höchst- und Mindestkonditionen vorgibt.[2056]

Vor diesem Hintergrund besteht die Aufgabe der Vorsteuerung darin, über die Preispolitik sicherzustellen, dass die betriebswirtschaftliche Vorteilhaftigkeit eines Einzelgeschäfts gewährleistet wird. Es wird unterschieden, ob es sich um endgültig festgelegte Konditionen im Standard- bzw. Massengeschäft oder um einzelgeschäftsbezogene Konditionsverhandlungen handelt. Im erstgenannten Fall wird ausgehend von einem Mindestdeckungsbeitrag ermittelt, wie die Konditionspolitik für die einzelnen Bankleistungen erfolgen soll. Im letztgenannten Fall dagegen wird auf Basis der individuell vereinbarten Kondition der resultierende Deckungsbeitrag III ermittelt. In diesem Fall wird ein kombiniertes Preisuntergrenzen- und Kompetenzsystem genutzt, um konditionspolitische Entscheidungen sach- und zielsetzungsgerecht durchführen zu können. Abbildung 72 zeigt den allgemeinen Aufbau eines Preisuntergrenzensystems in Anlehnung an die Einzelgeschäftskalkulation.[2057]

			Von der Geschäftskondition abgedeckte Positionen...				
			Kosten der Opportunität	Risikoprämie	Standard-stückkosten	Ertrags-anspruch	Übererergebnis
Ausgangspunkt		DB-III + Ertragsanspruch > 0					
Preisuntergrenze	I	DB-III + Ertragsanspruch = 0					
	II	DB-III = 0					
	III	DB-II = 0					
	IV	DB-Ib = 0					
	V	DB-Ib < 0					

Abbildung 72: Preisuntergrenzensystem[2058]

Aufbauend auf diesem Preisuntergrenzsystem kann ein Kompetenzsystem in der Vertriebsteuerung implementiert werden. Dabei werden bspw. mit den jeweiligen Preisuntergrenzen in Kombination mit Aussagen über den Deckungsbeitrag

2056 Vgl. *Hilgenstock, G. P.* (1995), S. 808.

2057 Vgl. zur Einzelgeschäftskalkulation die Ausführungen in Kapitel C.4.3.

2058 *Hensel, V./Wild, C.* (2003), S. 37. Ähnlich auch *BVR* (2003b), Kapitel 2.3, S. 6. Die Preisuntergrenze IV gilt nur für Aktivgeschäfte. Die grau kolorierten Felder weisen zeilenweise diejeningen Kosten- und Ergebniskomponenten aus, die durch die Preisuntergrenze gedeckt sind.

der gesamten bisherigen Kundenbeziehung konkrete Kompetenzzuordnungen verknüpft, die vorgeben, welche Kompetenzstufe der Bank entscheidungsbefugt ist (siehe Tabelle 32). Unterschieden wird zwischen risikobehafteten Aktivgeschäften (AG) und sonstigen Geschäften (SG).

Tabelle 32: Beispielhafte Ausgestaltung eines Ergebniskompetenzsystems[2059]

<table>
<tr><th rowspan="3">Deckungsbeitrag des Einzelgeschäfts</th><th colspan="12">Deckungsbeitrag der Kundenverbindung insgesamt</th></tr>
<tr><th colspan="2">DB III+EA > 0</th><th colspan="2">DB III+EA = 0</th><th colspan="2">DB III = 0</th><th colspan="2">DB II = 0</th><th colspan="2">DB Ib = 0</th><th colspan="2">DB Ib < 0</th></tr>
<tr><th>AG</th><th>SG</th><th>AG</th><th>SG</th><th>AG</th><th>SG</th><th>AG</th><th>SG</th><th>AG</th><th>SG</th><th>AG</th><th>SG</th></tr>
<tr><td>DB III+EA>0</td><td colspan="2">1</td><td colspan="2">1</td><td colspan="2">1</td><td colspan="2">1</td><td colspan="2">1</td><td colspan="2">1</td></tr>
<tr><td>DB III+EA=0</td><td colspan="2">1</td><td colspan="2">1</td><td colspan="2">1</td><td colspan="2">1</td><td colspan="2">1</td><td colspan="2">1</td></tr>
<tr><td>DB III=0</td><td colspan="2">1</td><td colspan="2">1</td><td>2</td><td>1</td><td>2</td><td>1</td><td>2</td><td>1</td><td>2</td><td>1</td></tr>
<tr><td>DB II = 0*</td><td colspan="2">1</td><td colspan="2">1</td><td colspan="2">2</td><td colspan="2">2</td><td colspan="2">2</td><td colspan="2">3</td></tr>
<tr><td>DB Ib = 0</td><td colspan="2">1</td><td colspan="2">1</td><td colspan="2">2</td><td>3</td><td>2</td><td>3</td><td>2</td><td colspan="2">3</td></tr>
<tr><td>DB Ib < 0</td><td colspan="2">1</td><td colspan="2">1</td><td colspan="2">2</td><td colspan="2">3</td><td colspan="2">3</td><td colspan="2">3</td></tr>
<tr><td colspan="3">*Preisuntergrenze gilt nur für Aktivgeschäfte;
„Sonstige Geschäfte“ umfassen Passiv- und Dienstleistungsgeschäfte</td><td colspan="6">1: 1. Kompetenzstufe (z. B. Berater)
2: 2. Kompetenzstufe (z. B. Bereichsleitung)
3: 3. Kompetenzstufe (z. B. Vorstand)</td><td colspan="4">SG: Sonstige Geschäfte
DB: Deckungsbeitrag
EA: Ergebnisanspruch</td></tr>
</table>

Um in der wertorientierten Steuerung mögliches Margendumping bei individuell zu verhandelnden Geschäften zu vermeiden, wird empfohlen, Restriktionen in Form mindestens zu erzielender Nettomargen, die den barwertigen Deckungsbeitrag III in Prozent ausdrücken, festzulegen.[2060] Diese Nettomargen werden produktindividuell ermittelt. Das Kompetenzsystem kann in diesem Zusammenhang auch auf Basis der Nettomargen definiert werden (siehe Tabelle 33). Danach darf z. B. ein Firmenkundenberater mit einem Verhandlungsspielraum von 40 Prozent ausgehend von der mindestens zu erzielen Nettomarge in die Verhandlungen mit dem Kunden gehen. Reicht dieser Verhandlungsspielraum nicht aus, so muss die übergeordnete disziplinarische Stelle angerufen und in die Verhandlungen integriert werden.

[2059] *BVR* (2003b), Kapitel 2.3, S. 8; *Hensel, V./Wild, C.* (2003), S. 38.

[2060] Vgl. hier und nachfolgend *Batz, C.* (2004), S. 33 ff.

Tabelle 33: Kompetenzregelung auf Basis von Nettomindestmargen[2061]

	Privatkundenberater	Firmenkundenberater	Bereichsleiter	Vorstand Markt
Kompetenz Nettomarge (Reduktion bis...)	80%	60%	40%	Positives Ergebnis des Kunden

Im Standardgeschäft werden für einzelne Bankleistungen konkrete Konditionen vorgegeben,[2062] zu denen diese angeboten werden. Auch dieses Verfahren kann mit den vorgestellten Kompetenzregelungen verknüpft werden.

Aus prozessualer Sicht wird die Vorsteuerung in Form der Vorkalkulation der Produktionsphase zugeordnet und unterteilt in die Prozessschritte Konditionierung, die Ermittlung des Deckungsbeitrags III, die Ermittlung des Ergebnisanspruchs, die Ermittlung einer möglichen Über- oder Unterdeckung und in die Entscheidung über den Geschäftsabschluss gemäß des Ergebniskompetenzsystems (siehe Abbildung 73).[2063]

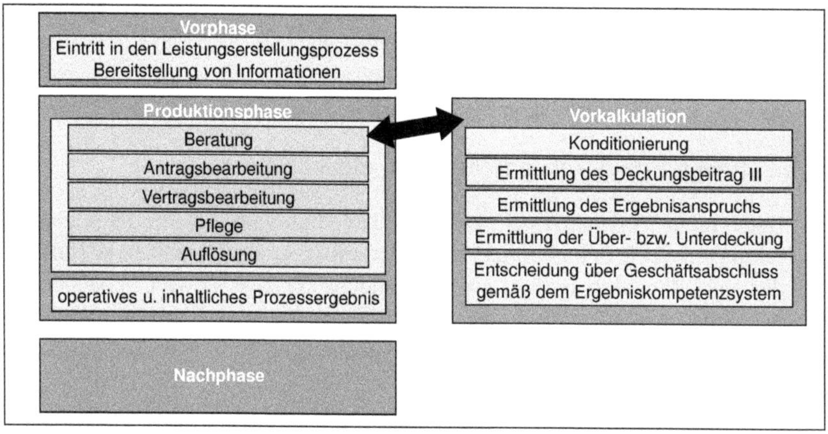

Abbildung 73: Vorkalkulation als integraler Bestandteil des Geschäftsprozesses[2064]

2061 In Anlehnung an *Batz, C.* (2004), S. 35.

2062 Dabei werden neben den Produktparametern wie Volumen und Laufzeit bei Aktivgeschäften auch kundenbezogene Merkmale wie Risikoklasse berücksichtigt. Vgl. *BVR* (2003b), Kapitel 2.3, S. 11 ff.

2063 Vgl. *BVR* (2003b), Kapitel 2.3, S. 14 ff.

2064 *BVR* (2003b), Kapitel 2.3, S. 15.

Zwar gilt nach Vorgabe von VR-CONTROL grundsätzlich, dass jeder Deckungsbeitrag positiv sein soll.[2065] Allerdings wird auch in dieser Steuerungskonzeption berücksichtigt, dass der Produktdeckungsbeitrag nicht für jedes Geschäft generell positiv sein muss. Vom Grundsatz abweichende Entscheidungen sollen die gesamte Geschäftsbeziehung mit dem Kunden ins Kalkül ziehen. Insbesondere sind die Deckungsbeiträge der sonstigen mit dem Kunden kontrahierten Bankleistungen zu beachten. BATZ weist daher darauf hin, „dass die einzelnen Kompetenzstufen in ihre Konditionsentscheidungen auch den gesamten Ertrag der Kundenverbindung integrieren müssen."[2066] Diese Forderungen zielen vornehmlich darauf ab, die zum Verhandlungszeitpunkt bereits mit einem Kunden bestehenden Geschäfte und deren monetären Wertbeiträge zu berücksichtigen. Sie berücksichtigen damit ausschließlich die bisherige Geschäftsbeziehung. Den Zukunftsbezug berücksichtigen HENSEL/WILD, die die Gefahr sehen, rentable Kunden aufgrund eines einzelnen nicht abgeschlossenen Einzelgeschäfts mit negativem Deckungsbeitrag III zu verlieren. Daher akzeptieren sie defizitäre Einzelgeschäfte, weisen aber darauf hin, dass langfristig die Erzielung positiver Deckungsbeiträge III im Vordergrund stehen muss.[2067] Und KIPKER/SCHÖNHALS fordern, dass die Firmenkundenberater einen gewissen Gestaltungsspielraum für Konditionen und Preise haben sollten, der abhängig von der aktuellen Rentabilität sowie dem weiteren Geschäftspotenzial des Kunden ist.[2068] Diese Forderungen können durch die Integration des Kundenwerts systematisch und methodisch in die Vorsteuerung integriert werden.

3.4.2 Integration des Kundenwerts in die Vorsteuerung

Die Integration des Kundenwerts kann vor dem Hintergrund der vorhergehenden Ausführungen auf drei kombinierbare Arten erfolgen. Erstens indem er Einfluss auf die Vorkalkulation nimmt, zweitens indem der Kundenwert entsprechend den genannten Anforderungen das oben skizzierte Preis- und Kompetenzsystem ergänzt und drittens indem auf Basis des Kundenwerts ein eigenständiges Kompetenzsystem entwickelt wird.

Im einfachsten Fall wird der Kundenwert insofern in die Vorsteuerung integriert, als die für die Ermittlung des monetären anbieterspezifischen Kundenwerts prognostizierten Einzelgeschäfte auch zur Grundlage der Vorkalkulation gemacht werden. Wie erinnerlich stellen die einzelnen Bankleistungen, deren Absatz im Rahmen einer Kundenbeziehung für die Zukunft prognostiziert und

---

2065 Vgl. hier und nachfolgend *BVR* (2003b), Kapitel 2.3, S. 4.

2066 *Batz, C.* (2004), S. 35.

2067 Vgl. *Hensel, V./Wild, C.* (2003), S. 37.

2068 Vgl. *Kipker, I./Schönhals, F.* (2002), S. 17.

geplant wird, die Grundlage dar, auf der der monetäre anbieterspezifische Kundenwert ermittelt wird. Die Kalkulation der Bankleistungen orientiert sich dabei an den bankseitigen Ansprüchen und den kundenseitigen Möglichkeiten und Grenzen. Zu nennen ist hier z. B. das auf der vermuteten Zahlungsbereitschaft des Kunden basierende Up-Selling-Potenzial. Mit der Prognose des monetären Kundenwerts ist verbunden, die Bankleistungen hinsichtlich der Produktparameter (z. B. Laufzeit, Volumen, Mengengerüste beim Zahlungsverkehr) und der Konditionengestaltung vorab zu definieren, da sonst eine Kalkulation der Bankdienstleistungen unmöglich ist. Die also im Kontext der Kundenwertermittlung genutzten Einzelgeschäftskalkulationen stellen somit die Grundlage des Kompetenzsystems im Sinne der Tabelle 33 dar. Abweichend zur Vorkalkulation im oben skizzierten Fall kann es jedoch sein, dass ein im Kontext des Kundenwerts kalkuliertes Geschäft bereits eine Preisuntergrenze unterschreitet und damit der Firmenkundenberater nicht mehr entscheidungsbefugt ist. In diesen Fällen könnten entsprechende ex ante Genehmigungen unter Vorbehalt an den Firmenkundenberater ausgestellt werden. Der Vorbehalt bezieht sich auf die Identität der tatsächlichen von der prognostizierten Ausführung sowie die Periode des Absatzes der Bankleistung.

Die im vorhergehenden Kapitel zitierten Forderungen machen deutlich, dass eine preispolitische Entscheidung bei einer konkreten Transaktion zulasten der Kreditgenossenschaft nur dann vorgenommen werden sollte, wenn ein Abwägen mit transaktionsexternen Vorteilen eine solche Entscheidung begründen kann. Ein solches Abwägen ist implizit in dem in Tabelle 32 dargestellten Kompetenzsystem enthalten. Problematisch daran ist jedoch, dass die betrachteten transaktionsexternen Vorteile vergangenheitsorientiert und somit steuerungstheoretisch inadäquat sind. Die Integration des Kundenwerts in die Vorsteuerung kann diese Entscheidungen intersubjektiv nachvollziehbar und steuerungstheoretisch besser begründen. In diesem Fall wäre die prozessuale Vorsteuerung um einen Schritt zu ergänzen. Und zwar wäre bei der Entscheidung über den Geschäftsabschluss eine Prüfung der Auswirkungen auf den monetären und/oder nicht-monetären Kundenwert und deren Kundenwerttreiber als Entscheidungsfundierung vorzunehmen. Bei der Prüfung dieses Einflusses ist zu unterscheiden, ob komplementäre oder kompensatorische Einflüsse vorliegen. Komplementäre Effekte liegen z. B. dann vor, wenn sich das Entwicklungspotenzial auf eine prognostizierte höhere Zahlungsbereitschaft für Leistungen des Basisgeschäftspotenzials bezieht. In diesem Fall kann eine Situation resultieren, in der die Verhandlung über eine Leistung den Wert des Basis- und des Entwicklungspotenzials beeinflusst. Kompensatorische Effekte können dagegen vorliegen, wenn eine geringere Kondition bei einer Leistung des Basisgeschäftspotenzials durch eine höhere Kondition bei einer Cross-Selling-Leistung aufgewogen werden kann.

Diese Überlegung sei an einem Beispiel verdeutlicht. Für den in Tabelle 30 betrachteten Firmenkunden wird ein monetärer Kundenwert von 329 GE ermittelt. Das Basisgeschäftspotenzial in der Periode t=1 weist einen Wert von 100 GE auf. Es sei angenommen, dass dieses unter anderem aus einer Anschlussfinanzierung für ein auslaufendes Investitionsdarlehen resultiere, wobei weiterhin angenommen werde, das Up-Selling-Potenzial von 30 GE begründe sich unter anderem in einem im Vergleich zur gegenwärtigen Finanzierung höheren Konditionsbeitrag. In der Periode t=1 verhandele nun der Firmenkundenberater mit dem Firmenkunden über die Kondition der Anschlussfinanzierung. Die verhandelte Kondition führe zu einem negativen Deckungsbeitrag III, so dass der Firmenkundenberater nicht mehr kompetent und entscheidungsbefugt ist. Der Bereichsleiter auf der nächsthöheren Kompetenzstufe muss nun über den Geschäftsabschluss entscheiden und dazu abwägen. Es ließen sich dazu die folgenden Überlegungen anstellen. Die verringerte Kondition reduziere c. p. das Basisgeschäftspotenzial auf 70 GE und das Up-Selling-Potenzial auf 15 GE. Daraus resultiere ein Kundenwert zu Beginn der Periode t=1 von 297 GE. Dieser Vermögenswertverlust in Höhe von 10 Prozent zum ursprünglich prognostizierten Kundenwert von 329 GE darf nur begründet in Kauf genommen werden. Es sei angenommen, die Anschlussfinanzierung habe Einfluss auf die Kundenbindungsrate der folgenden Perioden, da damit die Wechselkosten für den Kunden bedingt durch die vertragliche Bindungswirkung des Kreditvertrags steigen. Annahmegemäß steige die Kundenbindungsrate um 10 Prozent in den folgenden Perioden t=2 bis t=4. Es resultiert unter Berücksichtigung der gestiegenen Kundenbindungsrate ein monetärer anbieterspezifischer Kundenwert zu Beginn der Periode t=1 von 319 GE. Dieser liegt nur noch um 3 Prozent unter dem ursprünglich für diesen Zeitpunkt ermittelten Kundenwert. Damit steht der gegenwärtigen Vermögenswertreduzierung eine begründet anzunehmende künftige Vermögenswertsteigerung gegenüber, die diese teilweise kompensieren kann. Im alternativen Fall, dass die Anschlussfinanzierung nicht kontrahiert wird, möge das Basisgeschäftspotenzial einen Wert von 80 GE haben und die Kundenbindungsrate in den folgenden Perioden annahmegemäß um 15 Prozent sinken. Unter Berücksichtigung dieser Veränderungen resultiere c. p. ein monetärer anbieterspezifischer Kundenwert zu Beginn der Periode t=1 von 271 GE, der etwa 18 Prozent unter dem ursprünglich angenommenen Wert liegt. Ein analoges Vorgehen ließe sich über den nicht-monetären Kundenwert und dessen Kundenwerttreiber vornehmen. Auf Basis einer dergestalten Integration des Kundenwerts kann der Abwägungsprozess intersubjektiv nachvollziehbar auf Basis steuerungstheoretisch adäquater Bezugsgrößen vorgenommen werden.

Als dritte Möglichkeit könnte ein Kompetenzsystem direkt auf Basis des Kundenwerts konzeptualisiert werden. Dabei lässt sich eine breite Vielfalt an

Möglichkeiten vorstellen, von denen nachfolgend zwei skizziert werden sollen. Eine Möglichkeit wäre ein Kompetenzsystem zu implementieren, dass nicht auf Preisuntergrenzen eines einzelnen Geschäfts, sondern auf Werthürden für die Bezugsgröße des monetären Kundenwerts rekurriert. So könnten bspw. die anbieterspezifischen monetären Kundenwerte der laufenden Periode in Summe betrachtet werden. Alternativ zum Vorgehen in Tabelle 32 wird die Preisuntergrenze einer konkreten Transaktion nicht der Summe der Deckungsbeiträge der gesamten Geschäftsbeziehung, sondern dem Erfolg der laufenden Periode hinsichtlich der kundenwertbasierten Vertriebsziele gegenübergestellt. Zur Verdeutlichung dieser Überlegung sei auf das Beispiel in der Tabelle 30 verwiesen. Das Ziel für die relevante Kundenbeziehung sei auf 120 GE festgelegt.[2069] Im Rahmen der Verhandlung einer (oder mehrerer) Bankleistungen, die die Grundlage der Kalkulation des Kundenwerts in der Periode t=1 sind und dem Basis-, dem Entwicklungs- oder dem Cross-Selling-Potenzial zugeordnet wurden, ist nun zu prüfen, ob die verhandelte(n) Kondition(en) Einfluss auf die Zielerreichung haben kann (können). In Abhängigkeit der kundenindividuellen Konstellation der monetären Werttreiber impliziert dieses Vorgehen ein größeres Ausmaß an Kundensicht als das einzeltransaktionsbezogene Kompetenzsystem auf Basis von Preisuntergrenzen. Zudem sei darauf hingewiesen, dass dieses Vorgehen nicht zwingend auf einem bankleistungsbezogenem Mengengerüst basieren muss, sondern auch praktikabel ist, wenn die Ziele lediglich auf Basis wertmäßiger Informationen formuliert werden.

Eine alternative Möglichkeit dazu wäre es, den prognostizierten anbieterspezifischen monetären Kundenwert als periodenübergreifende Bezugsgröße zu nutzen. In diesem Fall rekurriert die Vorsteuerung auf die Vertriebsziele hinsichtlich des Kundenwerts für die künftigen Perioden. Dabei können zwei Fälle unterschieden werden. Im ersten Fall bezieht sich die Vorsteuerung auf den für die laufende Periode ursprünglich prognostizierten und der Vertriebsplanung zugrunde gelegten monetären anbieterspezifischen Kundenwert. Im Beispiel aus Tabelle 30 entspricht dies dem Wert von 329 GE zu Beginn der Periode t=1. Eine Abweichung der verhandelten von den prognostizierten und geplanten Deckungsbeiträgen oder Konditionen wirkt sich auf diesen Wert in zweierlei Weise aus. Erstens durch die Veränderung des periodischen Kundenwerts der Periode t=1 und zweitens durch die Auswirkungen auf die künftigen periodischen Kundenwerte der Perioden t=2 bis t=4. In Abhängigkeit der durch die konkrete Transaktion induzierten Veränderung des monetären anbieterspezifischen Kundenwerts lässt sich der Erfolg hinsichtlich der kundenwertbasierten Ziele für

[2069] Der Wert 120 resultiert aus der Multiplikation des anbieterspezifischen monetären Kundenwerts der Periode t=1 in Höhe von 150 mit dem Zielanspruch von 80 Prozent.

diese Zielgröße ermitteln. In Abhängigkeit des Ausmaßes der negativen Zielabweichung sind entsprechende Entscheidungskompetenzen zu vergeben.

Unabhängig davon auf welche Art der Kundenwert in die Vorsteuerung integriert wird, zeigen die vorhergehenden Ausführungen, dass der Kundenwert eine sinnvolle methodische Ergänzung der bestehenden Vorsteuerungsansätze ist. Die Integration des Kundenwerts gewährleistet, dass die Kundensicht, die der relationalen Vertriebsansätze zu Eigen sein soll, auch in der Vorsteuerung die produktzentrierte Sicht ergänzen oder gar substituieren kann. Die konkrete Art der Integration des Kundenwerts in die Vorsteuerung ist institutsindividuell vorzunehmen. Abschließend sei darauf hingewiesen, dass die Integration des Kundenwerts nach HOMBURG/DAUM auch als Argumentationshilfe in der Verhandlung mit dem Kunden verwendet werden kann.[2070]

4 Kundenwertorientierte Überwachung und Sicherung

Wie in grundlegenden Ausführungen in Kapitel B.2 erörtert wurde, umfasst der Planungs- und Steuerungsprozess in dem dieser Arbeit zugrunde gelegten Verständnis auch die Aufgaben der Überwachung und Sicherung. Für die Erfüllung dieser Aufgaben sind kundenwertorientierte Kontrollen notwendig. Dabei gilt, dass je unsicherer die Planungsinhalte sind, desto umfangreicher und vielfältiger die Kontrollen zur Wissensgenerierung in der Überwachungs- und Sicherungsphase sein sollten.[2071] Im Folgenden werden relevante Kontrollarten begründet ausgewählt sowie deren Beziehungen untereinander im Kontext der Wissensgenerierung beschrieben.

4.1 Auswahl relevanter Kontrollarten

In der kundenwertorientierten Überwachungs- und Kontrollphase sind Vertriebsplanabweichungen zu identifizieren, zu analysieren und ggf. als Basis zu verwenden, um Gegensteuerungsmaßnahmen einzuleiten. Es ist hierzu nicht ausreichend, den Kontrollumfang auf den vergangenheitsorientierten Soll-Ist-Abgleich zu beschränken.[2072]

In der Literatur werden im Kontext der Kundenwertorientierung die auf gegenwärtige und künftige interne und externe Entwicklungen ausgerichtete Prämissenkontrolle, die auf die Umsetzung der kundenwertbezogenen Maßnahmen

---

2070 Vgl. *Homburg, C./Daum, D.* (1998), S. 141.

2071 Vgl. *Stüker, D.* (2008), S. 353.

2072 Vgl. *Eberling, G.* (2002), S. 304; *Küpper, H.-U.* (2001), S. 19.

ausgerichtete Durchführungskontrolle sowie die auf die Ergebnisse der Maßnahmen ausgerichtete Ergebniskontrolle als relevante Kontrollarten genannt.[2073] Diese Auswahl wird um die Verhaltenskontrolle und die strategische Überwachung ergänzt.

Die Verhaltenskontrolle ist zu berücksichtigen, da sie prüft, „ob der Ausführende unter den eingetretenen Situationsbedingungen die geeigneten Maßnahmen ergriffen hat.“[2074] Im Gegensatz zur Ergebniskontrolle werden bei der Planumsetzung die geänderten Rahmenbedingungen berücksichtigt. Insbesondere aufgrund der Zukunftsorientierung des Kundenwerts und der damit verbundenen Unsicherheit ist diese Kontrollart daher eine sinnvolle Ergänzung.

Die bisher genannten Kontrollarten haben gemeinsam, dass sie so genannte gerichtete Kontrollen sind. Insbesondere bei strategischen Planungen ist es notwendig, auch ungerichtet Informationen zu sammeln. Dazu wird die strategische Überwachung eingesetzt. Diese ist zwar keine Kontrollart im wörtlichen Sinn, da sie aufgrund ihrer Ungerichtetheit keinen Vergleichsmaßstab hat.[2075] Sie stellt jedoch eine beachtenswerte Ergänzung der Prämissenkontrolle dar. Die Einordnung in die Überwachungs- und Sicherungsphase begründet sich damit, dass sie trotz ihrer inhaltlichen Ungerichtetheit einen Ausgangspunkt benötigt, der sich aus der Planungs- und Umsetzungsphase ergibt.

Diese fünf Arten von Kontrollen stehen in einer engen Beziehung zueinander, so dass die gemeinsame Analyse der Kontrollergebnisse eine höhere Qualität an Erkenntnissen für die Erfolgswirksamkeit des kundenwertorientierten Vertriebs im Firmenkundengeschäft liefert. Aufgaben der Vertriebskontrolle sind die Feed-back-Kontrolle sowie die Feed-forward-Überwachung. Ausgehend von identifizierten Vertriebsplanungsabweichungen auf Basis der Ergebniskontrolle im Rahmen der Feed-back-Kontrolle ist zu analysieren, worin etwaige Abweichungen begründet sind. Abweichungen können durch interne oder externe Einflussfaktoren verursacht werden. Typischerweise liegen intern begründete Ab-

---

2073 Vgl. *Wille, K.* (2005), S. 251; *Tewes, M.* (2003), S. 217 ff.; *Eberling, G.* (2002), S. 304 f. Für die allgemeine Wertorientierte Unternehmensführung werden diese Kontrollarten auch von *Ebeling, C.* (2007), S. 113 ff. als relevant beurteilt. Vgl. für eine Übersicht von Kontrollarten auch Abbildung 3. Alternative Bezeichnungen für die Durchführungskontrolle sind Maßnahmenkontrolle, Planfortschritts- und Verfahrenskontrolle. Die Ergebniskontrolle wird auch als Realisationskontrolle bezeichnet. Aus Controllingsicht können die Durchführungs- und die Ergebniskontrolle sich sowohl auf den Planungsprozess als auch auf den Umsetzungsprozess beziehen. Im ersten Fall ist es Gegenstand der Kontrolle, zu prüfen, ob die Planung wie gefordert umgesetzt wird. Für die Vertriebssteuerung ist die Kontrolle auf den Umsetzungsprozess zu richten.

2074 *Küpper, H.-U.* (2001), S. 173.

2075 Kontrollen beruhen stets auf einem Vergleich. Vgl. *Küpper, H.-U.* (2001), S. 169.

weichungen vor, wenn in der Planrealisationsphase Maßnahmen nicht oder nur unvollständig vorgenommen wurden. Dies zu prüfen, ist Gegenstand der Durchführungskontrolle. Extern begründete Abweichungen liegen vor, wenn grundlegende Prämissen der strategischen Planung nicht eintreten oder nicht eingetreten sind. Da die Prämissenkontrolle nur diejenigen Annahmen über die Umfeld- und Unternehmensentwicklung fokussiert, die in der strategischen Planung adressiert wurden, stellt sie eine selektive oder spezialisierte Kontrolle dar.[2076] Sie wird daher ergänzt um die strategische Überwachung, die die strategierelevanten Parameter sucht, die „weder als explizite Prämisse in den Prozess der Strategieformulierung eingegangen sind noch bei der Strategieumsetzung bereits wirksam geworden sind."[2077] Bei fehlerhaften Prämissen dient die Verhaltenskontrolle dazu, Informationen darüber zu generieren, ob das Verhalten eines Vertriebsmitarbeiters an die geänderte Situation angepasst wurde und damit Ergebnisabweichungen erklärt werden können.

Nachfolgend werden die für eine kundenwertorientierte Vertriebssteuerung als relevant erachteten Kontrollarten vorgestellt und hinsichtlich ihrer Ausgestaltung erörtert.

4.2 Ergebniskontrolle

Gegenstand der Ergebniskontrolle ist es, das Ausmaß der Zielerreichung zu überprüfen.[2078] Aufgrund ihres unmittelbaren Zielbezugs ist es zwingend erforderlich, dass sich die Ergebniskontrolle auf die identischen Bezugsgrößen sowie deren Messverfahren stützt, die auch in der Planung als Basis für die Zielformulierung genutzt wurden. Im Kontext der kundenwertorientierten Vertriebssteuerung können der Ergebniskontrolle als Kontrollobjekte der monetäre und nichtmonetäre Kundenwert sowie deren Kundenwerttreiber und Bestimmungsfaktoren, die als Zielgrößen in der kundenwertbasierten Balanced Scorecard zugrunde gelegt wurden, zugerechnet werden. Die Ergebniskontrolle bezieht sich stets auf Handlungsergebnisse, so dass die in der kundenwertbasierten Balanced Scorecard definierten Maßnahmen nicht Kontrollobjekte der Ergebniskontrolle sein können.[2079] In Abhängigkeit der betrachteten Kontrollobjekte kann die Ergebniskontrolle der operativen oder strategischen Planung als Informationslieferant zugeordnet werden.

[2076] Vgl. *Börner, C. J.* (2005), S. 37.

[2077] *Börner, C. J.* (2005), S. 37.

[2078] Vgl. *Küpper, H.-U.* (2001), S. 173.

[2079] Die Handlungen selbst sind Gegenstand der Umsetzungs- und der Verhaltenskontrolle. Siehe dazu die Kapitel E.4.3 und E.4.4.

In der operativen Ausprägung resultiert aus der Ergebniskontrolle eine Aussage über den Erfolg von Entscheidungen und Maßnahmen, die auf Basis des Vergleichs einer normativen Soll-Größe und einer faktischen Ist-Größe getroffen wird.[2080] In diesem Fall ist die Ergebniskontrolle eine Feed-back-Kontrolle, die der Sicherstellung der Planerreichung dient.[2081] Die als Soll-Ist-Kontrolle konzipierte Ergebniskontrolle fokussiert vornehmlich auf die Frage, in weit es in der Kontrollperiode gelungen ist, die prognostizierten und geplanten Kundenwerte auszuschöpfen, mithin zu realisieren.[2082] Vor diesem Hintergrund ist der Bezugszeitraum der Ergebniskontrolle kurzfristig und periodisch, weswegen sie der operativen Planung gegenübergestellt wird.[2083] Die in der Ergebniskontrolle erkannten Mängel können für die nachfolgenden operativen Planungen korrigiert werden. Die Gestaltungsprinzipien der kundenwertbasierten Balanced Scorecard sollten für die Rhythmik der operativen Ergebniskontrolle handlungsleitend sein. So sollten die Frühindikatoren, die als Zielgrößen verwendet werden, in kürzeren Zeiträumen, und somit häufiger kontrolliert werden, als die Ergebnisgrößen. Durch dieses Vorgehen ist gewährleistet, dass die erstgenannten ihrer Indikatorfunktion gerecht werden können.[2084] Für strategische Planungen ist die Ergebniskontrolle auf Basis von Ist-Größen ineffektiv, da sie auf in der Vergangenheit realisierte und somit nicht mehr veränderliche Entscheidungen und Maßnahmen ausgerichtet ist.[2085] Gerade die Langfristigkeit und Zukunftsgerichtetheit der Kundenwertorientierung impliziert jedoch die Anforderung, wertverändernde Einflüsse frühzeitig zu identifizieren.

Die Ergebniskontrolle auf Basis des anbieterspezifischen monetären Kundenwerts ist der strategischen Vertriebsplanung gegenüberzustellen und als Soll-Wird-Analyse zu konzipieren. Soll-Wird-Analysen vergleichen die angestrebte Ausprägung einer Zielgröße mit dem für sie zum Zeitpunkt der Kontrolle prognostizierten Wert.[2086] Die kundenwertbasierte Wird-Größe zeigt, welcher anbieterspezifische monetäre Kundenwert ohne Anpassungsmaßnahmen bei fortgeführter Strategie erreicht wird.[2087] Liegen veränderte Informationen zu den Kun-

2080 Vgl. *Horváth, P.* (2003), S. 175.

2081 Vgl. *Weber, J.* (2004), S. 314.

2082 Vgl. *Tewes, M.* (2003), S. 220.

2083 Vgl. *Küpper, H.-U.* (2001), S. 173.

2084 Vgl. *Ebeling, C.* (2007), S. 111.

2085 Vgl. *Stüker, D.* (2008), S. 368.

2086 Vgl. *Küpper, H.-U.* (2001), S. 175.

2087 Vgl. *Stüker, D.* (2008), S. 370. Erfolgt die Soll-Wird-Analyse auf Basis angepasster Strategien ist keine sinnvolle Kontrolle möglich, da Abweichungen der Wird-Größe durch Planungen verändert werden, die gerade aus dem Ergebnis der Kontrolle abgeleitet werden sollen. Ähnlich auch *Ebeling, C.* (2007), S. 110.

denwerttreibern des anbieterspezifischen monetären Kundenwerts vor, so sind diese für die periodische Ergebniskontrolle der aktualisierten Prognose des Kundenwerts zugrunde zulegen. Zudem können darauf aufbauend Informationen hinsichtlich notwendiger Anpassungen kundenindividueller Strategien gewonnen werden, die bei der Überprüfung der definierten Strategien zu berücksichtigen sind. In diesen Überlegungen zeigt sich die Beziehung zwischen der Prämissen- und der strategischen Ergebniskontrolle, wonach die erstgenannte Informationen für die zweitgenannte Kontrollart liefert. Die strategische Ergebniskontrolle ist ihrem Zweck nach daher als Feed-Forward-Kontrolle zu verstehen. Die so ausgestaltete Ergebniskontrolle stellt eine wichtige Grundlage einer kundenwertorientierten rollierenden Planung dar, die die Verbindung zur strategischen Vertriebsplanung herstellt.[2088] Aufgrund der höheren Komplexität der Kontrollgröße ist eine Rhythmik mit längeren Zeitintervallen als bei der operativen Ergebniskontrolle sinnvoll.

Werden im Rahmen der Ergebniskontrolle Abweichungen zwischen der Zielgröße und den Ist- bzw. Wird-Größen festgestellt, umfasst die Ergebniskontrolle stets auch eine Abweichungsanalyse, die die Entscheidungsgrundlage für Sicherungs- und Anpassungsmaßnahmen darstellt. Grundlegende Aufgabe der Abweichungsanalyse ist es, Ursachen und Verantwortlichkeiten der festgestellten Abweichungen zu identifizieren, damit künftig möglichst keine Wiederholung von Zieluntererfüllungen auftreten.[2089] Dazu wird in der Abweichungsanalyse die festgestellte Gesamtabweichung in aussagekräftige Teilabweichungen disaggregiert. In dieser Aufspaltung der Gesamtabweichung liegt hinsichtlich des Kundenwerts die zentrale Herausforderung, da aufgrund des konzeptionell sachlogischen und operationell-funktionalen Zusammenhangs nennenswerte Abweichungsüberschneidungen (Sekundärabweichungen) bedingt durch die multiplikative Verknüpfung der Kundenwerttreiber und/oder Bestimmungsfaktoren auftreten können. Diese Situation impliziert, dass eine festgestellte Abweichung durch einen Faktor oder durch eine Kombination mehrerer Faktoren entstehen kann.[2090] Ein zweckmäßiger Umgang mit diesen Abweichungsüberschneidungen ist die zentrale Voraussetzung, um zielgerichtete Gegensteuerungsmaßnahmen abzuleiten. In der Literatur wird empfohlen, das Verfahren der kumulativen Abweichungsanalyse anzuwenden, um die Abweichungsüberschneidungen zu verrechnen.[2091] Bei der kumulativen Abweichungsanalyse wer-

---

2088 Vgl. zum Begriff der rollierenden Planung *Küpper, H.-U.* (2001), S. 303.

2089 Vgl. *Coenenberg, A. G.* (1999), S. 372.

2090 Vgl. *Tewes, M.* (2003), S. 230.

2091 Vgl. *Tewes, M.* (2003), S. 231; *Stüker, D.* (2008), S. 373. Vgl. zur Kritik an der kumulativen Abweichungsanalyse *Coenenberg, A. G.* (1999), S. 387.

den die Teilabweichungen bestimmt, indem sukzessive die Ist-Größen der relevanten Einflussfaktoren auf Plan-Größen oder korrigierte Plan-Größen umgestellt werden. Von besonderer Bedeutung für die Aussagefähigkeit der Abweichungsanalyse ist dabei die Reihenfolge, in denen die Einflussfaktoren des Kundenwerts von Ist auf Plan umgestellt werden. „Die Reihenfolge ist dabei so festzulegen, daß eine unter dem Aspekt der [.] [Kontrolle; Erg. d. Verf.] weniger aussagefähige Abweichung […] zuerst errechnet und abgespalten wird, da hier der Anteil sekundärer bzw. höhergradiger Abweichungen am größten ist.“[2092] Neben der hohen Praktikabilität dieses Vorgehens wird ein Vorteil darin gesehen, dass die Summe der Teilabweichungen der Gesamtabweichung entspricht.[2093] Die Notwendigkeit zur Festlegung einer Reihenfolge entfällt bei der differenziert-alternativen Abweichungsverrechnung, deren Ziel weniger in der Erklärung der Gesamtabweichung, sondern in der Demonstration der Auswirkungen der durch die verantwortlichen Mitarbeiter verursachten Abweichungen auf Abweichungen höheren Grades liegt.[2094] Der aus dem damit möglichen Lerneffekt resultierende Erkenntnisgewinn kann zur besseren Steuerung der Verantwortlichen bzw. deren Verhalten beitragen. Zudem kann dies die Akzeptanz des Kundenwerts als Ziel- und Steuerungsgröße erhöhen, wenn den Verantwortlichen differenziert verständlich gemacht werden kann, welcher Anteil der Abweichung durch ihr Verhalten und welcher Anteil nicht durch sie beeinflusst werden kann.[2095] PUFAHL unterscheidet in diesem Kontext zwischen endogenen und exogenen Abweichungen, wobei erstere vom Verantwortlichen und letztere nicht vom Verantwortlichen zu vertreten sind.[2096]

Unabhängig von der angewandten Methode der Abweichungsanalyse bietet es sich bei dem dieser Arbeit zugrunde gelegten Kundenwertmodell und dessen Operationalisierung an, zunächst die isoliert analysierbaren Kundenwerttreiber und Bestimmungsfaktoren zu betrachten. Im Anschluss daran sollten die Größen (wie z. B. die Kundenbindungsrate, die Ausfallwahrscheinlichkeit oder der Risikozuschlag auf den Diskontierungsfaktor), die auf die Kundenwerttreiber gemeinsam wirken, hinsichtlich ihres Einflusses auf die Abweichungen Eingang in die Analyse finden.

2092 *Coenenberg, A. G.* (1999), S. 381.

2093 Vgl. *Stüker, D.* (2008), S. 375.

2094 Vgl. hier und nachfolgend *Coenenberg, A. G.* (1999), S. 387 ff.

2095 Vgl. ähnlich *Herrmann, J./Lüders, U.* (2004), S. 52, die dies für den Deckungsbeitrag III fordern.

2096 Vgl. *Pufahl, M.* (2006), S. 206.

4.3 Umsetzungskontrolle

Die Umsetzungs- oder Durchführungskontrolle erfolgt wie die Ergebniskontrolle auf Basis realisierter Größen, jedoch bezieht sie sich nicht auf Handlungsergebnisse, sondern auf die zugrundeliegenden Handlungen selbst. Die Umsetzungskontrolle ist insbesondere im Kontext der Realisationsphase von strategischen Vertriebsplänen relevant, da sie die Umsetzung einzelner zeitlicher Planbestandteile überprüft, in die die langfristigen Pläne zerlegt werden (Meilensteine).[2097] In einer engen Betrachtung hat die Umsetzungskontrolle die im Rahmen der kundenwertorientierten Strategien definierten Maßnahmen aus der kundenwertbasierten Balanced Scorecard zum Inhalt und fragt, ob die geplanten Maßnahmen in Art und Anzahl umgesetzt wurden. In Verbindung mit der Ergebniskontrolle bezieht sich die Umsetzungskontrolle auch auf die Analyse der Wirkung der geplanten Maßnahmen.[2098]

Mittels der Umsetzungskontrolle lassen sich Erkenntnisse darüber gewinnen, warum Ergebnisse in einer abgelaufenen Planperiode nicht erreicht wurden und ob Ergebnisse in einer künftigen Planperiode erreicht werden können. Im letztgenannten Fall werden Soll- und Wird-Größen miteinander verglichen,[2099] um festzustellen, ob Planabweichungen aufgrund nicht umgesetzter Maßnahmen zu erwarten sind. Folglich prüft die Umsetzungskontrolle, ob der gewählte strategische Kurs gefährdet oder ob dieser noch gültig ist.[2100] So wie die Ergebniskontrolle kann die Umsetzungskontrolle daher auch als Feed-Back- oder Feed-Forward-Kontrolle verstanden werden. Teilweise wird argumentiert, die Umsetzungskontrolle liefere ausschließlich Feed-back-Informationen, da die Erkenntnisse nur ex-post nach Durchführung der Handlungen gewonnen werden könnten. Im Gegensatz zur reinen Feed-Back-Kontrolle jedoch „wird bei der [.] Durchführungskontrolle im Lichte vergangener Ereignisse die Strategie selbst in Frage gestellt."[2101] Die strategische Umsetzungskontrolle kann und soll daher dazu dienen, aus den vorliegenden Informationen, die aus der Realisation der kundenwertbezogenen Strategie resultieren, die Notwendigkeit oder Chance einer Strategieanpassung zu identifizieren, um mittels dieser Änderung den Kun-

2097 Vgl. *Küpper, H.-U.* (2001), S. 173.

2098 Vgl. *Tewes, M.* (2003), S. 234.

2099 Vgl. *Horváth, P.* (2003), S. 175.

2100 Vgl. *Stüker, D.* (2008), S. 384.

2101 *Nuber, W.* (1995), S. 135.

denwert zu steigern.[2102] Die Umsetzungskontrolle wird aus diesem Grund der strategischen Planung gegenübergestellt.[2103]

In wie weit die realisierten Maßnahmen auch bei einer zum Zeitpunkt der Umsetzung der Maßnahmen geänderten Ausgangslage geeignet waren, wird in der Verhaltenskontrolle geprüft. Sie ergänzt somit die Ergebnis- und die Durchführungskontrolle.

4.4 Verhaltenskontrolle

Die Verhaltenskontrolle bezieht sich im Gegensatz zu den bisher genannten Kontrollarten auf die handelnden Akteure. In dieser Kontrolle wird geprüft, ob der Ausführende unter den tatsächlich eingetretenen Situationsbedingungen geeignete Maßnahmen ergriffen hat.[2104] Es würde jedoch der technokratischen Koordination über Pläne und Ziele widersprechen, wenn die Verhaltenskontrolle prüft, ob die geplanten, operativen Maßnahmen durchgeführt wurden. Vielmehr fragt die Verhaltenskontrolle, ob bei erkannten geänderten Rahmenbedingungen, die somit eben nicht Gegenstand der Planung waren, richtig gehandelt wurde. Gleichfalls kann die Verhaltenskontrolle eine Aussage darüber treffen, ob der Ausführende „trotz intensiven Bemühens kein besseres Ergebnis erreichen konnte“[2105] oder ob ein „planmäßig erreichtes Ergebnis nicht auf seinen Einsatz, sondern z. B. auf ungeplant günstigere Bedingungen im Umfeld zurückzuführen sind, und er bei entsprechender Anpassung ein wesentlich besseres Ergebnis hätte erzielen können.“[2106] Wird bspw. das Ziel verfolgt, das Potenzial eines Kunden aus steigenden Zahlungsverkehrstransaktionen zu steigern, so basiert dieses Ziel auf einer entsprechenden Annahme über die Entwicklung des gesamten Zahlungsverkehrsaufkommens des Kunden. Zeigt sich nun, dass der Kunde ein weit höheres Zahlungsverkehrsaufkommen aufweist, so ist zu fragen, ob bedingt durch diesen Sachverhalt nicht ein höherer Ergebnisbeitrag als das avisierte und ggf. erreichte Ziel möglich gewesen wäre.

Das Ziel der Verhaltenskontrolle liegt darin, die Entscheidungs- und Handlungsfähigkeit des Kontrollierten beurteilen zu können.[2107] Daraus lassen sich wiederum Impulse über den Status quo und über etwaige Veränderungsnotwen-

---

2102 Vgl. *Stüker, D.* (2008), S. 385.

2103 Die Umsetzungskontrolle darf daher nicht mit der in Kapitel A.1 genannten Aktivitätensteuerung gleichgesetzt werden. Diese ist der operativen Planung gegenüberzustellen.

2104 Vgl. *Küpper, H.-U.* (2001), S. 173.

2105 *Küpper, H.-U.* (2001), S. 173.

2106 *Küpper, H.-U.* (2001), S. 173.

2107 Vgl. *Küpper, H.-U.* (2001), S. 173.

digkeiten hinsichtlich der bankinternen Einflussfaktoren auf den Kundenwert gewinnen, die mit den involvierten Mitarbeitern verbunden sind.

Es ist evident, dass die Verhaltenskontrolle nur dann sinnvoll eingesetzt werden kann, wenn zum einen eine Prämissenkontrolle implementiert ist und diese zum zweiten nennenswerte Abweichungen zwischen den erwarteten und tatsächlichen Entwicklungen zum Ergebnis hat. Insofern stellt die Verhaltenskontrolle keine obligatorische, sondern eine fakultative Kontrollart dar. Was als nennenswerte Abweichungen zu bezeichnen ist, ist bankindividuell zu entscheiden.

4.5 Prämissenkontrolle

Die Ausführungen zum Kundenwert in Teil A der Arbeit machen deutlich, dass die Messung des Kundenwerts unter Unsicherheit und auf Basis geeigneter Annahmen erfolgt. Dies gilt vor allem für die Entwicklung des Firmenkunden hinsichtlich seines Bedarfspotenzials und seiner Risikosituation als auch für die Entwicklung der Geschäftsbeziehung. Diejenigen Annahmen, die nicht vollständig durch die Kreditgenossenschaft beeinflusst werden können, sind Gegenstand der Prämissenkontrolle.[2108] Prämissenkontrollen gewinnen dann an Bedeutung, wenn der Planungszeitraum oder die Zielgrößen der Planung durch Langfristigkeit gekennzeichnet[2109] und daher annahmenbedingte Fehlprognosen zu erwarten sind. Der Kundenwert als zentrale Ziel- und Steuerungsgröße einer darauf aufbauenden Vertriebssteuerung wurde in dieser Arbeit als zukunftsbezogene Größe konzeptualisiert und operationalisiert, die eben dieses Charakteristikum der Langfristigkeit und Prognosefehleranfälligkeit aufweist.[2110]

Die Prämissenkontrolle erfolgt kontinuierlich, d. h. sowohl während des Planungs- als auch des Umsetzungsprozesses. Ihre Aufgaben sind die Prüfung, ob die grundlegenden Planungsprämissen gegenseitig verträglich, d. h. widerspruchsfrei sind, und der kontinuierliche Abgleich zwischen den geplanten und erwarteten oder tatsächlichen Entwicklungen der für die Planung relevanten internen und externen Rahmenbedingungen.[2111] Während widersprüchliche Prämissen vor der vertrieblichen Ziel- und Maßnahmenplanung und der Realisationsphase der Vertriebsplanung korrigiert werden müssen, führen Abweichungen bei diesen Plandeterminanten zu unmittelbaren Änderungen der Ziele, Strategien und operativen Maßnahmenpläne in der laufenden Realisation.[2112] Ergebnis der

---

2108 Vgl. *Küpper, H.-U.* (2001), S. 175.

2109 Vgl. *Ebeling, C.* (2007), S. 117.

2110 Vgl. *Tewes, M.* (2003), S. 218.

2111 Vgl. *Horváth, P.* (2003), S. 175.

2112 Vgl. *Weber, J.* (2004), S. 318.

Prämissenkontrolle sind daher wesentliche Feed-forward-Informationen, die in die nachfolgenden Planungsaktivitäten eingehen.

Im Kontext der Ausgestaltung der Prämissenkontrolle ist festzulegen, auf Basis welcher Informationen die Kontrolle erfolgen und wie umfangreich die Prämissenkontrolle ausfallen soll, um hinreichend steuerungsrelevante Feed-forward-Informationen zu generieren. Aufgrund ihres Feed-forward-Charakters ist es nicht ausreichend, die Prämissenkontrolle ausschließlich in Form eines Wird-Ist-Vergleichs auf Basis faktischer Informationen vorzunehmen, da dann Abweichungen bereits vorliegen und somit die antizipativen Handlungsmöglichkeiten für die Kreditgenossenschaft eingeschränkt sind. Zu ergänzen ist eine Prämissenkontrolle in Form von Wird-Wird-Vergleichen, bei denen die Voraussage einer den Kundenwert beeinflussenden Annahme mittels neuer Informationen getroffen werden kann.[2113]

Hinsichtlich des Umfangs der Prämissenkontrolle ist zu konstatieren, dass eine vollständige Kontrolle aller Prämissen wegen ihrer zu vermutenden hohen Anzahl nicht realisierbar sein dürfte.[2114] Aus diesem Grund sind die zu überwachenden Prämissen zu priorisieren. Es sollten diejenigen Annahmen fokussiert werden, bei denen bereits sehr geringe Abweichungen die Ausprägung des Kundenwerts, erheblich beeinflussen.[2115] Die Identifikation solcher Prämissen kann z. B. auf Basis von Sensitivitätsanalysen erfolgen. Ist die Anzahl der identifizierten Prämissen immer noch zu hoch, ist die Auswahl auf diejenigen Prämissen zu beschränken, bei denen Abweichungen besonders wahrscheinlich auftreten. Dies ist vor allem bei denjenigen kundenwertkritischen Annahmen der Fall, die nur auf Basis schwacher Informationsgrundlagen getroffen wurden[2116] oder die von Natur aus im Laufe der Zeit erheblichen Instabilitäten unterworfen sind.[2117]

Auf Basis der Prämissenkontrolle lassen sich während der Planrealisation Soll-Wird-Kontrollen der kundenwertbezogenen Ziele durchführen. Bei diesen Soll-Wird-Kontrollen werden die angestrebten kundenwertbezogenen Ziele mit den auf Basis der neuen Informationen hinsichtlich der relevanten Prämissen prognostizierten Ausprägungen der Zielgrößen verglichen.[2118] Die Soll-Wird-Kontrollen sind sowohl auf der strategischen als auch auf der operativen Vertriebsplanungsebene zu implementieren.

2113 Vgl. *Küpper, H.-U.* (2001), S. 175.

2114 Vgl. *Ebeling, C.* (2007), S. 117 sowie die dort genannte Literatur.

2115 Vgl. *Ebeling, C.* (2007), S. 117; *Tewes, M.* (2003), S. 219.

2116 Vgl. *Ebeling, C.* (2007), S. 117.

2117 Vgl. *Stüker, D.* (2008), S. 383 sowie die dort genannte Literatur.

2118 Vgl. *Küpper, H.-U.* (2001), S. 175.

Voraussetzung der für die kundenwertorientierte Vertriebssteuerung wichtigen Prämissenkontrolle ist die differenzierte Dokumentation der zu überwachenden Prämissen zum Planungs- und Bewertungszeitpunkt.[2119]

Da die Prämissenkontrolle direkt an die explizit formulierten Planungsprämissen anknüpft, stellt sie eine „gerichtete Kontrollart" auf der strategischen Ebene dar. Aufgrund dieses Rahmens geht die Prämissenkontrolle selektiv vor, worin die Gefahr liegt, wesentliche kundenwertrelevante Änderungen interner oder externer Rahmenbedingungen zu übersehen. Kompensiert wird dieses konzeptionelle Defizit durch die Integration einer ihrem Wesen nach ungerichteten strategischen Überwachung.[2120]

4.6 Strategische Überwachung

Die strategische Überwachung soll jegliche Entwicklungen identifizieren, die für die Kreditgenossenschaft zum Risiko für den Erfolg der eingeschlagenen Strategie werden könnten. Insbesondere sollen solche Entwicklungen erkannt werden, die sonst bewusst oder unbewusst vernachlässigt werden.[2121] In diesem Zusammenhang wird jedoch das zentrale Problem der strategischen Überwachung offenbar, das sich darin zeigt, dass „die strategische Überwachung als ungerichtete Kontrolle theoretisch alles Erdenkliche überwachen müsste und konkrete Kontrollobjekte im Vorfeld nicht bekannt sind"[2122]. Daraus abzuleitende Hindernisse des praktischen Einsatzes der strategischen Überwachung sind die Informationsüberflutung sowie die knappen Ressourcen auf Seiten der Kreditgenossenschaften.

Dieses konzeptionelle Problem löst sich dadurch auf, indem die Strategie selbst zum Bezugspunkt der strategischen Überwachung wird. Durch die vorhergehende planerische Selektionsleistung und die Ableitung einer Strategie ist nach SCHREYÖGG/STEINMANN der Bezugspunkt gesetzt, an dem jeglichen neuen Informationen einen krisenhafter Sinn zugeschrieben werden kann. Problematisch an diesem Vorgehen ist jedoch, dass es das Ziel verfolgt, das Selektionsrisiko der strategischen Planung zu kompensieren.[2123] Dieses theoretische Ideal

---

2119 Vgl. *Tewes, M.* (2007), S. 219. TEWES nennt als wichtigste Prämissen der Kundenwertorientierung die Kundenbindung und die auf diese wirkende Kundenzufriedenheit. Diesen beiden Größen unterstellt er zwar den größten Einfluss auf den Kundenwert, stellt jedoch fest, dass es schwierig sein dürfte, für diese Größen Schwellenwerte zu definieren, da der messbar funktionale Einfluss weitgehend unbekannt ist.

2120 Vgl. *Stüker, D.* (2008), S. 384.

2121 *Schreyögg, G./Steinmann, H.* (1985), S. 404.

2122 *Stüker, D.* (2008), S. 386.

2123 Vgl. *Schreyögg, G./Steinmann, H.* (1985), S. 405 f.

dürfte praktisch kaum umsetzbar sein,[2124] weshalb auf leichter anwendbare Ansätze zurückgegriffen wird. Zu diesen Ansätzen zählen Verfahren, deren Grundlage die Indikatorhypothese ist, nach der Veränderungen nicht abrupt auftreten, sondern durch Signale angekündigt werden.[2125] In diesem Kontext wird regelmäßig auf das Konzept der „Weak Signals“ von ANSOFF verwiesen.[2126] ANSOFF unterteilt die Stärke von Signalen in Ungewissheitsgrade („States of Ignorance“) mit den Ausprägungen “Sense of Threat/Opportunity”, “Source of Threat/ Opportunity”, “Threat/Opportunity”, “Response Concrete” und “Outcome Concrete”.[2127] Als schwache Signale werden schlecht-definierbare Informationen verstanden, die einen Empfänger in einem hohen Stadium der Ungewissheit belassen.[2128] Zudem sind ihre Wirkungen auf die strategische Planung nur unzureichend bekannt und müssen als mehrdeutig und spekulativ angesehen werden. Den jeweiligen Ungewissheitsgraden stellt ANSOFF Reaktionsstrategien gegenüber, die sich auf die Wahrnehmungsfähigkeit des Unternehmens, dessen Flexibilität oder unmittelbar auf dessen Handlungsfähigkeit beziehen.[2129]

Die Etablierung von Frühwarnsystemen, die auf dem Konzept der „Weak Signals“ aufbauen, ist kein neues Thema der Gesamtbanksteuerung.[2130] Voraussetzung eines zielsetzungsgerechten Einsatzes ist die „systematische Sensibilisierung für schwache Signale“[2131] wobei jedoch gerade die Systematisierung der Signale aufgrund ihres Wesens problematisch ist. Auf Gesamtbankebene schlägt SCHIERENBECK vor, die Signale in politische und kulturelle, in markt- und wettbewerbspolitische und in geschäfts- und risikostrukturelle Faktoren zu unterscheiden.[2132] Weiterhin unterscheidet er zwischen bankexternen und -internen Wirkungsbereichen der schwachen Signale. Aufbauend auf dieser Systematisierung sind die schwachen Signale zu identifizieren, zu diagnostizieren und zu evaluieren. Die in der Identifikations- und Diagnosephase generierten und validierten Informationen werden in der Evaluationsphase aus Sicht der kundenwertbezogenen Strategie beurteilt.[2133] Dazu ist zu prüfen, welche Kundenwert-

---

2124 Vgl. *Stüker, D.* (2008), S. 389.

2125 Vgl. *Coenenberg, A. G./Baum, H.-G./Günther, T.* (2007), S. 329 ff.

2126 Vgl. z. B. *Schierenbeck, H.* (2003), S. 668 ff.; *Stüker, D.* (2008), S. 387 ff.

2127 Vgl. *Ansoff, H. I.* (1976), S. 135.

2128 Vgl. hier und nachfolgend *Schierenbeck, H.* (2003), S. 669 sowie die dort genannte Literatur.

2129 Vgl. *Ansoff, H. I.* (1976), S. 136 ff.

2130 Vgl. *Schierenbeck, H.* (2003), S. 669.

2131 *Schierenbeck, H.* (2003), S. 670.

2132 Vgl. hier und nachfolgend *Schierenbeck, H.* (2003), S. 670, der darauf hinweist, dass dies aufgrund der genannten Schwierigkeit nur eine „gewisse Hilfestellung“ sein könne.

2133 Vgl. hier und nachfolgend *Schierenbeck, H.* (2003), S. 671 f.

treiber oder Bestimmungsfaktoren tendenziell durch die beobachteten Veränderungen tangiert werden (Relevanz), welche Auswirkungen zu erwarten sind (Ausmaß) und mit welcher vermuteten Geschwindigkeit bei den Änderungen zu rechnen ist (Geschwindigkeit). Aus den dadurch gewonnenen Erkenntnissen lässt sich ableiten, welche Auswirkungen auf die kundenwertbezogenen Ziele und Strategien zu erwarten sind und mit welchen Änderungen der Strategien als Ganzes oder einzelner Maßnahmen darauf in welcher Dringlichkeit reagiert werden kann.

Die strategische Überwachung ist wie auch die Prämissenkontrolle als kontinuierlicher Prozess, der permanent durchzuführen ist, zu implementieren.

5 Zusammenfassung der Ergebnisse und kritische Würdigung

In den vorangegangenen Kapiteln des Teils E wurden Gestaltungsempfehlungen für die kundenwertorientierte Vertriebssteuerung im Firmenkundengeschäft der Kreditgenossenschaften erörtert und erläutert. In diesem Zusammenhang wurde auf die in der kreditgenossenschaftlichen Umgebung bestehenden Konzepte und Verfahrensweisen (z. B. VR-CONTROL[2134], Leitfäden der strategischen Steuerung einer Primärbank[2135]) rekurriert, um dem praxeologischen Anspruch der Arbeit gerecht zu werden.

Basis einer kundenwertorientierten Vertriebssteuerung ist ein zweckmäßig ausgestaltetes Vertriebsinformationssystem. Dieses dient dazu, die für die Kundenwertermittlung relevanten Informationen zu beschaffen, aufzubereiten, zu speichern und die aufbereiteten Ergebnisse adressaten- und aufgabengerecht weiterzuleiten. Besondere Bedeutung hat die Beschaffung kundenwertrelevanter Informationen aus internen und externen Quellen. Der Firmenkunde selbst ist die zentrale Informationsquelle. Dem Firmenkundenberater obliegt es als gewichtige Vertriebsaufgabe, diese Information vom Kunden zu beschaffen. Gegenwärtig eingesetzte Verfahren können dazu ausgebaut und genutzt werden. Besonderes Augenmerk sollte darauf gelegt werden, die erhaltenen Kundeninformationen – analog zum risikopolitisch motivierten Vorgehen bei der Analyse der wirtschaftlichen Verhältnisse – aus Kundenwertsicht zu plausibilisieren. Dabei sollte auf den Erfahrungs- und Datenfundus der FinanzGruppe Bezug genommen werden.

Hinsichtlich der Vertriebsplanung wurden zwischen der strategischen und der operativen Planung unterschieden. Angelehnt an die etablierten und vom

---

2134 Vgl. dazu *BVR* (2003b).

2135 Vgl. dazu *BVR* (2007b).

BVR empfohlenen Konzepte und Verfahrensweisen wurde dargelegt, das Kundenwertmodell als Analyse- und Beurteilungsraster in der Analyse der strategischen Ausgangssituation sowohl für die Umfeld- als auch für die Kundenbeziehungs- sowie die Unternehmens- und Funktionalbereichsanalyse zu nutzen. Auch hier sollten Benchmarks über die gesamte FinanzGruppe ein Analysebaustein sein. Vertriebsziele beziehen sich auf den Zerschlagungs- und auf den Potenzialwert der Kreditgenossenschaft und betrachten die individuelle Kundenbeziehung. Im Rahmen dieses Schrittes bietet es sich an, die strategischen Ziele der Teilbanken mit Hilfe des Kundenwerts als Zielgröße zu koordinieren und zu optimieren. Vertriebsstrategien sollten sich an den kundenbeziehungsindividuellen Vertriebszielen ausrichten und die Erkenntnisse der Kundenbeziehungsanalyse nutzen. Für die Bewertung und Auswahl von Vertriebsstrategien ist ebenfalls der Kundenwert als zentrale Größe heranzuziehen.

Um in der operativen Vertriebsplanung die kundenbeziehungsbezogenen Strategien umzusetzen, wurde empfohlen, eine kundenwertbezogene Balanced Scorecard als konzeptionellen Bezugsrahmen zu verwenden. Diese ist konsequent zur Strategie einzelkundenbezogen. Anhand der Balanced Scorecard sollen die kurzfristigen Vertriebsziele und Maßnahmenpläne formuliert und vereinbart werden, da die dort hinterlegten Kennzahlen auch die Grundlage einer zielbasierten Personalführung im Vertrieb sein sollen.

Die Planung der Vertriebsbank ist mit der Steuerungs- und der Produktionsbank intern und mit den Verbundpartnern extern zu koordinieren. Hinsichtlich der Steuerungsbank wurde unterstellt, dass diese in der kurzen Sicht bestehende Risikostrukturen aufweist, die Einfluss auf die Möglichkeiten der Schaffung und Ausbeutung von Kundenwerten haben. Diese Grenzen sind in der Vertriebsplanung zu berücksichtigen. Darüber hinaus sind die produktpolitischen Entscheidungen der Steuerungsbank mit der Vertriebsbank abzustimmen, so dass neue Produkte in der Kundenwertermittlung zu berücksichtigen sind und ggf. Impulse an die Produktentwicklung aus der Kundenwertermittlung des Vertriebs resultieren. Mit Blick auf die Produktionsbank dient die Vertriebsplanung als Vorgabe für die Kapazitätsplanung. Dabei ist die Planung der Kapazität in Qualität und Quantität in Abhängigkeit der kundenwertbezogenen Strategien vorzunehmen. Bei der Einführung verfahrenstechnischer Innovationen in der Produktionsbank sind deren Auswirkungen auf den Kundenwert in die Entscheidungsfundierung einzubeziehen. Besondere Herausforderungen stellt die externe Koordination mit den Verbundpartnern dar. Hier sollte die Kreditgenossenschaft mit den Verbundunternehmen vereinbaren, dass die relative Bedeutung eines Kunden aus Sicht der Kreditgenossenschaft handlungsleitend für die gemeinsame Ansprache ist.

Die Vertriebssteuerung im engeren Sinn auf Basis des Kundenwerts fußt auf einer steuerungsadäquaten Aufbauorganisation, die sinnvollerweise den Vertrieb als Investment-Center aufbaut. Hinsichtlich der damit verbundenen Kompetenzen sind jedoch die Einschränkungen aus der Steuerungsbank als zentrale Vorgabe zu berücksichtigen. Wie bereits erwähnt, sollte die Personalführung im Vertrieb mittels der in der kundenwertbezogenen Balanced Scorecard hinterlegten Ziele erfolgen. Damit ist die Personalführung im Gegensatz zu gegenwärtigen Verfahrensweisen,[2136] konsistent zur Kunden(wert)orientierung ausgestaltet. Um den methodeninhärenten Schwächen der barwertigen Einzelgeschäftskalkulation entgegenzuwirken, sollte der Kundenwert in die Verfahren der Vorsteuerung nach VR-CONTROL integriert werden. Welche der erörterten Vorgehensweisen ausgewählt wird, ist institutsindividuell zu entscheiden.

Für die Überwachungs- und Sicherungsphase in der kundenwertorientierten Vertriebssteuerung wurden die Ergebniskontrolle, die Umsetzungskontrolle, die Verhaltenskontrolle, die Prämissenkontrolle und die strategische Überwachung vorgestellt. Mit der Integration dieser Kontrollarten in die kundenwertorientierte Vertriebssteuerung gelingt es, den Besonderheiten dieser zukunftsgerichteten Ziel- und Steuerungsgröße hinreichend gerecht zu werden.

In Teil der C Arbeit wurden kontextinduzierte Implikationen für die kundenwertorientierte Vertriebssteuerung im Firmenkundengeschäft der Kreditgenossenschaften hergeleitet. Werden die Gestaltungsempfehlungen vor dem Hintergrund der sich aus dem Kontext ergebenden Implikationen betrachtet, bildet dies die Klammer, um die Ergebnisse zu würdigen. Aus der Definition der Banken wurde hergeleitet, dass die aufsichtsrechtlichen Vorgaben und Zielunterschiede zwischen Bank und Bankmitarbeitern zu berücksichtigen seien. Erstgenannte Implikation findet sich mittelbar in der Gesamtheit der Ausgestaltung einer kundenwertorientierten Vertriebssteuerung wieder (z. B. durch die Abstimmung der Vertriebs- mit der Steuerungsbank sowie der Berücksichtigung der aufsichtsrechtlichen Vorgaben in der Phase der Prognose von Kundenwerten). Die Implementierung eines kundenwertbasierten Anreizsystems kann helfen, die Zieldifferenzen zwischen Bank und Bankmitarbeiter zugunsten der Bank zu reduzieren.

Die relative Kleinheit der Kreditgenossenschaften wurde berücksichtigt, indem als methodische Basis der Kundenbewertung die Einzelgeschäftskalkulation aus VR-CONTROL ausgewählt wurde. Zu konstatieren ist jedoch, dass die kundenorientierte Prozesskostenrechnung weder praktisch noch konzeptionell in der FinanzGruppe vorliegt. Entsprechende Anstrengungen, diese zu gestalten, sind zu wünschen und sicherlich nicht unmöglich. Insgesamt soll sich die kun-

---

[2136] Vgl. dazu die Ausführungen in Kapitel A.1.

denwertbasierte Vertriebssteuerung durch einen pragmatischen Kern auszeichnen. Wenngleich davon ausgegangen wird, ist die Anforderungserfüllung erst mittels eines entsprechenden praktischen Einsatzes möglich.

Dem Wesenzweck der Kreditgenossenschaften, mithin der Mitgliederorientierung und dem Förderauftrag wurde breiter Raum in dieser Arbeit gegeben. Insgesamt ist daher davon auszugehen, dass den daraus resultierenden Implikationen hinreichend Rechnung getragen wurde.

Dem Regionalprinzip wurde insbesondere durch das differenzierte Kundenwertmodell Rechnung getragen. Aber auch die Überlegungen zum Referenzpotenzial und zu strategischen Entscheidungen im Hinblick auf die Beendigung von Kundenbeziehungen wurden stark durch das Regionalprinzip beeinflusst. Dies gilt gleichsam für die Berücksichtigung der Wettbewerbsintensität und der „vermuteten" Ertragsschwäche. Die Kundenwertmodellierung und –operationalisierung berücksichtigt die Besonderheiten von Bankdienstleistungen, die ebenfalls damit verbunden sind.

Den in der Verbundorientierung und dem Bankleistungsprogramm begründeten Implikationen wurde ebenfalls entsprochen. Ersterem insofern, als der Kundenwert der relevante Maßstab für die Koordination von Verbundunternehmen und Kreditgenossenschaften ist. Die Breite des Kundenwertmodells trägt dem Allfinanzangebot Rechnung.

Die Nutzung des Kundenwerts als Ziel- und Steuerungsgröße dürfte es auch erlauben, zwischen transaktionalen und relationalen Vertriebsansätzen zu unterscheiden. Zudem erlaubt die kundenwertbezogene Formulierung von Vertriebsstrategien die Entscheidung für den einen oder den anderen Vertriebsansatz zu fundieren. Gleichwohl ist die zentrale These im Bankgeschäft, dass die relationalen Vertriebsansätze das Geschäft weitestgehend dominieren.

Wie die Ausführungen zur strategischen Planung verdeutlichen, ist der Kundenwert als Ziel- und Steuerungsgröße hinreichend offen, um sich konsistent zur Gesamtbankstrategie gestalten zu lassen. Dies begründet sich damit, dass der Kundenwert sich per definitionem unmittelbar an den Zielen und nicht an den Wegen zur Zielerreichung orientiert.

In den vorliegenden Ausführungen wurde außerhalb der Betrachtung des Drei-Banken-Modells nicht expressis verbis auf die Frage eingegangen, in wie weit der Kundenwert die arbeitsteiligen Prozesse und gemeinschaftlichen Betreuungsaktivitäten unterstützt. Ausgangspunkt dieser Implikation ist, dass die gegenwärtig vorzufindende wertorientierte Steuerung zwingend eine mitarbeiterindividuelle Erfolgstrennung und -zurechnung benötigt, da sonst die Erfolgsmessung auf Basis der Ziele und ggf. die Ermittlung der Ausprägung der Bemessungsgrundlage im Kontext des Anreizsystems nicht erfolgen kann. Vor dem Hintergrund der Ausführungen zum Personalführungssystem auf Basis des

Kundenwerts ist jedoch zu fragen, ob die mitarbeiterindividuelle Erfolgstrennung und -zurechnung in gleicher Art und Stringenz sinnvoll ist. Dieser Frage sollte in weiteren Forschungen nachgegangen werden. Es wird aber angenommen, dass der Kundenwert in diesem Kontext keine methodenbedingte Restriktion darstellt.

F Schluss

1 Zusammenfassung

Die Motivation der vorliegenden Arbeit war, einen umfassenderen konzeptionellen Ansatz einer kundenwertorientierten Vertriebssteuerung im Firmenkundengeschäft der Kreditgenossenschaften zu entwickeln. Diese Motivation wurde über drei Forschungsziele konkretisiert.

Die Auseinandersetzung mit dem ersten Forschungsziel, ein Modell und eine Metrik zu entwickeln, anhand derer die Attraktivität von Kunden ermittelt und beurteilt werden kann, erfolgte in Teil A der Arbeit. Ausgehend von der begrifflichen Festlegung des Kundenwerts als Maßstab der Attraktivität wurden theoretische und praktische Modelle anhand eines formulierten Kriterienkatalogs gewürdigt. Es zeigte sich, dass keines der gegenwärtig vorhandenen Kundenwertmodelle hinreichend war, so dass ein eigenes Kundenwertmodell konzeptualisiert und operationalisiert wurde. In diesem Zusammenhang wurde auch das dritte Forschungsziel in den Blick gerückt. Als drittes Forschungsziel wurde formuliert, die ersten beiden Forschungsziele mit Blick auf die Besonderheiten der eingetragenen Genossenschaft zu verfolgen. Daher musste zwingend von der in bisherigen Forschungsbeiträgen gängigen Vorgehensweise abgewichen werden und das zugrunde zu legende Zielsystem der Kreditgenossenschaften analysiert werden. Gleichsam ist dem dritten Forschungsziel die Betrachtung des Untersuchungskontextes in Teil C, aus dem sich zentrale Hinweise auf die auf Plausibilitätsüberlegungen basierende Herleitung des Kundenwertmodells, zuzuordnen. Die Analyse der Erfolgsvoraussetzungen einer Kundenwertorientierung machte deutlich, dass diese erfolgversprechend für das Firmenkundengeschäft der Kreditgenossenschaften ist.

Auch das zweite Forschungsziel wurde mit dem Blick auf die Besonderheiten der Kreditgenossenschaften bearbeitet. Es wurden im Teil E der Arbeit Gestaltungsempfehlungen für eine kundenwertorientierte Vertriebssteuerung erläutert und erörtert, die in ihrer Gesamtheit einen Beitrag dazu leisten, die Kongruenz zwischen externer Ausrichtung am Markt in Form der relationalen Vertriebsansätze und interner Steuerung der marktgerichteten Aktivitäten, mithin also des Vertriebs, herzustellen.

2 Ausblick auf weiteren Forschungsbedarf

Mit der vorliegenden Untersuchung ist ein Fundament und gleichzeitig ein Rahmen für weitere Forschungsarbeiten gelegt worden. Künftige Forschungsbeiträge, die an diese Arbeit anschließen, lassen sich unterscheiden in Forschungsfragen, die sich auf die Fundierung, Würdigung und Messung des Kundenwertmodells auf der einen Seite und auf die Vertiefung und Würdigung der Gestaltungsempfehlungen auf der anderen Seite beziehen.

Auf Basis theoretisch und empirisch gestützter Plausibilitätsüberlegungen wurde das Kundenwertmodell konzeptualisiert. Dabei gelang es nur zum Teil anwendungskontextspezifische Ergebnisse früherer Arbeiten heranzuziehen. Unter der Annahme, dass Ergebnisse aus abweichenden Anwendungskontexten nur partiell auf das Firmenkundengeschäft der Kreditgenossenschaften übertragen werden können, kann konstatiert werden, dass in einigen Fällen weiterer Forschungsbedarf besteht, um die getroffenen Annahmen und damit die Konzeptualisierung des Kundenwertmodells zu bestätigen oder zu verwerfen.

Die Schätzung von Kundenpotenzialen mittels Potenzialmodellen ist seit vielen Jahren Bestandteil der Vertriebsplanung. Experten kritisieren jedoch, dass die angebotenen Verfahren sich primär an den erwerbswirtschaftlichen Interessen der Anbieter orientieren und eine empirische Prüfung der Leistungsfähigkeit der Analysen außen vor bleibt.[2137] Aus diesem Grund erscheint es zwingend, dass in dieser Arbeit theoretisch hergeleitete Kundenwertmodell empirisch zu überprüfen. Diese Überprüfung umfasst zwei Schwerpunkte. Der erste Schwerpunkt liegt in der Überprüfung des jeweiligen Erklärungsgehalts der hergeleiteten Kundenwerttreiber für den firmenkundenspezifischen Kundenwert aus Sicht der Kreditgenossenschaften. Der zweite Schwerpunkt liegt darauf, empirisch zu begründen, ob mittels dieses Kundenwertmodells statistisch signifikant werthaltige Kunden von nichtwerthaltigen Kunden diskriminiert werden können. Um diesen zweiten Schwerpunkt zum Gegenstand empirischer Forschungen zu machen, bedarf es jedoch einer wichtigen Voraussetzung in Form der Entwicklung von zukunftsbezogenen Prognosemodellen, die auf den Planungen des Unternehmens ansetzen und daraus Bedarfspotenziale für Bankleistungen ableiten.

In der vorliegenden Arbeit wurde als Beispiel das Prognosemodell von GLEIßNER/JAHN vorgestellt. Modelle dieser Art, die hinsichtlich der Inputdaten vergleichsweise einfach zu bestücken sind, müssen für alle relevanten Bankleistungen im Firmen- und Privatkundengeschäft aufgebaut und eingesetzt werden. Nur so gelingt es, den Kundenwert zukunftsbezogen zu schätzen und als Ziel- und Steuerungsgröße in der Vertriebssteuerung zu integrieren.

Die in der vorliegenden Arbeit dargestellten Gestaltungsempfehlungen sind aus Sicht des Vertriebs im Speziellen und aus Sicht der Gesamtbank im Allgemeinen nicht abschließend. Insbesondere die internen und externen Koordinationsaufgaben bedürfen einer tieferen Analyse. Anschließende Forschungsarbei-

---

2137 Vgl. *Kölker, A.* (2010), S. 395.

ten sollten daher prüfen, wie die Steuerungs- und die Produktionsbank im Lichte des Kundenwerts auszugestalten sind. Dies betrifft z. B. die Frage, mittels Kundenwerten die Bankleistungspolitik zu steuern. Liegen dazu Erkenntnisse vor, sind diese mit den vorliegenden zu verknüpfen, um ein kundenwertorientiertes Gesamtbanksteuerungsmodell zu entwerfen.

In der Problemstellung (Kapitel A.1) der vorliegenden Arbeit wurden drei Vertriebssteuerungsansätze kursorisch vorgestellt und knapp hinsichtlich ihrer allgemeinen und mit Blick auf das Beziehungsmanagement im Firmenkundengeschäft speziellen Schwächen skizziert. Diese Würdigung erfolgt auf Basis plausibler Überlegungen, die in der grundsätzlichen These dieser Arbeit mündeten, dass die genannten Vertriebssteuerungsansätze inferior gegenüber einer kundenwertorientierten Vertriebssteuerung seien. Die empirische Prüfung dieser These ist jedoch noch offen. So ist weiterer Forschungsbedarf insoweit zu konstatieren, als die verschiedenen Vertriebssteuerungsansätze hinsichtlich ihrer Bedeutung für den Vertrieb einer Kreditgenossenschaft zu evaluieren sind.

Literaturverzeichnis

A

Aaker, David A. (1991):
Managing Brand Equity: Capitalizing on the Value of a Brand Name, New York: Maxwell Macmillian International, 1991

Abell, Derek F. (1980):
Defining the Business: the Starting Point of Strategic Planning, 2nd Printing, New Jersey: Prentice Hall, 1980

Adam, Dietrich (1996):
Planung und Entscheidung: Modelle, Ziele, Methoden, 4., vollständig überarbeitete und wesentlich erweiterte Auflage, Wiesbaden: Gabler Verlag, 1996

Adam, Dietrich (1998):
Produktions-Management, 9., überarbeitete Auflage, Wiesbaden: Gabler Verlag, 1998

Adam, Dietrich (2000):
Investitionscontrolling, 3., völlig neu bearbeitete und wesentlich erweiterte Auflage, München/Wien: Oldenbourg Verlag, 2000

Agthe, Klaus (1959):
Stufenweise Fixkostendeckung im System des Direct Costing, erschienen in: Zeitschrift für Betriebswirtschaft (ZfB), 29. Jg., 1959, S. 404-418

AGVR (2001):
Mitarbeiterführung und leistungs- und erfolgsbezogene Vergütung, hrsg. von Arbeitgeberverband der Deutschen Volksbanken und Raiffeisenbanken e.V., Bonn, 2001

AGVR et al. (2008):
Marktforschung: Rahmendaten für das Firmenkundengeschäft, Oldenburg et al., 2009

Ahlert, Dietrich (1996):
Distributionspolitik, 3. Auflage, Stuttgart: Fischer Verlag, 1996

Ahrendt, Bernd (2007):
Die wertorientierte Bonitätsprüfung als Kernkompetenz im Firmenkundengeschäft, Nordhausen: Verlag Traugott Bautz, 2007

Algner, Markus R. (2006):
Neue Impulse für die Beteiligungsfinanzierung der Genossenschaft durch die Investorenmitgliedschaft?, erschienen in: Zeitschrift für das gesamte Genossenschaftswesen (ZfgG), 56. Jg., 2006, Heft 3, S. 186-199

Algner, Markus R./Bolsinger, Harald J. (2006):
Der Ansatz der derivativen Mitgliederförderung als Konzept der Neuinterpretation des Förderauftrags durch Kreditgenossenschaften im Firmenkundengeschäft, in: Zukunftsperspektiven für Genossenschaften: Bausteine für typgerechte Weiterentwicklung, hrsg. von Münkner, Hans-Hermann/Ringle, Günther, Bern/Stuttgart/Wien: Haupt Verlag, 2006, S. 180-202

Altenbäumker, Dirk/Andritzky, Ulrich (2007): Bestätigt, erschienen in: Bankinformation, 34. Jg., 2007, Heft 12, S. 26-29

Althans, Mark (2001):
Konzeption eines Vertriebscontrolling-Informationssystems für Unternehmen der liberalisierten Elektrizitätswirtschaft, Göttingen: Cuvillier Verlag, 2001

Anacker, Ralf (2003):
Wesentlicher Erfolgsfaktor, erschienen in: Bankinformation, 33. Jg., 2003, Heft 10, S. 23-27

Andon, Paul/Baxter, Jane/Bradley, Graham (2003):
Calculating Customer Lifetime Value (CLV): Theory and Practice, in: Kundenwert: Grundlagen, Innovative Konzepte, Praktische Umsetzungen, 2., überarbeitete und erweiterte Auflage, hrsg. von Günter, Bernd/Helm, Sabrina, Wiesbaden: Gabler Verlag, 2003, S. 299-315

Angelini, Paolo/Di Salvo, Roberto/Feri, Giovanni (1998):
Availability and Cost of Credit for Small Businesses: Customer Relationships and Credit Cooperatives, erschienen in: Journal of Banking and Financing, 22. Jg., 1998, Heft 6-8, S. 925-954

Ansoff, H. Igor (1976):
Managing Surprise and Discontinuity – Strategic Response to Weak Signals, erschienen in: Zeitschrift für betriebswirtschaftliche Forschung (ZfbF), 28. Jg., 1976, Heft 3, S. 129-152

Aoki, Masahiko/ Dinç, Serdar (1997):
Relational Financing as an Institution and its Viability under Competition, Working Paper 97011, Stanford University, Department of Economics, 1997

Armbruster, Holger/Hallberg, Inken (2006):
Optimal produzieren: Potenziale zur Leistungssteigerung auch in kleinen und mittleren Genossenschaftsbanken, erschienen in: Bankinformation, 33. Jg., 2006, Heft 1, S. 59-63

Arrow, Kenneth J.(1970):
Social Choice and Individual Values, 2nd ed., 4th print, New Haven: Yale University Press, 1970

Aubin, Peter (2011):
Null Gewinn aus dem Kundengeschäft..., erschienen in: Genograph, o. Jg., 2011, Heft 5, S. 42-46

Averbeck, Christian/Frére, Eric/Reuse, Svend (2008):
Wertorientierte Vertriebssteuerung in Banken, erschienen in: Controller Magazin, 33. Jg., 2008, Heft 6, S. 40-47

Averbeck, Christian/Frère, Eric/Reuse, Svend/Svoboda, Martin (2008):
Managemententscheidungen einer wertorientierten Vertriebssteuerung, erschienen in: BankPraktiker, o. Jg., 2008, Heft 9, S. 406-412

B

Baas, Timo/Schrooten, Mechthild (2006):
Relationship Banking and SMEs: A theoretical Analysis, erschienen in: Small Business Economics, 27. Jg., Heft 2/3, S. 127-137

Backhaus, Klaus (1999):
Industriegütermarketing, 6., überarbeitete Auflage, München: Verlag Franz Vahlen, 1999

Backhaus, Klaus/Aufderheide, Detlef/Späth, Georg-Michael (1994):
Marketing für Systemtechnologien: Entwicklung eines theoretisch-ökonomisch begründeten Geschäftstypenansatzes, Stuttgart: Schäffer-Poeschel, 1994

Backhaus, Klaus/Bauer, Mathias (2003):
Zufriedenheit in industriellen Geschäftsbeziehungen, in: Relationship Marketing: Standortbestimmung und Perspektiven, hrsg. von Rese, Mario/Söllner, Albrecht/Utzig, Peter, Berlin et al.: Springer Verlag, 2003, S. 105-138

Bakonyi, Emmerich (1983):
Mitgliedererwartungen in Bankgenossenschaften: Erwartungsstrukturen und Urteile der Mitglieder (Kunden) von Genossenschaftsbanken über den Förderungsauftrag, unter besonderer Berücksichtigung der Methoden zur Erfassung der Präferenzen und zur Messung des Zufriedenheitsgrades von Individuen und Gruppen, Stuttgart: Ulmer Verlag, 1983

Baran, Pavel (1990):
Werte, in: Europäische Enzyklopädie zu Philosophie und Wissenschaften, Band 4: R-Z, hrsg. von Sandkühler, Hans Jörg, Hamburg: Meiner Verlag, S. 805-815

Barth, Klaus/Wille, Kai (2000):
Customer Equity: Ein prozessorientierter Ansatz zur Kundenbewertung, Arbeitspapier Nr. 276, Duisburg: Gerhard-Mercator-Universität Duisburg, 2000

Barth, Wolfgang (2009):
Kundenwertmessung bei Kreditinstituten, WISU-Studienblatt Oktober 2009, erschienen in: WISU - Das Wirtschaftsstudium, 38. Jg., 2009, Heft 10, o. S.

Basler Ausschuss für Bankenaufsicht (2004):
Internationale Konvergenz der Kapitalmessung und Eigenkapitalanforderungen: Überarbeitete Rahmenanforderungen, Basel: Bank of International Settlement, 2004

Basler Ausschuss für Bankenaufsicht (2009):
Consultative Document: Strengthening the Resilience of the Banking Sector, Basel: Bank of International Settlement, 2009

Bastian, Christina (2000):
Mitarbeiterführung im Vertrieb: Anreizsysteme auf dem Prüfstand, in: Vertriebs-Management: Organisation, Technologieeinsatz, Personal, hrsg. von Reichwald, Ralf/Bullinger, Hans-Jörg, Stuttgart: Schäffer-Poeschel, 2000, S. 293-323

Batz, Christian (2004):
Auslegungssache, erschienen in: Bankinformation, 31. Jg., 2004, Heft 12, S. 32-35

Batz, Christian/Hensel, Volkmar (2010):
Kundengeschäftssteuerung mit VR-Control, in: Wertorientierte Vertriebssteuerung in Banken und Sparkassen: Potenzialermittlung, Deckungsbeitragsmessung, Multikanal-Steuerung, erfolgsabhängige Vergütung, 3. Auflage, hrsg. von Wimmer, Konrad, Heidelberg: FinanzColloquium, 2010, S. 102-131

Bauer, Hans H./Hammerschmidt, Maik (2005):
Customer-Based Corporate Valuation: Integrating the Concepts of Customer Equity and Shareholder Value, erschienen in: Management Decision, 43. Jg., 2005, Heft 3, S. 331-348

Bauer, Hans-H./Hammerschmidt, Maik/Brähler, Matthias (2002):
Kundenwertbasierte Unternehmensbewertung: Das Customer-Lifetime-Value-Konzept und sein Beitrag zu einer Marketingorientierten Unternehmensbewertung, in: Jahrbuch der Absatz und Verbrauchsforschung, 48. Jg., 2002, Nr. 4, S. 324-344

Bauer, Rudolf A. (2000):
Vertriebsorganisation: Kundenorientierung durch effektive Strukturen, in: Vertriebs-Management: Organisation, Technologieeinsatz, Personal, hrsg. von Reichwald, Ralf/ Bullinger, Hans-Jörg, Stuttgart: Schäffer-Poeschel, 2000, S. 33-83

Baum, Heinz-Georg/Coenenberg, Adolf G./Günther, Thomas (2007):
Strategisches Controlling, 4., überarbeitete Auflage, Stuttgart: Schäffer-Poeschel, 2007

Baumeister, Alexander (2003):
Risikoadjustierte Performancemaße, erschienen in: Die Betriebswirtschaft (DBW), 63. Jg., 2003, Heft 2, S. 221-226

Baumgärtler, Thomas (2000):
Neuere Ansätze zur Erklärung der Mitgliederpartizipation in Kreditgenossenschaften: eine empirische Analyse der Beteiligungsfaktoren, Nürnberg: Forschungsinstitut für Genossenschaftswesen, 2000

Bayón, Tomás/Gutsche, Jens/Bauer, Hans H. (2002):
Customer Equity Marketing: Touching the Intangible, erschienen in: European Management Journal, 20. Jg., 2002, Heft 3, S. 213-222

Bayón, Tomás/Herrmann, Andreas/Huber, Frank (Hrsg.) (2007):
Vielfalt und Einheit in der Marketingwissenschaft: Ein Spannungsverhältnis – Hans-H. Bauer zum 60. Geburtstag, Wiesbaden: Gabler Verlag, 2007

Bea, Franz-Xaver/Dichtl, Erwin/Schweitzer, Marcell (Hrsg.) (1985):
Allgemeine Betriebswirtschaftslehre, Band 2, Führung, 2. Auflage, Stuttgart/Jena: G. Fischer, 1985

Bea, Franz-Xaver/Dichtl, Erwin/Schweitzer, Marcell (Hrsg.) (2001):
Allgemeine Betriebswirtschaftslehre, Band 2: Führung, 8. Auflage, Stuttgart: Lucius & Lucius Verlag, 2001

Becker, Jörg (1994):
Strategisches Vertriebscontrolling, München: Verlag Franz Vahlen, 1994

Becker, Jörg/Kahn, Dietrich (2005):
Der Prozess im Fokus, in: Prozessmanagement: Ein Leitfaden zur prozessorientierten Organisationsgestaltung, 5., überarbeitete und erweiterte Auflage, hrsg. von Becker, Jörg/Kugeler, Martin/Rosemann, Michael, Berlin/Heidelberg/New York: Springer Verlag, 2005, S. 3-16

Becker, Jörg/Kugeler, Martin/Rosemann, Michael (Hrsg.) (2005):
Prozessmanagement: Ein Leitfaden zur prozessorientierten Organisationsgestaltung, 5., überarbeitete und erweiterte Auflage, Berlin/Heidelberg/New York: Springer Verlag, 2005

Beeser, Anemone Johanna (2003):
Kundenertragswert im Retail Banking: Konzeption und Operationalisierung, Dissertation, Frankfurt am Main: Universität, 2003

Bell, David/Deighton, John/Reinartz, Werner J./Rust, Roland T./Swartz, Gordon (2002):
Seven Barriers to Customer Equity Management, erschienen in: Journal of Service Research, 5. Jg., 2002, Heft 1, S. 77-86

Benölken, Heinz (2002):
Neue Strategien für das Firmenkundengeschäft in Banken und Sparkassen: Risikosteuerung, Marketing und Prozessmanagement, Wiesbaden: Gabler Verlag, 2002

Berens, Wolfgang/Bertelsmann, Rene (2002):
Controlling, in: Handwörterbuch Unternehmensrechnung und Controlling, hrsg. von Küpper, Hans-Ulrich/Wagenhofer, Alfred, 4., völlig neu gestaltete Auflage, Stuttgart: Schäffer-Poeschel, 2002, Sp. 280-288

Berens, Wolfgang/Brauner, Hans U./Frodermann, Jürgen (Hrsg.) (2005):
Unternehmensentwicklung mit Finanzinvestoren: Eigenkapitalstärkung, Wertsteigerung, Unternehmensverkauf, Stuttgart: Schäffer-Poeschel, 2005, S. 7-30

Berens, Wolfgang/Delfmann, Werner (2002):
Quantitative Planung, 3., überarbeitete Auflage, Stuttgart: Schäffer-Poeschel, 2002

Berens, Wolfgang/Högemann, Bernd/Segbers, Klaus (2005):
Das mittelständische Unternehmen - Status quo und Perspektiven der Finanzierung, in: Unternehmensentwicklung mit Finanzinvestoren: Eigenkapitalstärkung, Wertsteigerung, Unternehmensverkauf, hrsg. von Berens, Wolfgang/Brauner, Hans U./Frodermann, Jürgen, Stuttgart: Schäffer-Poeschel, 2005, S. 7-30

Berens, Wolfgang/Knappkötter, Ralf/Segbers, Klaus/Siemes, Andreas/Ullrich, Thomas (2005):
Der Firmenkundenkredit - Kreditprozess, Informationsbeschaffung und Kundenorientierung, erschienen in: Zeitschrift für das gesamte Kreditwesen (ZfgK), 58. Jg., 2005, Heft 15, S. 784-789

Berger, Allen N./Udell Gregory F. (1995):
Relationship Lending and Lines of Credit in Small Firms, erschienen in: Journal of Business, 68. Jg., 1995, Heft 3, S. 351-382

Berger, Paul D./Nasr, Nada I. (1998):
Customer Lifetime Value: Marketing Models and Applications, erschienen in: Journal of Interactive Marketing, 12. Jg., 1998, Heft 1, S. 17-30

Berghaus, Uwe (2008):
Es geht viel mehr, erschienen in: Bankinformation, 35. Jg., 2008, Heft 8, S. 40-42

Berghaus, Uwe (2009):
Genossenschaftsbanken: Ein Drittel des Kundenbedarfs bleibt unerkannt, erschienen in: Bank und Markt, o. Jg., 2009, Heft 2, S. 34-36

Berhorst, Ute (2008):
Ganzheitlich gedacht, erschienen in: Bankinformation, 35. Jg., 2008, Heft 6, S. 36-37

Berlin, Mitchell S. (1996):
For Better and for Worse: Three Lending Relationships, Business Review, Federal Reserve Bank of Philadelphia, December 1996, S. 3-12

Bernet, Beat/Westerfeld, Simone (2008):
KMU-Ratingmodelle und Ratingqualität: Auswirkungen der Ratingarchitektur auf die ex-ante Risikoklassifikation von KMU-Kreditkontrakten, erschienen in: Zeitschrift für Betriebswirtschaft (ZfB), 78. Jg., 2008, Heft 10, S. 1011-1060

Bernhardt, Hans-Heinrich/Dokter, Markus (2008):
Balanced Scorecard: Kein operatives Zielsystem für den Vertrieb, erschienen in: BankPraktiker, o. Jg., 2000, Heft 1, S. 38-42

Berthel, Jürgen (1975):
Betriebliche Informationssysteme, Stuttgart: Schäffer-Poeschel, 1975

Berthel, Jürgen (1992):
Informationsbedarf, in: Handwörterbuch der Organisation, hrsg. von Frese, Erich, 3., völlig neu gestaltete Auflage, Stuttgart: Schäffer-Poeschel, 1992, Sp. 872-886

Betsch, Oskar/Wiechers, Rüdiger (Hrsg.) (1995):
Handbuch Finanzvertrieb: Vertriebsstrategien, Vertriebswege, Vertriebsmanagement, Frankfurt am Main: Fritz Knapp Verlag, 1995

Beuthien, Volker (2006):
Wie kapitalistisch darf eine Genossenschaft sein?, erschienen in: Die Aktiengesellschaft, 51. Jg., 2006, Heft 3, S. 53-62

Beuthien, Volker/Dierkes, Stefan/Wehrheim, Michael (2008):
Die Genossenschaft - mit der europäischen Genossenschaft: Recht, Steuer, Betriebswirtschaft, Berlin: Erich Schmidt Verlag, 2008

Beuthien, Volker/Hanrath, Stefanie (2008): Den Förderauftrag prüfen – wie soll der Prüfer das machen?, erschienen in: Zeitschrift für das gesamte Genossenschaftswesen (ZfgG), 58. Jg., 2008, Heft 2, S. 85-97

Beuthien, Volker/Hanrath, Stefanie/Weber, Heinz-Otto (2008):
Mitglieder-Fördermanagement in Genossenschaftsbanken: Analysen, Erläuterungen und Gestaltungsempfehlungen aus ökonomischer, rechtlicher und steuerlicher Sicht, Marburger Schriften zum Genossenschaftswesen, Nr. 106, Göttingen: Verlag Vandenhoeck & Ruprecht, 2008

Beutin, Nikolas/Klenk, Peter (2005):
Erfolgreiches Cross Selling: Potenzialen auf der Spur, erschienen in: Die Bank, o. Jg., 2005, Heft 5, S. 51-54

Birkelbach, Ralf (1988):
Strategische Geschäftsfeldplanung im Versicherungssektor, München: Beck Verlag, 1988

Black, Joan S. (1982):
Opinion Leadership: Is anyone following?, erschienen in: Public Opinion Quaterly, 46. Jg., 1987, Heft 1, S. 169-176

Blackwell, David W./Winters, Drew B. (1997):
Banking Relationships and the Effect of Monitoring in Loan Pricing, erschienen in: Journal of Financial Research, 20. Jg., 1997, Heft 2, S. 275-289

Blattberg, Robert C./Deighton, John (1996):
Manage Marketing by the Customer Equity Test, erschienen in: Harvard Business Review, 74. Jg., 1996, Heft 4, S. 136-144

Blattberg, Robert C./Deighton, John (1997):
Aus rentablen Kunden vollen nutzen ziehen, erschienen in: Harvard Business Manager, 19. Jg., 1997, Heft 1, S. 24-34

Blattberg, Robert C./Getz, Gary/Thomas, Jacquelyn S. (2001):
Customer Equity: Building and Managing Relationships as Valuable Assets, Boston: Harvard Business School Press, 2001

Bleicher, Knut/Meyer, Erik (1976):
Führung in der Unternehmung: Formen und Modelle, Reinbek bei Hamburg: Rowohlt Verlag, 1976

Bleymüller, Josef/Gehlert, Günther/Gülicher, Herbert (1998):
Statistik für Wirtschaftswissenschaftler, 11., überarbeitete Auflage, München: Verlag Franz Vahlen, 1998

Bliemel, Friedhelm/Eggert, Andreas (1998):
Kundenbindung – die neue Sollstrategie, erschienen in: Marketing – ZFP, 20. Jg., 1998, Heft 1, S. 37-46

Blome-Drees, Johannes (2008):
Modelle einer Erfolgsorientierung von Genossenschaften, erschienen in: Zeitschrift für das gesamte Genossenschaftswesen (ZfgG), 58. Jg., 2008, Heft 1, S. 12-23

Blut, Markus (2008):
Der Einfluss von Wechselkosten auf die Kundenbindung: Verhaltenstheoretische Fundierung und empirische Analyse, Wiesbaden: Gabler Verlag, 2008

Boettcher, Erik (1979):
Die Problematik der Operationalisierung des Förderauftrags in Genossenschaften: Förderplan und Förderbericht, in: Zeitschrift für das gesamte Genossenschaftswesen (ZfgG), 29. Jg., 1979, Heft 3, S. 198-216

Boettcher, Erik/Großfeld, Bernhard/Wagner, Helmut (Hrsg.) (1984):
Die Genossenschaftsidee im Widerstreit der Meinungen, Tagungsbericht, Institut für Genossenschaftswesen der Universität Münster, Münster: Regensberg, 1984

Böhm, Anne (1999):
Geschäftsbeziehungen zwischen Bank und Existenzgründer; Lohmar et al.: Eul Verlag, 1999

Bohnenkamp, Peter (1995):
Prozessorientierte Standard-Kostenrechnung: Innovative Ansätze der Betriebskosten Ermittlung und dimensionalen Integration im Bank-Controlling, Berlin/Stuttgart/Wien: Verlag Paul Haupt, 1995

Böhrs, Sandra (2004):
Customer Value Management: Die Integration von Kundenwert und Kundennutzen als Marketingansatz im Verkehrsdienstleistungsbereich, Dissertation, Mannheim: Universität Mannheim, 2004

Bonus, Holger (1994):
Das Selbstverständnis moderner Genossenschaften: Rückbindung von Kreditgenossenschaften an ihre Mitglieder, Tübingen: Mohr Verlag, 1994

Bonus, Holger (1998):
Das Mitglied in Ihrer Bank: Zukunftsperspektiven der Genossenschaftsbanken, in: Freiheit und Bindung als Grundlage der marktwirtschaftlichen und demokratischen Ordnung, hrsg. von Jäger, Wilhelm, Münster: Institut für Genossenschaftswesen der Westfälischen Wilhelms-Universität Münster, 1998, S. 317-342

Bonus, Holger/Greve, Rolf/Kring, Thorn/Polster, Dirk (1999):
Der genossenschaftliche Finanzverbund als Strategisches Netzwerk: Neue Wege der Kleinheit, Arbeitspapier des Instituts für Genossenschaftswesen der Westfälischen Wilhelms-Universität Münster, Nr. 16, 1999

Bonus, Holger/Grossfeld, Bernhard/Jäger, Wilhelm (Hrsg.) (1989):
Die Genossenschaft im Spiegel des Rechts: Ansprachen auf dem Akademischen Festakt "100 Jahre Genossenschaftsgesetz" am 12. Juni 1989 im Schloß und im Rathaus zu Münster, Münster: Regensberg Verlag, 1989

Bookhagen, Bettina (2006):
Mitgliedschaft kommunizieren, erschienen in: Bankinformation, 32. Jg., 2006, Heft 11, S. 38-41

Boot, Arnoud W. A. (2000):
Relationship Banking: What do we know?, erschienen in: Journal of Financial Intermediation, 9. Jg., 2000, Heft 1, S. 7-25

Boot, Arnoud W. A./Thakor, Anjan V. (2000):
Can Relationship Banking survive Competition?, erschienen in: Journal of Finance, 55. Jg., 2000, Heft 2, S. 679-713.

Bornemann, Sven/Schaaff, Claudia/Pfingsten, Andreas (2009):
Genossenschaftliches Eigenkapital im HGB und den IFRS - ökonomische und regulatorische Implikationen für Kreditgenossenschaften, erschienen in: Zeitschrift für das gesamte Genossenschaftswesen (ZfgG), 59. Jg., 2009, Heft 1, S. 18-32

Börner, Christoph J. (2005):
Konzeptioneller Rahmen: Strategisches Management und Strategieparameter, in: Bankstrategien im Firmenkundengeschäft: Konzeption, Management, Dimensionen, hrsg. von Börner, Christoph J./Maser, Harald/Schulz, Thomas Christian, Wiesbaden: Gabler Verlag, 2005, S. 31-63

Börner, Christoph J./Maser, Harald/Schulz, Thomas Christian (Hrsg.) (2005): Bankstrategien im Firmenkundengeschäft: Konzeption, Management, Dimensionen, Wiesbaden: Gabler Verlag, 2005

Boston Consulting Group (2009a):
Creating Value in Banking: Living with New Realities, Boston: Boston Consulting Group, Inc., 2009

Boston Consulting Group (2009b):
Deutschland 2015 - Szenarien für den Industriestandort, Boston: Boston Consulting Group, Inc., 2009

Bradza, Johann/Kleer, Jerzy (Hrsg.) (1996):
Genossenschaften vor neuen Herausforderungen: Festschrift für Prof. Dr. Dr. Juhani Laruinkari, Augsburg: Maro-Verlag, 1996

Bramsemann, Rainer (1997):
Ein Erfolgssteuerungssystem für Kleinbetriebe, in: Management und Mittelstand: erfolgsorientierte Ansätze und Perspektiven, hrsg. von Bührens, Jürgen, Sternenfels/Berlin: Verlag Wissenschaft und Praxis, 1997, S. 29-54

Braun, Peter Alexander (1981):
Das Firmenkundengeschäft der Banken im Wandel: die Entwicklung eines neuen Leistungsverhaltens, Dissertation, Augsburg: Universität Augsburg, 1981

Breuer, Wolfgang (1997):
Die Wertadditivität von Marktbewertungsfunktionen, erschienen in: WISU - Das Wirtschaftsstudium, 26. Jg., 1997, Heft 12, S. 1148-1153

Brixner, Ulrich (2006):
Verbünde vs. Konzerne, in: Banken auf der Suche nach strategischem Profil, hrsg. von Tietmeyer, Hans/Rolfes, Bernd, Wiesbaden: Gabler Verlag, 2006b, S. 57-85

Brockmann, Günter M. (Hrsg.) (1992):
Erfolgreiches Verkaufs-Management, Landsberg/Lech: Verlag Moderne Industrie, 1992

Broschart, Jürgen/Conradt, Axel/Schlarb, Nicole/Wagner Petra (2002a):
Fluch oder Segen?: Die Bedeutung des Förderauftrags in der strategischen Planung einer ländlichen Genossenschaftsbank!, unveröffentlichte Studienarbeit, Trier: Bankakademie, 2002

Broschart, Jürgen/Conradt, Axel/Schlarb, Nicole/Wagner Petra (2002b):
Fluch oder Segen?: Die Bedeutung des Förderauftrags bei der strategischen Planung einer Genossenschaftsbank, erschienen in: Bankinformation, 29. Jg., 2002, Heft 7, S. 12-14

Brost, Heike/Dahmen, Andreas/Lippmann, Ingo (Hrsg.) (2006):
Corporate Banking: Zukunftsorientierte Strategien im Firmenkundengeschäft, 5., vollständig überarbeitete Auflage, Frankfurt am Main: Bankakademie Verlag, 2006

Brost, Heike/Neske, Rainer/Wrabetz, Wolfram (Hrsg.) (2008):
Vertriebssteuerung in der Finanzdienstleistungsindustrie, Frankfurt am Main: Frankfurt School Verlag, 2008

Bruhn, Manfred (1997):
Qualitätsmanagement bei Dienstleistungen: Grundlagen, Konzepte, Methoden, Berlin: Springer Verlag, 1997

Bruhn, Manfred (2009):
Relationship Marketing: Das Management von Kundenbeziehungen, München: Verlag Franz Vahlen, 2009

Bruhn, Manfred/Georgi, Dominik/Treyer, Mathias/Leumann, Simon (2000):
Wertorientiertes Relationship Marketing: Vom Kundenwert zum Customer Lifetime Value, erschienen in: Die Unternehmung, 54. Jg., 2000, Heft 3, S. 167-187

Bruhn, Manfred/Homburg, Christian (Hrsg.) (1999):
Handbuch Kundenbindungsmanagement: Grundlagen, Konzepte, Erfahrungen, 2. Auflage, Wiesbaden: Gabler Verlag, 1999

Bruhn, Manfred/Lusti, Markus/Müller, Werner R./Schierenbeck, Henner/Studer, Tobias (Hrsg.) (1998):
Wertorientierte Unternehmensführung: Perspektiven und Handlungsfelder für die Wertsteigerung von Unternehmen, Wiesbaden: Gabler Verlag, 1998

Bruhn, Manfred/Meffert, Heribert (Hrsg.) (1998):
Handbuch Dienstleistungsmanagement: von der strategischen Konzeption zur praktischen Umsetzung, Wiesbaden: Gabler Verlag, 1998

Bruhn, Manfred/Stauss, Bernd (Hrsg.) (2000):
Dienstleistungsmanagement Jahrbuch 2000, Wiesbaden: Gabler Verlag, 2000

Bruhn, Manfred/Stauss, Bernd (Hrsg.) (2000):
Dienstleistungsqualität: Konzepte, Methoden, Erfahrungen, 3., vollständig überarbeitete und erweiterte Auflage, Wiesbaden: Gabler Verlag, 2000

Bruhn, Manfred/Stauss, Bernd (Hrsg.) (2005):
Dienstleitungscontrolling, Wiesbaden: Gabler Verlag, 2005

Buhl, Hans-Ulrich/Dzienziol, Jochen/Heidemann, Julia (2010):
Vertriebssteuerung auf Basis des Customer Lifetime Value am Beispiel der Finanzmarktbranche, Diskussionspapier WI-69, Universität Augsburg, 2010

Buhl, Hans-Ulrich/Heinrich, Bernd (2008):
Valuing Customers Portfolios under Risk-Return-Aspects: a Model-based Approach and its Implication in the Financial Services Industry, erschienen in: Academy of Marketing Science Review, 12. Jg., 2008, Heft 5, S. 1-32

Bührens, Jürgen (Hrsg.) (1997):
Management und Mittelstand: Erfolgsorientierte Ansätze und Perspektiven, Sternenfels/Berlin: Verlag Wissenschaft und Praxis, 1997

Bundesanstalt für Finanzdienstleistungsaufsicht (2010):
Rundschreiben 11/2010 – Mindestanforderungen an das Risikomanagement – MaRisk, Online im Internet, URL: http://www.bafin.de/cln_179/nn_722758/SharedDocs/Veroeffentlichungen/DE/Service/Rundschreiben/2010/rs__1011__ba__marisk.html#doc2028716bodyText9 (Stand: 02.06.2011)

Bundesfinanzhof (2009):
Urteil vom 20.08.2009, Aktenzeichen: V R 32/08, Online im Internet, URL: http://www.bundesfinanzhof.de/pressemitteilungen (Stand: 03.09.2010)

Bungenstock, Christian (2002):
Kommentar – Kundenerfolgsrechnung – warum und wie funktioniert sie?, erschienen in: Kostenrechnungs-Praxis: krp; Zeitschrift für Controlling, Accounting & System-Anwendungen, o. Jg., 2002, Heft 1, S. 9-10

Burmann, Christoph:
„Customer Equity" als Steuerungsgröße für die Unternehmensführung; erschienen in: Zeitschrift für Betriebswirtschaft (ZfB), 73. Jg., 2003, Heft 2, S. 113-138

Busch, Rainer/Fuchs, Wolfgang/Unger, Fritz (2008):
Integriertes Marketing: Strategie, Organisation, Instrumente, 4., vollständig überarbeitete Auflage, Wiesbaden: Gabler Verlag, 2008

Büschgen, Hans E. (1998):
Bankbetriebslehre: Bankgeschäfte und Bankmanagement, 5., vollständig überarbeitete und erweiterte Auflage, Wiesbaden: Gabler Verlag, 1998

Büschgen, Hans E. (2001):
Leistungsorientierte Vergütungssysteme als Instrument der Synchronisation von Mitarbeiterinteressen und Gesamtbankzielen, in: Handbuch Bankcontrolling, 2., überarbeitete und erweiterte Auflage, hrsg. von Schierenbeck, Henner, Wiesbaden: Gabler Verlag, 2001, S. 531-546

Bussiek, Jürgen (1996):
Anwendungsorientierte Betriebswirtschaftslehre für Klein- und Mittelunternehmen, 2., durchgesehene Auflage, München/Wien: Oldenbourg Verlag, 1996

Buzziol, Steffi (2004):
Operationelle Risiken managen, erschienen in: Bankinformation, 31. Jg., 2004, Heft 9, S. 16-20

BVR (1999a):
Bündelung der Kräfte: Ein Verbund – eine Strategie, Band 1, Bonn: Bundesverband der deutschen Volksbanken und Raiffeisenbank e. V., 1999

BVR (1999b):
Bündelung der Kräfte: Ein Verbund – eine Strategie, Band 2, Bonn: Bundesverband der Deutschen Volksbanken und Raiffeisenbanken e. V., 1999

BVR (1999c):
Bericht und Zahlen '98: Jahresbericht 1998 des Bundesverbandes der Deutschen Volksbanken und Raiffeisenbanken, Bonn: Bundesverband der Deutschen Volksbanken und Raiffeisenbanken e. V., 1999

BVR (2000):
Bericht und Zahlen 1999: Jahresbericht 1999 des Bundesverbandes der Deutschen Volksbanken und Raiffeisenbanken, Bonn: Bundesverband der Deutschen Volksbanken und Raiffeisenbank e. V., 2000

BVR (2001a):
Wege 2000: Jahresbericht des Bundesverbandes der Deutschen Volksbanken und Raiffeisenbanken, Bonn: Bundesverband der Deutschen Volksbanken und Raiffeisenbanken e. V., 2001

BVR (2001b):
Bündelung der Kräfte: Die gemeinsame Strategie, Bonn: Bundesverband der Deutschen Volksbanken Raiffeisenbanken e. V., 2001

BVR (2001c):
Abschlussbericht Projekt 1: Aktive und effiziente Marktbearbeitung unter Einbeziehung der Neugestaltung und Differenzierung der Erlösströme im FinanzVerbund, Bonn: Bundesverband der Deutschen Volksbanken Raiffeisenbanken e. V., 2001

BVR (2002a):
Wir bündeln Kräfte: Jahresbericht 2001 des Bundesverbandes der Deutschen Volksbanken und Raiffeisenbanken, Bonn: Bundesverband der Deutschen Volksbanken und Raiffeisenbanken e. V., 2002

BVR (2002b):
Weißbuch der Banksteuerung, 2. Auflage, Bonn: Bundesverband der Deutschen Volksbanken und Raiffeisenbanken e. V., 2002

BVR (2003a):
Wege 2002: Wir bündeln Kräfte. Jahresbericht 2002 des Bundesverbandes der Deutschen Volksbanken und Raiffeisenbanken, Berlin: Bundesverband der Deutschen Volksbanken und Raiffeisenbanken e. V., 2003

BVR (2003b):
VR-Control Wissen: Die Zusammenfassung der Fachkonzepte zu VR-Control für Controller und Spezialisten, Wiesbaden: DG Verlag eG, 2003

BVR (2003c):
Geschäftsprozesse: Ermittlung der Standardbearbeitungszeiten und -kosten: Anwendungsleitfaden, Berlin: Bundesverband der Deutschen Volksbanken und Raiffeisenbanken e. V., 2003

BVR (2004a):
Wir bündeln Kräfte: Jahresbericht 2003 des Bundesverbandes der Deutschen Volksbanken und Raiffeisenbanken, Berlin: Bundesverband der Deutschen Volksbanken und Raiffeisenbanken e. V., 2004

BVR (2004b):
Genossenschaftsbanken beschließen Neupositionierung des BVR, Online im Internet, URL:
http://www.bvr.de/public.nsf/detail.html?ReadForm&main=6&sub=1&ParentUNID=FD62C7195FBA8126C1256FB6004AE122 (Stand: 12.08.2011)

BVR (2005a):
Im Netzwerk gestalten: Jahresbericht 2004 des Bundesverbandes der Deutschen Volksbanken und Raiffeisenbanken, Berlin: Bundesverband der Deutschen Volksbanken und Raiffeisenbanken e. V., 2005

BVR (2005b):
Ergebnisse der vierten quantitativen Auswirkungsstudie zu den neuen Eigenkapitalregelungen (QIS 4) für die Kreditgenossenschaften Az.:BIZ-QIS, Vermerk, Berlin, 2005

BVR (2006):
Dezentrales Unternehmertum: Jahresbericht 2005 des Bundesverbandes der Deutschen Volksbanken und Raiffeisenbanken, Berlin: Bundesverband der Deutschen Volksbanken Raiffeisenbanken e. V., 2006

BVR (2007a):
Früchte der Reformen: Jahresbericht 2006 des Bundesverbandes der Deutschen Volksbanken und Raiffeisenbanken, Berlin: Bundesverband der Deutschen Volksbanken und Raiffeisenbanken e. V., 2007

BVR (2007b):
Leitfaden "Strategische Steuerung einer Primärbank", Berlin: Bundesverband der Deutschen Volksbanken Raiffeisenbanken e. V., 2007

BVR (2008):
Wertorientiert und sicher: Jahresbericht 2007 des Bundesverbandes der Deutschen Volksbanken und Raiffeisenbanken, Berlin: Bundesverband der Deutschen Volksbanken und Raiffeisenbanken e. V., 2008

BVR (2009a):
Stabilität schafft Vertrauen: Jahresbericht 2008 des Bundesverbandes der Deutschen Volksbanken und Raiffeisenbanken, Berlin: Bundesverband der Deutschen Volksbanken und Raiffeisenbanken e. V., 2009

BVR (2009b):
Kompass 2010 . Analyse, Prognose, Bewertung und Maßnahmen, Berlin: Bundesverband der Deutschen Volksbanken und Raiffeisenbanken e. V., 2009

BVR (2010a):
Kompass 2011: Analyse, Prognose, Bewertung und Maßnahmen, Berlin: Bundesverband der Deutschen Volksbanken Raiffeisenbanken e. V., 2010

BVR (2010b):
Stark und zuverlässig: Jahresbericht 2009 des Bundesverbandes der Deutschen Volksbanken und Raiffeisenbanken, Berlin: Bundesverband der Deutschen Volkbanken und Raiffeisenbanken e. V., 2010

BVR (2011a):
Erfolgreich und eigenständig: Jahresbericht 2010 des Bundesverbandes der Deutschen Volksbanken und Raiffeisenbanken, Berlin: Bundesverband der Deutschen Volksbanken und Raiffeisenbanken e. V., 2011

BVR (2011b):
Entwicklung der Entwicklung der Volksbanken und Raiffeisenbanken ab 1970, Berlin: Bundesverband der Deutschen Volksbanken und Raiffeisenbanken e. V., 2011, Online im Internet, URL: http://www.bvr.de/p.nsf/5A4114C95B305875C12578530050F644/$FILE/Entwicklungseit1970Mappe.pdf (Stand: 04.06.2011)

BVR et al. (2006):
VR-FINANZPLAN MITTELSTAND – Projekthandbuch, Berlin: Bundesverband der Deutschen Volksbanken Raiffeisenbanken, 2006

BVR et al. (o. J.b):
Weißbuch der Unternehmenssteuerung, Bundesverband der Deutschen Volksbanken Raiffeisenbanken et al., o. O., o. J.

C

Canning, Gordon (1982):
Do a Value Analysis of your Customer Base, erschienen in: Industrial Marketing Management, 11. Jg., 1981, Heft 2, S. 89-93

Cario, Daniela (2005):
Aufnahme von Investorenmitgliedern in die SCE?: Gedanken zur Ausübung des Wahlrechts in Art. 14 Abs. 2 SCE-VO durch den deutschen Gesetzgeber, erschienen in: Zeitschrift für das gesamte Genossenschaftswesen (ZfgG), 55. Jg., 2005, Heft 2, S. 146-152

Cavallo, Laura/Rossi, Stefania P. S. (2001):
Scale and Scope Economies in the European Banking Systems, erschienen in: Journal of Multinational Financial Management, 11. Jg., 2001, Heft 4-5, S. 515-531

Choi, Duke Hyun/Kim, Chul Min/Kim, Sang-Il/Kim, Soung Hie (2006):
Customer Loyalty and Disloyalty in Internet Retail Stores - Its Antecedents and its Effect on Customer Price Sensitivity, erschienen in: International Journal of Management, 23. Jg., 2006, Heft 4, S. 925-941

Coenenberg, Adolf G. (1999):
Kostenrechnung und Kostenanalyse, 4., aktualisierte Auflage, Landsberg/Lech: Verlag Moderne Industrie, 1999

Collings, David/Baxter, Nicole (2005):
Valuing Customers, erschienen in: BT – Technology Journal, 23. Jg., 2005, Heft 3, S.24-29

Cornelsen, Jens (2000):
Kundenwertanalysen im Beziehungsmarketing: Theoretische Grundlagen und Ergebnisse einer empirischen Studie im Automobilbereich, Nürnberg: GIM Gesellschaft für innovatives Marketing, 2000

Cornelsen, Jens (2006):
Kundenbewertung mit Referenzwerten, in: Kundenwert: Grundlagen, Innovative Konzepte, Praktische Umsetzungen, 3., überarbeitete und erweiterte Auflage, hrsg. von Günter, Bernd/Helm, Sabrina, Wiesbaden: Gabler Verlag, 2006, S. 183-215

Corsten, Hans (2000):
Der Integrationsgrad des externen Faktors als Gestaltungsparameter in Dienstleistungsunternehmen: Voraussetzungen und Möglichkeiten der Externalisierung und Internalisierung, in: Dienstleistungsqualität: Konzepte, Methoden, Erfahrungen, 3., vollständig überarbeitete und erweiterte Auflage, hrsg. von Bruhn, Manfred/Stauss, Bernd, Wiesbaden: Gabler Verlag, 2000, S. 145-168

Cox Donald F. (Hrsg.) (1967):
Risk Taking and Information Handling in Consumer Behavior, Boston: Harvard University, 1967

Cromme, Gerhard (2008):
Gute Corporate Governance als Bindeglied zwischen Bank und Unternehmen, erschienen in: Zeitschrift für das gesamte Kreditwesen (ZfgK), 61. Jg., 2008, Heft 10, S. 431-433

Cunningham, Scott M. (1967):
Perceived Risk as a Factor in Informal Consumer Communications, in: Risk Taking and Information Handling in Consumer Behavior, hrsg. von Cox, Donald F., Boston: Harvard University, 1967, S. 265-288

D

Dahmen, Andreas (2006):
Finanzmanagement der Firmenkunden, in: Corporate Banking: Zukunftsorientierte Strategien im Firmenkundengeschäft, 5., vollständig überarbeitete Auflage, hrsg. von Brost, Heike/Dahmen, Andreas/Lippmann, Ingo, Frankfurt am Main: Bankakademie Verlag, 2006, S. 19-102

Darfener, Stefan/Lüders, Uwe (2002):
Ohne Schulung kein Erfolg, erschienen in: Bankinformation, 29. Jg., 2002, Sonderheft 1, S. 38-43

Daschmann, Hans-Achim (1993):
Erfolgsfaktoren mittelständischer Unternehmen: Ein Beitrag zur Erfolgsfaktorenforschung, Dissertation, München: Ludwig-Maximilians-Universität München, 1993

Dauber, Markus (2008):
Aktive Vertriebssteuerung im genossenschaftlichen Finanzverbund, erschienen in: Immobilien & Finanzierung, o. Jg., 2008, Heft 24, S. 890-892

Dauser, Achim (1995):
Vertriebs-Controlling in Versicherungsunternehmen: Theoretische Grundlagen und praktische Anwendungsmöglichkeiten im Rahmen der Lebens- und Kraftfahrtversicherung, Dissertation, Universität Ulm, 1995

Degryse, Hans/Ongena, Steven (2004):
The Impact of Competition on Bank Orientation and Specialization, Arbeitspapier des Centre for Economic Policy Research, London, 2004

Degryse, Hans/Van Cayseele, Patrick (2000):
Relationship Lending within a bank-based System: evidence from European Small Business Data, erschienen in: Journal of Financial Intermediation, 9. Jg., Heft 1, S. 90-109

Dehne, Thorsten (2008):
Der "VR-FinanzPlan Mittelstand": Die neue Vertriebskonzeption für das Firmenkundengeschäft der Volksbanken Raiffeisenbanken in Deutschland, in: Erfolgreiche Vertriebsstrategien im Firmenkundengeschäft: Konzepte, Praxisberichte, Lösungen, hrsg. von Schmoll, Anton, Köln: bank-verlag medien, 2008, S. 53-67

Deking, Ingo/Meier, Roland (2000):
Vertriebscontrolling: Grundlagen für ein innovatives, anwendungsorientiertes Verständnis, in: Vertriebs-Management: Organisation, Technologieeinsatz, Personal, hrsg. von Reichwald, Ralf/Bullinger, Hans-Jörg, Stuttgart: Schäffer-Poeschel, 2000, S. 249-268

Dellmann, Klaus (1992):
Eine Systematisierung der Grundlagen des Controlling, in: Controlling: Grundlagen – Informationssysteme – Anwendungen, hrsg. von Spremann, Klaus/Zur, Eberhard, Wiesbaden: Gabler Verlag, 1992, S. 113-140

Deppe, Hans Dieter (1969):
Bankbetriebliches Wachstum: Funktionalzusammenhänge und Operations Research in Kreditinstituten, Stuttgart: Poeschel Verlag, 1969

Deutsche Bundesbank (2001):
Monatsbericht September 20001, Frankfurt am Main, Deutsche Bundesbank, 2001

Deutsche Bundesbank (2002):
Monatsbericht September 2002, Frankfurt am Main: Deutsche Bundesbank, 2002

Deutsche Bundesbank (2003): Monatsbericht September 2003, Frankfurt am Main: Deutsche Bundesbank, 2003

Deutsche Bundesbank (2004): Monatsbericht September 2004, Frankfurt am Main: Deutsche Bundesbank, 2004

Deutsche Bundesbank (2005): Monatsbericht September 2005, Frankfurt am Main: Deutsche Bundesbank, 2005

Deutsche Bundesbank (2006a): Monatsbericht September 2006, Frankfurt am Main: Deutsche Bundesbank, 2006

Deutsche Bundesbank (2006b): Monatsbericht Juni 2006, Frankfurt am Main: Deutsche Bundesbank, 2006

Deutsche Bundesbank (2007): Monatsbericht September 2007, Frankfurt am Main: Deutsche Bundesbank, 2007

Deutsche Bundesbank (2008): Monatsbericht September 2008, Frankfurt am Main: Deutsche Bundesbank, 2008

Deutsche Bundesbank (2009): Monatsbericht September 2009, Frankfurt am Main: Deutsche Bundesbank, 2009

Deutsche Bundesbank (2010): Monatsbericht September 2010, Frankfurt am Main: Deutsche Bundesbank, 2010

Deutsche Bundesbank (2011a): Statistik – Zeitreihen – Banken, Online im Internet, URL: http://www.bundesbank.de/statistik/statistik_zeitreihen.php?lang=de&open=&open_node_id=153975, (Stand: 23.05.2011)

Deutsche Bundesbank (2011b): Bankenstatistik: Statistisches Beiheft zum Monatsbericht 1, Frankfurt am Main: Deutsche Bundesbank, 2011

DGRV (2005):
Die Prüfung der Geschäftsführung von Genossenschaften, DGRV-Schriftenreihe Band 10, 3., vollständig überarbeitete Auflage, Wiesbaden: Deutscher Genossenschaftsverlag, 2005

Dhar, Ravi/Glazer, Rashi:
Hedging Customers, erschienen in: Harvard Business Review, 81. Jg., 2003, Heft 5, S. 86-93

Dihlmann, Claus (1991):
Kennzahlen zur Vertriebssteuerung, erschienen in: Zeitschrift für betriebswirtschaftliche Forschung (ZfbF), 43. Jg., 1991, Heft 2, S. 157-171

Diller, Hermann (1975):
Produkt-Management und Marketing-Informationssysteme: Tätigkeitsbild und Informationsbedarf des Produktmanagers als Determinanten von Marketing-Informationssystemen, Berlin: Duncker & Humblot, 1975

Diller, Hermann (1992):
Vahlens großes Marketinglexikon, München: Beck Verlag, 1992

Diller, Hermann (1995a):
Kundenmanagement, in: Enzyklopädie der Betriebswirtschaftslehre, Band 4: Handwörterbuch des Marketing, 2., völlig neu gestaltete Auflage, hrsg. von Tietz, Bruno/Köhler, Richard/Zentes, Joachim, Stuttgart: Schäffer-Poeschel, 1995, Sp. 1363-1376

Diller, Hermann (1995b):
Beziehungs-Marketing, erschienen in: WiSt - Wirtschaftswissenschaftliches Studium, 24. Jg., 1995, Heft 9, S. 442-447

Diller, Hermann (1998):
Nutzwertanalysen, in: Marketingplanung, hrsg. von Diller, Hermann, 2., vollständig neu bearbeitete und ergänzte Auflage, München: Vahlen Verlag, 1998, 247-265

Diller, Hermann (2001):
Probleme des Kundenwerts als Steuerungsgröße im Kundenmanagement, Arbeitspapier des Lehrstuhl für BWL, insb. Marketing, Universität Erlangen-Nürnberg, Nürnberg: Universität Erlangen-Nürnberg, 2001

Diller, Hermann (2006):
Die Bedeutung des Beziehungsmarketings für den Unternehmenserfolg, in: Grundlagen des CRM: Konzepte und Gestaltung, 2., überarbeitete und erweiterte Auflage, hrsg. von Wilde, Klaus D./Hippner, Hajo, Wiesbaden: Gabler Verlag, S. 98-120

Diller, Hermann (Hrsg.) (1998):
Marketingplanung, 2., vollständig neu bearbeitete und ergänzte Auflage, München: Vahlen Verlag, 1998

Dittmar, Matthias (2000):
Profitabilität durch das Management von Kundentreue: Theoretische Diskussion, Methodik und empirische Ergebnisse am Beispiel der Automobilindustrie, Wiesbaden: Deutscher Universitäts-Verlag, 2000

Doberanzke, Volker (1993):
Exklusive Finanzierung mittelständischer Unternehmen, Schriftenreihe für Kreditwirtschaft und Finanzierung, Band 16, Wiesbaden: Gabler Verlag, 1993

Döhring, Jens/Hromadka, Jürgen (2002):
Die Ausfallrisikobepreisung: VR-Control Teil 4, erschienen in: Bankinformation, 29. Jg., 2002, Heft 6, S. 36-41

Dokter, Markus/Lüders, Uwe (2003):
Basis für aktive Vertriebssteuerung schaffen, erschienen in: Bankinformation, 30. Jg., 2003, Heft 10, S. 28-31

Dorsch, Michael J./Carlson, Les (1996):
A Transaction Approach to Understanding and Managing Customer Equity, erschienen in: Journal of Business Research, 35. Jg., 1996, Heft 3, S. 253-264

Dorsch, Michael J./Carlson, Les/Raymond, Mary Anne/Ranson, Robert (2001):
Customer Equity Management and Strategic Choices for Sales Managers, erschienen in: Journal of Personell Selling & Sales Management, 21. Jg., Heft 2, S. 157-166

Dreyer, Karl-Joachim (2000):
Kundensegmentierung im Mittelstand - Ansätze einer Großsparkasse, erschienen in: Zeitschrift für das gesamte Kreditwesen (ZfgK), 53. Jg., 2000, Heft 10, S. 516-518

Droll, Mathias (2008):
Kundenpriorisierung in der Marktbearbeitung: Gestaltung, Erfolgsauswirkungen und Implementierung, Wiesbaden: Gabler Verlag, 2008

DSGV (2009):
Sparkassen-Finanzgruppe in Zahlen, Berlin/Bonn: Deutscher Sparkassen- und Giroverband, 2009, Online im Internet, URL: http://www.dsgv.de/_download_gallery/Publikationen/SFG_in_Zahlen.pdf, (Stand: 04.06.2011)

DSGV (2011):
Sparkassenrangliste 2010, Berlin/Bonn: Deutscher Sparkassen- und Giroverband, 2008, Online im Internet, URL: http://www.dsgv.de/_download_gallery/statistik/Sparkassenrangliste_2010.pdf (Stand: 04.06.2011)

Duderstadt, Stefan (2006):
Wertorientierte Vertriebssteuerung durch ganzheitliches Vertriebscontrolling: Konzeption für das Retailbanking, Wiesbaden: Deutscher Universitätsverlag, 2006

Duhnkrack, Thomas (2002):
Wertorientierte Steuerung im Firmenkundengeschäft, in: Handbuch Firmenkundengeschäft: Technologie, Rating und Risikosteuerung als Kernkompetenz der Banken, 2., völlig überarbeitete Auflage, hrsg. von Juncker, Klaus/Priewasser, Erich, Frankfurt am Main: Fritz Knapp Verlag, 2002, S. 153-162

Duhnkrack, Thomas (2006):
Investment Banking für den Mittelstand - Herausforderungen für den genossenschaftlichen FinanzVerbund, in: Die strukturelle Ertragsschwäche der Banken, hrsg. von Tietmeyer, Hans/Rolfes, Bernd, Wiesbaden: Gabler Verlag,2006a, S. 35-58

Duhnkrack, Thomas (2007):
Genossenschaftlicher Finanzverbund: geborener Partner des Mittelstands, erschienen in: Zeitschrift für das gesamte Kreditwesen (ZfgK), 60. Jg., 2007, Heft 22, S. 1220-1222

Dülfer, Eberhard (1980):
Welche Relevanz hat der "Förderungsauftrag" für die Pflichtprüfung der eingetragenen Genossenschaft?, erschienen in: Zeitschrift für das gesamte Genossenschaftswesen (ZfgG), 30. Jg., 1980, Heft 1, S. 47-61

Dülfer, Eberhard (1995):
Betriebswirtschaftslehre der Genossenschaften und vergleichbarer Kooperative, 2., überarbeitete und erweiterte Auflage, Göttingen: Verlag Vandenhoeck & Ruprecht, 1995

Duttenhöffer, Stephan (2004):
Identifikation von Cross-Selling- und Neukundenpotenzial, in: Handbuch Vertriebsmanagement Finanzdienstleistungen: Analyse, Umsetzung und Perspektiven bei Banken und Sparkassen, hrsg. von Duttenhöffer, Stephan/Keller, Bernhard, Frankfurt am Main: Fritz Knapp Verlag, 2005, S. 505-524

Duttenhöffer, Stephan/Keller, Bernhard (Hrsg.) (2004):
Handbuch Vertriebsmanagement Finanzdienstleistungen: Analyse, Umsetzung und Perspektiven bei Banken und Sparkassen, Frankfurt am Main: Fritz Knapp Verlag, 2004

Dwyer, F. Robert (1997):
Customer Lifetime Valuation to Support Decision Making, erschienen in: Journal of Direct Marketing, 11. Jg., 1997, Heft 4, S. 6-13

Dwyer, F. Robert/Schurr, Paul H./Oh, Sejo (1987):
Developing Buyer-Seller Relationships, erschienen in: Journal of Marketing, 51. Jg., 1987, Heft 2, S. 11-27

E

Ebeling, Cordula (2007):
Erfolgsfaktoren einer wertorientierten Unternehmensführung, Wiesbaden: Deutscher Universitäts-Verlag, 2007

Eberling, Gunther (2002):
Kundenwertmanagement: Konzeption zur wertorientierten Analyse und Gestaltung von Kundenbeziehungen, Wiesbaden: Deutscher Universitäts-Verlag, 2002

Eckstein, Bernd (1998):
Mit Mitgliedermarketing im Wettbewerb gewinnen, erschienen in: Genossenschaftsblatt, Nr. 2, 1998, S. 5-10

Eggert, Andreas (1999):
Kundenbindung aus Kundensicht: Konzeptualisierung, Operationalisierung, Verhaltenswirksamkeit, Wiesbaden: Deutscher Universitäts-Verlag, 1999

Eggert, Andreas (2006):
Die zwei Perspektiven des Kundenwerts: Darstellung und Versuch einer Integration, in: Kundenwert: Grundlagen, Innovative Konzepte, Praktische Umsetzungen, 3., überarbeitete und erweiterte Auflage, hrsg. von Günter, Bernd/Helm, Sabrina, Wiesbaden: Gabler Verlag, 2006, S. 41-59

Eichelmann, Thomas/Bufka, Jürgen/Lehmann, Marcus (2001):
Verbesserte Kundenzufriedenheit durch bedarfsorientierte Segmentierung, erschienen in: Die Bank, o. Jg., Heft 11, S. 778-781

Eichelmann, Thomas/Duderstadt, Stefan (2005):
An den Kundenpotenzialen ausgerichtetes Vertriebs-Controlling, in: Wertmanagement in Banken: Festschrift zum 65. Geburtstag von Guido Eilenberger, hrsg. von Lange, Thomas A./Schulze, Heiko, Wiesbaden: Gabler Verlag, 2005, S. 3-29

Eigler, Joachim (2004):
Controlling, Anreizsysteme und Verhaltenswissenschaften, in: Controlling: Theorie und Konzeptionen, hrsg. von Scherm, Ewald/Pietsch, Gotthard, München: Verlag Franz Vahlen, 2004, S. 665-690

Eilenberger, Guido (1996):
Bankbetriebswirtschaftslehre: Grundlagen, internationale Bankleistungen, Bank-Management, 6., völlig neu bearbeitete Auflage, München/Wien: Oldenbourg Verlag, 1996

Eim, Alexander (2004):
Das Drei-Säulen-System der deutschen Kreditwirtschaft unter besonderer Berücksichtigung des Genossenschaftlichen Finanzverbundes, Arbeitspapier des Instituts für Genossenschaftswesen der Westfälischen Wilhelms-Universität, Nr. 40, 2004

Eisenächer, Harald W./Backofen, Olaf, J./Hilverkus, Sascia (2006):
Zielkundenmanagement als Erfolgsfaktor für nachhaltigen Unternehmenserfolg am Beispiel der Lufthansa, in: Kundenwert: Grundlagen, Innovative Konzepte, Praktische Umsetzungen, 3., überarbeitete und erweiterte Auflage, hrsg. von Günter, Bernd/Helm, Sabrina, Wiesbaden: Gabler Verlag, 2006, S. 781-797

Eller, Roland (Hrsg.) (2001):
Handbuch Gesamtbanksteuerung: Integration von Markt-, Kredit und operationalen Risiken, Stuttgart: Schäffer-Poeschel, 2001

Elsas, Ralf (2001):
Die Bedeutung der Hausbank: Eine ökonomische Analyse, Wiesbaden: Deutscher Universitäts-Verlag, 2001

Elsas, Ralf (2005):
Empirical Determinants of Relationship Lending, erschienen in: Journal of Financial Intermediation, 14. Jg., 2005, Heft1, S. 32-57

Elsas, Ralf/Krahnen, Jan-Pieter (1998):
Is Relationship Lending special? Evidence from Credit-File Data in Germany, erschienen in: Journal of Banking and Financing, 22. Jg., 1998, Heft 10/11, S. 1283-1316

Emmerich, Norbert/Rossbach, Peter (Hrsg.) (2006):
Der Bankensektor im Wandel: Festschrift zum 65. Geburtstag von Professor Erich Priewasser, Frankfurt am Main: Fritz Knapp Verlag, 2006

Engelhard, Hans A. (1989):
Staat und Genossenschaften: Die ordnungspolitische Bedeutung des Genossenschaftsgesetzes, in: Die Genossenschaft im Spiegel des Rechts: Ansprachen auf dem Akademischen Festakt "100 Jahre Genossenschaftsgesetz" am 12. Juni 1989 im Schloß und im Rathaus zu Münster, hrsg. von Bonus, Holger/Grossfeld, Bernhard/Jäger, Wilhelm, Münster: Regensberg Verlag, 1989, S. 29-40

Engelhardt, Werner Hans/Kleinaltenkamp, Michael (1989):
Strategische Planung, Technischer Vertrieb (TV) Lehrbrief, Projektgruppe an der Freien Universität Berlin, Berlin, 1989

Engelhardt, Werner Hans/Kleinaltenkamp, Michael/Reckenfelderbäumer, Martin (1993):
Leistungsbündel als Absatzobjekte, erschienen in: Zeitschrift für betriebswirtschaftliche Forschung (ZfbF), 45. Jg., 1993, Heft 5, S. 395, 426

Engels, Michael (1997):
Verwässerung der Verfügungsrechte in Genossenschaften, erschienen in: Zeitschrift für betriebswirtschaftliche Forschung (ZfbF), 49. Jg., 1997, Heft 7/8, S. 674-684

Engels, Wolfram (1962):
Betriebswirtschaftliche Bewertungslehre im Licht der Entscheidungstheorie, Köln/Opladen: Westdeutscher Verlag, 1962

Engstler, Martin/Praeg, Peter/Vocke, Christian (2007):
Trendstudie: Bank & Zukunft 2007: Mit Prozessexzellenz und Vertriebsinnovationen die Bank der Zukunft gestalten, Stuttgart: Fraunhofer Institut für Arbeitswirtschaft und Organisation, 2007

Erben, Edgar (1970):
Genossenschaftsbanken im Wettbewerb: die Mitgliedschaft als ein Weg zur Differenzierung, erschienen in: Zeitschrift für das gesamte Kreditwesen (ZfgK), 23. Jg., 1970, Heft 11, S. 10-13

Erichson, Bernd/Hammann, Peter (1985):
Grundlagen der Informationsbeschaffung und -aufbereitung, in: Allgemeine Betriebswirtschaftslehre, Band 2, Führung, 2. Auflage hrsg. von Bea, Franz Xaver/Dichtl, Erwin/Schweitzer, Marcell, Stuttgart/Jena: G. Fischer, 1985, S. 137-171

Eschenbach, Rolf (Hrsg.) (1996):
Controlling, 2., überarbeitete und erweiterte Auflage, Stuttgart: Schäffer-Poeschel, 1996

Euler Hermes (2005):
FiKomm 2005: Finanzkommunikation im Mittelstand, Hamburg: Euler Hermes Kreditversicherung AG, 2005

F

Falk, Bernd/Wolf, Jakob (Hrsg.) (1982):
Das große Lexikon für Handel und Absatz, 2., überarbeitete und erweiterte Auflage, Landsberg/Lech: Verlag Moderne Industrie, 1982

Fayol, Henri (1929):
Allgemeine und industrielle Verwaltung, München/Berlin: Oldenbourg Verlag, 1929

Fehl, Ulrich/Kuhn, Norbert (2005):
Kreditgenossenschaften im Spannungsfeld von Wettbewerb und Regulierung, erschienen in: Zeitschrift für das gesamte Genossenschaftswesen (ZfgG), 55. Jg., 2005, Heft 3, S. 190-209

Fischer, Klaus (1990):
Hausbankbeziehungen als Instrument der Bindung zwischen Banken und Unternehmen: Eine theoretische und empirische Analyse, Dissertation, Bonn: Universität, 1990

Fischer, Marc/Albers, Sönke (2007):
Aktuelle Entwicklungen im Customer Equity Management, in: Vielfalt und Einheit in der Marketingwissenschaft: Ein Spannungsverhältnis, hrsg. von Bayón, Thomas/Herrmann, Andreas/Huber, Frank, Wiesbaden: Gabler Verlag, 2007, S. 168-186

Fischer, Thomas M./Schmöller, Petra (2006):
Kundenwert als Entscheidungskalkül für die Beendigung von Kundenbeziehungen, in: Kundenwert: Grundlagen, Innovative Konzepte, Praktische Umsetzungen, hrsg. von Günter, Bernd/Helm, Sabrina, Wiesbaden: Gabler Verlag, 2006, S. 483-507.

Fischer, Thomas M./von der Decken, Tim (2001):
Kundenprofitabilitätsrechnung in Dienstleistungsgeschäften - Konzeption und Umsetzung am Beispiel des Car Rental Business, erschienen in: Zeitschrift für betriebswirtschaftliche Forschung (ZfbF), 52. Jg., 2001, Heft 5, S. 294-323

Flacke, Klaus (2006):
Controlling in mittelständischen Unternehmen: Ausgestaltung, Einflussfaktoren der Instrumentennutzung und Einfluss auf die Bankkommunikation, Dissertation, Münster: Westfälische Wilhelms-Universität, 2006

Foehn, Pascal (2006):
Kundenwert im Private Banking, Dissertation, Zürich: Universität Zürich, 2006

Fornell, Claes/Johnson, Michael D./Anderson, Eugene W./Cha, Jaesung/Bryant, Barbara Everitt (1996):
The American Customer Satisfaction Index: Nature, Purpose, and Findings, erschienen in: Journal of Marketing, 60. Jg., 1996, Heft 4, S. 7-18

Freiberger, Thorsten/Kornatz, Christiane (2007):
Die Ertragskraft stärken, erschienen in: Die Bank, o. Jg., 2007, S. 54-59

Freiling, Jörg (2006):
Kundenwert aus ressourcentheoretischer Sicht, in: Kundenwert: Grundlagen, innovative Konzepte, Praktische Überlegungen, 3., überarbeitete und erweiterte Auflage, hrsg. von Günter, Bernd/Helm, Sabrina, Wiesbaden: Gabler Verlag , 2006, S. 83-102

Freiling, Jörg/Reckenfelderbäumer, Martin (2000):
Kundenerfolgsrechnung für industrielle Dienstleistungen: Probleme und Lösungsansätze, in: Dienstleistungscontrolling, hrsg. von Bruhn, Manfred/Stauss, Bernd, Wiesbaden: Gabler Verlag, 2000, S. 501-524

Frese, Bernd (2009):
Kundenwertorientierte Vertriebssteuerung bei Regionalbanken, nicht veröffentliche Diplomarbeit am Lehrstuhl für Betriebswirtschaftslehre insb. Controlling an der Westfälischen Wilhelms-Universität, Münster: Universität Münster, 2009

Frese, Erich (Hrsg.) (1992):
Handwörterbuch der Organisation, 3., völlig neu gestaltete Auflage, Stuttgart: Schäffer-Poeschel, 1992

Freter, Hermann (1983):
Marktsegmentierung, Stuttgart et al.: Kohlhammer Verlag, 1983

Freter, Hermann (1998):
Marktsegmentierung im Dienstleistungsbereich, in: Handbuch Dienstleistungsmanagement: von der strategischen Konzeption zur praktischen Umsetzung, hrsg. von Bruhn, Manfred/Meffert, Heribert, Wiesbaden: Gabler Verlag, 1998, S. 229-264

Friedag, Herwig R./Schmidt, Walter (2001):
Vom Trugbild der Ursache-Wirkungsketten zu einem ausgewogenen Management, erschienen in: Controller Magazin, 26. Jg., 2001, Heft 5, S. 494-497

Friederichs-Schmidt, Silke (2006):
Kundenwert aus Sicht von Versicherungsunternehmen: Analyse der Determinanten und Umsetzungsmöglichkeiten in anwendungsorientierten Modellen,Wiesbaden: Deutscher Universitäts-Verlag, 2006

G

Gabler Wirtschaftslexikon (2000):
Gabler Wirtschafts-Lexikon, 15., vollständig überarbeitete und aktualisierte Auflage, Wiesbaden: Gabler Verlag, 2000

Gadde, Lars-Erik/Mattson, Lars-Gunnar (1987):
Stability and Change in Network Relationships, erschienen in: International Journal of Marketing Research, 4. Jg., 1987, Heft 1, S. 29-41

Galasso, Gianpierro (1999):
Retention Marketing im Private Marketing: Theoretische und empirische Analyse des Kundenbeziehungsmarketings im schweizerischen Private Banking, Bern/Stuttgart/Wien: Haupt Verlag, 1999

Gälweiler, Aloys (1987):
Strategische Unternehmensführung, Frankfurt/New York: Campus Verlag, 1987

Gawlik, Helmut/Rathmann, Birgit (2008):
Regionalprinzip und Internet: Kein Widerspruch, erschienen in: Bank und Markt, o. Jg., 2008, Heft 9, S. 18-22

Geilmann-Ebbert, Andreas/Heine, Stefan (2006):
Kreditrisikotransfer im genossenschaftlichen Finanzverbund, erschienen in: Zeitschrift für das gesamte Kreditwesen (ZfgK), 59. Jg., Heft 21, S. 1147-1150

Gelbrich, Katja (2001):
Kundenwert: Wertorientierte Akquisition von Kunden im Automobilbereich, Göttingen: Cuvillier Verlag, 2001

Gelbrich, Katja/Müller, Stefan (2006):
Kundenwert: Hintergrund, Konzeptualisierung und Messmethoden, in: Wertorientiertes Management: Werterhaltung, Wertsteuerung, Wertsteigerung ganzheitlich gestalten, hrsg. von Schweickart, Nikolaus/Töpfer, Armin, Berlin/Heidelberg/New York: Springer Verlag, S. 448-487

Gemünden, Hans Georg (1993):
Information: Bedarf, Analyse, Verhalten, in: Handwörterbuch der Betriebswirtschaft, 5., völlig neu gestaltete Auflage, hrsg. von Wittmann, Waldemar/Kern, Werner/Köhler, Richard/Küpper, Hans-Ulrich/von Wysocki, Klaus, Schäffer-Poeschel, 1993, Sp. 1725-1735

Gensler, Sonja/Skiera, Bernd/Böhm, Martin (2007):
Einfluss der Nutzung des Online-Banking auf das Produktnutzungsverhalten und die Profitabilität von Bankkunden, erschienen in: Zeitschrift für Betriebswirtschaft (ZfB), 77. Jg., 2007, Heft 5, S. 675-695

Georgi, Dominik/Hadwich, Karsten (Hrsg.) (2010):
Management von Kundenbeziehungen: Perspektiven, Analysen, Strategien, Instrumente, Wiesbaden: Gabler Verlag, 2010

Gerstenmaier, Volker (1992):
Zukunftsperspektiven der Kreditgenossenschaften unter besonderer Berücksichtigung der Mitgliederförderung, Frankfurt am Main: Peter Lang Verlag, 1992

Geschwandtner, Marcus/Kuttler, Hans-Jörg (2009):
Mitgliederzweckgeschäfte: kein gesetzlich verordneter Ballast, sondern einzigartiger Unternehmenszweck, erschienen in: Zeitschrift für das gesamte Kreditwesen (ZfgK), 62. Jg., 2009, Heft 6, S. 264-268

Gierl, Heribert/Kurbel, Thomas (1997):
Möglichkeiten zur Ermittlung des Kundenwertes, in: Database Marketing, hrsg. von Link, Jörg/Brändli, Dieter/Schleuning, Christian/Kehl, Roger E., Handbuch Database Marketing, 2., korrigierte Auflage, Ettlingen: IM-Fachverlag Marketing-Forum, 1997, S. 175-189

Gleißner, Werner (2005):
Wertorientierte Unternehmensführung - Kundenmanagement und Vertrieb einer Versicherungsgesellschaft, in: Integriertes Risiko- und Ertragsmanagement: Kunden- und Unternehmenswert zwischen Risiko und Ertrag, hrsg. von Keuper, Frank/Roesing, Dirk/Schomann, Marc, Wiesbaden: Gabler Verlag, 2005, S. 407-437

Gleißner, Werner/Jahn, Clemens (2005):
Kundenwert als Maßstab für die Vertriebssteuerung, in: Bankstrategien im Firmenkundengeschäft: Konzeption, Management, Dimensionen hrsg. von Börner, Christoph J./Maser, Harald/Schulz, Thomas Christian, Wiesbaden: Gabler Verlag, 2005, S. 147-165

Gloger, Klaus/Lehmann, Stefan (2008):
Aufgedeckt, erschienen in: Bankinformation, 35. Jg., 2008, Heft 8, S. 64-66

Götz, Peter/Diller, Hermann (1991):
Die Kundenportfolio-Analyse: Ein Instrument zur Steuerung von Kundenbeziehungen, Arbeitspapier Nr. 1 des Lehrstuhl für Marketing an der Universität Erlangen-Nürnberg, 1991

Gouthier, Matthias H. J. (2003):
Kundenentwicklung im Dienstleistungsbereich: Wiesbaden: Deutscher Universitätsverlag, 2003

Grauer, Frank (1998):
Mitgliederinteressen und Managementverhalten: Ausgewählte Konfliktfelder im genossenschaftlichen Marketing- und Finanzierungsbereich - Helmut Wagner zum Gedächtnis, in: Freiheit und Bindung als Grundlage der marktwirtschaftlichen und demokratischen Ordnung: 50 Jahre Institut für Genossenschaftswesen der Westfälischen Wilhelms-Universität Münster, hrsg. von Jäger, Wilhelm, Münster: Regensberg Verlag, 1998, S. 191-209

Grob, Heinz Lothar (1989):
Investitionsrechnung mit vollständigen Finanzplänen, München: Verlag Franz Vahlen, 1987

Grob, Heinz-Lothar (1999):
Einführung in die Investitionsrechnung, 3., vollständig überarbeitete und erweiterte Auflage, München: Verlag Vahlen, 1999

Grochla, Erwin (Hrsg.):
Handwörterbuch der Organisation, 2. völlig neu gestaltete Auflage, Stuttgart: Schäffer-Poeschel, 1980

Grochla, Erwin/Wittmann, Waldemar (Hrsg.) (1976):
Handwörterbuch der Betriebswirtschaft, Band 3, 4., völlig neu gestaltete Auflage, Stuttgart: Schäffer-Poeschel, 1976

Groß, Thomas/Michaelis, Holger (2002):
Wertschöpfungskettenmanagement im Firmenkundengeschäft der Bank, in: Handbuch Firmenkundengeschäft: Technologie, Rating und Risikosteuerung als Kernkompetenz der Banken, 2., völlig überarbeitete Auflage, hrsg. von Juncker, Klaus /Priewasser, Erich, Frankfurt am Main: Fritz Knapp Verlag, 2002, S. 163-176

Großfeld, Bernhard/Jäger, Wilhelm/Lenfers, Guido (1989):
Tradition und Zukunft im Genossenschaftsrecht, in: Die Genossenschaft im Spiegel des Rechts: Ansprachen auf dem Akademischen Festakt "100 Jahre Genossenschaftsgesetz" am 12. Juni 1989 im Schloß und im Rathaus zu Münster, hrsg. von Bonus, Holger/Grossfeld, Bernhard/Jäger, Wilhelm, Münster: Regensberg Verlag, 1989, S. 73-101

Grosskopf, Werner (1990):
Der Förderungsauftrag moderner Genossenschaftsbanken und seine Umsetzung in der Praxis, Frankfurt am Main: Fritz Knapp Verlag, 1990

Grosskopf, Werner (2001):
Kapitalverfügbarkeit in genossenschaftlichen Unternehmen, in: Die Zukunft der Genossenschaft in der Europäischen Union an der Schwelle zum 21. Jahrhundert, hrsg. von Harbrecht, Wolfgang, Nürnberg, 2001, S. 239-250

Günter, Bernd (2006): Kundenwert – mehr als nur Erlös, in: Kundenwert: Grundlagen, Innovative Konzepte, Praktische Umsetzungen, 3., überarbeitete und erweiterte Auflage, hrsg. von Günter, Bernd/Helm, Sabrina, Wiesbaden: Gabler Verlag, 2006, S. 241-265

Günter, Bernd/Helm, Sabrina (2003):
Die Beendigung von Geschäftsbeziehungen aus Anbietersicht, in: Relationship Marketing: Standortbestimmung und Perspektiven, hrsg. von Rese, Mario/Söllner, Albrecht/Utzig, Peter, Berlin et al.: Springer Verlag, 2003, S. 45-70

Günter, Bernd/Helm, Sabrina (Hrsg.) (2003):
Kundenwert: Grundlagen, Innovative Konzepte, Praktische Umsetzungen, 2., überarbeitete und erweiterte Auflage, Wiesbaden: Gabler Verlag, 2003

Günter, Bernd/Helm, Sabrina (Hrsg.) (2006):
Kundenwert: Grundlagen, Innovative Konzepte, Praktische Umsetzungen, 3., überarbeitete und erweiterte Auflage, Wiesbaden: Gabler Verlag, 2006

Gupta, Sunil/Lehmann, Donald R. (2003):
Customers as Assets, erschienen in: Journal of Interactive Marketing, 17. Jg., 2003, Heft 1, S. 9-24

Gupta, Sunil/Lehmann, Donald R./Stuart, Jennifer Ames (2004):
Valuing Customers, erschienen in: Journal of Marketing Research, 41. Jg., 2004, Heft 1, S. 7-18

H

Hagemann, H. (1986):
Lebenszyklus-Management: Konzept zur Ausschöpfung des Finanzdienstleistungsbedarfs von Privatkunden, in: Planung und Prognose in Dienstleistungsunternehmen, hrsg. von Hammer, Gerald/Kremer, Egon/Schwebler, Robert/Zink, Achim, Karlsruhe: Verlag Versicherungswirtschaft, 1986, S. 1-21

Hagenloch, Thorsten (2008):
Effizienzberechnung mit der Data Envelopement Analysis (I), erschienen in: WISU - Das Wirtschaftsstudium, 37. Jg., 2008, Heft 10, S. 1372-1382

Hahn, Oswald (1980):
Die Unternehmensphilosophie einer Genossenschaftsbank: [stark erweiterte Fassung eines Vortrages vor dem Arbeitskreis Westfälischer Genossenschaften, Münster, 7. August 1979], Tübingen: Mohr Siebeck Verlag, 1980

Hamel, Winfried (2006):
Kundenwertorientierte Anreizsysteme, in: Kundenwert, Grundlagen, Innovative Konzepte, Praktische Umsetzungen, 3., überarbeitete und erweiterte Auflage, hrsg. von Günter, Bernd/Helm, Sabrina, Wiesbaden: Gabler Verlag, 2006, S. 461-482

Hamer, Eberhard (1987):
Das mittelständische Unternehmen: Eigenarten, Bedeutung, Risiken und Chancen, Stuttgart: Verlag Horst Poller, 1987

Hammer, Gerald/Kremer, Egon/Schwebler, Robert/Zink, Achim (Hrsg.) (1986):
Planung und Prognose in Dienstleistungsunternehmen, Karlsruhe: Verlag Versicherungswirtschaft, 1986

Hammerschmidt, Michael (2000):
Mitgliedschaft als Alleinstellungsmerkmal für Kreditgenossenschaften: Empirische Ergebnisse und Handlungsvorschläge, Arbeitspapier des Instituts für Genossenschaftswesen der Westfälischen Wilhelms-Universität Münster, Nr. 17, 2000

Hammerschmidt, Michael/Hellinger, Carsten (1998):
Mitgliedschaft als Instrument der Kundenbindung in Genossenschaftsbanken, Arbeitspapier des Instituts für Genossenschaftswesen der Westfälischen Wilhelms-Universität Münster, Nr. 15, 1998

Hampl, Herbert (1999):
Ausfallrisiken im mittelständischen Firmenkundenkreditgeschäft, erschienen in: Finanzierung Leasing Factoring, 46. Jg., 1999, Heft 1, S. 17-21

Hanrath, Stefanie/Weber, Heinz-Otto (2008):
Strategien zur Mitgliederförderung in Genossenschaftsbanken: eine Soll-Ist-Analyse, erschienen in: Zeitschrift für das gesamte Genossenschaftswesen (ZfgG), 58. Jg., 2008, Heft 4, S. 248-259

Hansen, Ursula (2006):
Beziehungslos im Dschungel des Beziehungsmarketing: Grenzen des Beziehungsmarketing aus Verbraucherperspektive, in: Grundlagen des CRM: Konzepte und Gestaltung. 2., überarbeitete und erweiterte Auflage, hrsg. von Wilde, Klaus D./Hippner, Hajo, Wiesbaden: Gabler Verlag, 2006, S. 146-166

Harbrecht, Wolfgang (2005):
Kundenorientierte Mitgliederförderung durch Wettbewerb im Genossenschaftssektor, erschienen in: Zeitschrift für das gesamte Genossenschaftswesen (ZfgG), 55. Jg., 2005, Heft 2, S. 99-113

Harbrecht, Wolfgang (Hrsg.) (2001):
Die Zukunft der Genossenschaft in der Europäischen Union an der Schwelle zum 21. Jahrhundert Bericht der 14. Internationalen Genossenschaftswissenschaftlichen Tagung vom 5. bis 7. September 2000 in Nürnberg, Nürnberg, 2001

Harhoff, Dietmar/Körting, Timm (1998):
Lending Relationships in Germany – Empirical Evidence from Survey Data, erschienen in: Journal of Banking and Financing, 22. Jg., 1998, Heft 10, S. 1317-1353

Harnischfeger, Uwe (1996):
Umziehen in ein House of Relations?, erschienen in: Absatzwirtschaft, o. Jg., 1996, Sondernummer Oktober 1996, S. 14-23

Hartmann-Wendels, Thomas/Pfingsten, Andreas/Weber, Martin (2010):
Bankbetriebslehre, 5., überarbeitete Auflage, Heidelberg et al.: Springer Verlag, 2010

Hax, Arnoldo C./Majluf, Nicolas S. (1996):
The Strategy Concept and Process, 2nd Edition, New Jersey: Prentice Hall, 1996

Heckl, Diana/Moormann, Jürgen (2005):
Modellierung von Geschäftsprozessen am Beispiel des mittelständischen Firmenkundengeschäfts, erschienen in: BIT – Banking and Information Technology, 6. Jg., Heft 3, S. 9-24

Heckt, Joachim G. (1977):
Fusionen von Primärgenossenschaften: Analyse zu einer Konfliktsituation und Ansätze zu ihrer Lösung, Dissertation, Hamburg, 1977

Heidemann, Julia/Kamprath, Nora/Görz, Quirin (2009):
Customer Lifetime Value: Entwicklungspfade, Einsatzpotenziale und Herausforderungen, erschienen in: Journal für Betriebswirtschaft, 59. Jg., 2009, Heft 4, S. 183-199

Heine, Jens Michael (2007):
zeb/-Firmenkundenstudie: Ergebnisse und Handlungsfelder, Münster: zeb/rolfes.schierenbeck.associates, 2007

Helm, Sabrina (2003):
Calculating the Value of Customers' Referrals, erschienen in: Managing Service Quality, 13. Jg., 2003, Heft 2, S. 124-133

Helm, Sabrina (2006):
Der Wert der Kundenbeziehungen aus der Perspektive des Transaktionskostenansatzes, in: Kundenwert, Grundlagen, Innovative Konzepte, Praktische Umsetzungen, 3., überarbeitete und erweiterte Auflage, hrsg. von Günter, Bernd/Helm, Sabrina, Wiesbaden: Gabler Verlag, 2006, S. 103-124

Helm, Sabrina/Günter, Bernd (2006):
Kundenwert - eine Einführung in die theoretischen und praktischen Herausforderungen der Bewertung von Kundenbeziehungen, in: Kundenwert, Grundlagen, Innovative Konzepte, Praktische Umsetzungen, 3., überarbeitete und erweiterte Auflage, hrsg. von Günter, Bernd/Helm, Sabrina, Wiesbaden: Gabler Verlag, 2006, S. 3-40

Hempell, Hanna S. (2002):
Testing for Competition Among German Banks, Discussion Paper 04/02: January 2002, Frankfurt am Main: Economic Research Center of the Deutsche Bundesbank, 2002

Hempelmann, Bernd/Lürwer, Martin (2003):
Der Customer Lifetime Value-Ansatz zur Bestimmung des Kundenwertes, erschienen in: WISU - Das Wirtschaftsstudium, 32. Jg., 2003, Heft 3, S. 336-341

Henke, Klaus (1995):
Vertriebssteuerung und Vertriebscontrolling in Kreditinstituten, in: Handbuch Finanzvertrieb: Vertriebsstrategien, Vertriebswege, Vertriebsmanagement, hrsg. von Betsch, Oskar/Wiechers, Rüdiger, Frankfurt am Main: Fritz Knapp Verlag, 1995, S. 757-774

Hensel, Volkmar/Wild, Christian (2003):
Vorsteuerung und Preisuntergrenzen in VR-Control, erschienen in: Bankinformation, 30. Jg., 2003, Heft 1, S. 35-40

Henseler, Jörg,/Hoffmann, Thorsten (2003):
Kundenwert als Baustein zum Unternehmenswert, Hamburg: Verlag Dr. Kovač, 2003

Hepp, Christina (2008):
Fehler- und Fehlerfolgekosten in Banken: Messung und Steuerung der internen Dienstleistungsqualität, Wiesbaden: Gabler Verlag, 2008

Heppelmann, Stefan/Middelmann, M. (2006):
Kundenorientiertes Vertriebsmanagement für Finanzdienstleister: Profitabel wachsen statt effizient schrumpfen, Stern Stewart & Co. in Practice No. 3, München: Stern Stewart & Co., 2006

Herrmann, Andreas/Homburg, Christian (Hrsg.) (2000):
Marktforschung, 2., aktualisierte Auflage, Wiesbaden: Gabler Verlag, 2000

Herrmann, Andreas/Jasny, Ralf/Vetter, Ingrid (Hrsg.) (1999):
Kundenorientierung von Banken: Strategie für Kundennähe und effektives Beziehungsmanagement, Frankfurt am Main: FAZ Verlagsbereich Buch, 1999

Herrmann, Andreas/Johnson, Michael D. (1999):
Die Kundenzufriedenheit als Bestimmungsfaktor der Kundenbindung, erschienen in: Zeitschrift für betriebswirtschaftliche Forschung (ZfbF), 51. Jg., Heft 6, S. 579-598

Herrmann, Jochen/Lüders, Uwe (2004):
Den Anforderungen an die integrierte Banksteuerung gerecht werden, erschienen in: Bankinformation, 31. Jg., 2004, Heft 4, S. 48-52

Heskett, James L./Jones, Thomas O./Loveman, Gary W./Sasser, W. Earl./Schlesinger, Leonard A. (1994):
Putting the Service-Profit Chain to Work, erschienen in: Harvard Business Review, 72. Jg., March-April 1994, S. 164-174

Hettrich, Eduard/Pöhlmann, Peter (2001):
Genossenschaftsgesetz: Kommentar zu dem Gesetz betreffend die Erwerbs- und Wirtschaftsgenossenschaften und zu umwandlungsrechtlichen Vorschriften für Genossenschaften, 2., neubearbeitete und erweiterte Auflage, München: Beck Verlag, 2001

Heyd, Reiner/Beyer, Michael (2007):
Bilanzielles Eigenkapital von Kreditgenossenschaften: Eine Bestandsaufnahme zur gegenwärtigen Kapitalabgrenzung sowie zu den laufenden Projekten, erschienen in: Zeitschrift für internationale Rechnungslegung (IRZ), 2. Jg., 2007, Heft 1, S. 53-59

Hildner, Rolf (2003):
Rede von Herrn Rolf Hildner (Vorsitzender des Verbandsrats) zur Verabschiedung Verbandspräsident Klaus Lambert, Online im Internet, URL: http://217.195.36.211/gvf_online/gvfdlc.nsf/0/F4B41BF79B6A167CC12573560023676B/$file/Re_RH.pdf (Stand: 24.08.2010)

Hilgenstock, G. Peter (1995):
Dezentrales Controlling als Voraussetzung für den Marketingerfolg im Bankbetrieb, in: Handbuch Finanzvertrieb: Vertriebsstrategien, Vertriebswege, Vertriebsmanagement, hrsg. von Betsch, Oskar/Wiechers, Rüdiger, Frankfurt am Main: Fritz Knapp Verlag, 1995, S. 800-822

Hinterhuber, Hans. H. (1997):
Strategische Unternehmensführung, Band 2: Strategisches Handeln: Direktiven, Organisation, Umsetzung, Unternehmungskultur, strategisches Controlling, strategische Führungskompetenz, 6., völlig neubearbeitete Auflage, Berlin/New York: de Gruyter, 1997

Hinterhuber/Hans H./Matzler, Kurt (Hrsg.) (2009):
Kundenorientierte Unternehmensführung: Kundenorientierung, Kundenzufriedenheit, Kundenbindung, 6., überarbeitete Auflage, Wiesbaden: Gabler Verlag, 2009

Hippner, Hajo (2004):
CRM: Grundlagen, Ziele und Konzepte, in: CRM: Grundlagen und Konzepte, hrsg. von Hippner, Hajo/Wilde, Klaus D., Wiesbaden: Gabler Verlag, 2004, S. 13-42

Hoberg, Peter (2007):
Kundenwert, erschienen in: WISU - Das Wirtschaftsstudium, 37. Jg., 2007, Heft 10, S. 1248

Hoekstra, Janny C./Huizingh, Eelko K. R. E. (1999):
The Lifetime Value Concept in Customer-Based Marketing, erschienen in: Journal of Market Focused Management, 3. Jg., 1999, Heft 3, S. 257-274

Hofbauer, Günter/Hellwig, Claudia (2009):
Professionelles Vertriebsmanagement: der prozessorientierte Ansatz aus Anbieter- und Beschaffersicht, 2., aktualisierte und erweiterte Auflage, Erlangen: Publicis Verlag, 2009

Hoffmann, Werner/Klien, Wolfgang/Unger, Martin (1996):
Strategieplanung, in: Controlling, 2., überarbeitete und erweiterte Auflage, hrsg. von Eschenbach, Rolf, Stuttgart: Schäffer-Poeschel, 1996, S. 211-213

Hofinger, Hans/ van Husen, Rainer (2004):
Eigenkapitalaufbringungsinstrumente bei Genossenschaften, erschienen in: Zeitschrift für das gesamte Genossenschaftswesen (ZfgG), 54. Jg., 2004, Heft 2, S. 90-99

Hofmann, Christian/Daugart, Jan (2004):
Bereichs- und unternehmensbezogene Performancemaße zur Koordination und Steuerung von Bereichsleitern – eine agencytheoretische Analyse, in: Controlling: Theorie und Konzeptionen, hrsg. von Scherm, Ewald/Pietsch, Gotthard, München: Verlag Franz Vahlen, 2004, S. 191-214

Hofmann, Gerhard (2010):
Neue Finanzarchitektur, Reform der Aufsichtsregeln und Aufsichtspraktiken in Europa: Sind wir auf dem richtigen Weg?, erschienen in: Zeitschrift für das gesamte Kreditwesen (ZfgK), 63. Jg., 2010, Heft 13, S. 664-667

Hogan, John E./Lehmann, Donald R./Merino, M./Srivastava, Rajendra K./Thomas, Jacquelyn S./Verhoef, Peter C. (2002):
Linking Customer Assets to Financial Performance, erschienen in: Journal of Service Research, 5. Jg., 2002, Heft 1, S. 26-38

Hogan, John E./Lemon, Katherine N./Libai, Barak (2003):
What ist the True Value of a Lost Customer?, erschienen in: Journal of Service Research, 5. Jg., 2003, Heft 3, S. 196-208

Hölzer, Klaus (2006):
Das mittelständische Firmenkundengeschäft der Banken: eine gesamteuropäische Perspektive, erschienen in: BIT – Banking and Information Technology, 7. Jg., 2006, Heft 1, S. 47-54

Hölzer, Klaus/Schnarr, Thomas (2010):
Neue Spielregeln im Firmenkundengeschäft, erschienen in: Die Bank, o. Jg., 2010, Heft 8, S. 54-57

Homann-Wenig, Sabine (2008):
Ansätze einer ertrags- und risikoorientierten Vertriebssteuerung für das Firmenkundengeschäft, in: Erfolgreiche Vertriebsstrategien im Firmenkundengeschäft: Konzepte, Praxisberichte, Lösungen, hrsg. von Schmoll, Anton, Köln: bank-verlag medien, 2008, S. 217–238

Homburg, Christian (2007):
Kundenprofitabilitätsrechnung als Aufgabe des Marketingcontrolling, in: Vielfalt und Einheit in der Marketingwissenschaft: Ein Spannungsverhältnis – Hans-H. Bauer zum 60. Geburtstag, hrsg. von Báyon, Tomás/Herrmann, Andreas/Huber, Frank, Wiesbaden: Gabler Verlag, 2007, S. 398-418

Homburg, Christian/Artz, Martin/Wieseke, Jan/Schenk, Bernhard (2008):
Gestaltung und Erfolgsauswirkungen der Absatzplanung: Eine branchenübergreifende empirische Analyse, erschienen in: Zeitschrift für betriebswirtschaftliche Forschung (ZfbF), 60. Jg., 2008, Heft November 2008, S. 634-670

Homburg, Christian/Beutin, Nikolas (2001):
Kundenstrukturmanagement als Controllingherausforderung, in: Marketing-Controlling: Marketing als Motor von Wachstum und Erfolg, hrsg. von Reinecke, Sven/Tomczak, Torsten/Geis, Gerold, Frankfurt/Wien: Wirtschaftsverlag Ueberreuter, 2001, S. 212-233

Homburg, Christian/Droll, Mathias/Totzek, Dirk (2008):
Customer Priorization: Does it pay off, and how should it be implemented?, erschienen in: Journal of Marketing, 72. Jg., 2008, Heft 5, S. 110-130

Homburg, Christian/Giering, Annette/Hentschel, Frederike (1999):
Der Zusammenhang zwischen Kundenzufriedenheit und Kundenbindung, in: Handbuch Kundenbindungsmanagement: Grundlagen, Konzepte, Erfahrungen, 2. Auflage, hrsg. Von Bruhn, Manfred/Homburg, Christian, Wiesbaden: Gabler Verlag, 2000, S. 81-112

Homburg, Christian/Hoyer, Wayne D./Koschate, Nicole (2005):
Customers' Reactions to Price Increase: Do Customer Satisfaction and Perceived Fairness matter?, erschienen in: Journal of the Academy of Marketing Science, 33. Jg., 2005, Heft 1, S. 36-49

Homburg, Christian/Jensen, Ove (2000):
Kundenorientierte Vergütungssysteme: Voraussetzungen, Verbreitung, Determinanten, erschienen in: Zeitschrift für Betriebswirtschaft (ZfB), 70. Jg., 2000, Heft 1, S. 55-74

Homburg, Christian/Pflesser, Christian (2000): Konfirmatorische Faktorenanalyse, in: Marktforschung, 2., aktualisierte Auflage, hrsg. von Herrmann, Andreas/Homburg, Christian, Wiesbaden: Gabler Verlag, 2000, S. 413-438

Homburg, Christian/Schäfer, Heiko (2000):
Cross-Selling: Aus der Kundenbeziehung mehr herausholen, erschienen in: Harvard Business Manager, 22. Jg., 2000, Heft 6, S. 35-44

Homburg, Christian/Schäfer, Heiko (2006):
Die Erschließung von Kundenwertpotenzialen durch Cross-Selling, in: Kundenwert: Grundlagen, Innovative Konzepte, Praktische Umsetzungen, 3., überarbeitete und erweiterte Auflage, hrsg. von Günter, Bernd/Helm, Sabrina, Wiesbaden: Gabler Verlag, 2006, S. 159-181

Homburg, Christian/Schäfer, Heiko/Schneider, Janna (2010):
Sales Excellence: Vertriebsmanagement mit System, 6., überarbeitete und erweiterte Auflage, Wiesbaden: Gabler Verlag, 2010

Homburg, Christian/Schnurr, Phoebe (1998):
Kundenwert als Instrument der wertorientierten Steuerung, in: Wertorientierte Unternehmensführung: Perspektiven und Handlungsfelder für die Wertsteigerung von Unternehmen, hrsg. von Bruhn, Manfred/Lusti, Markus/Müller, Werner R./Schierenbeck, Henner/Studer, Tobias, Wiesbaden: Gabler Verlag ,1998 ,S. 169-189

Homburg, Christian/Steiner, Viviana V./Totzek, Dirk (2009):
Managing Dynamics in a Customer Portfolio, erschienen in: Journal of Marketing, 73. Jg., 2009, Heft 5, S. 70-89

Homburg, Christian/Weber, Jürgen/Karlshaus, Jan Thido/Aust, René (2000):
Interne Kundenorientierung der Kostenrechnung, erschienen in: Die Betriebswirtschaft, 60. Jg., 2000, Heft 2, S. 241-256

Honold-Reichert, Thomas (2002):
Portfolio und Balanced Scorecard: Instrumente für das strategische Management in Genossenschaften. Arbeitspapiere der Forschungsstelle für Genossenschaftswesen an der Universität Hohenheim, Band 17, Stuttgart-Hohenheim 2002

Hopfenbeck, Waldemar (1997):
Allgemeine Betriebswirtschafts- und Managementlehre: das Unternehmen im Spannungsfeld zwischen ökonomischen, sozialen und ökologischen Interessen, 11. Auflage, Landsberg/Lech: Verlag Moderne Industrie, 1997

Hoppen, Dieter (1999):
Vertriebsmanagement: Steuerung des Firmenkundengeschäfts im Inland und im Export: Lehrbuch und Nachschlagewerk, München/Wien: Oldenbourg Verlag, 1999

Horváth, Peter (2003):
Controlling, 9., vollständig überarbeitete Auflage, München: Verlag Franz Vahlen, 2003

Howald, Bettina (2007):
Kundenwert im Private Banking: Eine Analyse der Einflussfaktoren und der Wirkungszusammenhänge, Bern/Stuttgart/Wien: Haupt Verlag, 2007

Huth, Hans-Olaf (1985):
Ertragsorientiertes Zielgruppenmarketing im mittelständischen Firmenkundenbereich von Universalbanken, Frankfurt am Main: Fritz Knapp Verlag, 1985

I

IfM (2009):
Schlüsselzahlen des Mittelstands in Deutschland 2007/2008, Bonn: Institut für Mittelstandsforschung, Online im Internet, URL: http://www.ifm-bonn.de/index.php?id=99 (Stand: 24.09.2009)

International Monetary Fund (2003):
IMF Country Report No. 03/343: Germany: Financial System Stability Assessment, Washington D.C., International Monetary Fund, 2003

J

Jacobs, Bernd/Krauß, Carsten (2005):
Vertrieb, Vertrieb und noch mal Vertrieb, erschienen in: Bankinformation, 32. Jg., 2005, Heft 7, S. 24-27

Jäger, Wilhelm (Hrsg.) (1998):
Freiheit und Bindung als Grundlage der marktwirtschaftlichen und demokratischen Ordnung: 50 Jahre Institut für Genossenschaftswesen der Westfälischen Wilhelms-Universität Münster, Münster: Regensberg Verlag, 1998

Jain, Diapak/Singh, Siddartha S. (2002):
Customer Lifetime Value Research in Marketing: A Review and Future Directions, erschienen in: Journal of Interactive Marketing, 16. Jg., 2002, Heft 2, S. 34-46

Jansen, Sven (2009):
Das mittelständische Firmenkundengeschäft deutscher Kreditinstitute im Spannungsfeld der Finanzmarktkrise: zeb/-Firmenkundenstudie 2009, Vortrag auf dem Düsseldorfer Finanz-Forum, Düsseldorf: zeb/rolfes.schierenbeck.associates, 2009

Juncker, Klaus (1979):
Marketing im Firmenkundengeschäft: Frankfurt am Main: Fritz Knapp Verlag, 1979

Juncker, Klaus (2006):
Kundenwertmanagement: Der Schlüssel zum Erfolg im Firmengeschäft, in: Der Bankensektor im Wandel: Festschrift zum 65. Geburtstag von Professor Erich Priewasser, hrsg. von Emmerich, Norbert/Roßbach, Peter, Frankfurt am Main: Fritz Knapp Verlag, S. 343-354

Juncker, Klaus/Priewasser, Erich (Hrsg.) (2002):
Handbuch Firmenkundengeschäft: Technologie, Rating und Risikosteuerung als Kernkompetenz der Banken, 2., völlig überarbeitete Auflage, Frankfurt am Main: Fritz Knapp Verlag, 2002

K

Kalefeld, Klaus (2002):
Ein Verbund - eine Strategie, erschienen in: Bankinformation, 29. Jg., 2002, Sonderheft 1, S. 44-45

Kaiser, Annette/Kehr, Joachim (2003):
Ziele setzen, Wandel fördern, erschienen in: Bankinformation, 30. Jg., 2003, Heft 9, S. 30-35

Kamakura, Wagner A. et al. (2005):
Choice Models and Customer Relationship Management, erschienen in: Marketing Letters, 16. Jg., 2005, Heft 3/4, S. 279-291

Kamakura, Wagner A./Ramaswami, Sridhar N./Srivastava Rajendra K. (1991):
Applying Trait Analysis in the Evaluation of Prospects for Cross-Selling of Financial Services, erschienen in: International Journal of Research in Marketing, 8. Jg., 1991, Heft 4, S. 329-349

Kaminsky, Stefan (1955):
Die Kosten- und Erfolgsrechnung der Kreditinstitute: eine theoretische, systematische und verfahrenstechnische Untersuchung, 2., verbesserte Auflage, Meisenheim am Glan: Hain, 1955

Kammlott, Christian/Schiereck, Dirk (2000):
Wachstum, Förderungsauftrag und Markterfolg von deutschen Kreditgenossenschaften, erschienen in: Zeitschrift für das gesamte Genossenschaftswesen (ZfgG), 50. Jg., 2000, Heft 4, S. 265-280

Kano, Noriaki (1984):
Attractive Quality and Must-be Quality, erschienen in: Hinshitsu: The Journal of the Japanese Society for Quality Control, 14. Jg., 1984, Heft 4, S. 39-48

Kaplan, Robert S./Narayan, V. G. (2001):
Measuring and Managing Customer Profitability, erschienen in: Journal of Cost Management, 15. Jg., 2001, Heft 5, S. 5-15

Kaplan, Robert S./Norton, David P. (1997):
Balanced Scorecard: Strategien erfolgreich umsetzen, aus dem Amerikanischen von Péter Horváth, Stuttgart: Schäffer-Poeschel, 1997

Karlowitsch, Martin (1997)
Balanced Scorecard, erschienen in: WISU - Das Wirtschaftsstudium, 26. Jg., 1997, Heft 12, S. 1131

Käser, Burkhard (2009):
Vorstellung der zeb/-Firmenkundenstudie, München: zeb/rolfes.schierenbeck.associates, 2009

Käser, Burkhard/Ritzenhofen, Andreas (2009):
Erfolgsfaktoren im Firmenkundengeschäft - Vorstellung der Ergebnisse der zeb/-Firmenkundenstudie 2009, Frankfurt am Main: zeb/rolfes.schierenbeck.associates, 2009

Kasselmann, Joachim/Melter, Oliver (2006):
Mehr Zeit für den Kunden - mehr Umsatz für die Bank, erschienen in: Bankmagazin, 55. Jg., 2006, Heft 9, S. 24-26

Kasten, Lars/Reents, Börchert (o. J.):
Strategische Geschäftsfeldanalyse: Empirische Analyse von Marktattraktivität und Wettbewerbsintensität im Privat- und Firmenkundengeschäft, Hannover: GRZ Genossenschaftsrechenzentrale Norddeutschland und GVBH Genossenschaftsverband Berlin-Hannover, o. J.

Kaufmann, Lutz (1997):
ZP-Stichwort: Balanced Scorecard, erschienen in: Zeitschrift für Planung, 8. Jg., 1997, S. 421-428

Keuper, Frank/Roesing, Dirk/Schomann, Marc (Hrsg.) (2005):
Integriertes Risiko- und Ertragsmanagement: Kunden- und Unternehmenswert zwischen Risiko und Ertrag, Wiesbaden: Gabler Verlag, 2005

KfW Bankengruppe (Hrsg.) (2007):
KfW-Research: Mittelstands- und Strukturpolitik, Ausgabe 38, Frankfurt am Main: KfW Bankengruppe, 2007

Kieser, Alfred/Kubicek, Herbert (1992):
Organisation, 3., völlig neubearbeitete Auflage, Berlin et al.: de Gruyter, 1992

Kipker, Ingo/Schönhals, Frank (2002):
Strukturwandel im Firmenkundengeschäft, erschienen in: Geldinstitute, o. J., 2002, Heft 11, S. 16-20

Kiwitz, Katharina/Scheffler, Constanze (2009):
Methoden zur Messung dynamischer Kundenwerte: ein State-of-the-Art-Review, Arbeitspapier des Betriebswirtschaftlichen Instituts an der Universität Erlangen-Nürnberg, Nr. 165, Erlangen, 2009

Klein, Nicole (2009):
Die Balanced Scorecard als Basis einer Customer Care Scorecard zur Konzeption einer systematischen Kundenpflege, Tübinger Diskussionsbeitrag Nr. 322, Tübingen: Wirtschaftswissenschaftliche Fakultät der Eberhard-Karls-Universität Tübingen, 2009

Kleinaltenkamp, Michael/Dahlke, Beate (2006):
Der Wert eines Kunden als Informant – auf dem Weg zu einem „knowledge based customer value", in: Kundenwert: Grundlagen, Innovative Konzepte, Praktische Umsetzungen, 3., überarbeitete und erweiterte Auflage, hrsg. von Günter, bernd/Helm, Sabrina, Wiesbaden: Gabler Verlag, 2006

Kleinaltenkamp, Michael/Plinke, Wulff (Hrsg.) (1997):
Geschäftsbeziehungsmanagement, Berlin et al.: Springer Verlag, 1997

Kleinaltenkamp, Michael/Schweikart, Jörg (1998):
Controlling der Kundenintegration, in: Marketingcontrolling, hrsg. von Reinecke, Sven/Tomczak, Torsten/Dittrich, Sabine, St. Gallen: Verlag Thexis, 1998, S. 110-124

Klemm, Volker/Mönke, Reinhard (2009):
Wichtige Ansatzpunkte, erschienen in: Bankinformation, 36. Jg., 2009, Heft 3,
S. 48-52

Kluge, Arnd Holger (1991):
Geschichte der deutschen Bankgenossenschaften: Zur Entwicklung mitgliederorientierter Unternehmen, Frankfurt am Main: Fritz Knapp Verlag, 1991

Knappkötter, Ralf/Völkel, Hans-Georg (2002):
Mehr als ein Auto mieten, erschienen in: Bankinformation, 29. Jg., 2002, Heft 3, S. 14-16

Knöbel, Ulf (1997):
Kundenwertmanagement im Retailbanking: Kundenprofitabilitätsanalyse und Customer-Life-Cycle Costing am Beispiel einer Universalbank, Dissertation, St. Gallen: Universität St. Gallen, 1997

Köhler, Annette G./Rolvering, Heinrich-Stefan/Germann, Stephan (2005):
Zusammenhänge zwischen Vertriebssteuerungsmaßnahmen und Vertriebserfolg – erste empirische Ergebnisse aus dem Sparkassensektor, in: Dienstleistungscontrolling, hrsg. von Bruhn, Manfred/Stauss, Bernd, Wiesbaden: Gabler Verlag, 2005, S. 416-430

Kölker, Andreas (2010):
Potenzialmodelle – Konstrukt und Wirklichkeit, in: Wertorientierte Vertriebssteuerung in Banken und Sparkassen: Potenzialermittlung, Deckungsbeitragsmessung, Multikanal-Steuerung, Erfolgsabhängige Vergütung, hrsg. von Wimmer, Konrad, Heidelberg: Finanz Colloquium, 2010, S. 395-415

Koneberg, Markus (2006):
Management von Firmenkreditportfolios in Genossenschaftsbanken: Der Einsatz von Kreditderivaten zur Portfoliooptimierung, Stuttgart-Hohenheim: Forschungsstelle für Genossenschaftswesen an der Universität Hohenheim, 2006

König, Wolfgang/Beimborn, Daniel/Martin, Sebastian/Blumenberg, Stefan/Homann, Ulrich (2007):
Mittelständler und Banken: Einflussfaktoren der Bereitschaft zur Kooperation auf der Basis eingebetteter Informationssysteme, in: Architekturen und Prozesse: Strukturen und Dynamik in Forschung und Unternehmen, hrsg. von Loos, Peter/Krcmar, Helmut, Berlin/Heidelberg/New York: Springer Verlag, 2007, S. 133-150

Körnert, Jan (2003):
Balanced Scorecard: Theoretische Grundlagen und Perspektivenwahl für Kreditinstitute, Berlin: BMV – Berliner Wissenschaftsverlag, 2003

Kotler, Philip/Bliemel, Friedhelm (1999):
Marketing-Management: Analyse, Planung, Umsetzung und Steuerung, 9., überarbeitete und aktualisierte Auflage, Stuttgart: Schäffer-Poeschel, 1999

KPMG (2009):
Mythos Beratung – was „kleine" mittelständische Unternehmer von ihrer Bankbeziehung erwarten!: Ergebnisse einer Kundenbefragung zu Wahrnehmungen und Perspektiven im Retail-Firmenkundengeschäft, Frankfurt am Main: KPMG AG, 2009

Krafft, Manfred (1997):
Kundenzufriedenheit und Kundenwert: Ergebnisse der gleichnamigen Studie der VDI-Gesellschaft „Entwicklung Konstruktion Vertrieb" VDI-EKV und von CEO GmbH Krefeld, Kiel: Lehrstuhl für Marketing an der Universität Kiel, 1997

Krafft, Manfred (2007):
Kundenbindung und Kundenwert, 2., überarbeitete und erweiterte Auflage, Heidelberg: Physica Verlag, 2007

Krafft, Manfred/Albers, Sönke (2000):
Ansätze zur Segmentierung von Kunden - Wie geeignet sind herkömmliche Konzepte?, erschienen in: Zeitschrift für betriebswirtschaftliche Forschung (ZfbF), 52. Jg., 2000, Heft 6, S. 515-536

Krafft, Manfred/Rutsatz, Uwe (2006):
Konzepte zur Messung des ökonomischen Kundenwerts, in: Kundenwert, Grundlagen, Innovative Konzepte, Praktische Umsetzungen, 3., überarbeitete und erweiterte Auflage, hrsg. von Günter, Bernd/Helm, Sabrina, Wiesbaden: Gabler Verlag, 2006, S. 269-291

Kramer, Friedrich (2006):
Vorbild Industrie, erschienen in: Bankinformation, 33. Jg., 2006, Heft 8, S. 58-61

Krämer, Werner (2003):
Mittelstandsökonomik: Grundzüge einer umfassenden Analyse kleiner und mittlerer Unternehmen, München: Vahlen Verlag, 2003

Krammer, Christian K./Sinn, Walter/Weiß, Hans H./Wieandt, Alexander (2001):
Wertmanagement in Banken, erschienen in: Zeitschrift für Betriebswirtschaft (ZfB), 71. Jg., 2001, Heft 12, S. 1445-1457

Krapfel, Robert E./Salmond, Deborah/Spekman, Robert (1991):
A Strategic Approach to Managing Buyer-Seller-Relationships, erschienen in: European Journal of Marketing, 25. Jg., 1991, Heft 9, S. 22-37

Krauß, Carsten (2005):
Mehr PS im Vertrieb: Erfolgreiches Change Management im Firmenkundengeschäft (ostdeutscher) Kreditgenossenschaften, Berlin: Logos Verlag, 2005

Krebber, Marita/Melter, Oliver/Sträter, Jens (2006):
Vertriebsaktivierung im mittelständischen Firmenkundengeschäft, erschienen in: BIT- Banking and Information Technology, 7. Jg., 2006, Heft 1, S. 40-46

Kring, Thorn Ingo (2002):
Neue Strategien - neue Managementmethoden: Eine empirische Analyse zum Strategischen Management von Genossenschaftsbanken in Deutschland, Arbeitspapier des Instituts für Genossenschaftswesen der Westfälischen Wilhelms-Universität, Nr. 24, 2002

Kring, Thorn Ingo (2005):
Die Balanced Scorecard als Managementsystem für Banken: Handlungsempfehlungen auf Basis einer institutionenökonomischen Analyse von Managementdefiziten in Genossenschaftsbanken, Aachen: Shaker Verlag, 2005

Krob, Bernhard (2007):
Die Bank marktorientiert steuern, erschienen in: Bankinformation, 34. Jg., 2007, Heft 11, S. 55-57

Krob, Bernhard/Zimmermann, Yvonne:
Dem Potenzial auf der Spur, erschienen in: Bankinformation, 34. Jg., 2007, Heft 4, S. 22-23

Krol, Florian (2009):
Wertorientierte Unternehmensführung im Mittelstand – Erste Ergebnisse einer empirischen Studie, Arbeitspapier des Lehrstuhls für Controlling an der Westfälischen Wilhelms-Universität Münster, Münster: Westfälische Wilhelms-Universität, 2009

Kroon, Gerhard (2009):
Messung und Steuerung von Kreditrisiken: Empirischer Befund und Handlungsempfehlungen, Wiesbaden: Gabler Verlag, 2009

Kroon, Gerhard/Pool, Frank (2002):
Professionelle Kundengeschäftssteuerung mit Hilfe der DB-III-Rechnung, erschienen in: Bankinformation, 29. Jg., 2002, Heft 4, S. 26-34

Krüger, Sabine Maria (1997):
Profitabilitätsorientierte Kundenbindung durch Zufriedenheitsmanagement: Kundenzufriedenheit und Kundenwert als Steuerungsgröße für die Kundenbindung in marktorientierten Dienstleistungsunternehmen, München: FGM-Verlag, 1997

Kumar, V./George, Morris (2007):
Measuring and maximizing Customer Equity: a Critical Analysis, erschienen in: Journal of the Academy of Marketing Science, 35. Jg., 2007, Heft 2, S. 151-171

Kumar, V./Ramani, Girish/Bohling, Timothy (2004):
Customer Lifetime Value Approaches and Best Practice Application, erschienen in: Journal of Interactive Marketing, 18. Jg., 2004, Heft 3, S. 60-72

Kunesch, Hermann (1996):
Besonderheiten des Controlling in Klein- und Mittelbetrieben, in: Controlling, 2., überarbeitete und erweiterte Auflage, hrsg. von Eschenbach Rolf, Stuttgart: Schäffer-Poeschel, 1996, S. 630-635

Küpker, Horst/Pudig, Andrea (2001):
Organisatorischer Aufbau der Gesamtbanksteuerung, in: Handbuch Gesamtbanksteuerung: Integration von Markt-, Kredit- und operationalen Risiken, hrsg. von Eller, Roland, Stuttgart: Schäffer-Poeschel, 2001, S. 571-590

Küpper, Hans-Ulrich (2001):
Controlling: Konzeption – Aufgaben – Instrumente, 3., überarbeitete und erweiterte Auflage, Stuttgart: Schäffer-Poeschel, 2003

Küpper, Hans-Ulrich/Wagenhofer, Alfred (Hrsg.) (2002):
Handwörterbuch Unternehmensrechnung und Controlling, 4., völlig neu gestaltete Auflage, Stuttgart: Schäffer-Poeschel, 2002

Kuß, Heike (2002):
VR-Control: der Soll-Ist-Vergleich, erschienen in: Bankinformation, 29. Jg., 2002, Heft 11, S. 34-36

L

Lam, Shun Yin/Shankar, Venkatesh/Erramilli, M. Krishna/Murthy, Bvsan (2004):
Customer Value, Satisfaction, Loyalty, and Switching Costs: An Illustration from a Business to Business Service Context, erschienen in: Journal of the Academy of Marketing Science, 32. Jg., 2004, Heft 3, S. 293-311

Lamprecht, Dirk/Donschen, Alexander (2006):
Der Nutzen des Member Value Reporting für Genossenschaftsbanken: eine ökonomische und juristische Analyse, Arbeitspapier des Instituts für Genossenschaftswesen der Westfälischen Wilhelms-Universität Münster, Nr. 58, 2005

Lang, Johannes/Weidmüller, Ludwig (2005):
Genossenschaftsgesetz: (Gesetz, betreffend die Erwerbs- und Wirtschaftsgenossenschaften) – mit Erläuterungen zum Umwandlungsgesetz: Kommentar, 34., völlig neu bearbeitete Auflage, Berlin: Verlag de Gruyter, 2005

Lang, Johannes/Weidmüller, Ludwig (Hrsg.) (2006):
Genossenschaftsgesetz: (Gesetz, betreffend die Erwerbs- und Wirtschaftsgenossenschaften): Kommentar, 35., neu bearbeitete Auflage, Berlin: Verlag de Gruyter, 2006

Lange, Thomas A./Schulze, Heiko (Hrsg.) (2005):
Wertmanagement in Banken: Festschrift zum 65. Geburtstag von Guido Eilenberger, Wiesbaden: Gabler Verlag, 2005

Langguth, Heike (1994):
Strategisches Controlling, Ludwigsburg/Berlin: Verlag Wissenschaft und Praxis, 1994

Lehmann, Stefan (2008):
Die "Richtigen" ansprechen, erschienen in: Bankinformation, 35. Jg., 2008, Heft 3, S. 64-65

Licht, Wolfgang (1980):
Die Beteiligungsfinanzierung der Kreditgenossenschaften, in: Veröffentlichungen des Forschungsinstituts für Genossenschaftswesen an der Universität Nürnberg, Erlangen, Nürnberg, 1980

Lichtsteiner, Hans/Schwarz, Peter (2008):
Genossenschaftsmanagement im Spannungsfeld zwischen Mission und Ökonomie, erschienen in: Zeitschrift für das gesamte Genossenschaftswesen (ZfgG), 58. Jg., 2008, Heft 3, S. 195-206

Link, Jörg/Brändli, Dieter/Schleuning, Christian/Kehr, Roger E. (Hrsg.) (1997):
Handbuch Database Marketing, 2., korrigierte Auflage, Ettlingen: IM-Fachverlag Marketing Forum, 1997

Link, Jörg/Hildebrand, Volker G. (1997):
Ausgewählte Konzepte der Kundenbewertung im Rahmen des Database Marketing, in: Handbuch Database Marketing, 2., korrigierte Auflage, hrsg. von Link, Jörg/Brändli, Dieter/Schleuning, Christian/Kehr, Roger E., Ettlingen: IM-Fachverlag Marketing Forum, 1997, S. 158-173

Lipfert, Helmut (1988):
Mitgliederförderndes Kooperations- und Konkurrenzmanagement in genossenschaftlichen Systemen, 2., unveränderte Auflage, Göttingen: Vandenhoeck & Ruprecht, 1988

Lippmann, H. (1992):
Kennzahlen und Steuerungssysteme, in: Erfolgreiches Verkaufs-Management, hrsg. von Brockmann, Günter M., Landsberg/Lech: Verlag Moderne Industrie, 1992,
S. 1-19

Lippmann, Ingo (2006):
Marekting, in: Corporate Banking: Zukunftsorientierte Strategien im Firmenkundengeschäft, 5., vollständig überarbeitete Auflage, hrsg. von Brost, Heike/Dahmen, Andreas/Lippmann, Ingo, Frankfurt am Main: Bankakademie Verlag, 2006

Lissautzki, Marius (2007):
Kundenwertorientierte Unternehmenssteuerung, Wiesbaden: Gabler Verlag, 2007

Loos, Peter/Krcmar, Helmut (Hrsg.) (2007):
Architekturen und Prozesse: Strukturen und Dynamik in Forschung und Unternehmen, Berlin/Heidelberg/New York: Springer, 2007

Lubitz, Karl-Joachim (1984):
Bankmarketing gegenüber mittelständischen Betrieben, Frankfurt am Main: Fritz Knapp Verlag, 1984

Lürig, Rolf (1985a):
Verkörperte Selbsthilfe - Einst und jetzt, in: Unternehmenspolitik von Genossenschaftsbanken: Neun Vorträge, hrsg. von Lürig, Rolf, Göttingen: Vandenhoeck & Ruprecht, 1985 ,S. 1-17

Lürig, Rolf (1985b):
Das Verhältnis der Volksbanken zu ihren Mitgliedern, in: Unternehmenspolitik von Genossenschaftsbanken: Neun Vorträge, hrsg. von Lürig, Rolf, Göttingen: Vandenhoeck & Ruprecht, 1985 ,S. 19-36

Lürig, Rolf (1985c):
Aktive Kreditpolitik genossenschaftlicher Banken, in: Unternehmenspolitik von Genossenschaftsbanken: Neun Vorträge, hrsg. von Lürig, Rolf, Göttingen: Vandenhoeck & Ruprecht, 1985 ,S. 37-52

Lürig, Rolf (Hrsg.) (1985):
Unternehmenspolitik von Genossenschaftsbanken: Neun Vorträge, Göttingen: Vandenhoeck & Ruprecht, 1985

Lütje, Sebastian (2009):
Kundenbeziehungsfähigkeit: Konzeptualisierung und Erfolgswirkung, Wiesbaden: Gabler Verlag, 2009

M

Macharzina, Klaus (2003):
Unternehmensführung: Das internationale Managementwissen: Konzepte, Methoden, Praxis, 4., grundlegend überarbeitete Auflage, Wiesbaden: Gabler Verlag, 2003

MacNeil, Ian. R. (1979):
The New Social Contract: An Inquiry into Modern Contractual Relations, New Haven/London: Yale Univ. Press, 1979

Malthouse, Edward C./Blattberg, Robert C. (2005):
Can we predict Customer Lifetime Value?, erschienen in: Journal of Interactive Marketing, 19. Jg., 2005, Heft 1, S. 2-16

Männel, Wolfgang (Hrsg.) (1992):
Handbuch Kostenrechnung, Wiesbaden: Gabler Verlag, 1992

Matzler, Kurt/Sauerwein, Elmar/Stark, Christian (2009):
Methoden zur Identifikation von Basis-, Leistungs- und Begeisterungsfaktoren, in: Kundenorientierte Unternehmensführung: Kundenorientierung, Kundenzufriedenheit, Kundenbindung, hrsg. von Hinterhuber, Hans H./Matzler, Kurt, Wiesbaden: Gabler Verlag, 2009, S. 320-344

Matzler, Kurt/Stahl, Heinz K./Hinterhuber, Hans H. (2009):
Die Customer-Based View der Unternehmung, in: Kundenorientierte Unternehmensführung: Kundenorientierung, Kundenzufriedenheit, Kundenbindung, hrsg. von Hinterhuber, Hans H./Matzler, Kurt, Wiesbaden: Gabler Verlag, 2009, S. 3-31

Meffert, H. (1998):
Marketing: Grundlagen marktorientierter Unternehmensführung: Konzepte – Instrumente – Praxisbeispiele, 8., vollständig neu bearbeitete und erweiterte Auflage, Wiesbaden: Gabler Verlag, 1998

Meffert, Heribert/Bruhn, Manfred (2009):
Dienstleistungsmarketing, 6., vollständig neu bearbeitete Auflage, Wiesbaden: Gabler Verlag, 2009

Meiler, Rudolf Carl (Hrsg.) (1999):
Mittelstand und Betriebswirtschaft: Beiträge aus Wissenschaft und Praxis, Wiesbaden: Gabler Verlag, 1999

Mengen, Andreas/Mettler, Alina (2008):
Kundenwertermittlung: wie viel Vertrieb ist uns der Kunde wert?, erschienen in: Zeitschrift für Controlling & Management (ZfCM), 52. Jg., 2008, Heft 1, S. 30-36

Mercedes Benz (2011):
Online im Internet, URL: http://www.mercedes-benz.de/content/germany/mpc/mpc_germany_website/de/home_mpc/van/home/financial_services/home.html (Stand: 10.08.2011)

Meyer, Anton/Dornach, Frank (1997):
Das Deutsche Kundenbarometer - Qualität und Zufriedenheit: Eine Studie zur Kundenzufriedenheit in Deutschland, Wiesbaden: Gabler Verlag, 1997

Meyer, Anton/Kantsperger, Roland/Wilkoszewski, Alexander (2005):
Strategien zur Messung und Ausschöpfung des Kundenwerts, in: Integriertes Risiko- und Ertragsmanagement: Kunden- und Unternehmenswert zwischen Risiko und Ertrag, hrsg. von Keuper, Frank/Roesing, Dirk/Schomann, Marc, Wiesbaden: Gabler Verlag, 2005, S. 297-320

Meyer, Anton/Oevermann, Dirk (1995):
Kundenbindung, in: Handwörterbuch des Marketing, 2., überarbeitete Auflage, hrsg. von Tietz, Bruno/Köhler, Richard/Zentes, Joachim, München: Vahlen Verlag, 1995, Sp. 1340-1351

Meyer, Matthias/Shaffu, Nina (2007):
Unternehmenswertorientiertes Kundenmanagement auf Basis des Customer Lifetime Value: Eine empirische Studie bei Mobilfunknutzern in Deutschland und Frankreich, erschienen in: Zeitschrift für Controlling & Management (ZfCM), 51. Jg., 2007, Heft 1, S. 54-62

Meyer, Paul Werner (1990):
Der integrative Marketingansatz und seine Konsequenzen für das Marketing, in: Integrierte Marketingfunktionen, 2., überarbeitete Auflage, hrsg. von Meyer, Paul Werner, Stuttgart: Kohlhammer Verlag, 1990, S. 13-30

Meyer, Paul Werner (Hrsg.) (1990):
Integrierte Marketingfunktionen, 2., überarbeitete Auflage, Stuttgart: Kohlhammer Verlag, 1990

Middermann, Frank (1987):
Darstellung und Analyse größenspezifischer Probleme für ein Controlling in mittleren Unternehmen: Erarbeitung von Lösungsansätzen unter besonderer Berücksichtigung organisatorischer Gestaltungsmöglichkeiten, Dissertation, Berlin: Technische Universität Berlin, 1987

Mödritscher, Gernot J. (2008):
Customer Value Controlling: Hintergründe, Herausforderung, Methode, Wiesbaden: Gabler Verlag, 2008

Monßen, Hans-Georg (1998):
Shareholder-Value und Förderauftrag, erschienen in: Zeitschrift für das gesamte Genossenschaftswesen (ZfgG), 48. Jg., 1998, Heft 4, S. 288-297

Moormann, Jürgen/Schmidt, Günter (2007):
IT in der Finanzbranche: Management und Methoden, Berlin/Heidelberg/New York: Springer Verlag, 2007

Morgan, Robert M./Hunt, Shelby D. (1994):
The Commitment-Trust Theory of Relationship Marketing, erschienen in: Journal of Marketing, 58. Jg., 1984, Heft 3, S. 20-38

Moriarty, Rowland T./Kimball, Ralph, C./Gay, J. H. (1983):
The Management of Corporate Banking Relationships, erschienen in: MIT – Sloan Management Review, 24. Jg., 1983, Heft 3, S. 3-15

Mugler, Josef (1995):
Betriebswirtschaftslehre der Klein- und Mittelbetriebe, 2., neubearbeitete Auflage, Wien/New York: Springer Verlag, 1995

Mulhern, Francis J. (1999):
Customer Profitability Analysis: Measurement, Concentration, and Research Directions, erschienen in: Journal of Interactive Marketing, 13. Jg., 1999, Heft 1, S. 25-40

Müller, Klaus (1998):
Kommentar zum Genossenschaftsgesetz GenG, 2. Aufl., Bielefeld: Gieseking Verlag, 1998

Münkner, Hans-Hermann (1990):
Forschungsprojekt 'Strukturfragen der deutschen Genossenschaften': Zusammenfassung der wichtigsten Ergebnisse einer Umfrage bei Genossenschaftsbanken, Marburg: o. V., 1990

Münkner, Hans-Hermann (Hrsg.) (2002):
"Nutzer-orientierte" versus "Investor-orientierte" Unternehmen, Göttingen: Vandenhoeck & Ruprecht, 2002

Münkner, Hans-Hermann/Ringle, Günther (Hrsg.) (2006): Zukunftsperspektiven für Genossenschaften: Bausteine für typgerechte Weiterentwicklung, Bern/Stuttgart/Wien: Haupt Verlag, 2006

N

Nader, Georg (1995):
Zufriedenheit mit Finanzdienstleistungen: Erfolgswirksamkeit, Messung und Modellierung, Wien/New York: Springer Verlag, 1995

Nagel, Dörte (2008):
Kundenwertorientierte Vertriebssteuerung für Firmen- und Gewerbeversicherungen, erschienen in: Zeitschrift für das Versicherungswesen, 59. Jg., 2008, Heft 6, S. 188-191

Natter, Nikolaus/Meck, Andreas/Jodlbauer, Richard (2007):
Studie: Vertriebssteuerung, Aktivitätensteuerung und „Mobiler Vertrieb“ in Regionalbanken auf dem Prüfstand, erschienen in: BankPraktiker, o. Jg., Heft 3, 2007, S. 120-121

Nieschlag, Robert/Dichtl, Erwin/Hörschgen, Hans (2002):
Marketing, 19. überarbeitete und ergänzte Auflage, Berlin: Duncker & Humblot, 2002

Nirschl, Marco/Paul, Verena (2007):
Vertriebsstärke in Banken und Sparkassen: Status quo und Gestaltungsmöglichkeiten, in: Wertorientierte Vertriebssteuerung in Banken und Sparkassen: Deckungsbeitragsmessung, Multikanal-Steuerung, erfolgsabhängige Vergütung, 2., überarbeitete und ergänzte Auflage, hrsg. von Wimmer, Konrad, Heidelberg: FinanzColloquium, 2007, S. 180-213

Noll, Jürgen (2003):
Unternehmensführung durch Management-by-Methoden, erschienen in: WISU - Das Wirtschaftsstudium, 32. Jg., 2003, Heft 7, S. 898-902

Nötzel, Rötger (1982):
Kunde, in: Das große Lexikon für Handel und Absatz, 2., überarbeitete und erweiterte Auflage, hrsg. von Falk, Bernd/Wolf, Jakob, Landsberg/Lech: Verlag Moderne Industrie, 1982, S. 453-454

Nowak, Helge (2002):
Ratings für alle Segmente, erschienen in: Bankinformation, 29. Jg., 2002, Heft 5, S. 22-28

Nuber, Wolfgang (1995):
Strategische Kontrolle: Konzeption, Organisation und kontextspezifische Differenzierung, Wiesbaden: Deutscher Universitäts-Verlag, 1995

O

Oellerking, Klaus/Holzgrabe, Manfred (1990):
Sparkassen und Genossenschaftsbanken im Spannungsverhältnis zwischen Moral und Ökonomie: Strukturelemente, Organisationsgrundsätze und Geschäftspolitik, Frankfurt am Main/Bern/New York et al.: Peter Lang Verlag, 1990

Oelrich, Jan-Frederik (2008):
Kundensegmentierung im Firmenkundengeschäft von Kreditgenossenschaften, nicht veröffentlichte Diplomhausarbeit, Münster: Westfälische Wilhelms-Universität, 2008

Olbrich, Rainer (2006):
Marketing: Ein Einführung in die marktorientierte Unternehmensführung. 2., überarbeitete und erweiterte Auflage, Berlin/Heidelberg/New York: Springer Verlag, 2006

Osman Yasmin (2009):
Der Erfolg ist bedroht, Handelsblatt vom 24.07.2009

Osman, Yasmin/Schrinner, Axel (2009):
Genossenschaftsbanken zahlen Umsatzsteuer, Handelsblatt vom 30.09.2009

P

Padberg, Thomas (2005):
Analyse der Jahresabschlüsse von Genossenschaftsbanken und Sparkassen, Frankfurt am Main: Bankakademie Verlag, 2005

Pangratz, Olaf (1979):
Vertriebssteuerung in der Industrie unter besonderer Berücksichtigung der Konzentration des Nachfragepotenzials im Handel, Dissertation, Berlin: Freie Universität Berlin, 1979

Panzar, John C./Rosse, James N. (1987):
Testing for "Monopoly" Equilibrium, erschienen in: Journal of Industrial Economics, 35. Jg., 1987, Heft 4, S. 443-456

Paul, Michael/Paul, Stephan/Stein, Stefan (2003):
Szenen einer Ehe - Mittelstand und Banken in der Beziehungskrise?, Berlin/Bochum/Wien, 2003

Paul, Stephan (2008):
Preispolitik deutscher Banken – Zentrale Lücken identifizieren und schließen, in: Vertriebssteuerung in der Finanzdienstleistungsindustrie, hrsg. von Brost, Heike/Neske, Rainer/Wrabetz, Wolfgang, Frankfurt am Main: Frankfurt School Verlag, 2008, S. 401-425

Paulick, Heinz (1956):
Das Recht der eingetragenen Genossenschaft: ein Lehr- und Handbuch, Karlsruhe: Müller Verlag, 1956

Payne, Adrian/Frow, Pennie (2005):
A Strategic Framework for Customer Relationship Management, erschienen in: Journal of Marketing, 69. Jg., 2005, Heft 4, S. 167-176

Pelzl, Ursula (2006):
Am Kundenwert wachsen, erschienen in: Bankenpartner, o. Jg., 2006, Heft 4,
S. 8-14

Pepels, Werner (2002):
Stellenwert des Vertriebs in Literatur und Praxis, in: Handbuch Vertrieb, hrsg. von Pepels, Werner, München/Wien: Hanser Verlag, 2002, S. 3-9

Pepels, Werner (Hrsg.) (2002):
Handbuch Vertrieb, München/Wien: Hanser Verlag, 2002

Perridon, Louis/Steiner, Manfred (1999):
Finanzwirtschaft der Unternehmung, 10., überarbeitet Auflage, München: Vahlen Verlag, 1999

Peter, Sibylle Isabelle (1999):
Kundenbindung als Marketingziel: Identifikation und Analyse zentraler Determinanten, 2., überarbeitete und aktualisierte Auflage, Wiesbaden: Gabler Verlag, 1999

Peters, Thomas J./Waterman, Robert H. (1991):
Auf der Suche nach Spitzenleistungen: Was man von den bestgeführten US-Unternehmen lernen kann, 14. Auflage, Landsberg/Lech: Verlag Moderne Industrie, 1991

Petersen, Mitchell. A./Rajan, Raghuram G. (1994):
The Benefits of Lending Relationships: Evidence form Small Business Data, erschienen in: Journal of Finance, 49 Jg., 1994, Heft 1, S. 3-37

Pfaff, Dieter (2005):
Performancemessung aus agencytheoretischer Sicht, in: Controlling: Theorie und Konzeptionen, hrsg. von Scherm, Ewald/Pietsch, Gotthard, München: Verlag Franz Vahlen, 2005, S. 167-189

Pfaffenberger, Kay (2009):
Demokratie und Partizipation in Kreditgenossenschaften - erlebte Teilhabe oder Illusion?, erschienen in: Zeitschrift für das gesamte Kreditwesen (ZfgK), 62. Jg., 2009, Heft 6, S. 279-284

Pfeifer, Hans (2009):
Mitgliedschaft - der Schatz der Kreditgenossenschaften, erschienen in: Zeitschrift für das gesamte Kreditwesen (ZfgK), 62. Jg., 2009, Heft 6, S. 269-270

Pfeiffer, Marion/Pirngruber, Norman/Mährle, Christine (2003):
Kunden- und Risikomanagement: Strategien im Firmenkundengeschäft der Kreditinstitute (Kurzversion), Frankfurt am Main: IBM Business Consulting Services, Strategic Change Solutions, 2003

Picot, Arnold/Neuburger, Rahild (2000):
Banken und das Firmenkundengeschäft im Internet-Zeitalter: der Einfluss der Informations- und Kommunikationstechnik auf Bankgeschäft und Bankorganisation unter besonderer Berücksichtigung des Firmenkundengeschäftes privater Banken, Köln: Bank-Verlag, 2000

Pieper, Bernhard (2006):
Das Drei-Säulen-System: Erfolgsbremse der deutschen Banken?, erschienen in: Wirtschaftsdienst, 86. Jg., Heft 7, S. 452-461

Pigou, Arthur Cecil (1960):
The Economics of Welfare, 4. Auflage, London: Macmillan, 1960

Pleister, Christopher (2002):
VR-CONTROL: Das Zukunftsprojekt des genossenschaftlichen FinanzVerbunds, erschienen in: Bankinformation, 29. Jg., 2002, Sonderheft 1, S. 4-5

Pleister, Christopher (2006):
Der genossenschaftliche FinanzVerbund - Ein Netzwerk für die Zukunft, in: Der Bankensektor im Wandel: Festschrift zum 65. Geburtstag von Professor Erich Priewasser, hrsg. von Emmerich, Norbert/Roßbach, Peter, Frankfurt am Main: Fritz Knapp Verlag, 2006, S. 113-122

Plinke, Wulff (1989):
Die Geschäftsbeziehung als Investition, in: Marketing-Schnittstellen: Herausforderungen für das Management, hrsg. von Specht, Günter/Abel, Bodo, Stuttgart: Poeschel Verlag, 1989, S. 305-325

Plinke, Wulff (1997):
Bedeutende Kunden, in: Geschäftsbeziehungsmanagement, hrsg. von Kleinaltenkamp, Michael/Plinke, Wulff, Berlin et al.: Springer Verlag, S. 113-159

Pohle, Andreas/Schlütken, Robert (2009):
Geschäftsgrundlagen, erschienen in: Bankinformation, 36. Jg., 2009, Heft 10, S. 40-44

Pohlkamp, Andre (2009):
Identifikation und Abschöpfung von Up-Selling-Potenzialen, Wiesbaden: Gabler Verlag, 2009

Polak, Benjamin/Herrmann, Andreas/Heitmann, Mark/Einhorn, Martin (2008):
Die Macht des Defaults: Wirkung von Empfehlungen und Vorgaben auf das individuelle Entscheidungsverhalten, erschienen in: Zeitschrift für Betriebswirtschaft (ZfB), 78. Jg., 2008, Heft 10, S. 1033-1060

Polster, Dirk (2001):
Finanzintermediation und institutioneller Wandel: Finanzsysteme, Universalbanken, Kreditgenossenschaften, Aachen: Shaker Verlag, 2001

Porter, Michael E. (1997):
Wettbewerbsstrategie: Methoden zur Analyse von Branchen und Konkurrenten, 9. Auflage, Frankfurt am Main: Campus Verlag, 1997

Praxmarer, Marc Andreas (1993):
Allfinanzstrategien aus Sicht der Banken: Rahmenbedingungen und Gestaltungsansätze unter besonderer Berücksichtigung der Universalbanken in der Schweiz, Bern et al.: Haupt Verlag, 1993

Preißner, Andreas (2003):
Kunden-Controlling: erfolgreiche Steuerung der Kundenbeziehung, München/Wien: Hanser Verlag, 2003

Priewasser, Erich (2001):
Bankbetriebslehre, 7., erweiterte und vollständig überarbeitete Auflage, München/Wien: Oldenbourg Verlag, 2001

Proeller, Michael (1996):
Konzipierung und Einführung eines Vertriebs-Controlling-Systems, Dissertation, St. Gallen: Universität St. Gallen, 1996

Pufahl, Mario (2003):
Implementierungsaspekte eines Vertriebscontrollings, erschienen in: Zeitschrift für Controlling und Management (ZfCM), 47. Jg., 2003, Heft 5, S. 339-343

Pufahl, Mario (2006):
Vertriebscontrolling: so steuern Sie Absatz, Umsatz und Gewinn, 2., erweiterter Auflage, Wiesbaden: Gabler Verlag, 2006

Püthe, Tina (2009):
Mittelständische Unternehmen und Genossenschaftsbanken: Eine empirische Analyse der Wirkung ökonomischer und verhaltenswissenschaftlicher Faktoren, Frankfurt am Main: Peter Lang Verlag, 2009

R

Raddao, Nino (2009):
Potenzialorientierte Kundensegmentierung zur Optimierung des Leistungsportfolios in der Firmenkundenbank, Frankfurt am Main: Peter Lang Verlag, 2008

Rappaport, Alfred (1999):
Shareholder value: ein Handbuch für Manager und Investoren, 2., vollständig überarbeitete und aktualisierte Auflage, Stuttgart: Schäffer-Poeschel, 1999

Recht, Andreas/Holm, Rüdiger (2005):
Grundelemente der Vertriebssteuerung im Firmenkundengeschäft, in: Bankstrategien im Firmenkundengeschäft: Konzeption – Management – Dimensionen, hrsg. von Börner, Christoph J./Maser, Harald/Schulz, Thomas Christian, Wiesbaden: Gabler Verlag, 2005, S. 133-146

Reckenfelderbäumer, Martin (2005):
Konzeptionelle Grundlagen des Dienstleistungscontrolling: Kritische Bestandsaufnahme und Perspektiven der Weiterentwicklung zu einem Controlling der Kundenintegration, in: Dienstleistungscontrolling, hrsg. von Bruhn, Manfred/Stauss, Bernd, Wiesbaden: Gabler Verlag, 2005 ,S. 32-51

Reckenfelderbäumer, Martin/Welling, Martin (2006):
Der Beitrag einer relativen Einzel-, Prozesskosten- und Deckungsbeitragsrechnung zur Ermittlung von Kundenwerten - konzeptionelle Überlegungen und Gestaltungsempfehlungen, in: Kundenwert: Grundlagen, innovative Konzepte, Praktische Umsetzungen, 3., überarbeitete und erweiterte Auflage, hrsg. von Günter, Bernd/Helm, Sabrina, Wiesbaden: Gabler Verlag, 2006, S. 337-368

Rehbach, Stefan (2003):
Kundenwert und Unternehmenswert: Eine Analyse am Beispiel des E-Commerce, Wiesbaden: Deutscher Universitäts-Verlag, 2003

Rehberg, Michael (2004):
Die Mischung macht's, erschienen in: Bankinformation, 31. Jg., 2004, Heft 8, S. 10-11

Rehbock, Tobias (2007):
Unternehmenskreditzinsen und Ertragslage der Banken im europäischen Vergleich, in: KfW-Research: Mittelstands- und Strukturpolitik, Ausgabe 38, Frankfurt am Main: KfW Bankengruppe, 2007

Rehkugler, Heinz (1989):
Erfolgsfaktoren der mittelständischen Unternehmen, erschienen in: WiSt - Wirtschaftswissenschaftliches Studium, 18. Jg., 1981, Heft 11, S. 626-632

Reichel, Richard (2005):
Zinsspanne und Marktmacht im genossenschaftlichen Bankensektor: Theoretische Überlegungen und empirische Befunde, erschienen in: Zeitschrift für das gesamte Genossenschaftswesen (ZfgG), 55. Jg., 2005, Heft 4, S. 277-288

Reichheld, Frederick F./Sasser, W. Earl (1990):
Zero Defections: Quality comes to services, erschienen in: Harvard Business Review, 68. Jg., 1990, Heft 5, S. 105-111

Reichwald, Ralf/Bastian, Christina/Lohse, Christoph (2000):
Vertriebsmanagement im Wandel: Neue Anforderungen an die Gestaltung der Kundenschnittstelle, in: Vertriebs-Management: Organisation, Technologieeinsatz, Personal, hrsg. von Reichwald, Ralf/ Bullinger, Hans-Jörg, Stuttgart: Schäffer-Poeschel, 2000, S. 3-31

Reichwald, Ralf/Bullinger, Hans-Jörg (Hrsg.) (2000):
Vertriebs-Management: Organisation, Technologieeinsatz, Personal, Stuttgart: Schäffer-Poeschel, 2000

Reinartz, Werner J./Krafft, Manfred (2001):
Überprüfung des Zusammenhangs von Kundenbindungsdauer und Kundenertragswert, erschienen in: Zeitschrift für Betriebswirtschaft (ZfB), 71. Jg., 2001, Heft 11, S. 1263-1281

Reinartz, Werner J./Krafft, Manfred/Hoyer, Wayne D. (2004):
The Customer Relationship Management Process: Its Measurement and Impact on Performance, erschienen in. Journal of Marketing Research, 41. Jg., 2004, Heft 3, S. 293-305

Reinartz, Werner J./Kumar, V. (2000):
On the Profitability of long-life Customers in a noncontractual setting: an empirical investigation and implications for Marketing, erschienen in: Journal of Marketing, 64. Jg., 2000, Heft October 2000, S. 17-35

Reinartz, Werner J./Thomas, Jaquelyn S./Kumar, V. (2005):
Balancing Acquisition and Rentention Resources to Maximize Customer Profitability, erschienen in: Journal of Marketing, 69. Jg., 2005, Heft 1, S. 63-79

Reinecke, Sven/Reibstein, David J. (2002):
Performance Measurement in Marketing und Verkauf – Einsatz von Marketingkennzahlen in den USA und in Kontinentaleuropa, erschienen in: Kostenrechnungspraxis: krp, 46. Jg., 2002, Heft 1, S. 18-25

Reinecke, Sven/Tomczak, Torsten (2001):
Einsatz von Instrumenten und Verfahren des Marketingcontrollings in der Praxis, in: Marketing-Controlling: Marketing als Motor von Wachstum und Erfolg, hrsg. von Reinecke, Sven/Tomczak, Torsten/Geis, Gerold, Frankfurt/Wien: Wirtschaftsverlag Ueberreuter, 2001, S. 76-89

Reinecke, Sven/Tomczak, Torsten/Dittrich, Sabine (Hrsg.) (1998):
Marketingcontrolling, St. Gallen: Verlag Thexis, 1998

Reinecke, Sven/Tomczak, Torsten/Geis, Gerold (Hrsg.) (2001):
Marketing-Controlling: Marketing als Motor von Wachstum und Erfolg, Frankfurt/Wien: Wirtschaftsverlag Ueberreuter, 2001

Reiners, Jens Oliver (2004):
Kundenwertsteigerung und Außendienst: Organisation, Personal- und Informationsmanagement im persönlichen Vertrieb, Berlin: Erich Schmidt Verlag, 2004

Reith, Daniel (1997):
Innergenossenschaftlicher Wettbewerb im Bankensektor, Sternenfels: Verlag Wissenschaft und Praxis, Studienreihe der Stiftung Kreditwirtschaft, 1997

Renker, Clemens (2004):
Vertriebsmanagement: Konzept - Prozess – Kultur: Grundlagen ganzheitlich vertikalen Marketings, Görlitz: Neisse Verlag, 2004

Renker, Clemens (2005):
Relationship Marketing im Firmenkundengeschäft: Konzepte, Erfolgsfaktoren, Umsetzung, 2., überarbeitete Auflage, Stuttgart: Deutscher Sparkassenverlag, 2005

Rese, Mario/Söllner, Albrecht/Utzig, Peter (Hrsg.) (2003):
Relationship Marketing: Standortbestimmung und Perspektiven, Berlin et al.: Springer Verlag, 2003

Richter, Klaus/Sterk, Thomas (2004):
Stellhebel kennen, Wirkungen entfalten, erschienen in: Bankinformation, 31. Jg., 2004, Heft 5, S. 36-39

Ridder, Thomas (2002):
Portfoliosteuerung der Adressrisiken, erschienen in: Bankinformation, 29. Jg., 2002, Heft 7, S. 17-24

Riebel, Paul (1992):
Einzelerlös-, Einzelkosten- und Deckungsbeitragsrechnung als Kern einer ganzheitlichen Ergebnisrechnung, in: Handbuch Kostenrechnung, hrsg. von Männel, Wolfgang, Wiesbaden: Gabler Verlag, 1992, S. 247-299

Rieker, Stephen (1995):
Bedeutende Kunden: Analyse und Gestaltung von langfristigen Anbieter-Nachfrager-Beziehungen auf industriellen Märkten, Wiesbaden: Deutscher Universitäts-Verlag, 1995

Ringle, Günther (1996):
Genossenschaftliches Identitätsprinzip: Zur Frage der Vermeidbarkeit von Abweichungen, in: Genossenschaften vor neuen Herausforderungen: Festschrift für Prof. Dr. Dr. Juhani Laurinkari, hrsg. von Brazda, Johann/Kleer, Jerzy, Augsburg: Maro-Verlag, 1996, S. 245-258

Ringle, Günther (2006):
"Erfolg" aus genossenschaftsspezifischer Sicht, erschienen in: Zeitschrift für das gesamte Genossenschaftswesen (ZfgG), 56. Jg., 2006, Heft 3, S. 207-220

Rinn, Thomas (1991):
Vertriebs-Controlling: Ausgestaltungs- und Anwendungsmöglichkeiten – dargestellt am Beispiel einer Unternehmung der bundesdeutschen Automobilindustrie, Dissertation, Gießen: Justus-Liebig-Universität Gießen, 1991

Ritter, Dwight S. (1993):
Relationship Banking: Cross-Selling the Bank's Products & Services to meet your Customer's every Financial Need, Chicago, Illinois: Bankers Publishing, 1993

Rolfes, Bernd (1993):
Marktzinsorientierte Investitionsrechnung, erschienen in: Zeitschrift für Betriebswirtschaft (ZfB), 63. Jg., 1993, Heft 7, S. 691-713

Rolfes, Bernd (1999):
Gesamtbanksteuerung, Stuttgart: Schäffer-Poeschel, 1999

Rolfes, Bernd (2002):
Das Firmenkundengeschäft – ein "Wertvernichter"?, in: Handbuch Firmenkundengeschäft: Technologie, Rating und Risikosteuerung als Kernkompetenz der Banken, 2., völlig überarbeitete Auflage, hrsg. von Juncker, Klaus /Priewasser, Erich, Frankfurt am Main: Fritz Knapp Verlag, 2002, S. 140-152

Rolfes, Bernd (2006):
Wachstumsgrenzen im Bankgeschäft und ihre Folgen, in: Die strukturelle Ertragsschwäche der Banken, hrsg. von Tietmeyer, Hans/Rolfes, Bernd, Wiesbaden: Gabler Verlag, 2006

Rolfes, Bernd (2008):
Integration, Effektivität, Effizienz: Neue Entwicklungen in der Banksteuerung, erschienen in: Bankinformation, 35. Jg., 2008, Heft 9, S. 22-25

Rolfes, Bernd/Dartsch, Andreas (1997):
Marge und Barwert im Konzept der Marktzinsmethode, erschienen in: WISU – Das Wirtschaftsstudium, 26. Jg., 1997, Heft 10, S. 926-940

Rometsch, Sieghardt (1999):
Die Zukunft des Firmenkundengeschäfts der Banken, in: Kundenorientierung von Banken: Strategie für Kundennähe und effektives Beziehungsmanagement, hrsg. von Herrmann, Andreas/Jasny, Ralf/Vetter, Ingrid, Frankfurt am Main: FAZ Verlagsbereich Buch, 1999, S. 157-178

Rosset, Saharon/Neumann, Einat/Eick, Uri/Vatnik, Nurik (2003):
Customer Lifetime Value Models for Decision Support, erschienen in: Data Mining and Knowledge Discovery, 7. Jg., 2003, Heft 3, S. 321-339

Roßner, Reik/Seifert, Sabine (2005):
Kundenorientiertes Vertriebscontrolling, erschienen in: Controller-Magazin, 30. Jg., 2005, Heft 6, S. 507-511

Rübenacker, Christoph (2009):
Die Bedeutung der organisatorischen Gestaltung für die Effektivität und Effizienz des Problemkreditmanagements: Analysen und Empfehlungen für Sparkassen und Kreditgenossenschaften auf der Grundlage einer empirischen Untersuchung, Dresden: TUDpress, 2009

Rudolf-Sipötz, Elisabeth (2001):
Kundenwert: Konzeption, Determinanten, Management, St. Gallen: Thexis Verlag, 2001

Rudolf-Sipötz, Elisabeth/Tomczak, Torsten (2001):
Kundenwert in Forschung und Praxis, Fachbericht für Marketing 2001/2, Institut für Marketing und Handel, St. Gallen: Thexis, 2001

Russ, Andreas (2003):
Die MAK: eine schöne neue Welt?, erschienen in: WiSt – Wirtschaftswissenschaftliches Studium, 32. Jg., 2003, Heft 6, S. 351-353

Rust, Roland T./Lemon, Katherine N/Zeithaml, Valerie A. (2004):
Return on Marketing: Using Customer Equity to focus Marketing Strategy, erschienen in: Journal of Marketing, 68. Jg., 2004, Heft 1, S. 109-127

Rust, Roland T./Zeithaml, Valerie A./Lemon, Katherine N. (2000):
Driving Customer Equity: How Customer Lifetime Value is Reshaping Corporate Strategy, New York et al.: Free Press, 2000

Ryals, Lynette (2003):
Making Customers Pay: Measuring and Managing Customer Risk and Returns, erschienen in: Journal of Strategic Marketing, 11. Jg., 2003, Heft 3, S. 165-175

Ryals, Lynette (2005):
Making Customer Relationship Management work: the measurement and profitable management of Customer Relationships, erschienen in: Journal of Marketing, 69. Jg., 2005, Heft 4, S. 252-261

S

Sachenbacher, Hans-Ulrich (1990):
Prospektive Lebensdauerkalkulation von Kundenverbindungen in Kreditinstituten: ein anwendungsorientiertes, empirisch fundiertes Konzept für das Privatkundengeschäft unter Berücksichtigung der Konsequenzen in Marketing und Controlling, München: VVF, 1990

Sandkühler, Hans Jörg (Hrsg.) (1990):
Europäische Enzyklopädie zu Philosophie und Wissenschaften, Bd. 4: R-Z, Hamburg: Meiner Verlag, 1990

Sauerbrey, Christa/Henning, Rolf (2000):
Kunden-Rückgewinnung: erfolgreiches Management für Dienstleister, München: Vahlen Verlag, 2000

Schäfer, Heiko (2002):
Die Erschließung von Kundenpotenzialen durch Cross-Selling: Erfolgsfaktoren für ein produktübergreifendes Beziehungsmanagement, Wiesbaden: Gabler Verlag, 2002

Schäfer, Stefan/Weistroffer, Christian (2007):
Determinanten des deutschen Kreditzinsniveaus, erschienen in: Wirtschaftsdienst, 87. Jg., 2007, Heft 7, S. 600-606

Schäffer, Utz/Steiners, Daniel (2005):
Wie nutzen Geschäftsführung und Vorstände in deutschen Industrieunternehmen ihre Kostenrechnung?, erschienen in: Controlling: Zeitschrift für erfolgsorientierte Unternehmenssteuerung, 17. Jg., 2005, Heft 6, S. 321-325

Schax, Elke (2007):
Strategieorientierte Personalentwicklung in Genossenschaftsbanken: Eine empirische Untersuchung zur betrieblichen Weiterbildung, Wiesbaden: Deutscher Universitätsverlag, 2007

Scheer, Olaf (1989):
Potentialorientierte Analyse und Steuerung des Privatkundengeschäfts von Banken, Kiel: Vauk Verlag, 1989

Schemuth, Jan (1996):
Möglichkeiten und Grenzen der Bestimmung des Werts eines Kunden für ein Unternehmen der Automobilindustrie: dargestellt am Beispiel eines Käufers der C-Klasse von Mercedes Benz, München: Verlag der FGM Fördergesellschaft Marketing in München e.V., 1996

Scherm, Ewald/Pietsch, Gotthard (Hrsg.) (2004):
Controlling: Theorie und Konzeptionen, München: Verlag Franz Vahlen, 2004

Schewe, Gerhard (1999):
Unternehmensstrategie und Organisationsstruktur: ein systematischer Überblick zum Stand der Forschung, erschienen in: Die Betriebswirtschaft, 59. Jg., 1999, Heft 1, S. 61-75

Schierenbeck, Henner (2003):
Ertragsorientiertes Bankmanagement, Band 1: Grundlagen, Marktzinsmethode und Rentabilitäts-Controlling, 8., überarbeitete und erweiterte Auflage, Wiesbaden: Gabler Verlag, 2003

Schierenbeck, Henner (Hrsg.) (2001):
Handbuch Bankcontrolling, 2., überarbeitete und erweiterte Auflage, Wiesbaden: Gabler Verlag, 2001

Schierenbeck, Henner/Lister, Michael/Kirmße, Stefan (2008):
Ertragsorientiertes Bankmanagement, Band 2: Risiko-Controlling und integrierte Rendite-/Risikosteuerung, 9., aktualisierte und überarbeite Auflage, Wiesbaden: Gabler Verlag, 2008

Schierenbeck, Henner/Pohl, Michael (2010):
Sicherstellung nachhaltiger Kundenbeziehungen als Herausforderung für bankbetriebliche Steuerungssysteme, in: Management von Kundenbeziehungen: Perspektiven, Analysen, Strategien, Instrumente, hrsg. von Georgi, Dominik/Hadwich, Karsten, Wiesbaden: Gabler Verlag, 2010, S. 277-294

Schildbach, Thomas (1992):
Begriff und Grundprobleme des Controlling aus betriebswirtschaftlicher Sicht, in: Controlling: Grundlagen – Informationssysteme – Anwendungen, hrsg. von Spremann, Klaus/Zur, Eberhard, Wiesbaden: Gabler Verlag, 1992, S. 21-36

Schleuning, Christian (1994):
Dialogmarketing: Theoretische Fundierung, Leistungsmerkmale und Gestaltungsansätze, Ettlingen: IM-Marketing-Forum, 1994

Schleuning, Christian (1997):
Die Analyse und Bewertung der einzelnen Interessenten und Kunden als Grundlage für die Ausgestaltung des Database Marketing, in: Handbuch Database Marketing, 2., korrigierte Auflage, hrsg. von Link, Jörg/Brändli, Dieter/Schleuning, Christian/Kehl, Roger E., Ettlingen: IM-Fachverlag Marketing Forum, 1997, S. 142-157

Schlüchtermann, Jörg/Klöpfer, Ralf/Braun, Andrea (1999):
Balanced Scorecard: Ein neues Konzept zur kennzahlengestützten Strategieumsetzung – Einsatzmöglichkeiten für den Mittelstand, in: Mittelstand und Betriebswirtschaft: Beiträge aus Wissenschaft und Praxis, hrsg. von Meiler, Rudolf Carl, Wiesbaden: Gabler Verlag, 1999, S. 103-121

Schmalen, Helmut (1999):
Grundlagen und Probleme der Betriebswirtschaft, 11., vollständig überarbeitete und erweiterte Auflage, Köln: Wirtschaftsverlag Bachem, 1999

Schmid, Stefan/Kutschker, Michael (2002):
Zentrale Grundbegriffe des strategischen Managements, erschienen in: WISU - Das Wirtschaftsstudium, 31. Jg., 2002, Heft 10, S. 1238-1246

Schmidt, Thomas (2001):
Die neue Rolle des Firmenkundenbetreuers im mittelständischen Firmenkundengeschäft: eine Analyse etablierter Firmenkundenbetreuungsansätze und Entwicklung eines Modells zur Erfolgspartnerschaft, Aachen: Shaker Verlag, 2001

Schmidt-Sudhoff, Ulrich (1967):
Unternehmensziele und unternehmerisches Zielsystem, Wiesbaden: Gabler Verlag, 1967

Schmoll, Anton (2004):
Firmenkundengeschäft mit System: Bausteine zur Optimierung des Vertriebserfolgs, erschienen in: Bankinformation, 31. Jg., 2004, Heft 6, S. 24-29

Schmoll, Anton (2006):
Vertriebsoptimierung im Firmenkundengeschäft: Lösungen für nachhaltige Ertragssteigerung, Wiesbaden: Deutscher Genossenschafts-Verlag, 2006

Schmoll, Anton (2008):
Transparenz schaffen: Konsequentes Aktivitätencontrolling macht Vertriebsaktivitäten sichtbar, erschienen in: Bankinformation, 35. Jg., 2008, Heft 2, S. 52-55

Schmoll, Anton (Hrsg.) (1997):
Bankmarketing für Firmenkunden: Tendenzen, Strategien, Neue Wege, Wien: Manz Verlag, 1997

Schmoll, Anton (Hrsg.) (2008):
Erfolgreiche Vertriebsstrategien im Firmenkundengeschäft: Konzepte, Praxisberichte, Lösungen, Köln: bank-verlag medien, 2008

Schmöller, Petra (2001):
Kunden-Controlling: Theoretische Fundierung und empirische Erkenntnisse, Wiesbaden: Gabler Verlag, 2001

Schneider, Nicole C. (2007):
Kundenwertbasierte Effizienzmessung: Der Beitrag von Marketingmaßnahmen zur Unternehmenswerterhöhung, Wiesbaden: Gabler Verlag, 2007

Schneider, Yvonne (2007):
Die wertorientierte Planung von Tangibles: Eine Untersuchung am Beispiel des Kundenwerts, Hamburg: Verlag Dr. Kovač, 2007

Schöffling, Bernd (1991):
Der Wert einer Genossenschaft für ihre Mitglieder: Ein mehrdimensionales Bewertungsmodell, Arbeitspapier der Forschungsstelle für Genossenschaftswesen an der Universität Hohenheim, Nr. 8, Stuttgart-Hohenheim: Universität Hohenheim, 1992

Schöner, Manfred/Graeve, Andrea (2004):
Kundenkontaktmanagement – Herzstück der Vertriebsstrategie einer Retailbank, in: Handbuch Vertriebsmanagement Finanzdienstleistungen: Analyse, Umsetzung und Perspektiven bei Banken und Sparkassen, hrsg. von Duttenhöfer, Stephan/Keller, Bernhard, Frankfurt am Main: Fritz Knapp Verlag, 2004, S. 141-170

Schöning, Stefan (2003):
Herausforderungen an das Bankmarketing, erschienen in: WISU - Das Wirtschaftsstudium, 32. Jg., 2003, Heft 8/9, S. 1043-1047.

Schramm, Bernhard (1982):
Die Volksbanken und Raiffeisenbanken, 2. überarbeitete und aktualisierte Auflage, Frankfurt am Main: Fritz Knapp Verlag, 1982

Schreiber, Horst (2007):
Neue Vertriebserfolge im Privat- und Firmenkundengeschäft am Beispiel der Volksbank Trier eG (Lektion 6), Schriftlicher Management-Lehrgang in 8 Lektionen: Vertriebssteuerung in Banken und Sparkassen, Düsseldorf: Euroforum Verlag, 2007

Schreyögg, Georg/Geiger, Daniel (2005):
Zur Konvertierbarkeit von Wissen – Wege und Irrwege im Wissensmanagement, erschienen in: Zeitschrift für Betriebswirtschaft (ZfB), 75. Jg., 2005, Heft 5, S. 433-454

Schreyögg, Georg/Koch, Jochen (2007):
Grundlagen des Managements: Basiswissen für Studium und Praxis, Wiesbaden: Gabler Verlag, 2007

Schreyögg, Georg/Steinmann, Horst (1985):
Strategische Kontrolle, erschienen in: Zeitschrift für betriebswirtschaftliche Forschung (ZfbF), 37. Jg., 1985, Heft 5, S. 391-410

Schroeder, Nina (2006):
Kundenwert als zentrale Größe zur wertorientierten Unternehmenssteuerung, Hamburg: Verlag Dr. Kovač, 2006

Schüller, Stephan/Schneider, Mike (2006):
Zwischen Kostendegression und Kundennähe: welche Unternehmenskonzepte haben Zukunft?, in: Banken auf der Suche nach strategischem Profil, hrsg. von Tietmeyer, Hans/Rolfes, Bernd, Wiesbaden: Gabler Verlag, 2006, S. 1-30

Schulte, Günther (2006):
Errichtung der Genossenschaft, in: Genossenschaftsgesetz (Gesetz betreffend die Erwerbs- und Wirtschaftsgenossenschaften): Kommentar, 35., neu bearbeitete Auflage, hrsg. von Lang, Johannes/Weidmüller, Ludwig, Berlin: de Gruyter, 2006, S. 53-233

Schulz, Bernhard (1995):
Kundenpotentialanalyse im Kundenstamm von Unternehmen, Frankfurt am Main: Peter Lang Verlag, 1995

Schulz, Thomas Christian (2005):
Strategische Segmentbildung im Firmenkundengeschäft der Banken, in: Bankstrategien im Firmenkundengeschäft: Konzeption, Management, Dimension, hrsg. von Börner, Christoph, J./Maser, Harald/Schulz, Thomas Christian, Wiesbaden: Gabler Verlag, 2005, S. 65-92

Schuster, Peter (1991):
Erfolgsorientierte Steuerung kleiner und mittlerer Unternehmen: funktionale, instrumentelle und organisatorische Aspekte eines größengerechten Controlling-Systems: Berlin et al.: Springer Verlag, 1991

Schweickart, Nikolaus/Töpfer, Armin (Hrsg.) (2006):
Wertorientiertes Management: Werterhaltung, Wertsteuerung, Wertsteigerung ganzheitlich gestalten, Berlin/Heidelberg/New York, 2006

Schweitzer, Marcell (2001):
Planung und Steuerung, in: Allgemeine Betriebswirtschaftslehre, Band 2: Führung, 8. Auflage, hrsg. von Bea, Franz-Xaver/Dichtl, Erwin/Schweitzer, Marcell, Stuttgart: Lucius & Lucius Verlag, 2001, S. 16-126

Schweitzer, Marcell/Friedl, Birgit (1992):
Beitrag zu einer umfassenden Controlling-Konzeption, in: Controlling: Grundlagen – Informationssysteme – Anwendungen, hrsg. von Spremann, Klaus/Zur, Eberhard, Wiesbaden: Gabler Verlag, 1992, S. 141-167

Schweitzer, Marcell/Küpper, Hans-Ulrich (2008):
Systeme der Kosten- und Erlösrechnung, 9., überarbeitete und erweiterte Auflage, München: Verlag Franz Vahlen, 2008

Schwencke, Moritz (2008):
Die Akzeptanz von Firmenkundenportalen: Eine empirische Studie der Einflussfaktoren, Wiesbaden: Gabler Verlag, 2008

Segbers, Klaus (2007):
Die Geschäftsbeziehung zwischen mittelständischen Unternehmen und ihrer Hausbank: Eine ökonomische und verhaltenswissenschaftliche Analyse, Frankfurt am Main: Peter Lang Verlag, 2007

Segbers, Klaus/Wirtz, Harald (2008):
Schlank und effektiv: Der VR-FinanzPlan Mittelstand bei der Volksbank Bitburg, erschienen in: Bankinformation, 35. Jg., 2008, Heft 1, S. 47-49

Sheth, Jagdish N./Parvatiyar, Atul (1995):
Relationship Marketing in Consumer Markets: Antecedents and Consequences, erschienen in: Journal of the Academy of Marketing, 23. Jg., 1995, Heft 4, S. 255-271

Siebert, Johannes (2009):
Modellierung komplementärer Interaktionen: Konzeption eines innovativen Ansatzes in der multiattributiven Theorie, Lohmar-Köln: Eul-Verlag, 2009

Siemes, Andreas (2002):
Marktorientierte Kreditrisikobewertung: Eine empirische Untersuchung mittels Künstlicher Neuronaler Netze, Frankfurt am Main: Peter Lang Verlag, 2002

Simon, Hermann (1992):
Lessons from German's Midsize Giants, erschienen in: Harvard Business Review, 70. Jg., 1992, Heft 3, S. 115-123

Söllner, Fritz (2001):
Die Geschichte des ökonomischen Denkens, 2., verbesserte Auflage, Berlin et al.: Springer Verlag, 2001

Specht, Günter/Abel, Bodo (Hrsg.) (1989):
Marketing-Schnittstellen: Herausforderungen für das Management, Stuttgart: Poeschel Verlag, 1989

Sperling, Dietrich (1984):
Grundlagenbeitrag, in: Die Genossenschaftsidee im Widerstreit der Meinungen: Tagungsbericht, hrsg. von Boettcher, Erik/Grossfeld, Bernhard/Wagner, Helmut, Münster: Regensberg, 1984, S. 33-42

Spremann, Klaus/Zur, Eberhard (Hrsg.) (1992):
Controlling: Grundlagen – Informationssysteme – Anwendungen, Wiesbaden: Gabler Verlag, 1992

Srivastava, Rajendra K./Shervani, Tasadduq A./Fahey, Liam (1997):
Driving Shareholder Value: The Role of Marketing in Reducing Vulnerability and Volatility of Cash Flows, erschienen in: Journal of Market Focused Management, 2. Jg., 1997, Heft 2, S. 49-64

Srivastava, Rajendra K./Shervani, Tasadduq A./Fahey, Liam (1998):
Market-Based Assets and Shareholder Value - A Framework for Analysis, erschienen in: Journal of Marketing, 62. Jg., 1998, Heft 1. S. 2-18

Srivastava, Rajendra K./Shervani, Tasadduq A./Fahey, Liam (1999):
Marketing, Business Processes, and Shareholder Value: An Organizational Embedded View of Marketing Activities and the Discipline of Marketing, erschienen in: Journal of Marketing, 63. Jg., 1999, Heft 4, S. 168-179

Stahl, Heinz K. (1996):
Zero-Migration: ein kundenorientiertes Konzept der strategischen Unternehmensführung, Wiesbaden: Gabler Verlag, 1996

Stahl, Heinz K./Hinterhuber, Hans-H./von den Eichen, Stephan A. Friedrich/Matzler, Kurt (2009):
Kundenzufriedenheit und Kundenwert, in: Kundenorientierte Unternehmensführung: Kundenorientierung, Kundenzufriedenheit, Kundenbindung, 6., überarbeitete Auflage, hrsg. von Hinterhuber, Hans H./Matzler, Kurt, Wiesbaden: Gabler Verlag, S. 247-266

Stahl, Heinz K./Matzler, Kurt/Hinterhuber, Hans-H. (2006):
Kundenbewertung und Shareholder-Value: Versuch einer Synthese, in: Kundenwert: Grundlagen, Innovative Konzepte, Praktische Umsetzungen, 3., überarbeitete und erweiterte Auflage, hrsg. von Günter, Bernd/Helm, Sabrina, Wiesbaden: Gabler Verlag, 2006, S. 425-445

Stanger, Martin (2007):
Customer Value Management: Kundenwert aus Anbieter- und Nachfragersicht, Saarbrücken : VDM Verlag Dr. Müller, 2007

Stanley, Scott M./Markman, Howard J. (1992):
Assessing Commitment in Personal Relationships, erschienen in: Journal of Marriage and the Family, 54. Jg., 1992, Heft 2, S. 595-608

Stauss, Bernd/Friege, Christian (1999):
Regaining Service Customers: Costs and Benefits of Regain Management, erschienen in: Journal of Service Research, 1. Jg., 1999, Heft 4, S. 347-361

Stauss, Bernd/Friege, Christian (2006):
Kundenwertorientiertes Rückgewinnungsmanagement, in: Kundenwert: Grundlagen, Innovative Konzepte, Praktische Umsetzungen, 3., überarbeitete und erweiterte Auflage, hrsg. von Günter, Bernd/Helm, Sabrina, Wiesbaden: Gabler Verlag, 2006, S. 509-530

Steck, Werner/Kundisch, Dennis (2005):
Langfristig ertragreiche Kundenbeziehungen im Finanzdienstleistungsbereich – Einflußfaktoren und Handlungsempfehlungen, in: Integriertes Risiko- und Ertragsmanagement: Kunden- und Unternehmenswert zwischen Risiko und Ertrag, hrsg. von Keuper, Frank/Roesing, Dirk/Schomann, Marc, Wiesbaden: Gabler Verlag, 2005, S. 441-464

Stein, Stefan/Kaltofen, Daniel/Paul, Stephan (2009):
Weitere 10 Jahre Einsatz von Ausfallprognoseverfahren im Firmenkreditgeschäft: Eine Vermessung der Neuen (Basler) Welt, erschienen in: Die Betriebswirtschaft (DBW), 69. Jg., 2009, Heft 3, S. 351-372

Steiner, Joachim (1980):
Die personelle Führungsstruktur in mittelständischen Betrieben, Göttingen: Otto Schwartz, 1980

Steiner, Jürgen (1995):
Der genossenschaftliche Bankenverbund im Spannungsfeld von Organisationszwang und Wettbewerbsdruck, in: Stabilität und Effizienz hybrider Organisationsformen: die Kooperation im Lichte der neuen Institutionenökonomik, hrsg. von Wagner, Helmut/Jäger, Wilhelm, Münster: Regensberg, 1995, S. 15-38

Steinmann, Horst/Schreyögg, Georg (2005):
Management: Grundlagen der Unternehmensführung: Konzepte – Funktionen – Fallstudien, 6., vollständig überarbeitete Auflage, Wiesbaden: Gabler Verlag, 2005

Steria Mummert Consulting (2007):
Branchenkompass 2007 Kreditinstitute, Frankfurt am Main/Hamburg: Steria Mummert Consulting AG; F.A.Z.-Institut für Management-, Markt- und Medieninformationen GmbH, 2007

Stock, Ruth (2003):
Der Einfluss der Kundenzufriedenheit auf die Preissensitivität von Firmenkunden: Transaktionstheoretische Betrachtung und empirische Analyse, erschienen in: Die Betriebswirtschaft (DBW), 63. Jg., 2003, Heft 3, S. 333-348

Storbacka, Kaj (1993):
Customer Relationship Profitability in Retail Banking, GTF: Forskningsrapporter, Nr. 29, Helsingfors, 1993

Sträter, Jens (2005):
Der Customer-Lifetime-Value von Privatkunden im Finanzdienstleistungssektor: Modellaufbau und Anwendung an der Kundengruppe der Hochschulabsolventen wirtschaftswissenschaftlicher Fakultäten, Frankfurt am Main: Fritz Knapp Verlag, 2005

Strauß, Marc R. (2006):
Erfolgsfaktoren von Banken im mittelständischen Firmenkundengeschäft: Empirische Analyse und konzeptionelle Anwendung, Wiesbaden: Deutscher Universitäts-Verlag, 2006

Stricker, Per/Leßmann, Johannes (2008):
Portfoliosteuerung von Immobilienkrediten unter Berücksichtigung des demographischen Wandels, erschienen in: Kredit & Rating Praxis, 34. Jg., 2008, Heft 1, S. 11-14

Strieder, Thomas (2000):
Eigenkapitalbeschaffung bei genossenschaftlichen Unternehmen, erschienen in: Zeitschrift für das gesamte Genossenschaftswesen (ZfgG), 50. Jg., 2000, Heft 3, S. 214-229

Stüker, David (2008):
Evaluierung und Steuerung von Kundenbeziehungen aus Sicht des unternehmenswertorientierten Controlling, Wiesbaden: Gabler Verlag, 2008

Stützel, Wolfgang (1976):
Wert und Preis, in: Handwörterbuch der Betriebswirtschaft, Band 3, 4., völlig neu gestaltete Auflage, hrsg. von Grochla, Erwin/Wittmann, Waldemar, Stuttgart: Schäffer-Poeschel, 1976, Sp. 4404-4426

Szyperski, Norbert (1980):
Informationsbedarf, in: Handwörterbuch der Organisation, 2., völlig neu gestaltete Auflage, hrsg. von Grochla, Erwin, Stuttgart: Schäffer-Poeschel, 1980, Sp. 904-913

T

Tebroke, Hermann-Josef (1998):
Kontrolle der Managementleistung in Kreditgenossenschaften, erschienen in: Zeitschrift für Organisation und Management (ZfO), 67 Jg., 1998, Heft 6, S. 332-339

Tewes, Matthias (2003):
Der Kundenwert im Marketing: Theoretische Hintergründe und Umsetzungsmöglichkeiten einer wert- und marktorientierten Unternehmensführung, Wiesbaden: Deutscher Universitäts-Verlag, 2003

Theurl, Theresia (2002):
"Shareholder Value" und "genossenschaftlicher Förderauftrag" - Zwei unvereinbare strategische Ausrichtungen?, in: Vom Modell zur Umsetzung: Strategische Herausforderungen für Genossenschaften, hrsg. von Theurl, Theresia/Greve, Rolf, Aachen: Shaker Verlag, 2002, S. 51-91

Theurl, Theresia (2003):
Dabei sein ist nicht alles, erschienen in: Bankinformation, 30. Jg., 2003, Heft 2, S. 12-15

Theurl, Theresia (2004):
Genossenschaftsbanken: Vertriebsautomaten oder Unternehmen?, erschienen in: Genossenschafts-Kurier, o. Jg., 2004, Heft 4, S. 1-2

Theurl, Theresia (2005):
Genossenschaftliche Mitgliedschaft und Member Value Reporting als Konzepte für die Zukunft, erschienen in: Zeitschrift für das gesamte Genossenschaftswesen (ZfgG), 55. Jg., 2005, Heft 2, S. 136-145

Theurl, Theresia/Böttiger, Jan-Matthias (2007):
Stakeholderorientierte Berichterstattung von Genossenschaften: Einordnung, Zielsetzung und Grundsätze des Member Value-Reportings, Arbeitspapier des Instituts für Genossenschaftswesen an der Westfälischen Wilhelms-Universität Münster, Nr. 70, Münster, 2007

Theurl, Theresia/Greve, Rolf (Hrsg.) (2002):
Vom Modell zur Umsetzung: Strategische Herausforderungen für Genossenschaften, Aachen: Shaker Verlag, 2002

Tietmeyer, Hans/Rolfes, Bernd (Hrsg.) (2006a):
Die strukturelle Ertragsschwäche der Banken, Wiesbaden: Gabler Verlag, 2006

Tietmeyer, Hans/Rolfes, Bernd (Hrsg.) (2006b):
Banken auf der Suche nach strategischem Profil, Wiesbaden: Gabler Verlag, 2006

Tietz, Bruno/Köhler, Richard/Zentes, Joachim (Hrsg.) (1995):
Enzyklopädie der Betriebswirtschaftslehre, Band 4: Handwörterbuch des Marketing, 2., völlig neu gestaltete Auflage, Stuttgart: Schäffer-Poeschel, 1995

tns infratest (2008):
Firmen-FMDS 2007: Analyse des deutschen Firmenkundenmarktes, Köln: tns infratest, 2008

tns infratest (2010):
Firmen-FMDS 2010: Analyse des deutschen Firmenkundenmarktes, Köln: tns infratest, 2010

Töfferl, Siegwald (1997):
Consulting-Banking: Unternehmensberatung für den Mittelstand, in: Bankmarketing für Firmenkunden: Tendenzen, Strategien, Neue Wege, hrsg. von Schmoll, Anton, Wien: Manz Verlag, 1997, S. 109-124

Tolkmitt, Volker (2007):
Neue Bankbetriebslehre: Basiswissen zu Finanzprodukten und Finanzdienstleistungen, 2., überarbeitete Auflage, Wiesbaden: Gabler Verlag, 2007

Tomczak, Torsten/Dittrich, Sabine (1997):
Erfolgreich Kunden binden: eine kompakte Einführung, Zürich: Werd-Verlag, 1997

Tomczak, Torsten/Reinecke, Sven/Finsterwalder, Jörg (2000):
Kundenausgrenzung: Umgang mit unerwünschten Dienstleistungskunden, in: Dienstleistungsmanagement Jahrbuch 2000, Wiesbaden: Gabler Verlag, 2000, S. 399-421

Tomczak, Torsten/Rudolf-Sipötz, Elisabeth (2006):
Bestimmungsfaktoren des Kundenwertes: Ergebnisse einer branchenübergreifenden Studie, in: Kundenwert: Grundlagen, Innovative Konzepte, Praktische Umsetzungen, 3., überarbeitete und erweiterte Auflage, hrsg. von Günter, Bernd/Helm, Sabrina, Wiesbaden: Gabler Verlag, 2006 ,S. 127-155

Topp, Stefan (1999):
Die Pre-Fusionsphase von Kreditinstituten: Eine Untersuchung der Entscheidungsprozesse und ihrer Strukturen, Sternenfels: Verlag Wissenschaft & Praxis, 1999

Treiblmaier, Horst (2007):
Beziehungsmarketing aus Kundensicht, erschienen in: Wirtschaftsinformatik, 49. Jg., 2007, Heft 1, S. 42-48

Tschöpel, Michael (2010):
Operationalisierungsversuche des Förderauftrags – Ereignisse und Implikationen einer Literaturstudie, Arbeitspapier Nr. 99, Institut für Genossenschaftswesen an der Westfälischen Wilhelms-Universität: 2010

V

Varmaz, Armin (2006):
Rentabilität im Bankensektor: Identifizierung, Quantifizierung und Operationalisierung werttreibender Faktoren, Wiesbaden: Deutscher Universitätsverlag, 2006

Venkatesan, Rajkumar/Kumar, V. (2004):
A Customer Lifetime Value Framework for Customer Selection and Resource Allocation Strategy, erschienen in: Journal of Marketing, 68. Jg., 2004, Heft 4, S. 106-125

Viehoff, Felix (1979):
Möglichkeiten der Zielkonkretisierung des gesetzlichen Förderungsauftrags bei Kreditgenossenschaften, in: Zeitschrift für das gesamte Genossenschaftswesen (ZfgG), Sonderheft: Erwartungen der Genossenschaftspraxis an die Wissenschaft: Tagungsbericht der IX. Internationalen Genossenschaftswissenschaftlichen Tagung 1978 in Freiburg/Schweiz, Göttingen: Vandenhoeck & Ruprecht, 1979

Vogel, Verena (2006):
Kundenbindung und Kundenwert: Der Einfluss von Einstellungen auf das Kaufverhalten, Wiesbaden: Gabler Verlag, 2006

Vogel, Verena/Evanschitzky, Heiner/Ramaseshan, B. (2008):
Customer Equity Drivers and Future Sales, erschienen in: Journal of Marketing, 72. Jg., 2008, Heft 4, S. 98-108

Vogel, Wolfgang (2002):
Zielbildung in Unternehmen mit aktiver Beteiligung der Mitglieder/Nutzer, in: "Nutzer-orientierte" versus "Investor-orientierte" Unternehmen, hrsg. von Münkner, Hans-Hermann, Göttingen: Vandenhoeck & Ruprecht, 2002, S. 59-85

Völckner, Frankziska (2006):
Methoden zur Messung individueller Zahlungsbereitschaften: Ein Überblick zum State of the Art, erschienen in: Journal für Betriebswirtschaft, 56. Jg., 2006, Heft 1, S. 33-60

Volk, K. O./ Volk, Günter (1989):
Genossenschaftsbanken zwischen Principal-Agent-Realität und dem Ideal der Wirtschaftsdemokratie, in: Genossenschaften und genossenschaftliche Forschung, hrsg. von Zerche, Jürgen/Herder-Dorneich, Philipp, Regensburg: Transfer Verlag, 1989, S. 139-156

Vomhoff, Stephan/Richter, Klaus (2006):
Weit entfernt, erschienen in: Bankinformation, 33. Jg., 2006, Heft 4, S. 22-25

von Boehm-Bezing, Carl-Ludwig (2002):
Zukunftsstrategien im europäischen mittelständischen Firmenkundengeschäft, in: Handbuch Firmenkundengeschäft: Technologie, Rating und Risikosteuerung als Kernkompetenz der Banken, 2., völlig überarbeitete Auflage, hrsg. von Juncker, Klaus/Priewasser, Erich, Frankfurt am Main: Fritz Knapp Verlag, 2002, S. 81-95

von der Oelsnitz, Dietrich/Nirsberger, Ina (2007):
Marktaustritt – Gründe und Barrieren, erschienen in: WISU – Das Wirtschaftsstudium, 36. Jg., 2007, Heft 10, S. 1288-1296

von Hippel, Eric (1986):
Lead Users: A Source of Novel Product Concepts, erschienen in: Management Science, 32. Jg., 1986, Heft 7, S. 791-805

von Usslar, Ludolf (2007):
Der genossenschaftliche Förderauftrag in der Problemkreditbetreuung, erschienen in: Zeitschrift für das gesamte Genossenschaftswesen (ZfgG), 57. Jg., 2007, Heft 1, S. 41-51

von Wangenheim, Florian (2003):
Weiterempfehlung und Kundenwert.: Ein Ansatz zur persönlichen Kommunikation, Wiesbaden: Deutscher Universitäts-Verlag, 2003

Von Wangenheim, Florian/Bayón, Tomás/Herrmann, Andreas (2006):
Die Abgabe von Weiterempfehlungen – Determinanten und ökonometrische Modellierung, erschienen in: Zeitschrift für betriebswirtschaftliche Forschung (ZfbF), 58. Jg., 2006, Heft 5, S. 304-336

VR-Bank Westmünsterland eG (2010):
Jahresabschluss zum 31. Dezember 2009, online im Internet, URL: https://www.ebundesanzeiger.de/ebanzwww/wexsservlet?session.sessionid=dff39ab68921e0609dcd2a42809d4cbe&page.navid=detailsearchlisttodetailsearchdetail&fts_search_list.selected=aa2f29bc2e92dd4e&fts_search_list.destHistoryId=55918 (Stand: 07.07.2011)

W

Wagner, Helmut/Jäger, Wilhelm (Hrsg.) (1995):
Stabilität und Effizienz hybrider Organisationsformen: die Kooperation im Lichte der neuen Institutionenökonomik, Münster: Regensberg Verlag, 1995

Wald, Matthias (2002):
Kreditderivate und modernes Kreditportfoliomanagement: Innovationspotenzial und Anwendungsbarrieren, Dissertation, Universität Mannheim. 2002

Walter, Georg (1996):
Beurteilung der Kundenattraktivität durch Kreditinstitute: Anforderungen an die Database und Umsetzungsmöglichkeiten für ein Gesamtkonzept, München: FGM Verlag, 1996

Wayland, Robert E./Cole, Paul M. (1997):
Customer Connections : New Strategies for Growth, Boston: Harvard Business School Press, 1997

Weber, Jürgen (2004):
Einführung in das Controlling, 10., überarbeitete und aktualisierte Auflage, Stuttgart: Schäffer-Poeschel, 2004

Weber, Jürgen/Lissautzki, Marius (2004):
Kundenwert-Controlling, Vallendar: WHU-Otto-Beisheim-Hochschule, Lehrstuhl für Betriebswirtschaftslehre, 2004

Weber, Jürgen/Lissautzki, Marius (2005):
Kundenwert-Controlling: Dienstleistungsunternehmen kundenorientiert steuern, in: Dienstleistungscontrolling, hrsg. von Bruhn, Manfred/Stauss, Bernd, Wiesbaden: Gabler Verlag, 2005, S. 304-323

Weber, Jürgen/Schäffer, Utz (2008):
Einführung in das Controlling, 12., überarbeitete und aktualisierte Auflage, Stuttgart: Schäffer-Poeschel, 2008

Weber, Werner (1981):
Strategien zur Verbesserung des Managements in kleinen und mittleren Unternehmen, München: Minerva Publikation, 1981

Webster, Frederick E. (1988):
The Rediscovery of the Marketing Concept, erschienen in: Business Horizons, 31. Jg., 1988, Heft 3, S. 29-39

Weegen, Marc (2006):
Mitgliedschaft auf sechs Säulen, erschienen in: Bankinformation, 33. Jg., 2006, Heft 11, S. 26-30

Weiber, Rolf/Adler, Jost (1995a):
Informationsökonomisch begründete Typologisierung von Kaufprozessen, erschienen in: Zeitschrift für betriebswirtschaftliche Forschung (ZfbF), 47. Jg., 1995, Heft 1, S. 43-65

Weiber, Rolf/Adler, Jost (1995b):
Der Einsatz von Unsicherheitsreduktionsstrategien im Kaufprozess: eine informationsökonomische Analyse, erschienen in; Zeitschrift für betriebswirtschaftliche Forschung (ZfbF), 47. Jg., 1995, Sonderheft 35, S. 61-77

Welsh, John A./White, Jerry F. (1981):
A small business is not a little big business, erschienen in: Harvard Business Review, 59. Jg., 1981, Heft 4, S. 18-32

WGZ BANK (2008):
Ergebnisse der Studie zur Potenzialanalyse im Firmenkundengeschäft, nicht veröffentlicht, Düsseldorf: WGZ BANK AG, 2008

WGZ Initiativkapital (2005):
Intelligente Finanzierungsalternativen, erschienen in: Initiativbanking, o. Jg., 2005, Heft 3, S. 10-11

Wiedemann, Arnd (1992):
Verbundstrategien für Kreditgenossenschaften, Bern/Stuttgart: Verlag Paul Haupt, 1992

Wiedmann, Klaus Peter/Hennigs, Nadine/In der Stroth, Anne-Berit (2006):
Wertorientiertes Kundenmanagement im Premiumsegment: Der Kunde als zentrale Steuerungsgröße in der Finanzdienstleistungsbranche, Arbeitspapier des Instituts Marketing & Management, Hannover: Universität Hannover, 2006

Wiemeyer, Joachim/Carstensen, Christiane (1984):
Zusammenfassendes Protokoll der Podiums- und Plenumsdiskussion, in: Die Genossenschaftsidee im Widerstreit der Meinungen, Tagungsbericht, hrsg. von Boettcher, Erik/Großfeld, Bernhard/Wagner, Helmut, Institut für Genossenschaftswesen der Universität Münster, Münster: Regensberg Verlag, 1984, S. 60-67

Wiesel, Thorsten/Skiera, Bernd (2007):
Unternehmensbewertung auf der Basis von Kundenlebenswerten, erschienen in: Zeitschrift für betriebswirtschaftliche Forschung (ZfbF), 59. Jg., 2007, Heft 6, S. 706-731

Wild, Jürgen (1974):
Betriebswirtschaftliche Führungslehre und Führungsmodelle, in: Unternehmensführung - Festschrift für Erich Kosiol zu seinem 75. Geburtstag, hrsg. von Wild, Jürgen, Berlin: Duncker & Humblot, S. 141-179

Wild, Jürgen (Hrsg.) (1974):
Unternehmensführung - Festschrift für Erich Kosiol zu seinem 75. Geburtstag, Berlin: Duncker & Humblot, 1974

Wilde, Klaus D./Hippner, Hajo (Hrsg.) (2006):
Grundlagen des CRM: Konzepte und Gestaltung, 2., überarbeitete und erweiterte Auflage, Wiesbaden: Gabler Verlag, 2006

Wille, Kai (2005):
Customer Equity: Grundlagen einer kundenwertorientierten Unternehmensführung, Wiesbaden: Deutscher Universitäts-Verlag, 2005

Wimmer, Konrad (2009):
Aktuelle Herausforderungen für die Vertriebssteuerung, erschienen in: Betriebswirtschaftliche Blätter, 58. Jg., 2009, Heft 4, S. 210-214

Wimmer, Konrad (2010):
Grundlagen der wertorientierten Vertriebssteuerung, in: Wertorientierte Vertriebssteuerung in Banken und Sparkassen: Potenzialermittlung, Deckungsbeitragsmessung, Multikanal-Steuerung, Erfolgsabhängige Vergütung, 3. Auflage, Heidelberg: FinanzColloquium, 2010, S. 13-43

Wimmer, Konrad (Hrsg.) (2007):
Wertorientierte Vertriebssteuerung in Banken und Sparkassen: Deckungsbeitragsmessung, Multikanal-Steuerung, erfolgsabhängige Vergütung, 2., überarbeitete und ergänzte Auflage, Heidelberg: FinanzColloquium, 2007

Wimmer, Konrad (Hrsg.) (2010):
Wertorientierte Vertriebssteuerung in Banken und Sparkassen: Potenzialermittlung, Deckungsbeitragsmessung, Multikanal-Steuerung, Erfolgsabhängige Vergütung, 3. Auflage, Heidelberg: FinanzColloquium, 2010

Wimmer, Konrad/Schilcher, Norbert/Windbichler, Christian (2010):
Bestandteile und Konzeptionen der wertorientierten Vertriebssteuerung, in: Wertorientierte Vertriebssteuerung in Banken und Sparkassen: Potenzialermittlung, Deckungsbeitragsmessung, Multikanal-Steuerung, Erfolgsabhängige Vergütung, 3. Auflage, Heidelberg: FinanzColloquium, 2010, S. 47-101

Wings, Heinz/Benölken, Heinz (2004):
Konsequent Kurs halten, erschienen in: Bankinformation, 31. Jg., 2004, Heft 4, S. 37-42

Winkelmann, Peter (2003):
Vertriebskonzeption und Vertriebssteuerung: Die Instrumente des integrierten Kundenmanagements (CRM), 2., völlig überarbeitete und erweiterte Auflage, München: Verlag Franz Vahlen, 2003

Wittmann, Georg (2006):
Steigerung des Cross-Selling-Erfolgs im mittelständischen Firmenkundengeschäft durch Produktbündelung, erschienen in: BIT – Banking and Information Technology, 7. Jg., 2006, Heft 1, S. 9-24

Wittmann, Georg/Drexler, Christian/Breitschaft, Markus/Krabichler, Thomas/Stahl, Ernst (2007):
Cross-Selling bei Banken und Sparkassen: Empirische Analyse zu Status quo, Trends und zukünftigen Anforderungen, Regensburg: ibi Research an der Universität Regensburg, 2007

Wittmann, Waldemar (1959):
Unternehmung und unvollkommene Information: Unternehmerische Voraussicht, Ungewissheit und Planung, Köln/Opladen: Westdeutscher Verlag, 1959

Wittmann, Waldemar/Kern, Werner/Köhler, Richard/Küpper, Hans-Ulrich/von Wysocki, Klaus (Hrsg.) (1993):
Handwörterbuch der Betriebswirtschaft, 5., völlig neu gestaltete Auflage, Stuttgart: Schäffer-Poeschel, 1993

Wöhe, Günter (1996):
Einführung in die Allgemeine Betriebswirtschaftslehre, 19., überarbeitete und erweiterte Auflage, München: Verlag Franz Vahlen, 1996

Wölfel, Julia/Denzler, Michaela (2008):
Der Umgang mit Kundendaten im Marketing aus Sicht des Datenschutzes: Eine Metaanalyse empirischer Studien, Arbeitspapier Nr. 161, Lehrstuhl für Marketing, Universität Erlangen-Nürnberg, 2008

Woodruff, Robert B. (1997):
Customer Value: the Next Source for Competitive Advantage, erschienen in: Journal of the Academy of Marketing Science, 25. Jg., 1997, Heft 2, S. 139-153

Woratschek, Herbert/Roth, Stefan (2006):
Die Ermittlung von Preisbereitschaften und Preisreaktionen als Basis zur Bestimmung des Kundenwerts, in: Kundenwert: Grundlagen, Innovative Konzepte, Praktische Umsetzungen, 3., überarbeitete und erweiterte Auflage, hrsg. von Günter, Bernd/Helm, Sabrina, Wiesbaden: Gabler Verlag, 2006, S. 369-395

Wossidlo, Peter Rüttger (1993):
Stichwort: Mittelständische Unternehmen, in: Handwörterbuch der Betriebswirtschaft, 5., völlig neu gestaltete Auflage, hrsg. von Wittmann, Waldemar/Kern, Werner/Köhler, Richard/Küpper, Hans-Ulrich/von Wysocki, Klaus, Schäffer-Poeschel, 1993, Sp. 2888-2898

Wübben, Markus/von Wangenheim, Florian (2008):
Instant Customer Base Analysis: Managerial Heuristics often "get it right", erschienen in: Journal of Marketing, 72. Jg., 2008, Heft 3, S. 82-93

Wübker, Georg/Baumgarten, Jens (2004):
Der Markenwert von Banken: Messung komplexer Sachverhalte mit modernen Verfahren, erschienen in: Zeitschrift für betriebswirtschaftliche Forschung (ZfbF), 56. Jg., 2004, Heft 9, S. 577-592

Wünschmann, Stefan (2007):
Beschwerdeverhalten und Kundenwert, Wiesbaden: Gabler Verlag, 2007

Z

Zerche, Jürgen/Herder-Dorneich, Philipp (Hrsg.) (1989):
Genossenschaften und genossenschaftliche Forschung, Regensburg: Transfer Verlag, 1989

Zieger, Thomas (2007):
Die Novellierung des deutschen Genossenschaftsrechts, erschienen in: WiSt-Wirtschaftswissenschaftliches Studium, 36. Jg., 2007, Heft 6, S. 313-320

Zollner, Georg (1995):
Kundennähe in Dienstleistungsunternehmen: empirische Analyse von Banken, Wiesbaden: Deutscher Universitätsverlag, 1995

Beiträge zum Controlling

Herausgegeben von Wolfgang Berens

Band 1 Wolfgang Berens / Joachim Strauch: Due Diligence bei Unternehmensakquisitionen – eine empirische Untersuchung. Unter Mitarbeit von Thorsten Behrens und Julia Lescher. 2002.

Band 2 Andreas Siemes: Marktorientierte Kreditrisikobewertung. Eine empirische Untersuchung mittels Künstlicher Neuronaler Netze. 2002.

Band 3 Karl Christoph Heinen: Die Berücksichtigung von Kosten in der Konkurrenzanalyse. 2002.

Band 4 Thomas Mosiek: Interne Kundenorientierung des Controlling. 2002.

Band 5 Vera Südmeyer: Wettbewerbsvorteile durch strategisches Betriebsformenmanagement. Ein dynamischer Bezugsrahmen für Einzelhandelsunternehmen. 2003.

Band 6 Wolfgang Berens / Walter Schmitting (Hrsg.): Controlling im E-Business. Rückkehr zur Rationalität. 2004.

Band 7 René Bertelsmann: Entwicklung einer Controlling-Konzeption im verallgemeinerten Neuen Steuerungsmodell für Trägerorganisationen der gesetzlichen Unfallversicherung. 2005.

Band 8 Mirko Tillmann: Risikokapitalbasierte Steuerung in der Schaden- und Unfallversicherung. Konzeption einer modellgestützten Risikoanalyse. 2005.

Band 9 Andreas Hoffjan: Risikorechnung bei industrieller Auftragsfertigung. Theoretische Konzeption und Anwendung für die Bauwirtschaft. 2006.

Band 10 Pascal Nevries: Die Marketingwirkungen von Börsengängen. Eine konzeptionelle Analyse. 2006.

Band 11 Klaus Segbers: Die Geschäftsbeziehung zwischen mittelständischen Unternehmen und ihrer Hausbank. Eine ökonomische und verhaltenswissenschaftliche Analyse. 2007.

Band 12 Andreas Röhrig: Wirkungsorientiertes Controlling im politisch-administrativen System. Unter besonderer Berücksichtigung der Gestaltungsmöglichkeiten von öffentlichen Verwaltungen. 2008.

Band 13 Nino Raddao: Potenzialorientierte Kundensegmentierung zur Optimierung des Leistungsportfolios in der Firmenkundenbank. Konzeption und Implementierung einer efficient customization am Beispiel von Genossenschaftsbanken. 2009.

Band 14 Thorsten Pieper: Wirkungsorientiertes Controlling staatlichen Handelns. Systematische Identifikation und Bewertung der gesamtgesellschaftlichen Wirkungen staatlichen Handelns. 2009.

Band 15 Tina Püthe: Mittelständische Unternehmen und Genossenschaftsbanken. Eine empirische Analyse der Wirkung ökonomischer und verhaltenswissenschaftlicher Faktoren. 2009.

Band 16 Christian Buschhoff: Evaluation von Verwaltungsmodernisierung. Empirische Erkenntnisse auf Grundlage der Binnenmodernisierung in einer Landesverwaltung. 2009.

Band 17 Florian Wüller: Kundenwertorientierte Vertriebssteuerung im Firmenkundengeschäft der Kreditgenossenschaften. Kundenwertmodellierung, -operationalisierung und konzeptionelle Gestaltungsempfehlungen. 2012.

www.peterlang.de

www.ingramcontent.com/pod-product-compliance
Ingram Content Group UK Ltd.
Pitfield, Milton Keynes, MK11 3LW, UK
UKHW021824290926
8980IPUK00004B/260

9 783631 637241